Heinz Schürmann · Das Lukasevangelium

HERDERS THEOLOGISCHER KOMMENTAR ZUM NEUEN TESTAMENT

Herausgegeben von Alfred Wikenhauser †
Anton Vögtle, Rudolf Schnackenburg

BAND III

DAS LUKASEVANGELIUM

ZWEITER TEIL

Erste Folge: Kommentar zu Kapitel 9,51 – 11,54

HERDER
FREIBURG · BASEL · WIEN

DAS LUKASEVANGELIUM

ZWEITER TEIL

Erste Folge:
Kommentar zu Kapitel 9,51 – 11,54

von Heinz Schürmann

Professor em. für Ntl. Exegese
am Philosophisch-Theologischen Studium Erfurt

HERDER
FREIBURG · BASEL · WIEN

Die Deutsche Bibliothek – CIP-Einheitsaufnahme

Herders theologischer Kommentar zum Neuen Testament /
hrsg. von Alfred Wikenhauser ... – Freiburg im Breisgau ;
Basel ; Wien : Herder.
Bd. 3. Schürmann, Heinz: Das Lukasevangelium.
  Teil 2, Folge 1. Kommentar zu Kapitel 9,51 – 11,54. – 1993

Alle Rechte vorbehalten – Printed in Germany
© Verlag Herder Freiburg im Breisgau 1994
Herstellung: Freiburger Graphische Betriebe 1994
ISBN 3-451-21858-5

DEN KOLLEGEN UND WEGGENOSSEN
aus den Jahren
des Aufbruchs und Neubeginns nach 1945

FRANZ MUSSNER
EUGEN RUCKSTUHL
+ EDUARD SCHICK
RUDOLF SCHNACKENBURG
+ ALOIS STÖGER
ANTON VÖGTLE

in dankbarer Verbundenheit

VORWORT

Die Veröffentlichung des Kommentars zum Lukasevangelium, I. Band, im Jahre 1969[1] war ein Versprechen, ihm in absehbarer Zeit einen II. Band folgen zu lassen. Nun sind aber inzwischen fünfundzwanzig Jahre vergangen; das macht eine Erklärung notwendig: Ich habe mich immer verpflichtet gefühlt, dieses mein Versprechen einzulösen und habe kontinuierlich an der Kommentierung und in dem ihr zugeordneten Forschungsfeld weitergearbeitet. Aber es konnte in jenen Jahrzehnten nie meine Hauptaufgabe sein, einen wissenschaftlichen Kommentar zu schreiben (dessen Erarbeitung ich schon vor meiner Übersiedlung in die DDR im Februar 1953 übernommen hatte). Als Neutestamentler an der einzigen katholischen Theologischen Hochschule im kirchlichen Raum der ehemaligen DDR, im Bereich des „real existierenden Sozialismus" mit seiner totalitären Weltanschauung, hatte ich neben der Hauptaufgabe – der Lehrtätigkeit (mit ihrer Verpflichtung zu wissenschaftlicher Quellenarbeit) – immer auch notwendige „Nebenbeschäftigungen": Hilfen in den noch härter betroffenen östlichen Nachbarkirchen, in ökumenischer Arbeit sowie in theologischen, pastoralen und geistlichen Bildungsaufgaben. Zudem machte die römische Kirchenleitung immer neu den verdienstvollen Versuch, unsere Isolation zu durchbrechen und uns in gesamtkirchliche Aufgaben einzubeziehen: im Zweiten Vatikanischen Konzil, danach in die Arbeit der nachkonziliaren Liturgiereform, in die der Päpstl. Bibelkommission und der Internationalen Theologischen Kommission. Daß überdies die Umstände, speziell im kirchlichen Bereich, in diesem Raum für wissenschaftliches Arbeiten recht widrig waren, ist genugsam bekannt: Über Jahrzehnte hin war jegliches Reisen ins westliche Ausland (und damit Bibliotheksbesuch, abgesehen von kurzen – oft verweigerten, manchmal widerwillig zugestandenen – „kirchlichen Dienstreisen") untersagt. Literaturbeschaffung war auf legalem Weg kaum möglich. Die längste Zeit waren wir in Erfurt ohne die Hilfe eines zweiten Neutestamentlichen Lehrstuhls, helfender Assistenten und der notwendigen technischen Hilfs-

---

[1] Der Band I des Kommentars erschien (als HThK III/1) in Freiburg i. Br. (Verlag Herder) 1969; eine zweite, durchgesehene Auflage, ebd. 1982, erlaubte keine den Umbruch verändernden Verbesserungen (s. ebd. S. VIIf die „Bemerkungen zum Nachdruck"). 1984 erschien in Freiburg als 3. Aufl. ein unveränderter, 1990 als 4. Auflage ein „durchgesehener Nachdruck" (der S. 591f eine Korrekturliste brachte). Die Teilung Deutschlands ließ es geraten sein, 1970 in Leipzig (St. Benno Verlag) eine (durchgesehene) Parallelausgabe der 1. Auflage herauszubringen, der 1971 ebd. eine 2. Auflage folgte. – Eine italienische Übersetzung (der 2., durchgesehenen Aufl. Freiburg i. Br. 1982) erschien in Brescia (Paideia Editrice) 1983.

mittel. Die als „Erste Folge" genannten Gründe können vielleicht die Verzögerung eines Folgebandes etwas verständlicher machen.

Was nun aber mit Recht erwartet wird, ist das Erscheinen des II. Bandes des auf drei Bände konzipierten Kommentars (der lukanischen Dreiteilung seines Evangelienverständnisses entsprechend). Was hier vorgelegt wird, ist aber nur die erste Folge des ersten Halbbandes von Band II. Die Kommentierung mußte sich in den Jahren immer mehr realistisch beschränken: Als mir in Frau Dr. J. Brutscheck vor einigen Jahren dank des Entgegenkommens von Bischof Prof. Dr. J. Wanke, vormals mein Nachfolger auf dem Erfurter Lehrstuhl, eine exegetisch sehr befähigte Mitarbeiterin zukam, durfte ich die Hoffnung haben, mit ihrer Hilfe wenigstens den II. Band: „Die metaphorische Reiseerzählung (9,51 – 19,27)" zum Abschluß zu bringen. Die Mitarbeit von Frau Dr. Brutscheck beschränkte sich keineswegs nur auf technische Assistenzarbeiten, es war vielmehr recht selbständige, wissenschaftlich-kollegiale Zuarbeit. Der nun vorliegende Text verdankt ihr manche Einsichten und Korrekturen, wofür ihr herzlich gedankt sei. Als nach der „Wende" 1989/90 Frau Dr. Brutscheck mit anderen Aufgaben betraut wurde, die ein wissenschaftliches Arbeiten und eine akademische Lehrtätigkeit in Neutestamentlicher Exegese, für die sie bestens vorgebildet ist und befähigt wäre, nicht mehr zuließen, mußte ich mein Ziel abermals zurückstellen und mich zunächst einmal auf den Halbband II/1 mit dem 1. Teil des Reiseberichtes 9,51 – 13,35 konzentrieren, in der Hoffnung, das Erarbeitete – wenn nicht als Kommentar, so doch als Monographie bzw. in Einzelbeiträgen – veröffentlichen zu können.

Für die erste Hälfte (Lk 9,51 – 13,35) der Reiseerzählung wuchsen diese Vorarbeiten so weit zusammen, daß sie dem Schema eines Kommentars eingefügt werden konnten. Nach Einsicht in eine Teilvorlage, in die Kommentierung von Lk 9,51 bis 11,54, schlugen der Verlag Herder und die Herausgeber vor, diese bereits – wie vorliegend – als „Erste Folge" in Druck zu geben. Ich gab auf freundliches Drängen von Herrn Lektor Franz Johna meine Zustimmung, obgleich ich lieber mit einer Drucklegung noch gewartet hätte bis zur Fertigstellung des ganzen ersten Halbbandes (Lk 9,51 – 13,35). Herausgeber und Verlag urteilten aber, der (umfangreiche) vorliegende Teil biete schon eine in sich abgerundete Thematik: als erneute „Er-Innerung der prä- und postbaptismalen Katechese" (vgl. Lk 1,4), damaligen (und heutigen) „späten Christen" zugesprochen.

Der nun vorgelegte Band sprengt die literarische Gattung eines Kommentars. Da der geplante Lukaskommentar mit diesem Teilband (hoffentlich bald durch 12,1 – 13,35, weithin erarbeitet, ergänzt) Fragment bleibt, darf er vielleicht in der vorliegenden Breite belassen bleiben. Ich bitte die Benutzer dafür um Verständnis: Wer den Kommentar liest um der *Verkündigung* willen – auch ein wissenschaftlicher „Theologischer Kommentar" muß sich immer besonders auch diese Leser wünschen –, wird sich im allgemeinen mit dem Großdruck begnügen können. Was der *wissenschaftli-*

chen Arbeit dienlich sein kann, ist in den Kleindruck bzw. die Anmerkungen verwiesen.

Mit dem Erscheinen eines II. Bandes wäre angesichts der sehr intensiven Lukas-Forschung der letzten 25 Jahre und eigener Erkenntnisfortschritte eine Neubearbeitung des I. Bandes angezeigt[2]. Allen vertieften exegetischen, historischen, theologischen und hermeneutischen Erkenntnissen zum Trotz meine ich, die Weiterkommentierung – bei aller Diskontinuität – ohne größeren „Bruch" kontinuierlich fortführen zu können; vgl. dazu die nachstehenden Ausführungen über Anlage und Ordnung des Kommentars.

Ohne selbstlose Helfer hätte der vorliegende Band nicht Gestalt bekommen; daß er vorgelegt werden kann, verdankt sich, wie oben schon erwähnt, entscheidend dem unermüdlichen Mahnen und der planenden Mithilfe von Herrn Franz Johna. Wie schon für den I. Band, so leistete die Schreibarbeiten auch für diesen II. in jahrzehntelanger Freizeitarbeit – in politisch widrigen Verhältnissen nicht ohne berufliche Risiken – Frau Maria Pohl, wofür ihr ganz besonders zu danken ist. Für die mühselige Korrektur- und Verifizierungsarbeit gebührt viel Dank Frau Theresia Ehrhardt, aber auch den geduldigen Korrektoren des Verlagshauses Herder, insbesondere Herrn Paul Hug.

Der Band sei den noch lebenden Kollegen freundschaftlich gewidmet, die nach den bösen Jahren vor 1945 einen neuen Anfang setzen durften, wobei wir uns der bereits heimgegangenen ehrerbietig erinnern. Auch der noch lebenden Kollegen jener Jahre aus den Nachbarländern in West (X. Léon-Dufour und J. Dupont) und Ost (F. Gryglewicz), im Norden (H. Riesenfeld) und Süden (I. de la Potterie) sei – stellvertretend für noch manche andere – für ihre brüderlichen Nachkriegskontakte bei dieser Gelegenheit dankbar gedacht. Im Vorwort der 1. Nr. der BZ (NF) 1 (1957) S. 4 charakterisierte Rudolf Schnackenburg unsere damalige Situation: „Die alte Garde katholischer Exegeten in Deutschland war betrüblich stark gelichtet; junge Kräfte litten unter den Einschränkungen der Kriegs- und Nachkriegszeit und mußten sich in ihr Fach, um die besten Jahre verspätet, erst einarbeiten." In recht unterschiedlicher, aber sich ergänzender Weise kann ein jeder der Genannten auf ein abgerundetes Lebenswerk zurückschauen, von dem wir gelernt haben. Sie mögen großmütig entschuldigen, wenn ich ihnen das vorliegende Fragment zu widmen wage.

Erfurt, 18. Januar 1993 *Heinz Schürmann*

---

[2] Mit den Herausgebern wurde 1969 vereinbart, daß die *Einleitungsfragen* der Kommentierung nicht vorgeordnet, sondern nachgestellt werden sollen (weil sie aus dieser erwachsen müssen); siehe die Bemerkung am Schluß des Nachwortes zum I. Bd. Da sie auch hier nicht vorgelegt werden können, darf ich auf die sehr helfende Arbeit von W. RADL, Das Lukas-Evangelium (Erträge der Forschung 261) (Darmstadt 1988), verweisen, dessen Urteil recht weitgehend mit meinen Ergebnissen übereinstimmt.

INHALT

Vorwort VII

Anlage und Ordnung des Kommentars XV

Verzeichnis von Spezialliteratur (= L) XIX

Abkürzungsverzeichnis XXI

Auslegung

2. Abschnitt: Jesus unterwegs nach Jerusalem (9,51 – 19,27) 1

Einführung: Lk 9,51 – 19,27 als „metaphorische Reiseerzählung" . . 1

ERSTES KAPITEL
Der erste Wegabschnitt (9,51 – 13,35)

I. Die Begründung der Jüngergemeinde durch das Wort Jesu und das seiner Sendlinge (9,51 – 10,42)

A. Einleitung: Aufbruch und Jüngernachfolge (9,51–62) 22

1. Jesu Entschluß zum Gang nach Jerusalem;
   die Abweisung in Samaria (9,51–56) 22
   Zur Traditionsgeschichte von Lk 9,51–56 30
2. Jüngernachfolge:
   Bereitschaft zur Weggemeinschaft und Mitarbeit (9,57–62) 32
   Zur Traditionsgeschichte von Lk 9,57–62 47

B. Sendung und Unterweisung der Siebzig;
   ihre Rückkehr (10,1–20) 48

1. Bestellung und Aussendung (10,1) 52
2. Die Aussendungsrede:
   Die Sendung der Siebzig und die Unterweisung Jesu (10,2–16) . . 57
   a) Das Gebet um Erntearbeiter und die Sendung (10,2–3) 58
   b) Weg- und Quartieranweisungen (10,4–7) 63
      α) Weg-Regeln (10,4) 63
      β) Quartier-Regeln (10,5–7) 67

c) Das Wirken in den Städten (10, 8–12) 71
d) Schlußwort: Die Bedeutsamkeit der Sendung (10, 13–16) . . . 78
3. Die Rückkehr der Siebzig (10, 17–20) 85
Zur Traditionsgeschichte der Aussendungserzählung Lk 10, 1–20 . . 98

C. Jüngerschaft als Gabe und Aufgabe (10, 21–37) 100

1. Lobpreis des Vaters und Seligpreisung der Jünger (10, 21–24) . . . 101
   a) Jesu Homologese (10, 21–22) 101
   b) Seligpreisung der Jünger (10, 23–24) 119
Zur Traditionsgeschichte von Lk 10, 21–24 123
2. Der Weg zum Leben:
   die sich in der Nächstenliebe bewährende Gottesliebe (10, 25–37) 125
   a) Die Liebe als Heilsforderung (10, 25–28) 129
   b) Die Frage nach dem Nächsten (10, 29–37) 142
Zur Redaktions- und Traditionsgeschichte von Lk 10, (25–28) 29–37 149

D. „Hören auf sein Wort" als das Eine Notwendige (10, 38–42) . . . 151

Zur Redaktions- und Traditionsgeschichte von Lk 9, 51 – 10, 42 . . . 163

Rückblick: Lk 9, 51 – 10, 42 als Taufanamnese 167

II. *Beständigkeit und Eigenständigkeit der Jüngergemeinde (11, 1–54)*

A. Gebetsunterweisung;
   Errettung aus der Macht des Satans (11, 1–13.14–28) 170

1. Gebetsunterweisung und Aufforderung zum Bitten (11, 1–13) . . 170
   a) Jesu Gebetsanleitung (11, 1–4) 172
   b) Gebetsparänese (11, 5–13) 207
      α) Die Parabel von dem zu nächtlicher Stunde gebetenen
         Freund (11, 5–8) 207
      β) Aufforderung und Ermutigung zum Bitten (11, 9–13) 212
Zur Traditionsgeschichte von Lk 11, 1–13 220
2. Die neue Freiheit (11, 14–28) 222
   a) Die einleitende Streitszene (11, 14–18) 226
   b) Eine Einfügung: Jesu Exorzismen als Zeichen (11, 19.20) . . . 235
   c) Verdeutlichung der Antwort Jesu im Bildwort vom Stärkeren
      (11, 21–22) 243
   d) Der Ruf zur Entscheidung und zur Mitarbeit (11, 23) 247
   e) Die abschließende Warnung (11, 24–26) 249
   f) Die Abschlußszene: Jesu Wort hören und bewahren
      (11, 27–28) 253
Zur Traditionsgeschichte von Lk 11, 14–28 261

B. Wider „dieses Geschlecht";
Weherufe wider seine Führer
(11,29–54) 265
1. Warnung und Mahnung (11,29–36) 266
   a) Die Drohrede wider „dieses Geschlecht" – eine warnende Belehrung (11,29–32) 268
   b) Mahnung an „dieses Geschlecht" (gemeindeintern zu lesen) (11,33–36) 290
Zur Traditionsgeschichte von Lk 11,(14–28) 29–36 302
2. Anklage und Gerichtsansage wider Pharisäer und Schriftgelehrte (11,37–54) 303
Zur Traditionsgeschichte von Lk 11,37–54 331

Rückblick: 11,1–54 als Anamnese postbaptismaler Taufunterweisung 335
Texte und Literatur 339

ANLAGE UND ORDNUNG DES KOMMENTARS
Helfende Hinweise für den Benutzer[1]

1. Einführend einige Bemerkungen, die dem Leser helfen möchten, die Bewegungsrichtung der Kommentierung mitzuvollziehen. Primäre *Aufgabe aller Auslegung* ist es, *synchron* den Sinn der Textaussage zu erheben. Bei einem kerygmatischen Text kann Synchronie aber nicht linguistische Auslegung eines geschichtslos verobjektivierten Textes sein, vielmehr gilt es, die Aussageabsicht seines Autors (im Zusammen mit dem Verstehenshorizont der von ihm intendierten Leser; s.u.) zu verstehen. Damit wird der *redaktionskritischen Methode* eine Führungsrolle gegeben.

Schon im I. Band bestimmte diese redaktionskritische Arbeit neben den motivkritischen und abstützend den sprachlichen Untersuchungen die *Kompositionskritik,* deren Wichtigkeit für das Verstehen der Intentionalität der Texte und der Absicht des sehr überlegt komponierenden Autors Lukas mir immer deutlicher wurde.

Dabei habe ich gelernt, auf die vom Autor *intendierten Leser* bzw. Hörer und ihren Verstehenshorizont zu achten, deren Verständnis die Intention des Autors und seiner Texte recht entscheidend mitbestimmt (wie die „Rezeption" der Gemeinde die kirchenamtliche Verkündigung). Die Worte Jesu werden von Lukas „späten Christen" neu in Erinnerung gebracht, die sie bereits in der prae- und postbaptismalen Katechese gehört hatten – wie Theophilos (vgl. Lk 1,4).

Gewiß hatte Lukas als eine überragende Lehrer-Gestalt der dritten Generation in nachapostolischer Zeit kerygmatisch-theologische und ekklesiologische (mehr als „historische" oder apologetisch-politische o.ä.) Anliegen in bewegter Zeit. Er legt in seiner Schrift aber Texte, vor allem Herrenworte, vor, die in den Gemeinden seines Umfelds prae- und postbaptismal (mystagogisch, katechetisch, homiletisch) sehr viel in Gebrauch waren – vorgetragen vermutlich nicht nur von anderen „Dienern des Wortes", sondern in *praktischer Gemeindearbeit* auch von ihm selbst (wie aus seinem „gekonnten" Umgang mit den Traditionen geschlossen werden darf).

Alle „Kompositionen" des Lukas sprechen hinein in den Kommunikationsvorgang zwischen Verkündern und Rezipienten des Wortes in der Zeit der (ausgehenden) „entstehenden", noch „werdenden Kirche", der

---

[1] Vgl. das Vorwort von Bd. I (¹1969) S. V und die „Bemerkungen zum Nachdruck" (²1982) S. VII f. – Zu den hermeneutischen Fragen vgl. unsere Bemerkungen: Bibelwissenschaft unter dem Wort Gottes, in: K. KERTELGE u.a. (Hg.), Christus bezeugen (FS W. Trilling) (Leipzig 1989) 11–42.

Urkirche, deren Wortverständnis für alle Zeiten kirchlich „maß-geblich"
ist und das – auch in anderer Situation – immer aktuell bleibt. Das verlangt
eine *„isomorphe" Auslegung,* welche die „Konformität" der theologischen
Sachverhalte damals und heute im Auge hat und welche die damaligen ur-
kirchlichen Aussagen für die Gemeinden unserer Tage – in anderer und
doch ekklesiologisch-selbiger Situation – transparent macht und so als
viva vox *aktualisiert* zum Sprechen bringt.

Der „Sehakt", der hinter dem Text den theologischen *Sachverhalt* zur
Sprache bringen muß, ist bei aller Auslegung grundlegend wichtig. Der
Aussagesinn kerygmatischer Texte ist aber in der Tiefe nicht zu erhellen,
wenn der Ausleger nicht den gleichen *Glaubensblick* auf die Sachverhalte
hat, die zwischen dem Autor und seinen Lesern durch den Text in den
Blick und ins Gespräch kommen wollen. Eine Auslegung solcher Texte
wird in dem Maße „theologisch", als sie diesen Sachaussagen zu entneh-
men versteht.

Auf den Versuch, die *Traditionsgeschichte* zu durchleuchten, kann ein
Kommentar nicht verzichten, der die Aussageabsicht des Lukas auch aus
seiner Kontextualisierung erkennen will. Denn diese läßt sich nicht erfassen, wenn nicht gesehen wird, was Lukas als Vorlage vor sich gehabt hat.
Ein aus- und darlegender Kommentar braucht eigentlich nur mit den Ergebnissen der Traditionsgeschichte (auf die er freilich verweisen soll) zu
arbeiten, muß diese nicht selbst erarbeiten, was in Spezialuntersuchungen
zu geschehen hätte; diesbezüglich bieten wir hier ein Superadditum. Freilich läßt ein Blick auf die Traditionsgeschichte der Herrenworte einen er-
regenden Vorgang erkennen: Der urchristliche Traditionsvorgang ist vom
Ursprung her und im wesentlichen ein redaktioneller Kombinations- und
Kompositionsvorgang (s. dazu nachstehend), in dem sich die Worte Jesu
selbst lebendig weitersagen. Dieser Traditionsvorgang ist letztlich weder
„rabbinisch" noch „weisheitlich", noch „prophetisch" (sosehr er auch in
solcher Weise bestimmt ist), er ist „verbal" und von dem her geprägt, der
„Das Wort" ist, das sich in der „entstehenden Kirche" noch als Offenbarungswort äußerte. Es ist aufregend zu sehen, wie *ipsissima verba Jesu* in
veränderter Situation sich verändert weitersprechen, um so die *intentio
Jesu* situativ sachgerecht zur Auswirkung zu bringen – bis in die Worte der
Evangelien hinein.

2. Die *Anlage* dieses II. Bandes folgt dem Schema des I. Bandes: Den
einzelnen Abschnitten und Unterabschnitten ist jeweils eine *Einführung*
vorangestellt, die den Zusammenhang und die Funktion, die Gattung und
Form (Aufbau und Struktur) sowie die Gliederung des Abschnittes vor-
wegnimmt. – Wo es angebracht schien, beschließt ein *zusammenfassender
Rückblick* kommentierende Abschnitte.

Die *fortlaufende Exegese* erläutert den Text *kommunikativ:* Verstehen
des Textes eines Autors ist ein personaler Begegnungsvorgang, der – hinter dem Text – zu Sachverständnis führt. In der Text-Begegnung muß der
Ausleger die verschiedenen exegetischen Schritte tun, hier mal diesen,

dort mal jenen. Wir möchten in der vorliegenden Kommentierung – ob der *Darlegung* willen, in die alle Auslegung sich hineinsprechen muß – die „werkstattgerechten" methodischen Arbeitsgänge nicht schematisch – jeweils in einem gleichen Nacheinander – vordemonstrieren müssen.

Am Ende von Textabschnitten steht (mehr oder weniger ausführlich) jeweils ein *Aufweis* der *Traditionsgeschichte*. Hier wird diese gestrafft zusammengefaßt zur Darstellung gebracht, indem vom gegenwärtigen Text zurückgefragt wird auf unmittelbare Vorstufen (Q, Mk, luk Sg), danach nach „Redekompositionen" bzw. Kompositionen von Redegängen (4. Kf), in diesen nach „strukturierten Kompositionen" (3. Kf), danach evtl. nach „Spruch-Gruppen" (2. Kf); schließlich wird in „Spruch-Paaren" (1. Kf) nach den ursprünglichen „Grundworten", jeweils mit „Zusatzworten" versehen, gesucht[2]. Am Ende wird vorsichtig nach der Geschichtlichkeit gefragt.

Hier nun noch ein paar Einzelhinweise:
- In den *Angaben der Schriftstellen* am Kopf der jeweiligen Perikopen sind Parallelen und Varianten der Tradition in Klammern vermerkt. Dabei bezeichnet das Gleichheitszeichen (=) den Ursprung der luk Einheit aus Mk (= Mk) oder (wahrscheinlich) aus Q (= Mt); mit „vgl." wird auf eine traditionsgeschichtliche Variante verwiesen, mit „komb." auf eine redaktionelle Kombination jener beiden syn Quellen neben den luk Sondertraditionen (S oder Sg; s.u.).
- In der *Übersetzung eines Evangelientextes* machen Indices mit *Klein*buchstaben (/[a b c]) darauf aufmerksam, daß der griechische Text in der Hss.-Überlieferung zu beachtende Varianten aufweist. In einer Anm. [+T] am Kopf des Anm.-Apparates wird jeweils angegeben, welche *kritischen* Ausgaben sich hier für eine Variante entschieden haben und wo unsere textkritischen Erörterungen dazu zu finden sind.
- *Textkritische Erörterungen* sind an Ort und Stelle der Kommentierung in die Fußnoten verwiesen (bei längeren Erörterungen auch mal in Kleindruck), da die Entscheidung für oder gegen eine Lesart sehr häufig erst im exegetischen Vorgang gefällt werden kann. Die neueren Textangaben des „Standard-Textes" (die Bezeichnung will kein Werturteil fällen[3]!): GNT (Third Ed. 1975); N (26. Aufl. 1979)[4]; ALAND, Synopsis (13. Ed. 1985, 2.

---

[2] Die Rückfrage nach der vorluk Tradition, die für LK II zu erforschen war, hat uns deutlich werden lassen, daß synchron die o. genannten vier Arten von „Kompositionsformen" häufig begegnen; vgl. H. SCHÜRMANN, Zur Kompositionsgeschichte. Dabei muß in jedem Einzelfall sehr kritisch gefragt werden, ob diese Kompositions*formen* auch als diachrone Kompositions*stufen* gedeutet werden dürfen; vgl. dazu H. SCHÜRMANN, QLk 11, 14–36.
[3] Eigenen griechischen Text erarbeiteten – nach Erscheinen des St-T – außer H. GREEVEN (1981) auch J. B. ORCHARD, Synopsis (1983) und M.-É. BOISMARD – A. LAMOUILLE, Synopsis.
[4] Kritisch zum textkritischen Apparat von N^{26} äußert sich R. BORGER, N^{26} und die neutestamentliche Textkritik, in: ThR 52 (1987) 1–58.

Nachdr. von 1986[5]), bringen Textvarianten leicht zugänglich und teilweise in so reichem Ausmaß, daß ein Kommentar wie der vorliegende sie nur in orientierender Auswahl zu bringen braucht. Textzeugen werden im allg. nach ALAND, Synopsis 13. Ed., 2. Nachdr. 1986, angegeben[6]. Dabei werden die Siglen und Kürzel von N^{26} übernommen.

● Spezielle *Literaturzusammenstellungen* zu den kommentierten Texten, die keine Vollständigkeit anstreben können, sind – in Abweichung von Bd. I – nach dem Vorbild von R. PESCH, Mk, mit „L" durchgezählt, anders als dort aber teilweise untergliedert (vgl. L 4 a) und jeweils den betreffenden Abschnitten vorgeordnet; *vgl. das nachstehende Verzeichnis* dieser *Spezialliteratur.*

● Die Abkürzungsverzeichnisse in Bd. I sind hier in Bd. II (S. XXI–XXIV) ergänzt, wobei die Abkürzungsweise für außerkanonische und jüdische Literatur, ebenso die für Zeitschriften, Serien, Lexika, Quellenwerke (mit bibliographischen Angaben) nunmehr aus S. SCHWERTNER, Internationales Abkürzungsverzeichnis für Theologie und Grenzgebiete (= IATG) (Berlin – New York 1974, 1–343 ergänzt ebd. 346–398), übernommen wurde, die *„Allgemeinen Abkürzungen"* (ebd. IX–XIII) dagegen – mit Rücksicht auf LK I – nur großenteils (s. die Ergänzungen S. XXI). Die *biblischen Bücher und Eigennamen* werden zitiert nach: Ökumenisches Verzeichnis der biblischen Eigennamen nach den Loccumer Richtlinien (Stuttgart ²1981) (die man auch gern im TRE finden würde).

● Auf *Angaben in Bd.I* wird *verwiesen* mit „LK I". Die mit *abgekürztem Titel* zitierte Literatur ist mit Hilfe des Literaturverzeichnisses in Bd. I (1. Aufl. S. XI–XXXVII) (in Bd. II nun mit Asteriscus* versehen) oder (ergänzend) hier in Bd. II (S. 339–360) zu verifizieren. – Kommentare zu Lk werden nur mit dem *Namen des Verfassers* zitiert, wenn es sich um eine Kommentierung der gleichen Textstelle handelt; sonst ist dem Verfassernamen die Seitenzahl beigefügt. *Verfassernamen mit „a.a.O."* verweisen auf die Literaturangabe „L" am Kopf der zutreffenden Perikope. Wenn auf Literaturangaben andernorts verwiesen wird, ist in Klammern hinter „a.a.O." auf die betreffende Nummer jenes Verzeichnisses zu Einzeltexten (= L 1 ff) verwiesen.

---

[5] Zu deren neuem kritischem Apparat in der 13. Aufl., in den Nachdrucken von 1985 und 1986, vgl. ebd. das Vorwort S. V–VIII; dazu vgl. F. NEIRYNCK, Rez. in: EThL 62 (1986) 141–145.

[6] Textvarianten werden im allg. beurteilt, wenn (1.) eine der in N^{26} (S. 36*) in Anhang II (zu Lk: 722–725) angeführten sieben Ausgaben T H [h] S V M B N (und zusätzlich G = HUCK-GREEVEN, Synopse) eine abweichende Lesart bevorzugt; (2.) wenn wir meinen, einen Grund zu haben, eine vom Standard-Text und dem (in seiner Auswahl nicht unproblematischen) Anhang II nicht berücksichtigte Lesart zur Diskussion stellen zu sollen.

VERZEICHNIS VON SPEZIALLITERATUR (= L)

L 1	(9,51 – 19,27) S. 1	L 9a	(11,1–4) S. 172
L 2	(9,51–56) S. 22	L 9b	(11,5–8) S. 207
L 2a	(Samaria usw.) S. 23	L 9c	(11,9–13) S. 212
L 3	(9,57–62) S. 32	L 10	(11,14–28) S. 222
L 4	(10,1–20) S. 48	L 10a	(11,19–20) S. 235
L 4a	(10,17–20) S. 85	L 10b	(11,27–28) S. 253
L 5	(10,21f) S. 101	L 10c	(Dämonismus) S. 261
L 6	(10,23f) S. 119	L 11	(11,29–32) S. 268
L 7	(10,25–37) S. 125	L 11a	(11,33–36) S. 290
L 7a	(10,25–28) S. 129	L 12	(11,37–54) S. 303
L 7b	(10,29–37) S. 141	L 12a	(Pharisäer) S. 308
L 8	(10,38–42) S. 151	L 12b	(11,49–51) S. 327
L 9	(11,1–13; Gebet nach Lukas) S. 170		

ABKÜRZUNGSVERZEICHNIS

Allgemeine Abkürzungen

wie in der Theologischen Realenzyklopädie, Abkürzungsverzeichnis (IX–XIII); abgeändert und zusätzlich:

A.	Anmerkung dieses Kommentars LK I und II
Aor.	Aorist
aram.	aramäisch
c. acc.	cum accusativo
c. dat.	cum dativo
c. gen.	cum genitivo
c. inf.	cum infinitivo
diff	im Unterschied zu
Dmk	Deuteromarkus
Ev, Evv	Evangelium, Evangelien
gg.	gegen
hebr.	hebräisch
i. g.	im ganzen
Imperf.	Imperfekt
joh	johanneisch
Kf	Kompositionsform der Q-Tradition
komb.	kombiniert mit
LA	Lesart
Lk par	das Ev Lk und die Parallele in Mt
luk	lukanisch
mark	markinisch
Mk parr	das Ev Mk und die Parallelen in Mt und Lk
matth	matthäisch
Mt par	das Ev Mt und die Parallele in Lk
par	parallel zu
parr	parallel zu den beiden syn Seitenreferenten
Part.	Partizip
part.	participium
Past	Pastoralbriefe
Perf.	Perfekt
perf.	perfectum
pln.	paulinisch
Pls	Paulus
R	Redaktion
rabb.	rabbinisch
S	Sonderüberlieferung
Sg	Sondergut in Lk 3,1 – 21,38
sonst. NT	sonstiges NT
Str	Sondertradition, single tradition in Lk 1,5 – 2,52 und 22,1 – 24,53
Sv(v)	Sondervers(e)
Sw	Sonderwendungen eines Verses
Syn	Synoptiker
syn	synoptisch
T	Tradition
tom.	tomus
V VV	Vers(e)
z. W.	zum Wort

XXI

Abkürzungsverzeichnis

Spezielle Abkürzungen

I. Biblische Bücher

1. *Biblische Bücher* sowie biblische *Eigennamen* werden geschrieben und abgekürzt wie im „Ökumenischen Verzeichnis der biblischen Eigennamen nach den Loccumer Richtlinien" (Stuttgart ²1981).
2. Die *textkritischen Abkürzungen* und *Zeichen* folgen der 26. Auflage von K. et B. Aland, Novum Testamentum Graece (Stuttgart 1979 ff).

II. Außerkanonische und außerrabbinische Schriften

1. Ntl. Apokryphen,
2. Qumranschriften,
3. jüdische und rabbinische Schriften,
4. nichtkanonische Texte der Umwelt des Neuen Testaments
werden nach TRE, Abkürzungsverzeichnis (XV–XVIII), abgekürzt zitiert.

III. Zeitschriften, Serien, Lexika, Quellenwerke

sind abgekürzt wie im TRE, Abkürzungsverzeichnis (S. 1–343.346–398), zusätzlich:

AB	Schürmann, Quellenkritische Untersuchung des lukanischen Abendmahlsberichtes I, II, III (NTA XIX/5; XX/4; XX/5) (s. Lit. D)
ALAND, Synopsis	Synopsis Quattuor Evangeliorum, ed. K. Aland (Stuttgart [⁹1976] ¹³1985, 2. Nachdr. 1986)
ANTI	Arbeiten zum Neuen Testament und Judentum 1 ff (Bern und Frankfurt/M. 1976 ff)
B	Novi Testamenti Biblia Graeca et Latina, ed. M. Bover (Madrid [1943] ⁵1968)
BAUERWb	Griechisch-deutsches Wörterbuch zu den Schriften des Neuen Testaments und der frühchristlichen Literatur v. W. Bauer, hg. v. K. und B. Aland (Berlin – New York ⁶1988)
BCh	Foakes-Jackson, J. F. and Lake, K. The Beginnings of Christianity I–V ([London 1920–1933] Grand Rapids/Mich. 1979)
BET	Beiträge zur biblischen Exegese und Theologie 1 ff (Bern 1976 ff)
B–L	Synopsis Graeca Quattuor Evangeliorum, ed. M. É. Boismard – A. Lamouille (Leuven – Paris 1986) (vgl. dazu F. Neirynck, Le Texte des Évangiles dans la Synopse de Boismard-Lamouille, in: BThL 63 [1987] 119–135)
Bl–R	F. Blass – A. Debrunner, Grammatik des neutestamentlichen Griechisch, bearb. v. F. Rehkopf (Göttingen ¹⁷1990)
BThSt	Biblisch-Theologische Studien 1 ff (Neukirchen-Vluyn 1977 ff)
CBEB	Catalogue de la Bibliothèque de l'École Biblique et Archéologique Française (s. Lit. C 1)
EÜ	Einheitsübersetzung der Heiligen Schrift, hg. im Auftrag der Bischöfe Deutschlands, Österreichs, der Schweiz ..., des Rates der EKD und des Evangelischen Bibelwerks: Das Alte Testament (Stuttgart 1980). Das Neue Testament (Stuttgart [1979] ²1980)

Spezielle Abkürzungen

EWNT	Exegetisches Wörterbuch zum Neuen Testament I–IV, hg. v. H. Balz und G. Schneider (Stuttgart ²1992).
ExVuB	Käsemann, Exegetische Versuche und Besinnungen (s. Lit. D)
FzB	Forschung zur Bibel 1 ff (Würzburg und [oder] Stuttgart 1971 ff)
G	Synopse der drei ersten Evangelien mit Beigabe der johanneischen Parallelstellen. Synopsis of the First Three Gospels with the Addition of the Johannine Parallels (1. Aufl. v. A. Huck 1892; 13., völlig neu bearb. Aufl. v. H. Greeven, Tübingen 1981, mit vielen Abweichungen vom St-T [s. ebd. S. 268]).
GJ	Schürmann, Das Geheimnis Jesu (s. Lit. D)
GluV	Bultmann, Glauben und Verstehen I–IV (s. Lit. D)
GNT³	The Greek New Testament, ed. K. Aland – M. Black – C. M. Martini – B. M. Metzger – A. Wikgren (New York – London – Stuttgart u. a. [³1975], verb. Nachdr. 1993)
GoP	Gospel Perspectives, ed. R. T. France (Vol. 1–3); D. Wenham (Vol. 4–5); C. Blomberg (Vol. 6) (s. Lit. D)
GR	Schürmann, Gottes Reich – Jesu Geschick (s. Lit. D)
H	The New Testament in the Original Greek, ed. by B. F. Westcott – F. J. A. Hort, I/II (Cambridge – London [1881/1882]; II ²1896); vgl. dazu K. Aland, Rez. in: Gn. 56 (1984) 481–497
JBTh	Jahrbuch für Biblische Theologie 1 ff (Neukirchen-Vluyn 1986 ff)
JSNT	Journal for the study of the new testament, Nr. 1 ff (Sheffield 1978 ff)
JSNT.S	– Suppl. Ser.
JSOT	Journal for the study of the old testament, Nr. 1 ff (Sheffield 1976 ff)
JSOT.S	– Suppl. Ser.
JT	Schürmann, Jesu ureigener Tod (s. Lit. D)
M	Novum Testamentum Graece et Latine, ed. A. Merk (Rom [1933] ⁹1964, ed. C. M. Martini; Nachdr. 1984)
Metzger, Christ and the Gospels	Metzger, Index to Periodical Literature on Christ and the Gospels (s. Lit. C 1)
N²⁵	Novum Testamentum Graece, ed. E. Nestle et K. Aland (Stuttgart ²⁵1963, mehrere Nachdr.)
N²⁶	Novum Testamentum Graece, ed. K. et B. Aland (Stuttgart ²⁶1979; 7. rev. Ausgabe 1983 [12. Ausgabe 1991])
NEB	Die Neue Echterbibel (Kommentar zum Neuen Testament mit der Einheitsübersetzung) (Würzburg 1984 ff)
NIGTC	The New International Greek Testament Commentary (Exeter 1978 ff)
NTOA	Novum Testamentum et orbis antiquus 1 ff (Freiburg/Schw. und Göttingen 1986 ff)
NTVoc	F. Neirynck – F. Van Segbroeck, New Testament Vocabulary. A Companion Volume to the Concordance (EThL. B 65) (Leuven 1984)
ÖBS	Österreichische Biblische Studien 1 ff (Klosterneuburg 1979 ff)
ÖTK	Ökumenischer Taschenbuchkommentar zum Neuen Testament, hg. v. E. Gräßer und K. Kertelge (Gütersloher Taschenbücher Siebenstern) (Gütersloh und Würzburg 1977 ff)
OrNT	Schürmann, Orientierungen am Neuen Testament (s. Lit. D)
RevCatT	Revista Cataluna de teologia 1 ff (1976 ff)
RStTh	Regensburger Studien zur Theologie (Frankfurt/M. – Bern – Las Vegas) 1 ff (1976 ff)

Spezielle Abkürzungen

S	Die Schriften des Neuen Testaments in ihrer ältesten erreichbaren Textgestalt hergestellt auf Grund ihrer Textgeschichte von H. Freih. v. Soden; I, 1–3: Untersuchungen (Berlin 1902–1910); II: Text mit Apparat (Göttingen 1913)
SBAB	Stuttgarter Biblische Aufsatzbände 1 ff (Stuttgart 1988 ff)
SBLSP	Society of Biblical Literature, Seminar Papers (Chicago/Calif. 1979 ff)
Segbroeck, Van Lk-Bibliography	Segbroeck, F. Van, The Gospel of Luke. A Cumulative Bibliography 1973–1988 (s. Lit. C 1)
SKKNT	Stuttgarter Kleiner Kommentar – Neues Testament 1–21 (Stuttgart 1984 ff)
SNTU(A)	Studien zum Neuen Testament und seiner Umwelt, Serie A, Bd. 1 ff (Linz 1976) ff
SNTU(B)	Studien zum Neuen Testament und seiner Umwelt, Serie B, Bd. 1 ff (Linz 1979) ff
StNTE	Studien zur neutestamentlichen Ethik (s. Lit. D)
St-T	Standard-Text (= GNT³; N²⁶; ALAND, Synopsis¹³; s. o.)
T	Novum Testamentum Graece I–II. Editio octava critica maior, ed. Constantinus Tischendorf (Leipzig 1869–1872); III: Prolegomena, ed. C. R. Gregory ([Leipzig 1894] Nachdruck Graz 1965)
TrU	Schürmann, Traditionsgeschichtliche Untersuchungen (s. Lit. D)
TSAJ	Texte und Studien zum antiken Judentum 1 ff (Tübingen 1981 ff)
UG	Schürmann, Ursprung und Gestalt (s. Lit. D)
V	Novum Testamentum Graece et Latine, ed. J. Vogels (Freiburg i. Br. ⁵1955).
Wagner, EBNT I/II	Wagner, An Exegetical Bibliography of the New Testament, I: Matthew and Mark; II: Luke and Acts (1985) (s. Lit. C 1)

Auslegung

2. Abschnitt:
Jesus unterwegs nach Jerusalem (9,51 – 19,27)

EINFÜHRUNG
Lk 9,51 – 19,27 als „metaphorische Reiseerzählung"*

* L 1: zu 9,51 – 19,27. – WAGNER, EBNT II, 132f. – KARIAMADAM, The Zacchaeus Story (s. u.) 73–83 (hier 43 weitere Titel); Lit. (von 1886–1960) bei METZGER, Christ and the Gospels 5592–5604, ergänzt und fortgeführt bes. von RESSEGUIE, Interpretation ... since 1856 (faktisch ab 1910) (s. u.); und EGELKRAUT, Mission (s. u.) 238–242 (von 1909–1972); VAN SEGBROECK, Lk-Bibliography (1973–1988) 232–236. Vgl. bes. ALETTI, L'art 123–131; BAARLINK, H., Die zyklische Struktur von Lukas 9,43b – 19,28, in: NTS 38 (1992) 481–506; BAILEY, J. A., The Traditions 102–114; BAILEY, K. E., Poet and Peasant 79–85; BENOIT, P., La section IX,51 – XVIII,14 de saint Luc, in: RB 60 (1953) 446–448; BLINZLER, J., Der „Reisebericht" im Lukasevangelium (1953), in: DERS., Welt und Umwelt 62–93; BLOMBERG, C. L., The Tradition History in the Parables Peculiar to Luke's Central Section (Diss. phil. Aberdeen 1982); DERS., Midrash, Chiasms, and the Outline of Luke's Central Section, in: R. T. FRANCE – D. WENHAM (Ed.), GoP III (1983), 217–261; BONY, P., Les disciples en situation d'envoyés. Une lecture de Lc 9,51 – 10,24, in: Bulletin da Saint Sulpice 8 (1982) 130–151; BORSCH, H., Jesus, the Wandering Preacher?, in: M. HOOKER – C. HICKLING (Ed.), What About the New Testament? (FS Ch. Evans) (London 1975) 45–63; BRODIE, Literary Interpreter 269f; BÜCHELE, Tod Jesu, bes. 146–164; BUSSE, Wunder, bes. 268–289; CONZELMANN, Die Mitte 53–66; DAVIES, J. H., The Purpose of the Central Section of St. Luke's Gospel, in: StEv II (TU 87) (Berlin 1963) 164–169; DENAUX, A., Het lucaanse reisverhaal (Lc. 9,51 – 19,44), in: CBG 14 (1968) 214–242; 15 (1969) 464–501 (Lit.); K., DORN, Die Gleichnisse des lukanischen Reiseberichtes aus Sondergut und Logienquelle (Diss. theol. Würzburg 1987); DRURY, Tradition 138–164; EGELKRAUT, G., Jesus' Mission to Jerusalem: A redaction critical study of the Travel Narrative in the Gospel of Luke, Lk 9:51 – 19:48 (EHS.T 80) (Frankfurt a. M. 1976); ELLIS, E. E., La Composition de Luc 9 et les sources de sa christologie, in: DUPONT (Éd.), Jésus aux origines 193–200; ESPINEL, J. L., La vida-viaje de Jesus hacia Jerusalén (Lc 9,51 – 19,28), in: CuBi 37 (1980) 93–111; EVANS, C. A., „He Set His Face". Luke 9,51 once again, in: Bib. 68 (1987) 80–84; EVANS, C. F., The Central Section of St. Luke's Gospel, in: NINEHAM (Ed.), Studies 37–53; FARRELL, H. K., The Structure and Theology of Luke's Central Section, in: TrinJ 7 (1986) 33–54; FILSON, F. V., The Journey Motif in Luke-Acts, in: W. W. GASQUE – R. P. MARTIN (Ed.), Apostolic History and the Gospel (FS F. F. Bruce) (Exeter 1970) 68–77; FLENDER, Heil und Geschichte, bes. 33–36.70–83; FRANSEN, I., La montée vers Jérusalem (Luc 9,51 – 18,14), in: BVC 11 (1955) 68–87; GASSE, W., Zum Reisebericht des Lukas, in: ZNW 34 (1935) 293–299;

GILL, D., Observations on the Lukan Travel Narrative and Some Related Passages, in: HThR 63 (1970) 199–221; GIRARD, L., L'Évangile des voyages de Jésus ou La Section 9,51 – 18,14 de saint Luc (Paris 1951) (Lit.); GÖLLNER, R., Der „Weg" christlichen Glaubens. Perspektiven lukanischer Theologie, in: M. ALBUS u. a. (Hg.), Der dreieine Gott und die eine Menschheit (FS K. Hemmerle) (Freiburg i. Br. 1989) 199–215; GOULDER, M. D., The Chiastic Structure of the Lucan Journey, in: StEv II (TU 87) (Berlin 1964) 195–202; DERS., From Ministry to Passion in John and Luke, in: NTS 29 (1983) 561–568; GRUNDMANN, W., Fragen der Komposition des lukanischen „Reiseberichts", in: ZNW 50 (1959) 252–270; HORN, Glaube und Handeln 260–268; KARIAMADAM, P., Discipleship in the Lucan Journey Narrative, in: Jeevadhara 10 (1980) 111-130; DERS., The Zacchaeus Story (Lk. 19,1-10). A Redaction-Critical Investigation (Alwaye/Kerala 1985); DERS., The Composition and Meaning of the Lucan Travel Narrative (Luke 9,51 to 19,46), in: Bible Bhashyam 13 (1987) 179–198; KATZ, F., Lk 9,52 – 11,36. Beobachtungen zur Logienquelle und ihrer hellenistisch-judenchristlichen Redaktion (Diss. theol. Offsetdr.) (Reinheim/Odw. o. J. [1973]); LAPOINTE, R., L'espace-temps de Lc 9,51 à 19,27, in: EeT(O) 1 (1970) 275–290; LEAL, J., Los viajes de Jesús a Jerusalén según San Lucas, in: SBEsp 14 (1954) 365–382; LOHFINK, Himmelfahrt; MCCOWN, C. C., The Geography of Jesus' Last Journey to Jerusalem, in: JBL 51 (1932) 107–129; DERS., The Geography of Luke's Central Section (9,51 – 18,14), in: JBL 57 (1938) 51–66; MEEUS, M. DE, La Composition des Lc. 9,51 – 18,14 (Diss. theol.) (Leuven 1954) [nicht zugänglich]; MIESNER, D. A., The Missionary Journeys Narrative. Patterns and Implications, in: TALBERT (Ed.), Perspectives 199–214; MIYOSHI, M., Der Anfang des Reiseberichts Lk 9,51 – 10,24. Eine redaktionsgeschichtliche Untersuchung (AnBib 60) (Rom 1974); DERS., Das jüdische Gebet Šema' und die Abfolge der Traditionsstücke in Lk 10–13, in: AJBI 7 (Tokio 1981) 70–123; MOESSNER, D. P., Lord of the Banquet. The Literary and Theological Significance of the Lukan Travel Narrative (Minneapolis/MN 1988); MÜLLER, P. G., Christos archēgos (Bern 1973) 328–333; NAVONE, L., The Way of the Lord, in: Scrip. 20 (1968) 24–30; NEBE, Prophetische Züge 180–190; NOACK, B., Lukasevangeliets rejseberetning. En fortolkning (København 1977); OGG, G., The Central Section of the Gospel according to St Luke, in: NTS 18 (1971/72) 39–53; OSTEN-SACKEN, P. VON DER, Zur Christologie des lukanischen Reiseberichts, in: EvTh 33 (1973) 476–496; REICKE, B., Instruction and Discussion in the Travel Narrative, in: StEv 1 (TU 73) (Berlin 1959) 206–216; REPO, E., Der „Weg" als Selbstbezeichnung des Urchristentums. Eine traditionsgeschichtliche und semasiologische Untersuchung (AASF, Ser. B, 132/2) (Helsinki 1964); RESSEGUIE, J. L., Interpretation of Luke's Central Section (Luke 9:51–19:44) since 1856, in: SBT 5 (1975) H. 2, 3–36; DERS., Point of View in the Central Section of Luke (9:51 – 19:44), in: JETS 25 (1982) 41–47; ROBINSON, W. C., Jr., The Theological Context for Interpreting Luke's Travel Narrative (9:51ff), in: JBL 79 (1960) 20–31 = Der theologische Interpretationszusammenhang des lukanischen Reiseberichts, in: BRAUMANN, Lukas-Evangelium 115–134; DERS., Weg*; SAMAIN, É., Le récit lucanien du voyage de Jésus vers Jérusalem. Quelques études récentes, in: FV 72 (1973) H. 3, 3–24; SATO, Q 37f; SCHMIDT, Der Rahmen* 246–273; SCHNEIDER, J., Zur Analyse des lukanischen Reiseberichtes, in: SCHMID-VÖGTLE, Synoptische Studien 207–229; SCHÜTZ, Der leidende Christus 68–75; SELLIN, G., Komposition, Quellen und Funktion des lukanischen Reiseberichtes (Lk IX,51 – XIX,28), in: NT 20 (1978) 100–135, bes. 126–132; STAGG, F. – HARRISON, J. B., The Journey Toward Jerusalem in Luke's Gospel. Luke 9:51 to 19:27, in: RExp 64, Nr. 4 (1967) 499–512; TANKERSLEY, A. T., Preaching the Christian Deuteronomy. Luke 9:51 – 18:14 (Diss. Claremont 1983; vgl. DissAb 44 [1983s] 782c to A); TROMPF, G. W., La section médiane de l'évangile de Luc: L'organisation des documents, in: RHPhR 53 (1973) 141–154; WENHAM, J. P., Synoptic Independence and the Origin of Luke's Travel Narrative, in: NTS 27 (1981) 507–515; WICKES, D. R., The Sources of Luke's Perean Section (HSLNT II/2) (Chicago 1912); WILKENS, Struktur 1–13.

Der Mittelabschnitt der luk Evangelienschrift 5,1 – 19,27[1] versammelt – im Rückgriff auf den „Anfang" (3,1 – 4,44) und im Vorgriff auf die „Vollendung" Jesu (19,28 – 24,53) – deren Ganzheit und sammelt die luk Erzählabsicht in ihrer Mitte. Dabei entfaltet sein erster Abschnitt (5,1 bis 9,50) sich stärker aus dem erzählten „Anfang" (von Galiläa aus)[2]; sein zweiter Abschnitt (9,51 – 19,27) will intensiver von der „Vollendung" (in Jerusalem) her (vgl. 13,32)[3] verstanden werden. Beide Abschnitte müssen zusammengedacht und wollen zusammen bedacht werden[4], wobei schon zu vermuten ist, daß der 2. Erzählabschnitt, der von der ἀνάλημψις (9,51) Jesu her denkt, das Christusereignis (vom „Pascha"-Geschehen her) vernehmlicher ins Wort zu heben vermag als der 1. Erzählabschnitt, der (vom „Epiphanie"-Geschehen her)[5] das Christusgeschehen in Szene setzt.

In beiden Abschnitten wird Jesus öffentlich wirkend (vgl. Apg 10,38) und lehrend (Lk 23,5) im Lande der Juden dargestellt. Dabei liegt nun in 9,51 – 19,27) der Akzent bedeutend stärker (aber nicht nur!) auf dem Wort, in dem Jesus sich (in recht unterschiedlichen Sprachformen; s. u.) ausspricht, während 5,1–9,50 Jesus stärker (aber nicht nur!) in seinem Wirken zur Sprache brachte.

Von da aus ist es verständlich, warum das intensive Suchen nach der „Mitte" der luk Theologie zu einer breiten und immer neu aufgenommenen Diskussion um den luk Aussagewillen gerade dieses zweiten Teils des Mittelabschnittes geführt hat und führt. Lukas weiß durchaus, daß es so etwas wie eine „Mitte der Schrift" gibt[6], und er findet sie in dem, was bereits er „Evangelium" nennen kann[7]. Die Aussonderung der neubundlichen Heilsgemeinde ist die grundlegende Frohbotschaft, die im Wort des seiner Erhöhung entgegen gehenden Kyrios zur Sprache kommt. Alle Paränese ist dem ein- und untergeordnet und ist somit durch und durch „ekklesiologisch" bestimmt, welches Verständnis sich nachstehend bestätigen muß.

1. *Die Wegschilderung:* Jesus ist weiterhin wandernd[8] vorgestellt, aber

---

[1] Siehe dazu LK I, 146.260f.
[2] Siehe dazu LK I, 146.261.
[3] Vgl. dazu vorausblickend schon u. unter 2.
[4] Wogegen KÜMMEL, Einleitung 17.95 Anm. 2, opponiert. Vgl. jedoch nunmehr – schon mit BLINZLER, a.a.O. – GRUNDMANN, a.a.O.; G. SCHNEIDER; RESSEGEUIE, Interpretation (a.a.O.) 35, u.a.
[5] Vgl. H. SCHÜRMANN, Aufbau und Struktur.
[6] Vgl. nur LK I, 1–17 zu 1,1–4. – Die nachstehende Einleitung erlaubt sich eine gewisse suchende Breite, weil sie vielleicht – zusammen mit der Kommentierung von 1,1–4 – die Intention der luk Redaktion zu verdeutlichen vermag.
[7] Vgl. nur LK I zu 4,18.21.
[8] Vgl. Lk 9,56(57); 10,1.38; 14,25. – Lukas fügt sein Vorzugswort πορεύεσθαι (vgl. AB I, 90: Mk nur in v.l. und Kap. 16; Mt ca. 28mal; Lk ca. 50mal; Apg ca. 15/24mal) sicher redaktionell häufig diff Mk, auch vielleicht 7,6; 14,19; 19,12 diff Mt, sehr wahrscheinlich auch in Einleitungswendungen zu luk Sg ein. Diese Reisenotizen in Rahmenversen waren zumindest nicht alle Lukas vorgegeben; vgl. näherhin SCHMIDT, Der Rahmen* 247ff; ROBINSON, The Theological Context (a.a.O.) 20ff. – Lk 8,1–3 (s. dort); 9,52 Q (s.u.); 9,58 Q und 13,33 S kann bzw. wird Lukas das Wandermotiv von seinen Vorlagen angeboten worden sein; zur Mk-Vorlage s.u. S. 5.

nun nicht mehr wie 5,1 - 9,50 landauf, landab im Judenland[9], sondern nunmehr 9,51 - 19,27 gezielt unterwegs nach Jerusalem[10] (was hernach – s.u. unter 2. und 3. – theologisch gedeutet werden muß).
a) Schon das Wandermotiv ist sprechend. *Das Wandern* (πορεύεσθαι) verbindet Lk 9,51 - 19,27 mit Lk 5,1 - 9,50 (s. dort). Jesus ist damit als Wanderlehrer[11] gezeichnet, vielleicht – oberflächlich gesehen – „prophetischer" Art[12], auf „Volksmission"[13]. Dieses „Wandern" ist luk betont[14]: Es ist für ihn christologisch durchsichtig[15]; es charakterisiert Jesus als Fremdling auf Erden (vgl. nur 9,58; 13,33). Dabei wird sein „Einkehren" als Gast[16] (vgl. nur 10,1.38–42; 11,37; 14,1; 15,1f und 19,1–10), das Gottes „Heimsuchung"[17] (1,68.78; 7,16; vgl. 19,44; Apg 15,14) präsentiert, gewichtig. Das Wandern Jesu ist ein Gnadenereignis: „Wie dieser umherzog, Gutes tat und alle heilte, die in der Gewalt des Teufels waren" (Apg 10,38)[18]; besonders aber weiß er sich „gesandt, das Evangelium vom Reich Gottes zu verkünden" von Stadt zu Stadt (Lk 4,43).

Jesus „wandert" aber nunmehr nicht nur, er geht seinen „Weg"; er ist *unterwegs nach Jerusalem*. 18,35 wird Jesus nahe bei Jericho sein, welche Stadt er 19,1 durchzieht; 19,11 ist er nahe bei Jerusalem. Dieser Weg hat seine besondere Bedeutsamkeit und Gnade.

In das Unterwegssein darf man wohl noch nicht metaphorisch das Weg-Verständnis der Apg[19] hineintragen: die christliche neue Glaubens- und Lebensweise als „Weg" (vgl. Apg 9,2; 19,9.23; 22,4; 24,14.22; vgl. Lk 20,21: den „Weg Gottes")[20], so sehr dieser „Weg" hierher bereits vom Herrn selbst seine Direktiven bekommt.

Lukas hat das von Mk her vorgegebene Reisemotiv[21] besonders am Anfang Lk 9,51ff, vgl. Mk 10,1 (17), und gegen Ende des Abschnittes Lk 18,31 (43), vgl. Mk

---

[9] Oft wird CONZELMANN, Die Mitte 57, zitiert: „Er wandert zunächst gar nicht anderswo als bisher – aber er wandert anders." – Das Jerusalem-Motiv ließ Lukas sachlich bereits 9,22 anklingen (im Vergleich mit 9,31 Sv diff Mk).
[10] Jerusalem als Ziel: 9,51.53; 13,22 (23); 17,11 (18,31ff), vgl. 19,28.
[11] Vgl. THEISSEN, Studien 79–105 (107–113); DERS., Soziologie, bes. 9–12; BRUTSCHECK, Maria-Marta-Erzählung (L 8) 99f; RIESNER, Jesus; SCHÜRMANN, Lehrende.
[12] So GRUNDMANN 200: seine Lehre „durch seine ‚Aufnahme' von Gott besiegelt".
[13] So J. SCHNEIDER, a.a.O. 227. – Vgl. WILKENS, Struktur 13: „Das πορεύεσθαι Jesu nach Jerusalem ist missionstheologisch zu interpretieren."
[14] Siehe u. zu 9,51 und die Arbeit von GILL, a.a.O.
[15] Vgl. GRUNDMANN 188; DERS., a.a.O. 252f.
[16] Vgl. BRUTSCHECK, Maria-Marta-Erzählung (L8) 101–107 (Lit. ebd. Anm. 555.575);
[17] Vgl. LK I, 81.91 A. 76; 388f. 403.
[18] Vgl. KARIAMADAM, Discipleship (a.a.O.) Anm. 3: „Only few scholars mention the soteriological aspect of this section of Luke. This, in our opinion, is an important concept of the travel section." Vgl. auch A. 67 und 68.
[19] Vgl. REPO, a.a.O.; J. PATHRAPANKAL, Christianity as a ‚Way' according to the Acts of the Apostles, in: KREMER, Les Actes: 333–339; weitere Autoren bei HORN, Glaube und Handeln 364f Anm. 82.
[20] Gegen ROBINSON, a.a.O., bes. 119–128, auch RESSEGUIE, Interpretation (a.a.O.) 21; KARIAMADAM, Discipleship (a.a.O.), bes. 111.128ff.
[21] Lukas „fand" das Motiv „in Mc..."; aber erst er hat das Motiv ‚schematisiert'"; so CONZELMANN, Die Mitte 54 Anm. 2.

10,32f und Lk 19,28 (41), vgl. Mk 11,1 (11)[22] aufgegriffen, wobei er Traditionen aus Q und luk Sg einfügt. Dabei gerät er redaktionell in Schwierigkeiten: Er schildert den Weg Jesu – seltsam mißverständlich (s. u.) – „mitten durch Samaria und Galiläa" (17,11). – Tatsächlich ist Jesus 9,52–56 in Samaria. Lk 10,38–42 nennt er folgerichtig (diff Joh 11,1) Betanien nicht, und 13,22 ist er offenbar noch weit von Jerusalem entfernt; 13,31 ff ist er gar noch in Galiläa. Jesu Weg ist keineswegs konsequent als ein solcher von Galiläa nach Jerusalem geschildert[23]. Obgleich er dann 18,35–43 und 19,1–10 bei und in Jericho ist, läßt Lukas (mit Mk 10,1) nicht den Gedanken an Peräa[24] aufkommen. Das 9,52–56 angeschlagene Motiv einer Reise durch Samaria[25] wird also nicht durchgehalten. Vielleicht kennt Lukas die Geographie Palästinas nicht so genau. Wie dem auch sei: sein Interesse gilt nicht dieser. Lukas legt kein Itinerar vor, sondern erzählt ab 9,51[26], wie Jesus verkündend unterwegs ist, gezielt nach Jerusalem.

Die Undeutlichkeit der chronologischen und geographischen Aussagen sowie das weitgehende Fehlen solcher (Kap. 12 sowie 17 und 18) bzw. ihr totaler Ausfall (Kap. 15 und 16)[27] helfen, die Gattung eines „Itinerariums" oder eines „Reiseberichtes" – als für das Jesusgeschehen unangemessen – aufzusprengen und die Transparenz des Weges Jesu nach Jerusalem als bedeutsam (auch schon auf die Zeit der Kirche hin) deutlich werden zu lassen (s. u. unter 2.a).

b) Der vorstehende Überblick ließ schon die Problematik erkennen, die *„literarische Art"* des Abschnittes eindeutig zu benennen. Von einem „Reisebericht" sollte man nicht sprechen (s. o.)[28]. Erzählt wird, zwar recht farblos, von einer „Reise" – aber in einer Weise, die narrativ Theologie zur Sprache bringt. Auf der Reise kommt Jesus nicht recht von der Stelle. Lukas vermeidet es (diff Mk), vor 18,35; 19,1 Zwischenstationen zu nennen[29]. Der irdische Jesus kann selbst auf dem Weg hin zum Ort seiner ἀνάλημψις nicht nur als ständig „wandernd" beschrieben werden, weil in dem (prophetischen oder messianischen) „Wanderlehrer" (s. o.) in vielerlei szenisch ausgeführten Begegnungen immer wieder, am Anfang 9,61; 10,1.39ff bis zum Ende 19,16.18.20.25 der erhöhte „Kyrios", der „gekommene Menschensohn" (19,10; vgl. 9,58; 12,10) sich hören läßt. Hier ist die Eschatologie in der Geschichte, das Jenseits im Diesseits, „Ewigkeit im

---

[22] Vgl. dann weiter Mk 11,1 (11) = Lk 19,28 (41).
[23] Schon 4,44 hat Jesu Tätigkeit nicht auf Galiläa beschränkt.
[24] Die ältere Forschung – vgl. D. R. WICKES, The Sources – redete ungut von „Perean Section".
[25] Man sollte nicht mit FEINE, Einleitung* 134 (sachlich ähnlich LOHSE, Missionarisches Handeln), von einem „Samariterabschnitt" reden.
[26] Nur selten wird der Erzählabschnitt früher angesetzt; vgl. den Bericht von EGELKRAUT, a.a.O. 6 Anm. 2; für 9,34b als Anfang vgl. nun wieder BAARLINK, a.a.O., bes. 487–490.
[27] „In these chapters the connective journey theme is suspended or nearly suspended" nach EGELKRAUT, a.a.O. 22.
[28] EGELKRAUT, a.a.O. 4, meint, diese Benennung erstmalig bei Schleiermacher nachweisen zu können. – Kritisch gegen dieselbe auch GRUNDMANN; ELLIS; EGELKRAUT, a.a.O. 11–25; RESSEGUIE, Interpretation (a.a.O.) 35.
[29] Vgl. ROBINSON, The Theological Context (a.a.O.) 20.

Augenblick" – ein „Störfaktor", der etwas signalisiert. Darum ist die Charakterisierung als „Reiseerzählung", als narrative Schilderung einer „Reise Jesu nach Jerusalem"[30] letztlich auch noch unbefriedigend, wie alle geographischen[31] oder literarkritischen[32] Benennungen unzutreffend bleiben. Es liegt eine „gestörte" Gattung vor. Jesu „Wandern" und „Reisen nach Jerusalem" hat Gleichnischarakter; „reine", „ungestörte" Gleichnisse Jesu gibt es aber nicht. Man wird den Wegcharakter nicht aus dem Auge verlieren, aber man wird auch die metaphorische „Störung" in der Erzählung durch Unterweisungen[33] nicht übersehen dürfen. Unsere Benennung als „metaphorische Reiseerzählung" möchte darauf aufmerksam machen.

Die folgende Rückfrage nach Funktion und Intention des Abschnittes wird somit schon dem Weg- und Jerusalem-Motiv und damit dem heilsgeschichtlichen „Ge-Schick" Jesu die Hauptaufmerksamkeit schenken müssen (s.u. unter 2.), ohne dabei aber das in ihm zu Wort kommende Sprachgeschehen (s.u. unter 3.) zu übersehen.

2. Die theologische Bedeutsamkeit *des Weges* nach *Jerusalem:* Lk 9,51 bis 19,27 wird – wie wir vorstehend sahen – Jesu Wandern nunmehr als ein zielgerichtetes erzählt: Jesus ist unterwegs nach Jerusalem[34]. Es ist die Frage, ob und in welcher Weise Lukas hier in narrativer Weise theologische Aussagen beabsichtigt. Verbindet Lukas mit der Ausrichtung des Wanderns speziell auf *Jerusalem* hin einen spezifischen Gedanken?

Ist vielleicht dieses „Unterwegs nach Jerusalem" 9,51 – 19,27 für Lukas nur ein Mittel, seinen tradierten Erzähl- und Redestoff unterzubringen? Wollte etwa Lukas „im Rahmen" der Jerusalem-Reise nur seine „große Einschaltung" (9,51 – 18,14), das ihm vorgegebene Traditionsgut zur Sprache bringen? – Man würde Lukas als Theologen unterschätzen, wenn er nur als komponierender Kompilator gesehen würde; er war schon ein kunstfertiger „Komponist", der übernommene Motive redaktionell akzentuierte und theologisch in Dienst nahm.

Was nun bringt dieser Weg hinauf nach Jerusalem zur Sprache (und was bringt Jesus auf diesem Weg zur Sprache)? Zunächst: Lukas erzählt. Darum wird dem erzählten Vorgang sein Hauptinteresse gelten (hier unter 2.). Im Rahmen dieser Erzählung wird er dann die erzählten „Reden" Jesu zum Sprechen bringen; s. danach u. (unter 3.). Wir werden sehen, daß das narrativ zur Sprache kommende Motiv „Unterwegs nach Jerusalem" der

---

[30] Vgl. SCHMITHALS.
[31] Vgl. o. A. 24 und 25.
[32] Wer unsern Abschnitt 9,51 ff mit 18,14 beschließt (s.u. A. 83), kann ihn „Die große Einfügung" (the „Great Interpretation", the „Great Insertion") nennen (vgl. dazu EGELKRAUT, a.a.O. 5); wer geneigt ist, ihn bis 19,27 bzw. bis 19,44 (46.48; s.u. A. 84 und 85) zu führen, wird mit STREETER, The Four Gospels* 203, lieber von „The Central Section" reden.
[33] Siehe u. (unter 3.).
[34] Vgl. RESSEGUIE, Interpretation (a.a.O.) 35: „Once Jesus heads southward for Jerusalem. Luke never hints at a journey back to Galilee."

rechte Schlüssel ist, die Aussagemitte auch jener Reden zu erschließen[35]. Schon (a) ein erster Überblick über 9,51 – 19,27 kann dieses Motiv in den Blick heben, was dann (b) ein Vorblick auf den III. Teil der Evangelienerzählung bestätigen mag.

a) Ein *Überblick:* Gleich zu *Beginn* (9,51) macht Lukas genügend deutlich, daß ihm in 9,51 – 19,27 Jerusalem vor allem als Stadt seiner „Aufnahme" (ἀνάλημψις) vor Augen steht (s. dort). So sehr es wahr ist, daß Jesu „Aufnahme" (9,51) und sein „Ausgang" (9,31) im Kontext eng zusammengedacht werden müssen[36], so darf doch nicht übersehen werden: 9,51 liegt nun (eindeutiger als 9,31; s.z.St.) nicht mehr der Akzent auf dem Tod Jesu (freilich auch das; s. nur 12,50; 13,31ff; 17,25; 18,31ff), sondern nunmehr – ein erzählerischer Fortschritt![37] – bereits akzentuiert auf seiner messianischen Erhöhung[38]. Die „Mysterien des Gottesreiches" wurden bereits 9,1–50 „offenbart im Jüngerkreis", und zwar besonders als „Leidensgeheimnis" in den beiden Erzählabschnitten 9,18–27 und 9,28–45; hier kann nun der Akzent weiterführend anders gesetzt werden: Jesus ist zwar der leidende Gerechte, das aber als der, welcher durch Erniedrigung seiner Erhöhung entgegengeht[39].

Was 9,51 am Anfang des Reiseberichtes thematisch angegeben wird, bestätigt das *Ende* desselben: Jesus ist der, der auferstehen wird (18,31ff par Mk), der demnächst in ein „fernes Land" ziehen (19,12) und von dort mit der Königswürde – und als Richter der Seinen (19,24ff) und Israels (19,27; vgl. 19,41–44) – wiederkommen wird. Man muß die „Reiseerzählung" also von hinten her lesen, um zu erkennen, wie sehr sie die luk Erhöhungschristologie prägt, die den Todesgedanken von der Erhöhung her versteht und damit die „Christologie" im Sinne von 24,26 läutert: „durch Leiden in die Herrlichkeit", vom irdischen „Messias" zum erhöhten „Christus" (Lk 24,21; Apg 1,6).

Was so am Anfang und Ende deutlich ist, bestätigt sich mehrfach auch *zwischenhinein:* vgl. die von Lukas (seit 3,9.16f; s. dort) erwartete „Feuertaufe" nach der Leidenstaufe (12,49f diff Mt; s. dort), die Gerichtsbelehrung auf dem Wege nach Jerusalem (13,22–30), das Wiederkommen als Richter (13,34f).

---

[35] Es wird somit geraten sein, die gliedernden Hauptüberschriften im kommentierenden Text im allgemeinen von den Weg-Geschehnissen her bestimmt sein, in den untergliedernden Überschriften dann die intendierte Lehraussage zu Wort kommen zu lassen. – Der didaktische Zweck des Reiseabschnitts wurde einseitig betont von J. SCHNEIDER, a.a.O.; REICKE, a.a.O.; ELLIS 146f. Vgl. auch die Hinweise u. in A. 54.
[36] Obgleich Lukas Tod und Erhöhung zusammenschauen kann (vgl. u. zu 9,51), ordnet er beides doch meist in ein Nacheinander. Vgl. zur Gegenüberstellung von „Leiden und Herrlichkeit" FLENDER, Heil und Geschichte 33–36.
[37] Lukas hatte 9,44 (diff Mk 9,31b) die Auferstehung gestrichen!
[38] Stark betont von DAVIES, a.a.O. 164–169. – Das mehrdeutige (s.u. zu V 51) ntl. Hapaxlegomenon ἀνάλημψις muß hier aus dem luk Kontext verstanden werden.
[39] Vgl. bes. SCHWEIZER, Erniedrigung.

Die Deutung von H. Conzelmann[40] – ihm viel nachgesprochen[41] –, im „Reisebericht" werde Jesu Leidensbewußtsein, sein Passionswille als Reise zur Sprache gebracht, wobei Jesu „Reise", sein Weg zum Kreuz, hier und da als Typos des Christenlebens verstanden wird[42], stellt einen von Markus übernommenen Gedanken (vgl. schon Mk 10,32ff.35–45 und 10,46–52) heraus – der Lukas keineswegs unwichtig ist, gerade auch für die Jerusalem-Reise[43]: vgl. 12,50 (Q? s. dort); 13,31ff (Sg?, s. dort); 14,27 vgl. 9,23 (Q + Mk); 17,25 (luk R; s. dort); vgl. im Bilde 19,12 (luk R). Der Leidensgedanke ist aber doch nicht der Hauptgedanke der luk Komposition.

b) Wir werden einen *Vorblick* auf den III. Teil des EvLk (19,28 – 21,38; s.u.) werfen müssen, wenn wir das luk Verständnis von Jerusalem und damit Jesu Unterwegssein nach Jerusalem hinauf sachgerecht erfassen wollen.

α) Unsere bisherige Deutung, die Jerusalem-Reise ziele auf die Erhöhung Jesu, bedarf weiterer Konkretisierungen: Welche Bedeutung hat Jerusalem nach der Vorstellung des Lukas? Die Stadt ist zunächst einmal *die Hauptstadt Israels*[44], damit die *Stadt der messianischen Entscheidung,* damit aber auch die der *„ekklesiologischen" Scheidung.*

Weil Jerusalem der Mittelpunkt Israels ist, stellt Jesus Israel in dieser seiner Hauptstadt endgültig vor die messianische Entscheidung. Im Gleichnis sagt das schon Lk 19,28–38.39, ausdrücklich dann 19,45–46.47–48; 20,1–8(9–16).18 und 20,41–44; 21,(29–31)32–33.37. Aber auch in den beiden Jerusalem-Reden Jesu 20,20–26.27–40 wird das deutlich, wobei die Ablehnung Jesu (bes. 20,9–19) und die Verwerfung der Stadt (19,41–44; 21,5–26), ihrer Führerschaft (20,45–47) und „dieser Generation" (20,16; 21,32) zur Sprache kommen, was dann alles im Passionsgeschehen (Kap. 22–23) Wirklichkeit wird (s. dort). Jesu „Auslieferung" (24,7), sein „Leiden" (24,26) war schon das göttliche Muß, das aber eben zur „Auferstehung" und „Herrlichkeit" (vgl. 24,26) führte.

Jesu Reise nach Jerusalem ist somit – das darf nicht übersehen werden – eine Reise in die Hauptstadt Israels. Die „Scheidung und Entscheidung", die sich 5,1 – 9,50 schon anbahnte (s. dort), kann erst in Jerusalem zu ihrer (vorläufigen!) Endgültigkeit kommen, weil Israel erst hier – durch die

---

[40] CONZELMANN Die Mitte 57 u.ö., im Gefolge der Arbeiten von MCCOWN, a.a.O. (von Conzelmann auch sonst stärker benutzt); MANSON, Jesus*.
[41] So O'NEILL; GRUNDMANN; STAGG, a.a.O. 501; SCHWEIZER 108. Weitere Autoren (und Kritik) bei EGELKRAUT, a.a.O. 45ff. – Vgl. bes. die Kritik dagegen bei DAVIES, a.a.O., und VON DER OSTEN-SACKEN, a.a.O. (dort Anm. 22 Vorgänger); MARSHALL, Luke 150f; G. SCHNEIDER I, 228 („Kennzeichnung unzulänglich", der aber selbst die Leidensnachfrage ebd. 227 sehr stark betont: „primär"); HORN, Glaube und Handeln.
[42] WILKENS, Struktur 12.13, als Weg der Kirche und ihres Dienstes. Wohl überbetont – verleitet durch Apg 20,17–38 – auch von PRAST, Presbyter 231f.
[43] Das beweist die luk Parallelisierung der Jerusalem-Reise des Paulus mit der Jesu; vgl. RADL, Paulus und Jesus 124f. 149f.
[44] CONZELMANN, Die Mitte 66–71, dürfte die Örtlichkeiten in Jerusalem – im Interesse seiner Unterbewertung des Jerusalem-Motivs – zu scharfsinnig trennen: in Aufenthalt Jesu und Geschehnisse im Tempel, am Ölberg, in der Stadt (Ort der Verurteilung und Kreuzigung).

„Aufnahme" Jesu (9,51) – in entscheidender Weise vor die „Christusfrage" gestellt wird, vor seinen Messias, der nunmehr „zum Fall und zum Auferstehen vieler in Israel" (2,34) werden soll.

β) An Jerusalem scheint Lukas aber auch noch ein zweiter Aspekt wichtig zu sein: Auffallend ist[45], daß Lukas das „Erscheinen" des Auferstandenen (24,32.36) in Jerusalem sowie seinen endgültigen „Weggang" (24,51; Apg 1,9–11.12) ebenda keineswegs besonders stark betont (vgl. die Schilderungen 24,13–31.34.50–53). Das eigentlich Wichtige scheint ihm die Bestätigung Jesu als des Erhöhten (24,26.49, freilich aufgrund der Auferstehung: 24,5f. 51) ebendort zu sein. War diese christologische Erhöhung doch die Voraussetzung für *das Kerygma* in seinem Namen (24,47f.49), das *von Jerusalem aus* seinen Ausgang nehmen sollte (Apg 1,8)[46]. Eben dieses geistmächtige (24,49; Apg 1,4f.8) Kerygma der Christuszeugen (Apg 1,8) mit seinen zur Entscheidung rufenden Gehalten (Apg 28,23a: διαμαρτυρόμενος τὴν βασιλείαν τοῦ θεοῦ) und seiner zur endgültigen Scheidung führenden Wirkung (Apg 28,24: οἱ μὲν [ἐπείθοντο] – οἱ δὲ ἠπίστουν) ist es, was von Jerusalem aus seinen Anfang nahm, um von da bis nach Rom gebracht zu werden, ja „bis an die Grenzen der Erde" (Apg 1,8). Mit der Wirksamkeit Jesu in Samaria kommt für Lukas auch schon die kommende Heidenmission hintergründig, „parabolisch" in den Blick; von ihr kann noch nicht „erzählt" werden[47]. Hier spricht der erhöhte Kyrios schon in die Kirche. Als „Abschiedsrede" des zum Tode Gehenden wäre die Reiseerzählung grundlegend mißdeutet[48].

3. Wenn somit schon das Unterwegssein nach Jerusalem als solches (unter 2.) theologisch etwas zur Sprache brachte, wird vermutlich auch das, was Jesus bei diesem Unterwegssein zu sagen hat, in der gleichen Thematik seine Mitte haben. *Jesu Wort* (und Wirken) wird, so dürfen wir vermuten, 9,51–19,27 grundsätzlich nicht anders zu deuten sein als das Wort seiner Zeugen, das im Namen des Kyrios von Jerusalem ausging (aber auch grundsätzlich nicht sehr anders als das, was Jesus schon 5,1–9,50, landauf, landab durch das Judenland wandernd, vortrug).

Wir sahen: unterwegs nach Jerusalem kommt Jesus nicht recht von der Stelle, weil sein Wandern als „prophetischer Lehrer" ein mobiler Verkündigungsvorgang in vielerlei ansprechenden Begegnungen ist. Jesus wandert, tiefer gesehen, als auf Erden heimatlos suchender „Menschensohn" (9,58 am Anfang und 19,10 am Schluß), und er kehrt ein bzw. hält an als der „Kyrios" (vgl. nur 10,1.41 am Anfang und am Ende 19,8a.b), als der, welcher sein Heil bringt und sein Wort sagt. – Die Szenerie auf der Wande-

---

[45] Vgl. MARSHALL, Luke 155f.
[46] Diesen Gesichtspunkt stellten betont heraus WILKENS, Struktur 13, und (für Kap. 24) bes. DILLON, Eye-Witnesses, zusammenfassend 266–296, hier 266: „The world-mission's prelude and preparation."
[47] Siehe u. Vgl. (überbetonend; s. u. A. 66 und A. 78.) LOHSE, Missionarisches Handeln* 11ff.
[48] Gegen SELLIN, a.a.O. (L1) 134; BUSSE, Wunder 271f u.a.; vgl. überzeugend die Ausführungen von HORN, Glaube und Handeln 264.

rung nach Jerusalem läßt dabei deutlich unterschiedliche Adressaten erkennen: Weithin ist Jesus von begleitenden Volksscharen umgeben, die mithören oder angeredet werden[49]. Hineingestellt in die Volksszenen sind des öfteren Auseinandersetzungen mit der sich immer deutlicher gegnerisch einstellenden Führungsschicht[50]. Jesu Wort an die Volksscharen ist weithin offen werbend, freilich durchsetzt mit notwendigen Gerichtsdrohungen[51] an die ganze „Generation" oder an die Führungsgruppen. Es geht eben hier um Entscheidung und Scheidung. Davon abgehoben gibt Jesus seinen nachfolgenden Jüngern für den Dienst spezielle Unterweisungen (wobei aber auch Unterweisungen an die noch ambivalenten Volksmassen schon die nachösterliche „Jüngerschaft" im Auge haben können[52]).

Was die Wanderung Jesu nach Jerusalem in der (vorstehend unter 2.) beschriebenen Weise zur Sprache brachte, wird auch das bestimmen, was Jesus unterwegs in „Begegnungen" mit einzelnen[53] verkündend und lehrend ansagt. Formal wird man für die „Reden" und unterschiedlichen Unterweisungen angesichts des okkasionellen Begegnungscharakters von vornherein etwas Unsystematisches, was Adressat und Inhalt angeht: etwas Vielfältiges zu erwarten haben, so daß alle allzu doktrinalen Systematisierungen des Abschnitts als teaching section[54] sich verbieten. Situationsbedingt – die Exegese wird es bestätigen müssen – wird Jesu Verkünden in der Hauptsache eine doppelte Funktion haben (s. u.): Es

---

[49] 11,27–36; 12,13–21.54–59; 13,1–9(18–21?).22–30(31–35?).

[50] 10,25–37; 11,14–26.37–54; 13,10–17(18–21?.31–33?); 14,1–24; 15,1–32; 16,14–31; 17,20–21; 18,9–14. – Auch die Auseinandersetzungen mit „Gegnern" lassen häufiger vorösterlich Jünger und Anhänger Jesu mithören; sie sprechen bereits zugleich in die nachösterliche Kirche hinein, in der immer neu gesagt werden muß, was „Jüngerschaft" ist; s. u.

[51] Richtig betont EGELKRAUT, a.a.O. 226–230, gg. JERVELL, Luke, daß am Ende nicht nur die Führerschicht, sondern Israel als Ganzheit seinen Messias verwarf. Die Zeit der Jerusalem-Reise aber ist noch offen für die sich anbahnende Entscheidung.

[52] Da Lukas in den noch weithin unentschlossenen Volksmassen auch potentiell und partiell Glieder der nachösterlichen Kirche sieht, ist die nachösterliche Gemeinde hier immer mit angeredet, vgl. nur 14,25–33, wenn nicht „dieses Geschlecht" (s.u. zu 11,29ff) speziell gemeint ist.

[53] Vgl. etwa 10,38–42; 17,11–13; 18,35–43; 19,1–10.

[54] Vgl. die Überschrift zu 9,51 – 19,44 bei ELLIS 146: „The Teaching of the Messiah". – Auch von einem „christlichen Deuteronomium" (gg. C. F. EVANS, a.a.O., richtig GILL, a.a.O.) sollte man nicht reden, auch nicht von einer „Abschiedsrede" (s.o. S. 9). Sosehr es wahr ist, daß 9,51 – 19,27 eigentlich kein „Reisebericht" ist (BUSSE, Wunder 268–275) – er läßt sich nicht durch den Begriff „Testament" oder „Vermächtnis" ersetzen (so BUSSE, ebd. 271, mit C. F. EVANS, a.a.O., und SELLIN, a.a.O.). Die didaktischen Tendenzen bleiben in der Reiseerzählung untergeordnet. HORN, Glaube und Handeln 260–268, versteht den „Reisebericht als Unterweisung des zur Erhöhung scheidenden Kyrios an seine Gemeinde" zu verallgemeinernd paränetisch (obgleich er die ekklesiologische Zuordnung der Weisungen Jesu richtig sieht). – Auch chiastische Gliederungsversuche (s.u. A. 88) entsprechen schwerlich der Absicht des Lukas, Jesus angesichts seiner „Aufnahme" als missionierenden Prediger in vielerlei Begegnungen zu schildern (s. ausführlicher u. S. 13f.).

wird grundlegend ein Werben um Israel, das zur Scheidung in Israel führen wird (vgl. schon bes. zu 8, 1–56), zur Darstellung kommen, wobei die Scheidung erst eine endgültige nach der Erhöhung des Χριστὸς Κύριος (vgl. Lk 2, 11) werden kann (vgl. Apg 28, 24); auf dem Weg nach Jerusalem kann diese notwendig nur erst eine vorläufige sein. Die Scheidung in Israel ist zur Zeit des Lukas ein ekklesiologisch brisantes und die Leser bzw. Hörer in den Gemeinden seiner Zeit unmittelbar interessierendes Thema. Jesu Wort wird betont aber auch eine Belehrung der Jünger sein, aus denen sich bereits das erneuerte Gottesvolk formen wird (vgl. schon bes. 5, 1 bis 6, 11; 6, 12–49), wobei die nachfolgenden zeugnisgebenden und in Dienst genommenen „Zeugen" (vgl. schon 9, 1–50) besonderer Belehrung bedürfen. Lukas intendiert durchaus die Gemeinden seiner Zeit als Rezipienten seines Textes, die er so mittelbar und unmittelbar anspricht. Der „rezeptionsästhetische Ansatz" bei der Auslegung wird dabei im Blick haben sollen, daß heutige Gemeinden mit denen der dritten Generation, die Lukas anspricht, „isomorph" in einer vergleichbaren Situation stehen.

a) Unverkennbar setzt Lukas im neuen Erzählabschnitt 9, 51 – 19, 27 das ihn in der Kirche seiner Zeit bewegende Thema fort, das er bereits im „Präludium" (1, 5 – 2, 52) als Motiv anklingen ließ[55], das er dann im „Bericht vom Anfang" und im ganzen „Galiläa-Abschnitt" (3, 1 – 4, 4) thematisierte[56] und das er 5, 1 – 9, 50 in „Jesu Volkstätigkeit landauf landab im ganzen Judenland"[57] entfaltete, bes. 7, 1 – 9, 50, wo er schilderte, wie es angesichts des Wortes und Wirkens Jesu an der Christusfrage zur *„Scheidung und Entscheidung"* in Israel kam[58]. Mehr noch wird hier erzählt, wie die aus Israel, die auf ihren „Heiland", ihren „Christus und Herrn" (2, 11), warteten, zum neuen Gottesvolk (λαός), besonders aus Armen und Kleinen, hernach sogar auch aus Heiden, transformiert werden (s. u.)[59]. Der Hingang Jesu durch Leiden in seine Herrlichkeit, der ihn „messianisch" bestätigte, hatte „ekklesiologische" Folgen, insofern das Gottesvolk für oder wider seinen Messias zur Entscheidung gerufen wurde, was zur Scheidung führte.

Die Unterweisungen Jesu auf diesem Weg werden in ihrer didaktisch-paränetischen Tendenz häufig einseitig ausgelegt: Jesus sei der prophetische Lehrer „angesichts des Todes", als solcher zum Messias bestimmt[60]. Es geht Lukas zwar schon „darum, während und mit der Reise Jesu nach Jerusalem die messianologischen oder christologischen Modifikationen aufzuzeigen, die diese Reise als Weg des

---

[55] Vgl. LK I, 18–145, bes. 127–130 zu 2, 34f.
[56] Vgl. LK I, 147–259.
[57] Vgl. LK I, 261.
[58] Vgl. die Überschriften LK I, 387 (zu 7, 1–50) und I, 443 (zu 8, 1–56).
[59] Es ist das Verdienst von EGELKRAUT, a. a. O., diesen Aspekt betont – vielleicht überbetont – herausgestellt zu haben, zusammenfassend jeweils bes. 59 ff. 189–196. 222 f. 223–239, wobei er freilich das Wort, das Lukas Jesus verkündend und belehrend in die Kirche seiner Zeit hineinsprechen läßt (s. nur u. unter β), wohl nicht genügend akzentuiert (vgl. nur ebd. 235 ff; vgl. jedoch u. A. 64).
[60] Siehe schon o. (S. 8).

Messias ins Leiden und durch das Leiden in die Herrlichkeit mit sich bringt"[61]; das aber akzentuiert Lukas als Entscheidungsgrund nicht. Nicht erst als leidender Messias ist er von der jüdischen Nation verworfen[62].

b) Wenn so auch das Erzählen – die Schilderung der heilsgeschichtlichen Entscheidung und Scheidung in Israel – das Hauptthema der Reiseerzählung und der eingestreuten „Reden Jesu" ist: wir werden doch auch dem akzentuiert herausgestellten Verkünden und Lehren Jesu, das Lukas hier (durch Einarbeitung seiner Quellen: besonders der Redenkompositionen von Q und der – erzählenden und erzählten – Erzählungen des Sonderguts) zur Sprache bringen wollte, unsere Aufmerksamkeit zuwenden müssen: Der Zug Jesu nach Jerusalem wird nicht nur – aufgrund der Verweigerung Israels – zur Unheilsgeschichte[63]; vgl. (4,16–30) 10,21 f; 13,34 f (19,42; 20,16; Apg 28,26 ff). Von „diesem Geschlecht" hebt sich eine Schar von Glaubenden ab, die sich zu Jesus bekennen. Je mehr Israel sich seinem Messias versagt, desto mehr kommt die *„Transformation" Israels zur „Kirche"*, gesammelt aus gläubig gewordenen Sündern und Ausgestoßenen, in den Blick[64], am Ende gar auch aus Heiden[65] (präformiert in den Samaritererzählungen[66]). Diese Heil wirkende Heilsgeschichte ist Lukas wichtiger.

Dabei kann Lukas seiner Reiseerzählung als Evangelium von der Gnade Gottes (besonders durch seine aus dem Sg übernommenen Erzählungen) lebendige Farbe geben. Das transformierte Gottesvolk ist eine

---

[61] VON DER OSTEN-SACKEN, a.a.O. 492. – Jüngersein wird zwar 14,27 (wie schon 9,23) „als Weg mit Jesus und Nachfolge Jesu beschrieben" (G. SCHNEIDER), aber ohne daß man darin die Haupttendenz des Reiseberichtes sehen dürfte.
[62] Gegen GRUNDMANN 199; ELLIS 147f.
[63] So einseitig betont von EGELKRAUT, a.a.O., zusammenfassend 222f (vgl. aber DERS. u. A. 64; s.o. auch A. 51). Vgl. die Korrektur von HORN, Glaube und Handeln 67.363 Anm. 67 u. ö., der aber seinerseits die Auseinandersetzung mit Israel nicht genügend herausarbeitet.
[64] Vgl. LK I, 325–339.387. – EGELKRAUT, a.a.O., konstatiert als Ergebnis der Analyse der triple tradition des Reiseberichtes (133): „Lk's theological purpose in writing the NT is to explain God's judgement on Israel and Jerusalem ... At the same time Lk depicts the establishment of the new people of God made up of the religious outcasts, the ἄνομοι, the ἁμαρτωλοί, the τελῶναι, in Jesus' presence, on Israel's soil as a remnant, and Lk thus maintains the continuity between the old and the new people of God, which eventually will include the gentiles."
[65] Das wurde überbetont von der Baur-Schule (vgl. dazu das Referat von EGELKRAUT, a.a.O. 50–52); vgl. auch bes. WILSON, The Gentiles, bes. 41.45; LOHSE, Missionarisches Handeln* 9ff. Dagegen – dann anders einseitig die Diss. von GAMBA, a.a.O. (L 4). Man wird schon mit J. SCHNEIDER, a.a.O. 225ff, und den meisten gewisse universalistische Tendenzen im „Reisebericht" registrieren müssen.
[66] Vermutlich sollen die Reise durch nichtjüdisches (evtl. samaritanisches?) Gebiet und das Samariageschehen 9,52–56 (s. dort) die spätere Missionierung der Nichtjuden „vorandeuten" (übertreibend LOHSE, Missionarisches Handeln* 12; s.u. zu 9,52–56). – In der Apg wird die Mission der Samariter 8,2–25 vor der der „Gottesfürchtigen" (8,26–40) und der der Heiden (Kap. 10,11ff) erzählt.

Gnadenschöpfung Gottes[67], wie das auch die Heilungen in diesem Abschnitt deutlich machen[68].

Die sich formierende Jüngerschar bedarf aber des Zuspruchs mit Mahnungen!

α) Mancherlei Unterweisungen an die damals noch ambivalenten *Volksscharen* will Lukas bereits von der Kirche seiner Zeit mitgehört und verstanden wissen[69].

β) Stärker als die noch ambivalenten Volksscharen ist in der *großen begleitenden Jüngerschar* (vgl. 6,17; 19,29.37)[70] das nachösterliche Gottesvolk[71], angeredet. Freilich läßt Lukas erzählerisch Jesus primär seine Generation und speziell seine „Jünger"[72] vorösterlich ansprechen; aber gewiß sieht er in Jesus auch schon den erhöhten Herrn, dessen Wort an die Jüngerschar er von daher auch als Anrede an die Kirche seiner Zeit versteht[73]. Auch die immer erneut eingestreuten Gegnerdiskussionen[74] behalten dabei eine ekklesiologische Bedeutsamkeit für die Zeit nach Ostern.

γ) Eine andersartige Funktion dürften Jesu Unterweisungen an den Kreis der nachfolgenden und von ihm in Dienst genommenen *„Jünger" im engeren Sinn* haben. Nach Ostern sollten besondere Bedeutung die Männer bekommen, „welche von Anfang an mit uns zusammen waren" (Apg 1,21), die autorisierten „Diener des Wortes" (Lk 1,2), die später „vor dem Volk seine Zeugen" werden sollten (Apg 13,31) und die Lk 9,1–6 von Jesus bereits „gesandt" waren, nachdem ihnen „die Geheimnisse des Gottesreiches zu erkennen gegeben waren" (vgl. Lk 8,10, auch 8,22–25.40–56; 9,28–36)[75]. Wenn nun – nach 9,51 – Jesu „Aufnahme" bevorsteht, heißt es verstärkt[76] Vorsorge treffen für die Zwischenzeit, bis zur Parusie. Der

---

[67] Das stellten KARIAMADAM, Discipleship (a.a.O.) 112f, und MARSHALL, Luke 153, richtig heraus.
[68] BUSSE, Wunder 274, sieht richtig: „Anhand einiger Beispiele entfaltet Lukas ein *Heilandsbild* von Jesus, der mit der Kraft der gegenwärtigen Gottesherrschaft (Lk 11,20; 17,20) den Armen (Lk 18,35ff), den Kranken (Lk 13,10ff; 14,1ff) und den Fremden (Lk 17,11ff) wohltätig hilft" – aber nicht, um mit ihnen „beispielhaft" zu erläutern, „wie die Jünger sich demgemäß zu verhalten haben"; vielmehr soll Israel durch dieses Heilandsbild zur Entscheidung geführt werden; zugleich wird deutlich, wie sehr das sich Jesus gläubig zuwendende Gottesvolk aus Hilfsbedürftigen bestehen wird; vgl. Lk 19,1–10.
[69] Vgl. Lk I, 266f.278.311f. – Das betonen J. SCHNEIDER, a.a.O. 207–229; MIYOSHI, Anfang (a.a.O.) passim, HORN, Glaube und Handeln 260–268, durchgehend.
[70] Die Jüngerbezeichnung kann in Lk nicht auf die Zwölf eingeengt werden; vgl. LK I zu 6,13 (14,25–35); FREYNE, The Twelve 207–255.
[71] Vgl. schon LK I, 311f.320f.323.387.450.457ff.494. – Die „Jünger"-Bezeichnung meint dann besonders in der Apg (ca. 28mal) die Christusgläubigen.
[72] Vgl. die Jüngerbelehrungen (9,54f); 10,23f; 11,1–13; 12,1–12.22–53; 16,1–13; 17,1–10(11–19?).22–37(18,1–8?); 18,15–17(18–26?).28–34.
[73] Auch hier setzt sich nur eine Tendenz des vorstehenden Abschnittes 5,1 – 9,50 fort; vgl. fundamental (5,1 – 6,11) 6,20–49, auch 9,1–50.
[74] Vgl. dazu REICKE, a.a.O.; TALBERT, An Anti-Gnostic Tendency*; ELLIS, bes. 146–149.
[75] Vgl. zum Dienst der Jünger schon LK I, 517–520.574–580.
[76] ZAHN sah, daß die „Jüngerunterweisung" die Abschnitte 8,1 – 11,13 füllte: „Jesus als Erzieher seiner Jünger" (ohne daß er freilich die Zäsur 9,51 gehörig gewertet hätte).

Scheidende gibt im Gleichnis seinen Knechten am Ende seine „Minen" (19,11–27); er wird von ihnen Rechenschaft fordern (vgl. auch 12,35–48). Betont stehen entsprechend am Anfang Berufungen in den Dienst (9,57–62) und Sendungen (10,1–16). Die Kontinuität des vor- und nachösterlichen Zeugnisses ist Lukas schon wichtig[77]. Freilich muß man sich hüten, diesen Gesichtspunkt der Belehrung der nachösterlichen Kirche zur zentralen Aussageabsicht unseres Abschnittes 9,51 – 19,27 zu machen; er bleibt dem oben (unter 2. und 3.a) herausgestellten Aussagegehalt unter- und eingeordnet.

Man kann einwenden, vorstehend (unter 2. und 3.) sei Zweck und Absicht des „zweiten Logos", der „Apostelgeschichte", beschrieben. Tatsächlich wird deren Thematik hier insofern vorweggenommen[78], als Lukas Jesu Leben nicht erzählen und das ihm überlieferte Material nicht einordnen kann in Absehung vom Wirken des Erhöhten. Der Weg des irdischen Jesus wird (ebenso wie der der nachösterlichen Verkündigung) von Lukas ja nicht nur als „Historiker" gezeichnet, sondern von ihm verkündend als „Lehrer" erzählt, der mit „pastoralem Eros" den Gemeinden seines Raumes, der Kirche seiner Zeit, etwas sagen möchte und dabei den erhöhten Herrn der Kirche im Wort des vorösterlichen Jesus mit zu Gehör bringt. Von daher ergibt sich eine gewisse Analogie zwischen der luk „Reiseerzählung" und der Apostelgeschichte. Aber es muß doch gesehen werden, daß vom „Werden der Kirche" hier und dort auf einer jeweils anderen Ebene die Rede ist. Der recht unterschiedliche vor- und der nachösterliche Status des Scheidungs- und Entscheidungsprozesses sowie der Jüngerbelehrung wird von Lukas deutlich gesehen.

Wenn die Erzählung in Lk 9,51 – 19,27 in ungewöhnlich hohem Ausmaß von Unterweisungen und Auseinandersetzungen „durchbrochen" wird, macht das die Reiseerzählung aber doch noch nicht – wie schon gesagt – zu einem „Lehrabschnitt". Jesu Wandern hat durchaus nicht nur „rahmenden" Charakter für die gebotenen Unterweisungen; 9,51 – 19,27 wird nicht zu einem „Groß-Apophthegma". Die Unterweisungen dieses Abschnittes bekommen ihren Sinn zutiefst von dem erzählten Geschehen her, in dem Jesus als Wanderlehrer (der der Kyrios und Menschensohn ist; s.o. S. 5f) zur Entscheidung ruft; das Erzählte (unter 2.), das nicht nur rahmend ist, bot uns den Schlüssel für die Deutung des Wortgeschehens (unter 3.), nicht umgekehrt.

4. Die *Quellenfrage* und die *Traditionsgeschichte* kann erst am Ende un-

---

[77] Die Jüngerbelehrung und -schulung betonen (unterschiedlich) als (Haupt- oder Neben-)Sinn des „Reiseberichtes" J. SCHNEIDER, a.a.O. bes. 219f; STAGG, a.a.O. 501; REICKE, a.a.O.; GRUNDMANN 199f; ELLIS 146f; GILL, a.a.O.; ROBINSON, The Theological Context (a.a.O.); DERS., Weg*; FRANSEN, a.a.O. 76; G. SCHNEIDER; KÜMMEL, Einleitung 111; KARIAMADAM, a.a.O.; WILKENS, Struktur 13: „Die paulinische Weltmission erfährt hier ihre sachliche Verankerung im Evangelium." Vgl. auch o. Anm. 54.

[78] „Lukanische Missionsprolepse" sollte man 9,51 – 19,27 (mit WILKENS, Struktur 13) aber nicht nennen; es geht umfassender um Gemeindeunterweisung. „Lukas betrachtet den Reisebericht als eine Vorwegnahme der Tätigkeit seiner Kirche" (so richtig MIYOSHI, Anfang [a.a.O.] 154), besser: der Tätigkeit des Kyrios an und in seiner Kirche, die selbstverständlich „Missionskirche" ist. – Das Missionsmotiv im Reisebericht betonen bes. LOHSE, Missionarisches Handeln*; GILL, a.a.O.; G. SCHNEIDER I, 227f.

serer Auslegung des Reiseberichts zur Darstellung gebracht werden. Jedoch geben unsere bisherigen Beobachtungen bereits arbeitshypothetische Hilfen:

Gewiß kann man nicht mehr literarkritische „Quellenkritik" in Absehung von der Traditionsgeschichte betreiben[79]. Aber ein flüchtiger Blick in die Synopse lehrt: a) Von 9,51 – 18,14 folgt Lukas *nicht Markus*. Hier haben wir „die große Einschaltung" in den Mk-Rahmen vor uns, von Notizen des mark Kontextes beeinflußt (s. o. unter 1.). b) Die Hauptvorlage der „großen Einschaltung" ist ohne Zweifel die *Redenquelle*[80], in die Lukas – abgesehen von kleineren Mk-Nachträgen (Mk 10,13–52) – redaktionell sehr gezielt c) *Sondergut* einfügte[81], alles „erzählende oder erzählte Erzählungen", die den narrativen Charakter der Reiseerzählung unterstreichen und ihr Farbe geben[82], die zudem uns Wegweiser sein können, das luk Verständnis seiner Tradition sowie Akzente seiner Redaktionsabsicht (und seines Gliederungswillens) zu erkennen. Da die „Redenquelle" katechetische, thematisch strukturierte Kompositionen zusammenstellte, wurde Lukas, der als „Lehrer" Erfahrungen in Gemeindekatechese (als Presbyter einer Gemeinde?) gehabt haben muß, angeregt, in seiner „metaphorischen Reiseerzählung" Gemeindechristen seiner Generation gezielt anzusprechen, wobei er sich erlaubt, die überkommenen thematischen Kompositionen zu erweitern, zu kürzen, narrativ zu verlebendigen und „zeitgemäß" zu aktualisieren.

5. Ein Versuch, die Reiseerzählung 9,51 – 19,27 *auszugrenzen* und zu *gliedern,* darf nicht übersehen, daß hier zunächst einmal lebendig erzählt wird und daß „auf dem Wege" Jüngerunterweisungen und Diskussionen mit Gegnern weithin okkasionellen Charakter haben (s.o.). Lukas stellt den lehrenden Jesus – und die Lehrfunktion in der Zeit der Kirche – somit hier anders vor als das die Redenquelle, auch als das Matthäus und dann Johannes tun (obgleich auch Lukas die systematisierende Anordnung der Reden Jesu, wie sie die „Redenquelle" bereits geordnet hatte, weitgehend wahrt; s. nachstehend (unter b,β): Wie auf der Wanderung Jesu, so wird auch die praktische Unterweisung in der Zeit der pilgernden Kirche eine solche der jeweiligen Stunde sein, weithin Unterweisung in der Begegnung, oft mehr Zuspruch oder Auseinandersetzung als systematische Lehre.

---

[79] WILKENS, Struktur, meinte, 1. ein Manual für Missionare und 2. Bußunterweisungen für noch Außenstehende unterscheiden zu können. GIRARD, a.a.O., nahm mehrere Reden an; C. F. EVANS, a.a.O., meint zu wissen: nach dem Vorbild von Dtn („Jesus, Prophet wie Mose").
[80] Deren Akoluthie hat Lukas weitgehend bewahrt; s. dazu die „Ausführungen" u. S. 18. Für 9,52 – 11,36 vgl. bes. KATZ, a.a.O.
[81] Die Annahme, Q und luk Sg seien bereits vorluk zusammengefügt gewesen – so manche mit STREETER, The Four Gospels* 214.222 –, wird sich in unseren folgenden Auslegungen als unzutreffend erweisen.
[82] Vgl. die Untersuchung von PITTNER, Studien, be. 109–153, mit der „Auswertung" 150–153; SELLIN, a.a.O. 112.

a) Das Ende des mit 9,51 einsetzenden Abschnittes und damit sein *Umfang* werden recht unterschiedlich angegeben[83], wobei die Ausleger meist zwischen 19,27(28?)[84] und 19,44(46 oder 48)[85] schwanken. Eine Umfangsbestimmung sollte nicht verkennen, daß die luk Reiseerzählung „umfaßt" wird durch die zwei vorstehend bereits genannten Erzählabschnitte, die einander wie die Diptychen eines Flügelaltars korrespondieren: 9,51 bis 10,42 wird einleitend die Schar der nachfolgenden Jünger vor ihren Kyrios gestellt: berufen und unterwiesen. Am Ende steht diese Jüngerschar 19,11–26 abermals vor ihrem Kyrios, „der in ein fernes Land zieht, um sich die Königswürde zu holen" und als König und Richter wiederkommt: Hier sind die Jünger mit Aufgaben bedacht, belohnt (und bestraft), s. dort.

Die Entscheidung hängt mit an der Frage, ob man den Einzug hinauf nach Jerusalem 19,28(29)–44, evtl. auch die Tempelszene 19,45–48 noch zur Anabasis nach Jerusalem hinauf (vgl. Lk 18,31 – 19,27) und damit zu 9,51 – 19,27(ff) ziehen oder besser als Einleitung zum Jerusalem-Teil 19,45 f?(47 f?; 20,1 – 21,38) schlagen soll; 19,45 ist kein neuer Abschnitt markiert; s. dort. Besser läßt man vor dem eigentlichen „Aufstieg" 19,28 ff nach Jerusalem hinauf die Reiseerzählung 9,51 – 19,27 enden.

b) Zur *Gliederung:* Die Kommentierung von 9,51 – 19,27 wird unser Vor-Urteil bestätigen müssen,

---

[83] Ein eingehendes Referat über die Frage, wo Lukas die Reiseerzählung enden lassen will, bringt DENAUX, a.a.O. 467–475; vgl. auch EGELKRAUT, a.a.O. 6–11; RESSEGUIE, Interpretation (a.a.O.) 6 Anm. 2 (der mich falsch einordnet), und WAGNER, EBNT II, 132f. – Daß Lukas 18,15 die Mk-Akoluthie (= 10,13) wieder aufnimmt, darf nicht verleiten, die „Reiseerzählung" mit HAWKINS, in: W. SANDAY, OSt* 29 ff, mit 18,14 zu beschließen; gg. HOLTZMANN*; WELLHAUSEN; STREETER, The Four Gospels* 203 f; KLOSTERMANN; MICHAELIS, Einleitung* 59 (unentschieden); BLINZLER, a.a.O.; HUCK-LIETZMANN, Synopse; GIRARD, a.a.O.; REICKE, a.a.O.; SCHMITHALS; C. F. EVANS, a.a.O.; FITZMYER. – Weitere Ausleger bei DENAUX, a.a.O. 225–230.467 f; EGELKRAUT, a.a.O. 7 Anm. 1; WAGNER, EBNT II, 133. Einige Ausleger führten den Abschnitt bis 18,30 (LAGRANGE; ZAHN; FEINE, Einleitung* 142; MEINERTZ, Einleitung* 192 f).

[84] 19,28 rechnen noch zur Reiseerzählung SELLIN, a.a.O.; HORN, Glaube und Handeln 260; PRAST, Presbyter 228 f. – Die meisten lassen unseren Abschnitt, doch wohl richtig, schon mit 19,27 (s. dort) enden (V 28 gehört zum Folgenden wie 7,1 zu 7,2–10), vgl. so SCHMIDT, Der Rahmen* 246 f; CONZELMANN, Die Mitte 53–56; KÜMMEL, Einleitung 96 f; ROBINSON, a.a.O.; GRUNDMANN; G. SCHNEIDER; weitere Autoren bei DENAUX, a.a.O. 268 Anm. 8; EGELKRAUT, a.a.O. 9 Anm. 1; WAGNER, EBNT II, 132 f; BAARLINK, a.a.O. – PLUMMER; OGG, a.a.O.; SELLIN, a.a.O. 105; MARSHALL; DERS., Luke 149 (s. jedoch u. z. St.), setzen ihm bereits mit 19,10 ein Ende. Weitere Autoren nennt DENAUX, a.a.O. 268 Anm. 9.

[85] Erst mit 19,44 beschließen den Abschnitt: ELLIS; GILL, a.a.O. 199.213; DENAUX, a.a.O., bes. 468–477 (dort weitere Autoren); VON DER OSTEN-SACKEN, a.a.O. 476 Anm. 2; BÜCHELE, Tod Jesu 146–164; MIYOSHI, Anfang (a.a.O.) 1.142–151; RESSEGUIE, a.a.O. (weitere Autoren bei WAGNER, EBNT II, 132). – Bis 19,46 führen den Abschnitt: DAVIES, a.a.O.; CH. H. TALBERT, in: NTS 14 (1967/68) 264; KARIAMADAM, a.a.O. (weitere Autoren bei WAGNER, EBNT II, 132); oder (dann besser) bis 19,48: CREED; FLENDER, Heil und Geschichte; EGELKRAUT, a.a.O. 10 f; BAILEY, Poet and Peasant 79–85.

α) ob eine *Großgliederung* erlaubt ist: ob die „Reiseerzählung" in zwei „Wegabschnitte" *gegliedert ist, in:* 9,51 – 13,35 einerseits, 14,1 – 19,27 andererseits.

Hier ist ein Blick auf die luk Kompositions- und Redaktionstätigkeit in Lk 9,51 bis 19,27 nützlich: Nach seiner „kleinen Einschaltung" 6,12–16.20 – 8,3 (s. I, 448 f) war Lukas wieder in Lk 8,4 – 9,50 (= Mk 4,1 – 9,40) Mk gefolgt. Für seine nunmehr anhebende „große Einschaltung" 9,51 – 18,14 schaffte er sich Raum durch die „kleine Auslassung" von Mk 9,41 – 10,14, wobei er 9,42–50 (vgl. Lk 17,1–2; 14,34–35) nachholte. Diese quellenkritischen Erkenntnisse dürfen aber nicht Anlaß sein, den luk Gliederungswillen zu bestimmen [86].

Wenn es kaum zwei Kommentare, Einleitungswerke oder Monographien gibt, die die Reiseerzählung in gleicher Weise gliedern [87], beweist das wohl die Problematik aller Gliederungsversuche [88]. Gewiß hat Lukas seine Erzählung nicht „gliedern" wollen, aber er hat sich beim Erzählen der „Reise" doch sicher etwas gedacht. Ein erster Überblick erlaubt die folgenden Feststellungen:

Nicht nur die Einleitungswendung von 14,1 bestätigt unseren Vorschlag einer Zweigliederung (s. dort); auch daß Lukas das die Situation neu bestimmende Apophthegma 13,31–32.33 S hier in Material aus der Redequelle einfügt, wobei er 13,34–35 diff Mt 23,37–39 umordnet [89] und betont als Abschlußbildung hier einsetzt, bekundet einen luk Markierungswillen.

---

[86] Siehe o. A. 13.
[87] Die Gliederung fällt anders aus – wie MIYOSHI, Anfang (a. a. O.) 2(ff) richtig sieht –, je nachdem man auf die Stoffe in der Reiseerzählung mehr Gewicht legt oder auf die Reisenotizen. Wir meinen, dem erstgenannten Gesichtspunkt die Führung geben zu müssen, bes. in den Unterabschnitten; s.o. A. 35.
[88] Viele Kommentare verzichten auf jeden Gliederungsversuch (KLOSTERMANN, SCHMID*, LEANEY, CREED). KÜMMEL, Einleitung 96, unterscheidet nur den „Beginn" (9,51 – 13,30) und den „erneuten Beginn der Wanderung" (13,31 – 19,27). Die Einheitsübersetzung läßt 9,51 – 13,21 (unglücklich) „von der wahren Jüngerschaft" handeln (13,22 – 19,27 dann „von der neuen Ordnung im Reich Gottes"). – GOULDER, a.a.O., konstruiert recht künstlich eine chiastische Anordnung um 13,34f, was BAARLINK, a.a.O. (der 484–487 weitere Vorgänger nennt: BAILEY, TALBERT, BLOMBERG und FARRELL), dann mehr ad absurdum führt als untermauert (Lukas übernahm tradierte „Themenstücke"). GASSE, a.a.O. 298, findet zwei Abschnitte: 9,51 – 18,34 und 18,35 – 19,27. – GRUNDMANN 200; DERS., a.a.O., dem G. SCHNEIDER, FITZMYER (für: IV A: 9,51 bis 18,14 [s. u.]; für 18,35–43 [s. o. A. 83]) 825, BRUTSCHECK, Maria-Marta-Erzählung (L 8) 61f und WIEFEL, folgten, benutzt die luk Hinweise auf die Reise nach Jerusalem 9,51; 13,22 und 17,11 als Gliederungsprinzip für die drei Abschnitte 9,51 – 13,21; 13,22 bis 17,10; 17,11 – 19,27, was sich uns (vgl. jeweils u. z. St.) nicht bestätigen wird. Die gleiche „Dreischrittkomposition" glaubt WILKENS, Struktur 1–13, noch jeweils weiter dreiteilen und teilweise abermals dreifach unterteilen zu dürfen. Die ältere katholische Exegese (vgl. DENAUX (1968), a.a.O. 221, Anm. 14) harmonisierte diese Reiseabschnitte mit den drei Jerusalem-Reisen des EvJoh. OGG, a.a.O., meint drei Quellen des Berichtes finden zu können (mit undiskutablen Argumenten): 17,11 – 19,28; 9,51 – 10,42; 11,1 – 17,10; vgl. etwa KNABENBAUER* 21f; LAGRANGE 282–307 u.a. – MICHAELIS, Einleitung* 59, teilt in fünf (oder sechs) Abschnitte, C. F. EVANS, a.a.O. in sechs, WIKENHAUSER-SCHMID, Einleitung 250f, in neun; SELLIN, Studien (L 7) 105–113, findet zwischen Einleitung (9,51 – 10,38) und Schluß (19,1–28) die drei großen Hauptabschnitte (9,1 bis 13,9; 15,1 – 17,10 und 17,11 – 18,34), dazwischen 13,10 – 14,35 als vierten und 18,35–43 als einen fünften kürzeren Hauptabschnitt.
[89] Siehe H. SCHÜRMANN, Die Redekomposition (L 12) 56–58.68.73–75; s. auch u. z. St.

β) Nachstehend wird sich zeigen, daß – inspiriert von der vorgegebenen Ordnung der Redenquelle – sich für Lukas durchaus auch (thematische) *Untergliederungen* vorschlagen lassen.

Gewiß wird man auf „*Reisenotizen* (πορεύεσθαι[90]) mit Zielangaben (Jerusalem[91])" oder sonstige (situationsverändernde bzw. situationsidentische) Situationsangaben[92] achten müssen, dabei auch auf *Redefiguren* wie die ἐγένετο-Formel mit einer Infinitiv-Konstruktion ἐν(δὲ) τῷ, periphrastische Konstruktionen sowie auf charakteristische Rede-Einführungsformeln (εἶπεν δέ u. a.)[93]. Die folgende Auslegung wird freilich Bedenken gegen Versuche anmelden müssen, welche die genannten Formalien als von Lukas konsequent gehandhabtes Gliederungsprinzip verstehen möchten[94]. Wenn wir ernst nehmen, was wir o. (unter 2. und 3.) als theologischen Aussagewillen der Reiseerzählung zu erkennen meinten, wird uns das nicht wundern.

Ein Gliederungsversuch, der die Intention des Lukas bzw. die seines Textes treffen will, muß zunächst einmal beachten, daß dieser weitgehend der Redenquelle in ihrer vorgegebenen Akoluthie zu folgen pflegt, die ja ihrerseits bereits ihre Struktur und Ordnung hatte. War diese doch schon aus mehreren ihr tradierten „Reden" in überlegter Abfolge zusammengebaut[95]. Lukas hat aber deutlich nicht die lose Aneinanderreihung der Reden von Q einfach übernommen; er hatte durchaus seinen eigenen Kompositions- und Gliederungswillen. Lukas fügt hier und da – oft abschließend, manchmal einleitend oder auch mal zwischenhinein – ihm vorgegebene Sondergut-Stücke, auch mal umgeordnete Mk- oder Q-Einheiten ein. Solche Einfügungen, besonders „erzählende oder erzählte Erzählungen" sowie situierende Rahmennotizen, einleitende „Vorbauten" und redaktionelle Abschlußnotizen, helfen – neben den vorstehend genannten Sprachformen –, den Gliederungswillen des Lukas zu erkennen.

Gliederungsmöglichkeiten kommen in den Blick, wenn mit den Augen des Lukas dessen Reiseerzählung nicht nur als eine „Reise" des wandernden Jesus mit Unterweisungen für seine Jünger und Zeitgenossen gelesen wird, sondern auch schon als Unterweisung des erhöhten Kyrios in die nachösterlich werdende Kirche der Zeit des Lukas hinein[96]. Der erste Wegabschnitt (9,51 – 13,35) spricht stärker die internen Probleme der „werdenden Kirche" an, wobei die intendierten Leser bzw. Hörer sich in den ersten Erzählungsgängen: in I. (9,51 – 10,42) und II. (11,1–54) notwendig an die prä- und postbaptismale Unterweisung erinnert fühlen mußten (s. ebd. die Rückblicke S. 167f und S. 335ff). Der III. Erzählungsgang dieses „ersten Wegabschnittes" (12,1–35; den der folgende Teilband kommentieren möchte) zeigt in „Grundkatechesen" das Leben der Jüngergemeinde auf (furchtloses Bekennen, Einstellung zum Besitz, Stetsbereit-

---

[90] Vgl. dazu o. (S. 3f).
[91] Vgl. o. (S. 4f) und 6ff.
[92] Vgl. SELLIN, a.a.O. 107.
[93] Vgl. den Versuch von SELLIN, a.a.O. 104.106.
[94] SELLIN macht selbst ebd. Anm. 7.10.24 u.ö. auf luk Inkonsequenzen aufmerksam.
[95] Siehe dazu LK I, 181f.385f.; vgl. nunmehr eingehend H. SCHÜRMANN, Zur Kompositionsgeschichte (1991), sowie ergänzend DERS., QLK 11,14–16 (1992).
[96] Siehe dazu näherhin u. einleitend zum Ersten Kapitel S. 20f.

schaft angesichts des nahen Endes). – Im zweiten Wegabschnitt (14,1 – 19,27) wird dann weiterführend gezeigt werden, wie die stärker konsolidierte Gemeinde Jesu nunmehr mit der Spaltung Israels leben muß: bewußt inmitten eines sich unter pharisäischer Führung und Observanz formierenden Judentums als Gemeinde begnadeter Sünder (14,1 – 17,19), und zwar in Erwartung der Parusie ihres Herrn (17,20 – 19,27).

ERSTES KAPITEL
Der erste Wegabschnitt (9, 51 – 13, 35)

Sobald man sieht, daß das Wort Jesu auf dem Weg zu seiner „Erhöhung" schon das Wort des Erhöhten in seine Kirche hinein ist, kommt Abfolge und Ordnung in das Vielerlei der Mahnungen und Warnungen in 9, 51 – 13, 35. Es hilft, den luk Gliederungswillen hier (wie sonst; s. vorstehend) besser zu erkennen, wenn den luk Einleitungswendungen einerseits, seinen abschließenden bzw. einführenden Anfügungen von Sondertraditionen an vorgegebene Erzählungskomplexe der Redenquelle andererseits Beachtung geschenkt wird.

Ob die folgende Aufgliederung der redaktionellen Absicht des Lukas – und der Struktur des Textes gleicherweise – gerecht wird, muß die folgende Kommentierung erweisen. Der erste Wegabschnitt 9, 51 – 13, 35 erinnert an die vorösterliche Unterweisung Jesu in einer Weise, daß Leser und verkündende Vorleser bzw. die hörende Gemeinde sich aktuell vom erhöhten Herrn her angesprochen wissen (und heutige Gemeinden – in isomorpher Situation – sich als mitangesprochen erkennen). Die Gemeindemitglieder können als die von Lukas intendierten Hörer die Unterweisungen und Weisungen Jesu nur so hören, daß sie sich – mit Theophilos (vgl. 1, 3 f) – an die prä- und postbaptismale Katechese erinnert fühlen. In einem I. Erzählkomplex (9, 51 – 10, 42) geht es um das Zustandekommen der Jüngergemeinde Jesu durch Jesu Wort und das seiner Sendlinge: Das weckende missionarische Kerygma (10, 1–20) und danach die grundlegende (präbaptismale) Unterweisung (10, 21–37, gefolgt von einem Abschluß (38–42[1]) stehen eröffnend im Hintergrund der Erzählung; mit der Rückerinnerung an diese will der narrativ bestimmte Text gelesen werden[2]. Im II. Erzählkomplex (11, 1–54) ist danach offensichtlich zunächst (11, 1–28) in postbaptismaler Unterweisung die Beständigkeit der Jüngergemeinde ein Anliegen[3], wobei die abgehobene „kirchliche" Eigenständigkeit derselben Israel gegenüber betont werden muß (11, 29–54). Schließlich wird in einem III. Erzählkomplex (12, 1 – 13, 35) – deutlich über die vorösterliche Situation hinaus – bereits Anweisung gegeben für das Leben der Jüngergemeinde in der Welt angesichts des nahenden En-

---

[1] Die Arbeit von BRUTSCHECK, Maria-Marta-Erzählung (L 8) passim (vgl. bes. 50–64, hier 62), bestätigt vom Ende (10, 38–42) her die Berechtigung dieser Zusammenordnung von 9, 51 – 10, 42 sowie die Abgrenzung von 11, 1 ff. Vgl. auch WILKENS, Struktur 6 ff. – MIYOSHI, Anfang (L 1), passim, wird dem luk Redaktionswillen nicht gerecht, wenn er den „Anfang" nur bis 10, 24 führt.
[2] Die interessante Vermutung von SATO, Q 380, wird sich uns nicht bestätigen: „Der ganze Komplex Lk 9, 57 – 10, 24 par ist Paränese, Anweisung und Segnung der neuberufenen Wandermissionare. Aufgrund des Dankgebetes Lk 10, 21 par könnte der Sitz im Leben dieser Redaktion ein Gottesdienst gewesen sein: Jetzt werden die neuen Wandermissionare von den Ortsgemeinden ausgesandt."
[3] Eine „inhaltliche Aufschlüsselung des λόγος 10, 39"; so BRUTSCHECK, ebd. (s. A. 1) 63.

des (wobei die Hörer – „späte Christen" der dritten Generation – auch an ihre postbaptismale Unterweisung rückerinnert werden sollten). Die Basisstruktur einer bedrängten Gemeinde wird hier zunächst (12,1–53) deutlich; der „neue Weg", inmitten „dieses (bedrohten) Geschlechts" zu leben, wird danach (12,54 – 13,35) aufgewiesen (was ein folgender 2. Teilband zur Darstellung bringen soll).

I. DIE BEGRÜNDUNG DER JÜNGERGEMEINDE DURCH JESU WORT UND DAS SEINER SENDLINGE 9,51 – 10,42

1. Lukas will 9,51 – 10,42 als *einheitlichen Erzählkomplex* verstanden haben, wie seine abschließende Anfügung 10,38–42 deutlich macht, die zwar zunächst die Erzählungsabfolge 10,21–37 beschließt, dann aber doch auch der Einleitungserzählung 9,51–56.57–62 korrespondiert und auch auf die Aussendung 10,1 sowie die „Aufnahme" (bzw. die Ablehnung) 10,5ff.8ff.16 zurückschaut.

2. Der *lukanische Kompositionswille* wird deutlich, wenn man sieht, wie sehr zwar schon in der Redenquelle, aber noch deutlicher dann für Lukas (9,51–56.57–62) 10,1–20 zusammen mit 10,21–37(38–42) nicht nur die Anfänge des „Weges Jesu" durch den Tod in die Herrlichkeit erzählt sind, sondern zugleich Christen an die eigenen christlichen Anfänge und die eigene „Initiation" rückerinnert werden.

In Lk 10,16 scheinen die beiden Erzähleinheiten unseres Abschnitts, 10,1–20 einerseits und 10,21–37 andererseits, sich gedanklich zu verknoten. In der Zeit der Kirche wird deutlich werden, wie in den 10,1–20 Gesandten Jesus selbst und sein Wort zu hören sind. Der Ruf in die Nachfolge Jesu (9,57–62) ergeht in der Zeit der Kirche durch die Boten des Kyrios; wer sie (10,5ff.8f) und ihr Wort (V 16a) aufnimmt, nimmt Jesus auf (V 16b) und das Wort des Kyrios selbst (10,38–42): die Offenbarung des Vaters (10,21f) und die Weisung zum Leben (10,25–37). Die christliche Initiation: das Ja zum missionarischen Kerygma und die gläubige Annahme des Wortes Jesu anläßlich der Taufe, scheint in die Erzählung (9,51–62) 10,1–20.21–37(38–42) hineingezeichnet. Die Verkoppelung der Erzählstücke dieses Hauptteils hat also ihren „Sitz" im Gemeindeleben und damit bleibende kerygmatische und theologische Bedeutung (s.o.).

3. Nach dem Gesagten empfiehlt sich eine *Gliederung* der Erzählungseinheit 9,51 – 10,42 in folgender Weise: Im Hauptteil des Abschnittes hebt sich deutlich (C) 10,21–37 von (B) 10,1–20 ab; rahmend ist (A) als Einleitung 9,51–56.57–62 vorgebaut und (D) 10,38–42 als Abschluß angefügt. Der durch Einleitung (A) und Abschluß (D) gerahmte Hauptteil (B und C) ist somit zweigeteilt: 10,1–20.21–37.

Lk 9,51-56

A. EINLEITUNG: AUFBRUCH UND JÜNGERNACHFOLGE
9,51-56.57-62

Die Komposition 9,51-56.57-62 schaut zwar im „Weitblick" einleitend (s. dazu u. S. 24 f) auf den ganzen Weg nach Jerusalem (bis 19,27). Zunächst dient sie aber nicht nur 10,1-20 als „Vorbau", sondern deutlich dem ganzen I. Erzählungskomplex 9,51 – 10,42 als Einleitung, wie die Korrespondenz mit der Abschlußerzählung 10,38-42 (s. ebd. z. St.) deutlich werden läßt. Geht es doch einleitend bei der Nachfolge um „Jünger": nicht nur um Sendlinge (wie 10,1-20), sondern dem Kontext nach in erster Linie um „Hörende und Empfangende" (wie dann 10,21-37.38-42). Die Komposition 9,51-56.57-62 muß daher sowohl in jenem entfernteren Kontext der Reiseerzählung (9,51 – 19,27) wie in diesem näheren (10,1-42) und nächsten (10,1-20) gelesen werden.

*1. Jesu Entschluß zum Gang nach Jerusalem;
die Abweisung in Samaria
9,51-56*

L 2: zu 9,51-56. – Vgl. zusätzliche Lit.-Angaben bei WAGNER, EBNT II, 134-136; VAN SEGBROECK, Lk-Bibliography, s. Reg. 232 z. St. – ALAND, K. – ALAND, B., Text 311; ALETTI, L'Art 123-131; ARENS, Sayings 180-193; BARTNICKI, R., Tätigkeit der Jünger nach Mt 10,5-6, in: BZ 31 (1987) 250-256; BOUWMAN, G., Die Erhöhung Jesu in der lukanischen Theologie, in: BZ 14 (1970) 257-263; BOVER, J. M., Autenticidad de Lc 9,54-56, in: EE 27 (1953) 347-349; BRODIE, T. L., The Departure for Jerusalem Luke 9,51-56 as a Rhetorical Imitation of Elijah's Departure for the Jordan (2 Kgs 1,1 – 2,6), in: Bib. 70 (1989) 96-109; DERS., Literary Interpreter 207-215; BURKITT, F. C., St Luke IX 54-56 and the Western „Diatessaron", in: JThS 28 (1926/27) 48-53; CALMET, A., Il n'est pas digne moi! Luc 9,51-62, in: BVC 77 (1967) 20-25; CAVE, C. H., Lazarus and the Lukan Deuteronomy, in: NTS 15 (1968/69) 319-325; COLOMER I CARLES, O., Lc 9,54-56: Un estudi sobre la crítica textual, in: RevCatT 1 (1976) 375-391; CONZELMANN, Die Mitte 58 f; DAVIES, J. G., The Prefigurement of the Ascension in the Third Gospel, in: JThS 6 (1955) 229-233; DIBELIUS, Formgeschichte 40.44 f; EGELKRAUT, a.a.O. (L 1) 76-83; ENSLIN, M. S., Luke and the Samaritans, in: HThR 36 (1943) 278-297; EVANS, C. A., „He Set His Face": A Note on Luke 9,51, in: Bib. 63 (1982) 545-548; FLENDER, Heil und Geschichte 33-36; FLUSSER, D., Lukas: 9:51-56 – ein hebräisches Fragment, in: Weinrich (Ed.), The New Testament Age. Essays I, 165-179; FORD, My Enemy, bes. 79-95; FRIEDRICH, G., Lk 9,51 und die Entrückungschristologie des Lukas (1965), in: DERS., Auf das Wort kommt es an 26-55; GIBLIN, The Destruction 31-32; GOULDER, From Ministry (L 1); HEUTGER, N., Die lukanischen Samaritanererzählungen in religionspädagogischer Sicht, in: HAUBECK-BACHMANN, Wort in der Zeit 275-287, bes. 286 f; JAVET, J.-S., Suivre Jésus dans sa marche vers Jérusalem (Lc 9,51-62), in: AS 44 (1969) 66-71; JERVELL, Luke 113-132; KARIAMADAM, Zacchaeus Story (L 1) 42-48; KATZ, a.a.O. (L 1) 25-39.80-97; LAMBRECHT, J., De oudste Christologie: verrijzenis of verhoging, in: Bijdr. 36 (1975) 119-144; LA VERDIERE, E., Calling down Fire from Heaven, in: Emmanuel 95 (1989) 322-329; LEHMANN, Quellenanalyse 143-145; LOHFINK, Himmelfahrt, bes. 212-217; LOHSE, Missionarisches Handeln; MIYOSHI, Anfang (L 1) 6-32; MOESSNER, a.a.O. (L 1); PARSONS, M. C., The Departure of Jesus in Luke – Acts. The Ascension Narratives in Context (JSNT. S 21) (Sheffield 1987), bes. 107-109.129-131; RADL, Paulus und Jesus 117-126; ROLOFF, Apostolat* 156 f; Ross, J. M., The Rejected Words in Luke 9 : 54-56, in: ET 84 (1972/73)

85–88; SCHMITT, A., Entrückung, Aufnahme, Himmelfahrt. Untersuchungen zu einem Vorstellungsbereich im Alten Testament (FzB 10) (Stuttgart und Würzburg 1973); SCHUBERT, R., The Structure and Significance of Luke 24, in: ELTESTER (Hg.), Neutestamentliche Studien 165–186, bes. 183–185; SCHWARZ, Jesus 166–170; STARCKY, J., Obfirmavit faciem suam ut iret Jerusalem: Sens et portée de Luc, IX, 51, in: RSR 39 (1951/52) 197–202; WIATER, Komposition 224–244; ZERWICK, M., Non receperunt eum (Lc. 9,52–56), in: VD 25 (1947) 296–300.

L 2a: Samaria. – Lit. in: MAYER-BROADRIBB, Bibliography (s.u.); PUMMER, Samaritan Studies (s.u.); ThWNT VIII (1964); X (1978) 1260, und EWNT III, 539–542. – Vgl. bes. BOUWMAN, G., Samaritanische Probleme. Studien zum Verhältnis von Samaritanertum, Judentum und Urchristentum (Fr.-Delitzsch-Vorlesung 1959) (Stuttgart 1967); DERS., Samaria im lukanischen Doppelwerk (SNTU.A 2) (Linz 1976) 118–141; BOWMAN, J., The Samaritan Problem (Pittsburgh 1975); COGGINS, R. J., Samaritans and Jews: The Origins of Samaritanism Reconsidered (Oxford 1975); DERS., The Samaritans and Acts, in: NTS 28 (1982) 432–434; CROWN, A. D., u.a. (Ed.), Compagnon to Samaritan Studies (Tübingen 1992); CULLMANN, O., Samarien und die Anfänge der christlichen Mission … Wer sind die ‚ΑΛΛΟΙ‘ von Joh 4,38? (1953), in: DERS., Vorträge und Aufsätze* 232–240; ENSLIN, a.a.O. (L 2); DERS., The Samaritan Ministry and Mission, in: HUCA 51 (1980) 29–38; JERVELL, J., The Lost Sheep of the House of Israel. The Understanding of the Samaritans in Luke-Acts, in: DERS., Luke 113–132; KIPPENBERG, H. G., Garizim und Synagoge (Berlin und New York 1971); MACDONALD, J., The Theology of the Samaritans (London 1964); MAYER, L. A. – D. BROADRIBB, Bibliography of the Samaritans (Leiden 1964); PUMMER, R., The Present State of Samaritan Studies, in: JSSt 21 (1976) 39–61; 22 (1977) 27–47; DERS., The Samaritans (Leiden 1987); SCHNEIDER, G., Stephanus, die Hellenisten und Samaria (1979), in: DERS., Lukas, Theologe 227–252; SCOBIE, H. H., The Origins and Development of Samaritan Christianity, in: NTS 19 (1972/73) 390–414.

1. In der Komposition des Lukas hat die Erzählung[4] 9,52b–55.56 in Übereinstimmung mit der redaktionellen Einführung 9,51–52a zunächst die Funktion, den „Weg nach Jerusalem" 9,51 – 19,27 erzählerisch zu konkretisieren. Der entscheidende Entschluß Jesu zum Gang nach Jerusalem V 51 und der Verweis Jesu V 55 belehren, daß dieser Weg ein solcher zum Kreuz ist. Darüber hinaus kommt aber V 54, „der Kommende", der mit Feuer taufen kann (vgl. V 54 mit 3,16; anders [s. ebd.] auch 12,49), und dessen Hinaufnahme (V 51 [s. ebd.]; 19,12) sowie seine Rechenschaft fordernde „Rückkehr" (19,15–27)[5] in den Blick. Deutlich leitet 9,51–56 (mit 57–62) somit den ganzen Abschnitt 9,51 – 19,27 ein.

2. 9,51–56 muß aber auch in Zuordnung zu 9,57–62 gedeutet werden; das Erzählstück (9,51–56) dient der Spruchkomposition 9,57–62 als Einleitung, so daß diese Einheit „gerahmt" zu einem „Groß-Apophthegma" wird. Dieses hinwiederum ist 10,1–20.21–42 (s. o.) als Einleitung vorgebaut.

---

[4] Da wir VV 55.56 den Kurztext (ohne VV 55b.56a: s. u.) voraussetzen, können wir nicht von „Apophthegma", auch nicht von „pronouncement-story" reden; die Erzählung gibt sich, isoliert betrachtet, als eine Jesus-Geschichte mit hohem christologischem Gehalt.
[5] Siehe o. S. 7. Vgl. MIYOSHI, Anfang (L 1) 156, richtig: „Die Reise des Herrn mit seinen Boten ist … ein königlicher Zug zur Erhöhung, was auch im Gleichnis Lk 19,11 ff und im Leben und Wirken Jesu (vgl. 13,31–33) zum Ausdruck gebracht wird"; besser aber: ist schon „ein königlicher Zug" mit dem schon im Irdischen erkannten „Erhöhten" „zur Erhöhung".

3. 10,17–20 ist deutlich abschließend von 10,1–16 abgesetzt (wobei dieser Abschluß zugleich zu 10,21–37 überleitet; s. ebd.). Entsprechend kann man 9,52–56.57–62 in Zusammenhang mit 10,1 als Einleitung der Aussendungsrede 10,2–16 verstehen, die somit von 9,52–62; 10,1 und 10,17–20 gerahmt wäre. Die Aussagen von 10,17–20 weisen über 10,1 hinaus auch auf 9,(51)52–56 zurück: Mit der Rahmung „unternimmt die hellenistisch-judenchristliche Gemeinde den Versuch, ihre aktuellen Probleme mit Hilfe der ihr überkommenen Tradition theologisch zu bewältigen": „Die hellenistisch-judenchristliche Gemeinde legitimiert durch die Rahmung in Lk 9,52 – 10,1 und 10,17–20 die Heidenmission und ihre Missionspraktiken." So wird „innerhalb des Komplexes Lk 9,52 – 10,20 die Transformation von der vorösterlichen Sendung zur nachösterlichen Heidenmission durchgeführt ..."[6]

51 Es begab sich aber, als die Tage seiner Aufnahme im Begriff waren, zur Erfüllung zu kommen, da richtete er das[a] Angesicht entschlossen darauf, nach Jerusalem zu gehen. 52 Und er sandte Boten her vor seinem Angesicht; die gingen hin und kamen in ein Dorf[b] der Samariter, um[c] ihm Quartier zu bereiten. 53 Und sie nahmen ihn nicht auf, weil sein Angesicht auf den Weg nach Jerusalem gerichtet war. 54 Als die[d] Jünger Jakobus und Johannes das sahen, sagten sie: Herr, willst du, daß wir befehlen, Feuer solle vom Himmel fallen und sie verzehren[e]? 55 Er wandte sich um und drohte ihnen[f]. 56 Und sie gingen in ein anderes Dorf.*

51 Die geraffte und verkürzende Sprechweise markiert in feierlicher Bibelsprache[7], die ihre theologischen Hintergründe hat, einen Erzählabschnitt (s. LK I, 260f)[8], wobei er an Mk 10,1 anknüpft, die Reiseroute aber korrigiert (durch Samaria). Lukas weist darauf hin, daß Jesu *Tage*[9] zu

---

* T[a] v.l.: T V (s. A. 15). – [b] v.l.: T (s. A. 35). – [c] v.l.: T S V M B N G (s. A. 33). – [d] v.l.: V (s. A. 42). – [e] v.l.: [V] (s. A. 47). – [f] v.l.: – (s. A. 55).

[6] Vgl. Katz, a.a.O. (L 1) 86f.91.93. Siehe Näheres dazu u. (zu 9,54 und 10,17–20). – Lohse, Missionarisches Handeln 173ff, hier 175, stellt das sehr betont heraus: Die Samariter stehen ihm „geradezu beispielhaft für die Heidenmission".
[7] Die gehäuften Septuagintismen in Lk 9,51–56 führt Evans, a.a.O. 546 Anm. 1 auf; vgl. dazu auch u. A. 8.11.15.16.
[8] (καὶ) ἐγένετο (δὲ) ἐν τῷ c. inf. begegnet im NT außer Mk (2,15 v.l.) 4,4 nur Lk 1,8; 2,6; 24,15.30.51 S und 5,1; 9,51; 11,27; 14,1; 17,11.14 Sg, ferner 3,21; 18,35 diff Mk und 9,18.33; 24,4 Sv diff Mk, auch 11,1; 19,15 Sv diff Mt, vgl. Apg 19,1. Die Einleitungswendung markiert meist ein beachtenswertes Geschehen, eröffnet häufig einen neuen Abschnitt, verdankt sich also wohl meist der luk R. ἐγένετο mit Nachsatz καί + Verb. fin. 12mal, immer in Perikopeneinleitungen; so Miyoshi, Anfang (L 1) 7.
[9] Aus dem Plural hier kann noch nicht herausgelesen werden, die *Tage* würden „voll" „mit Kreuzigung, Tod, Auferstehung und Himmelfahrt"; so Schlatter 270; Klostermann; Rengstorf; Grundmann; Lohfink, Himmelfahrt 214 (dort Anm. 11 weitere Autoren); vgl. auch nachstehend A. 11.

Ende gingen, indem sie zur Vollendung kamen mit *dem Tag*[10] seiner „Hinaufnahme". Jesu Erdentage laufen nicht ab, sondern auf solche Vollendung[11] des Heilsplanes Gottes[12] hinaus. Jesus wanderte nun nicht mehr „umher" (Apg 10,38) wie 5,1 – 9,50[13]; er geht jetzt bewußt dem von Gott bestimmten[14] „Ziel" entgegen. Freilich kann die Jesus zugedachte „Hinaufnahme" (s.o.) nicht sein Reiseziel sein; als solches wird eindeutig Jerusalem, genauer hier vorerst (anders dann 18,31) der „Weg" (πορεύεσθαι) nach Jerusalem genannt. Der Septuagintismus[15], der von Jesu neuem „Augenmerk" erzählt, charakterisiert seinen Entschluß, nach Jerusalem zu gehen[16], nicht nur als unbeirrte Entschiedenheit (und Eile), sondern – mit göttlicher Sendung im Hintergrund[17] – auch als entschlossene Zustimmung schon – an Jes 50,6ff erinnernd? – zum Kreuz[18] (vgl. 18,31[19]). Der Tod steht aber schon im Horizont der Erhöhung und Verherrlichung.

Um die ἀνάλημψις[20] Jesu weiß Lukas anscheinend aus dem urchristlichen Credo (vgl. 1 Tim 3,16). Das Verbum meint Apg 1,11 – nach LXX-Sprachgebrauch; vgl. bes. 2 Kön 2,9ff; Sir 48,9 und 1 Makk 2,58 (Elija) – die Aufnahme Jesu (vgl. Apg 1,2.22[21]) „in den Himmel" (vgl. Mk 16,19

---

[10] Ähnlich – hier singularisch! – Apg 2,1.
[11] Es kann nicht zerdehnt „von der Zeit der Erhöhung Jesu die Rede sein, von der Zeit seiner himmlischen Herrschaft, wie sie die Gemeinde gegenwärtig erlebt", die „zur Erfüllung" kommt; gg. FLENDER, Heil und Geschichte 35. „(Es wird) in biblischem Stil ... die jetzt ‚sich erfüllende', von Gott gesetzte Zeit betont (ebenso Apg 2,1; vgl. 7,23.30; 9,23.31; 24,27; Lk 9,31; ein anderes Wort in 1,23.57; 2,6.21f.)"; so SCHWEIZER 110 (dort Belege).
[12] Vgl. EGELKRAUT, a.a.O. (L 1) 78f.
[13] Siehe LK I, 260f.
[14] EVANS, a.a.O. 548: „Seen against a prophetic background it implies the idea of divine commission or dispatch."
[15] Zum Septuagintismus στηρίζειν τὸ πρόσωπον vgl. BAUERWb 1521 und 1430, ferner LOHFINK, Himmelfahrt 215; EGELKRAUT, a.a.O. (L 1) 79f. – Tᵃ: το προσωπον εστηρισεν so mit 𝔓⁴⁵ B 700 1582* 2543 pc c, αυτου dringt in einigen Hss. (vgl. ALAND, Synopsis 13²) vermutlich aus VV 53(52) ein. – Lukas kann V 53b (s. dort) gelesen haben, was seine Formulierung erklären würde.
[16] τοῦ (abundierend) mit Inf. (höhere Koine und oft LXX), meist mit finalem Sinn, liebt Lukas (Mk 0mal; Mt 6mal; Lk 24mal, Apg 22mal); vgl. Bl-R § 400.
[17] Feindlichen oder drohenden Sinn (wie Jer 21,10; vgl. auch 3,12; Ez 6,2; 13,17 u.ö.) hat die Wendung (ein ἐπί fehlt!) hier wohl nicht; den Gedanken an das Gericht legt der Kontext nicht nahe (gg. DAVIES, a.a.O. [L 1]; EGELKRAUT, a.a.O. [L 1]; GRUNDMANN; SCHNEIDER u.a.). Lukas scheint außer von Ez (bes. 21,7) von 2 Kön 12,18 abhängig zu sein; vgl. LOHFINK, Himmelfahrt 216.
[18] So auch EVANS, a.a.O. 548 und 546 Anm. 7; SCHWEIZER; LOHSE in: ThWNT VI z. W.; MARSHALL.
[19] Inhaltlich ist Lukas offensichtlich von Mk 10,32 abhängig, wenn er den Entschluß Jesu hier erzählt und damit die „Reise" beginnen läßt.
[20] Im NT Hapaxlegomenon; zur unterschiedlichen Deutungsmöglichkeit („Tod" – „Entrückung") vgl. u.a. G. DELLING in: ThWNT IV (1942) 8f; EVANS, a.a.O.; LOHFINK, Himmelfahrt 112f; MIYOSHI, Anfang (L 1) 8f; HORN, Glaube und Handeln 262; Lit. bei SELLIN, a.a.O. (L 1) Anm. 115.
[21] Vgl. (anders) auch Apg 10,16.

[v.l.]; vgl. Lk 24,26: εἰς τὴν δόξαν αὐτοῦ; 𝔓[75]: βασιλειαν), so hier wohl auch das Substantiv, obgleich der Terminus verbreitet euphemistisch den „Tod" meinen kann[22] und der Kontext[23] VV 51 b.55 auch den Todesgedanken einzeichnet. Lukas schaut hier aber einleitend über diesen Tod Jesu hinaus auf den Abschluß des Erdenlebens Jesu[24] in Betanien bei Jerusalem, von dem er auch 24,50–53 erzählen wird[25].

Was sich schon früh andeutete[26] und 9,31 bereits herausgestellt war, ist nun in den Blick genommen: *Jerusalem*[27], die Stadt der Prophetenmörder (13,34), wird die Stadt des „Ausganges", der „Vollendung" Jesu sein (13,33; vgl. auch Apg 7,52). Damit fällt (9,31) dann die Entscheidung in Israel: Die Führerschaft und der Großteil des Volkes verschließen sich und bringen Jesus ans Kreuz[28]. Jerusalem, die Stadt der Kreuzigung Jesu, wird so zur Gerichtsstätte werden[29], aber – vermöge der Auferstehung ebendort (18,[31]33; vgl. 13,32) und Geistsendung – am Ende auch zur Stätte des Heils, von der dann die nachösterliche Juden- und Heidenmission ausgehen wird[30].

52 Die autoritative[31] Sendung von Jüngern „vor seinem Antlitz her" (10,1)[32] zur Verkündigung und zum Heilen nimmt Lukas in etwa hier vorweg; jedoch geht es vorerst um weniger: wie 22,8 vornehmlich um[33] Quar-

---

[22] SyrBar 46,7; PsSal 4,18; AssMos 10,12.
[23] Eine einseitige Deutung vom unmittelbaren Kontext her – so LOHFINK, Himmelfahrt 112 – würde hier aber zu einer Fehldeutung führen; Jesu Ziel (V 51 b) und die Tat des Vaters (V 51 a) sind nicht deckungsgleich.
[24] Anders G. DELLING in: ThWNT IV (1942) 9 („zunächst der Tod Jesu"); SCHMID*; LOHFINK, Himmelfahrt 213 („Nachdruck auf dem Sterben ... auf die Himmelfahrt hin geöffnet"; ähnlich SCHWEIZER); FRIEDRICH, a.a.O.; viele Autoren für die weitere Auslegung nennt RESSEGUIE, Interpretation (L 1) Anm. 156; vgl. auch MIYOSHI, Anfang (L 1) passim. – Es darf nicht von 9,31 her erklärt werden; s.o. z. St. Die Vorwegnahme 9,31 πληροῦν ἐν' Ι. akzentuiert anders auf den ἔξοδος (= Tod) Jesu (s. dort), meint aber auch dort die himmlische „Aufnahme" schon mit (vgl. 9,22 d).
[25] Mit VON DER OSTEN-SACKEN, a.a.O. (L 1) 479 Anm. 21, gg. die ebd. 480 Anm. 22, genannten Ausleger; von der Auferweckung, Entrückung bzw. Erhöhung auch LOHSE, Missionarisches Handeln* 6; EGELKRAUT, Mission (a.a.O.) 82f; MIYOSHI, Anfang (L 1) passim; SCHNEIDER; ERNST.
[26] Siehe z.B. LK I, 127–130 (zu 2,34f); LK I, 212ff (zu 4,9–13) und LK I, 237–241 (zu 4,24–30).
[27] Vgl. CONZELMANN, Die Mitte 124–127; GERHARDSSON, Memory* 214–220.
[28] Siehe u. (zu 19,41–44).
[29] Vgl. 13,34f; 19,41–44; 21,20ff; 23,27–31.
[30] Lk 24,47ff; vgl. Apg 1,8.
[31] „Die Autorität ... räumlich formuliert"; so K. BERGER, Art. πρόσωπον, in: EWNT III, 434–438, hier 436.
[32] Vorherige Botensendungen auch Ex 23,20; 33,2; 2 Kön 6,32. – Die Botensendung (vgl. 7,27: πρὸ προσώπου σου ὃς κατασκευάσει; vgl. Mal 3,1 LXX: μου) wird ebenso redaktionell sein wie das ὥς (auch im Attischen selten; vgl. Bl-R § 391 Anm. 2); im NT noch Apg 20,24 v.l.
[33] T^c: ως (statt ωστε) so nun der St-T mit 𝔓[46.75] ℵ B it bo^{mss} gegen 𝔐, ist wohl die „schwerere Lesart", die Lukas zugetraut werden darf. – ἑτοιμάσαι αὐτῷ ist wohl luk, so daß

tierbereitung³⁴ in einem Dorf³⁵ (vgl. auch 19,29), wobei solche Botensendung (zu Jesus schon 7,3.6) immerhin in biblischem Sprachgewand³⁶ die Hoheit des „Kyrios" (V 54; vgl. 19,31.34) ans Licht bringt. Das um so mehr, als Lukas (unwillkürlich, oder beabsichtigt?) in die gehobene Diktion von Mal 3,1 (vgl. 7,27 und Apg 13,24) fällt: Jesu Boten sind mit dem Täufer parallelisiert oder übernehmen dessen eschatologische (christologische?) Funktion³⁷?

Jesu Weg nach Jerusalem führt (anders als Mk 10,1: πέραν τοῦ Ἰορδάνου) durch Samaria; freilich hält Lukas die Samariasituation im folgenden „Reisebericht" dann nicht konsequent durch³⁸. Das Samariaereignis war Lukas schon wichtig (vgl. Apg 8,4–25). Einleitend (9,52–56) und abschließend (10,10b–12.13–15) ist damit vielleicht schon angedeutet, daß Jesu damalige Sendung an Israel in die Völkerwelt hinein transformiert werden wird³⁹.

53f Die Verweigerung der „Aufnahme"⁴⁰ Jesu (wie seiner Boten 10,10) betrifft auch die Annahme⁴¹ seiner Botschaft, so daß sich den⁴² Jüngern der Gerichtsgedanke (vgl. 10,10ff) nahelegte. Freilich wußten die Samariter, die in Jesus nur einen Jerusalempilger sahen⁴³, nicht, was sie taten. Die Jünger Jesu aber verstehen, was geschieht, wenn die Aufnahme Jesu – der auf dem Weg nach Jerusalem ist!⁴⁴ – verweigert wird.

εἰσῆλθον V 52 sich ursprünglich auf Jesus und seine Begleitung bezog, was VV 53f noch erkennbar bleibt.

³⁴ Das ἑτοιμάζειν kann Lk 22,8f.13 entstammen, obgleich es hier – objektlos – „Quartier machen" meint (vgl. dazu BAUERWb z. W. unter 1).
³⁵ Tᵇ: πολιν ℵ* Ψ f¹³ 1424 al lat boᵐˢ (diff V 56) kann Angleichung an Lk 10,1 par Mt 9,35 sein (oder ist eine Reminiszenz aus QMt 10,5?), verträgt sich auch nicht gut mit V 56.
³⁶ Siehe o. A. 15.
³⁷ So schon HOFFMANN, Studien 24f; KATZ, a.a.O. (L 1) 30ff. – Einen „individuellen Seitenhieb auf Johannes" – so VON DER OSTEN-SACKEN, a.a.O. (L 1) – will Lukas hier schwerlich austeilen.
³⁸ Siehe o. S. 5. Schon darum wird „Samaria" hier nicht von Lukas eingetragen worden sein (wie auch die Begründung V 53b nicht; s. u. A. 43); so auch KATZ, a.a.O. (L 1) 35.
³⁹ Obgleich man hier nicht eine „Samaritermission" eintragen sollte. Lukas läßt die „Nordreise" diff Mk 8,27 (vgl. diff Mk 7,24) kurz vorher weg; so würde er auch wohl keine Samaritermission erzählt haben.
⁴⁰ Auch 9,5; vgl. 9,48; 16,4.9; Apg 3,21.
⁴¹ Vgl. 8,13; 18,17; Apg 7,38; 8,14 (von Samaria!); 11,1; 17,11; vgl. LK I, 237 A. 117 (u. S. 503).
⁴² Tᵈ: αυτου fehlt in den besten Hss. (𝔓⁴⁵·⁷⁵ ℵ B f¹ 205 579 700 pc e sa boᵐˢ) doch wohl ursprünglich, auch weil die „kürzere LA"; αυτου kann zudem aus VV 52.53 eingedrungen sein.
⁴³ Vgl. Joh 4,9. Zur Behinderung des Pilgerweges durch Samaria vgl. JosAnt XX, 6,1; JosBell II, 12,3; JosVit 52. – Zum Semitismus τὸ πρόσωπον ... πορευόμενον, der vorluk stehen wird (vgl. zu V 52a), vgl. 2 Sam 17,11; die verkürzte Redeweise bleibt Lukas im Rückbezug auf V 51 verständlich.
⁴⁴ „Dem seiner ‚Aufnahme' (zum Kreuz und zur Verherrlichung) entgegenziehenden Messias (verweigert)"; so ERNST 218.

Die die Abweisung erfahrenden[45] Jünger Jakobus und Johannes – inzwischen zurückgekehrt – meinen, das Elijawunder damals in Samaria (2 Kön 1,10.12) müsse sich wiederholen. Sie trauen sich zu, was der wundermächtige[46] Prophet Elija[47] vermochte – aber doch charakteristisch anders: Jünger Jesu wissen sich mit ihrem befehlsmächtigen Wort[48] an den Willen des „Kyrios" gebunden[49].

55f Der Kyrios muß den kommentarlos schroffen Verweis[50] (und ethische Entscheidungen) nicht motivieren. Wir können aber den Kontext nach Begründungen befragen: Es ist – trotz aller Vollmachtübertragung 9,1 – nicht Aufgabe der Jünger[51], das Sodom-Gericht an unbußfertigen Städten zu vollziehen, weil das Sache Gottes[52] ist (vgl. 10,12.13f.15). Unmittelbar vorher hatte Lukas Mk 9,49 gelesen: „Ein jeder wird (soll) mit Feuer gesalzen werden", eine Einleitung zum Salz-Spruch, den QLk 14,34f par Mt 5,13 nicht kannte. Für Lukas und wohl auch schon für Markus legte sich nun hier das Verständnis nahe: Wenn ihr mich als den Bringer des Feuers des geistmächtigen Wortes verstanden hättet (vgl. 12,49; s. dort) und wenn auch ihr mit diesem Feuer gesalzen wäret, würdet ihr nicht das Gerichtsfeuer Gottes vom Himmel erbitten. Für sie hat die Regel der Feindesliebe (6,27f) zu gelten, woran gleich zu Beginn des Weges nach Jerusalem erinnert wird: „Die Jünger konnten ihn nicht zum Kreuz begleiten, wenn ihnen der Anblick seiner Entehrung und Verwerfung unerträglich war und für unvereinbar mit Gottes königlichem Wirken galt"[53]; vgl. 9,23-27 und ähnlich 9,57f. Zudem: Jesus zieht ja nicht als Richtender nach Jerusalem hinauf, sondern als σωτήρ[54], wie am Ende des Abschnitts

---

[45] Wahrscheinlicher sollen sie identisch sein mit den V 52 gesandten ἄγγελοι (vgl. 10,1 ἀνὰ δύο), oder unwahrscheinlicher: ἰδόντες bezieht sich auf den Bericht der zurückkehrenden „Jünger" als „Augenzeugen".
[46] Vgl. zur Elija-Erwartung der Zeit LK I, 35 A. 56.
[47] T^e: ὡς καὶ Ηλιας εποιησεν – verteidigt von ARENS, Sayings – ergänzten schriftkundig mit Mcion die Hss. (vgl. ALAND, Synopsis 13²), die den Menschensohnspruch hier einfügen; s. u. A. 55.
[48] Vgl. LK I, 344 A. 5 und LK I, 380 A. 5.
[49] Das luk S zeichnet auch sonst Jesus als Propheten wie Elija (vgl. LK I, 402f.404f). Für die luk R ist das nicht mehr zu betonen; die Elija-Christologie ist wahrscheinlich traditionell (so auch MIYOSHI, Anfang [L 1], nunmehr überzeugend BRODIE, a.a.O.; anders RENGSTORF; ELLIS). – Eine Rückerinnerung an Lk 3,16b ist hier wenig wahrscheinlich (LK I, 175 Z. 5 wäre hier zu korrigieren); auch ist 12,49 (s. dort) nicht als Gerichtsfeuer zu verstehen.
[50] ἐπιτιμᾶν in Lk nur noch als Bedrohung des Fiebers (4,39) und von Wind und Wasserwellen (8,24) – so hier den das Gerichtsfeuer Heranholenden? (Dieser Gebrauch von ἐπιτιμᾶν muß nicht unluk sein; gg. ARENS, Sayings 184, und dessen Vorgänger; s. dort.)
[51] Eine Abweisung der Täufersekte, die die Androhung der „Feuertaufe" (3,16) weitergetragen hätte (so THYEN, a.a.O. [LK I, 154 A.^{b}] 112 Anm. 89 fragend), ist nicht sichtbar, sosehr diese Prophetie des Täufers hier weiterleben kann.
[52] Sie dürfen es 9,5; 10,10f dann – aber nur in einer prophetischen Zeichenhandlung – androhen.
[53] So SCHLATTER 271.
[54] Vgl. SCHNEIDER 229.

19,10 betont wird, und diese Reise nach Jerusalem bringt noch nicht die Gottesherrschaft (vgl. 19,11). (Das Gericht des Menschensohnes ist endzeitlich; vgl. 19,24–27[55].)

Lukas erzählt den strengen Verweis Jesu in Reminiszenz an die von ihm gelesene, aber übergangene Szene Mk 8,32f (ἐπιστραφείς ... ἐπετίμησεν); die Schonung, die er dort dem von ihm bevorzugten[56] Apostel Petrus (durch Auslassen von Mk 8,32f) zuteil werden läßt, glaubt er hier dem viel konkreteren Ansinnen von Jakobus und Johannes[57] nicht gewähren zu dürfen. Der Verweis steht hier akzentuiert am Anfang des Weges nach Jerusalem[58].

Man wird im Zusammenhang heraushören dürfen: Samaria wird dereinst das Wort annehmen, bevor es zu den Heiden gelangt (s.u.)[59]. Hier

---

[55] T^f: Recht frühe Zeugnisse (aber nicht 𝔓^{45} 𝔓^{75} ℵ B) bringen VV 55b.56a eine längere Fassung; vgl. (nach ALAND, Synopsis 13²): και ειπεν· ουκ οιδατε οιου (ποιου D f¹ 205.700 al) πνευματος εστε (+ υμεις f¹ 205.346 al)· ο (+ γαρ 346 al) υιος του ἀνθρωπου ουκ ηλθεν ψυχας (– χην Γ pc) ανθρωπων απολεσαι (αποκτειναι 700.1006 al) αλλα σωσαι: Θ f$^{1.13}$ 205.700.1006.2542 pm it vg$^{cl.ww}$ sy$^{(c.p)h}$ bo^{pt} (sed om ο υιος ... σωσαι D; Mcion Epiph).
Alle kritischen Textausgaben des 19. Jahrhunderts, auch N^{25} und G sowie nun auch der St-T (mit EÜ) bevorzugten die kürzere Fassung. Für die längere sprachen sich (mehr oder weniger entschieden) aus: ZAHN 401f.765–768; HARNACK, „Ich bin gekommen" 14ff; Ross, a.a.O.; BOVER, a.a.O.; COLOMER, a.a.O.; ARENS, Sayings (der 181–185 viele – mich nicht überzeugenden – Gründe zusammenträgt) und nach ihm KARIAMADAM, Zacchaeus Story (L 1). Dagegen die meisten Monographien und Kommentare: vgl. METZGER, Commentary z. St.; KATZ, a.a.O. (L 1) 26; SCHNEIDER; ERNST u. a.; SCHWEIZER 111. – Nicht nur als lectio brevior und immerhin auch durch ältere Bezeugungen empfiehlt sich der Kurztext; eine sekundäre Streichung kann kaum – auch nicht markionitisch – gg. ARENS, Sayings 186 f.190 (mit ZAHN, BOVER, a.a.O.; HARNACK, „Ich bin gekommen" 15) – verständlich gemacht werden.
Die Einleitungswendung V 55b και ειπεν ... πνευματος εστε hat in Lk/Apg keine Parallele; das Logion ist wohl Mk 8,32f nachgebildet. V 56 a inkludiert als eine (sehr gekonnte) Ergänzung nach 19,10 die Reiseerzählung am Anfang und Schluß. Die Redefigur, die vom „Kommen des Menschensohns" berichtet, wird in V 56a aus 19,10 stammen, die andere: οὐκ – ἀλλά aus Mk 10,45 (diff Lk), wobei auch Lk 6,9c (diff Mk) ψυχὴν σῶσαι ἢ ἀπολέσαι Pate gestanden haben wird (das sich von τὸ ἀπολωλός 19,10 her in Erinnerung brachte). – Die umgekehrte Annahme, Lk 19,10 sei von Lukas – im Rückgriff auf 9,56a gebildet (so ARENS, Sayings 186 –), ist weniger wahrscheinlich, wenn 19,10 als sekundäre Bildung des Lukas aufgrund von Mk 10,45, ergänzt durch 15,4.6, erkannt wird (s. ebd.), wo dieser das ζητεῖν (15,8; vgl. Mt 18,12) sowohl wie τὸ ἀπολωλός (15,4.6.9) lesen konnte. Müssen λόγοι wie 1 Tim 1,15 (vgl. Joh 3,17; 12,47; Jak 4,12a) wirklich von Lk 9,56a abhängig sein? Es genügt die Annahme einer stereotypen Redefigur in der Glaubenssprache der frühen Christenheit hinter all diesen Worten (und hinter Lk 9,56a).
[56] Vgl. LK I, 264.
[57] Hat vielleicht hier erst Lukas die Namen der Jünger eingebracht, die er als Paar von 5,10 und 6,14 her kannte? Namen fügte er auch 8,45; 22,8 diff Mk ein. Es wäre Lukas zuzutrauen, daß er die 6,14 diff Mk 3,17 nicht erwähnten Βοανηργές nun hier als solche ins Spiel bringt. Jedenfalls sind die Namen wohl nicht erst in der späteren Textgeschichte zugewachsen; gg. DIBELIUS, Formgeschichte 45.
[58] So SCHWEIZER 111.
[59] Die abschließende Notiz V 56, auch die Samariterfreundlichkeit sonst im Ev (s. S. 28) raten ab, hier den Verwerfungsgedanken betont zu finden (gg. GRUNDMANN; ELLIS); im

soll sich nicht das Gericht Gottes vollziehen, das den 10,10f.12.13f.15 (13,1–9.34f; 21,5f; 23,27–31) erwähnten jüdischen Städten angedroht wird[60]. Und schließlich handelte es sich bei dem sich verschließenden Dorf um einen Einzelfall; ein anderes (doch wohl ebenfalls samaritanisches[61]) nahm damals Jesus ja auf. Jesus meidet im folgenden dann Samaria auch nicht; vgl. 17,11.

Lukas weiß Apg 8,1.5–25 – vermutlich aus Lokaltraditionen –, daß es in Samaria früh zu Gemeindebildungen kam (vgl. Apg 1,8; 9,31; 15,3; auch Joh 4). Daher übernimmt er gern die von Samaritern wohlwollend erzählenden Traditionen seines Sondergutes 10,30–37 und 17,11–19[62]. Die Q-Einheit Mt 10,5b–6[63] wollte er dagegen nicht mehr weitergeben. Das alle Animositäten gegen die Samariter ablehnende Erzählungsstück 9,52b–55(56) wird Lukas als Hinweis auf die im Verhalten Jesu gründende kommende Samaritermission verstanden haben[64].

Zur Traditionsgeschichte von Lk 9,51–56:

1. Von einem tradierten Erzählungsstück[65], das in etwa 9,52b–55 (καὶ ... εἰσ-ῆλθον, ohne ὡς[66] ἑτοιμάσαι αὐτῷ) erhalten sein wird[67], läßt sich der redaktionelle Rahmen des Lukas abheben[68]: V 51 (s. ebd.)[69] als Einleitung[70] des ganzen Abschnittes 9,51 – 19,27, V 52a, der Lk 10,1 benutzt[71], und abschließend V 56 (in Umbildung von Mk 10,1; dazu s.o.). Die ursprüngliche Einheit wird einleitend gelautet haben: καὶ (πορευθέντες?) εἰσῆλθον εἰς κώμην Σαμαριτῶν[72] καὶ οὐκ ἐδέξαντο αὐτόν[73]. Die (von Lukas nach Mk 8,33 überformte) Reaktion Jesu in V 55[74]

Gegenteil scheint Lukas unseren Text hier als Hinweis auf die nachösterliche Samaritermission (wie ähnlich Joh 4) gelesen zu haben. (So – schon für die Q-Redaktion – auch Katz, a.a.O. [L 1] 84.)
[60] Conzelmann, Die Mitte 56f.58f, verzeichnet hier die redaktionelle Absicht des Lukas, verleitet durch die fragwürdige Parallelisierung mit der Nazaret-Perikope. Richtig dagegen Hahn, Mission* 112f.
[61] Gegen Holtzmann*, Ernst u.a. mit Katz, a.a.O. (L 1) 84 (37).
[62] Siehe u. (zu 10,30ff) und Scobie, a.a.O. (L 2a).
[63] Siehe u. (unter 2.).
[64] Siehe o. A. 59.
[65] Bultmann, Geschichte 24: „alte Tradition auf keinen Fall ...", vielleicht „aber ein Traditionsstück aus den Missionserfahrungen der Gemeinde".
[66] Vgl. dazu o. A. 33.
[67] Vgl. dazu Katz, a.a.O. (L 1) 30.35. Trotz luk Spracheigentümlichkeiten (Miyoshi, Anfang [L 1] 12f; Jeremias, Sprache 180) ist auch V 54 wohl traditionell.
[68] Vgl. Dibelius, Formgeschichte 44f; Katz, a.a.O. (L 1) 36f.
[69] Gegen Schweizer u.a. Vgl. sprachlich Jeremias, Sprache 179; Katz, a.a.O. (L 1) 38; Lohfink, Himmelfahrt 215ff.
[70] Siehe o. (zu V 51).   [71] Siehe o. (zu V 52).
[72] Die samaritanische Situation wird nicht erst Lukas geschaffen haben; s.u. (unter 2. und 3.).
[73] Auch die Begründung V 53b, die ähnlich so in LXX außer 2 Kön 17,11 nicht begegnet (s.o. A. 43), scheint Lukas zu verraten; vgl. Miyoshi, Anfang (L 1) 32. Vgl. auch die sprachlichen Anzeigen bei Jeremias, Sprache 180.
[74] Siehe o. z. St. – στραφείς (πρός, oder mit Dat.) in Verbindung mit einer Wendung (oder „Zuwendung") läßt sich nicht als unluk erweisen (gg. Jeremias, Sprache 155), aber

könnte die ursprüngliche Antwort eines vormaligen Apophthegmas verdrängt haben.

2. Eine redaktionelle Einfügung von 9,52b–55 durch Lukas[75] wäre an sich verständlich zu machen: Die inhaltliche Verwandtschaft mit Mk 9,38–41 = Lk 9,49–50 konnte ihn veranlassen, diese Tradition gerade hier einzufügen (zumal dort ebenfalls Johannes der Fragende war). Auch der Hinweis auf die „Hauslosigkeit" Jesu V 58, den schon Q führte (s. u.), folgt einigermaßen passend auf die Abweisung in V 53; Lukas kann VV 52b–55 den VV 57f vorgeordnet haben. Zudem hat er vermutlich in QMt 10,5b-6 (vor Lk 10,8–11) gelesen[76]; die Streichung konnte ihn anregen, eine andersartige Äußerung Jesu zur Samaria-Frage einzufügen. – Die letzten beiden Fakten wären aber durchaus auch einem vorluk Redaktor zuzutrauen, etwa dem von Q. Hat Lukas die Perikope 9,52b–55 nicht vielleicht doch bereits in Verbindung mit 9,57–62; 10,1ff vorgefunden?[77] Wenn Q die Redenquelle nämlich Mt 10,5b-6 geführt hat[78], kann sie das nicht mehr „zeitgemäße" Verbot der Heiden- und Samaritermission – in ihrem redaktionellen (historisierenden) Endstadium – nur in „kommentierter" Form gebracht haben: neutralisiert durch eine vorgebaute, irgendwie immerhin positiv zu verstehende (vgl. Apg 1,8) Stellungnahme zur Samaritermission. Die sprachliche Verwandtschaft von Lk 9,52b zu Mt 10,5b-6 (die freilich auch auf die luk Redaktion zurückgeführt werden kann) fällt auf: εἰς πόλιν Σαμαριτῶν μὴ εἰσέλθητε πορεύεσθε; vgl. auch das δέχεσθαι Lk 10,8.10! Eine vormalige inhaltliche und darum wohl auch traditionsgeschichtliche Zusammengehörigkeit von Lk 9,52b–55 mit Lk 10,1 + Mt 10,5b-6 + Lk 10,8–11 wird dann besonders deutlich, wenn Lk 10,3–7 als nachträglicher Einschub erkannt wird[79]. – Die Einheit 9,52b–55 wird auch aus motivkritischen Gründen eher Q als dem luk S zuzurechnen sein: Man kann die hier sich äußernde Einstellung zu den Samaritern eher mit Mt 10,5b-6 = Q zusammendenken als mit den den Samaritern wohlwollenden Sondertraditionen Lk 10,30–37 und 17,11–19. Denn eigentlich samariterfreundlich klang die Notiz über

---

ebensowenig als charakteristisch luk, wenn es sich in Lk 22,61 Sv diff Mk, 7,9 diff Mt und 14,25 Sv diff Mt (wie hier 10,23) findet, dann nur noch als Einleitung von Sonderstücken in einer Sg-Einheit 7,44 und in einer solchen im Mk-Text 23,28, ferner hier 9,55 (Q oder R?).

[75] Ist εἰς πόλιν Σ. μὴ εἰσέλθητε Reminiszenz an εἰσῆλθεν εἰς κώμην Σ.?

[76] Vgl. auch MIYOSHI, Anfang (L 1) 6–15.152 u.ö.; BARTNICKI, a.a.O.

[77] Siehe nun auch KATZ, a.a.O. (L 1) 83 ff(37), der hier 83ff hellenistische R von Q vermutet.

[78] Vgl. TrU 137–149. Trotz des Widerspruchs von HOFFMANN, Studien 258–261, vermag ich nicht an „Bildung", nicht einmal an sekundäre – historisierende – Einfügung des Logions erst durch Matthäus zu glauben; vgl. auch BARTNICKI, a.a.O.; SATO, Q 26. Die o. vorgelegten Beobachtungen machen auch die „Vermutung" von GNILKA, Mt 361f, unwahrscheinlich, daß „Mt bzw. seine Schule das Wort [Mt 10,5b-6] aus gegebenem Anlaß geformt hat". Die Akoluthie sowie die sprachlichen wie inhaltlichen Entsprechungen zu Lk können schwerlich zufällig sein. Die Beobachtungen, die Q-Zugehörigkeit von Mt 10,5b-6 sprechen, sind unabhängig von unserer (gewiß nicht gesicherten) Hypothese der vormaligen Einheit Lk 10,1 + Mt 10,5b-6 + Lk 10,8–11. – Nach POLAG, Fragmenta Q, rechneten B. WEISS, G. H. MÜLLER und G. STRECKER Mt 10,5b-6 zu Q. KLOPPENBORG, Q-Parallels; SCHENK, Synopse; ZELLER, Kommentar; NEIRYNCK, Q-Synopsis, verzeichnen Mt 10,5-6 nicht als Parallele. F. NEIRYNCK äußert (mit der Mehrzahl der Ausleger; vgl. eingehend URO a.a.O. [L 4] 39–56, bes. 51f) Bedenken, Mt 10,5b-6 Q zuzuschreiben, in: Evangelica II, 417ff; erneut in seinem Beitrag: Literary Criticism, Old and New 11.

[79] Siehe z. 2. St.

die Ablehnung Jesu in Samaria ursprünglich – isoliert oder in vorluk Zusammenhängen ohne den (redaktionellen; s. o.) V 56 – nicht. (Der Jüngerverweis galt dem Gerichtseifer der Jünger, nicht aber ihrer antisamaritanischen Einstellung.) – Schwerlich hätte Lukas auch wohl von sich aus eine vorluk Sondertradition gerade an dieser Stelle eingefügt (obgleich der Weg durch Samaria einer Reise von Galiläa nach Jerusalem auch Farbe geben konnte).

3. In der luk (Q-)Vorlage wird Samaria schon zu lesen gewesen sein, weil auch die Anspielung auf das Elijawunder V 54 an Samaria erinnerte. Dann hätte die Einheit ihren Überlieferungs-„Sitz" in der Erfahrung einer sperrigen Samaritermission gehabt, die aber von dem Willen beseelt war, diese nicht aufzugeben. Es gibt keinen Grund, vorösterliche historische Reminiszenzen auszuschließen.

2. Jüngernachfolge:
Bereitschaft zur Weggemeinschaft und Mitarbeit
9, 57–58(= Mt 8, 19–20).59–60(= Mt 8, 21–22).61–62

L 3: zu 9, 57–62. – Lit. vgl. bei L 1, ferner bei WAGNER, EBNT II, 136–138. VAN SEGBROECK, Lk-Bibliography, s. Reg. 232. – Vgl. bes. AERTS, TH., Suivre Jésus. Évolution d'un thème biblique dans les Évangiles synoptiques, in: EThL 42 (1966) 476–512; BETZ, H. D., Nachfolge und Nachahmung Jesu Christi im Neuen Testament (BHTh 37) (Tübingen 1967); BLAIR, H. J., Putting One's Hand to the Plough. Luke IX.62 in the Light of 1 Kings XIX.19–21, in: ET 79 (1968) 342–343; BORSCH, a. a. O. (L 1); BRODIE, Literary Interpreter 216–227; DERS., LUKE; BUSSE, U., Nachfolge auf dem Weg Jesu. Ursprung und Verhältnis von Nachfolge und Berufung im Neuen Testament, in: FRANKEMÖLLE–KERTELGE (Hg.) Vom Urchristentum zu Jesus 68–81; CASEY, M., The Jackals and the Son of Man (Matt. 8.20 / Luke 9.58), in: JSNT 23 (1985) 3–22; CERFAUX, L., Variantes de Lc. IX,62 (1955), in: DERS., Recueil I*, 498–501; COULOTH, C., Jésus et le disciple. Étude sur l'autorité messianique de Jésus (EtB.NS 8) (Paris 1987), bes. 18–40; CROCKFORD, J. R., St. Luke IX.57–62, in: ET 58 (1946/47) 307; DOOS, M., Candidates for Discipleship (Luke IX.57–62), in: Exp. IV/4 (1891) 286–297; ECKERT, J., Wesen und Funktion der Radikalismen in der Botschaft Jesu, in: MThZ 24 (1973) 301–325, bes. 301–310; EGELKRAUT, a. a. O. (L 1) 138–141; EHRHARDT, A. P., Laßt die Toten ihre Toten begraben, in: StTh 6 (1952) 128–164; FLEDDERMANN, H. T., The Demands of Discipleship Matt 8, 19–22 par. Luke 9, 57–62, in: VAN SEGBROECK (Ed.), The Four Gospels 1992, I, 541–561; GLOMBITZA, O., Die christologische Aussage des Lukas in seiner Gestaltung der drei Nachfolgeworte Lukas IX 57–62, in: NT 13 (1971) 14–23; GRÄSSER, E., Nachfolge und Anfechtung bei den Synoptikern, in: Angefochtene Nachfolge. Beiträge zur Theologischen Woche 1972, Bethel, H. 11 (1973) 44–57; HAHN, F., Die Nachfolge Jesu in vorösterlicher Zeit, in: P. RIEDER (Hg.), Die Anfänge der Kirche (EvFo 8) (Göttingen 1967) 7–36; HAMPEL, Menschensohn 226–234; HENGEL, Nachfolge*; HOFFMANN, Studien, bes. 181–187; HORN, Glaube und Handeln 193f; KIM, S., The „Son of Man" as the Son of God (WUNT 30) (Tübingen 1983), bes. 87f; KINGSBURY, J. D., On Following Jesus: The „Eager" Scribe and the „Reluctant" Disciple (Matthew 8, 13–22), in: NTS 34 (1988) 45–59; KLEMM, H. G., Das Wort von der Selbstbestattung der Toten, in: NTS 16 (1969/70) 60–75; KLOPPENBORG, Formation 190ff. 199–203.235–245; KÜVEN, C., Weisung für die Nachfolge. Eine Besinnung über Lk 9, 57–62, in: BiLe 2 (1961) 49–53; KUHN, W., Nachfolge nach Ostern, in: LÜHRMANN – STRECKER (Hg.), Kirche 105–131, bes. 113–119; LESER, P. No man, Having Put His HAND to the Plow, in: M. BLACK – W. A. SMALLEY (Ed.), On Language, Culture and Religion (FS E. A. Nida) (Approaches to Somiotics 56) (Mouton 1974) 241–258; LOENING, K., Die Füchse, die Vögel und der Menschensohn (Mt 8, 19f par Lk 9, 57f), in: FRANKEMÖLLE – KERTELGE (Hg.), Vom Urchristentum zu Jesus 82–102, bes. 83f; LOHFINK, Sammlung; LOUW, J. P., Discourse

Analysis and the Greek New Testament, in: BiTr 24 (1973) 101–118, bes. 104–108; LÜHRMANN, Logienquelle 58 ff; LURIA, S., Zur Quelle von Mt 8,19, in: ZNW 25 (1926) 282–286; MERKLEIN, Gottesherrschaft 56–64; DERS., Der Jüngerkreis Jesu, in: K.-H. MÜLLER (Hg.), Die Aktion Jesu und die Re-Aktion der Kirche (Würzburg 1972) 65–100; MIYOSHI, Anfang (L 1) 33–94; NEUHÄUSLER, Anspruch* 186–214; PERLES, F., Zwei Übersetzungsfehler im Text der Evangelien, in: ZNW 19 (1919/20) 96; DERS., Noch einmal Mt 8,22, Lc 9,60 sowie Joh 20,17, in: ZNW 25 (1926) 286–287; POLAG, Umfang 62–63; PRAST, Presbyter 338–344; RAVENS, A. S., Luke 9,57–62 and the Prophetic Role of Jesus, in: NTS 36 (1990) 119–129; SCHNEIDER, G., In der „Nachfolge Christi" (1971), in: DERS., Jesusüberlieferung 143–154 (ebd. Lit. zum Thema „Nachfolge Jesu" 144 Anm. 5); SCHÜRMANN, H., in: GR 91–96; DERS., Der Jüngerkreis Jesu als Zeichen für Israel (und als Urbild des kirchlichen Rätestandes), in: UG 45–60; SCHULZ, A., Nachfolgen*, bes 105–108; SCHULZ, Q 434–442; SCHWARZ, G., ἄφες τοὺς νεκροὺς θάψαι τοὺς ἑαυτῶν νεκρούς, in: ZNW 72 (1981) 272–276; DERS., Beobachtungen zur Auslegungsgeschichte von Mt. VIII.20 par., in: DERS., „Und Jesus sprach" 91–96; DERS., Mt 8,20b-e. Lk 9,58b-e (Q), in: Jesus 188–193; SCHWEIZER, Erniedrigung 7–21; STEINHAUSER, Doppelbildworte 96–121; STROBEL, A., Die Nachfolge Jesu. Theologische Besinnung zu Lc 9,57–62, in: ThPQ 98 (1950) 1–8; DERS., Textgeschichtliches zum Thomas-Logion 86 (Mt 8,20 / Luk 9,58), in: VigChr 17 (1963) 211–224; THEISSEN, Studien, darin: Wanderradikalismus. Literatursoziologische Aspekte der Überlieferung von Worten Jesu im Urchristentum (1973) 79–105; „Wir haben alles verlassen" (Mc. X,28). Nachfolge und soziale Entwurzelung in der jüdisch-palästinensischen Gesellschaft des 1. Jahrh. n.Chr. (1977) 106–141; Legitimation und Lebensunterhalt. Ein Beitrag zur Soziologie urchristlicher Missionare (1975) 201–230; DERS., Jesusbewegung, bes. 14–21; VAAGE, L. E., Q¹ and the Historical Jesus (7: 33–34; 9,57–58, 59–60; 14: 26–27, in: Forum 5 (1989) 159–176; VACCARI, A., „Mittens manum suam ad aratrum et respiciens retro" (Lc. 9,62), in: VD 18 (1938) 308–312; VENETZ, H. J., Bittet den Herrn der Ernte, in: Diak. 11 (1980) 148–161; VIELHAUER, Aufsätze* 123 ff; WANKE, „Bezugs- und Kommentarworte" 40–44; ZIMMERMANN, H., Christus nachfolgen. Eine Studie zu den Nachfolge-Worten der synoptischen Evangelien, in: ThGl 53 (1963) 241–255; DERS., Methodenlehre 113–120.

Die Dreiheit von Berufungsszenen 9,57 f.59 f.61 f will als Einheit gelesen werden; sie dient nicht nur der in 10,1–20 folgenden Aussendungserzählung als „Vorbau", sondern schaut auch schon auf 10,21–37.38–42 hinüber (s. o. einleitend S. 22), da Jüngerschaft nicht nur Gesandtsein und Mitarbeit beinhaltet, sondern vorgegebene Gabe ist: Ruf in die Nachfolge und Empfang des Wortes Jesu, welche Vorordnung freilich die Ausrichtung auf die Verkündigungsaufgabe 9,60b.62b (s. u.) nicht überdecken kann.

„Die Nachfolgeperikopen haben ausgesprochen ‚exemplarischen' Charakter."[1] Sie nennen weder Ort noch Zeit, und sie charakterisieren auch nicht (wie dann Mt 8,19) die Personen; sie sprechen auf solche Weise in die Zeit der Kirche hinein. Auch wenn in keiner der drei Szenen der Erfolg des Wortes Jesu erzählt wird, betrifft diese Offenheit der Apophthegmata Hörer und Leser mit je ihrer eigenen Situation – um das Wort Jesu jedenfalls bei ihnen erfolgreich zu machen ...

Wie auf die Enthüllung des Leidensgeheimnisses 9,18–22 in 9,23–27 der Aufruf zur Kreuzesnachfolge folgte[2] und ähnlich[3] auf die Leidensvorhersage 9,43b–45 die Belehrungen 9,46–48.49–50, so folgen auf den Ent-

---

[1] HENGEL, Nachfolge* 6; KATZ, a.a.O. (L 1) 94.
[2] Siehe LK I, 539.   [3] Siehe LK I, 574.

schluß Jesu 9,51f, nach Jerusalem zu gehen, nun Erörterungen über die „Weggemeinschaft" mit Jesus. Von der Kreuzesentschlossenheit Jesu her bekommt die Nachfolge Jesu sowie die Verkündigungsaufgabe im Zusammenhang[4] ihre Unerbittlichkeit. So wird gleich einleitend das Mitgehen der Jünger nach Jerusalem zu einem Mit- und Nachvollzug, und die exemplarische Bedeutung des Weges Jesu wird deutlich.

Drei Worte des κύριος (10,1; vgl. 9,54) lassen dessen Hoheit betont aufleuchten. In den drei Szenen ist der nachfolgende Jünger aber als Mitwanderer (VV 57f) und Mitarbeiter (VV 60b.62b) Jesu gedacht[5] – das in unmittelbarer Vorbereitung zu der anschließend erzählten Sendung 10,(1)3a und Gebetsaufforderung 10,2. Die jeweils durch εἶπεν VV 57.59.61 eingeleiteten und untergliederten drei Teile der Einheit[6] erzählen in der ersten Szene von einem Nachfolgeangebot (V 57b), in der zweiten einer Nachfolgeaufforderung (V 59a), welche man auch vor der Bereitschaftserklärung der dritten (V 61a) hören soll (s. u.). Während es im ersten Apophthegma einleitend nur erst um „Nachfolge" geht, geht es im zweiten und dritten um Mitarbeit der Nachfolgenden[7].

In gewisser Weise hat die erste Szene also eine einleitende Funktion: Während in ihr vorweg deutlich gemacht wird, was Bereitschaft zur Nachfolge einschließen muß, nämlich das „hauslose" Leben Jesu zu teilen, charakterisieren die zweite und dritte in unterschiedlicher Weise, wie total vorrangig (vgl. VV 59.61 πρῶτον) die Indienstnahme durch Jesus verstanden sein will. Die zweite stellt heraus: Der Verkündigungspflicht ist schlechterdings keine andere Pflicht – auch nicht die heiligste! – vorzuziehen. Die dritte Szene macht deutlich: Es gilt, sich auf der Stelle von jeglicher Bindung – auch der stärksten wie der an die Familie – frei zu machen (V 62).

57 Und als sie dahinzogen[a], sprach unterwegs einer zu ihm: Ich will dir folgen, wo immer du[b] hingehst[c]. 58 Und es sprach zu ihm Jesus[d]:
Die Füchse haben Höhlen und die Vögel des Himmels Nester,
der Menschensohn aber hat nicht,
wo er sein Haupt hinlegen kann.
59 Er sagte aber zu einem anderen: Folge mir! Der aber sagte: Herr[e], gestatte mir, erst[f] hinzugehen und meinen Vater zu begraben.

---

[4] Vgl. dazu u. zu V 58 (S. 36).
[5] EGELKRAUT, a.a.O. (L 1), sieht richtig: „The motif of discipleship is of subordinate importance in the Lukan version. All that is important here is Jesus ..." (139). Nicht richtig ist seine Folgerung (140f Anm. 3): „Luke does not find here regulations for the life of the church."
[6] Man sollte nicht mit MIYOSHI, Anfang (L 1) 56, die drei Bereitschaftserklärungen des Elischa 2 Kön 2,1–15 als Topos hinter den drei Nachfolge-Anekdoten Lk 9,57f.59f.61f finden wollen.
[7] Diese Intention der Einheit wird mehr vom Inhalt als von der Struktur her deutlich; gg. die Analyse von LOUW, a.a.O.: sie mag formal X Y X gegliedert werden – inhaltlich ist sie nach dem Schema I–II, 1–2 gebaut.

60 Er sagte ihm aber:
Laß die Toten ihre Toten begraben;
du aber geh hin und verbreite die Kunde vom Reich Gottes!
61 Es sagte aber wieder ein anderer: Ich werde dir folgen, Herr; erst aber gestatte mir, Abschied zu nehmen von denen in meinem Haus.
62 Es sprach[g] aber Jesus:
Niemand, der Hand[h] an den Pflug gelegt hat[h]
und hinter sich schaut[h],
ist brauchbar für das Reich Gottes.*

57a Die luk Redaktion[8] will die Reisesituation (vgl. 9,51b) betonen: Die folgenden drei Berufungsszenen soll man sich nicht in dem vorgenannten samaritanischen Dorf denken; sie spielen irgendwo und irgendwann auf der „Wanderung" (πορευομένων[9]). Sie sind zudem betont als „Weggespräch" (ἐν τῇ ὁδῷ) – wie später der Emmausgang (vgl. 24,32.35) – charakterisiert. Diese Situation ist ihrem Inhalt angemessen, der auf die Zeit der Kirche hin transparent ist. Da der Jüngerkreis als schon konstituiert gedacht ist, geht es im folgenden darum, daß Aufnahmebedingungen für Nachfolge- und Verkündigungswillige vor (und nach) Ostern umrissen werden.

57b Da bietet sich V 57b jemand[10] an, Jesus auf seinem Weg (vgl. VV 51ff.56.57a) überallhin zu folgen. „Wo immer du[11] hin-

---

* T:[a] v.l.: – (s. A. 9). – [b] v.l.: V (s. A. 11). – [c] v.l.: – (s. A. 12). – [d] v.l.: [H] (s. A. 28). – [e] v.l.: T [H] N G, vgl. [St-T] EÜ (s. A. 53). – [f] v.l.: T H V M B N (EÜ) (s. A. 54). – [g] v.l.: [H N St-T] (s. A. 78). – [h] v.l.: T S V M B G (s. A. 77).

[8] πορεύεσθαι ist ein luk Vorzugswort (vgl. AB I, 90), was für ἐν τῇ ὁδῷ = „unterwegs" (Lk 12,58; 24,32.35 S; Apg 9,27; vgl. auch Mk 8,3.27; 9,33f; Mt 15,32; 20,17) nicht eindeutig ist; Lukas schreibt Apg 8,36; 23,3; 26,13 κατὰ τὴν ὁ. bzw. 8,39 τὴν ὁ. (vgl. Jeremias, Sprache 23). – Lukas kann 9,57a an eine Bemerkung anknüpfen, die hinter 8,1 zu vermuten ist; vgl. LK I, 447f. – Besser zieht man die Weg-Notiz aber mit Klostermann, Grundmann, Ernst, Glombitza, a.a.O. 17, zu εἶπεν (anders die EÜ), da Lukas sie häufiger mit einem Verbum des Sehens oder Sprechens verbindet: vgl. vorgestellt auch noch Lk 12,58 und Apg 9,27 (vgl. auch Mk 8,27; 9,33). – εἰπεῖν πρός c. acc. ist deutlich luk; vgl. AB I, 4f.
[9] T[a]: Das schwächer bezeugte – gg. 𝔓[45.75] ℵ B sy[s.c.p] bo – ἐγενετο δε π. wird schon darum nicht ursprünglich sein, weil es in Lk – hier immer mit ἐν τῷ c. inf. – ohne Beispiel wäre.
[10] Die Anrede διδάσκαλε Mt 8,19 (= Q?), von einem Außenstehenden gebraucht, hätte Lukas nicht streichen müssen; vgl. LK I, 269 A. 47. Oder hat Mt sie aus Mk 4,38 (diff Mt 8,25!) – aus dem Kontext – herangeholt?
[11] T[b]: Lk 9,57 fehlt in den besten Hss wie 𝔓[45.75] ℵ B u.a. die Anrede κυριε. (Sie wird – außer von V – von keiner maßgeblichen Ausgabe übernommen.) Unter den 19 κυριε-Anreden an den irdischen Jesus im EvLk können zwar einige für die luk R ausgemacht werden; vgl. AB III, 28f; Brutscheck, Maria-Marta-Erzählung (L 8) 83. Außer in der kurzen Wo-Frage 17,37 Sv diff Mt begegnet die Anrede nachgestellt aber nur Lk 19,8 Sg und Lk 9,61 (in der fast gleichen Wendung wie 9,57 v.l.). Sie kann von V 61 her sekundär in V 57 eingedrungen sein.

gehst"¹² enthält schon eine Ahnung (freilich noch nicht die des Petrus 22,33), was der Weg nach Jerusalem bedeuten wird, ist somit schon eine allseitige Bereitschaftserklärung. Ein derartiges Anerbieten übertrifft die Bereitschaft, die üblicherweise ein Rabbinenschüler aufbrachte¹³; hier ist mehr. Das Anerbieten bereitet die Antwort Jesu vor.

58 Jesu einsame, in die Weite hineingesprochene Feststellung – sie ist mehr als eine Antwort! – übersteigt die Frage. Sie verweist auf das Schicksal des „Menschensohnes", in dessen Geschick das des Jüngers vorgezeichnet ist. Sie will der erstaunlichen Bereitschaft des Nachfolgekandidaten¹⁴ Realität geben. Sie fragt unmittelbar, ob das Anerbieten auch den Mitvollzug des „hauslosen" Lebens Jesu einschließe: für Lukas¹⁵ dann hintergründig wohl auch schon, ob der Weg zum Kreuz denn auch mit einkalkuliert sei¹⁶.

Die Selbstbezeichnung „Menschensohn"¹⁷ meint hier – zumindest für Lukas¹⁸ – das hoheitliche Ich Jesu (das seine Hoheit letztlich freilich schon aus seiner Identität mit dem kommenden Weltenrichter bezieht¹⁹). Erst wenn *diese* Hoheit aus der Äußerung herausgehört wird, bekommt im Kontrast die unstete Heimlosigkeit Jesu ihren vollen Akzent und die Nachfolgeforderung VV 60.62 ihre eigentliche Begründung.

Wenn der Terminus hier dagegen titular *unmittelbar* den kommenden (und verborgen bereits gekommenen) Menschensohn meinen würde, würde wohl eine rückblickende Aussage über die wesenhafte Heimatlosigkeit des himmlischen Menschensohn-Weltenrichters auf der Erde überhaupt²⁰, seine Verborgenheit²¹, seine Nicht-Aufnahme (vgl. Joh 1,11) nach Art der „Weisheit" Gottes daselbst, gemacht sein. Es ist aber nur von dem Fehlen eines eigenen Heimes auf der Erde, nicht von einer Erdenfremdheit die Rede. Das gleiche Bedenken würde gelten, wenn das Logion ursprünglich von der (auf Erden wesenhaft heimatlosen) Weisheit geredet

---

¹² T^c: Statt απερχη (par Mt) lesen 𝔓⁴⁵ υπαγης, D pc (mit Joh 13,36) υπαγεις, was schwerlich sich als luk Diktion empfehlen kann; vgl. AB III, 5. Offb 14,4 ὅπου ἂν ὑπάγῃ kann textlich einwirken.

¹³ Vgl. die Formeln bei SCHLATTER, Mt 284. – Der Bereitschaftserklärung des Elischa zum Bleiben 2 Kön 2,2.4.6 ist die von VV 57b (und 61) schwerlich nachgebildet; gg. RENGSTORF 128 u. a.

¹⁴ Die γραμματεῖς bringt Mt auch 12,38 diff Lk und häufig Mt 23 in den Text; vgl. das Urteil bei SCHULZ, Q 434 Anm. 224.

¹⁵ Weil nach Lk (s. o. S. 33f) Jesu Geschick das seines Jüngers sein soll.

¹⁶ Offb 14,4 dürfte unser Wort nachwirken; dort ist dann in Rückschau der hier seinem Leiden entgegengehende „Menschensohn" (Lk 9,22) „das Lamm"; vgl. jedoch auch u. S. 37 mit A. 33.

¹⁷ Die Q-Traditionen bringen den Titel häufig mit, die abschließende Q-Redaktion kennt ihn nicht mehr; vgl. näherhin SCHÜRMANN in: GR 153–182, hier bes. 162f.

¹⁸ Die Kommentierungen sagen oft nicht, ob sie „Menschensohn" hier als luk Aussage, als Q-Aussage oder als Wort Jesu interpretieren.

¹⁹ Vgl. HOFFMANN, Studien 149f, gg. TÖDT, Menschensohn 114; auch SAND, Mt 185.

²⁰ Dagegen schon CLEMEN, Religionsgeschichtliche Erklärung 228f.

²¹ So deutet DIBELIUS, Jesus* 81f; dagegen GNILKA, Mt 311.

hätte²². Nicht der jenseitige Menschensohn spricht hier „verborgen" in Jesus nach Art der „Weisheit" Gottes, sondern der irdische Jesus spricht, dessen Menschensohnwürde die Gemeinde nachösterlich kennt.

Wenn ὁ υἱὸς τοῦ ἀνθρώπου sekundär für ursprünglich „der Mensch" (generell) eingefügt worden wäre²³, würde das auf Erden so „hauslose" Dasein des Menschen sprichwörtlich der Geborgenheit der Tiere gegenübergestellt²⁴. Aber nur in stärkster Übertreibung kann vom Menschen als solchem das Fehlen einer nächtlichen Ruhestätte behauptet werden²⁵; es wäre ein metaphorisches Verständnis verlangt²⁶. Oder hat Jesus in hoheitlich-prophetischer Ich-Bezeichnung von sich als „der Mensch" geredet?²⁷ Auch das dürfte unwahrscheinlich sein.

Wenn Jesus²⁸ keine Schlafstelle zu haben behauptet, charakterisiert er sich nicht als den „rastlos Wirkenden"²⁹, sondern als einen solchen, der seinen Schlaf auf Erden nicht – wie die Vögel³⁰ und Füchse – in einer eigenen Bleibe findet. Er ist ungeborgener selbst als solche Tiere, „die trotz ihres Vagabundenlebens dennoch ihren Unterschlupf haben"³¹. Jesus ist damit als armer, „hausloser" Wanderer vorgestellt. Der Gehorsam seiner Aufgabe gegenüber ist es, die ihn so von allem „gelassen"³² macht. Eine Feindschaft, die dem Menschensohn – wie der „Weisheit" Gottes – die Heimat verweigert³³, darf in den Spruch Jesu wohl nicht eingetragen wer-

---

²² So CHRIST, Jesus Sophia 70; HOFFMANN, Studien 181f; GNILKA, Mt I, 311. Weitere Autoren bei KLOPPENBORG, Formation 192 Anm. 85.86, der selbst diese Deutung ablehnt.
²³ Autoren mit dieser Deutung bei SCHULZ, Q 438 Anm. 260; vgl. auch COLPE in: ThWNT VIII (1969) 433ff; VIELHAUER, Aufsätze* 123f, und viele; dagegen POLAG, Christologie 105f.107f; SCHWEIZER, Mt 142. – Dabei kann dann hier (wie Mk 2,10.28; Lk 7,34; 12,10) weiter gefragt werden, ob die Selbstprädikation „Menschensohn" in der (palästinensischen) Tradition aramäisch sekundär als 1. Person ersetzt hat (so mit JEREMIAS, Theologie 250; HOFFMANN, Studien 182; TÖDT, Menschensohn 113; fragend auch GNILKA, Mt I, 312) oder ob der Terminus bar-näschä von Jesus betont als Umschreibung für „ich" gebraucht wurde; so FITZMYER 835. – Vgl. dazu HAHN, in: EWNT III, 927–935.
²⁴ BULTMANN, Geschichte.
²⁵ Wenn MANSON, The Sayings* 72f, kollektiv auf das wahre Israel und seine Fremdheit in Israels Land deutet, bedarf das kaum einer Widerlegung.
²⁶ Vgl. dazu MIYOSHI, Anfang (L 1) 38.
²⁷ Siehe o. A. 23.
²⁸ T^d: Den Art. ο schreibt B (Bover notiert für den Art. auch noch 𝔓⁴⁵). Den Art. übernahmen B [H] W S V M St-T.
²⁹ Gegen SCHLATTER, Mt 286. – Vgl. EvThom 86: „und auszuruhen". Zum gnostischen Verständnis der „Ruhe" vgl. SCHRAGE, Verhältnis* 169f.
³⁰ Die EÜ unterschlägt hier (mit dem EvThom 86) „des Himmels".
³¹ KLOSTERMANN, Mt 77.
³² „Heimatlosigkeit ist hier wohl grundsätzlich gemeint als die schärfste Form des Besitzverzichtes. So dürfte die ‚Heimatlosigkeit' des Menschensohnes hier nicht als historisches Moment der vita Jesu in Erinnerung gebracht werden, sondern als Ausdruck seiner durch nichts ‚gebundenen', absolut verfügbaren Existenz"; so WANKE, „Bezugs- und Kommentarworte" 43. Die „Ungesichertheit" (so SCHWEIZER) ist erst eine Folge solcher „armen" Ge-lassenheit".
³³ Gegen SCHNIEWIND, Mt* 113f; GLOMBITZA, a.a.O. 18; TÖDT, Menschensohn 114.128.130.192f, der von Mk 8,38; Lk 11,30; Mt 11,19 her deutet; auch GNILKA, Mt I, 311; POLAG, Christologie 69.79; vgl. jedoch o. S. 36 mit A. 15.

den. Wohl aber hört man hier ein Ich reden, dessen „Hauslosigkeit" exzeptionell zu sein scheint.

  1. Wenn 9,57f vom nachfolgenden Jünger ein „hausloses" Leben verlangt ist, wird damit die Einheit 9,57f recht passend auf den Q-Zusammenhang mit Lk 10,3-20 hingeordnet. V 58 kann (für Q) mit Anlaß gewesen sein, 9,57-60(62) hier der Aussendungsrede vorzubauen[34].
  2. Es muß mit der Möglichkeit gerechnet werden, daß eine vormalige Tradition Lk 9,59f (61f?; s.u.) nachträglich in 9,57f par Mt ein einführendes Vor-Wort bekam[35], das die Forderungen von 9,60(62) für urchristliche Wandermissionare generalisierte und mit der Autorität Jesu als der des „Menschensohnes" motivierte[36] Das wird geschehen sein, bevor Lk 9,57-62 Q eingefügt wurde[37].
  3. Der Spruch kann seinen überlieferungsgeschichtlichen (und entstehungsgeschichtlichen?) Ort im Kreise urchristlicher Wandermissionare gehabt haben oder in Gemeinden, die diese trugen und sandten. Er half ihnen, ihre „hauslose" Mission zu meistern.
  4. Die Ursprünglichkeit der Rahmung[38] ist umstritten. Vielfach wird V58 als Wort der Weisheit verstanden und dann der Rahmen V 57 – und damit die Nachfolge-Situation – für sekundär[39] gehalten; dann auch die „Menschensohn"-Bezeichnung (urspr. dann: „der Mensch" generell), weil hier weder von dessen Parusie noch von seinem gegenwärtigen Wirken die Rede sei[40]. Das Logion ist aber als umlaufender Weisheitsspruch[41] nicht belegt[42] und in dieser Form auch nicht sinnvoll (s.o.).

---

[34] Die vorluk Zusammenordnung von 9,57-60(62) mit 10,2-16 (vielleicht in der letzten Q-Redaktion) wurde häufig gesehen; s.u. A. 39.
[35] STROBEL, Textgeschichtliches, a.a.O., meint, daß hinter der Fassung des Thomas-Logions 86 „eine syrische Tradition und ein syrischer Text steht" (224). – Die Wiedergabe des Logions in EvThom L 86 ist aber nach SCHRAGE, Verhältnis* 168, von den Synoptikern abhängig, was mir KLOPPENBORG, Formation 191 Anm. 83, nicht widerlegt zu haben scheint.
[36] Vgl. SCHÜRMANN, Beobachtungen 132f; ähnlich dann auch KLOPPENBORG, Formation 192 Anm. 89. – Derartige Vor-Worte behandelt man besser nicht unter den „Kommentarworten", da sie ein „Grundwort" bzw. eine Spruchreihe einleiten, gg. WANKE, „Bezugs- und Kommentarworte" 40-44 (der freilich S. 40 eine vormalige Abfolge VV 59f.57f par Mt postuliert).
[37] Siehe o. A. 17.
[38] Für Ursprünglichkeit KÜMMEL, Verheißung* 40; SCHWEIZER, Erniedrigung 14.44.
[39] So häufig bes. in der Nachfolge von BULTMANN, Geschichte 27f; vgl. ERNST 320: „ein ursprünglich wohl situationsfrei überliefertes Wort".
[40] Vgl. z.B. TÖDT, Menschensohn 116.
[41] So BULTMANN, Geschichte 102; VIELHAUER in: Aufsätze* 123ff; fragend auch TÖDT, Menschensohn 113 (105f); GNILKA, Mt 311.315 (fragend).
[42] SCHRAGE, Verhältnis* 168, weist nach, daß EvThom L 86 von den Synoptikern abhängig ist (was mir KLOPPENBORG, Formation 191 Anm. 83, nicht widerlegt zu haben scheint). – Die oft zitierte Parallele bei PLUTARCH, Tib. Gracch. 9 (p. 828 Cf) (vgl. Almquist 36), illustriert, daß derartige Aussagen nur von konkreten Menschen in bestimmter (Kriegs-)Situation, nicht allgemein vom Menschenschicksal gemacht werden können. Vgl. ferner HOMER, Od. 18,136f (bei BULTMANN, Geschichte, Erg.-H. zu S. 102). – Gegen REITZENSTEINS Versuch (SHAW [1919] 12.58), das Wort auf die Anschauung von der (heimatlosen) Weisheit zurückzuführen (so auch GRUNDMANN z.St.) und es aus dem Iran oder aus Innerasien herzuleiten, vgl. CLEMEN, Religionsgeschichtliche Erklärung 228f.

5. Wenn man den Ausspruch V 58 – wenigstens dem Inhalt nach[43] – Jesus nicht gänzlich absprechen will, wäre er als ursprünglich titellose Ich-Aussage am ehesten begreiflich. Jesus verstünde dann sein eigenes hausloses Leben als ein Wanderleben, das unter dem „Muß" des Vaters steht (Lk 13,33) – was mit den sonstigen Nachrichten über die Stellung zur eigenen Familie (Mk 3,31–35) und der gleichen Forderung an seine nachfolgenden Jünger (Mk 1,20; Lk 9,59f.61; 14,26, vgl. Mk 10,28ff) in etwa in Einklang stünde[44]. Der Spruch hebt die Wandersituation Jesu[45] – jedenfalls für die letzte Periode seines Wirkens – sachlich richtig ins Wort, und das analoge Verhalten urchristlicher Missionare kann man als Wirkgeschichte des Verhaltens Jesu interpretieren. Aber auch so verstanden deutet hier unverkennbar ein Ich seine Hauslosigkeit nicht eigentlich historisch, sondern „grundsätzlich"[46].

59f In der zweiten Szene VV 59f wird deutlich: Es gibt schlechterdings nichts, was Jesu Ruf in die Nachfolge (V 59) und damit in den Dienst der Verkündigung (V 60b) vorgezogen werden darf.

59 Es ist Jesus, der „einen anderen"[47] in die Nachfolge ruft. Er tut es in der gleichen kommentarlosen Befehlsform, die stereotyp zur literarischen Art dieser Aufforderung Jesu gehört; vgl. Mk 2,14 parr; Joh 1,43; 21,19 (vgl. Mk 1,17 par Mt). So spricht nicht ein Rabbi, der Schüler annimmt.

Par Mt 8,21 ist das ἀκολούθει μοι nachgestellt[48] und dadurch kaum noch ein eigentlicher Nachfolge-Ruf: Nach der Anweisung Mt 8,18 εἰς τὸ πέραν überzusetzen (vgl. dann 8,23–27.28–34), schlägt Jesu Aufforderung nur die Bitte um „Heimaturlaub" vor der geplanten „Auslandsreise" ab[49]. Lukas bewahrt hier die ursprüngli-

---

[43] Vgl. sprachliche Hinweise für V 58 bei JEREMIAS, Sprache 181; vgl. DERS., Die älteste Schicht der Menschensohn-Logien, in: ZNW 58 (1967) 151–172, bes. 171f.
[44] So auch schon LURIA, a.a.O. 283; VIELHAUERS Unechtheitsverdikt in: Aufsätze* 123f – weil „maßlose Übertreibung" – verkennt diese Übereinstimmung.
[45] Vgl. anders Mt 9,1; vgl. Mk 2,1 und zur Frage BORSCH, a.a.O. (L 1).
[46] WANKE, „Bezugs- und Kommentarworte" 44, läßt hier einen „Kommentator" formulieren (s. auch o. A. 36).
[47] ἕτερος hier (mit Q), s. wiederholend V 61, nicht mehr (wie attisch) dual; vgl. dazu LK I, 409 A. 13; HAWKINS, Horae Synopticae 19, und Bl-R § 305 Anm. 2. – Wohl erst durch Matthäus wird par Mt 8,21 der „andere" ein „Jünger", was den Nachfolge-Ruf herunterstuft (vgl. nachstehend im Text) und was sekundär ist (vgl. die Autoren gleicher Meinung bei SCHULZ, Q 435 Anm. 232).
[48] Die Nachordnung des Nachfolge-Rufes bei Matthäus halten für ursprünglicher HARNACK, Sprüche* 12; SCHMID, Mt und Lk* 256f; SCHLATTER; HIRSCH, Frühgeschichte II*; HENGEL, Nachfolge* 4; SCHULZ, Q 434f; FITZMYER 883; WANKE, „Bezugs- und Kommentarworte" 41; GNILKA, Mt I, 310; EGELKRAUT, a.a.O. (L 1) 138 Anm. 1; PRAST, Presbyter 339. SCHULZ, Q 436, konstruiert – von Mt aus – eine „inhaltlich-theologische Differenz zwischen Markus- und Q-Stoffen" in den Nachfolgeworten, wobei das Q-Verständnis paränetisch und damit später sein soll. KATZ, a.a.O. (L 1) 97, schiebt die Voranstellung bereits der abschließenden Q-Redaktion zu. Nachordnung wird richtig Matthäus zugeschrieben von HELD in: BORNKAMM u.a., Überlieferung 191f.
[49] So HENGEL, Nachfolge* 7; SCHWARZ, „Und Jesus sprach" 96; anders GNILKA, Mt I, 313.

che Q-Fassung[50], die radikal verdeutlicht, worum es bei der Nachfolge geht. Bei Matthäus ist die unerhörte Forderung des Bildwortes Jesu nicht genügend motiviert[51].

Der „andere" gibt sein grundsätzliches Einverständnis zur Nachfolge[52], wenn er Jesus als „Herr"[53] anredet, meint aber doch noch um Aufschub bitten zu müssen[54].

60 Die Aufnahme in die von Jesus gesammelte „Gottes-Familie" (Lk 8,21 par Mk 3,35) des Jüngerkreises relativiert dort wie hier die Familienbande. Hier geht es aber zunächst nicht – wie dann VV 61f – darum, daß der Nachfolge nicht Bindung an die Familie vorgeordnet werden darf, auch nicht um Zeitknappheit angesichts der angebrochenen Basileia[55]; Jesu Forderung ist eine beispielhafte Illustration, daß der von Jesus Gerufene selbst die heiligste Verpflichtung dem Eintritt in die Nachfolge und der Verkündigungsaufgabe hintanstellen muß.

60a Elternbestattung ist heiligste Pietäts- und Liebespflicht (vgl. Tob 4,3; 6,15): Was hier zugemutet wird, ist für das jüdische Empfinden „ein schlechthin schändender Frevel"[56].

Die Paronomasie[57] in der harten Antwort Jesu[58] überläßt die Bestat-

---

[50] Das beweist doch wohl das Mt 8,21a stehengebliebene πρῶτον, das einen Ruf Jesu wie Lk 9,59 voraussetzt.
[51] So schon KLOSTERMANN, Mt 77.
[52] Das Partizip (diff Mt) verdankt sich der luk R; vgl. Apg 27,3: ἐπέτρεψεν ... πορευθέντι ἐπιμελείας τυχεῖν; vgl. MIYOSHI, Anfang (L 1) 39.
[53] Tᵉ: κυριε (diff Mt) wird dadurch $\mathfrak{P}^{45.75}$ ℵ A B² C L W Θ Ξ Ψ 0181 f¹·¹³ 33. 892. 1006. 1342. 1506 𝔐 lat sy ᶜ·ᵖ·ʰ co als die wahrscheinlichere Lesart ausgewiesen. Anders die Lesart des St-T (fragend [mit Einklammerung]) und die auslassende EÜ. – Nach FITZMYER wäre das κυριε der Vorlage V 59 von Lukas nach V 61 versetzt und hier textlich sekundär.
[54] Tᶠ: Für die Nachordnung des πρωτον hinter das Partizip μοι απελθοντι πρωτον im St-T entschieden wohl $\mathfrak{P}^{45.75}$ al gegen ℵ B (D -θοντα) al, wobei πρωτον stärker und ausdrücklicher das θαψαι als vorrangige Pflicht bestimmt. Auch die Lesarten, die (mit απελθειν) an Mt angleichen, schwanken in der Wortstellung; vgl. A 2542 al nachgestellt, f¹·¹³ 205 1424 vorangestellt. – Die Nachbildung V 61b denkt an eine vorherige Erlaubnis (s. dort; so SCHWEIZER auch hier für V 59) und las darum V 59 vielleicht vorangestellt (wie par Mt 8,21).
[55] So SCHULZ, Q 439. – Darum sollte hier auch nicht das Wissen um die „zeitraubende, tagelange Teilnahme an der Totenklage, Leichenmahlen und Totenfesten" (DERS., ebd.) bemüht werden (was ja für die gewöhnliche Bestattung, alles zusammengenommen, hier auch nicht das Übliche war); zur Bestattung vgl. J. KOLLWITZ, Art. Bestattung, in: RAC II (1954) 194–219, bes. 198ff (Lit.), das spätere rabb. Material bei Bill. I, 487ff; IV, 478–607.
[56] So SCHLATTER, Mt 288, vgl. auch HIRSCH, Frühgeschichte II*, 97; HENGEL, Nachfolge* 13 u. ö.; EGELKRAUT, a. a. O. (L 1) 139f Anm. 5 (hier Beispiele).
[57] Vgl. Bl-R § 488, 1: „Wiederkehr desselben Wortes oder Wortstammes in geringer Entfernung ... Umbiegung und metaphorische Verwendung ..."
[58] Einen Gegensatz zur Totenklage, die „zum Totengeleit gehört" (GRUNDMANN; auch schon RENGSTORF), wird man schwerlich heraushören, wohl aber den Gegensatz von Todesdienst und Heilsdienst.

tungspflicht den geistig „Toten"⁵⁹, die der Botschaft Jesu von der nahenden Basileia sich verschlossen haben und die tun können, was dem verwehrt ist, der in die Nachfolge und zur Basileia-Verkündigung gerufen ist. Das ἀπελθών der Aufforderung Jesu greift korrigierend das ἀπελθόντι der Bitte V 59 auf⁶⁰.

Die provozierende, paradox formulierte Sentenz unterscheidet sich sowohl von Rabbinen-Sprüchen wie von solchen der religiösen Weisheit; so eine Forderung charakterisiert auch nicht ein Lehrer-Schüler-Verhältnis⁶¹; die Christologie hält sich dahinter verborgen⁶². Die Charakterisierung als „charismatisch-eschatologische Toraverschärfung" angesichts der nahenden Basileia genügt nicht⁶³, wenn der christologische Bezug nicht mit veranschlagt wird.

Die Anekdote konnte ihren „Sitz im Leben" als Aufmunterung zum Mitmachen bzw. zum radikalen Durchhalten in Kreisen alternativ lebender urchristlicher Wanderapostel oder -propheten haben. Als isoliert tradiertes Logion ist V 60a schwer vorstellbar⁶⁴, wohl aber als Reminiszenz an einen Ausspruch Jesu⁶⁵ (der nach einer Situierung wie V 59 und Begründung wie V 60b rief).

Das „schockierende Bild, das den Hörer durch das Mittel der Verfremdung aufhorchen lassen will"⁶⁶, wird schon die eigentümliche vox Jesu⁶⁷ verwahren.

60b Als innerer Grund für die Unbedingtheit der Forderung Jesu ist hier die dringende Notwendigkeit, das nahende Reich und sein Heil zu verkünden, ja es „weit und breit bekannt zu machen"⁶⁸, sehr betont herausge-

---

⁵⁹ Vgl. auch Röm 6,13; Kol 2,13; Eph 2,15; 1 Tim 5,6; Joh 5,25; 1 Joh 3,14. – Rabbinische Belege bei Bill. I, 489. Anders EHRHARDT, a.a.O.; KLEMM, a.a.O. 73: „Laßt die Toten sich einander selbst begraben"; in verschiedener Weise versuchen (kleinkariert) mit Hilfe von Übersetzungsfehlern zu verstehen: PERLES, a.a.O.; SCHWARZ, a.a.O. (ZNW 72); BLACK, An Aramaic Approach 207f.
⁶⁰ Das ἀπέρχεσθαι ὅπου ἐάν V 57 wird in der folgenden Szene: V 59 ἀπελθόντι πρῶτον in pervertierter, V 60 σὺ δὲ ἀπέλθων διάγγελλε in von Jesus korrigierter Form – erneut zur Sprache gebracht. Das Verb steht hier somit wohl nicht abundierend.
⁶¹ Vgl. – in Überbietung von A. SCHULZ, Nachfolgen*; GERHARDSSON, Memory* – richtig HENGEL, Nachfolge* 55–63 u.ö.; SCHULZ, Q 441f.
⁶² Vgl. LEANEY; EGELKRAUT, a.a.O. (L 1) 140. – Jesu Forderung ähnelt der Weise, in der „im Alten Testament Gott selbst einzelne Propheten im Blick auf die Ankündigung seines nahen Gerichtes zum Gehorsam verpflichtete" (vgl. Ez 24,15–24; Jer 16,5ff), so urteilt HENGEL, Nachfolge* 13.
⁶³ Das wird auch von SCHULZ, Q, im Gefolge von BRAUN, Radikalismus, und HENGEL, Nachfolge*, gesehen.
⁶⁴ Dagegen auch BULTMANN, Geschichte 58f; GNILKA, Mt z. St.
⁶⁵ In dieser Form möchten die meisten der in A. 61 und 62 genannten Exegeten das Wort für genuin jesuanisch halten; s.u. (A. 67).
⁶⁶ So SCHWEIZER.
⁶⁷ Vgl. dazu HENGEL, Nachfolge* 7f und die dort Anm. 20 angeführten Autoren, auch die von SCHULZ, Q 437f Anm. 255, genannten; dazu STEINHAUSER, Doppelbildworte 113–117; MIYOSHI, Anfang (L 1) 40f; anders – verständnisschwach – SCHWARZ, a.a.O. (ZNW 72) 273 Anm. 4: „Mit Jesus ... hat diese ‚unerhörte Schroffheit' nichts zu tun."
⁶⁸ So BAUERWb z. W.

stellt, sicher – kontextbedingt – ein etwas einseitig akzentuiertes (luk) Verständnis von „Jüngerschaft" (vgl. fülliger Mk 3,14).

Matthäus dürfte das Ursprüngliche bewahrt haben, wenn hier die radikale Forderung Jesu vom Wert der Nachfolge als solcher nicht von der mitgegebenen Verkündigungsaufgabe her (wie V 62) motiviert wird. Lukas schaut auf 10,1.5.9 voraus und bringt darum hier – wie schon 9,2 diff Mk – vorbereitend die Aufgabe der *Basileia-Verkündigung* ins Spiel. Die meisten halten den Halbvers für luk Einfügung[69].

Die Parallele Mt 8,22 ist in sich „geschlossener", wenn dort die Nachfolge als solche, nicht die Mitarbeit in der Verkündigungstätigkeit, als Motiv genannt ist. Auch ein vormaliger Zusammenhang von Lk 9,57–60(ff) mit 7,1–10(11–17).18–23. 24–27.28(29–30); 8,1 mußte nicht die Basileia-Verkündigung als Grund der Nachfolge und Jüngerexistenz nennen. Vermutlich schlägt somit hier erst Lukas eine Brücke von 8,1, mehr noch von 9,2 (diff Mk), zu (10,1.3 und) 10,9b (par Mt 10,7) (so sehr man sich wundern darf, daß Q vor Lk 10,9b noch keine Partizipation der Jünger an der Basileia-Verkündigung Jesu – vgl. diese dort schon Lk 6,20 par; 7,28 par Mt[70] – erwähnt haben soll).

Freilich muß auch bedacht werden, daß Matthäus die Verpflichtung auf den Verkündigungsdienst vor dem Mt 8,18 befohlenen Aufbruch in 8,20 nicht gut gebrauchen konnte und daß er diese darum – vor Mt 10,7f – fortgelassen haben kann[71]. Die größere Wahrscheinlichkeit spricht aber doch wohl dafür, daß erst Lukas es war, der – unmittelbar im Zusammenhang mit 9,61 (s. dort) – die Basileia-Verkündigung zur Sprache brachte. Tatsächlich zeigt V 60b dann auch luk Sprachgebrauch[72].

---

[69] V 60b halten u.a. für luk: BULTMANN, Geschichte 94.353; KLOSTERMANN, Mt 77; BUSSMANN, Studien* II, 634; III, 106; SCHMID, Mt u. Lk* 256f (unsicher); CREED; NEUHÄUSLER, Anspruch* 187 Anm. 4; CONZELMANN, Die Mitte 96; GRUNDMANN; HENGEL, Nachfolge* 4; HOFFMANN, Studien 251; POLAG, Christologie 49 Anm. 43; DERS., Fragmenta Q 43; MIYOSHI, Anfang (L 1) 40; SCHULZ, Q 435.439; WANKE, „Bezugs- und Kommentarworte" 42; FITZMYER 833; KLEMM, a.a.O. 63. – V 60b halten für vorluk (für ursprünglich, Q- oder S-Tradition) SCHMID, Mt u. Lk* 257; A. SCHULZ, Nachfolgen* 105–108; HAHN, Hoheitstitel 83 Anm. 4; KATZ, a.a.O. (L 1) 95ff (der Endredaktion von Q zugeschrieben).

[70] Auch Lk 4,43 und 8,1 ist die Basileia-Verkündigung Jesu als Q-Tradition verdächtig (vgl. dazu LK I, jeweils z. St.), obgleich speziell die Formulierung εὐαγγελιζόμενος τ. β. (8,1) bzw. εὐαγγελίσασθαι (4,43) charakteristisch luk ist; vgl. dazu u. (A. 72).

[71] Vgl. SCHMID, Mt und Lk* 257 u.ö.

[72] Lukas schreibt originär wohl κηρύσσειν τ. β.: so 8,1 (diff Mt 9,35); 9,2 (diff Mk 3,14); Apg 20,25; 28,31. Lukas kann auch εὐαγγελίζεσθαι τ. β. schreiben: Lk 4,43 diff Mk (und Mt 4,23b), weiter dann auch (hinzufügend; vgl. dazu JEREMIAS, Sprache 176 Anm. 5) 8,1 (vgl. Mt 9,35) und 16,16 diff Mt; Apg 28,23 ausnahmsweise διαμαρτύρεσθαι τ. β., 9,11 diff Mk λαλεῖν περὶ τ. β. hier (V 60b) διαγγέλειν τ. β. (das Verb im NT nur noch Apg 21,26 und Röm 9,17 = LXX-Zitat). Dieser Septuagintismus (dort 9mal) bezieht sich in LXX viermal auf Tat oder Name Gottes (Ex 9,16; Ps 2,7; 2 Makk 3,34; Sir 43,2). Präziser als die vorstehend genannten abgekürzt redenden Formulierungen des Lukas wäre die von Mk 1,14 (κηρύσσειν τὸ εὐαγγέλιον τοῦ θεοῦ) abhängige Redeweise des Matthäus (κηρύσσειν τὸ εὐαγγέλιον τῆς βασιλείας) Mt 4,23; 9,35; 24,14. Die vier genannten luk Verbalverbindungen mit βασιλεία sind Terminologie der späteren Missionssprache und in diesem Sinn für Lukas charakteristisch.

61f In der dritten Szene VV 61f erklärt jemand[73] seine Bereitschaft zur Nachfolge, Jesus verständnisvoll als „Herr"[74] anredend – aber wie in der zweiten –, nur mit einer Vorbedingung: eine vorgegebene[75] Erlaubnis (πρῶτον) erbittend. Der Nachfolgeruf ist hier wohl (wie V 59) vorausgesetzt. Die Szene hat auffallende Ähnlichkeit mit der Berufung des pflügenden Elischa 1 Kön 19,19ff, der seinen Eltern erst noch den Abschiedskuß geben wollte, bevor er sich in den Dienst des Elija begab. Man hat jenen Text zur Zeit Jesu als Erlaubnis des Elija gelesen[76], den Abschiedsbesuch zu machen. Dann meint die Entsprechung wohl eine Überbietung: Mehr als ein Prophetendienst verlangt nun die Verkündigungstätigkeit in der Nachfolge und im Dienste Jesu unverzügliche Entschlossenheit. Der hier ruft, kann mehr verlangen als ein Prophet (vgl. 11,32). So macht 9,61 nachträglich die Unerhörtheit von 9,59f „kommentierend" etwas verständlicher.

Jesu antwortendes Bildwort vom Pflügen[77] redet nicht nur den Bittsteller an[78]. Es lehnt einen Arbeiter ab, der nach seiner Bereitschaftserklärung für die Nachfolge (und damit wie selbstverständlich für den Verkündigungsdienst) noch zurückdenkt an das, was er verlassen will – wofür wieder die Eltern als das Liebste zeichenhaft stehen[79]. Auch hier (wie V 60b) ist der nachfolgende Jünger betont als dienstbeflissen gesehen (wie 1 Kön

---

[73] Den γραμματεύς (par Mt diff Lk) halten die meisten für matth Einfügung nach SCHULZ, Q 434 Anm. 224 (vgl. die ebd. angegebenen Autoren; auch FITZMYER 833).

[74] Es könnte die palästinensische Anrede מָר an den Höhergestellten – vgl. par Mt 8,19 διδάσκαλε = רַבִּי – hinter κύριε stehen (vgl. HAHN, Hoheitstitel 83f, zur Frage), wenn hier überhaupt eine aramäische Grundlage postuliert werden darf. – Wahrscheinlicher bietet sich hier jemand an, der bereits – als potentieller „Jünger" wie V 54.59 (par Mt 8,21) – in Jesus den „Kyrios" erkannt hat.

[75] Wohl anders als die Vorlage V 59b versteht der nachgebildete V 61b das πρῶτον von einer vorherigen Erlaubnis, was etwas fordernder klingt.

[76] Zum zeitgenössischen Verständnis von 1 Kön 19,20b – bei JosAnt 8,354 und in LXX – als Erlaubnis des Elija vgl. A. SCHULZ, Nachfolgen* 101 Anm. 32; HENGEL, Nachfolge* 18ff. Nach dem mehrdeutigen, aber vermutlich ursprünglichen Sinn von M hatte Elija die Bitte des Elischa vielleicht auch abgeschlagen; vgl. SATO, Q 315f.376f.

[77] T^h: Das Fehlen von αυτου hinter χειρα darf wohl mit dem St-T als gut bezeugte LA: B f¹ (205 𝔓^{75} 0181: -βάλλων) als die ursprünglichere angesehen werden (?; vgl. die Zweifel von METZGER, Commentary, z. St.). Die Hypotaxe: επιβαλων C B f¹, auch ℵ f¹³ kann als lukanischer der Parataxe επιβαλλων (𝔓^{75} 0181, auch A L W Θ pe) mit allen einschlägigen Textangaben vorgezogen werden? – Die Voranstellung des βλεπων vor επιβαλων (επιβαλλων) (so 𝔓^{45} ^{vid} D it; Cl), die sich wohl dem erzählten Vorgang (πρῶτον!) pedantisch anpaßt und so das Bild verdirbt, muß als sekundär gelten.

[78] T^g: πρὸς αὐτόν ist gut luk (JEREMIAS, Sprache 33: „markante lukanische Stileigentümlichkeit", besonders in Verbindung mit dem „profilierten Lukanismus εἶπεν δέ"). – Es ist auch gut bezeugt, kann aber auch Angleichung an V 59 sein, steht aber mal vor ο Ιησους, mal danach (vgl. ALAND, Synopsis 13²). Das Zeugnis gegen προς αυτον in 𝔓$^{45.75}$ B 0181 700 sa^{mss} bestimmen [N²⁵] und den [St-T], dieses mit [H] nur [eingeklammert] als nicht voll gesichert zu notieren. (EÜ: „Jesus erwiderte ihm".) G erspart sich gar die Einklammerung. – Kann der o. genannte stilistische Grund aber nicht doch für das ursprüngliche Fehlen der persönlichen Anrede sprechen, da hier „jedermann" (vgl. οὐδείς) im Blick ist?

[79] Vgl. das gleiche Motiv Mk 3,31–35 parr und Lk 11,27f (auch 2,41–51). Die Nachfolge schließt gerade auch die Trennung von der Familie ein; vgl. Mk 1,20; 10,28ff; Lk 14,26 (vgl. Lk 12,51ff par).

19,21: „Er trat in seinen Dienst"), der nach seiner „Tüchtigkeit"[80], im vorliegenden Text: für das Reich Gottes, d. h. für die Verkündigung desselben und das Wirken für dasselbe[81], beurteilt wird.

1. Lk 9,61 f ist, wie weithin gesehen wird[82], mit größerer Wahrscheinlichkeit als ein *Zusatzwort* an 9,(57 f)59–60 a erläuternd angefügt und diesem Grundwort parallelisierend nachgestaltet worden[83].

Es erhebt sich die Frage: Wurde 9,61 f im Verlauf der Q-Tradition 9,(57 f)59 f als Zusatzwort angefügt durch die einbindende Q-Redaktion, die Lk 9,(52–56)57–60 a Lk 10 vorbaute[84], oder war es Lukas, der 9,(57 f.59 f)61 f einfügte[85] bzw. VV 61 f von sich aus bildete?[86]

2. Die Annahme einer *luk Bildung von 9,61f* legt sich zunächst nahe: Denn wenn

a) Lukas es war, der V 60b die Basileia-Verkündigung in das Jesus-Wort gebracht hat (s. ebd.), darf man das gleiche auch für 9,62 vermuten. – Man wird zugeben müssen: Zumindest die sprachliche Formulierung der Motivation speziell mit der Eignung für den Basileia-Dienst in Lk 9,62b dürfte – ähnlich wie V 60b – auf Lukas zurückgehen. Dafür spricht schon die Vokabel εὔθετος (im NT außer Hebr 7,6 nur noch Lk 14,35 diff Mt).

Es kann aber in einer luk Vorlage ähnlich wie par Lk 14,35 eine Formulierung zu lesen gewesen sein wie die von Mk 9,50b (ἐν τίνι αὐτὸ ἀρτύσετε) oder par Mt 5,13b (εἰς οὐδὲν ἰσχύει). Somit ist hier noch keine luk Bildung von 9,61 f bewiesen, nur eine sprachliche Überarbeitung. Das gleiche gilt für den kerygmatischen Gebrauch von βασιλεία, der dem der luk Verkündigungsformeln entspricht. Dieser Sprachgebrauch von βασιλεία ist aber auch Q durchaus nicht fremd; vgl. nur Lk 12,31 par Mt 6,33. Daß der Dienstgedanke dem Bildwort 9,62 inhärent war und auch der Bezug auf 1 Kön 19,19 ff den Dienstgedanken verlangte (s.u.), wird vorstehende Überlegung bestätigen.

b) Lukanische Spracheigentümlichkeiten häufen sich aber auch sonst in der Rahmennotiz 9,61[87], sind aber auch für 9,62[88] nicht auszuschließen. Lukanische

---

[80] Rückübersetzungsversuche bei DALMAN, Worte Jesu I*, 97 f, und Bill. II, 166; aber: cui bonum? – in einem späteren Text.
[81] Vgl. ähnlich abgekürzt Lk 12,31 par.
[82] Vgl. u. A. 84–86.92.
[83] Vgl. o. A. 54 und 75.
[84] So KATZ, a.a.O. (L 1) 282 (95f u.ö.).
[85] An luk Einfügung denken alle, die 9,61 f für luk Sg halten: MANSON, The Sayings* 72; BUSSMANN, Studien II*, 63; HIRSCH, Frühgeschichte II*, 96 (= „Lu II"); RENGSTORF 132; GRUNDMANN 204 (fragend); FITZMYER 883 (fragend) u. a.
[86] Für luk Bildung gehalten von: DIBELIUS, Formgeschichte 159 Anm. 1; LÜHRMANN, Logienquelle 58 Anm. 5; SCHULZ, Q 435 Anm. 239; GLOMBITZA, a.a.O. 21 f; SCHNEIDER 231 (fragend); WANKE, „Bezugs- und Kommentarworte" 41 f („erst von Lukas"); MIYOSHI, Anfang (L 1) 41 ff.
[87] Sprachliche Überarbeitung durch Lukas (vgl. aber o. A. 72) ist zumindest für V 61 unverkennbar: zu εἶπεν δέ vgl. JEREMIAS, Sprache 33; zu πρός c. acc. nach Verben des Sprechens s.o. und JEREMIAS, ebd.; zu δὲ καί JEREMIAS, ebd. 78 f; zu ἀποτάξασθαι s. u. (zu 2 c) sowie JEREMIAS, ebd. 182; εἰς begegnet für ἐν (örtlich) bes. in Lk (und Mk, selten in Joh), häufig in Apg; vgl. Bl-R § 205 und JEREMIAS, ebd. 182; zu ἕτερος s.o. (A. 47); zu πρῶτον s. o. (A. 54, auch JEREMIAS, ebd. 267 f); zur κύριε-Anrede s.o. (A. 74); πρῶτον δὲ ἐπίτρεψον ist deutlich V 59 nachgebildet.
[88] Es ist nicht leicht, für V 62 einen vorluk Sprachgebrauch festzumachen, der nicht

Bildung des Apophthegmas 9,61–62 ist somit sprachlich nicht beweisbar, so sehr eine *sprachliche Überarbeitung* – s. bes. o. unter 2 a – deutlich wurde.

c) Gibt es sonstige *redaktionelle* oder *kompositionelle Anzeichen* für luk Bildung von 9,61 f? Miyoshi[89] deutet das Ergebnis seiner Sprachuntersuchung zu VV 61 f falsch: „Der dritte Dialog v. 61–62 ist durch Lukas aus einem Traditionsstück von Lk 12,31 in Analogie mit Lk 9,59–60 in Anklang an die Berufung des Elischa durch Elias gebildet worden", wobei hinzugenommen werden kann: „Die Verse 61–62 stehen irgendwie in literarischer Berührung mit Lk 17,31 einerseits, und mit 14,33–35 andererseits"[90] (ebd. 52). „Das Verb ἀποτάξασθαι in v. 61 und das Adjektiv εὔθετος in v. 62 kommen noch in einer anderen Nachfolgeperikope vor, und zwar beide eng zusammen wie in Lk 9,61–62, d. h. in Lk 14,33–35."[91] Mit größerem Recht kann man aber annehmen, 14,35a diff Mt 5,13b sei das luk Adjektiv von dem vorangehenden Gebrauch in 9,62b beeinflußt. Bei ἀποτάξασθαι in V 61 könnte ebenfalls nur an das umgekehrte Abhängigkeitsverhältnis gedacht werden. Aber das Verb hat hier einen sehr anderen Sinn („Abschied nehmen") als in dem luk Sv 14,33a diff Mt (sicher luk R!) („sich abkehren von"; nur hier im NT), so daß der Vergleich besser unterbleibt. – Damit haben wir ein Vorurteil gegen die These gewonnen, 9,61 f sei aus Lk 17,31 heraus von Lukas gebildet. Auch hier würde die Akoluthie eher für die umgekehrte Abhängigkeit sprechen. 17,31 ist ein Sv diff Mt 24. Lukas zieht hier deutlich Mk 13,15 f (om par Lk 21,21!) vor. Nicht nur die Aussageabsicht ist 17,31 gänzlich verschieden von der in 9,61 f, auch die Szenerie „Haus" und „Feld" (letzteres 9,62 nicht ausdrücklich genannt) steht keineswegs auch nur so „einigermaßen ... parallel", daß man 17,31 als Grundlage einer luk Bildung von 9,61 vermuten darf.

Die unter 2 a–c erwähnten Argumente beweisen also keineswegs luk Bildung von 9,61–62.

3. Sprechen Argumente für *vorluk Einfügung bzw. Bildung von 9,61f?*

a) Es fallen gewisse Gemeinsamkeiten zwischen Mt 8,21 f und Lk 9,61 f auf, die eine Erklärung verlangen. Welches Apophthegma hat von welchem Anleihen übernommen? Hat Matthäus Lk 9,61 f bereits in Q gelesen?[92] In beiden Einheiten fehlt ein einleitender Nachfolgeruf, den die radikalen Bildworte Jesu eigentlich verlangen (s. o.), wie er Lk 9,59 diff Mt 8,22 f immerhin vorliegt und der 9,61

---

auch luk erklärt werden könnte: Das gelingt kaum für die grammatische Parataxe bei logischer Hypotaxe zweier Partizipien (!) (s. Jeremias, Sprache 64). ἐπιβάλλων τὴν χεῖρα steht im NT singularisch – in positivem Sinn – nur hier (vgl. auch LXX Dtn 15,10), Joh 7,30 noch in negativem Sinn (begegnet sonst im NT nur pluralistisch in senso malo: 1mal Mk; 1mal Mt; Joh 1mal; Lk 2mal; Apg 4mal; Jeremias, ebd. 64 undifferenzierter). εἰς τὰ ὀπίσω (Mk 1mal; Joh 3mal) Lk 17,31 wie Mk 13,16 (= LXX 2 Kön 20,10.11 und Ps 55,10) ist, da Septuagintismus (22mal), als luk verdächtig (vgl. Jeremias, Sprache 182f), kann aber auch Lukas vorgegeben gewesen sein (vgl. Mk 13,16).

[89] Miyoshi, Anfang (L 1) 43.
[90] Ders., ebd. 52.
[91] Ders., ebd. 42 (näherhin 52–54).
[92] VV 61 f wird als Q-Tradition beurteilt u. a. von Wernle, Die synoptische Frage* 187; Bussmann, Studien* II, 63; Taylor, The Original Order of Q 267; A. Schulz, Nachfolgen* 101 f.108; Hengel, Nachfolge* 3 ff; Polag, Umfang 62 f; ders., Fragmenta Q 43; Kloppenborg, Formation 156 f; Katz, a.a.O. (L 1) 95, denkt hier an einen hellenistischen Redaktor von Q, den bereits Matthäus las (ebd. 97–99), Hirsch, Frühgeschichte II*, 98, an die Q-Bearbeitung „Lu I", Hahn, Hoheitstitel 83 Anm. 4, an eine von Matthäus noch nicht gelesene Q-Fassung (deren Annahme uns sonst aber nicht sicher bestätigt zu sein scheint).

Lk 9,61f

mitgedacht werden kann. Vermutlich ist ein solcher Mt 8,21 in Angleichung an 8,19 entfallen bzw. nach V 22 gebracht worden, wofür wir meinten (s. o.), den matth Kontext, dem es zunächst nur um Reisebegleitung ans andere Ufer geht, verantwortlich machen zu können. So steht hier die „Urlaubsbitte" Mt 8,22 voran. Dabei kann Mt 8,21 f Reminiszenz[93] an Lk 9,61 f vorliegen. Hier kann der Nachfolgeruf fehlen, weil er auch 1 Kön 19,19 nicht zu lesen war (wo ihn aber eine Zeichenhandlung ersetzte). Da uns die Fassung von Mt 8,21 f sekundär schien, ist die umgekehrte Annahme, Lk 9,61 f sei Mt 8,21 f diesbezüglich nachgebildet, nicht möglich. εἶπεν αὐτῷ ist Mt 8,21 Nachbildung von 8,19, ἕτερος δέ kann zudem von Lk 9,61 beeinflußt sein. Wie Lk 9,60b, so kann auch 9,61f von Matthäus fortgelassen sein, weil eine Aussendung zur Basileia-Verkündigung bei seinen beiden „Urlaubsbitten" vor dem beabsichtigten Peräa-Besuch nicht recht passend war[94].

b) Vermutlich ist Lk 9,(57f.59–60a)61–62 auch darum Lk Kap. 10 vorgebaut worden, weil es hier schon um Berufung von zum Dienst bestellten „Jüngern" ging. Oben (S. 41f) sahen wir schon, daß die luk R in V 62 keineswegs den Dienstgedanken für die Vorlage des Lukas ausschloß, im Gegenteil: Wenn V 61f ohne Zweifel 1 Kön 19,19ff nachgebildet ist, ist darauf hinzuweisen, daß der Propheten-Dienst 1 Kön 19,21 ausdrücklich als Inhalt der Folgebereitschaft genannt war.

Auch das Bild vom Pflug läßt sich nur auf einen zielbewußten Arbeiter hin deuten. Es ist also unwahrscheinlich, daß in der Vorlage ursprünglich wirklich nur die Jesus-Jüngerschaft ohne Verkündigungsdienst für die βασιλεία im Blick gewesen ist (was wir für die Vorlage von V 60a oben glaubten annehmen zu dürfen; s. ebd.).

c) Wenn wir o.[95] mit Recht für 9,52–56 die Elija-Thematik (2 Kön 1,10.12) meinten der Q-Tradition oder -Redaktion zuschreiben zu können, werden wir das auch für 9,61 f dürfen.

Daß also schon Q das Apophthegma 9,61 f in seiner Substanz geführt hat, ist somit aufgrund obiger Beobachtungen (unter 3.a–c) zumindest möglich, wenn nicht gar das Wahrscheinlichere.

4. Eine *isolierte Tradition von V 62* wäre an sich auch ohne die szenische Einleitung V 61 (für die wir o. unter 2a stärkere sprachliche Lukanismen meinten feststellen zu dürfen) denkbar. Der Spruch wäre auch als ein Wort Jesu durchaus verständlich zu machen[96], vielleicht etwas anders formuliert[97]. Möglicherweise fühlte sich jemand durch ein tradiertes Bildwort vom Pflug an 1 Kön 19,19 erinnert, so daß er im Rückblick auf die Szene 1 Kön 19,19–21 schriftgelehrte Erläuterung in Entsprechung zu V 59 formulierte.

Die sprachliche Untersuchung machte auf Verwandtschaft mit 12,31 par Mt, auch mit 14,33.35a Svv diff Mt (vgl. aber Mk 13,16) und 17,31 Sv diff Mt (vgl. Mk 16,16) aufmerksam, wobei manche parallelistischen Nachbildungen von Lk 9,59f zu beachten waren. Aber all diese Einzelelemente wären nicht im-

---

[93] Vgl. H. SCHÜRMANN in: TrU 121.
[94] HENGEL, Nachfolge* 4 Anm. 10, zusätzlich: „Zwischen Mt 8,18 und 23 konnten ohne Störung nicht so viele Zwischenglieder eingeschoben werden."
[95] Siehe o. S. 28 (zu 9,54).
[96] Als vorgegebenes Sprichwort ist unser Spruch nicht zu belegen. BULTMANN, Geschichte (28.58f) 110, hält V 62 für ein echtes Jesuswort, das von „der Energie des Bußrufes getragen" ist; vgl. auch KLOSTERMANN, Mt 77.
[97] Vgl. o. (unter 2a).

stande gewesen, ein derartig „geniales" Logion wie V 62 entstehen zu lassen: Die Ganzheit, Tiefe und Radikalität dieses Wortes verweist auf eine schöpferische Intuition. Das Bild vom nach rückwärts schauenden Mann mit der Hand an dem eine Furche ziehenden Pflug kann kaum aus 1 Kön 19,19ff herausgesponnen sein, weil dort das Pflugmotiv einen gänzlich anderen Stellenwert hat. Das Logion Lk 9,62 wird Lukas (und der Redaktion von Q) vorgegeben gewesen sein. Selbst wenn jemand meinen würde, das Bildwort vom pflügenden Mann Jesus absprechen zu müssen, bleibt doch 9,(61)62 ein ergänzendes Zusatz-Wort zu 9,60a; als solches ist aber V 62 seinem „Grundwort" V 60 sinnverwandt und damit der vox Jesu konform.

Zur Traditionsgeschichte von Lk 9,57–62:

1. Lukas hat die Dreiheit 9,57–62 *in der Redenquelle*[98] – wohl bereits als Vorspann der Aussendungsrede 10,1ff[99] und mit dieser im Anschluß an die Täuferrede 7,(1–10)18–35[100] – vorgefunden, wobei die Hinweise auf den „Kleinsten im Gottesreich" 7,28 (und die „Kinder der Weisheit" 7,35) Anknüpfungspunkte für Nachfolgegespräche ergaben. Einleitend stand dort eine Bemerkung über das Wandern und Verkünden Jesu, die sich noch hinter 8,1 (und Mt 9,35; 11,1) bezeugt und an die Lukas 9,51.57 anknüpfen konnte[101].

2. Die oben vermerkte Beobachtung, daß sich 9,57–62 gut an 7,28 (und 7,35) anfügt, läßt die Überlegung zu, ob sich nicht hier vormals die Komposition 7,18–23.24–27.28 fortsetzte[102], bevor dieser Komposition in der Endredaktion von Q die Aussendungsrede Lk 10,1ff angefügt wurde. In solchem Zusammenhang gelesen, kann man sich dort die Worte Jesu als Aufforderungen an Taufbewerber in der Missionspredigt (unter Juden) bzw. in der präbaptismalen Katechese[103] denken und hier deren *Überlieferungssituation* vermuten.

3. Das Grundwort der Spruchfolge Lk 9,57f.59f.61f dürfte 9,59 sein. Oben S. 43.44 meinten wir 9,61f als ein angefügtes Zusatzwort verstehen zu müssen, das 9,59f zu einem *Spruch-Paar* 9,59f.61f werden ließ und gleichzeitig den unerhörten Anspruch des Wortes Jesu V 58 (überbietend) von dessen Autorität her verständlicher macht (1. Kf): Im Dienste Jesu ist einer mehr gefordert als im Dienste eines Propheten.

4. Es erhebt sich die Frage, wann 9,61f dem Apophthegma 9,59f angefügt wurde – vor oder nach einer Kombination von 9,59f mit 9,57f?

a) Von jeher verleitet die Mt-Parallele Mt 8,19f.21f zu der Annahme einer frü-

---

[98] 9,57b–60 kann nicht erst der „jüngeren Traditionsschicht von Q" zugeschrieben werden; gg. die Argumente von SCHULZ, Q 437.
[99] Vgl. nur KLOSTERMANN 112; KATZ, a.a.O. (L 1) 94; EGELKRAUT, a.a.O. (L 1) 138; WANKE, „Bezugs- und Kommentarworte" 42; LÜHRMANN, Logienquelle 58; vgl. auch GNILKA, Mt I, 310; anders HOFFMANN, Studien 5. Vgl. ferner o. A. 34.
[100] Siehe LK I, 396 und 442f. LÜHRMANN, ebd. 58, sieht Lk 9,57–60(61f) par in Q auf Lk 7,1–10 par folgen.
[101] Siehe LK I, 447f.
[102] Die Ausführungen LK I, 443 wären hiernach zu ergänzen.
[103] Vgl. auch ELLIS 191.

hen Sprucheinheit Lk 9,57f.59 f¹⁰⁴, einer „Doppelanekdote"¹⁰⁵, wobei dann 9,57f als Grundwort, das durch ein konkretisierendes Zusatzwort 9,59f exemplifiziert wurde, verstanden werden könnte, oder umgekehrt 9,59f als „Grundwort", dem *9,57f als Vor-Wort* vorangestellt wäre¹⁰⁶? Letztere Lösung wäre (nach 3.) wahrscheinlicher, auch weil das Menschensohn-Wort mit seinem Rückblick auf das Wanderleben Jesu später zu sein scheint.

b) Vermutlich wurde aber 9,57f erst dem Spruch-Paar 9,59f.61f als Vor-Wort vorangestellt¹⁰⁷, so daß schon in der Tradition vor Q ein erweitertes *Spruch-Paar* (2. Kf) entstand: eine Doppelanekdote 9,59f.61f mit einem „Vor-Wort" 9,57f.

5. Es kann für dieses (erweiterte) Spruch-Paar 9,57f.59f.61f, welches die Bereitschaft zu hauslosem Wanderleben, zu absoluter Voranstellung der Verkündigungsaufgabe vor allen Pflichten und die Bereitschaft zu radikaler Trennung von allem, selbst von der Familie, im Dienste der Verkündigung verlangte, an eine vormalige *nachösterliche Überlieferungssituation* im Kreise urchristlicher Missionare (oder, vielleicht besser: in Gemeinden, von denen solche Sendlinge ausgingen) gedacht werden. Aposteln und Wanderpropheten lieferte die isoliert tradierte Dreiheit jedenfalls das fundamentale Berufsethos.

6. Die unerhörte Härte der Worte VV 58.60a.62 mit ihrer Analogielosigkeit unter den Rabbinen-, Weisheits- und Prophetensprüchen¹⁰⁸ wird dafür sprechen, daß hier jemand fordert, der mehr ist als ein Rabbi, ein Weisheitslehrer oder Prophet. Solche Forderung bleibt immer noch am besten als *ipsissima vox Jesu* aus Jesu „einzigartiger Vollmacht als Verkünder des nahenden Gottesreiches zu erklären"¹⁰⁹. Als älteste Überlieferungssituation bietet sich so schon der vorösterliche Jüngerkreis an, in dem derartige – für den Jüngerkreis grundlegende – „Regelworte" weitergetragen und hier und da in Erinnerung gebracht werden mußten¹¹⁰.

B. SENDUNG UND UNTERWEISUNG DER SIEBZIG; IHRE RÜCKKEHR (10,1–20)

L 4: zu 10,1–20. – Vgl. auch L 4a, ferner die Lit. in LK I, 498f A.ª, ergänzt durch PESCH, Mk I, 331f (Nachtr., 3. Aufl. 430 (L 35), ferner GNILKA, Mt I, 359; WAGNER, EBNT 139–145; VAN SEGBROECK, Lk-Bibliography, Reg. 232. – ALLISON, D. C. Jr., Pauline Epistles; ARGYLE, A. W., St. Paul and the Mission of the Seventy, in: JThS. NS 1 (1950) 63;

---

[104] So die meisten; vgl. SCHULZ, Q 435 Anm. 239 (dort Autoren); vgl. auch GNILKA, Mt I, 309.
[105] SCHULZ, Q 436, versteht VV 59f.61f formkritisch als ursprüngliches „Doppelwort", nicht als Kombination zweier vormals selbständiger Einheiten (vgl. ebd. Anm. 240.241).
[106] WANKE, „Bezugs- und Kommentarworte" 40.42, postuliert für die Überlieferungsphase vor Q die ursprüngliche Reihenfolge VV 59.57f, wenn er richtig V 59 als Grundwort (Wanke: „Bezugswort") versteht.
[107] Siehe dazu o. [zu V 57f].
[108] Vgl. eingehend HENGEL, Nachfolge* passim, auch HAHN, a.a.O., bes. 21–25.
[109] HENGEL, ebd. 16. Siehe dazu, aber jeweils differenzierend, o. zu V 58: S. 38f; zu V 60a: S. 41; zu V. 62: S. 46f.).
[110] Weitere Ausleger, die mehr oder weniger überzeugt an historische Jesus-Worte denken, zählt SCHULZ, Q 437 Anm. 255, auf (Dibelius; Percy; Kümmel; Schweizer; Goppelt; Hahn); vgl. auch FITZMYER 834. Vgl. THEISSEN, Studien, 257: Der „Wanderradikalismus geht auf Jesus selbst zurück. Er ist authentisch. Wahrscheinlich sind mehr Worte der Echtheit zu ‚verdächtigen', als manchen modernen Skeptikern lieb ist."

BEARE, F. W., The Mission of the Disciples and the Mission Charge: Matthew 10 and Parallels, in: JBL 89 (1970) 1–13; BORING, Sayings 141–149; BOSOLD, I., Pazifismus und prophetische Provokation. Das Grußverbot Lk 10,4b und sein historischer Kontext (SBS 90) (Stuttgart 1978); BRODIE, Literary Interpreter 227–253; DELEBECQUE, E., Sur un hellénisme de Saint Luc, in: RB 87 (1980) 590–593; DERRETT, J. D. M., Peace, Sandals and Shirts (Mark 6:6b–13 par.) (1983), in: DERS., Studies IV, 62–74; DUNGAN, D. L., The Sayings of Jesus in the Churches of Paul (Philadelphia 1971), bes. 41–75.76–80; EDWARDS, Theology 101–104; DERS., Matthew's Use of Q in Chapter Eleven, in: DELOBEL, Logia 257–275, bes. 270; EGELKRAUT, a.a.O. (L 1) 142–152; FJÄRSTEDT, Synoptic Tradition 66–77; FUSCO, V., Della missione di Galilea alla missione universale. La tradizione del discorso missionario (Mt 9,35–10,42; Mc 6,7–13; Lc 9,1–6; 10,1–16), in: G. GHIBERTI, La missione nel mondo antico e nella bibbia. XXX Settimana Biblica nazionale (Ricerche storico bibliche [1990]) 101–125; GAMBA, G. G., La portata universalista dell'invio dei settanta (due) discépoli (Lc. 10,1 e ss.) (Turin 1963); GRELOT, P., Étude critique de Luc 10,19, in: DELORME-DUPLACY, La Parole 87–100; HAHN, Mission* 32.33–36.113; HARVEY, A. E., „The Workman is Worthy of His Hire": Fortunes of a Proverb in the Early Church, in: NT 24 (1982) 209–221; HENGEL, Nachfolge*, bes. 82–89; HOFFMANN, P., Lk 10,5–11 in der Instruktionsrede der Logienquelle (EKK.V 3) (Zürich und Neukirchen 1971) 37–53; DERS., Studien 235–331; JACOBSON, A. D., The Literary Unity of Q. Lc 10,2–16 and Parallels as a Test Case, in: DELOBEL, Logia 419–423; JELLICOE, S., St Luke and the „Seventy(-two)", in: NTS 6 (1959/60) 319–321; JOÜON, P., Notes philologiques sur les évangiles. Luc 10.11, in: RSR 19 (1928) 345–359; KASTING, H., Die Anfänge der urchristlichen Mission (München 1969) 110–114; KATZ, a.a.O. (L 1) 33–36.40f.45–79; KLASSEN, W., „A Child of Peace" (Luke 10.6) in First Century Context, in: NTS 27 (1980) 488–506; KLOPPENBORG, Formation 21–24.192–197.199–203 u.ö.; KNOX, Sources II*, 48–59; KRAUSS, S., Die Instruktionen Jesu an die Apostel, in: Angelos 1 (1925) 96–102; LANG, B., Grußverbot oder Besuchsverbot? Eine sozialgeschichtliche Deutung von Lukas 10,4b, in: BZ 26 (1928) 75–79; LAUFEN, Doppelüberlieferungen 201–301; LEGRAND, L., Bare Foot Apostles? The Shoes of St Mark (Mk. 6 : 8–9 and Paralleles), in: Indian Theol. Stud. 16 (1979) 201–219; LOHFINK, G., Sammlung 67.68–80; LÜHRMANN, Logienquelle 59–64; LUZ, U., Die Jüngerrede des Matthäus als Anfrage an die Ekklesiologie oder: Exegetische Prolegomena zu einer dynamischen Ekklesiologie, in: KERTELGE u.a. (Hg.), Christus bezeugen 84–101; MEES, Sinn und Bedeutung 59–82; METZGER, B. M., Seventy or Seventy-two Disciples?, in: NTS 5 (1958/59) 299–306 = DERS., Historical and Literary Studies (NTTS) (Leiden 1968) 67–76; MIYOSHI, Anfang (L 1) zu Lk 10,1–16: 59–94; MULLINS, T. Y., New Testament Commission Forms, Especially in Luke-Acts, in: JBL 95 (1976) 603–614; NEIRYNCK, F., Paul and the Sayings of Jesus, in: A. VANHOYE, L'apôtre Paul. Personnalité, style et conception du ministère (Leuven 1986) 265–321, zu 10,1–16: 304–306; NÜTZEL, Jesus 139–175; O'HAGAN, A., „Greet no One on the Way" (Luke 10,4b), in: SBF 16 (1965/66) 69–84; POLAG, Christologie 67–72 u.ö.; PRAST, Presbyter 312f.340–344; REICKE, B., Den primära israelmissionen och hednamissionen anligt synoptikerna, in: SvTk 26 (1950) 77–100; REID, D. P., Christian Community as the Eschatological Family in Lucan Theology (Excerpta ex Diss. in Facultate Pont. Univ. Greg., Rom 1982), Excerpta (Offset) (Washington 1983), darin bes. Part Three, Chapter I: Family as Life-World in Luke; zu Lk 10,1–24: 253–303; REISER, Gerichtspredigt 207–215; REPLOH, K. G., Markus – Lehrer der Gemeinde (SBM 9) (Stuttgart 1969) 50–58; RICHARDS, W. L., Manuscript Grouping in Luke 10 by Quantitative Analysis, in: JBL 98 (1979) 379–391 (vgl. JBL 96 [1977] 550–566); ROBINSON, J. M., The Mission and Beelzebul: Pap. Q 10: 2–16; 11:14–23, in: SBLSP 24 (1985) 97–99; ROLOFF, Apostolat* 150–152.179–181; SATO, Q 309–313 (s. weiter Reg.); SCHILLE, G., Das vorsynoptische Judenchristentum (AVTRW 48) (Berlin 1970), bes. 80–95; DERS., Frei zu neuen Aufgaben. Beiträge zum Verständnis der dritten Generation (Berlin 1986), zu Lk (9 und) 10: 61–66; SCHMID, Mt und Lk* 260–268; SCHNEIDER, Parusiegleichnisse 49–54; SCHOTTROFF-STEGEMANN, Jesus, zu Lk 10,1ff: 62–69; SCHULZ, Q 404–419.357–359.360–366; DERS., „Die Gottesherrschaft ist nahe herbeigekommen" (Mt 10,7 / Lk 10,9). Der kerygmatische Entwurf der Q-Gemeinde Syriens, in: H. BALZ (Hg.),

Das Wort und die Wörter (FS G. Friedrich) (Stuttgart und Berlin 1973) 57–68; SCHÜRMANN, H., Mt 10,5b–6 und die Vorgeschichte des synoptischen Aussendungsberichtes (1963), in: DERS., TrU 137–149; DERS., Die Symbolhandlungen Jesu als eschatologische Erfüllungszeichen. Eine Rückfrage nach dem irdischen Jesus (1970), in: DERS., GJ 74–110, bes. 92f; SCHWARZ, G., „Seiner Nahrung" oder „seines Lohnes"? (Mt 10,10e/Lk 10,7c), in: Biblische Notizen H. 65 (München 1992) 40–41; TESTA, E., I „Discorsi di Missione" di Gesù, in: SBFLA 29 (1979) 7–41; TRAUTMANN, Zeichenhafte Handlungen, zu 10,5b–6: 200–225; URO, R., Sheep Among the Wolves. A Study on the Mission Instructions of Q (AASF, Diss. Humanarum Literarum 47) (Helsinki 1987), bes. 56–116.162–199; WEAVER, D. J., Matthew's Missionary Discourse. A Literary Critical Analysis (JSNT.S 38) (Sheffield 1990); WIATER, Komposition, zu 10,1–12.16.17–20: 118–139; WILSON, The Gentiles 42–47.

Lk 10,1–20 macht zunächst den Eindruck einer einleitend und abschließend gerahmten „Rede" Jesu, wobei aber (1.) auf der Bestallung und Sendung (V 1) und (3.) der abschließend erzählten Rückkehr der Siebzig (VV 17–20) – zu Beginn der „Reiseerzählung" – ein so starker erzählerischer Akzent liegt, daß (2.) die Weisung und Unterweisung Jesu (VV 2–16) dem Erzählungsduktus eingeordnet bleibt. Die ganze Einheit läßt sich also nicht als eine „Aussendungsrede" klassifizieren; sie ist auch keineswegs ein „Großapophthegma", sondern ein „Aussendungsbericht"[1], besser: eine „Aussendungserzählung"[2], die erzählend den Hörern die eigenen erlebten ersten Begegnungen mit der Botschaft Jesu in Erinnerung bringt, darüber hinaus schon (hintergründig) die (nachösterliche) Wortverkündigung des (erhöhten) Kyrios, zunächst speziell die an seine Sendlinge, in den Blick stellt (vgl. 10,1 mit 10,38–42). Aber auch dieser Erzählabschnitt 10,1–42 wird sinnvoll nur als Bestandteil der ganzen Reiseerzählung 9,51 bis 19,27 gedeutet, die ihn bereits – vgl. zu 9,51f; 10,1 – formiert.

Wie die ganze Jerusalem-Reise (s. S. 1–19), so will auch die Erzählung von der Bestallung und Aussendung der Siebzig unter zweifachem Aspekt gelesen werden – sowohl historisierend im Rückblick auf die Zeit Jesu als auch aktualisierend im Hinblick auf die Zeit der Kirche.

1. Im Zusammenhang der Jerusalem-Reise wird die Aussendung zu einer dramatischen Aktion, die Reise selbst durch sie zu einem „Königszug" mit großem Aufgebot, der 19,11–27 in einer Königsparabel seinen Abschluß findet und 19,28–38 in den königlichen Jerusalem-Einzug einmündet. Lukas versteht die Aussendung also zunächst als auf Israel begrenzte[3], aber doch zeichenhafte[4] messianische Demonstration der *Erdentage Jesu;* als Missionsinstruktion für urchristliche Missionare hält er die Rede nur noch bedingt für brauchbar (vgl. nur die „Relativierung" 22,35–38): Eine demonstrativ arme Lebens- und Verhaltensweise wie V 4

---

[1] Eine vielleicht zu postulierende (s. u.) ursprünglichere Fassung, die eine kürzere Einleitung und noch keinen Abschluß (wie die VV 17–20) führte, könnte mit SCHULZ, Q 409, als „Apophthegma" dem Redestoff zugeordnet und „Aussendungsrede" genannt werden.
[2] Siehe o. S. 5f.
[3] Vgl. betont EGELKRAUT, a.a.O. (L 1) 147ff.
[4] Vgl. SCHÜRMANN, Mt 10,5b–6 (a.a.O.).

und eine Verheißung wie VV 5f (s. ebd.) bekunden der späteren Zeit der Kirche die besondere Heilssituation der vergangenen Jesuszeit, die den „Bräutigam" noch gegenwärtig wußte (vgl. 5,34) (wie man anders auch auf die „idealen" gemeinschaftlichen Besitzverhältnisse der Urzeit Apg 2,42–47; 4,32–37 später noch bewundernd zurückschauen kann); das damalige Verhalten kann die Jetztzeit nur noch paradigmatisch normieren.

2. „Die Kirche" lebt „nicht mehr im Zeitalter der Zwölf, sondern in dem der siebzig ‚anderen'."[5] Aber wie? Lukas sieht in der vorösterlichen Sendung Jesu irgendwie schon das Missionsgeschehen (damit auch die Heidenmission) in der *Zeit der Kirche* vorgebildet[6], freilich nur erst „parabolisch"[7]. Wie Jesu „Jünger" am Anfang auf dem Weg nach Jerusalem (9,60.62) als Mitarbeiter des Kyrios (VV 1 ff) angesprochen sind, so ruft am Ende der König der Parabel, der „in ein fernes Land reist, um die Königswürde zu empfangen und dann zurückzukehren", diese seine Knechte zu sich und übergibt ihnen sein Geld, damit sie damit für ihn arbeiten (19,11–27). Von solchem Ende her bekommt auch der Anfang der Jerusalem-Reise, die Jüngersendung, „Parabelcharakter", und die „Jünger" Jesu, die nachösterlich Auftrag und Anweisung empfangen werden, sind „hintergründig" schon in den Blick gestellt. Das Geschehen 10,1–20 ist transparent[8] geschildert: Der Sendung von Boten durch den erhöhten „Kyrios" (V 1) wird – überdimensional gemalt (s. dort) – eschatologischer Erfolg verheißen (V 2), wobei es freilich immer Widerspruch geben wird. Voraussetzung des Erfolges aber ist hienieden – vor- wie nachösterlich – der Satanssturz (V 18). Die Chance für Israel ist – vgl. bes. VV 3b.10f.12.13f.15.16 – nicht mehr so positiv beurteilt wie bei der Aussendung der Zwölf 9,1–6 (7–17)[9]; der Hintergrund des Endgerichts wird in VV 12.13f.15 sichtbar.

Das damalige Geschehen wird also historisierend als demonstrative Israel-Mission der Erdentage Jesu geschildert, aber doch zugleich transparent-ekklesiologisch (V 16). (Das wird dann im folgenden Abschnitt [C] heilsgeschichtlich[10] seinen Höhepunkt finden: der Jubel und Makarismus Jesu wird 10,21f.23f so überschwenglich, weil zukünftiger Erfolg in der Zeit der Kirche [vgl. V 2] in ihm vorweggenommen wird[11].)

---

[5] So SCHILLE, Judenchristentum (a.a.O.). 93. Siehe Näheres nachstehend.
[6] Die Deutung von WIATER, Komposition, bes. 130–132: „Die Siebzig ... erfüllen nach der Aufnahme Jesu in den Himmel dieselben Aufgaben wie Johannes der Täufer vor Jesu öffentlicher Wirksamkeit" (130), dürfte freilich – trotz auffälliger Übereinstimmungen in der Wortwahl mit Lk 1,80; 7,27.28–30. u.ö. – nicht die bewußte Erzählabsicht des Lukas wiedergeben.
[7] Die Heidenmission dringt noch nicht – auch nicht mit der Zahl 70 (72) – in die eigentliche Textaussage; s.u. S. 54f. Lk 24,47 (und Apg 1,1–8) markiert einen Neubeginn (was EGELKRAUT, a.a.O. [L 1] 146 u.ö., mit Recht betont). Anders die meisten; vgl. PRAST, Presbyter 340–344 (und die ebd. 342 Anm. 242 genannten Ausleger).
[8] Vgl. HAENCHEN, Weg 223: Hier liegt „eine schematische Konstruktion und keine Anschauung vor".
[9] Vgl. LK I, 498–505.505–525.
[10] Vgl. FLENDER, Heil und Geschichte 26.
[11] Siehe ebd.

1. Bestallung und Aussendung
10,1 (vgl. Mk 6,7a komb. Mt 10,1 a.5)

V 1 ist als eigenständige Erzähleinheit bedeutend mehr als eine einleitende Rahmennotiz für die folgende „Aussendungsrede" 10,2–16. Hier wird eine Aktion Jesu erzählt, die ihr Gegenstück hat in dem Erzählstück 10,17–20 (s.o.), die aber deutlich auch schon in Sinnbezug steht zu 10,38–42, wo der Herr – und zwar nur hier in 10,1–42 – in ein „Haus" einer ungenannten Stadt kommt (wodurch hintergründig das Kommen Jesu in „τόποι" = Häuser wie 11,37–53; 12,35–53; 13,10–21, vgl. 13,31–33; 14,1–24; 19,1–10 illustriert wird). V 1 läßt darüber hinaus schon Sinnbezüge zu 19,11–27 aufleuchten, was die Auslegung wird bestätigen müssen. V 1 erzählt von einer bedeutungsschweren Aktion Jesu.

1 Danach bestellte der Herr siebzig[a] andere[b] und sandte sie[c] zu je zwei[d] vor sich her in jede Stadt und jeden Ort, wohin er selbst gehen wollte. *

1 Wie 9,52 läßt das ἀποστέλλειν πρὸ προσώπου[12] (mit seinem Anklang an Mal 3,1 = Mk 1,2; vgl. Lk 7,27 par Mt 11,10[13]) die Ausgesandten in gewählter Bibelsprache[14] als offizielle Herolde erscheinen[15], bestellt[16](ἀνέδειξεν, ähnlich wie die Zwölf Mk 3,14: ἐποίησεν), das Kommen des Kyrios anzeigend vorzubereiten[17], wobei die paarweise Zusammenordnung (ἀνὰ δύο[18]) die „amtliche" Bedeutung – nach jüdischem Zeugen- und Bo-

---

* T: [a] v. l.: G [H B N St-T] (s. A. 30). – [b] v. l.: T S V B G (s. A. 28). – [c] v. l.: – (s. A. 12). – [d] v. l.: [H St-T] (s. A. 18).

[12] T[c]: αυτους 𝔓[75vid] B 0181 579 700 pc e (was erstaunlicherweise keine der maßgeblichen Textausgaben übernimmt). Ist das Fehlen sekundäre Angleichung an Mk 6,7, und wiederholt αυτους Lk 9,2?

[13] Vgl. LK I,416ff.

[14] πρὸ προσώπου τινός ist ein ungriechischer (sonst nicht belegbarer) Septuagintismus (dort ca. 90mal), u.a. von der LXX vom Engel Jahwes gebraucht, der vor Israel (Ex 32,34; 33,2) herzieht bzw. vor Gott steht (Mal 3,1); vgl. M. JOHANNESSOHN, Der Gebrauch der Präposition in der Septuaginta (Berlin 1926) 184–186.

[15] Vgl. EGELKRAUT, a.a.O. (L 1) 149; GRUNDMANN; SCHWEIZER.

[16] ἀναδείκνυμι meint die öffentlich-rechtliche, amtliche Bestallung; vgl. für den Täufer LK I,94 A. 100 und LK I, 152f; vgl. H. SCHLIER in: ThWNT II (1935) 30f.

[17] Es ist hier an das „Auftreten" (vgl. Mk 1,7; Joh 4,25; 7,27.31) des Erwarteten (vgl. LK I, 408f), des ἐρχόμενος (Lk 7,19f par; Mk 11,9 parr; Lk 13,35 par; Joh 6,14; 11,27; 12,13) zu denken.

[18] T[d]: Die textkritische Entscheidung zwischen ανα δυο (B Θ f[13]) und α. δυο δυο (ℵ D W f[1]) – vgl. [St-T] mit [H] – ist kaum möglich. Ersteres würde aber mehr der luk Sprache entsprechen: ἀνά, wie klass. distributiv, fehlt zwar in Apg, aber Lk 9,3 (v. l.) diff Mk (?, v. l.) und 9,14 diff Mk (?, v. l.) bezeugen vielleicht luk Sprachgebrauch. Zur Gegenprobe: Die vulgäre (und aramäisierende?) distributive Verdoppelung vermeidet Lukas diff Mk 6,7.39.40 (vgl. JEREMIAS, Sprache 183); so darum vielleicht auch 10,1 (vgl. so auch T S V M N G).

tenrecht[19] (Dtn 19,15; Koh 4,9; vgl. Mk 6,7 diff Lk, so auch schon der Täufer; s. zu Lk 7,18) noch unterstreicht[20]. „Die ‚Einsetzung' der Siebzig trägt den Charakter eines öffentlich-rechtlichen Aktes"[21], einer messianischen Demonstration. An historischen Fragen des Wo[22] und Wohin[23] ist der Text nicht interessiert: Es geht um Vorbereitung der „Ankunft" des „Kyrios", nicht (wie vornehmlich[24] 9,52) um Quartierbeschaffung bzw. um „Vorbereitungen" (vgl. 19,29; 22,8). Der Verkündigungshorizont scheint über 9,1 ff hinaus universalisiert (s. u.). So wird die Szene christologisch und ekklesiologisch durchsichtig auf das nachösterliche Missionsgeschehen hin[25].

Die ἕτεροι werden nicht von den ἄγγελοι 9,52 abgehoben[26], sondern von den δώδεκα 9,1 f[27]. Während Jesus – von seinen zwölf Jüngern umgeben – des Weges geht, sendet er siebzig andere[28] Helfer voraus. Sie werden in der Aussendungserzählung 10,1–20 nicht „Jünger"[29] genannt, vielleicht weil sie als bestellte (s. o.) Mitarbeiter Jesu aus der „großen Schar der Jünger" (6,17; vgl. 19,37.39) herausgehoben sein sollen. – Nach 10,5 sollen die Boten Jesu den „Frieden", nach 10,9 das Heil der Basileia bringen – wohl aber doch auch die „Epiphanie" des Kyrios vermelden. Bei Lukas fällt beides kerygmatisch zusammen, weil er aus der nachösterlichen Situation heraus schreibt und (hintergründig) nachösterliche Verkünder und Verkündigungsgehalte schon mitdenkt.

---

[19] So an allen u. (in A. 20) genannten Stellen; freilich könnte Lk 9,54 und 22,8 für Lukas der Gedanke der Unterstützung im Dienst mitschwingen.
[20] Vgl. Lk 7,18; Mk 6,7 und die Gemeindepraxis: u. a. Gal 2,1; 2 Kor 12,18; Kol 4,7ff; Tit 3,13; Apg 8,14; 9,38.54; 10,7.19; 11,30; 13,2f; 15,2f.12.22.27.32.39f; 19,22, aber auch Mk 11,1 parr; 14,13 par Lk 22,8. Vgl. J. JEREMIAS, Paarweise Sendung im Neuen Testament (1959), in: DERS., Abba* 132–139.
[21] H. SCHLIER in: ThWNT II (1935) 30.
[22] 9,57 (s. ebd.) ließ keinen Schluß auf Samaria zu; 10,13 f.15 wird nur gesagt, daß Jesus den drei galiläischen Städten – nicht Galiläa überhaupt – den Rücken gekehrt hat.
[23] Vgl. KLOSTERMANN: „36 Paare vor Jesus hergesandt ergeben keine einleuchtende Vorstellung." – Eine „Besetzung von mehr als dreißig Orten Judäas und wohl auch des jüdischen Ostjordanlands mit je zwei Männern, die sich am Ort niederlassen und die Ankunft Jesu vorbereiten" (so SCHLATTER 274f), wird hier nicht angeordnet.
[24] 9,52 a ist wahrscheinlich von 10,1 her formuliert und meint dann auch schon mehr, als das ὥστε ἑτοιμάσαι nahelegt.
[25] Vgl. auch MARSHALL 416. – Vgl. aber das o. A. 6 Gesagte.
[26] So MIOSHI, Anfang (L 1) 60; KATZ, a. a. O. (L 1) 36ff, überlegte so für die Q-Vorlage.
[27] So auch ERNST, MARSHALL, FITZMYER, und die meisten. – Aus 22,35–38 kann nicht geschlossen werden, Lukas habe die Zwölf zu den Siebzig gerechnet; gg. SCHLATTER u. a.
[28] T^b: καὶ fehlt vor ετερους in 𝔓^75 B L Ξ 0181 pc r¹ sy^s.p wohl richtig (vgl. auch St-T und EÜ); die Zufügung des καὶ legte sich – schon früh (vgl. nur ℵ lat sy^c co; Mcion) – nahe. – Die Zufügung erleichtert die Erinnerung an die Zwölf.
[29] Vgl. dazu ROLOFF, Apostolat* 181 f. – Auch die „Nachfolgenden" von 9,57–62 waren nicht „Jünger" genannt. 9,14.16 dagegen nennt Lukas die Helfer Jesu „Jünger". – Seine diesbezügliche Terminologie ist schwankend.

Obgleich die häufige Zahl 70[30] eine erleichternde Abrundung der seltenen Zahl 72 sein könnte (auch aus den 72 Übersetzern des AT – vgl. Aristeasbrief 50.307 – wurden die LXX!), wird man doch jene Zahl aus inneren Gründen als die ursprüngliche bevorzugen dürfen, wenn man im Text nämlich eine Anspielung an die 70 Ältesten von Ex 24,1.9; Num 11,16.24 findet (so sowohl MT wie LXX – anders erst Jodajim III,5, wo – nach Ex 24,1 – wohl Nadab und Abihu mitgezählt sind). Die frühen westlichen und altägyptischen Texte hätten dann nach Gen 10 LXX geändert. Das Interesse liegt V 1 stärker bei den damaligen (und späteren) Verkündern als bei den Adressaten der Verkündigung; schon darum ist eine Anspielung auf die 72 (70?) Heidenvölker von Gen 10 LXX (MT: 70[31]) – und damit auf die spätere Heidenmission – hier nicht wahrscheinlich[32]. Zudem: eine paarweise Sendung würde ja nur 36 (35) Heidenvölker erreichen, was die Anspielung aufhebt[33].

Die Schar der Helfer ist hier bedeutsam durch die heilige Zahl 70 charakterisiert. Wie schon in der Berufungsszene Lk 6,13.17 (und zwar dort wahrscheinlich bereits in Q[34]!), so ist damit hier wohl an die siebzig Ältesten[35] Ex 24,1.9; Num 11,16.24 erinnert, auf die der Herr Num 11,(17)24 von dem Geist des Mose[36] legte. Die Zahl hat also eine christologische Funktion, zugleich wohl aber auch eine ekklesiologische, da der Kyrios in der Zeit der Kirche außer dem Zwölferkollegium (vgl. 9,1–6) weitere Sendlinge (und in den Städten und Orten seine Presbyter; vgl. Apg 14,23; 20,17–38) hat.

In Auftrag und Tätigkeit der „zwölf Apostel" schaut Lukas auch schon die der ἡγούμενοι (22,26) der späteren Kirche hinein: so zeichenhaft schon bei der Wüstenspeisung, wo die genannten μαθηταί (9,14.16b) freilich noch identisch mit den δώδεκα 9,12 (vgl. 9,1.10) sind, in deren Tätigkeit aber schon nachösterliche Erfordernisse (vgl. VV 19.16.17) der Kirche deutlich werden[37] (die sich in dem ὄχλος VV 11.12.16 schon ankündigt). Wie Lukas die „zwölf Apostel" 6,13.17 in eine Rolle bringen kann, die atl. den (70) Ältesten entspricht (vgl. Ex 24; Num 11)[38], so kann er umgekehrt nun die Ältesten der ntl. Gemeinde hineindenken in Berufung und

---

[30] T[a]: Schon das frühe 2. Jahrhundert las die Zahl 72 (vgl. 𝔓[75] B D 0181 pc lat sy[s.c] sa bo[ms]), aber auch die Zahl 70 ist früh gut bezeugt (vgl. u. a. ℵ A W Θ λ f[1.13] 298 pl. f q bo; Ir[lat] Cl Tert Or[pt] Eus); sie wurde von T S V bevorzugt, von [H B N; St-T] immerhin ernstlich erwogen; Näheres bei METZGER, Commentary, der dafür plädiert, die eckigen Klammern des St-T um „δύο" fortzulassen, die auch G streicht. – Die EÜ erwähnt die v. l. „70" nur in den Fußnoten. – Viele Kommentare bevorzugen die Zahl „72"; vgl. LAGRANGE; ZAHN; KLOSTERMANN; CREED; SCHMID*; MARSHALL; FITZMYER; ERNST; SCHMITHALS. – Für die Lesart „70" treten aber immerhin ein: WELLHAUSEN; SCHLATTER; LEANEY; GRUNDMANN; ELLIS; SCHNEIDER; vgl. auch u. A. 32 und 33. – Die meisten entziehen sich einer Entscheidung durch Einklammerung von: δύο[].

[31] 70 schreibt außerdem MT auch TJon zu Dtn 32,8.

[32] Vgl. richtig SCHLATTER; EGELKRAUT, a.a.O. (L 1) 146ff. – Anders Hahn, Mission* 32 Anm. 1; GAMBA, a.a.O.; CREED; MIYOSHI, Anfang (L 1) 61 u.a.

[33] Vgl. so auch SCHWEIZER; MARSHALL 415.

[34] Vgl. LK I, 313 A. 13; 323.

[35] In Nachbildung hatte auch das jüdische Synedrium 70 Mitglieder (und einen Vorsitzenden); vgl. BL 752.

[36] Über das Mose-Motiv bei Lukas (und in Q) vgl. Lk I, 311ff.320.554.556f.562.566.

[37] Vgl. dazu LK I, 517f.

[38] Siehe LK I, 313.320f.

Funktion der „zwölf Apostel"[39], womit er die successio apostolica zwar nicht juridisch, aber doch modal bereits zur Sprache bringt. Dieses Phänomen scheint auch hier vorzuliegen, weil er ja 10,1–12 die 70 Sendlinge fast mit gleichen Worten beauftragt und angewiesen sein läßt wie 9,1–6 die zwölf Apostel. So sehr Lukas 10,1–20 primär Wandermissionare im Auge hat – offenbar denkt er diese in ihrer Aufgabe und Funktion doch eng zusammen mit den (ortsansässigen) Presbytern (denen er Apg 20,18–35 im Vorbild des wandernd missionierenden Paulus ja auch einen Amtsspiegel vorhalten kann[40]). – Freilich: der Text erzählt die Aussendung als eine solche in den Erdentagen Jesu; sie überschreitet den palästinensischen Horizont nicht; der Gedanke an die Zeit der Kirche bleibt „hintergründig".

Immerhin erzählt Lukas hier auch in einer – auf Zukunft hin bedeutsamen – Weise das Wohin seines Kommens: πόλεις καὶ τόποι. Der Unterschied zu der Aussendung der Zwölf in die κῶμαι (9,6, in denen auch Jesus damals wirkte: Mk 6,6b[41]; vgl. jedoch schon die πόλεις 9,5 diff Mk: τόποι) ist bemerkenswert. Die Verkündigung in den „Städten" steht zeichenhaft für deren weltweite Öffentlichkeit[42]. Lukas hat aber – wie schon die Aussendungsreden Mk 6,10 par Lk 9,4; vgl. Mt 14,14 – auch die Häuser (und späteren Hausgemeinden) gar sehr im Blick als Stützpunkte der Verkündigungstätigkeit, so sehr, daß er die Absichtsmitteilung Jesu Lk 10,1 exemplifizieren kann an einem einzigen Beispiel – nicht an dem einer Stadt, sondern an dem eines Hauses (9,38–42). Vermutlich wählte Lukas somit den Term τόπος hier, weil er neben den „Städten" (vgl. 10,8–11.12.13–15) auch für die „Häuser" (vgl. 10,5–7, besonders auch schon für 10,38–42) eine Voranzeige geben wollte.

τόπος meint[43] bei Lukas – von ihm bevorzugt[44] – nicht nur unbestimmt einen „Platz", eine „Stelle", auch nicht nur eine „Gegend", einen „Landstrich", aber auch nicht generell nur „Ortschaften", sondern auch „Örtlichkeiten" wie Häuser[45]. Es besteht der Verdacht, daß Mk 6,11 ihn angeregt hat, die τόποι neben die πόλεις zu stellen und jene dann für das Verständnis von οἰκίαι offenzuhalten (was Mk 6,10 nahelegte und Lk 10,38–42 wünschenswert machte).

Verdankt sich V 1 der luk R?
1. Wir sahen, daß V 1 bereits auf 10,38–42 schaut und auch schon auf 19,1–27 hin erzählt. Es ist einleuchtend, daß solche Kontextualisierung noch nicht der Aussendungsrede von Q zugeschrieben werden kann. Zudem wird vom Kommen Jesu in

---

[39] Vgl. LK I, 264–274 zu 5,1–11; Lk I, 311–323 zu 6,12–16.17–19; LK I, 498–525 zu 9,1–6.7–17; s. auch u. zu 12,39f.41–48; 22,21–34.35–38. – PRAST, Presbyter 342 Anm. 242, scheint für Lk 10,1–20 bedenklich zu sein, „obgleich er sieht, daß sie [diese Jünger] die nachösterliche Universal-Verkündigung, die nicht mehr auf eine bestimmte Epoche wie beim spezifischen Zeugnis der Apostel eingrenzbar ist, (präfigurieren)".
[40] Vgl. zur Miletrede: J. SCHÜRMANN in: TrU 310–340; die nachfolgende Lit. bei PRAST, Presbyter.
[41] Siehe LK I zu 9,6b und 9,10.
[42] Vgl. HOFFMANN, Studien 278 ff.
[43] Vgl. die Aufteilung bei BAUERWb z.W., der freilich 10,1 (unter 1a) als Ortschaft versteht.
[44] NT 94mal: Mk 10mal; Mt 10mal; Lk 19mal; Apg 18mal.
[45] Apg 4,31; speziell den Tempel Apg 6,13.14; 7,7; 21,28.

„alle Städte und Orte" im Folgenden gar nicht erzählt (10,38–42 fügt Lukas ein, um andeutend wenigstens ein Beispiel zu erwähnen). Die Tätigkeit der „Jünger" hat ihre eigenständige Verkündigungsfunktion und ist keineswegs als „Wegbereitung", „Vorverkündigung" (Apg 13,24) – wie die des Täufers – geschildert.

2. In V 1 verraten luk Sprachgebrauch und luk Motive die redigierende Hand des Lukas[46]: so μετὰ ταῦτα[47], ἀναδείκνυμι[48], ἕτερος[49] statt ἄλλος; das verstärkende πᾶς[50]; die nachgestellte Kardinalzahl[51]; οὕ[52]; μέλλειν c. Inf.[53]. τόπος – s. o. (A. 44) – wird Lukas hier aber aus Mk 6,11 übernommen haben.

Aber luk Redaktionsspuren lassen noch nicht auf luk Bildung schließen; manches spricht für eine luk Vorlage: Das ntl. seltene πρὸ προσώπου ist eine Nachwirkung von 7,27 par Mt[54]; der Anklang an Mal 3,1 kann – wie Lk 7,27 par Mt – ebensogut Q angehört haben wie luk Redaktion sein[55]. τὰς πόλεις πάσας fügt Mt 9,35 diff Mk 6,6 (τὰς κώμας) vermutlich in Abhängigkeit von einer Vorlage wie Lk 10,1 (εἰς πᾶσαν πόλιν) ein (was πᾶς[56] wahrscheinlich macht); πόλις[57] schreibt die Q-Fassung der Rede durchgängig, vgl. auch 10,8 par Mt; 10,10 par Mt; Mt 10,15 par Lk 10,12 und Mt 10,5 Q (s. u.). – κύριος steht in der Erzählung von Jesus außer Mk 19,31(34); 16,19 v. l. häufig im luk Sg (7,13; 10,39.41; 13,15; 16,8; 18,6; 19,18 in Sg auch 1,43; 2,11; 24,3.34 S) auffallend in Einleitungswendungen von Q (10,1; 11,39; 12,42; 17,5 diff Mt), kann also ebensogut einer Redaktionsschicht von Q[58] zugeschrieben werden wie Lukas (vgl. 22,61 [2mal]; 24,3 Sv diff Mk; 7,19; 17,6 diff Mt). Obgleich hier luk Sprachgebrauch deutlich wird, möchte man nicht alle Sv-Vorkommen im luk Sg und Q der luk R zuschreiben (gg. JEREMIAS, Sprache 183 [158]). – V 1 ist also wahrscheinlicher keine reine Bildung des Lukas[59], wenn auch die für die Einleitung von 10,2–16 zu postulierende Vorlage im einzelnen nicht mehr zu rekonstruieren ist. Unten wird deutlich werden, daß Q – zwischen V 2 und V 3 – eine Notiz über die Auswahl und Aussendung par Mt geführt haben wird; diese hat Lukas wohl als Vorlage für V 1 vorgezogen und in die vorliegende Fassung gebracht.

---

[46] JEREMIAS, Sprache 183, urteilt im folgenden mehrfach anders.
[47] Vgl. außer Mk 16,12 nur Lk 17,8; 18,4 S auch 5,27 diff Mk; 12,4 diff Mt und 5mal Apg.
[48] Siehe o. A. 16. – JEREMIAS, Sprache 77: „die Wortgruppe ... nur im luk Doppelwerk".
[49] Siehe dazu o. S. 39 A. 47.
[50] Vgl. JEREMIAS, Sprache 183.
[51] Vgl. DERS., ebd. 107.
[52] Vgl. DERS., ebd. 119f.
[53] Vgl. AB III, 13.
[54] Das wird wahrscheinlich, wenn man sieht, daß in QLk 10 par Mt ursprünglich Lk 7 par Mt unmittelbar folgte; s. dazu o. S. 48.
[55] Wie Lk 7,27 Q von Lukas in Lk 1,76; Apg 13,24 aufgegriffen wird, so könnte eine Vorlage von Lk 10,1 von Lukas 9,52 vorweggenommen sein. Umgekehrt beurteilt EGELKRAUT, a.a.O. (L 1) 143 Anm. 1, die Abhängigkeit. JEREMIAS, Sprache 179f.183, denkt hier an luk R.
[56] πᾶσα πόλις begegnet sonst weder in Mt noch in Lk; vgl. jedoch πόλις πᾶσα Apg 8,40; 15,36.
[57] Siehe o. S. 54f.
[58] Vgl. o. A. 50 und H. SCHÜRMANN in: TrU 224f.
[59] So mit EGELKRAUT, a.a.O. (L 1) 143; MARSHALL 413f; KATZ, a.a.O. (L 1) 24; anders BULTMANN, Geschichte 359; HOFFMANN, Studien 248f; ERNST; FITZMYER; KLOPPENBORG, Formation 192f u. a.

3. Auch das Motiv der Siebzig kann schon aus Q stammen[60]. Aus der Tatsache, daß Matthäus die Sendung der Siebzig mit der der Zwölf aus sachlichen Gründen kombiniert, kann noch nicht geschlossen werden, er habe die Zahlenangabe von Lk 10,1 in Q nicht gelesen. Auch aus Lk 22,35f, wo 10,4 aufgegriffen wird, aber die „Zwölf" angeredet werden, sollte das nicht gefolgert werden[61], weil Lukas hier beide Sendungen zusammenfassen will[62]. – Daß eine sehr frühe Komposition vormals keine Zahl genannt habe, weder mit Mk die Zwölf noch mit Q ausdrücklich die Siebzig[63], bleibt natürlich an sich denkbar. Wenn aber Lukas 9,52 in Abhängigkeit von 10,1 formuliert hat (s. ebd.), kann mit dem V 1 auch bereits eine Zahlenangabe in Q zu lesen gewesen sein[64].

4. Es sollte geschichtlich nicht für unmöglich gehalten werden, daß Jesus vor seinem letzten Gang nach Jerusalem eine Aussendung als eine einmalige Aussendungsaktion als „letztes Angebot" – als eine bedeutsame zeichenhafte Handlung[65] vor dem Verlassen Galiläas (?, was Anlaß für Lk 13,31 gewesen sein könnte?) oder schon in der Nähe Jerusalems – getätigt hat.

Auch wird man die Spuren von „wanderradikalen" (galiläischen) Aposteln und Propheten, die nicht zum engeren Kreis der „Zwölf" gehörten, ernst nehmen müssen[66].

2. Die Aussendungsrede:
Die Sendung der Siebzig und die Unterweisung Jesu
10,2–16

Mit V 2 beginnt die „Aussendungsrede" des Erzählstückes. Nach einer (a) Einleitung, die die Sendung ausspricht (V 3a) und diese charakterisiert (VV 2.3b), folgen (b) Weg- und Quartiervorschriften (VV 4–7), danach (c) Weisungen und Unterweisungen über das Wirken und Verhalten in den palästinensischen Ortschaften (VV 8–11) sowie Aussagen über die Folgen einer Ablehnung der Sendlinge (VV 8–12). VV 13f.15.16 begründen abschließend die Bedeutsamkeit der Sendung christologisch, wobei zugleich auf den Anfang der Rede VV 2.3 zurückgeblendet wird.

---

[60] Die Annahme, Lukas habe die Zahl eingeführt – so WELLHAUSEN 48; FITZMYER; fragend HOFFMANN, Studien 251 Anm. 62 –, wird von 22,35–38 her nicht wahrscheinlich, zumal die Anspielung auf Ex 24,1.9; Num 11,16.24 in Lk 6,12 (17) bereits Q geführt haben wird (vgl. LK I, 313 A. 13 und 323).
[61] Was SCHWEIZER 113 erwägt.
[62] Vgl. auch HOFFMANN, Studien 244.
[63] So DERS. ebd. 287.
[64] Vgl. KATZ, a.a.O. (L 1) 23.
[65] Vgl. SCHÜRMANN, Symbolhandlungen Jesu (a.a.O.), hier 92f; ferner DERS., Mt 10,5b–6 (a.a.O.), und u. S. 98f.
[66] Vgl. THEISSEN, Studien 79–105; DERS., ebd. 106–141, hier 110f; vgl. DERS. auch: Jesusbewegung, bes. 14–21.

a) Das Gebet um Erntearbeiter und die Sendung
10,2(= Mt 9,37-38).3 a.b(= Mt 10,16 a)

Bevor die Sendung V 3 a ausgesprochen und V 3 b in ihrer Gefährlichkeit charakterisiert werden kann, wird in V 2 die Notwendigkeit einer größeren Anzahl von Helfern begründet und zum Gebet um solche aufgerufen.

2 Er sagte aber zu ihnen:
  Die Ernte ist groß,
  Arbeiter aber es gibt nur wenig.
  Bittet daher den Herrn der Ernte,
  daß er Arbeiter[a] in seine Ernte bringe.
3 Geht hin!
  Siehe,
  ich[b] sende euch wie Lämmer[c] mitten unter Wölfe. *

2 Die Aufforderung, um „Mitarbeiter" zu beten, knüpft im Zusammenhang an die Szenen mit den halbentschlossenen und zaghaften Nachfolgewilligen 9,57-62 an; im Hinblick auf solche muß gebetet werden. Es sind die V (1)3 a (diff Mt) Gesandten (πρὸς αὐτούς), die zu Gebet um (weitere) „Erntearbeiter"[1] aufgefordert werden; eben diesen wird und muß der Fortgang der Evangelisation ein besonderes Anliegen sein, meint Lukas[2]. Damit geht der Blick über die damalige Situation hinaus in die Zeit der Kirche und der dann anstehenden großen Erntearbeit. Die nachösterliche Mission steht in Kontinuität zur vorösterlichen Sendung[3].

Die gnadenhaft anfallende Missionsfrucht – gottgewirkt wie jede Frucht (vgl. Mk 4,26-29) – wird überreich sein (Lk 8,8; vgl. auch Joh 4,35-38[4]), sagt das Bild von der großen Ernte. Der luk Missionsoptimismus[5] will hier mitgehört werden[6]. Auch in der Klage über die „wenigen

---

* T: [a] v.l.: S V (s. A. 1). – [b] v.l.: V (s. A. 42). – [c] v.l.: – (s. A. 38).

[1] Lukas stellt diese – diff Mt – betont voran. – T[a]: Mit $\mathfrak{P}^{75}$ B D 0181 700 c ist diese (unparallele!) Voranstellung vor εκβαλη (nicht εκβαλλη) recht gut bezeugt und stilistisch schon Lukas zuzutrauen. Für Ursprünglichkeit der matth Nachstellung des schon in 9,37 a genannten ἐργάται HOFFMANN, Studien 263; MARSHALL 416 (weil semitischer); GNILKA, Mt I,351.
[2] Zum luk Sprachgebrauch in der Einleitungswendung s.o. S. 35 A. 8 und JEREMIAS, Sprache 33.
[3] Vgl. LK I,264 f.273 f.314 ff.500 f. – Die für das isolierte Logion vielleicht richtige Deutung von Q (so MARSHALL 416) dürfte nicht mehr für den luk Text gelten: „The Saying is more a comment on the pressing situation than a charge to the missionaries themselves."
[4] „Vermutlich ... eine Weiterentwicklung unseres Logions", meint HENGEL, Nachfolge* 84.
[5] Vgl. LK I,454 f und u. zu V 9 und VV 17-20.
[6] Lukas wird für seine Zeit den Gedanken an die Heidenmission nicht haben ausschließen können. – Im Zusammenhang von Q mußte das Bild aber an sich noch nicht speziell die Heidenmission voraussetzen, weil die eschatologische Sammlung auch mit palästinensischem Horizont vorgestellt werden kann; gg. BORNKAMM, Überlieferung 16; L. LEGRAND, The Harvest is Plentiful (Mt 9,37), in: Scrip. 17 (1965) 1-9; LÜHRMANN, Lo-

Arbeiter" spricht die spätere kirchliche Erfahrung mit: „Die Ernte ist Gottes Sache"[7]; die von Gott bereitete Missionsfrucht könnte aber kirchlich erfolgreicher eingebracht werden, wenn es nur mehr Missionare gäbe! Aller kirchlichen Sendung geht die charismatische Sendung von Gott her voraus; darum wollen Missionare erbetet sein (vgl. 6,12f)[8].

1. Die Aufforderung zu Gebet um Erntearbeiter ist Mk Kap. 6 noch nicht bezeugt, ist somit der Missionsinstruktion von Q vielleicht erst auf einer *späteren*[9] *Traditionsstufe* (vgl. Mt 9,37f) als Einleitung vorgebaut worden[10]. Ursprünglich werden Adressaten des Wortes der größere Jüngerkreis (vgl. Mt 9,37a) oder eine größere Menge gewesen sein; die Mahnung paßt – trotz allem (s. o.) – doch nicht recht als Aufforderung an die zu Sendenden. Wenn die Szenen 9,57–62 mit zaghaften und nur halb entschiedenen „Erntearbeitern" (vgl. VV 60.62)[11] den Anlaß gegeben haben (s. o.), die Aussendungsrede in Q durch V 2 einzuleiten, wird das Logion aus der verknüpfenden Q-Redaktion heraus erklärt werden müssen[12]. – Wenn das Logion aber nicht der ältesten Schicht von Q angehört, kann man keinen Schluß ziehen auf die drängende eschatologische Naherwartung der frühen „Q-Gruppe" und ihrer Palästinamission, die „Gegenwart und Endzeit als Einheit"[13] und ihre „Missionsarbeit" eschatologisch verstand.

2. Unsere Kontextüberlegungen werden bestätigt durch die Analyse des Wortes selbst: Was hier „Ernte"[14] ist, darf nicht von einer vorgegebenen – atl. und spätjüdisch-apokalyptischen – Bedeutung des Bildes aus erklärt[15], sondern muß von der Gesamtintention des Logions her verstanden werden. Diese zielt aber auf Abhilfe einer *„kirchlichen" Notlage:* Es gibt zu wenige, die sich für die Missionsarbeit bereit finden. Damit klafft in der Aussage des Wortes eine kräftige „eschatologische Differenz", denn wenn dereinst die Verkündigungsfrüchte von Gott her in die himmlischen Scheuern gebracht werden (evtl. vorher – vgl. 3,17 – die Spreu verbrannt wird), kann und wird es gewiß nicht an „Arbeitern" fehlen. „Ernte" ist hier also „kirchliche", nicht „eschatologische" Heimholung, und keineswegs ist hier

---

gienquelle 60, richtig dagegen HOFFMANN, Studien 292; SCHULZ, Q 412. Vgl. die Autoren für und wider bei SCHULZ, ebd. Anm. 61.
[7] So GRUNDMANN; vgl. auch ERNST; SCHWEIZER.
[8] Siehe dazu LK I, 313.
[9] Anders HOFFMANN, Studien 289–293, der aus dem Logion Schlüsse zieht auf die drängende Naherwartung der ältesten Christuswerbung der Q-Gruppe. Dagegen rechnet SCHULZ, Q 409–413, dieses einleitende Logion (mit der ganzen Aussendungsrede) „zur hellenistisch-judenchristlichen, nicht aber zur ältesten Traditionsschicht"; er will aber hier die Missionsarbeit noch als „apokalyptisches Endzeitgeschehen" verstanden wissen (s. ebd. Anm. 53 das Referat über die diesbezüglichen exegetischen Meinungen).
[10] Richtig beobachten SCHMID*; SCHWEIZER u. a. hier das Zusammenstoßen zweier Traditionen in Q. – Die Erwähnung des ἐργάτης Lk 10,7b = Mt 10,10b könnte die Einfügung in Q mit veranlaßt haben.
[11] Siehe o. S. 33f.
[12] Vgl. auch GNILKA, Mt I,333.
[13] Vgl. HOFFMANN, Studien 290; ähnlich SCHWEIZER, Mt 151; dagegen POLAG, Christologie 24 Anm. 265; KATZ, a.a.O. (L 1) 63; ERNST; MARSHALL.
[14] Vgl. die Belege für das Verständnis der Ernte als Bild für das (endzeitliche) Gericht oder Heil bei HOFFMANN, Studien 289 und ebd. 292 Anm. 2.12.14.
[15] Der Gedanke, daß hier „die Sammlung ... dem ganzen Gottesvolk" gilt (so SCHULZ, Q 411), wird religionsgeschichtlich eingetragen.

beides von einer enthusiastischen Naherwartung in eins gesetzt. Das Wort bezeugt eher „kirchliche" Müdigkeit als „eschatologischen" Enthusiasmus.

3. Aber kann nicht für ein vormals *isoliert tradiertes Logion* die Ineinssetzung der eschatologischen und der missionarischen „Ernte" angenommen werden, und ist damit nicht hohes Alter oder gar jesuanischer Ursprung wahrscheinlich? „Die Echtheit dieses Wortes wird dadurch nahegelegt, daß in der späteren Gemeindeüberlieferung die Ernte nicht mehr als Bild für die Mission erscheint."[16] Ein isoliertes Logion könnte aus o. (unter 2) genanntem Grund wohl nur als ursprünglich akzeptiert werden, wenn in V 2a οἱ δὲ ἐργάται ὀλίγοι als kontextbedingte sekundäre Einfügung gestrichen werden dürfte, was immerhin möglich wäre. Könnte nicht vielleicht das Gleichnis Mk 4,8(20) parr[17] nachwirken? Einleitende (und abschließende) Sätze von Spruchkompositionen sind häufiger redaktionellen Ursprungs. EvThom L 73 bezeugt keine außerkanonische Tradition des Logions[18].

3a Der nun erfolgenden ausdrücklichen Sendung (vgl. 22,35) ὑπάγετε entspricht V 17 das ὑπέστρεψαν; sie war V 1 erzählerisch vorweggenommen und V 2a vorbereitet: Die Jünger sollen als dringend benötigte Helfer in die große Erntearbeit hineingehen. Das Wirken der urchristlichen Missionare steht für Lukas (und für Q) in Kontinuität mit dem vorösterlichen Wirken Jesu[19]: Schon vor Ostern hat Jesus seine Jünger mitarbeiten lassen und ausgesandt[20], sagt betont ein hoheitliches Ich-Wort, das aus dem Hoheitsbereich Gottes heraus spricht, der V 2b sichtbar gemacht war.

1. ὑπάγετε ist unluk[21]; in Mt ist es vermutlich der Umstellung des Logions (s. u.) zum Opfer gefallen[22]. – Ohne jede Zwischennotiz wird V 3b jedenfalls vormals nicht auf V 2 gefolgt sein, da die Erwähnung der Sendung Jesu V 3b sonst der erbetenen Sendung des Vaters V 2b ungeschickt und hart folgen würde. Frühe, der Gemeinde als „Agende" dienende Instruktionen sind häufig in die literarische Form von Anweisungen Jesu gegossen; vgl. nur 6,20–49[23]; 22,21–38. Vermutlich hat also auch Q – bzw. schon eine „Aussendungsrede" vor Q – hier (wie Mk 6,7a ausdrücklich!) eine Sendung Jesu erzählt[24], wie ähnlich Mt 10,1 a.5 a (obgleich Matthäus hier der Mk-Vorlage folgt). Lukas wird dann den für die Vorlage zu erschließenden Bericht von einer Sendung durch Jesus vorgezogen und in die sekundäre Gestalt von V 1 gebracht haben (s. dort), so daß nun die Ungeschicklichkeit entsteht, daß die Ausgesandten zum Gebet um Sendlinge aufgefordert werden. – Eine Vermutung: Lukas läßt seine Q-Vorlage stark auf seine Mk-Wiedergabe in 9,1–6 einwirken[25], so daß mit der Möglichkeit gerechnet werden muß – mehr kann nicht behauptet werden –, daß er in der ausgiebigen Mk-Differenz 9,1–2 nicht nur Mk 3,14–15 nachträgt, sondern auch von

---

[16] HENGEL, Nachfolge* 83f, der hier HAHN, Mission* 32 Anm. 3, folgt; auch MARSHALL 417. Vgl. jedoch 1 Kor 9,9ff.
[17] Vgl. dazu LK I, 454f.   [18] Vgl. SCHRAGE, Verhältnis* 153ff.
[19] Siehe o. S. 52f.   [20] Vgl. LK I,499ff.
[21] Lukas meidet den Imperativ ὑπάγετε im allgemeinen; er läßt ihn nur 19,30 par Mk durchgehen. Er liebt überhaupt das Verbum ὑπάγειν nicht sonderlich, das er von sich aus nur Lk 8,42 diff Mk (vgl. aber Mk 5,34!) setzt; vgl. AB I,86.93.
[22] Vgl. SCHMID, Mt und Lk* 261; HOFFMANN, Studien 263.293f; MARSHALL 417; KATZ, a.a.O. (L 1) 5; anders BUSSMANN, Studien* 63; SCHULZ, Q 405.
[23] Siehe LK I,323ff.
[24] Vgl. HAHN, Mission* 34 (aber „erst sekundär hinzugewachsen"?).
[25] Vgl. LK I,498–505; SCHRAMM, Markus-Stoff 26–29.

Q abhängig ist; vgl. die gehäuften Übereinstimmungen Lk 10,9b.11b mit Mt 10,1b.7–8[26]. Die Aussendung als solche wäre dann aber – trotz aller mark Redaktionsspuren – keine Erfindung des Markus[27] (und dann von Lukas und Matthäus aus Mk übernommen[28]), sondern wäre schon durch Q bezeugt gewesen. – Zumindest in ihrer erweiterten Fassung[29] (vgl. das redende „Ich" in VV 3.12.16) ruft die Rede nach einer einleitend erzählten Aussendungsaktion Jesu[30]. Die hier aufgewiesene Wahrscheinlichkeit würde sich verdichten, wenn Q auch eine Rückkehr der Jünger – vgl. unten zu 10,17–20 – erzählt haben sollte.
2. Über die Frage der Historizität einer einmaligen demonstrativen Aussendungstat Jesu s.o. S. 56f.

3b–5   Schon 6,20b–23 waren die Jünger als die Armen und die um des Menschensohnes willen Verfolgten charakterisiert[31]. Entsprechend sendet Jesus sie hier schutzlos (V 3b) und ohne materielle Sicherung (VV 4.5–7). Trotz der deutlichen Zäsur darf V 3b nicht gänzlich von VV 4–7 getrennt werden.

3b   Beim Weitertragen der Sendung Jesu muß mit Widerspruch gerechnet werden (VV 10f), was besonders die Ausweitung der Rede – wie V 3b hier zu Beginn, so VV 12.13f.15.16b am Ende – deutlich werden läßt. V 3b schaut aber schon über 10,5–16 hinaus in eine Zeit, wo das Auftreten der Jünger Jesu gefahrvoll für diese werden wird[32]; das ἰδού hebt den Satz über den näheren Kontext hinaus, erinnert an schon Erwähntes (s.u.) und noch zu Erwähnendes[33]. Ihre Tätigkeit wird letztlich ebenso gefährlich sein wie die ganze Reise Jesu nach Jerusalem[34] (und die spätere Missionstätigkeit der nachösterlichen Kirche). Das Christus-Schicksal – vgl. 9,52bff – bleibt den Sendlingen Jesu nicht erspart. Die gefahrvolle Situation der Herde Israel inmitten[35] der Heidenvölker – für die das Bild traditionell steht – gilt auch für die „kleine Herde" (12,32) Jesu, für die nun Israel zu einem Wolfsrudel wurde. Über die geschichtliche Situation Jesu und seiner Jünger in Israel (vgl. schon zu 6,22f.27f; 9,23–27.50b) hinaus

---

[26] Vgl. LK I,501; SCHRAMM, Markus-Stoff 28. Die Häufung der Übereinstimmungen ist durchaus erklärungsbedürftig; gg. HOFFMANN, Studien 245f.
[27] Gegen DIBELIUS, Formgeschichte 266; HOFFMANN, Studien 238ff.262f.
[28] Vgl. LK I,504f. – HOFFMANN, Studien 238f.243.249.262f, hat das Gegenteil nicht wahrscheinlich gemacht (zumal er S. 263.293f für Q eine Sendung Jesu zugibt).
[29] Vgl. dazu nachstehend.
[30] Vgl. HAHN, Mission* 35: „Ursprünglich oder relativ früh dort ergänzt".
[31] Vgl. LK I,325f.
[32] Vgl. KATZ, a.a.O. (L 1) 65f.
[33] Vgl. Lk 11,49ff; 12,4–7.11f; 14,26.27; 17,33 par Mt.
[34] Vgl. das o. S. 33f über die Bedeutung des Weges nach Jerusalem für die Jünger Gesagte.
[35] Vgl. in der Apokalyptik 4 Esra 5,18; äthHen 89,10–27.55; 90,6–17 und bei den Rabbinen (vgl. Bill. I,574): Tanch Toledoth (32b): Hadrian sagte zu R. Jehoschua (um 90): „Etwas Großes ist es um das Schaf (d.h. Israel), das unter siebzig Wölfen bestehen bleibt. Er erwiderte: Groß ist der Hirte, der es errettet und bewacht und sie (die Wölfe) vor ihnen (den Israeliten) niederbricht."

Lk 10,3b

wird Lukas wohl schon die Gefährdung der Mission in der weiten Heidenwelt mitdenken[36].

Das Logion V 3b will nicht – wie Mt 10,16b – zu kluger Vorsicht mahnen. Jesus sandte die Siebzig damals zwar schutzlos, ohne Schwert (vgl. dagegen 22,36), aber doch nicht – so fügt der Zusammenhang dialektisch hinzu – ohne Zuversicht gebende Zusage[37]: Sie müssen sich nicht „fürchten" (Lk 12,4–7.11–12a par); sie werden erleben, daß Heilszeit ist, und daß Jes 11,6; 65,25[38] sich erfüllen wird, ist andeutend gesagt: „Söhne[39] des Friedens" werden ihnen die Türen öffnen (VV 5ff). Am Ende – vgl. V 19 – werden sie frohlocken können, daß „keine Macht des Feindes", rein „gar nichts" (V 19) – schon gar nicht also jene „Wölfe" – ihnen schaden konnten.

1. Schwerlich bildete das Logion ursprünglich den Abschluß der Redekomposition[40]; Matthäus stellte 10,16a um[41] – das „Ich" Jesu (ἐγώ[42]) hoheitlich betonend – und ergänzte 10,16b[43], beides offensichtlich im Hinblick auf 10,17–25, besonders auf 10,23. Matthäus ersetzte dann das weggenommene Wort über die ἄρνες an gleicher Stelle durch das über die πρόβατα Mt 10,5bf (welche Einfügung ihn wiederum bewogen haben kann, 10,16a aus den ἄρνες in Q [s.o.] πρόβατα zu machen und Mk 6,34 als Mt 9,36 vorzuziehen).

2. Markus las das Logion in der frühen Überlieferung von Q offenbar noch nicht – ebensowenig wie die die Situation ähnlich pessimistisch beurteilenden Logien VV 12.13f.15.16. Es dürfte nicht der ältesten Schicht der Spruchkomposition angehören, die in VV 4.5ff und VV 8f (trotz VV 10f) positiver gestimmt ist als jene Logien, deren Einfügung vielleicht einer späteren Redaktionsstufe zugeschrieben werden kann, die die negativen Missionserfahrungen der späteren (Palästina?-) Mission spiegeln dürfte. Hen 89,14.18ff begegnet ein verwandtes Bildwort mit ähnlichem Sinngehalt.

---

[36] Vgl. o. S. 60f und u. S. 91ff.
[37] Gegen SCHULZ, Q 415 (für Q). – Der Gedanke der Widerstandslosigkeit ist hier kaum mitzuhören; gg. EGELKRAUT, a.a.O. (L 1) 150; ERNST; MARSHALL 417.
[38] Nur hier im NT erscheinen die ἄρνες, was einen (formalen) Einfluß der Jesaja-Prophetie LXX wahrscheinlich macht. – Matthäus übersieht die Anspielung und setzt sein (ekklesiologisches) Vorzugswort (vgl. 7,15; 9,36 [!]; 10,6 [!]; 15,24; 25,32f; 26,31) ein; so auch HARNACK, Sprüche* 14; BUSSMANN, Studien II*, 63; SCHULZ, Q 405; KATZ, a.a.O. (L 1) 5; umgekehrt halten πρόβατα für ursprünglich: HOFFMANN, Studien 264; MARSHALL 417. – T^c: Die πρόβατα dringen A al von Mt her in den luk Text ein.
[39] Über „Sohn zur Bezeichnung der Zugehörigkeit" im AT und im Spätjudentum vgl. E. LOHSE in: ThWNT VIII (1969), 359f, im NT SCHWEIZER, ebd. 366f.
[40] Vgl. auch KATZ, a.a.O. (L 1) 5 und 66; GNILKA, Mt I,373 (der – mit EÜ – 10,16 als Einleitung zu 10,17–25 versteht).
[41] Wenn Lk 22,35–38 die „wehrlose" Sendung („ohne Schwert") neben der „besitzlosen" behauptet, wird vielleicht das Nebeneinander von Lk 10,3.4 bezeugt (obgleich V 3 keine Mahnung zu Wehrlosigkeit ausgesprochen wurde; s.o.)?
[42] T^b: Es fehlt in Lk 𝔓75 ℵ A B 579 pc a e l r^1 sa^{mss}· diff Mt! – zu Recht. – Nach SCHULZ, Q 405, wäre es von Lukas gestrichen.
[43] Die Ergänzung benutzt jüdische Tradition; vgl. Midrasch zu Hld 2,14 (101^a) bei KLOSTERMANN, Mt z.St.; GNILKA, Mt I,373: „vielleicht ... eine zeitgenössische Klugheitsregel".

b) Weg- und Quartieranweisungen
10,4–7

Offensichtlich wollen die Wegvorschriften: die Anweisungen über die Ausrüstung (V 4 a) und das Grußverbot (V 4 b), zusammengelesen werden mit den Quartieranweisungen VV 5–6 und dem Gebot, ohne Quartierwechsel (V 7 d) in dem einmal gewählten Haus und bei dessen Tischgemeinschaft (V 7 b.c) zu bleiben (V 7 a). Die „rigorosen" Weisungen von V 4 wären ärgerlich und unverständlich ohne die Verheißungen, die aus VV 5–6 (7) herauszuhören sind; s. schon o. zu V 3 b.

4 Nehmt keinen Geldbeutel, keinen Reisebeutel, keine Schuhe mit;
  und[a] grüßt niemand unterwegs!
5 In welches Haus ihr aber immer eintretet – so sagt zunächst: Friede diesem Haus!
6 Und wenn dort[b] ein Sohn des Friedens ist,
  wird euer Friede auf ihm ruhen[c];
  wenn aber nicht,
  wird er zu euch zurückkehren.
7 In eben diesem Haus aber bleibt,
  eßt und trinkt das, was sie haben;
  denn der Arbeiter hat Anspruch auf seinen Lohn.
  Nicht wechselt über von Haus zu Haus! *

α) Weg-Regeln
10,4 a (vgl. Mk 6,8–9/Lk 9,3 komb. Mt 10,9–10).4 b

V 4 a verlangt von den Sendlingen eine radikale demonstrative Armut, V 4 b – vielleicht im Rückblick auf 9,59 f.61 f – ebenso radikale personale Ablösung von Familie und persönlichem Bekanntenkreis.

4a Mit βαλλάντιον[44] wird zunächst (wie Mk 6,8 par Lk 9,3) die Mitnahme des sichernden Reisegeldes untersagt: Die Sendlinge sollen nach V 7 c an den Tischen der gastlich sich öffnenden Häuser ernährt werden. Vermutlich ist mit dem Geldbeutel den Sendlingen aber nicht nur – vgl. 12,33 – diese Sicherung verwehrt; es soll auch kein Geld für die Weiterreise – geschweige denn „Lohn"[45] – angenommen werden, da man beim

---

* T: [a] v.l.: T (s. A. 70). – [b] v.l.: T h S V B G (s. A. 82). – [c] v.l.: S V B (s. A. 86).

[44] Vielleicht hat Q statt βαλλάντιον (im NT nur noch 2mal luk S und 12,33 diff Mt) ἀργύριον = „Geld" gelesen wie Lk 9,3 diff Mk, was dann Mt 10,9 (in ἄργυρον ... εἰς τὰς ζώνας) nachwirken würde? (22,35 muß nicht dagegen sprechen, weil die luk R hier an Lk 10,4 angeglichen haben kann.) Auch Lk 9,3 diff Mk 6,8 vermied Lukas es, den „Gürtel" zu erwähnen.

[45] Matthäus hat die Q-Vorlage so richtig verstanden; vgl. 10,8 b δωρεὰν δότε und 10,9 μὴ κτήσησθε und die Abänderung von μισθός Lk 10,7 b in τροφή Mt 10,10. – Did 11,6.12 wirkt die Regel noch nach, auch wohl in der Vorsicht des Paulus in der Frage des

Geldbeutel[46] daran denken kann, „daß er einen größeren Betrag aufzunehmen pflegte"[47].

Untersagt wird weiterhin auch die Mitnahme eines Reisebeutels (πήρα) und damit wohl nicht nur vorherige Proviantierung, sondern wohl auch die Annahme von Reiseproviant für die Weiterreise[48]. Die anzugehenden palästinensischen Ortschaften (VV 8.10) lagen nicht so weit auseinander, daß Verproviantierung vorher und beim Verlassen der Stadt nötig gewesen wäre; in der jeweiligen Stadt aber soll ein Standquartier bezogen werden, das den Sendling schon nähren wird (V 7)[49].

Das Verbot von Schuhwerk[50] unterstreicht die beiden vorherigen Verbote: Es läßt die Boten Jesu deutlich in einer rigorosen Armut auftreten[51], die demonstrativ wirkt[52]. – Lukas kann das für die Missionare seiner Zeit gewiß nicht mehr akute (vgl. 22,35ff; vgl. auch die Auslassung 9,3 diff Mk) Verbot stehen lassen, weil er darin die ideale Jesuszeit charakterisiert findet[53].

Die Selbstverständlichkeit von Schuhwerk auf Reisen wäre Mk 6,9 nicht erwähnt worden, wenn nicht eine gegenteilige Anweisung hätte aufgehoben werden sollen[54]. Lukas und Matthäus verschärfen mit dem Verbot also nicht sekundär[55].

Unterhalts; vgl. etwa 1 Thess 2,5.9; 1 Kor 9,4–18; 2 Kor 11,7–12; 12,14f; 2 Thess 3,7ff. (Dieser läßt sich freilich auch gelegentlich unterstützen: vgl. Phil 4,15ff; 2 Kor 11,9.)
[46] Mit βαλλάντιον wird nicht nur die palästinensische Sitte, das Geld in den Gürtel zu knoten (so daß der Gürtel häufig die Bedeutung „Geldbeutel" annahm; vgl. Bill. I,564f), dem hellenistischen Raum angepaßt; offenbar faßt der „Beutel" auch größere Summen, nicht nur χαλκός wie der „Gürtel" (vgl. Mk 6,8), sondern auch ἀργύριον („Geld" allgemein), wie Lukas (9,3) weiß und Mt 10,8b.9 (differenzierend) ebenfalls verstanden hat.
[47] K. H. RENGSTORF in: ThWNT I (1933), 524.
[48] Vgl. LK I,502 A.25.26 und 27. – Mk 6,8 diff Lk 9,3 ist mit Recht der mitzunehmende Proviant (vgl. die Voranstellung von ἄρτος bei Mk) unterschieden von dem (auch für Gaben geeigneten) Reisebeutel (vgl. LK I,502 A. 27), der nicht als „Bettelsack" abgewertet werden soll (vgl. MARSHALL 353).
[49] Das Ideal des Lukas für seine Zeit liest man offenbar Apg 20,33f: Arbeit für den eigenen Lebensunterhalt während eines längeren Stadtaufenthaltes; vgl. TrU 336f.
[50] Schuhwerk konnte – so deutet SCHILLE, Judenchristentum (a. a. O.) 94 – verboten werden, weil es Lukas (in seiner Zeit) stärker um längere Zeit in Anspruch nehmende „Stadtmission" ging. Wahrscheinlicher will er hier aber nur die ideale Jesuszeit vor Augen führen; s. o.
[51] Belege bei Bill. I,567f und KRAUSS, a. a. O.; vgl. Schab 152ª (ebd.): Wenn ein Mensch keine Schuhe hat, „dann ist der Verscharrte und Begrabene besser daran als er".
[52] Barfuß gehen war auch Trauernden, Büßenden und Gebannten geboten; vgl. 2 Sam 15,30; Jes 20,2ff und BILL. I,569. Aber in Lk (und in Q) ist die Bußpredigt Jesu anfänglich in Abhebung vom Täufer nicht betont. LK I,501 wäre A. 21 der Hinweis auf die Bußfertigkeit zu streichen. – Der häufige Hinweis auf Ber IX,5 (Bill. I,565), daß man auf den Tempelberg ohne Stock, Schuhe und Geld gehen sollte (vgl. LK I,501), liefert keine auswertbare Analogie; vgl. dazu nun die Erörterungen (und Lit.) bei HOFFMANN, Studien 320–324.
[53] Daß die Sendlinge hier wirklich barfuß ausziehen sollten, konnte o. noch nicht aus 9,5 (vgl. LK I,501), auch nicht aus V 11 (vgl. LK I,501 A. 21) gefolgert werden.
[54] Vgl. PERCY, Botschaft Jesu 30.
[55] Gegen SCHMID, Mk* 120; SCHWEIZER, Mt 153; SCHNACKENBURG, Mt 92.

Die mark Konzession der Sandalen paßt das Logion der Situation späterer apostolischer Missionsreisen an. Da die Boten Jesu – zu dessen Lebzeiten und bei der frühen nachösterlichen Christuswerbung in Palästina – nicht auf weite Missionsreisen gesandt waren, war ein Barfußgehen nicht undenkbar, obgleich es gar sehr auffallen mußte. Verboten werden hier „für eine Reise selbstverständliche Gegenstände"[56].

Eine rigorose Armut soll die Sendlinge also kennzeichnen, eine Armut, welche als solche zeichenhaft-demonstrativen Charakter hat, ähnlich den prophetischen Zeichenhandlungen im AT[57]. Die alles Notwendige zubringende nahende Basileia zeigt sich darin an (vgl. Lk 6,20f). Dabei besagt der Zusammenhang mit VV 5–7.8b Verzicht auf alle Sicherung (vgl. 12,33f par) und ein Leben aus dem Vertrauen, das den notwendigen Unterhalt täglich neu vom himmlischen Vater erwartet (s. zu Lk 11,3 par; 12,12–31 par; vgl. Mt 6,34) – solange „Messiaszeit" ist und die Basileia gedrängt „an-steht"[58]. Diese Idealzeit will Lukas hier schildern. Als Instruktion für die Mission seiner Zeit kann er diese Verbote nicht mehr verstehen (vgl. Lk 22,35–38). Freilich sind sie in der Zeit der Kirche weiterhin zu schätzen und in ihrer paradigmatischen Bedeutung zu beachten.

1. Die matth Fassung läßt noch mehrfach erkennen, wie sehr Lk 10,4a die Q-Fassung bewahrt hat[59]: Einen Imperativ (wie βαστάζετε könnte auch Matthäus gelesen haben, wenn er seiner Mk-Vorlage den lautlichen Anklang μὴ κτήσησθε (10,9) einfügt. Vielleicht hat jedoch Lukas statt μὴ βαστάζετε[60] in Q, was aus Lk 22,36 erschlossen werden könnte, μὴ αἴρετε vorgefunden (wie Mk 6,8 par Lk 9,3)[61]. Auch in der Voranstellung des Geldes (diff Mk) folgt Matthäus Q, wobei er – und das VV 8b.9a stark unterstrichen – an Gelderwerb aufgrund der Verkündigung denkt. Q wirkt in Mt noch darin nach, daß der (in Q offensichtlich nicht erwähnte[62]) Wanderstab erst aus Mk am Ende nachgetragen und dann – wie auch schon in Lk 9,3 – ebenfalls verboten wird. Matthäus verweist begründend auf das apostolische

---

[56] So Gnilka, Mt I,365.
[57] Vgl. Schürmann, Symbolhandlungen Jesu (a.a.O.); Hengel, Nachfolge* 84 Anm. 146: „Die Bedürfnislosigkeit der Jünger erhält damit fast gleichnishaften Charakter"; Hoffmann, Studien 318, spricht von einem „demonstrativen Charakter des Auftretens der Boten". Vgl. auch Katz, a.a.O. (L 1) 68; Marshall 418.
[58] Vgl. LK I,502. – Hier äußert sich nicht ein „griechischer Vorsehungsglaube" (wie Hoffmann, Studien 327 Anm. 47, unserer Deutung unterstellt), sondern „Weisheitstradition" (ders. 327), hier aber in der sehr gesteigerten Form der „Messiaszeit".
[59] Gegen Hoffmann, Studien 265f; richtig Katz, a.a.O. (L 1) 6.
[60] Lukas bevorzugt das Verbum; vgl. AB III, 122. – Gewiß ersetzt Lukas damit nicht das in Mt kontextgemäße (vgl. Mt 10,8b!) κτήσησθε (wie Schulz, Q 405 Anm. 13, überlegt). Κτήσησθε hält auch Schweizer, Mk 68; Mt 154, für ursprünglich.
[61] Vgl. zustimmend Marshall 417f.
[62] Anders Hoffmann, Studien 266. Dieser versteht ihn als „Waffe" (314) und sein Verbot – von ihm für Q postuliert – als Demonstration von „Wehrlosigkeit, positiv ausgesagt: Friedfertigkeit und Friedensbereitschaft" (324); vgl. im Gefolge von Hoffmann auch Pesch, Mk I,328; Gnilka, Mt I,265ff (ebd. 367 Anm. 31, aber nicht antizelotisch!); Schweizer, Mt 154. – Vermutlich wird der reiseübliche (vgl. LK I,501 A. 22) Wanderstab (vgl. aber LK I,501 A. 19) hier zu bedeutungsfüllig interpretiert (was uns hier aber nicht beschäftigen muß, da er Lk 10,4a – anders als 9,3 par Mk 6,8 / Mt 10,10 – nicht erwähnt ist, auch 22,35f nicht).

Unterhaltsrecht (vgl. 1 Kor 9,14), indem er Lk 10,7b als Mt 10,10b vorzieht. Wie Q läßt Lk par Mt μὴ ἄρτον – wohl als neben μὴ πήραν überflüssig – aus und schreibt verbietend wie par Mt μὴ ὑποδήματα. Lk 10,4a wird also durch Matthäus in der Reihenfolge und in den Gegenständen der Aufzählung als getreue Wiedergabe des Q-Textes erwiesen.

2. Ein Vergleich der so erarbeiteten Q-Fassung mit der von Mk 6,8f läßt die Mk-Fassung in mancherlei Hinsicht als sekundär kenntlich werden[63]: Das einleitende generelle Verbot von Mk 6,8a sowie die indirekte Rede dort sind sekundär. Das Verbot von zwei Chitonen Mk 6,9 parr scheint[64] schon längere Missionsexpeditionen im Auge zu haben[65]. Das gleiche gilt für die Konzession von Sandalen (Mk 6,9). Die Erlaubnis des Wanderstabs (Mk 6,8) könnte ursprünglich[66] und in Q in Wegfall geraten sein, ebenso die ausdrückliche Erwähnung von ἄρτος neben πήρα und χαλκόν neben βαλάντιον bzw. ζώνη.

3. Die Ausrüstungsregel ist in ihrer Art letztlich analogielos; am Ende wird man sie doch „unter Verzicht auf direkte Ableitungen aus jüdischen und hellenistischen Analogien[67] aus dem abzuleiten suchen", was Lukas „über den Auftrag und das Wirken der Boten"[68] – hier aufgrund der ihm überkommenen Q-Tradition[69] – aussagen möchte. Wir finden hier die Lebensweise von nach Ostern missionierenden Jüngern bezeugt.

4. Es darf als wahrscheinlich gelten, daß sich im Verbot von Geldbeutel (vgl. auch 12,33), Proviantsack und Schuhen (s. o. zu V 4a) die eigene zeichenhafte Lebensweise Jesu, die er auch von den ihm nachfolgenden Jüngern forderte, bezeugt, so daß in den syn Aussendungsinstruktionen indirekt die eigene Praxis Jesu erkennbar ist.

4b Das Grußverbot[70] muß zusammengehalten werden mit der Grußanweisung VV 5f: Was hier (V 4b) verboten wird, ist dort (V 5f) geboten[71]. Gewollt ist, wie ähnlich 2 Kön 4,29 im Befehl des Elischa an Gehasi, konzentriertes Anstreben des gewiesenen Zieles (vgl. VV 1.5) ohne alle Säu-

---

[63] Vgl. auch GNILKA, Mk I,237.
[64] Markus akzentuiert auch sonst den Besitzverzicht; vgl. 1,18.20; 10,21.28f.
[65] Vgl. dazu LK I,502. – Alle Überlegungen sind mit der Fragwürdigkeit belastet, daß wir den aramäischen Hintergrund von χιτών nicht sicher bestimmen können: Handelt es sich um zwei „Hemden" oder um Unter- und Obergewand oder um Gewand und Mantel? (Zur palästinensischen Kleidung vgl. DALMAN, Arbeit und Sitte V*, 199–251). – An den Mantel lassen die Synoptiker Mk 6,8 parr (für Lk 9,3 vgl. LK I,502 A. 30) nicht denken, darum auch nicht an den kynisch-stoischen Philosophenmantel; gg HOFFMANN, Studien 241. Der „Komfort" zweier übereinander getragener Chitone (Mk 6,9) oder der eines mitgenommenen Ersatz-Chitons (Lk 9,3 par Mt 10,10; vgl. Lk 3,11) mußte wohl nur für weitere Missionsreisen verboten werden (vgl. dazu LK I,502).
[66] Vgl. LK I,501 A. 19. (ebd. S. 502 wäre A. 24 zu streichen).
[67] Material und Lit. ist von HOFFMANN, Studien 312–329, in umfassender Weise überprüft.
[68] So HOFFMANN, ebd. 324.
[69] Vgl. das bereits LK I,501ff.505 Gesagte.
[70] T^a: Das „und" vor μηδένα (wie vor den zwei vorstehenden μή) geriet in ℵ 0181 33 2542 pc bo^{mss} in Wegfall, wird aber wohl in der EÜ (entgegen dem St-T) zu Unrecht ausgelassen.
[71] Vgl. diese Zusammenschau von V 4 und V 5 bei SCHLATTER 276f; MARSHALL.

migkeit. Nicht eigentlich Eile[72], sondern dienstbereite Zielstrebigkeit[73] ist verlangt – besonders wenn die vorstehenden Logien 9,59f.61f recht mit bedacht werden[74]. Das „Grußverbot" meint näherhin – in Zusammenhang mit 9,59f.61f – wohl auch ein „Besuchsverbot", denn ἀσπάζεσθαι kann bei Lukas heißen: auf der Reise, unterwegs „jemand begrüßen", „bei jemand eintreten", „hereinschauen"[75], „ihn besuchen".

Lukas kann durch εἰς ὁδόν Mk 6,8 angeregt worden sein, κατὰ τὴν ὁδόν[76] zu schreiben. Schwerlich aber wird schon Markus in seiner Vorlage eine Anweisung wie Lk 10,4b gelesen haben. Könnte aber das ἀσπάσασθε Mt 10,12 verraten, daß Matthäus in Q eine Vorlage wie Lk 10,4b vor Augen gehabt hat? Die Grußszene 2 Kön 4,29 könnte Anlaß zur Bildung von V 4b gegeben haben[77]. Die Einfügung kann Werk des Redaktors von Q sein, der Lk 10,4–7ff mit 9,59f.61f zusammengebunden hat. Matthäus wird das Grußverbot gestrichen haben[78].

β) Quartier-Regeln
10,5–6 (vgl. Mk 6,10a / Lk 9,4a komb. Mt 10,11a.12).7a (vgl. Mk 6,10b α) / Lk 9,4b α / Mt 10,11b α).7b (vgl. Mt 10,10b: τροφή).7c (= Mt 10,10b).7d (vgl. Mk 6,10b β / Lk 9,4b β / Mt 10,11b β)

Die Weisungen über die Wahl des Quartier gebenden Hauses (VV 5–6) und über das Verbleiben in dessen Wohn- und Tischgemeinschaft (V 7) wollen wohl offenbar als Einheit gelesen werden, und zwar – wohl anders als V 4a (s. o.) – als durchaus noch verbindliche Anweisungen für Missionare und Gemeinden in der Zeit der Kirche; s. u.[79]

5f Nicht nur als Losungswort[80] sagen die Sendlinge Jesu den Friedensgruß[81]; er ist ein geistliches Machtwort, das die zu „Söhnen des Frie-

---

[72] Gegen KLOSTERMANN; GRUNDMANN; EGELKRAUT, a.a.O. (L 1) 148; MARSHALL 418; ERNST.
[73] Vgl. schon WINDISCH, ThWNT I (1933), 497: „Haltet euch unterwegs auf der Straße nicht mit den zeitraubenden Grußzeremonien auf, fangt nicht auf der Straße Gespräche an, beeilt euch, an den Ort zu kommen, wo ihr bleiben und arbeiten sollt."
[74] Schwerlich soll an die Haltung von Bettlern erinnert werden, denen es entsprechen soll, den Gruß nicht zu wagen (was Bill. I, 381, für Sklaven vermutet und für babylonische Juden von Geringerstehenden bezeugt ist; s. dort). Wenn durch das Grußverbot Bußprediger wie Trauernde (MQ 21ᵇ Bar bei Bill. I, 384 q) oder Büßende (Ta'an 1,7 bei Bill. I, 385 u.) charakterisiert werden sollten, wäre der Gruß auch VV 5f nicht angebracht gewesen. O'HAGAN, a.a.O., deutet (zusammenfassend S. 83) – unglaubwürdig – auf „positive hostility towards the inimical world of evil".
[75] So H. WINDISCH, in: ThWNT I (1933), 494.496.498; Belege ebd. bei WINDISCH und BAUERWb 234 (unter b); vgl. Apg 18,22; 21,7; 25,13; vgl. auch SCHILLE, Judenchristentum (a.a.O.) 93 Anm. 91; LANG, a.a.O.
[76] Ein Lukanismus; vgl. MARSHALL; JEREMIAS, Sprache 184 (175f).
[77] Anders HOFFMANN, Studien 267; MARSHALL.
[78] So auch MARSHALL; GNILKA, Mt I, 361.
[79] HOFFMANN, Studien 296, macht dafür auf 2 Joh 10 und Did 11,1.4f; 12,1.2 (IgnEph 6,1) aufmerksam.
[80] Vgl. ähnlich Mk 11,2–6; 14,13ff.
[81] Üblicherweise fehlt in Wunschformeln εἴη oder ἔστω; s. Bl-R § 128,5 Anm. 7.

dens"[82] macht (vgl. V 6)[83], die für ihn bestimmt sind[84]. Wenn der Hausherr den Boten Jesu Aufnahme gewährt, hat er sich als „Sohn des Friedens"[85] erwiesen, in dem Gottes „Friede" schon wirkt und der dadurch für weitere Gnadenmitteilungen (vgl. V 9) bestimmt und bereitet ist. Aufs Geratewohl sollen die Sendlinge irgendein Haus angehen. Sendlinge Jesu betteln nicht an den Türen; sie wissen sich als Arbeiter im Dienst Gottes (V 2), die Anspruch auf Unterkunft und Nahrung haben; vgl. nachwirkend 1 Kor 9,14; 1 Tim 5,18; Did 13,1. Der Friedensgruß wird den Sendlingen zu einem „Schlüssel", der ihnen Häuser öffnet. Weil die Jünger am Morgen um das notwendige Brot für den Tag gebetet haben (Mt 6,11), hat der Vater im Himmel zuvorkommend die Herzen der „Söhne des Friedens" bereitet. Der Friedensgruß der Sendlinge bewirkt, daß die Empfänger erkennen, was zu tun ist; deren armselige Ausstattung sagt ja auch ohne alle Worte zur Genüge, daß sie Unterkunft und Essen benötigen.

Der Friedensgruß der Boten Jesu ist als eine pneumatische Realität gedacht[86], als übertragene Segenskraft, die evtl. auch zum Grüßenden „zurückkehren" kann; das Unheil von V 11 schattet sich in diesem Fall vor. Der überbrachte – und der ganzen Hausgenossenschaft (οἶκος) zugedachte – „Friede" ist im Zusammenhang aber noch nicht als die eigentlich zu bringende messianische Heilsgabe verstanden[87], die schon auf die ganze Stadt bzw. Ortschaft (V 1) zielen würde (von der erst V 9ff die Rede sein wird), ist aber doch schon eine sehr reale Antizipation derselben: VV 5f ist nicht von „Hausmission" die Rede[88]; vielmehr wird hier im Zusammenhang vorerst die Quartier- und Unterhaltsfrage für die angestrebte

---

[82] Genitiv der Herkunft und Zugehörigkeit (Semitismus); vgl. Bl-R § 162,6 mit Anm. 8. Nicht: wenn nur ein einziger „Sohn des Friedens" in der Familie ist; gg. ZAHN, HAUCK*. – T^b: Der St-T folgt mit der Wortstellung εκει η 𝔓75 B 0181^vid – gg. gute alte Überlieferung und 𝔐.
[83] „Sohn des Friedens" = der von Gottes Frieden überwundene Mensch (vgl. 2,14); so SCHWEIZER, vgl. auch ähnlich GNILKA, Mt 368; SAND, Mt 221.
[84] MARSHALL 419f: „a man worthy of, destined for peace", was allein hier zu kurz greift.
[85] HOFFMANN, Studien 309f (u.ö.), meint – hier doch wohl überinterpretierend – die „Söhne des Friedens" – wie die Sendlinge selbst (vgl. ebd. 324ff) – mit den Befolgern von 6,27–35 und mit den 6,22 Angesprochenen identifizieren und „die Q-Gruppe" dann antizelotisch deuten zu dürfen.
[86] T^c: Der St-T entschied sich wohl richtig gg. das (auch gut bezeugte) atl. Medium (επαναπαυσεται) für den passiven Aorist επαναπαησεται der späteren Sprache mit 𝔓75 ℵ* B* 0181(579) pc (zur Form vgl. Bl-R § 78 und § 362). Die LXX bezeichnen mit dem Kompositum ἐπαναπαύομαι (Num 11,25f; 2 Kön 2,15), wie auch mit dem Simplex ἀναπαύομαι (Jes 11,2; vgl. 1 Petr 4,14 v.l.) das Verweilen des Pneumas, so daß Lk 10,6 v.l. Angleichung an LXX sein kann. Das ἐπ' vom Pneuma z.B. auch Lk 3,22 ἐπ' αὐτόν, 4,18 ἐμέ ἐμέ; (s. dort). – Auch schon Rabbinen konnten den Gruß so real verstehen, daß sie in ihm – von einem Schuldner dem Gläubiger entboten – eine (verbotene) Zinszahlung sahen; vgl. die Belege bei Bill. I,383i. Hier aber äußert sich eine neue Wort-Gottes-Erfahrung.
[87] Gegen HOFFMANN, Studien 297.
[88] Dagegen zeigen die Voranstellung der οἰκία Mt 10,12.13 vor V 14 und die Einfügung von οἰκία V 14 diff Mk/Lk, daß Matthäus an „Hausmission" denkt, was auch schon für Mk 6,10 gelten dürfte; vgl. GNILKA, Mk I,239f; DERS., Mt I,368. Die Hausgemeinde war für die urchristliche Mission der Ansatz für Gemeindebildung.

Stadtmission (VV 8-11) geregelt. Man wird aber doch nicht übersehen dürfen, daß Lukas einen derartigen – seinen heidnischen Lesern ungewöhnlichen – Gruß gefüllt verstanden haben wird, etwa wie Apg 10,36 von dem „Wort, das Gott den Söhnen Israels sandte, indem er (ihnen) Frieden durch Jesus Christus verkünden ließ" (wobei einleitend Ps 107,20, im Partizipialsatz Mi 5,3f; Jes 52,7 bzw. Nah 2,1 anklingt). Auch der Rückgriff des Lukas 19,38b auf den Engelruf Lk 2,14 lehrt, daß dieser das christologische Heil als „Friede" zur Sprache bringen kann. Dieser endzeitliche Friede wird dem „Sohn des Friedens" schon zugesprochen, da die Aufnahme des Sendlings der Aufnahme des Sendenden gleich ist (Mt 10,40 par Lk 10,16). „Diesem Hause" ist – als wenn Jesus selbst käme – bereits „Heil widerfahren" (Lk 19,9).

7 Bei dem gastlichen „Sohn des Friedens" sollen die Sendlinge festes Quartier beziehen (V 7a[89]) und sich bewirten lassen (V 7b)[90]. Zwei Zusätze erläutern: V 7c begründet V 7b, V 7d erläutert V 7a: Die Sendlinge sollen an der Tischgemeinschaft des Hauses teilhaben, nicht wie Bettler, sondern wie Tagelöhner (vgl. V 2), die am Abend nach getaner Arbeit ihre Mahlzeit als verdienten Lohn vorgesetzt bekommen (V 7c)[91]. Quartierwechsel – bei unzulänglicher Unterbringung oder Beköstigung oder aus sonstigen Gründen – wird (V 7d) untersagt; ein Sendling Jesu ist zufrieden mit dem, was ihm geboten wird.

  1. Lk 10,5ff hat so oder ähnlich auch *Matthäus* in Q gelesen[92], wie er vielfach zu erkennen gibt. Er kombiniert Q mit seiner Mk-Vorlage und glättet redaktionell. In mancherlei Einzelaussagen ist die luk Fassung ursprünglicher; sie läßt die Bausteine der Komposition noch ungefügter erkennen. Die direkte Redeform des luk Grußes ist semitischer als die matth Fassung[93]. Matthäus läßt in 10,11a diff Mk in εἰς ἣν δ᾽ ἄν ... εἰσέλθητε eine Vorlage wie Lk 10,5 einwirken, wobei er mit πόλιν ἢ κώμην 9,35 wiederholt[94]. πόλις konnte er in Q = Lk 10,1(8?).10.12 par Mt sowie 10,5 S lesen. Den Versuch mit dem Friedensgruß, den V 13 (εἰρήνη) aber noch voraussetzt, „profanisiert" er durch eine „Erkundung" nach den „Würdigen" (das ἄξιος wurde vielleicht durch Lk 10,7c / Mt 10,10b ausgelöst). In ἀσπάσασθε V 12 wirkt vielleicht Lk 10,4b nach (s. dort). Geprüft wird VV 11.13 nicht mehr (wie Lk

---

[89] μένειν V 7a wird im heutigen Text mehr das Quartiernehmen (wie Lk 19,5) meinen, noch nicht so sehr das „Verbleiben" (wie Mk 6,10 / Mt 10,11; Lk 8,27; Joh 8,35; Apg 16,15); der Quartierwechsel wird erst V 7d untersagt; vgl. auch LK I, 502 (zu 9,4).
[90] Vgl. dazu DELEBECQUE, a.a.O. Anders als wohl V 8c (s. dort) denkt V 7b vielleicht – wie V 7c wahrscheinlich macht – noch nicht an jüdische (pharisäische) Speisevorschriften; gg. HAUCK*; GRUNDMANN; SCHWEIZER u.a.
[91] Nach DALMAN, Jesus* 210, in der jüdischen Literatur als Sprichwort – so die Vermutung von BULTMANN, Geschichte 107 – nicht belegt.
[92] So auch HOFFMANN, Instruktionsrede (a.a.O.); SCHULZ, Q 405; MARSHALL z. St. JEREMIAS, Sprache 185, findet kein einziges Kennzeichen luk Sprache, MARSHALL 419 dagegen par Mt mehrere Anzeichen matth Sprachgebrauchs. – Anders urteilte MANSON, The Sayings* 74 („ = L").
[93] So FITZMYER 847.
[94] Mt 10,11a (ἢ κώμην; om f¹ 205 207 sy^s it) kombiniert Mk 6,6 mit QLk 10,1 (πᾶσαν πόλιν; s. dort).

10,5) der Hausherr (der aber dort auch noch bevorzugt gemeint sein wird), sondern das ganze „Haus".

In V 13b wird der Parallelismus, den – in anderer Weise – auch die Vorlage von Lk 10,6b geführt haben kann, systematisch ausgezogen[95]. Die Begründung Lk 10,7c (= 1 Tim 5,18b) zieht Matthäus vor als Mt 10,10b. Sie bestätigt indirekt auch das Vorhandensein der Essensregel Lk 10,7b (vgl. auch 1 Kor 9,14[96]) für Q, die vielleicht die matth Vokabelwahl τροφή v.l.[97] (diff Lk μισθός) in Mt 10,10b veranlaßt hat.

2. Auch *Markus* las die Instruktion in der Fassung Lk 10,(4a)5f.7a.d; er gibt in 6,10 eine Vorlage von Lk 10,5ff ganz offensichtlich, aber sekundär gekürzt wieder – zusammengezogen auf die ohne Kenntnis von Lk 10,5ff nicht recht verständliche Anweisung, in einem Hause nach Eintritt bis zu seinem Verlassen zu „bleiben" (vgl. Lk 10,7a.d): Nicht nur Lk 10,7a las Markus; mit ἕως αν ἐξέλθητε verrät er wohl, daß er auch schon eine Anweisung wie Lk 10,7d in seiner Vorlage gefunden hat[98]. Hat er auch ein Äquivalent zu Lk 10,7b gestrichen?

3. Die Begründung *Lk 10,7c* par Mt 10,10b scheint in einem späteren Traditionsstadium von Q eingekommen zu sein, da sie V 7d und V 7a(b) auseinanderreißt und das Missionsgeschehen bereits durch feste Ordnung „rechtlich" (vgl. 1 Kor 9,6.18: ἐξουσία) abstützt. – Man kann auch fragen, ob nicht V 7d erst zugewachsen ist, nachdem 10,4–7 mit 10,8–16 verbunden wurde[99], da hier ein längeres Verweilen in Häusern anläßlich einer „Stadtmission" vorausgesetzt ist. Dagegen scheint V 7a(b) mit VV 5f zusammengedacht werden zu müssen, wenn es richtig ist, daß VV 5f mit V 4 als eine Sinneinheit verstanden werden will. Die Annahme, Lk 10,5–7 seien vormals ausführlichere Anweisungen komprimiert wiedergegeben[100], läßt sich nicht beweisen.

So sehr es wahr ist, daß Lukas die Überlieferungseinheit 10,4.5–6.7 – besonders V 4 (s. o.) – als Bestandteil des umfassenden Aussendungsberichts 10,1–20ff historisierend von der Jesuszeit verstanden haben will, so sehr muß diese zusammengehörende „Weg- und Quartieranweisung" doch gleichzeitig aktualisierend als Regel für das Missionswesen seiner Zeit verstanden werden[101]. In VV (5f)7 liest man nichts, was Lukas nicht auch noch als verbindliche Anweisung für die damaligen Missionare und Gemeinden verstehen konnte; vgl. nur 1 Kor 9,14 (vgl. 1 Tim 5,18b); 2 Joh

---

[95] Möglicherweise war Lukas das (von ihm auch sonst vermiedene) mediale ἐπιστρέφεσθαι zu vulgär (vgl. HARNACK, Sprüche* 58). Matthäus vermeidet ἀνακάμπτειν 2,12 nicht; Lukas setzt es noch Apg 18,21.
[96] DUNGAN, a.a.O. 78–80, meint mit anzweifelbarer Begründung 1 Kor 9,14 auf die Mt-Fassung zurückführen zu müssen.
[97] Vgl. richtig GNILKA, Mt I,361; SAND, Mt 220 („da er ja den Erwerb des Unterhalts verbietet" in V 9!).
[98] MARSHALL 420 schwankt, ob V 7d nicht luk Verdeutlichung sein könnte. SCHULZ, Q 406, plädiert wohl richtig schon für Q. Umgekehrt führen HOFFMANN, Studien 274.281; SCHWEIZER, Mt 159, Lk 10,7d auf Mk 6,10 parr zurück.
[99] FITZMYER 842 denkt an luk R.   [100] So MARSHALL 421.
[101] Undifferenziert SCHULZ, Q 404: „Lk versteht die Aussendungsrede als Regelung der Sendung der 72 Missionare zur Zeit Jesu, ohne in ihr eine Anweisung zu sehen, die unverändert für seine Zeit gilt." Wir meinten o. (S. 65f) unterscheiden zu müssen zwischen Weisungen von V 4a und denen von VV 5ff, zudem zwischen der frühen Palästinamission und der z. Z. des Lukas.

10,11; 3 Joh 5–10; Did Kap. 11–13[102]. Die spirituelle Verbindlichkeit von Anweisungen wie VV 5 ff erhöht sich nur noch (für Missionare und die sie versorgenden Gemeinden), wenn diese eingeleitet werden durch eine Weisung wie V 4, die weithin nur für die ideale Jesuszeit gelten konnte, für die Gegenwart aber nur paradigmatisch Bedeutung beanspruchen wollte. Die exemplarische Weisung V 4 stellt die konkreten Anweisungen VV (5 f)7 in ein spirituelles Licht.

Rückblickend (auf 10, 4–7):

1. Lk 10,4.5–7 a.b gibt sich – wenn man sich eine Einleitungswendung hinzudenkt – als eine formal abgerundete[103], ursprünglich wohl isoliert tradierte, kaum in Einzelsprüche zerlegbare „Instruktion" über Ausrüstung und Unterhaltsfragen von Missionaren. Die Weisungen V 4 a und VV 5–6.7 a(b) korrespondieren zu einer Sinneinheit[104], die kaum in Einzellogien aufzulösen ist, ein Erzählstück, das nach einer Einleitung wie V 3 a ruft (s. dort). Palästinensisches Kolorit (in VV 5 f) sowie die für eine weitere Reise unmögliche Ausrüstungsregel V 4 a (s. dort) lassen erkennen, daß es sich in VV 4.5–6 ursprünglich um eine *Anweisung für Sendlinge im palästinensischen Raum* handelte. Sie scheint in einem frühen – bereits vormarkinischen (s. o.) – Stadium um V 7 d, danach auch um V 7 c erweitert worden zu sein, vielleicht in einer Zeit, da die Frage des Standquartiers für die Arbeit in einer Ortschaft – vgl. Lk 10,8–11 (s. u.) – von Interesse wurde; s. o. Daß die Komposition 10,4.5–6 (7 a.b) erst sekundär der Missionsinstruktion Lk 10,8–11 vorgebaut wurde, legt vor allem die Beobachtung nahe, daß V 8 b eine „Dublette" zu V 7 b darstellt[105].

2. Nicht nur in V 4 (s. o.), sondern auch in dem in VV 5 f geforderten Verhalten wird sich *das eigene Verhalten Jesu* spiegeln, wie die vielen Traditionen, die Jesus als Gast schildern[106], verraten könnten.

c) Das Wirken in den Städten
10,8 a(vgl. Mt 10,11 a).8.b.9(= Mt 10,7–8 a).10–11a (vgl. Mk 6,11 / Lk 9,5, komb. Mt 10,14).12 (= Mt 10,15; vgl. 11,24)

Auf die Quartierfragen folgen nun Weisungen für das Wirken in den angegangenen[107] Städten. Diese sollen als Gesamtheit[108] – wie schon V 1 gesagt

---

[102] Vgl. auch 1 Thess 2,3.5.9f; 1 Kor 4,12; 9,6–18; Phil 4,18; 2 Thess 3,8f; Apg 20,33f.
[103] Lk 10,10f (vgl. Mk 6,11 parr) ist kein ursprünglicher Bestandteil dieser Einheit; vgl. dagegen nachstehend S. 72 und u. S. 78.
[104] Vgl. unsern Beitrag a.a.O. in: TrU 147, auch KATZ, a.a.O. (L 1) 53.
[105] Das wird meist gesehen; vgl. MANSON, The Sayings* 74; HOFFMANN, Studien 268; ERNST; GNILKA, Mt 360. – Anders – ohne rechte Begründung – SCHULZ, Q 409: „traditionsgeschichtlich von Anfang an eine einheitliche Komposition". KATZ, a.a.O. (L 1), meint in 10,5–9.10f den „Kern" finden zu dürfen, „als Ganzes konzipiert", „um den einzelne Logien bzw. Logiengruppen gelegt wurden".
[106] Vgl. LK I, 431 A. 4.
[107] Das εἰσέρχησθε bzw. εἰσέλθητε hat – im Zusammenhang – keinen Akzent mehr, da die Quartiersuche VV 5 f natürlich schon das Betreten der Stadt voraussetzte.
[108] Vgl. auch EGELKRAUT, a.a.O. (L 1) 148.

war – zur Entscheidung aufgerufen werden, ob sie die Boten des Kyrios aufnehmen und damit ihre Botschaft annehmen wollen (VV 8 f) oder nicht (VV 10f). Im negativen Fall wird das nahe Endgericht die Strafe bringen (V 12, vgl. aktualisierend dann u. VV 13 f.15).
Offensichtlich setzt die Instruktion VV 8–12 zunächst die vorstehenden VV 4.5–7 fort. Durch den jeweils parallelen Satzanfang VV 5 a.8 a.10 a verknüpft Lukas 10,8–9.10–11 mit 10,5–7[109]. VV 13 f.15 wird dann (β) aktualisiert.

8 In welche Stadt ihr aber auch immer kommt und man nimmt euch auf:
Eßt, was euch vorgesetzt wird.
9 Und heilt, die in ihr krank sind, und sagt ihnen:
Gekommen zu euch[a] ist das Reich Gottes.
10 In welche Stadt ihr aber auch immer kommt
und man nimmt euch nicht auf:
Geht auf ihre Straßen hinaus und sagt:
11 Sogar den Staub, der uns von euerer Stadt an den[b] Füßen haftet, wischen wir ab – euch hin.
Das aber erkennt: Nahe gekommen[c] ist das Reich Gottes.
12 Ich sage[d] euch:
Sodom wird es an jenem Tage erträglicher ergehen
als jener Stadt.*

8a δέχεσθαι[110] VV 8 a.10 a meint hier – wie die Essensregel V 10b zeigt – die gastliche Aufnahme der Sendlinge, in der sich freilich die gläubige An-

---

* T: [a]v. l.: – (s. A. 129). – [b]v. l.: S V M (s. A. 153). – [c]v. l.: – (s. A. 146). – [d]v. l.: T (s. A. 150).

[109] MARSHALL: „three sets of sayings with similar introductions". – Es müßte aber doch vorher geprüft werden, ob diese Verklammerung wirklich „jeder literarischen ‚Option' entgegensteht", wie KATZ, a. a. O. (L 1) 51, meint. Woher stammt diese relativische Anknüpfung? Sie läßt sich als luk Harmonisierung aufweisen.
Mit ziemlicher Sicherheit läßt sich sagen, daß Q = Mt 10,11 / Lk 10,8 (diff Mk 6,10!) die relativische Anknüpfung εἰς ἥν δ' (om Lk) ἂν πόλιν ... εἰσέλθητε geschrieben hat. Denn das Agreement Mt 10,11 par Lk 9,4 diff Mk 6,10 läßt sich wohl nur als beiderseitige Abhängigkeit von QMt 10,11 par Lk 10,8 erklären. In der antithetischen Parallele wird Lukas Q = Lk 10,16 ebenso gelesen haben (da hier Mt 10,14 Matthäus Mk 6,11 καὶ ὃς ἂν ... μὴ δέξεται übernimmt). Die gleiche Form der relativischen Anknüpfung holte sich Lukas denn auch schon für 10,5 heran, somit 9,4 harmonisierend. Anders als 9,4 (hier aber diff Mk 6,10, wo οἰκίαν auch vor dem Verbum stand!) ordnete er aber 10,5 οἰκίαν dem Verbum nach – wohl ein deutliches Anzeichen dafür, daß er hier eine Q-Wendung wie Mt 10,12 alteriert hat. (In allen vorstehend erwähnten vier anderen Vorkommen ist der Zielort sonst dem Verbum vorgeordnet und an εἰς ἥν [δ'] angelehnt.)
[110] Vgl. LK I,237 A. 117 u. o. zu 9,53 (S. 27f).

nahme ihrer Botschaft durch die Einwohner (δέχωνται)[111] bekundet. Es wird niemand die Boten aufnehmen und die Botschaft abweisen.

V 8 a ist nicht luk Bildung[112], sondern war schon in Q (vor der Einfügung von V 8 b; s. u.) Einleitung zu V 9. Jedenfalls hat Matthäus (vgl. 10,7–8 a) seine Parallele zu Lk 10,9 (s. u.) nicht als ein Wirken „in den Häusern" verstanden, und wenn Mk 6,11 τόπος ursprüngliches Äquivalent zu Lk 10,10 = Q (πόλις)[113] ist, ist eine vormalige Erwähnung der Aufnahme in einer Stadt, wie sie Lk 10,8 a vorliegt, wahrscheinlich[114].

8 b   Nach V 7 b (d) kann man V 8 b nicht einfachhin als Wiederholung lesen; für die Zeit Jesu müßte man verstehen: Nehmt – auf palästinensischem Boden (V 1; vgl. Mt 10,5 b f) – keine Rücksicht auf Speisevorschriften der pharisäischen Observanz[115], wobei man in der Zeit der Heidenmission und der des Lukas natürlich auch – 1 Kor 10,27 entsprechend – an jüdische Speisevorschriften überhaupt denken konnte.

Die „Essensregel" V 8 b – in der frühen Palästinamission wohl noch nicht so sehr akut – dürfte einer vormaligen Einheit wie VV 8 a.9.10–11 a sekundär eingefügt worden sein[116], aber wohl schon zu einer Zeit, bevor dieser die Instruktion Lk 10,4–7 – mit der „Dublette" in V 7 – vorgebaut wurde[117]. In einer isolierten Einheit Lk 10,8–11 a kann V 8 b ursprünglich – ähnlich wie V 7 b(c); s. ebd. – die schlichte Erlaubnis haben geben wollen, sich bewirten zu lassen[118].

9   Nicht nur, daß die Sendung der Jünger in der Sendung Jesu (V 1) – und der des Vaters (vgl. V 2 und V 16) – gründete: Auch Tätigkeit und Verkündigung der Jünger sind die gleiche wie die Jesu[119]. Lukas ist es wichtig, daß jene Sendung und dieses Tun der Siebzig schon vorösterlich grundgelegt waren[120]. Ebenso legte er Wert auf den Hinweis, daß Tätigkeit und Ver-

---

[111] Lukas personalisiert (wie schon 9,5 diff Mk); Mk 6,10 redet von der kollektiven Ablehnung durch die Ortschaft (was Lk 10,12.13 f.15 mehr entspricht).
[112] Gegen HOFFMANN, Studien 276–283.287, nach dem „mit hoher Wahrscheinlichkeit" V 8 a von Lukas selbst gebildet sein soll: Eine ursprüngliche Einheit 10,5–7 a.b.9 hätte, so meint er, das missionarische Wirken in den Häusern geschehen lassen, wobei in Q (wie in Lk 9,5 = Mk 10,14) die „Stadt" erst am Ende des erfolglosen missionarischen Wirkens erwähnt gewesen sein soll.
[113] Siehe dazu o. S. 55.
[114] Vgl. MARSHALL; SCHWEIZER, auch SCHULZ, Q 406 Anm. 22: Mt 10,15 ist „noch sichtbar ... daß auch in der Vorlage des Mt die Spruchgruppe auf die Stadt bezogen war".
[115] So auch SCHLATTER 277; MARSHALL; ERNST.
[116] EvThom, L 14a bezeugt Abhängigkeit von Lk 10,8–9; vgl. SCHRAGE, Verhältnis* 52–55.
[117] Dagegen – ohne stichhaltige Gründe – SCHULZ, Q 407. KATZ, a.a.O. (L 1) 52, möchte eher V 7 als V 8 b als sekundäre Einfügung verstehen.
[118] So KLOSTERMANN, z. St. – Daß Lukas durch redaktionelle Einfügung von V 8 b habe deutlich machen wollen, „daß nach dem Betreten der Stadt sich zunächst das in Vers 5–7 Angegebene abgespielt habe" (so HOFFMANN, a.a.O. 282), ist keine naheliegende Auslegung.
[119] Wie schon die der Zwölf 4,18 f; 4,40 f.43; 6,18 f; 7,22 par; 8,1; 9,12; 10,23 f; vgl. LK I,500 f.
[120] Vgl. LK I,264 f.273 f.314 ff.

kündigung der Siebzig denen der „Zwölf" entsprachen[121] (vgl. 9,2.6) und daß sie – in „pastoraler" und verbaler Sukzession – die Tätigkeit der „Zwölf" weitertrugen[122]. Denn bei gläubiger Aufnahme der Boten Jesu – und vorheriger Annahme ihrer Botschaft – erfolgt Heilung der Kranken in jener Stadt; der Sinn dieser Krankenheilungen wird den Stadtbewohnern[123] danach im Wort gedeutet[124] und – mehr noch – zugesprochen[125]; die Heilungen erweisen sich schon als Realzeichen[126] – für die Ankunft der Gottesherrschaft nun auch in dieser Stadt – wie (ähnlich und doch anders[127]) 11,20 die Dämonenaustreibungen Jesu (s. dort).

Das ἤγγικεν muß hier – im Deutewort zu V 9a – als ein schon anstehendes – nicht als ein noch bevorstehendes (wie Mk 1,15) – (zumindest partiell-proleptisches) virtuelles „Nahen" gedeutet werden[128], das in den Heilungen leibhaftig (ἐφ' ὑμᾶς[129]) zukommt. Deutlich ist die Basileia hier eine eschatologische Heilsgabe, die sich in Krankenheilungen demonstriert. Wie 11,20 gibt es hier also ein „Nahen" der Basileia schon in der Gegenwart.

1. Ein Äquivalent von V 9 las auch – von ihm umgestellt[130] – Matthäus in Q[131], wie Mt 10,7.8a deutlich wird (s.o.), wobei dieser hier Mt 11,5 einwirken läßt und die Dämonenaustreibung von Mt 10,1 (vgl. Mk 6,7.13 und 3,15) nachträgt[132]. So gelingt es Matthäus, die Tätigkeit der Jünger als Partizipation an der Tätigkeit Jesu darzustellen[133], die er Mt 9,35 – in Wiederholung von 4,23 – ähnlich beschrieben hatte.

2. Die These, V 9 (ohne V 8) sei in einem frühen Stadium zu der Hausanweisung

---

[121] Vgl. die „Apostelnähe" der Berichte der πολλοί in 1,1 (vgl. LK I,6f).
[122] Zu 9,14 vgl. LK I,515f.
[123] αὐτοῖς meint nicht nur die Kranken. Diese werden also wohl auf die Straßen gebracht, weil die Basileiaverkündigung – wie die Drohrede V 11 – dort öffentlich zu denken ist.
[124] V 9b ist hier zunächst ein „Deutewort"; vgl. POLAG, Christologie 65. – Wenn der Friedensgruß VV 5f noch nicht als „Wirken der Jünger" gedeutet wird (s.o. S. 67f) und die Zäsur zwischen V 7 und V 8 nicht relativiert wird (s.o. S. 70f und u. S. 77f.), ist in V 9 nicht der Friedensgruß „inhaltlich genauer beschrieben"; gg. HOFFMANN, Studien 300f.
[125] Anders als 9,2 und Mt 10,7f (Mt 9,35 = Mt 4,23; s. dazu GNILKA, Mt jeweils z. St.), vgl. auch Mk 3,14f, wo umgekehrt die Krankenheilungen bzw. Dämonenaustreibungen die Botschaft bestätigen und bekräftigen. – Mk 6,7 erwähnt überhaupt nur die Dämonenaustreibungen (6,13: und Heilungen); vgl. jedoch dann auch die Bußpredigt Mk 6,12 (vgl. 6,30).
[126] Vgl. MARSHALL 421f, vgl. 198; SCHULZ, Q 417.
[127] Vgl. MARSHALL 422: 11,20 als Zeichen, hier als Heilsgabe.
[128] Vgl. ähnlich in QLk 7,28; 16,16; 17,20f (s. dort).
[129] T^a: ἐφ' ὑμᾶς fehlt e bo^{pt}; Mcion – in Angleichung an par Mt. oder in Angleichung an V 11b.
[130] HOFFMANN, Studien 274f; MARSHALL 421.
[131] Vgl. auch SCHWEIZER, Mt 152f.
[132] Daß Mt 10,7.8a nicht einfach Mt 9,35 (vgl. 4,[17] 23) nachwirkt, lehren Mt 10,7f die direkte Anrede, das λέγοντες ὅτι ἤγγικεν ἡ βασιλεία ... (vgl. Lk 10,9b) und der Anklang ἀσθενοῦντας an ἀσθενεῖς (Lk 10,9a).
[133] GNILKA, Mt I,360.363f; SCHNACKENBURG, Mt I,92; SCHWEIZER, Mt 154.

10,5f (7a.b) hinzugekommen¹³⁴, beruht auf der zweifelhaften Annahme, ursprünglich sei VV 8a.10 von „Stadtmission" nicht die Rede gewesen¹³⁵. Der Unterschied zwischen „Haus" und „Öffentlichkeit" ist in palästinensischen Dörfern und Kleinstädten sowieso problematisch. Heilungen und Dämonenaustreibungen geschahen – von wenigen situationsbedingten Ausnahmen abgesehen (z. B. Mk 1,29ff parr) – nach den Synoptikern (vgl. nur Mk 1,32ff parr; 3,9f) auf den Straßen (und in Synagogen).

3. Wenn man V 9 anstelle der Krankenheilung – Mk 6,7b entsprechend – die (vielleicht ursprünglichere) Dämonenaustreibung einsetzt¹³⁶, erkennt man die Nähe, in der V 9 zu 11,20 = Mt 12,28 steht, welcher Spruch somit vielleicht V 9 beeinflußt hat und der dann auch das ἐφ' ὑμᾶς 10,9 (diff Mt 10,7) für Q als ursprünglich wahrscheinlich machen würde.

4. Auch Mk beweist vielleicht für Q ein Äquivalent von V 9: Mk 3,13–14a.16–19 hat seine Parallele in Q (vgl. Lk 6,12–16) gehabt¹³⁷, wobei die Wiederholung des καὶ ἐποίησεν δώδεκα (3,14a) in 3,16 (v.l.) vielleicht zeigt, daß die Zweckbestimmung (3,14b–15): Verkündigung und Dämonenaustreibung, die in Q = Lk 6,12–16 fehlt!, in Mk sekundär eingefügt wurde. Da Markus – vgl. 6,7–11 – nachweislich eine Einheit ähnlich wie Lk 10,(1)4a–7a.b.d.10–11a gelesen hat (s. jeweils ebd.), kann er auch 3,14b–15 (und 6,7b) aus einer Vorlage wie Lk 10,9 übernommen haben¹³⁸.

10f Die Verkündigung der Boten Jesu stellt vor die Entscheidung, wie schon V 6 andeutete; sie bringt Heil und Gericht. Es gibt auch den Fall – und das keineswegs als Ausnahme (wie VV 13f.15 deutlich wird) –, daß Einwohner¹³⁹ einer Stadt¹⁴⁰ die Boten (wie V 6) und ihre Botschaft (wie par Mt 10,14 richtig auslegt; vgl. zu V 8a) nicht auf- bzw. annehmen. Dann kommt es nicht zum Heilswirken. In diesem Fall sollen die Sendlinge in aller Öffentlichkeit – auf den Straßen der Stadt – eine demonstrative¹⁴¹ Ge-

---

¹³⁴ So HOFFMANN, Studien 288.298, dem auch ERNST 228 folgt (s. dagegen o. A. 111).
¹³⁵ Vgl. dagegen S. 73 und o. A. 109.
¹³⁶ Lk 10,17–20 nennt der rückschauende Bericht Dämonenaustreibungen (vgl. auch par Mt 10,8d mit 10,1b par Mk 6,7b), nicht Krankenheilungen; jedoch führt Heilungen neben jenen auch Mt 10,8 an. Heilungen erwähnen (Mk 6,12f folgend) neben den Exorzismen dann auch Lk 9,1 par Mt 10,1 gemeinsam diff Mk 6,1, so daß die ἀσθενοῦντας Mt 10,8a par ἀσθενεῖς Lk 10,9 Mk-Änderungen der beiden Evangelisten sein können, so daß in Q = Lk 10,9 wie in Lk 10,17–20 und Mk 6,7b vormals von Dämonenaustreibungen die Rede gewesen sein kann. „Heilen" kann für Lukas „Exorzisieren" einschließen; vgl. 4,40 (diff Mk); 6,18; 9,1 (diff Mk) und KIRCHSCHLÄGER, Jesu exorzistisches Wirken 239.242.
¹³⁷ Vgl. LK I, 318f.
¹³⁸ Vgl. HAENCHEN, Weg 138: „Mk hat hier in freilich stilistisch unbeholfener Weise die Aussendung vorbereitet, die er in Kap. 6,7–13 erzählen wird."
¹³⁹ Wie V 8b (s. dort) personalisiert Lukas auch hier wieder (wie schon 9,5 diff Mk) den Vorgang der Annahme bzw. Ablehnung.
¹⁴⁰ Daß Mt 10,14a nicht erneut das Betreten der Stadt erwähnt wird (V 14a, da schon nach 10,11 vorgezogen) – wie Lk 10,(8)10 – und die πόλις erst beim Verlassen (V 14b) derselben (so auch Lk 9,5), ist bei beiden Evangelisten durch Mk 6,11 (ἐκεῖθεν) veranlaßt, also wohl nicht Indiz für die Q-Vorlage; gg. HOFFMANN, Studien 269.281.288.
¹⁴¹ Die Verkündigung war gewiß „öffentlich und in den Häusern" (Apg 20,20), aber als Erstverkündigung doch wohl mehr in „Häusern" und vor sich sammelnden Gruppen auf

ste ankündigen, die dann nach dem Verlassen der Stadt ausgeführt werden wird (vgl. auch Apg 13,51) – eine Zeichenhandlung[142], die absolute Trennung symbolisiert und bewirkt[143]. Die Stadt wird wie heidnisches Gebiet (vgl. Apg 13,51) behandelt. Jedoch vollzieht sich hier für Lukas in der eschatologischen Zeichenhandlung nicht schon endgültig das Gericht; es wird nur angedroht. Eigens sollen die abweisenden Bewohner aber darauf aufmerksam gemacht werden (πλὴν τοῦτο γινώσκετε[144]), daß diese Geste der Trennung nicht bagatellisiert werden darf[145]: Das Gericht tritt nicht gleich ein; aber „die Basileia" wird euch dennoch erreichen. Anders aber als V 9 kommt hier die Basileia erst „an jenem Tage" (V 12) – und zwar nunmehr in der Weise des „Gerichts" (vgl. V 12, ausdrücklich par Mt 10,15), das als nahe bevorstehend (ἤγγικεν[146]) angedroht wird[147]. Ablehnungen in den Erdentagen Jesu sind nachösterlich reparierbar; vgl. nur zu Lk 12,10.

1. Anders als Lk 10,11 gab Mk 6,11 par Lk/Mt nicht die Anweisung, die Gerichtsgeste in einer Rede vorher anzukündigen. Die direkte Rede[148] wird Lk 10,11 sekundär sein[149] und eine Anweisung Jesu zu einer drastischen Gerichtsdrohung wie Mk 6,11 parr verdrängt haben. V 11 wurde wohl V 9 parallel nachgestaltet: hier Zeichenhandlung und zusagendes Deutewort, dort angekündigte Zeichenhandlung und Gerichtsandrohung. Das „Herausgehen" meinte Mk 6,11 ursprünglicher das Verlassen des „Ortes" (τόπος).

2. Die abschließende Beteuerung Jesu V 12[150] par Mt würde sich passend an

---

den „Straßen" (Lk 13,26). ἐξελθόντες meint das demonstrative „Hinausgehen" in die Öffentlichkeit. Die πλατεῖαι sind dann die (Haupt-)Straßen *in* der Stadt; auf den Straßen *außerhalb* der Stadt würde die Ankündigung des Gerichts ungehört verhallen.
[142] So auch MARSHALL 423. – Neh 5,13 und Apg 18,6 bieten keine eigentlichen Parallelen. – Bill. I,571 vermag für die Geste keinen Beleg beizubringen, vermutet aber wohl richtig, daß Juden beim Verlassen des heidnischen Gebietes allen Staub von Schuhwerk – und Kleidern (so – nach SCHLATTER, Mt 334 – Mt 10,14?) – entfernt haben, um den Boden Israels nicht zu verunreinigen. Vgl. Lit. bei PESCH, Mk I,329 Anm. 15.
[143] Als Fluchgeste (wie Mk 6,11 parr) zu endgültiger Verwerfung versteht Lukas die Gebärde hier nicht. – Das ὑμῖν (nicht das ὑμῶν; so MARSHALL) steht gegensätzlich zu ἡμῖν. „Sogar" (καί; vgl. Bl-R § 442,8 a) der Staub, der den Sendlingen anhaftet, wird jenen hingeschoben. (ὑμῖν ist hier wohl kein dat. incommodi; vgl. sinnverwandt dem εἰς μαρτύριον ἐπ' αὐτούς 9,5 par Mk 6,11 [αὐτοῖς].)
[144] Lukas leitet „mit dem Imperativ von γινώσκειν oder auch mit der Wendung γνωστὸν ἔστω ... zentrale Heils- und Gerichtsaussagen ein, um die heilsgeschichtliche Bedeutung solcher Verkündigung hervorzuheben"; so HOFFMANN, Studien 272 (dort Belege).
[145] πλήν wird hier adversativ stehen („aber") – in Gegensatz zu einer möglichen bagatellisierenden Fehldeutung des Gestus: vgl. AB III,5 f.
[146] T^c: ἐφ' ὑμᾶς fehlt 𝔓$^{45.75}$ ℵ B D L Ξ 081. 1. 33. al. lat sy$^{s.c.}$ bo; Mcion – diff V 9 (s. o. A. 129) – mit sachlichem Recht.
[147] Die Deutung, „daß aber die Gottesherrschaft trotzdem gekommen ist, wenn auch nicht zu ihnen" (SCHMID*), verbietet sich von V 12 her, wo „jener Tag" den der Ankunft der Basileia meinen muß.
[148] Vgl. BULTMANN, Geschichte 340 ff.
[149] Gegen SCHULZ, Q 407.
[150] T^d: λεγω δε υμιν schreiben immerhin ℵ D Θ Ξ 205. 209. 892. 1424. 1506 al it vg^{mss} bo^{pt}.

V 11a anfügen; V 11b ist formal V 9b parallelisierend angeglichen und wohl sekundär nachgebildet[151], zumal hier ein sehr ungewöhnliches, zudem von V 9b sich kontradiktorisch (Heil – Gericht) abhebendes Basileia-Verständnis eingebracht wird. Anders als in V 9 ist hier die Basileia nicht „angekommen" ἐφ' ὑμᾶς, sondern nur „nahe gekommen" (ἤγγικεν)[152]. Vielleicht haben Mt 10,14 (vgl. ähnlich Apg 13,51): ἐκτινάξατε τὸν κονιορτὸν τῶν ποδῶν ὑμῶν[153] diff Lk 10,11 und Mk 6,11 (Lk 9,5) die Q-Fassung bewahrt[154]? Las Lukas in Q ἐπ' αὐτούς (vgl. auch Lk 9,5 diff Mk und Apg 13,51), dieses Lk 10,11 in ὑμῖν ändernd?

3. Es ist unwahrscheinlich, daß die „eschatologische Gerichtsdrohung" Lk 10,10.11a(12) (vgl. Mk 6,11 parr) erst der Redaktion von Q zuzuschreiben ist, welche die Einzelsprüche komponierte[155], wenn Lk 10,9 nicht die vormalige Fortsetzung von 10,5–7a war[156] (wo V 6b „die Reaktion auf die Ablehnung nicht ihre [der Sendlinge], sondern Gottes Sache"[157] war). Eine Vorform von 10,8a.9 und 10,10.11a(12) ist als (antithetisch-komplementärer) Parallelismus vormals isoliert tradiert worden (s. o.).

12 Abschließend stellt V 12 die Bedeutung der Sendlinge Jesu und ihrer Botschaft durch eine Beteuerung[158] heraus: Im bevorstehenden Weltgericht[159] wird die Stadt Sodom, die Gottes Engelboten bedroht hatte (vgl. Gen 19,4ff[160]), nicht so hart bestraft werden wie eine Stadt, die die Boten

---

Ob Lukas das ausgelassene – nach V 11b entbehrliche – ἀμήν (so par Mt) durch δέ ersetzen wollte?
[151] So auch SCHULZ, Q 407; MARSHALL 423; LÜHRMANN, Logienquelle 62f; GNILKA, MK I, 241 (wohl nicht historisch). Anders HOFFMANN, Studien 253f.303f.
[152] Siehe o. A. 146.
[153] T^b: EÜ bevorzugt wohl nicht die von S V M akzeptierte – neben ἡμῖν eine Verdoppelung! – v.l. εἰς τοὺς πόδας ἡμῶν (vgl. ALAND, Synopsis), wenn sie „an unsern Füßen" schreibt, weil sie das ἡμῖν frei übersetzt.
[154] Vgl. HOFFMANN, Studien 270f. Sprachliche Indizien für diese Annahme bei JEREMIAS, Sprache 186; MARSHALL 423.
[155] So HOFFMANN, Studien 303. Auch ähnliche Drohungen in Q (Lk 3,7ff; 6,24ff; 7,31–35; 11,49ff; 12,2–9.10 par) beweisen das nicht, da derartige Logien entweder als Einzelsprüche denkbar sind oder als Abschlüsse von Spruchreihen bereits vor der letzten Q-Redaktion angefügt gewesen sein können. Vgl. auch LÜHRMANN, Logienquelle 63, für den die „Formen des Drohwortes mit der Erwähnung heidnischer Beispiele" für Q, wenn auch nicht unbedingt für die Redaktion von Q, „typisch" ist.
[156] Siehe o. S. 71.
[157] HOFFMANN, Studien 302.
[158] Vgl. LK I,344 A. 5. – Lukas vermeidet ἀμήν häufig; vgl. LK I,238 A. 120.
[159] Q hat hier wohl wie Lk 10,14 (vgl. par Mt 11,22 [24]: ἐν ἡμέρᾳ κρίσεως) und Lk 11,31 par Mt 12,42 ἐν τῇ κρίσει geschrieben (anders HOFFMANN, Studien 254; SCHULZ, Q 407 Anm. 31; MARSHALL 424); Matthäus hat das wohl wie 11,22(24) diff Lk 10,14 und 12,36 S in ἐν ἡμέρᾳ κρίσεως geändert. Lukas verbindet V 12 deutlicher mit V 11b, wenn er durch ἐν τῇ ἡμέρᾳ ἐκείνῃ sich auf den Tag des Anbruchs der (richtenden) Gottesherrschaft rückbezieht. Er gebraucht diese Wendung regelmäßig in solchen Rückverweisen: Lk 17,31 luk R (?) (vgl. diff Mk 13,15f parr) auf die „Offenbarung des Menschensohnes" 17,30, ebenso 21,34 luk R (vgl. Mk 13,32) auf 21,25–33; 6,23 diff Mt auf den Tag der Verfolgung 6,22.
[160] Da nur die Stadt Sodom als Beispiel für Ablehnung von Gottesboten stehen kann, ist Gomorrha par Mt 10,15 wohl sekundäre matth Ergänzung (welche die matth R 11,23.24 nicht einbringt!); so auch MARSHALL; SAND, Mt 221. Vgl. dafür rabb. Belege bei Bill. I, 571–574.

Jesu ablehnte¹⁶¹. Das hier anklingende Motiv wird übergreifend in VV 13 f. 15 und 16 fortgesetzt werden.

V 12 folgte vermutlich vormals auf V 11 a; V 11 b ist als formale Parallelbildung zugewachsen (s. o.). Aber auch V 12 kann eine von V 14 her beeinflußte redaktionelle Abschlußbildung sein¹⁶² (wobei nicht deutlich ist, auf welcher Traditionsstufe von Q dieses abrundende „Nach-Wort" eingefügt wurde), wie analog Mk 6,11 der in Palästina wohl eindeutigen Zeichenhandlung Mk 6,11 b εἰς μαρτύριον αὐτοῖς Mk 6,11 sekundär (diff Q!) zuwuchs¹⁶³ (wenn diese Phrase nicht gar in ihrer Weise ein abkürzender Nachklang einer frühen Q-Tradition wie Lk 10,12 ist).

Rückblickend (auf 10, 8–12):
Hinter Lk 10,(1)8 a.9.10.11 a(12?) gibt sich (so darf zusammengefaßt werden) ein vormaliges Erzählstück zu erkennen, das vermutlich nach einer kurzen Einleitung (s. zu V 1) einführend Mt 10,5 b–6 brachte¹⁶⁴. Es erzählte von einer einmaligen demonstrativen Aussendungstat Jesu, sollte aber – besonders nach Einfügung von V 8 b – gleichzeitig als Missionsinstruktion für die eigenen Missionare und die Gemeinden gelesen werden. Es wird u.¹⁶⁵ – zu VV 17–20 (vgl. Mk 6,12 f.30) – noch zu zeigen sein, daß dieses Erzählstück abschließend irgendwie über die Ausführung der Anweisung Jesu berichtet haben wird.

d) Schlußwort: Die Bedeutsamkeit der Sendung
10,13–14 (= Mt 11,21–22).15 (= Mt 18,23).16 (= Mt 10,40; vgl. Mk 9,37/Lk 9,48 a / Mt 18,5; vgl. Joh 13,20)

Wie die Rede Jesu VV 2–3 mit einer Situationsreflexion anhebt, die Jesu eigenes Wirken auf dem Hintergrund des Heilswirkens Gottes sieht, so en-

---

¹⁶¹ Im Weltgericht erst wird die Stadt Sodom ihre eigentliche Strafe empfangen; das schreckliche irdische Vernichtungsgericht (Gen 19,15–29), an das hier nicht erinnert wird, war noch nicht die eigentliche Strafe. – Ob die Leute von Sodom an der Auferstehung teilhaben und vor Gottes Richterstuhl erscheinen werden, war unter den Rabbinen im 2. Jh. umstritten; vgl. Bill. I, 574.
¹⁶² Vgl. LÜHRMANN, Logienquelle 62 f („redaktionelle Übergangswendung bei der Verbindung von Aussendungsrede und Drohwort"); anders SCHULZ, Q 409.
¹⁶³ „Der Gestus bedurfte im palästinensischen Milieu nicht des die Bedrohung verdeutlichenden Zusatzes, zumal in Q ein Gerichtswort folgte", urteilt HOFFMANN, Studien 271.
¹⁶⁴ Vgl. SCHÜRMANN, Mt 10,5 b–6 (a. a. O.). Nach Überprüfung der Einwände von HOFFMANN, Studien, bes. 258–261, und SCHULZ, Q 409 Anm 38, scheinen mir die Ausführungen meines Aufsatzes – vgl. auch LK I, 499.505 –, immer nur fragend und hypothetisch vorgetragen, weiterhin diskutabel zu sein. (Dort war nicht die Aufnahme von „Überlieferung", sondern von „Logien" in Mt 10,5–16 a [!], die nicht von Lk 10, 1–16 belegt sind, bestritten; freilich könnte man außer Lk 10, 7 d auch V 11 b als übergangen nennen.) Zu Einzelheiten vgl. jeweils oben zu den betreffenden VV. – Zur Geschichtlichkeit der hier geschilderten einmaligen „prophetischen Zeichenhandlung" vgl. das S. 57 Gesagte. Daß Mt 10,5 b–6 (möglicherweise) erst von Matthäus gebildet sei (so HOFFMANN, ebd. 260), scheint mir nach wie vor ganz unwahrscheinlich; er hat das Logion nur an den Anfang der Rede vorgezogen. – Anders wiederum STECK, Israel 306 f: „Palästinensisches Sondergut des Mt und nicht zum Grundbestand von Q gehörig". Mt 10,5 b–6 wird die Einleitungswendung einer palästinensischen Redaktion der Redekomposition, nicht aber matth Bildung sein.
¹⁶⁵ Siehe S. 86–99.

det sie VV 13-14.15.16 entsprechend, die Bedeutsamkeit der Sendung unterstreichend: VV 13-14.15 ist nicht zu verkennen, daß nunmehr Jesus Rückschau hält auf seinen eigenen galiläischen Mißerfolg, an dem seine Sendlinge Anteil bekommen werden (vgl. VV 10f.12), was in beiden Fällen Gericht bedeuten wird, weil die *Sendung der Boten* Jesu (V 3) die *Sendung des Kyrios* (V 1) ist, dessen Sendung aber *die des Vaters* (V 16). VV 13-15 will mit V 16 in Einheit gelesen werden, weil hier steil hoheitlich gesagt wird, was schon VV 13f.15 andeutete

13 Wehe dir, Chorazin, weh dir, Betsaida!
Denn wenn in Tyrus und Sidon die Machttaten geschehen wären,
die bei euch geschehen sind –
man hätte längst in Sack und Asche sitzend Buße getan.
14 Doch Tyrus und Sidon wird es im Gericht erträglicher ergehen
als euch.
15 Und du, Kafarnaum,
wirst^a du bis zum^b Himmel erhoben werden?
Bis in die^c Unterwelt wirst du hinabgeworfen werden^d.
16 Wer euch hört, der hört mich,
und wer euch ablehnt, der lehnt mich ab.
Wer aber mich ablehnt, der lehnt den ab,
der mich gesandt hat*.

13-15 Die drohende Beteuerung V 12 wird durch zwei angefügte Weherufe (VV 13f und V 15) exemplifiziert und bekräftigt, von denen der zweite den ersten überbietet. Die Ablehnung der Sendlinge Jesu wird der Ablehnung Jesu selbst in VV (13f.15)16 gleichgestellt. Jene wird darum im Endgericht wie diese bestraft werden.

13f Wie die vornehmlich jüdisch besiedelten galiläischen Städte Chorazin[166] und Betsaida[167], die Jesu Machttaten nicht hellhörig machen konnten, die Jesus nunmehr darum verlassen und aufgegeben hat (nach 13,31ff hatte er Galiläa noch nicht gänzlich verlassen[168]), dem Gericht verfallen sind, so wird das Gericht auch über jede Stadt kommen, die Heilungen der Sendlinge Jesu (V 9) nicht als Basileia-Zeichen

---

* T: ^{a} v.l.: – (s. A. 177). – ^{b} v.l.: S V G (s. A. 178). – ^{c} v.l.: T B G (s. A. 180). – ^{d} v.l.: St-T (s. A. 179).

[166] Nur hier in AT und NT, oft mit der Ruinenstadt Chirbet keräze identifiziert, 3 km nördlich von Kafarnaum; vgl. die Erörterung bei KOPP, Die heiligen Stätten* 243-246 (s. LK I, 237f.285f), nun auch die Angaben bei FITZMYER 853.
[167] Lukas führte die „Stadt" (bereits diff Mk) 9,10 (aus Mk 6,45 vorgezogen) ein als Ort, in dessen Nähe die wunderbare Wüstenspeisung geschah (vgl. Näheres LK I,512 A. 100); er bereitet dort 10,13 vor, wenn er von hier die Notiz übernimmt, es handle sich nicht um ein „Dorf" (so Mk 8,23.26), sondern um eine „Stadt".
[168] Vgl. dazu CONZELMANN, Die Mitte 53ff.

verstand und die Jesu Boten nicht aufnahm (V 10 f). Die Ablehnung der Jünger ist vorgezeichnet in der Jesu. Diese sollen die Praxis Jesu befolgen und dabei wissen, daß sie die Ablehnung nicht sich selbst zuzuschreiben brauchen (vgl. V 16).

14 Von den heidnischen Städten Tyrus und Sidon (vgl. Mt 15,21-28) weiß man aufgrund der Gerichtsdrohung der Propheten[169], daß sie ein strenges Gericht[170] zu erwarten haben. Das Völkerorakel der Propheten schlägt nun Israel ins Gesicht. Heilserweise sind ja doch stärkere Aufforderungen zur Umkehr, als das je eine prophetische Bußpredigt sein konnte. In umkehrender Überbietung wird gesagt: Das Gericht über Chorazin und Betsaida würde schrecklicher sein, weil diese Ortschaften Zeugen der Heilstaten Jesu waren, sich aber nicht bekehrten und Jesu Wort nicht annahmen (V 16; vgl. 13, 26 f). Von Tyrus und Sidon dagegen weiß Lukas aus seinen Tagen Besseres zu berichten (Apg 27,3); vgl. auch schon für die Tage Jesu Lk 4,26; 6,17.

Die Auferstehung der Toten ist hier kein Heilsereignis für die Gerechten; alle Menschen werden auferstehen zum Gericht, das aber differenzieren wird. Speziell der Anklang an Ez 26,20; 28,1-23 – hier und in V 15 (s. dort) – kann belehren, daß man sich das Gericht hier konkret wie das von V 15 vorstellen soll.

Gemeinsame Bekehrung äußerte sich im AT in gemeinsamen Bußübungen. Vielleicht denkt Lukas diff Mt an ein „Sitzen" (καθήμενοι,) auf einem groben Bußteppich (vgl. Jes 58,5; Est 4,3; JosAnt 19.349)[171]. Asche wurde aufs Haupt gestreut (Jos 7,6; Ez 27,30), oder man setzte sich hinein (Jer 6,26; Ijob 2,8), wie Lukas (diff Mt) wohl aus Q weiß[172]. Die Buße aber, die Jesus erwartete, war die Umkehr (Mk 1,14f), wäre die Annahme seiner Botschaft und seiner Boten gewesen, die in der „Aufnahme" der Verkünder signifikativ geworden wäre.

15 Jesu prophetisches Drohwort wider Kafarnaum[173] V 15 überbietet die Androhungen von VV 13f in hyperbolischer Weise[174]. Hatte doch Kafarnaum, das sich am Ende der Botschaft Jesu wohl verweigert haben muß, in intensiverem Ausmaß Heilstaten Jesu gesehen (vgl. 4,23.31-42; 7,1-10). Matthäus nennt Kafarnaum gar „seine Stadt" (9,1). Das Logion rafft in gekonnter Weise die Prophetie Jes 14,13-15 (gegen Nebukadnezzar) in einem antithetischen Parallelismus (wörtlich par Mt) zusammen, die Ez 26,20 ähnlich gegen die Stadt Tyrus geschleudert wurde, Ez 28,1-19 gegen

---

[169] Vgl. etwa Am 1,9f; Sach 9,2-4; Joël 4,4; Jes 23,1-18; Jer 25,22; 47,4, speziell aber hier Ez 26,18.20; 28,8f; 27,34.
[170] Diff Mt 11,22 (ἐν ἡμέρᾳ κρίσεως, wie schon 10,15 diff Lk) kombiniert Matthäus Lk 10,12 („an jenem Tage") und Lk 10,14 („im Gericht"); so SCHWEIZER, Mt 173.
[171] Vgl. ThWNT VIII, 62 Anm. 47.
[172] Vgl. Bill. I,605; IV,103.
[173] Vgl. dazu LK I,246 A. 174.
[174] Vgl. Bl-R § 495,5.

dessen Fürst und 28,20-23 gegen Sidon. V 15 wird also konkretisiert, was mit dem Gericht gegen Tyrus und Sidon VV 13 f auch schon gemeint war: Gott – vgl. das passivum divinum[175], das hier (wie meist) ein passivum eschatologicum[176] ist – straft Überheblichkeit mit Erniedrigung (vgl. 1,52; 14,11; 18,14), Erhöhungs-Erwartung[177](„in den[178] Himmel") mit Hinabgestoßen werden[179] in den[180] Hades. Hatte Kafarnaum als zeitweiser Wohnsitz Jesu (im Hause des Petrus) sich in die eschatologische Rolle des neuen „oberen" Jerusalem (Gal 4,26; vgl. Hebr 12,22; Offb 21) hineingeträumt (vgl. ähnlich Mk 10,35ff; verheißend dann Lk 22,29.30b) wie einst (nach Jes 14,13f) Nebukadnezzar („Ich ersteige den Himmel, dort oben stelle ich meinen Thron auf")?

Die harten *Gerichtsworte,* welche die Verkündigung Jesu in die Nähe der Androhungen des Täufers bringen (vgl. Lk 3,7-8 a.8 b.9 par), meinen viele ihm absprechen[181] oder doch verstehbar machen bzw. entschuldigen[182] zu müssen. Es scheint (nach dem „Holocaust") angezeigt, mögliche Mißverständnisse von diesen Androhungen VV 13 f.15 fernzuhalten:

1. Wie in den genannten atl. Prophetien, so wird hier die Strafe nicht nur angedroht, sondern auch angekündigt. Der „Erhöhung" entspricht antithetisch die „Erniedrigung", dem Oben ein Unten, den Himmelsräumen der Abyssos, hier „Hades" genannt, der Ort der Toten, gewiß auch des Verworfen-Seins, was aber noch nicht die γέεννα, in späterem Verständnis die „Hölle", als ewigen Strafort einzelner, meint.

2. Im Sinne des Lukas wird man die Verwerfungsurteile VV 13 f.15 gegen Ortschaften und ihre Bewohner noch nicht als endgültige individuelle Gerichtsurteile verstehen dürfen. Lukas kennt später Umkehrwillige in „verworfenen" Städten (s. o.). Jesu Gerichtsandrohungen bleiben – wie

---

[175] Vgl. JEREMIAS, Sprache 186.
[176] Vgl. SCHÜRMANN, Das Gebet des Herrn 48.
[177] T^a: Mit Recht wird vom St-T (und unsern kritischen Textausgaben) die LA (par Mt) μη εως ουρανου (υψωθηση) ($\mathfrak{P}^{45.75}$ ℵ B* D pc it sy$^{s.c}$ sa^{mss} bo) bevorzugt. Die stilistische Verbesserung η εως ουρανου υψωθεισα ($\mathfrak{M}$; s. ergänzend ALAND, Synopsis) bezieht die „Erhöhung" auf die empfangenen Gnadenerweise (in Angleichung an V 13).
[178] T^b: L Ξ 579 700 schreiben hier den Artikel; sein Fehlen kann Parallelisierung mit V 15b (s. jedoch u. A. 180) sein.
[179] T^d: V 15 scheint von LXX Jes 14,15 (καταβηση) beeinflußt. So der St-T mit $\mathfrak{P}^{75}$ B D 579 1342 pc sy$^{s.c.}$ – Vielleicht entschieden sich T h S V M B G (mit $\mathfrak{P}^{45}$ ℵ A C L W Θ Ξ Ψ f$^{1.13.}$ 33 lat co; Cyr u.a.) doch richtiger für das der LXX (und V 15a) nicht angepaßte – und auch seltenere – Verb καταβιβασθηση.
[180] T^c: Der St-T setzt hier (mit $\mathfrak{P}^{75}$ B L 0115 1506 pc) – anders als Jes 14,15! – den Artikel. Es ist aber auch hier kaum zu entscheiden, ob durch das Setzen bzw. das Fehlen desselben (s. A. 178) V 15b an V 15a – oder evtl. umgekehrt – sekundär angeglichen wurde oder ob das konsequente Parallelismus ursprünglich ist.
[181] Siehe u. (S. 83f).
[182] „Spätestens hier können dem heutigen Leser Bedenken kommen, der abstoßende Beispiele von religiösem Fanatismus kennt und weiß, daß es von der Androhung von Feuer und Schwefel bis zur Beseitigung der ‚Ungläubigen' oder Andersdenkenden nur noch ein kleiner Schritt ist. Ist das nicht alles sehr überspannt?" fragt D. ZELLER, Kommentar 48. Z. gibt am Ende selbst die richtige Antwort: „Die schrillen Töne sind nur die Folge des Heilsauftrags, in den sie sich gestellt wissen"; s. u. (unter 6).

nachher die gegen Jerusalem (vgl. 13,34–35 a; 19,20.39–44) – unbestimmt. Sie sind auch keinesfalls auf ganz Israel auszudehnen, dem noch eine Bekehrungsfrist gelassen wird (vgl. zu 13,6–9), bis auch das nachösterliche Gnadenangebot abgelehnt wird (vgl. Apg 28,27 c)[183].

3. Die Androhung der Verwerfung gilt nicht Israel, dem Volk Gottes als solchem – werden doch viele Juden nachösterlich in die christlichen Gemeinden gerettet, die darin dann den Titel und die Tradition Israels weitertragen! Die Verwerfungen gelten – bedingt (!) – höchstens „diesem Geschlecht" (s. u. zu 11,29–32) Israels. Aber auch in diesem gab es ja doch schon einzelne Hör- und Bekehrungswillige (vgl. VV 6.8 f.16.21 f, vgl. auch schon 7,35; 9,27 u. ö.).

4. Für Lukas ist alle Gerichtspredigt – die des Täufers, die Jesu und die der Sendlinge Jesu – „reziprok" zu lesen: Die Verwerfung der die Botschaft Jesu ablehnenden damaligen Generation Israels wird als drohende Möglichkeit auch immer zugleich den eigenen Gemeinden des Lukas, auch der dritten christlichen Generation, vorgehalten[184], die damals vom Glaubensabfall in heidnischer Umwelt bedroht waren – ähnlich wie Christen unserer Tage.

5. Umkehrwillige Christen, die um ihre eigene Glaubensgefährdung wissen (vgl. Lk 11,4!), werden die harten Verwerfungsurteile Jesu nie zum Anlaß nehmen können, Juden, die den Christusglauben nicht annahmen oder anderen Nichtglaubenden gehässig zu begegnen. Wer sich im Glaubensleben selbst gefährdet weiß, wird im Gegenteil immer viel Verständnis für Ungläubige aufbringen.

6. Hinter Jesu Verwerfungsurteil aber muß das unverständliche Geheimnis der Bosheit kenntlich bleiben: Wird hier doch nicht das Wort eines Bußpredigers gleich den atl. Propheten bzw. dem Täufer abgelehnt, sondern das Heilswort Jesu, dessen Basileiabotschaft und Basileiawirken in eigenem proexistentem Einsatz für die Elenden und Sünder. Wehe einer Christenheit, der das „Ver-Sagen" Jesu und Gottes im Kreuzesgeschehen nicht die Stimme verschlägt und nicht mehr erschüttert! Wehe den Boten Jesu, die – Jesu Heilsangebot weitertragend – sich der Gerichtspredigt Jesu ver-sagen und sie unterschlagen.

7. Lukas hat noch nicht die Verstehenstiefe des vierten Evangelisten, der uns erlaubt, traditionelle Aussagen wie Joh 5,24–30 im Lichte von Joh 3,17–21 zu deuten.

1. Auch Matthäus hatte *in Q* die Drohworte Lk 10,13 f.15 = Mt 11,20–23 a[185] wider die unbußfertigen Städte im Anschluß an Lk 10,12 = Mt 10,15 gelesen, denn

---

[183] Vgl. LK I,459 f.496.
[184] Vgl. dazu FITZMYER 852 f.
[185] Mt 11,24 ist nach verbreitetem Urteil (vgl. die Autoren bei SCHULZ, Q 361 Anm. 252) eine sekundäre (KLOSTERMANN, Mt 101: „überflüssige") Parallelbildung zu 11,22 (= Lk 10,14); Mt 11,23 b eine solche zu 11,21 b mit Rückbezug auf Mt 10,15; Matthäus liebt derartige Parallelisierungen. (Das Wort wider Kafarnaum hat seinen drohenden atl. Vergleich bereits genügend in der Anspielung auf den König von Babel.)

nach Ausklammerung der von Matthäus hier eingeschobenen Täuferrede 11,2–19 = Lk 7,18–35[186] folgten diese bei ihm ebenfalls auf die (freilich um 10,16.17–25.26–32.34–36.37–42 aus Mk und Q erweiterte) Aussendungsrede[187]. – Daß auch Matthäus in *Q die Akoluthie des Lukas* vor sich gehabt hat, verrät er, wenn er anschließend – bei Auslassung einer Einheit wie Lk 10,17–20 (s. u.) – wie Lukas auch den messianischen Jubelruf in Mt 11,25–27 = Lk 10,21–22 folgen läßt (s. ebd.)[188].

2. Die vormalige *Missionsinstruktion* ist – am Anfang um V 3 a und am Ende um V 16, überleitend vielleicht auch um V 12 (s. jeweils dort) – redaktionell um Logien erweitert worden, die negative Erfahrungen spiegeln. Man wird annehmen dürfen, daß die gleiche Q-Redaktion auch die Drohworte VV 13 f.15 eingefügt hat. Diese Erweiterung wird man nicht in die älteste Zeit der Christuswerbung in Palästina verweisen wollen; es gibt aber eine spätere Redaktionsdecke in Q[189].

3. Die beiden Drohworte VV 13 f.15, die in verwandter Weise das kommende Gericht mit Verweis auf atl. Gerichtskatastrophen schildern, werden – trotz gewisser formaler Ungleichheiten – eine traditionsgeschichtliche Einheit gebildet haben und, so zusammengebunden, vormals als Spruch-Paar tradiert worden sein[190]. Ob der Schriftbezug den Schluß erlaubt, *V 15* sei einem *„Grundwort" VV 13f* sekundär als *„Zusatzwort"* zugefügt worden[191], nachdem auch Kafarnaum sich der Botschaft versagt hatte[192]?

4. Die weitertradierende Erwähnung dieser drei Städte erlaubt die Vermutung, daß nicht nur Jesus, sondern auch die älteste Galiläa-Mission mit ihnen ihre negativen Erfahrungen gemacht hatte (das heidnische Tiberias, aber auch das nahe gelegene Magdala werden nicht bedroht): Solche Drohungen wären gegenüber Städten mit urchristlichen Gemeinden kaum tradiert worden. Die nachösterliche Verkündigung erlebt das Geschick Jesu nach, und sie spricht ihre Erfahrungen – in der Formulierung urchristlicher Propheten? – mit aus in den Drohworten. Man wird schwerlich fehlgehen, wenn man den *Traditionskreis* derselben in nicht allzu großer geographischer Ferne von diesen drei galiläischen Städten vermutet – also vielleicht *in Galiläa?*

5. Zumindest sollte man Gerichtsansagen wie VV 13 f *Jesus* aus theologischen Gründen nicht absprechen (s. o.)[193]. Die „harte" Formulierung des angekündigten

---

[186] Siehe dazu LK I, 396.442f.
[187] Vgl. dazu MANSON, The Sayings* 77; LÜHRMANN, Logienquelle 61f. Der Rückbezug in Mt 11,23 b auf 10,15 (s. o. A. 185) bestätigt diese Annahme; vgl. SCHMID, Mt und Lk* 287.
[188] Die Q-Akoluthie beurteilt anders FITZMYER 850 ff.
[189] Die Einheit gehört – nach SCHULZ, Q 362 – einer „jüngeren Traditionsschicht in Q an" (dort 362f weitere – freilich im einzelnen anfechtbare – Argumente für diese Meinung).
[190] Vgl. LÜHRMANN, Logienquelle 63; SCHULZ, Q 362.
[191] So HAHN, Mission* 27 (und Anm. 1).
[192] Das Wort über die „Erhöhung" Kafarnaums ist – zumindest auch – im Rückblick auf das (am Ende erfolglose) Wirken Jesu gesprochen; es wäre allein durch den Mißerfolg der missionierenden Gemeinde (vgl. BULTMANN, Geschichte 118 u. a.) schwerlich genügend motiviert (s. o.). – Vgl. das Für und Wider der Autoren bei SCHULZ, Q 365 Anm. 282.
[193] Gegen BUNDY, Jesus* 335; EDWARDS, Theology 105; SCHULZ, Q 362ff (hier weitere Autoren); ferner auch BORING, Sayings 147f; SATO, Q 151.199 u. a. – Die Authentizität von VV 13f verteidigen u. a.: MARSHALL; SCHWEIZER, Mt 173; ERNST; GNILKA, Mt

„Rollentausches" – der jüdischen Städte mit den heidnischen Tyrus und Sidon – wäre Jesus zuzutrauen. Auch Kafarnaum könnte (V 15) von Jesus nach erfolglosem Wirken dort am Ende verlassen und bedroht worden sein.

16   Abschließend bringt das „Ich-Wort"[194] V 16 in einem „Stufenparallelismus"[195] ein „Legitimationslogion"[196], eine Erklärung und zugleich Begründung, durch die die bevollmächtigte Sendung der Jünger ungemein qualifiziert wird. Man erinnert an die Sendung der Weisheit Lk 11,49 par Mt 18,34 (auch ein „Ich-Wort"): Hören bzw. Ablehnung der Sendlinge Jesu gilt Jesus selbst, wie zunächst V 16 a.b in Rückblick auf die doppelte Verhaltensmöglichkeit VV (5–6)8f.10f gesagt wird. Das „altertümelnde" (μὴ) δέχωνται (VV 8.10) „modernisiert" Lukas terminologisch V 16a durch ἀκούειν[197] bzw. V 16b durch ἀθετεῖν[198]. Im Rückblick auf VV 10f(12.13f.15) hat V 16c dann nur noch den Fall der Ablehnung im Auge, so die Drohungen verstärkend. Diese werden ausdrücklich begründet: In der Ablehnung Jesu wird Gott selbst getroffen (vgl. Joh 20,21 b), was Gericht bedeutet. Im Hintergrund der Identifizierung steht das jüdische Schaliach-Institut[199], das freilich hier autoritativ ungemein überhöht qualifiziert wird – theo-logisch und eschato-logisch.

1. In der Mk-Variante (Mk 9,37 parr) fehlte dem Spruch – vielleicht ursprünglich – *die Antithese,* die hier auch Mt 10,40 diff Lk fehlt[200]. Sie kann von Matthäus – vielleicht mit Rücksicht auf die angefügten Logien Mt 10,41.42 = Mk 9,41 – in An-

---

I,430; FITZMYER; SCHNACKENBURG, Mt 103. – Zum Für und Wider s. weitere Autoren bei DAUER, Beobachtungen 44 Anm. 97.
[194] So SCHULZ, Q 458, mit BULTMANN, Geschichte 165.
[195] Wie ihn die Redenquelle auch Lk 11,29; 12,4f par Mt kennt; vgl. auch Mk 9,37 par Lk. Vgl. dazu JEREMIAS, Sprache 187.
[196] So KATZ, a.a.O. (L 1) 3.
[197] ἀκούω c. gen. übernimmt Lukas aus Mk 6,11 (diff Lk 9,5) (von SCHULZ, Q 457, für vorluk gehalten); er schreibt es u.a. auch noch 6,18; 18,36; 19,48 diff Mk; er bevorzugt die Vokabel auch sonst als kerygmatischen Terminus; vgl. HOFFMANN, Studien 285 Anm. 154.
[198] ἀθετεῖν syn sonst außer Lk 7,30 diff Mt nur noch Mk 6,26; 7,9, von SCHULZ, Q 457, daher für vorluk gehalten.
[199] So die meisten Ausleger mit Berufung auf Bill. I,590; II,558; III,2ff. – SCHULZ, Q 343ff.458, erinnert (in einem hypothetischen Konstrukt) an die deuteronomistische Prophetenaussage. TÖDT, Menschensohn 235, lehnt mit Recht – gg. MANSON, The Sayings* 78 – die Vorstellung von der corporate personality als Hintergrund der Identifizierung ab.
[200] Häufig unterscheiden die Ausleger nicht, ob die Antithese in dieser oder jener Fassung ursprünglich bzw. ob sie in dieser oder jener Fassung in Q vorfindlich war. Die Mt-Fassung halten für ursprünglicher: EGELKRAUT, a.a.O. (L 1) 150, die luk Fassung: KATZ, a.a.O. (L 1) 11 (12); MARSHALL 427; GNILKA, Mt. – Lk 10,16 und Mt 10,40 geben unterschiedlich *variierte Traditionen* wieder nach BULTMANN, Geschichte 153. – Lk 10,16 par Mt 10,40 stand schon *in Q,* urteilen die meisten. – Lk 10,16 wurde erst durch *Lukas* eingefügt nach MARSHALL; SCHWEIZER 113. – Die *luk Form* mit Antithese stand in Q nach GNILKA, Mt 400; SCHULZ, Q 457; LÜHRMANN, Logienquelle 61; die *matth Fassung* ohne Antithese stand in Q nach HARNACK, Sprüche* 64; KÜMMEL, Verheißung* 24f.

gleichung an Mk 9,37 parr gestrichen sein[201]. In Q = Lk 10,16b wird die Antithese sich einem Rückbezug auf die Alternative VV 8–11 verdanken. Dafür spricht auch, daß sie die Form des Stufenparallelismus ungewohnt „erweitert"[202], was bei einem vormaligen Anschluß in Q von V 16 an V 11a[203] – vor Einfügung von VV 11b.12.13f.15 (s.o.) – nahelag. Dann würde die Antithese vielleicht doch nicht erst Lukas gebildet haben[204]; Matthäus hätte sie 10,40 aus den o. genannten Gründen gestrichen. – Ein ursprüngliches[205] δέχεσθαι (s.o.) würde sich VV 8.10 besser anfügen, empfiehlt sich auch durch die Variante Mk 9,37 parr als ursprünglicher.

2. Das Logion wird – wie seine Variante Mk 9,37 parr (vgl. auch Joh 13,[16]20[206]) zeigt – ursprünglich *isoliert tradiert* worden sein. Es hatte in solcher Tradition die Funktion, die Autorität urchristlicher „Missionare" zu stärken.

3. Ob in einer Urform der Spruch auf *Jesus* zurückzuführen ist[207], hängt einmal an der – wohl nicht zu bestreitenden – Frage, ob Jesus Mitarbeiter gesandt hat. Fragwürdig ist aber, ob er sein Ge-Schick vom Vater her prophetisch (oder johanneisch) verbaliter als „Sendung" artikulierte, was außer zitathaft (Lk 4,18; davon abhängig 4,43) oder in Gleichnissen (Mk 12,6 par Mt) nur hier QLk 10,16 par und in der Variante Mk 9,37 par Lk synoptisch begegnet – von Mt 15,24 R abgesehen. Jesu „Kommen" ist sonst geheimnisvoller artikuliert[208].

3. Die Rückkehr der Siebzig
10,17–20 (vgl. Mt 7,22; vgl. Mk 6,12–13.30; 16,17–18 v.l.)

L 4a: zu 10,17–20. – Weitere Lit. bei METZGER, Christ and the Gospels Nr. 5617–5624, und WAGNER, EBNT 144–147; VAN SEGBROECK, Lk-Bibliography 232. – Zusätzlich zu L 4 vgl.: BAUMBACH, Verständnis* 164–204, bes. 179–184; BETZ, H. D., Eine Episode im Jüngsten Gericht (Mt 7,21–23), in: ZThK 78 (1981) 1–30; CHARLIER, C., L'action de grâces de Jésus (Luc 10,17–24 et Matth. 11,25–30), in: BVC 17 (1957) 87–99; COMBER, J. A., The Composition and Literary Characteristics of Matt 11: 20–24, in: CBQ 39 (1977) 497–504; CRUMP, D., Jesus, the Victorious Scribal Intercessor in Luke's Gospel, in: NTS 38 (1992) 51–65; DAUER, Beobachtungen, zu 10,17–19: 45–49; ERNST, J., Die eschatologischen Gegenspieler in den Schriften des NT (BU 3) (Regensburg 1967) 267–280 (und Reg.); GRELOT, a.a.O. (L 4); HIERS, The Kingdom 50–56; HILLS, J. V., Luke 10.18 – Who Saw Satan Fall?, in: JSNT Nr. 46 (1992) 25–40; HOFFMANN, Studien 249f.252ff; JOÜON, a.a.O. (L 4), zu V 18: 353; KATZ, a.a.O. (L 1) 42ff; KIRCHSCHLÄGER, Jesu exorzistisches Wirken 239–242; KREMER, J., „Heilt Kranke ... Treibt Dämonen aus!" (Mt 10,8), in: Zeichen des Heils. Österreichische Pastoraltagung 1975 (Mai 1975) 33–52; LEWIS, F. W., I Beheld Satan Fall as Lightning from Heaven (Luke X.18), in: ET 25 (1913/14) 232–233; LIMBECK, M., Jesus und die Dämonen. Der exegetische Befund, in: BiKi 30 (1975) 7–11; LÖNING, a.a.O. (L 3) 82–102; LOWTHER CLARKE, W. K., St. Luke X.18, in: Theol. 7 (1923) 103–104; MATTILL, Last Things 164–168: MERKLEIN, Gottesherrschaft 151–154.160f; MIYOSHI, Anfang (L 1), zu Lk 10,17–20: 95–119; MÜLLER, Vision

---

[201] So SCHULZ, Q 457, mit BUSSMANN, Studien II*, 65.
[202] Vgl. JEREMIAS, Sprache 187.
[203] MANSON, The Sayings* 77, möchte das Logion an V 12 angeschlossen haben.
[204] Lukas bildet von sich aus wohl keine Antithesen; vgl. AB I, 2.4.
[205] So auch HOFFMANN, Studien 304; SCHULZ, Q 457; GRUNDMANN, Mt 302.
[206] Zum traditionsgeschichtlichen Problem vgl. SCHNACKENBURG, Joh III,(28f)31f.
[207] Vgl. das Referat bei SCHULZ, Q 458f und BORING, Sayings 148. Zuversichtlich für eine „Vorform" äußert sich auch SCHWEIZER, Mt 164.
[208] Vgl. SCHÜRMANN in: GR 28ff, bes. ebd. Anm. 31.

416–448; NEIRYNCK, F., Mt 12,25a/Lc 11,17a et la rédaction des Evangiles, in: EThL 62 (1986) 122–133; NOACK, B., Satanás und Sotería. Untersuchungen zur ntl. Dämonologie (Kopenhagen 1948); PUIG I TÀRRECH, A., Lc 10,18: La visión de la caiguda de Satanàs, in: RevCatT 3 (1978) 217–243; SATO, Q, bes. 55f.114–116; SCHENK, W., Die makrosyntaktische Signalfunktion des lukanischen ὑποστρέφειν (Ms.); SCHMIDT, K. L., Lucifer als gefallene Engelmacht, in: ThZ 7 (1951) 161–179; SPITTA, F., Der Satan als Blitz, in: ZNW 9 (1908) 160–163; THOMSON, P., Luke X.18, in: ET 19 (1907/08) 191; TREU, K., „Ein neues neutestamentliches Unzialfragment aus Damaskus (= 0253), in: ZNW 55 (1964) 274–277 (= 10,19–22; aus der Zeit Justinians); VOLLENWEIDER, S., „Ich sah den Satan wie einen Blitz vom Himmel fallen" (Lk 10,18), in: ZNW 79 (1988) 187–203; WEBSTER, C. A., St. Luke X.18, in: ET 57 (1945/46) 52–53; ZERWICK, M., Vivere ex verbo Dei: 5), „Vidi Satanam sicut fulgor de caelo cadentem" (Lc 10,17–20), in: VD 26 (1948) 110–114.

In den abschließenden VV 17–20 setzt V 17, was Mk 6,13 bei der Aussendung der Zwölf Erzählung war, in einen Bericht der ausgesandten Boten um. Jesu Antwort ist dreiteilig: V 18 macht das V 17 Berichtete verständlich, V 19 bringt eine Erweiterung gegenüber V 17, V 20 beschließt den Redegang Jesu adversativ, Formulierungen von V 17 aufnehmend.

Die Einheit 10,17–20 ist nicht nur ein passender Abschluß der Aussendungserzählung; sie bietet zugleich eine Möglichkeit, VV 21 f thematisch passend anzufügen.

In der Forschung sind unterschiedliche Versuche durchgespielt worden, das Werden dieser Einheit zu erklären (vgl. jeweils u. zu V 17.18.19 und 20)[1]. Einige meinen, 10,17–20 als Bildung und Einfügung der luk R zuschreiben zu müssen, vielleicht mit Hilfe von irgendwo vorgefundenen Traditionen. Andere glauben, einen wachsenden Traditionsprozeß nachzeichnen zu können, bei dem Lukas nur eine geringe redaktionelle, vielleicht auch kontextualisierende und einleitende (V 17) Tätigkeit zugesprochen werden müsse, wobei sehr angefragt werden kann, ob Lukas 10,17–20 nicht schon als Einheit (als S oder in Q) als Abschluß- oder Übergangsbildung zwischen 10,16 und 10,21f vorgefunden hat.

17 Es kehrten die Siebzig[a] voller Freude zurück und sagten:
Herr, auch die Dämonen sind uns unterworfen in deinem Namen.
18 Er sagte ihnen:
Ich sah Satan wie einen Blitz[b] aus dem Himmel fallen.

19 Seht, ich habe euch die Gewalt gegeben[c],
über Schlangen und Skorpione zu gehen,
und (die Gewalt) wider die ganze Macht des Feindes,
und er wird euch, in keiner Hinsicht, ganz und gar nicht schaden können[d]. –

20 Doch nicht darüber freut euch,
daß die Geister sich euch unterwerfen müssen,

---

[1] Vgl. zusammenfassend u. S. 96f.

*freut euch aber,
daß eure Namen aufgezeichnet sind im Himmel.**

17 Voller Freude[2] über die exorzistischen Erfahrungen – anstatt über die zu erwartende gute Aufnahme Jesu; vgl. V 1! – kehrten die ausgesandten (V 1.3 a) Siebzig[3] zurück[4], wobei recht schematisch erzählt wird (doch nicht alle siebzig gleichzeitig?). Lukas „berichtet" also nicht nur, sondern „erzählt" transparent auf die Mission der Kirche seiner Zeit hin. Die „Rückkehr" von Missionaren (vgl. auch 9,10 diff Mk) kennt er aus der Gemeindepraxis, ebenso den üblichen Missionsbericht[5], der Lobpreis bewirkt (Apg 11,18; 15,3; 21,20). Er legt in dem Bericht der Sendlinge – wie auch 9,10 diff Mk – den Akzent auf die „Taten", was V 9[6] entspricht (aber auch Mk 6,7b, anders par Lk 9,2 nach Mk 6,12). Was Jesus zu solcher „Freude" recht eigentlich zu sagen hat, folgt erst V 20.

Die Rückkehrenden berichten überschwenglich: Nicht nur die (V 9) aufgetragenen Heilungen[7] vermochten sie zu wirken, sogar[8] über Dämonen hatten sie „Gewalt" (V 19), wenn sie „im Namen Jesu" – d.h. unter Anrufung seines Namens und damit in der Vollmacht und Kraft des sich in seinem Namen gegenwärtig gebenden Jesus[9] (vgl. schon 9,49) – exorzisierten. Sie haben Macht wie Jesus selbst (vgl. Lk 4,25 par Mk), und das als eine bleibende Fähigkeit (vgl. die Präsensform ὑποτάσσεται[10]), wie sie 9,1 (par Mk) den Zwölf übertragen worden war: Die Dämonen, die „Geister" (V 20), sind ihnen unterworfen. Die hoheitliche Anrede „κύριε" erinnert (wie schon 9,54.61) an die Hoheit des sendenden (10,1.16) und bevollmächtigenden (V 9) Κύριος.

---

* T:ª v.l.: [H N; St–T und EÜ] G (s. A. 3). – ᵇ v.l.: h (s. A. 25). – ᶜ v.l.: V (s. A. 40). – ᵈ v.l.: T (H) M B N G (s. A. 56).

[2] μετὰ χαρᾶς charakterisiert zunächst die so erfolgreiche Rückkehr (vgl. die Wiederaufnahme des Lexems V 20!) (wie Lk 24,52; vgl. Mt 28,8; ähnlich Lk 1,39 μετὰ σπουδῆς auch Mk 6,25), aber doch auch den Bericht, der (s. o. im Text) Freude auslösen kann.

[3] Tª: 𝔓⁴⁵·⁷⁵ B D pc lat syˢ·ʰᵐᵍ sa boᵐˢ; Orᵖᵗ Ad schreiben – vgl. zu V 1 – „zweiundsiebzig". Die auch respektablen gegenteiligen frühen Textzeugen (weithin die gleichen, die zu 10,1 [S. 54 A. 30] notiert werden mußten; vgl. ausführlicher GNT³) sowie die o. angegebenen inneren Gründe geben genügend Berechtigung, auch hier (mit T S V) der Lesart „siebzig" den Vorzug zu geben. – Der St-T setzt δυο in Klammern.

[4] ὑποστρέφειν in diesem Sinn Apg 8,25; 13,13; 14,21; 20,3; 22,17; vgl. sachlich noch 14,26; 18,22 (21,17f).

[5] Vgl. Apg 11,4.18; 14,27; 21,19f, vgl. auch die Geschehensberichte Apg 4,23; 9,27; 12,17; 15,3.4.14.

[6] Vgl. o. (S. 75; zu 3.) die Vermutung, daß Lukas dort in Q eine Anweisung zu Dämonenaustreibungen gelesen hat.

[7] Nicht-Erzähltes trägt Lukas gern in einer Rede nach; vgl. LK I, 237 A. 109.

[8] καί steht steigernd; vgl. BauerWb 798 (zu II,2).

[9] Ähnlich 9,49; Apg 3,6; 4,7.10; 16,18 und sonst im NT „formelhaft" (und unklassisch; vgl. BauerWb 1170); vgl. die Lit. bei H. Bietenhard Art. ὄνομα, in: ThWNT IV, 268–283, bes. 276f; zusätzliche Lit. in Bd. X/2, 1202f.

[10] Zum Medium in dieser Bedeutung vgl. G. Delling, in: ThWNT VIII (1969) 41.43. Beispiele für Verwendung in exorzistischen Zusammenhängen bei Klostermann z. St.

1. Mk 6,20 par Lk 9,10 wird von der Rückkehr und einem Tätigkeitsbericht der Zwölf berichtet, aber getrennt von der Aussendungserzählung Mt 6,7–13 par Lk 9,1–6 (vgl. komb. mit Q auch Mt 10,1.5.9–11.14), welche Trennung sich der mark R verdanken wird[11]. Das war möglich, weil schon Mk 6,12f par Lk 9,6 (vgl. Mt 14,14b) von deren Wirksamkeit erzählte. In Anbetracht der sonstigen Übereinstimmung zu Lk 10,3–11 mit jenem Mk-Bericht legt sich die Annahme nahe, Mk hätte auf einer frühen Stufe der Q-Tradition eine Vorform der Aussendungserzählung Mk 6,7–13.30 vor sich gehabt, die vielleicht in Q von „Jüngern" sprach, die Markus dann als die „Zwölf" präzisierte, Lukas als die „70". Dann wäre eine Notiz von der Aussendung (vgl. Lk 10,1.3), dann aber auch eine solche über deren Rückkehr (wie Lk 10,17)[12], viel wahrscheinlicher nicht von Lukas aus Mk, sondern *aus Q* übernommen, wobei sich Lukas vielfach als sprachlich redigierend verrät[13].

2. Was Mk 6,(7)12f par Erzählung war, ist Lk 10,17b Tätigkeitsbericht. Es liegt die Vermutung nahe, daß QMt 7,22 (vgl. Lk 13,26) und Lk 10,17b einander beeinflußt haben. Die Κύριε-Anrede dort (wie auch Mt 7,21 par Lk 6,46, aber auch Mt 25,11 par Lk 13,25) begegnet auch Lk 10,17 (wie auch schon als Anrede 9,54.61, als Titel 10,1). Übereinstimmend lesen wir 10,17 und Mt 7,22: ἐν τῷ (σῷ) ὀνόματι (σου) δαιμόνια. Ob die Anklänge zufällig sind, werden wir erst u. von V 20 her beurteilen können. Ist Mt 7,22 (in den Differenzen zu Lk 13,26) von Lk 10,17(20) her beeinflußt oder umgekehrt 10,17(20) von Mt 7,22?

3. Lk 10,17 kann nicht isoliert als Abschluß von 10,(2)3–11(12–16) tradiert gewesen sein. Die staunende Offenheit des Berichts ist eine implizite Frage, die nach einer Antwort Jesu ruft. V 17 gibt sich als Einleitung eines Apophthegmas. Wir müssen dann aber fragen, wo in der dreiteiligen Antwort Jesu VV 18.19.20 auf einer frühen Traditionsstufe das Ursprüngliche liegt. Man kann an V 18[14] denken, aber auch an V 19[15] oder V 20 bzw. an VV 19 + 20 (wofür die vorstehenden Beobachtungen o. unter 1. sprechen könnten)? Es drängt sich die alternative Fragestellung auf: Ist V 18 ein zusätzlicher Einschub in ein vormaliges Apophthegma 10,17(19).20[16], oder ist VV (19–)20 ein „Zusatzwort" zu einem vormaligen Apophthegma 10,17–18?[17]

Oder: wohin ist die Frage V 17 offen? Auf eine Antwort, die – wie V 18 – die erstaunliche exorzisierende Mächtigkeit erklärt? Oder ist sie eine „literarische" Einleitung für ein Herunterspielen – wie in V 20 – eines überheblichen „Könner"-Bewußtseins der Jünger wie anders schon 9,54f und in der verwandten Szene QLk

---

[11] Die Annahme, Mk 6,31ff sei „mark Bildung" – so GNILKA, Mk 255 –, „kann als gesichert gelten", was aber nicht für V 30 gelten muß, auch nicht sicher für den Kern von Mk 6,12f (gg. GNILKA, ebd. 240f.254).

[12] HOFFMANN, Studien 249, hält V 17 (mit vielen) für eine luk Bildung (im Hinblick auf V 20); vgl. ähnlich auch FITZMYER 859; SCHWEIZER; MIYOSHI, Anfang (L 1) 98.119; URO, a.a.O. (L 4) 60–66; NEIRYNCK, a.a.O.

[13] Vgl. zu ὑποστρέφω u. A. 71 und o. S. 87 A. 4 …; μετὰ χαρᾶς u. A. 72; vgl. auch die Übereinstimmungen mit Lk 9,1 diff Mk, die Lukas teilweise aus seinem Q-Bericht Lk 10 nach Lk 9,1–6 diff Mk übertragen haben kann (vgl. LK I z. St.).

[14] So BULTMANN, Geschichte 116.170.176.

[15] HIRSCH, Frühgeschichte II*, 209, sieht in VV 17.18.19 einen vormaligen Zusammenhang.

[16] So BUNDY, Jesus* 336; KATZ, a.a.O. (L 1) 42. Der Wechsel δαιμόνια – πνεύματα in VV 17.20 würde kein Gegenargument liefern, da Lukas (vgl. auch Mk 6, 7.13a) stilistische Abwechslung liebt und auch gern von πνεύματα redet (vgl. LK I, 247 A. 186).

[17] Siehe o. A. 14.

13,26f par Mt 7,22f (wofür abermals die vorstehenden Beobachtungen unter 1. angeführt werden dürfen). Die Frage muß hier noch offenbleiben[18].

18 Die Einleitung V 18a ist sprachlich von Lukas geformt[19]. Jesu „Bekenntnis" V 18b verrät, wie die erfahrene charismatische Mächtigkeit zustande kommen konnte. Jesus berichtet von seiner „Vision"[20] des Satanssturzes (vgl. Jes 14,12)[21], die ihm „anschaulich" blieb[22]. Man soll sich den Sturz Satans als ein den Dämonenaustreibungen vorgängiges[23] (wie – unter anderem Bild – 11,21f[24]), einmaliges – und zwar „blitzartig" plötzliches – Geschehen denken. Der Sturz „aus dem Himmel"[25] bedeutet eine jenseitige Entmachtung[26] des ἄρχων τοῦ κόσμου (Joh 12,31) im Himmel, welche Dämonenaustreibungen erst möglich machte[27]. Man wird hin-

---

[18] Siehe u. S. 96f zusammenfassend.
[19] Vgl. SCHÜRMANN, AB III, 120f. – Aber die vorluk Form kann V 20 eingeleitet haben; s. u. S. 95.
[20] „Ich sah" ... „ein fest gefügter Terminus für die prophetisch-apokalyptische Visionserzählung" nach SATO, Q 114 (dort Belege). Die Frage, ob hier real von einer „Vision" (so BULTMANN, Geschichte; CREED; GRUNDMANN; SCHWEIZER; MÜLLER, Vision Anm. 14) oder übertragen von „Sehen" die Rede ist, wird viel ventiliert; sie müßte aber für ein isoliertes Logion, für Q und für die luk R spezifiziert gestellt werden. Vgl. zum Für und Wider der Ausleger MARSHALL, z. St. – Das Imperfekt ἐθεώρουν malt einen anhaltenden Vorgang des Sehens eines „blitzartigen Sturzes" (Aorist!), welchen „Sturz" man nicht gut auf den andauernden Vorgang des wiederholten Exorzisierens übertragen kann.
[21] Auch der Sturz des Königs von Babel Jes 14,12 LXX klingt sprachlich an: vgl. ἐκ τοῦ οὐρανοῦ πέσοντα (Lk) mit ἐξέπεσεν ἐκ τοῦ οὐρανοῦ (Jes); vielleicht ist auch ὡς ἀστραπήν (Lk) veranlaßt durch das andere Licht-Bild ὁ εὐσφόρος (Vg: = Lucifer) ὁ πρὼς ἀνατέλλων? Über die frühjüdische und patristische Auslegung von Jes 14,12 LXX vgl. die Belege bei MIYOSHI, Anfang (L 1) 100.
[22] Das Verbum θεωρέω als solches läßt an ein „Schauen", „betrachtend anschauen" eher denken als an ein beiläufiges „Erblicken". – Das Imperfekt ἐθεώρουν malt an sich einen anhaltenden Vorgang des (bleibenden) Schauens; er ist wohl nicht zufällig gewählt: etwa weil das Verb den Aor. I ἐθεώρησα nur sehr selten bringt (Beispiele bei K. G. KUHN, in: ThWNT V, 346). Es hätte auch – wenn gewollt – der Aor. von θεᾶσθαι herangeholt werden können (so Bl-R § 101, 32). Das Imperfekt charakterisiert eine beeindruckende „Schau" recht gut.
[23] Gegen BAUMBACH, Verständnis* 179; Der Sturz „ereignet sich dann, wenn die Missionsverkündigung Menschen ergreift und aus dem Herrschaftsbereich des Satans herausreißt" (ebd. ältere Autoren); ihm folgend HOFFMANN, Studien 252; KATZ, a.a.O. (L 1) 242; FITZMYER I, 860; MIYOSHI, Anfang (L 1) 99–118, und viele. – Die „Blitzartigkeit" des Sturzes spricht – wie auch der Aor. πεσόντα – gegen diese Deutung; vgl. ZAHN; MÜLLER, Vision 419f (422).
[24] 11,21f, nicht 11,20, gibt für V 18 den Deutungsschlüssel; gg. BAUMBACH, ebd., und viele.
[25] „Himmel" hier „in eigentlichem Sinn"; vgl. Bl-R § 141 Anm. 4. – T^b: Der St-T bevorzugt die Wortstellung ὡς α. εκ του ουρανου π., wohl weil sich aus ihr die beiden anderen Lesarten, die von B 579 pc Or (vom „fallenden Blitz") und die – wohl richtiger (vom „fallenden Satan") verstehende – von 𝔓75 pc Epiph. erklären lassen. Die EÜ übersetzt (welchen Text?): „Blitz vom Himmel".
[26] Vgl. Offb 12,7-12, wobei man hier freilich – trotz des ἐκ – nicht speziell an die Anklägerfunktion des Satans im Himmel denken soll (gg. SCHLATTER und die von BAUMBACH, ebd. 179f, genannten Autoren).
[27] Vgl. dazu LK I, 215f.

ter dem zeitenwendenden passiven Geschehen ein Handeln Gottes sehen sollen.

Lukas wird sich die „Vision" Jesu keineswegs als eine präexistente denken, aber auch nicht als proleptische eines Geschehens erst am Ende. Sie wird in Jesu Erdentagen angesetzt werden sollen, dann aber vor Lk 4,1–13, wo der διάβολος (4,3.6.16 par Mt 4,10 = σατανᾶ) sich freilich auf Erden durchaus noch als Herr über alle Weltreiche (4,5f) weiß, der „Anbetung" einfordert (4,7). Der Sturz Satans bedeutet ja noch keineswegs „Ausstoßung aus der Welt" (Joh 12,31; vgl. Offb 20,10): dem Satan ist noch nicht seine nachstellende und versucherische Gefährlichkeit genommen[28]. Hier ist nicht die Rede davon, daß der jenseitigen Entmachtung auch noch eine diesseitige „Besiegung" (wie dann Lk 11,21f; vgl. Mk 3,27 par Mt) folgen muß, wie Jesus sie für sich und die Seinen – für vorläufig – 4,1–13 bereits geleistet hat (s. dort); welche Tat damals dann die von Nachstellungen des Satans einstweilen relativ freie „Jesuszeit" (vgl. 4,13 mit 22,3) begründete (s. u.).

Das Logion V 18 gibt nicht wenige traditionsgeschichtliche und geschichtliche Fragen auf.

1. Handelt es sich um ein *vormals isoliert* und kommentarlos *tradiertes* Logion[29] (was kaum denkbar ist) oder um ein „irgendwo" abgespaltenes „Fragment"?[30] Leitete etwa vormals V 18 das Logion V 19 ein?[31].

2. Bildete V 18 vormals zusammen mit V 17 ein die Aussendungserzählung beschließendes und der sekundären Eröffnung 10,1.2 korrespondierendes *Apophthegma*, als Abschlußwendung konzipiert (wobei V 18 vielleicht mit V 2 zusammengedacht werden darf; s. o.)? Soll diese Abschlußbildung so gedacht werden, daß V 17 als einleitende Rahmennotiz auf V 18 hin gebildet oder doch umgeformt wurde? Oder müssen wir die vormalige Antwort Jesu in VV (19)20 suchen und V 18 als sekundär eingesprengt verstehen? Die Frage wird auch hier (wie o. S. 88f) besser noch zurückgestellt.

3. Es legt sich die Annahme nahe, eine gleiche *Q-Redaktion* habe in V 18 auf Jes 14,12–15 zurückgegriffen, die diesen Text kurz vorher in V 15 (s. ebd.) benutzte[32], die sich in Q zudem auch Lk 4,1–12 (bes. 4,5f?) par Mt und dann wieder 11,17–22 par Mt bezeugt.

4. Kann das Wort *Jesus zugesprochen* werden? Daß der Spruch den „Eindruck der Erlebnisechtheit"[33] macht, kann noch keine historische Sicherheit geben, zumal kein vergleichbares Wort Jesu tradiert ist und das synoptische Überlieferungsgut sonst keine apokalyptischen Visionen Jesu aufweist (außer Mk 1,10 par Mt 3,16b, aber diff Lk 3,22 und diff Joh 1,32). – Immerhin handelt es sich – auch wenn ein „Sitz im Leben" für eine Tradition nicht sicher angegeben werden kann – um eine sehr markante Aussage, die als solche im Gedächtnis der Jünger haften bleiben

---

[28] Vgl. ebd.
[29] So KATZ, a.a.O. (L 1) 43; ERNST.
[30] So BULTMANN, Geschichte 113.174. – Fand Lukas es in Q (so SATO, Q), oder ist es luk S?
[31] So MARSHALL.
[32] Vgl. den Hinweis von SCHWEIZER; SATO, Q 55f; ablehnend URO, Sheep (L 4) 65 Anm. 177.
[33] So MÜLLER, Vision 423.

konnte, zumal diese Vision des Satanssturzes Jesus die – auch aussprechbare – Begründung gegeben haben kann für seine Gewißheit von der nunmehr machtvoll anstehenden Gottesherrschaft.

Es wird darauf aufmerksam gemacht, daß in jüdischer Tradition nur von einem Satanssturz in der noch ausstehenden Endzeit hätte geredet werden können. Auch meint man: Als Bildung der Gemeinde sei das Logion schwer zu verstehen, da die Gemeinde den Satanssturz hätte mit dem Kommen Jesu (wie Offb 12,5) (oder mit seiner Inthronisation am Ende [Joh 19,31]) verbinden müssen[34]. – U. B. Müller deutet: „Jesus (wird)... in der Vision Lk 10,18 die Grundlage dafür gefunden haben..., das schon gegenwärtige Geschehen der Gottesherrschaft verkünden zu können... Seitdem kann die Macht der Gottesherrschaft in Jesu Wirken von uns gegenwärtig erfahren werden..." „Die Überzeugung vom bereits erfolgten Sturz Satans, die die Verkündigung von der Gegenwärtigkeit der Gottesherrschaft erst ermöglicht, markiert den Punkt, an dem Jesus sich vom Täufer unterscheidet. Der Schluß legt sich nahe, daß die Vision Lk 10,18 die besondere Akzentuierung in der eschatologischen Anschauung Jesu bewirkt hat."[35] Denn: „Ganz eigentümlich jesuanisch ist die Predigt von der schon gegenwärtig anbrechenden Gottesherrschaft." Wenn aber „Jesus die schon in der Gegenwart nahende Gottesherrschaft verkündet und den Menschen den ursprünglichen Willen Gottes ansagt, ist der am Werke, dem die nachösterliche Gemeinde mit Grund die Titel expliziter Christologie beigelegt hat"[36].

„Der Gedanke vom Satanssturz setzt die dualistische Kampfsituation voraus, wie sie in der Kriegsrolle von Qumran (besonders 1 Qm XV,12 – XVI,1), modifiziert in Offb 12,7ff und Sib III,796–807 sowie andeutungsweise in AssMos 10,1f erkennbar ist."[37] Grundsätzlich wird man Jesus derartige zeitgenössische Vorstellungen nicht absprechen können, auch wenn er sie nicht irgendwie zelotisch-irdisch ausdeutete. Wer lieber annehmen möchte, hier habe eine Redaktionsstufe der Q-Tradition (s. o. unter 3.) mitformuliert, kann für ein eigentümliches Verständnis Jesu auch anführen, daß Jesu Selbst- und sein Basileia-Bewußtsein tiefer angesetzt werden darf: daß es grundlegend in seiner Abba-Erfahrung, die die apokalyptische Reich-Gottes-Vorstellung in Dienst nahm, gründete, diese in jesuanisch ureigener Weise einfärbte und zur Verkündigung des bereits gegenwärtigen Heiles werden ließ; daß Jesus zudem von seinem Basileia-Geschick her sein Verstehen gewann, in dem er sich wirkend (und leidend) als Repräsentant der Basileia des Vaters wußte[38]; vgl. u. zu 11,20 und 11,19. Lk 10,18 könnte dabei nur sekundär unterstützend gewirkt haben.

19 In V 19 wird zunächst nachgetragen, was V 9[39] nicht ausdrücklich gesagt war: daß auch die exorzistische Gewalt der Sendlinge in der Bevoll-

---

[34] So SCHWEIZER 117.
[35] MÜLLER, Vision, die drei Zitate 425.426.427. Vgl. ähnlich auch SATO, Q 115f.
[36] MÜLLER, Vision, die beiden Zitate 447 und 448.
[37] Vgl. DERS., ebd. 419f. Anm. 12 mit Berufung auf P. VON DER OSTEN-SACKEN, Gott und Belial (StUNT 6) (Göttingen 1969) 95.210f.
[38] Vgl. H. SCHÜRMANN in: GR 21–64 und 198–223; DERS., Das Gebet des Herrn, bes. 62–67.139–144.
[39] Diese Gewalt wird Mk 3,15 (vgl. Mk 16,17) den Zwölf angekündigt und 6,7b par Lk 9,1 (vgl. Mt 10,1.8) übertragen. Sie wird Mk 6,13; Lk 10,17 (vgl. 7,22) und Apg 8,7; 16,16ff; 19,11 ausgeübt und Mk 9,18 parr vergeblich versucht, Mk 9,38 par Lk 9,50 (vgl. Apg 19,13–16) dann von Fremden getätigt bzw. versucht.

mächtigung Jesu V 9 gründete[40]. – Zugleich weitet sich aber auch der Blick: Die übertragene Gewalt wird doppelt positiv (V 19 a.b) und sehr emphatisch negativ mit doppelter Negation (V 19 c) ausgemalt; sie bezieht sich keineswegs nur auf Exorzismen, betrifft vielmehr alle Machtmittel, mit denen der Satan sich feindlich dem Missionswerk entgegenstellen kann: Schwerlich in leichter Erinnerung an Ps 90,13 LXX: ἐπ' ἀσπίδα καὶ βασιλίσκον (anders MT [91,13]: „Löwe und Schlange"[41]); dort wurde metaphorisch gesagt, nunmehr sei Heilszeit (vgl. auch Jes 11,8[42]). Lukas und so wohl auch schon seine Vorlage (Q; s. u.) werden das überkommene Bild – das Nebeneinander von Schlange und Skorpion[43], das nur noch Lk 11,11f und Dtn 8,15 begegnet – jedoch sehr realistisch verstehen: Da nunmehr (V 18) die Macht des Bösen gebrochen ist, kann Jesus „Vollmacht" (ἐξουσία) geben, „Befehlsgewalt"[44]. Für Lukas ist nun die heilbringende „Jesuszeit" (anders dann 22,35–38) angebrochen[45]. Die V 17 sich aussprechende Erfahrungsbasis der Sendlinge wird erweitert; Jesu Bevollmächtigung ist noch umfassender: Barfüßige Missionare (vgl. o. zu V 4 a) können durch Schlangen[46] und Skorpione[47] angefochten werden (V 19 a); vgl. Apg 28,3–6 v. l. (s. die ersten Kommentare: Mk 15,8 v.l., von Lk 10,17.19 und Apg 28,3–6 abhängig)[48]. Über solche beißend anfallenden Tiere vermögen die Sendlinge unberührt dahinzuschreiten[49]. Verallgemeinernd wird V 19b weiter hinzugefügt[50]: Überhaupt über „alle" Macht[51] des Satans, der „der Feind"[52] schlechthin ist, ist ihnen Gewalt ge-

---

[40] T^c: Die Lesart διδωμι 𝔓[45] A C[3] D Θ Ψ f[13] 33 1006 1506 𝔐 c sy; Ir^{lat} läßt für die Zukunft zusätzlich neue Gewalt mitteilen. Der St-T sowie die EÜ entscheiden sich – im Kontext richtig – für δεδωκα in 𝔓[75] ℵ B C* lat sa^{mss} bo; Or Cyr.
[41] שָׁחַל = Löwe „ist gesichert" nach H. J. KRAUS, Psalmen II (Neukirchen 1960) 635.
[42] Vgl. die Beispiele bei Bill. II, 167f.
[43] Vgl. jedoch dazu u. A. 47.
[44] ἐξουσία ist mehr als charismatische δύναμις; vgl. LK I, 500.
[45] Vgl. LK I, 216f.
[46] Man sollte hier in den „Schlangen" nicht – mit einer verbreiteten Vorstellung (z. B. ELLIS; MARSHALL) – Dämonen sehen; das legt sich denen nahe, die V 19 in vormaliger Überlieferungseinheit mit V 18 sehen. Für die Schlangen als „Dämonen" vgl. die Belege und Lit. bei HOFFMANN, Studien 250 Anm. 57; vgl. auch BÖCHER, Christus Exorcista (L 10) 40f; DERS., Das Neue Testament (L 10c) 29.
[47] MIYOSHI, Anfang (L 1) 103–106, belegt das Nebeneinander von Schlange und Skorpion reich aus der tannaitischen und der frühen amoräischen Zeit, wo diese Sprechweise immer noch auf Dtn 8,15 zurückgeht; vgl. eingehender auch FITZMYER 863.
[48] V 19 denken sich – umgekehrt – von Mk 16,8 (als vormark alte Tradition verstanden) abhängig: HAHN, Mission* 53f; MIYOSHI, Anfang (L 1) 117; SCHMITHALS.
[49] Vgl. BAUERWb z. W. (unter 2); H. SEESEMANN, in: ThWNT V (1954) 943. – Gedacht ist hier nicht an ein besiegendes Zertreten wie TestLev 18; vgl. so in etwa auch Röm 16,20.
[50] V 19b ist noch von ἐξουσία abhängig. Die Aussage ist nicht epexegetisch (so viele) zu verstehen, sondern ergänzend.
[51] Es wäre eine Einengung, bei δύναμις hier nur an die (dämonische) „Streitmacht" des Feindes zu denken; gg. BAUMBACH, Verständnis* 182.185. – Jüdische und ntl. Parallelen legen es zwar nahe (vgl. W. GRUNDMANN in: ThWNT II [⁸1935] 296f.308f), bei δυνάμεις an personale dämonische Mächte zu denken (vgl. 1 Kor 15,24; Röm 8,38f; Eph 1,20f;

geben. V 19c unterstreicht das ungewöhnlich emphatisch durch doppelte Negation[53], wobei die umfassende Bevollmächtigung von V 19a.b nur noch unterstrichen wird. In keiner Hinsicht (οὐδέν[54]) wird Satan[55] ihnen, insbesondere beim Missionswerk, schaden können[56]. Man muß fast zurückdenken an 9,54, wo Johannes und Jakobus sich – von Jesus beauftragt – auch schon nicht wenig zutrauten.

Freilich weiß Lukas: Das gilt in der hier behaupteten Ausnahmslosigkeit[57] nur bis zu Beginn der Passion (vgl. 4,13 mit 22,3.53), mit der die Jünger Jesu wieder der Macht Satans ausgesetzt sein werden. Eine Aktualisierung des Wortes für die Zeit der Kirche muß von daher Vorsicht walten lassen[58].

1. ἰδοὺ δέδωκα ὑμῖν τὴν ἐξουσίαν… καὶ ἐπὶ πᾶσαν τὴν δύναμιν τοῦ ἐχθροῦ spielt an auf V 9, bedient sich aber des Wortlauts von Lk 9,1 (ἔδωκεν αὐτοῖς δύναμιν καὶ ἐξουσίαν ἐπὶ πάντα τὰ δαιμόνια). Diese Wendung sowie die Aussage des „Schreitens über Schlangen und Skorpione" nehmen V 17 nicht auf, haben auch keinen Anhalt in 10,(1–2)3–11(12.13–16), sondern steigern – im Licht der hohen Aussage von V 18 – die V 17 bekundete charismatische Mächtigkeit. V 19 wäre als Antwort Jesu auf V 17 an sich denkbar, aber auch als kommentierende Ausführung zu V 18. Wahrscheinlicher ist V 19 später als V 18 eingefügt, um V 20 wieder neu mit V 17 zu verbinden? So oder so müßte V 19 freilich schon vorluk sein (vgl. Lk 22,3.31): Die Leugnung jedweder satanischer Schädigungsmöglichkeit würde als „letztes Wort" Jesu – als luk R, aber auch in einer isolierten Tradition wie VV 18 bis 19 –, weil sehr überschwenglich, überraschen.

---

1 Petr 3,22). Aber Offb 13,2; 2 Thess 2,9 gibt es eine δύναμις des Satans, die übertragbar ist. – Die „ganze Macht" des Satans reicht weiter als seine „(dämonische) Streitmacht".

[52] Der Satan als ἐχθρός im Gleichnis noch Mt 13,25.28.39. Vgl. aber auch die Schilderung des Satans 11,21f (vgl. auch Apg 13,10). Beispiele aus den Pseudepigraphen bei W. FOERSTER in: ThWNT II (1935) 813 Anm. 13.

[53] „οὐ μή mit Konj. Aor. oder Ind. Fut. als bestimmteste Form der verneinenden Aussage" ist Ausdruck der hoheitlichen „Christussprache": ist „im NT … fast auf Zitate aus LXX und auf Aussprüche Jesu beschränkt", nach Bl-R § 365. – Die Vermischung von οὐδέν … οὐ μή ist unklassisch; so Bl-R § 431,3.

[54] οὐδέν hier als Akk. der Beziehung, wohl nicht als Subjekt verstanden (gg. EÜ mit FITZMYER; GRUNDMANN; ERNST). Doppelter Akk. bei ἀδικέω auch Apg 25,10.

[55] Womit die Mission als „Kampf mit und Sieg über den Satan proklamiert wird". „Der Satan erscheint somit … in missionstheologischer Bedeutsamkeit"; so BAUMBACH, Verständnis* 179. Vgl. für Lukas noch Apg 10,38; 13,10.

[56] T^d: Vgl. Bl-R § 365,2: „Häufig schwankt die Überlieferung zwischen Fut. und Konj. bei ähnlichen Formen", wobei beide Formen Zukünftiges meinen. So entsteht keine Sinnverschiedenheit, wenn man mit dem St-T die LA αδικηση mit $\mathfrak{P}^{45.75}$ B; Or Cyr der von א D Θ 1.13; Did (αδικησει) mit T (H) M B N G vorziehen will.

[57] Offb 12,13–17 kennt die Unterscheidung: Die himmlische Frau (VV 13–15) ist wunderbar beschützt, nicht aber sind es ihre „Nachkommen" (V 17). Selbstverständlich gibt es auch in der Zeit der Kirche noch nicht nur die exorzistische Gewalt, sondern fallweise auch einen besonderen Schutz gegen den Satan (vgl. Lk 22,31f; Apg 28,3–6), besonders beim Missionswerk (Apg 13,8–11; 26,18).

[58] Vgl. LK I, 216–223. – Es gilt also nur mit Vorbehalt: „Luk. 10,19 enthält gewissermaßen das Motto, das man über die Apostelgeschichte und damit über die gesamte lukanische Darstellung der christlichen Mission stellen könnte" (BAUMBACH, Verständnis* 182). Jene universale Gewalt galt für die „Jesuszeit".

2. Für V 19 ist eine *Abhängigkeit* – vgl. zu VV 17.20 – von *QMt 7,22* kaum beweisbar, da die δύναμις des Feindes Lk 10,19 etwas anderes ist als das Wirken von Machttaten (δυνάμεις).

3. „Weil die Wendung ὄφις – σκορπίος eine jüdische Sprechweise aus Dtn 8,15 ist, ist es möglich, daß das Logion in der Zeit des *palästinensischen Urchristentums* entstanden ist", zumal sie aus der „tannaitischen Midraschliteratur…" stammt[59]. Da sie im NT nur noch QLk 11,11 f (diff Mt) begegnet (s. dort), kann man geneigt sein, V 19 ebenfalls der Q-Tradition zuzuweisen[60].

4. Die Frage, wie weit die Aussage von V 19 *ipsissimum verbum Jesu* ist, erübrigt sich, wenn V 19 als isoliert tradiertes Wort kaum vorstellbar ist: Hier spricht sich ein Text wie Lk 9,1 par Mk weiter, gewiß im Sinne Jesu.

20 Im Rückblick auf V 17 ergeht nunmehr abschließend noch ein korrigierendes Urteil über den rühmenden Bericht der Rückkehrenden. Über VV 18.19 hinweg wird ausdrücklich an V 17 μετὰ χαρᾶς angeknüpft. τὰ δαιμόνια werden abwechslungshalber durch τὰ πνεύματα ersetzt, ὑποτάσσεται wird ausdrücklich aufgenommen[61], wobei mit πλήν adversativ neu eingesetzt werden muß. Es gibt schon noch etwas Wichtigeres als alle außergewöhnliche charismatische Mächtigkeit: das Wissen, von Gott für das ewige Heil bestimmt zu sein[62], im Himmel für das ewige Leben vermerkt zu sein (vgl. Phil 4,3; Hebr 12,23; Offb 3,5; 13,8)[63]. Mt 7,22f par Lk 13,26f (hier freilich auf das eigene gerechte Tun bezogen) zeigt Verwandtschaft (vgl. auch 1 Kor 12,31b).

Die „Korrektur" des V 20 kann man im Sinn der semitischen „dialektischen Negation"[64] verstehen als: „nicht so sehr – als viel mehr", wenn nicht verdunkelt wird, daß das ewige Heil letztlich ja doch das Entscheidende ist. Lukas hatte zu seiner Zeit auch sonst Anlaß, Charismatiker in ihre Schranken zu weisen[65].

Dem Kontext nach (9,57–62 und 10,21–42) gilt der Lohn ihnen nicht als

---

[59] So MIYOSHI, Anfang (L 1) 105 und 104; vgl. auch o. A. 47. – Der Art. im Gen. mit Inf. ist dagegen luk, vgl. JEREMIAS, Sprache 188.

[60] MIYOSHI, Anfang (L 1) 111–114, trägt recht zaghaft, durch Mt 10,1 verleitet, die Hypothese vor, Lukas habe die Vollmachtsübertragung von V 19 als Einleitung der Apostelliste Lk 6,12–16 (in Q oder S?) vorgefunden und hier eingeschoben (Mt 10,1 komb. Mk 6,7 mit Mk 3,7, wobei Lk 10,9 [s. dort] auch Stellen wie Mt 9,35b und Mt 4,23 par Lk 4,43 [vgl. LK I, 256] einwirken werden).

[61] Vgl. KIRCHSCHLÄGER, Jesu exorzistisches Wirken 241 f.

[62] Über das Aufgeschriebensein der Namen im „Buch des Lebens oder der Lebendigen" vgl. die atl. pseudepigraphischen und rabbinischen Belege bei Bill. II, 169 f; MARSHALL 430.

[63] Die atl. und frühjüdischen Belege bei FITZMYER I, 863. Nach MIYOSHI, Anfang (L 1) 111, schaut Lukas zurück auf 9,49 f par Mk; dem erfolgreichen Exorzismus des Außenstehenden solle nun 10,17–20 auch ein Erfolg der Jünger an die Seite gestellt werden. Dort klingt Num 11,24–30 leicht an. Daß die zwei im Lager zurückgebliebenen Männer nach Num 11,26 in der „Liste" der auserwählten 70 standen, kann aber schwerlich mit der „himmlischen Aufzeichnung" in Lk 10,20 zusammengebracht werden.

[64] Vgl. dazu KRUSE, Dialektische Negation.

[65] Vgl. Lk 9,37–43a (dazu LK I, 568 ff); 9,49 f (dazu LK I, 578 f).

Missionaren (wie Phil 4,3)[66], sondern als Jüngern Jesu. Am Ende werden so die „bestallten" Sendlinge Jesu (VV 1.9.16) zurückgestellt in die Schar der „Kleinen" (V 21), die als die „Kleinen im Gottesreich" (7,28), aber doch als „Kinder der Weisheit" (7,35), durch Offenbarungs- und Heilsempfang (VV 21 f), ihre eigentliche Größe haben. Daß sie selber Hörende sind, soll ihnen wichtiger sein, als daß man auf sie hören soll (V 16).

1. Oben meinten wir schon eine irgendwie geartete Beziehung zwischen Lk 10,17b und Mt 7,22 par Lk 13,26 vermuten zu dürfen[67], auch eine gewisse inhaltliche Verwandtschaft zwischen Mt 7,22f und par Lk 13,26f[68]. Diese Vermutung läßt sich auf eine vormalige Abschlußbildung 10,17.20 ausdehnen[69], die *schon Q* zugeschrieben werden kann[70].

Das vorstehend postulierte Apophthegma wird aber doch keine Bildung des Lukas sein. In V 17.20 in ὑποστρέφειν[71], μετὰ χαρᾶς – χαίρειν[72] πλήν?[73], ὑποτάσσεσθαι[74], τὰ πνεύματα[75], in der Kyrios-Anrede(?)[76] könnte sich die luk Sprache bzw. Redaktion verraten. Die Annahme einer gewissen luk Redaktionstätigkeit beweist aber keineswegs schon luk Bildung. Daß Motive luk Theologie verschiedentlich anklingen[77], beweist ebenfalls nicht viel, da die gleichen Motive auch in anderen urchristlichen Traditionen begegnen. – Zudem: Es gibt keine Gründe, die singuläre Vorstellung einer Vision des Satanssturzes V 18 Lukas zuzuschreiben. – Es ist gut luk, Wirkungen „im Namen Jesu" zu schildern[78]. Dämonenaustreibungen aber werden in den syn Evangelien außer von dem fremden Exorzisten Mk 9,38ff par Lk 9,49f (vgl. Apg 19,13–16) nur hier und Mt 7,22 (vgl. dann, in Abhängigkeit von V 17, nur noch Mk 16,17 v. l.) berichtet. In gewisser Weise liegt also in Lk 10,17(20) und Mt 7,22(f) in den Synoptikern doch eine „singuläre Übereinstimmung" vor[79], auch noch in der Hinsicht, daß in beiden Fällen in sehr verwandter Weise charismatisch Begabte zurechtgewiesen bzw. gewarnt werden.

Diese Übereinstimmungen legen die Annahme nahe, beide Traditionen hätten sich bereits in der Traditionsgeschichte von Q berührt und gegenseitig beeinflußt. Vielleicht hat Matthäus QLk 13,26 unter Einfluß von Lk 10,17.20 in die Form Mt 7,22–23 gebracht; möglicherweise erhielt aber erst Lk 10,17.20 seine vorliegende

---

[66] Wie fast allgemein gedeutet.
[67] Siehe dazu o. S. 88 und u. zu 13,26.
[68] Siehe dazu o. S. 88.
[69] Vgl. die o. A. 16 genannten Ausleger.
[70] MIYOSHI, Anfang (L 1) 96–99, versteht – wie die o. A. 12 genannten Ausleger – V 17 als luk Bildung („Kopie") nach V 20 – unnötig, wenn man den Einfluß von QMt 7,22 erkennt.
[71] Vgl. TrU 70; JEREMIAS, Sprache 187.
[72] χαρά (Mk 1mal; Mt 6mal) außer 8,13 par Mk, 1,14; 2,10; 24,41.52 S auch 15,7(10) diff Mt und 4mal Apg. – χαίρω (Mk 2mal; Mt 6mal; Lk 12mal; Apg 7mal): 22,5 par Mk; 6,23 par Mt; sonst 10mal S. – Vgl. bes. ὑπέστρεφαν μετὰ χαρᾶς μεγάλης auch Lk 24,52.
[73] Vgl. AB III, 5ff.14f. πλήν kann auch luk R sein (gg. JEREMIAS, Sprache 159f).
[74] Synoptisch außer 10,17.20 nur noch 2,51, nie Apg.
[75] Vgl. LK I, 247 A. 186.188 und S. 410 A. 19.
[76] Vgl. LK I, 393 A. 28, ferner AB III, 28f. – Hier im Rückbezug auf κύριος 10,1 redaktionell? (So MIYOSHI, Anfang [L 1] 98.) Vgl. dazu besser Mt 7,22 (s.o. S. 88).
[77] Vgl. das o. zu V 17 und o. in A. 13 Gesagte.
[78] Vgl. CONZELMANN, Die Mitte 165; SCHWEIZER, Jesus Christus 145–150.
[79] Gegen HOFFMANN, Studien 249 Anm. 51.

Form aus einer Vorlage wie Mt 7,22–23, die par Lk 13,26.27 erst (unter Einfluß der Mahl-Szene 13,25.28 f) ihre uns vorliegende Gestalt diff Mt bekam; s. u. z. St.

2. Falls Mt 7,22 f schon auf QLk 10,17.20.21 f zurückschauen konnte, kann man hier zwei „Reminiszenzen" für möglich halten: Wurde das etwas überraschende ὁμολογήσω Mt 7,23 (diff Lk) durch ἐξομολογοῦμαι Lk 10,21 veranlaßt, und Mt 7,22 das ἐν ἐκείνῃ τῇ ἡμέρᾳ durch ἐκείνῳ τῷ καιρῷ Mt 11,25 par Lk 10,21 (ἐν αὐτῇ τῇ ὥρᾳ)? Diese – freilich recht vage – Vermutung würde eine *vormalige unmittelbare Abfolge* von Lk 10,17(18–19).20 und 10,21–22 abstützen.

3. Wenn man eine oder mehrere Aussendungen Jesu für historisch gesichert hält, sollte man nicht abstreiten, daß hinter Lk 10,17.20 (vgl. Mt 7,22 f par) die Erinnerung an eine Szene im *Leben Jesu* stehen kann[80].

Mit dieser „Korrektur" V 20 steht nun der Abschluß der Aussendungserzählung 10,17(18–19).20 zugleich als Überleitung zu VV 21 f.23. Schließlich geht es in 9,57–62; 10,1–38 ja doch um die Berufung und Pflichten eines Jüngers Jesu, aus denen sich die besonders Beauftragten, Begabten und Gesandten unter ihnen nicht überheblich aussondern dürfen. Jesu Wort V 20 sichert so die Einheit und Intention des Sinnabschnittes 9,51 bis 10,42[81].

Rückblick und *Zusammenfassung*:
Die Traditionsgeschichte von Lk 10,17–20 war nur hypothetisch zu erhellen:

1. *Lk 10,17–20* ist in der heutigen Gestalt kein formal einheitliches, vormals isoliert umgehendes Überlieferungsstück, sondern als redaktionelle Abschluß- und Übergangsbildung *eine Komposition,* die gewachsen ist.

2. Wir vermochten o. diese Komposition *nicht* als *luk Bildung* zu verstehen, nicht als Ganzheit, auch nicht in einem der vier Verse einzeln – trotz aller Spuren luk R (s. o.). Wahrscheinlich war auch Lukas es nicht, der 10,17–20 als Abschluß- und Überleitungsstück hier eingefügt hat, als Ganzheit oder teilweise[82]. Vermutlich verdankt er die VV 10,17–20 als Einheit hier einer Tradition[83]: vgl. dazu jeweils unsere vorstehenden Beobachtungen (zu VV 17.18.19 und 20).

3. *Die wahrscheinlichste Lösung:* Es würde eine verständliche Einheit entstehen, wenn V 20 die vormalige Antwort Jesu auf V 17, vermutlich eingeführt durch eine Einleitungswendung wie V 18 a, gewesen wäre[84]. Nach der Einfügung von V 18 mußte dann V 20 durch V 19, der die V 17 genannte charismatische Begabung (im Lichte von V 18!) noch ausweitet, erneut eingeleitet werden.

4. Weithin wird Lk 10,17–20 – als Ganzheit oder in seinen Bestandteilen –

---

[80] Gegen BULTMANN, Geschichte 116: „ganz sekundäre Gemeindebildung". Siehe dazu S. 98 f.
[81] Siehe o. S. 21 und 99.
[82] Gegen BULTMANN, Geschichte 170, für V 20; FITZMYER 859; MIYOSHI, Anfang (L 1) passim.
[83] Schon die Q-Redaktion, nicht erst Lukas, wird gemerkt haben, daß eine Abfolge Lk 10,13–15.21–22 (= Mt 11,21–23.25–27) eine Überleitung benötigte. – Wohl weil die oft gut beobachtende Arbeit von MIYOSHI, Anfang (L 1), bes. 17 f, den gemeinsamen traditionsgeschichtlichen Ursprung von Mk 6,1–6 a.30 und den von QLk 10 nicht beachtet (vgl. dazu LAUFEN, Doppelüberlieferungen 201–301), muß er Lk 10,17 als Nachbildung von V 20 und als mit Rücksicht auf 9,48 gestaltet verstehen, damit „es auch für die Jünger Jesu einen erfolgreichen Exorzismus gegeben hat" (ebd. 111).
[84] Siehe o. S. 88 f und S. 95.

nichtssagend als luk S (= Sondertradition = single tradition) deklariert[85], wobei über das *luk Sg*[86] (= Sondergut in 3,1 - 19,27) meist keine Aussagen gemacht werden. Diese Tradition führte aber nur erzählende oder erzählte Erzählungen, keine Logien, berichtet auch nichts von Jüngersendungen, Bevollmächtigung zu Exorzismen oder vom Kampf mit dem Satan. (Lk 13,16 wird luk R sein.)

5. Der Aussendungsbericht Mk 6,1-6a.30 und der von QLk 10 par Mt (der beide Berichte kombiniert) gehen traditionsgeschichtlich auf eine gemeinsame Vorform in der *Q-Tradition* zurück[87]. Vermutlich war in der postulierten frühen Traditionsform der Erzählung nur von der Aussendung von „Jüngern" die Rede; in Mk wurden die Zwölf ins Spiel gebracht, von Lukas dann die „Siebzig"[88].

Der Aussendungsbericht von Q hat wie der des Mk wahrscheinlich in VV (1)3a einleitend eine Aussendung durch Jesus erzählt. Vermutlich hat er entsprechend zu V 17a - vielleicht ähnlich wie Mk 6,30 par Lk 9,10a - auch von einer Rückkehr der Ausgesandten berichtet[89], jedenfalls hat die Überlieferungsstufe, auf der Markus die Aussendungserzählung kennenlernte, wohl schon von der Rückkehr der Jünger Mk 6,30 par Lk 9,10a berichtet.

6. Lk 10,17-20 muß *einer Frühform* der Aussendungserzählung 10,(1-2)3-11 zugeschrieben werden, da sich ihr von Hoffnungen beschwingter Grundton nicht mit der pessimistischen Tendenz der Endredaktion von Q verträgt, die diese in VV 3.12.13f.15.16b.c[90] in die Erzählung hineingeschrieben hat. Die Erfolgsstimmung der VV 17-20 ist dagegen mit dem Optimismus verwandt, der sich in V 2 (4-9) ausspricht. Wenn wir ferner oben richtig gesehen haben, daß in V 9 (s. ebd.) vormals von Dämonenaustreibung die Rede gewesen sein wird, versteht sich der diesbezügliche Bericht über solche in VV 17.20 und in V 18(19) gut. 10,17f reden Jünger ähnlich zuversichtlich wie schon 9,54 Jakobus und Johannes. Beiden Stellen ist auch gemeinsam, daß darauf von Jesus negativ reagiert wird. Der κύριος-Titel bzw. die κύριε-Anrede verbindet V 17 mit 10,1 und 9,54(59 v.l.).61.

Uns will scheinen, die Komposition 10,17(18.19).20 ist leichter als Wachstumsprozeß von Q zu erklären denn als (dann ungeschickte) luk R. Hier ist alte palästinensische Tradition verwahrt, die sich auf Worte und Taten Jesu stützen kann[91].

---

[85] HIRSCH, Frühgeschichte II*, 208f.
[86] Vgl. die unterscheidende Untersuchung von B. PITTNER, Studien, bes. 10f.
[87] Siehe dazu u. S. 98f.
[88] Siehe o. S. 52ff.
[89] Siehe o. S. 88.
[90] Siehe o. jeweils z. St.
[91] FITZMYER; MIYOSHI, Anfang (L 1) 109f.

Zur Traditionsgeschichte der Aussendungserzählung 10,1–20

Zu der bereits in LK I[92] vorgelegten Skizze aufgrund der vorstehenden Analysen hier zusammenfassend einige Ergänzungen und Verdeutlichungen:

1. Hinter Lk 10,1–20 par Mt wird *die Q-Fassung* einer Aussendungserzählung sichtbar, die nur geringfügige luk Redaktionsspuren erkennen läßt[93], während Matthäus Mt 9,35–38; 10,5–16.17–42 die Q-Vorlage mit der Mk-Variante[94] kombinierte und durch weitere Traditionen ergänzte[95]. In dem hinter Lk und Mt zu erschließenden Q-Bericht werden in Städte gesandten Missionaren – und den diese aufnehmenden Gemeinden – in einer „Rede" Jesu 10,2–16 Verhaltensregeln gegeben.

2. Ein Vergleich mit der kürzeren (und in mancher Hinsicht für die Heidenmission passend umformulierten) Mk-Variante 6,6b–13.30 par Lk läßt die Vermutung zu, daß Markus eine *Vorstufe* der Aussendungserzählung von Q vorgefunden hat, die einige sekundäre Erweiterungen wie VV 4b.7(b?)c.8b.11b noch nicht kannte, obgleich Markus aus seiner Vorlage auch nicht mehr Passendes herausgestrichen zu haben scheint[96], ist doch auch die Q-Tradition in einem späteren Stadium einleitend um Lk 10,(1)2.3 und abschließend um 10,12.13f.15.16(17–20) abermals in einer Zeit *erweitert* worden[97], in der Gemeinden und Missionare bereits mit der Basileiaverkündigung und dem Christuszeugnis negative Erfahrungen machten (vgl. nicht nur VV [10–11a]12.16, sondern auch VV 3.13f.15). Als Ort der Zufügung von VV 13f.15, vielleicht auch von Mt 10,5b–6, kann Galiläa (oder der galiläisch-syrische Grenzraum) vermutet werden.

3. Kern der hinter Q und Mk erkennbaren Kurzfassung bildeten wahrscheinlich *zwei ursprünglich voneinander unabhängige Missionsinstruktionen*[98], von denen die eine Weg- und Quartiervorschriften (10,4a.5f.7a.[b]d), die andere in Form eines kurzen Aussendungsberichtes wie Lk 10,(1) + Mt 10,5b–6 + Lk 10,8a.9.10–11a Missionsanweisungen gab, wobei beide Einheiten schon vor ihrer Kombination Erweiterungen erfahren haben werden (s.o.) und wobei die Frage offenbleiben mag, welche der beiden Traditionen älter ist[99]. Für diese zwei Instruktionen, auch

---

[92] Vgl. LK I, 504f (im folgenden stillschweigend einige kleinere Korrekturen). Zur Traditionsgeschichte der einzelnen Verse und Abschnitte s. jeweils o. den Kleindruck z. St. – Die nach 1970 erschienenen Arbeiten und Kommentare konnten sich schon auf unsere (in L 4 zitierten) Vorarbeiten stützen, was zusammenfassend bes. für die sorgfältigen Ausführungen von URO, a.a.O. (L 4) 97–116 u. sonst, gilt. – Uro findet ebd. in der „Prähistorie" des Textes ähnlich 4 Stadien: 1. „the Kernel" Lk 10,4a.b.5–7a.b; 2. an „Early Mission Code" Lk 10,4a–11a (der Mk 6,7–13 bereits vorlag); 3. erweitert als the „Mission Speech" Lk 10,3–16, danach als Q-Endredaktion 4. the „Final Q-Section Lk 9,57 to 11,13" (was für Q – Anfang und Schluß betreffend – anfechtbar ist; s. o. und u.).

[93] Siehe jeweils o. zur Traditionsgeschichte der einzelnen Überlieferungseinheiten. – BUSSMANN, Studien II*, 64 und III*, 106f, rechnet VV 1.4.10.17–20 der Sonderquelle zu.

[94] Vgl. LK I, 498–505, zusammenfassend 504. – Die Verdoppelung der Aussendung, die weder Mk noch Mt, noch Q kannten, ist ein Werk der luk Redaktion. Zum Sinn dieser Verdoppelung s.o. S. 52–55; thematisch nun auch WIATER, Komposition.

[95] DUNGAN, a.a.O. (L 4) 41–75, folgt – mit unzulänglichen Argumenten – der Griesbachschen Hypothese in der Fassung, wie sie FARMER, The Synoptic Problem*, u. sonst vorlegt; er hält die Mt-Fassung für die relativ ursprünglichste.

[96] Siehe z.B. S. 69f.

[97] Siehe jeweils o. z. St.

[98] Vgl. SCHÜRMANN, Mt 10,5b–6 (L 4).

[99] Gegen HOFFMANN, Studien 298 Anm. 34; 302f u.ö., der (passim) die „Hausmission"

noch für deren Kombination, lassen sich als Traditionsträger nachösterlich im Missionsgeschehen aktive Gemeinden im frühen Palästina erschließen – wahrscheinlicher als missionierende Gruppen (die als prophetische und „missionierende Schar des himmlischen Menschensohnes" gedacht werden können)[100]. Diese Instruktionen galten Gruppen, regulierten aber auch das Verhalten der Gemeinden gegenüber derartigen zureisenden Boten. Das schließt nicht aus, daß nicht nur der Zwölferkreis, sondern auch andere Jünger Jesu schon vorösterlich einzelne, für sie aktuelle Anweisungen Jesu den frühen nachösterlichen Wanderaposteln und Wanderpropheten weitergaben.

4. Daß Jesus seine Jünger als Mitarbeiter (vgl. Mk 3,14) zur Basileiaverkündigung und zur Bußpredigt einsetzte, kann aus Logien wie Lk 9,61 f(= Q); 12,31 par (s. dort), Mk 1,17 (vgl. Lk 5,10) erschlossen werden[101]. „Es wäre falsch, die Überbewertung der Aussendungsüberlieferung bei A. Schweitzer und den Vertretern der konsequenten Eschatologie durch eine ebensowenig gerechtfertigte völlige Skepsis zu ersetzen... Wer die Aussendungsüberlieferung für grundsätzlich unhistorisch hält, muß zureichend erklären, warum Jesus in solch unvergleichlich rigoroser Weise einzelne in seine Nachfolge rief..."[102] Diese Unerbittlichkeit „erklärt sich..." (wenn auch nicht „allein") aus der Bestimmung des Nachfolgers „zum Dienst für die Basileia"[103]. Wenn dem so ist, sollten Anweisungen Jesu für seine „Mitarbeiter" hinter 10,4b.5–7a(b) z. B. nicht bezweifelt werden[104]. *Ein Weitergeben derselben schon im vorösterlichen Jüngerkreis hat dann aber eine gewisse Wahrscheinlichkeit*[105].

5. Ob hinter einem Aussendungsbericht Lk 10,(1) + Mt 10,5b–6 + Lk 10,8a.9. 10–11a *eine einmalige Sendungsaktion Jesu* – wie jedenfalls vielleicht bereits von Q und auch vormark bezeugt – geschichtlich wahrscheinlich wird, die dann als „eschatologisches Erfüllungszeichen" ihre beste Erklärung finden würde[106], bleibt umstritten.

---

für das Ursprüngliche hält. Vgl. jedoch das o. S. 68 f dagegen Gesagte. – Was HOFFMANN, Instruktionsrede (L 4), zusammenfassend vorlegt, ist weder die Vorlage des Lukas und Matthäus (= Q), auch nicht die im Mk-Vergleich zu erschließende ältere Kurzfassung, sondern eine – notwendig problematische – Rekonstruktion einer noch ursprünglicheren Form, die H. als Instruktion für Missionare bei der früheren Hausmission Palästinas verstehen möchte.

[100] HOFFMANN, Studien, bes. 235–331, sucht in solchen Gruppen – dabei E. KÄSEMANN, ExVuB II, 115, und STECK, Israel 286 ff. 306 f, u. a. folgend – den Ursprung der „Logienquelle".
[101] Vgl. o. S. 44–48; dazu HOFFMANN, Studien 293 f; KATZ, a. a. O. (L 1) 73.
[102] HENGEL, Nachfolge* 82 (vgl. ebd. Anm. 139 mit Berufung auf F. Hahn, J. Jeremias, W. G. Kümmel, G. Bornkamm). – Vgl. auch LK I, 505 A. 54; CREED; MUSSNER in: HOFFMANN, Orientierung an Jesus 244 ff; FITZMYER 843; GNILKA, Mk I, 241.
[103] HENGEL, ebd. 83.
[104] Vgl. KATZ, a. a. O. (L 1) 71; ERNST; GNILKA, Mk I, 241; DERS., Mt 370.
[105] Siehe o. unter 3. – Vgl. auch o. S. 47 f das zu 9,57–62 abschließend Gesagte. – Vgl. auch KATZ, a. a. O. (L 1) 73.75.78 u. ö.
[106] Dagegen BULTMANN, Geschichte 155, und BEARE, a. a. O. (L 4); HOFFMANN, Studien 262 f.266 f.287.294 u. ö. – Eine solche einmalige Aktion ist (methodenkritisch aufgrund unserer Quellen) nicht direkt zu beweisen, aber auch nicht als unwahrscheinlich zu widerlegen. Sie bleibt auch diskutabel, wenn unser hypothetischer Versuch, Mt 10,5b–6 vor 10,8 zu postieren, nicht abzusichern ist.

C. Jüngerschaft als Gabe und Aufgabe
10,21–37

Der luk Kompositionswille wird deutlich, wenn man beachtet: Lukas erzählt 9,57–62; 10,1–20 zusammen mit 10,21–37.38–42 nicht nur die Anfänge des „Weges Jesu" durch den Tod in die Herrlichkeit (vgl. Lk 9,51–56); vielmehr: hier werden zugleich Christen erzählerisch rückerinnert an die eigenen Anfänge des Lebens als Gemeindeglieder. So wird verständlich, warum die Ganzheit des Lebens mit Christus – als Gabe und Aufgabe – in diesem Abschnitt in sehr zentraler Weise vorgestellt wird.

Schon einleitend (9,57–62) war ja deutlich geworden, daß „Jüngerschaft" zunächst einmal Jesusnachfolge bedeutet, die auch in der Zeit der Kirche noch ermöglicht wird durch das Wort der Sendlinge des Kyrios (10,1–20). Auch der Sendling soll nicht vergessen, daß er vor allem „Jünger" (9,54; 10,53) ist und bleibt, dem das ewige Leben verheißen ward (10,20), was nunmehr 10,21–37 deutlicher wird. Hier wird ein Konzentrat des „Wortes des Kyrios" (vgl. VV 39) gegeben: im Zusammen (1.) die Frohbotschaft von der Christusoffenbarung 10,21–24 und (2.) das „Gesetz des Christus" (vgl. Gal 6,2) in 10,25–37 als der Weg zum Leben (V 25; vgl. VV 20.42). So vergißt Lukas nicht, innerhalb der Evangeliumsverkündigung auch vom Gebot Jesu (als dem *„tertius usus legis"*) zu reden.

Nicht wenige Ausleger[1] möchten 10,21f.23f gliederungsmäßig zu 10,1–20 schlagen. Es wird verwiesen auf einige Stichwortzusammenhänge mit 10,17–20, vor allem: „Freude", „Jubel". Gewiß bewirkten diese Gemeinsamkeiten die Kontextualisierung (schon in Q; s.o.). Zu beachten ist die zeitliche Verknüpfung in V 21, die stärkere Zäsur durch den Szenenwechsel V 25, der Wechsel in der Zuhörerschaft 10,1–20.21–24 (Jünger) / 10,25–37 (Schriftgelehrter). Eine zeitliche Verknüpfung durch V 21 lag wohl schon in Q vor; sie wurde aber von Lukas verstärkt (s. ebd.). Der Szenenwechsel und der Wechsel in der Zuhörerschaft verdankt sich aber der luk Kontextualisierung (s.u.). Entscheidend ist zu bedenken: Was für die Redenquelle Geltung haben mag (s.u. nach V 24), muß nicht den Gliederungswillen des Lukas wiedergeben. Die Thematik bestimmt die redaktionelle Kontextualisierung hier stärker, als das die überkommenen und narrativ verwerteten Rahmennotizen tun: Offensichtlich will Lukas 10,21–24.25–37 seiner Gemeinde ein Konzentrat des Wortes des Kyrios thematisch zweifach vorstellen: daß er „kommen" wird (vgl. 10,1 mit 10,38; s.u.) und als der Offenbarer Gottes (V 22) gekommen ist, der sein zentrales Lehrwort sagt, wobei Lukas durch den erhöhten „Herrn" (10,1.39.41; vgl. 9,54.61; 10,27.40) sein Lehrwort in seine Gemeinde hineinsprechen läßt. Das ist es, was er dann am Ende (V 39) Maria als „sein Wort" darlegt.

---

[1] Vgl. so Lagrange; Wellhausen; Hauck*; Danker; Marshall; Creed; Leaney; Egelkraut, Mission (L 1); Miyoshi, Anfang (L 1) passim; Kremer. – Die meisten Kommentierungen umgehen die Frage.

1. Lobpreis des Vaters und Seligpreisung der Jünger
10,21–22.23–24

Die Exhomologese (VV 21f) und der Makarismus über die Jünger (VV 23f) entfalten den Aufruf zur Freude V 20 und wollen offensichtlich irgendwie im Zusammen gelesen werden[2]. Jünger ist, wer die Offenbarung vom Vater her (V 21) und die Offenbarung des Vaters durch den Sohn (V 22) erfahren hat, wer „gesehen" und „gehört" hat (VV 23f), wovon nur (a) jubelnd im Geiste (VV 21f) und (b) als Seligpreisung (VV 23f) geredet werden kann. Beide Einheiten führen in die „Tiefe" oder „Höhe", wo aus der (ausgegrenzten) Jüngerschaft und ihrer Freude die liturgiefähige Gemeinde entsteht, die in der preisenden Anerkennung der Fügung des „Vaters" und in der Offenbarung des „Sohnes" ihren eigenen preiswürdigen Selbstand gewinnt.

a) Jesu Homologese
10,21–22 (= Mt 11,25–27; vgl. Mt 16,17; 18,14; 28,18)

L 5: zu 10,21-22. – Lit. bei METZGER, Christ and the Gospels Nr. 4270–4292; bis 1911: bei SCHUMACHER, Selbstoffenbarung (s. u.); vgl. auch das Referat über die ältere Lit. bei N. P. WILLIAMS, Matthew XI.25-27 (s. u.); ferner bei VAN SWIGCHEM, Geschiedenis s. u.; auch bei H. CONZELMANN in: ThWNT VII (1964) 891 Anm. 44. Bibliographisch helfend bes. RANDELLINI, L'inno di giubilo (s. u.), bes Anm. 1; vgl. auch WAGNER, EBNT II, 147–149. – Vgl. bes. ARVEDSON, T., Das Mysterium Christi. Eine Studie zu Mt 11,25-30 (Uppsala 1937), bes. 1-157.232-240; BIENECK, J., Sohn Gottes als Christusbezeichnung der Synoptiker (AThANT 21) (Zürich 1951) 75-87; BORING, Sayings 150-152; BOUSSET, W., Kyrios Christos (Göttingen ²1921) 45-50; CERFAUX, L., Les sources scripturaires de Mt. XI, 25-30 (1954/55), in: DERS., Recueil III*, 139-161; DERS., L'évangile de Jean et le „logion johannique" des synoptiques (1958), ebd. 162-174; CHARLIER, a.a.O. (L 4a); CHRIST, Jesus Sophia 81-99; CRUMP, a.a.O. (L 4a); DALMAN, Worte Jesu I*, 219-236, bes. 231ff; DAVIES, W. D., „Knowledge" in the Dead Sea Scrolls and Matthew 11: 25-30, in: HThR 46 (1953) 113-139; DENAUX, A., The Q-Logion Mt 11,27/Lk 10,22 and the Gospel of John, in: DERS. (Ed.), John and the Synoptics 163-199; DENIS, A. M., L'investiture de la fonction apostolique par „apocalypse". Étude thématique de Gal. 1,16, in: RB 64 (1957) 335-362.492-515, bes. 498-500; DIBELIUS, Formgeschichte 279-284; DUPONT, J., L'ascolto e l'agire. L'antropologia dei Vangeli a partire da Luca 10. La visione dell'uomo nel pensiero cristiano (1978), in: Antropologia teologica 5 (Mailand 1978) 25 S.; DERS., Les simples (petâyim) dans la Bible et à Qumran. À propos des νήπιοι de Mt 11,25; Lc 10,21 (1967), in: DERS., Études 583-591; FELDKÄMPER, Der betende Jesus 151-176.317f; FEUILLET, A., Jésus et la sagesse divine d'après les évangiles synoptiques, in: RB 62 (1955) 161-196; FITZMYER, J. A., Abba and Jesus' Relation to God, in: COLL (Éd.), À Cause 14-38, bes. 36ff; FJÄRSTEDT, Synoptic Tradition 145-150; FLUSSER, Die rabbinischen Gleichnisse, zu 10,21.23-24: 265-281; FRANKEMÖLLE, Handlungsanweisungen, darin: Die Offenbarung an die Unmündigen. Pragmatische Impulse aus Mt 11,25f.: 80-108; FRIDRICHSEN, A., Eine unbeachtete Parallele zum Heilandsruf, in: SCHMID-VÖGTLE (Hg.), Synoptische Studien 83-85; GIBLET, J., L'action de grâce de Jésus dans le contexte de l'Évangile de saint Luc (Lc X,21-24), in: R. CÈLLIS (Éd.),

---

[2] Es wäre schön, wenn sich „eine eingehende Exegese dieser beiden Logiengruppen" erübrigen würde, „nachdem sich aufgrund jüngster exegetischer Arbeiten ein Konsensus abzeichnet" (so KATZ, a.a.O. [L 1] 100).

Lk 10,21-22

Qu'est-ce que Dieu? Philosophie – théologie (FS D. Coppieters de Gibson) (Publications des Facultés Universitaires Saint-Louis 33) (Bruxelles 1985) 613–635; GRIMM, W., Der Dank für die empfangene Offenbarung bei Jesus und Josephus. Parallelen zu Mt 11,26–27, in: BZ 7 (1973) 249–256; DERS., Weil ich dich liebe 171–177; GRUNDMANN, W., Die νήπιοι in der urchristlichen Paränese, in: NTS 5 (1958/59) 188–205; DERS., Matth XI.27 und die johanneischen „Der Vater – Der Sohn"-Stellen, in: NTS 12 (1965/66) 42–49; HAHN, Hoheitstitel 319–333, bes. 321–326; HOFFMANN, Studien 104–142 u.ö.; DERS., Die Offenbarung des Sohnes. Die apokalyptischen Voraussetzungen und ihre Verarbeitung im Q-Logion Mt 11,27 par Lk 10,22, in: Kairos 12 (1970) 270–288; HOPPE, R., Der theologische Hintergrund des Jakobus-Briefes (FzB 28) (Würzburg 1977) 129–145; HUNTER, A. M., Crux Criticorum – Matt. XI. 25–30. – A Re-appraisal, in: NTS 8 (1961/62) 241–249; VAN IERSEL, Der „Sohn" 146–161; JEREMIAS, Abba* 47ff; DERS., Theologie I, 62–67; KATZ, a.a.O. (L 1), bes. 13–17.100–105; KLIJN, A. F. J., Matthew 11:25 / Luke 10:21, in: EPP-FEE (Ed.), Criticism 1–14; KLOPPENBORG, J. S., Wisdom Christology in Q, in: LTP 34 (1978) 129–147; DERS., Formation, bes. 197–201; LANGE, J., Das Erscheinen des Auferstandenen im Evangelium nach Matthäus. Eine traditions- und redaktionsgeschichtliche Untersuchung zu Mt 28,16-20 (FzB 11) (Würzburg 1973) (vgl. dort das Stellenreg.); LÉGASSE, S., La révélation aux ΝΗΠΙΟΙ, in: Rb 67 (1960) 321–348; DERS., Jésus et l'enfant. „Enfants", „petits" et „simples" dans la tradition synoptique (Paris 1969), bes. 121–185; DERS., Le logion sur le fils révélateur, in: J. COPPENS (Éd.), La notion de Dieu (BEThL 41) (Gembloux 1976) 245–274; LINTON, O., Sonen och sönerna, in: SEÅ 37/38 (1972/73) 185–195; LIPS, V., Weisheitliche Traditionen 270–273; LUCK, U., Weisheit und Christologie in Mt 11,25–30, in: WuD 13 (1975) 35–51; LÜHRMANN, Logienquelle 64–68.99–100; MARCHEL, W., Abba Père. La prière du Christ et des Chrétiens (AnBib 19) (Rom 1963), bes. (129–145) 147–177; MARSHALL, I. H., The Divine Sonship of Jesus, in: Interp. 21 (1967) 87–103; MERTENS, H., L'Hymne de Jubilation chez les Synoptiques Matthieu XI,25-30 – Luc X,21-22 (Gembloux 1957) (= Excerpta ex Diss. Pont. Univ. Gregorianae, Roma); MIYOSHI, Anfang (L 1), zu Lk 10,21–24: 120–152; MUSSNER, F., Weg zum Selbstbewußtsein Jesu, in: BZ 12 (1968) 161–172, bes. 167ff; NORDEN, Agnostos Theos* 277–308; NÜTZEL, Jesus 139–175; PERCY, Botschaft Jesu 259–271; PIPER, R. A., Wisdom 170–173; POKORNÝ, P., Der Gottessohn (Zürich 1971); POLAG, Christologie 160ff u.ö.; PRYOR, J. W., The Great Thanksgiving and the Fourth Gospel, in: BZ 35 (1991) 157–179; RANDELLINI, L., L'inno di giubilo: Mt. 11,25–30; Lc. 10,20–24, in: RivBib 22 (1974) 183–235; RIST, M., Is Matt. 11:25–30 a Primitive Baptismal Hymn?, in: JR 15 (1935) 63–77; ROBINSON, J. M., Die Hodajot-Formel in Gebet und Hymnus des Frühchristentums, in: W. ELTESTER u.a. (Hg.), Apophoreta 194–235; SABBE, M., Can Mt 11,25–27 and Lc 10,22 Be Called a Johannine Logion?, in: DELOBEL, Logia 363–371; SCHENK, W., Das „Matthäusevangelium" als Petrusevangelium, in: BZ 27 (1983) 58–80; SCHNEIDER, G., Gott der Vater Jesu Christi, in der Verkündigung Jesu und im urchristlichen Bekenntnis, in: DERS. (Hg.), Jesusüberlieferung 3–38, zu Lk 10,21f: 11f.16; DERS., Auf Gott bezogenes „mein Vater" und „euer Vater" in den Jesus-Worten der Evangelien, in: VAN SEGBROECK (Ed.), The Four Gospels 1992 III, 1751–1781, zu 10,21f bes.: 1755–1757; SCHULTE, H., Der Begriff der Offenbarung im Neuen Testament (München 1949); SCHULZ, Q 213–228.419ff; SCHUMACHER, H., Die Selbstoffenbarung Jesu bei Mt. XI,27 (Lk. X,22) (Freiburg i.Br. 1912); SCHWARZ, „Und Jesus sprach" 266–269; SCHWEIZER, E., Art. υἱός κτλ., D. NT, in: ThWNT VIII, 364–395, hier bes. 372–375.382–384; STECK, K. G., Über Matthäus 11,25–30, in: EvTh 15 (1955) 343–349; SUGGS, M. J., Wisdom, Christology and Law in Matthew's Gospel (Cambridge/MA 1970) 71–97; SWIGCHEM, D. VAN, Geschiedenis van de exegese van Luc. 10:22 (Matth. 11:27) in de laatste decennia, in: GThT 52 (1952) 97–108; URO, a.a.O. (L 4), bes. 224–240; VÖGTLE, A., Exegetische Erwägungen über das Wissen und Selbstbewußtsein Jesu, in: H. VORGRIMLER (Hg.), Gott in Welt (FS K. Rahner) (Freiburg i.Br. 1964) I, 608–667, hier 653–656; WANKE, „Bezugs- und Kommentarworte" 45–51; WEISS, J., Das Logion Mt 11,25–30, in: DEISSMANN u.a. (Hg.), Neutestamentliche Studien 120–129; WILLIAMS, N. P., Matthew XI.25–27 = Luke X.21,22, in: ET 51 (1939/40) 182–186.215–220; WINTER, P., Matthew XI 27 and Luke X

22 from the First to the Fifth Century. Reflexions on the Development of the Text, in: NT 1 (1956) 112–148; ZERWICK, M., El júbilo del Señor (Lc 10,21–24), in: RevBib 20 (1958) 23–28.

Die zweistrophige „Exhomologese" VV 21 f Jesu sieht in der Scheidung, die das Auftreten Jesu und seiner Boten V 16 (vgl. VV 5–9 einerseits, VV 10–15 andererseits) bewirkt, das verhüllende und offenbarende Wirken des „Vaters" (VV 21.22 a), von dem man nur durch den „Sohn" Kenntnis haben kann (vgl. V 22 b). Lukas ist dieser von Q als Einheit überlieferte „Jubelruf" so wichtig, daß er seine Vorlage nur geringfügig zu ändern wagt[3].

Jesu „Exhomologese" VV 21 f gibt zugleich (in V 22 b–d) tiefe Belehrung über die Christusoffenbarung (im objektiven und subjektiven Sinn) und deren Empfänger. V 22 b–d hebt sich von der Selbstproklamation V 22 a, auch vom bekennenden Dank V 21, ab. Hier wird deutlich, wie das Gebetswort das Bekenntniswort aus sich entläßt, das Bekenntniswort seinerseits das Lehrwort.

21 In dieser Stunde frohlockte er im[a] Heiligen Geist[a] und sagte:
Ich preise dich, Vater, Herr des Himmels und der Erde[b],
daß du dies Weisen und Verständigen verborgen
und Unmündigen enthüllt hast.
Ja, Vater, so war es wohlgefällig[c] vor dir[d].
22 Alles wurde mir von meinem[e] Vater übergeben,
und niemand erkennt, wer der Sohn[f] ist, nur der Vater,
und wer der Vater ist, nur der Sohn
und der, dem der Sohn es offenbaren will*.

21 Durch ἐν αὐτῇ τῇ ὥρᾳ wird einleitend Jesu Jubel[4] in „diese"[5] Stunde der Rückkehr der Boten verlegt; er klingt zusammen mit deren Freude (VV 17.20) und überbietet Jesu Zuversicht VV 18 f. Diese Einführung wird VV 21.22 als Einheit im Auge haben; auch V 22 „jubelt" Jesus noch im Heiligen Geist[6]. Diese Freudenbezeigung Jesu geschieht „im[7]

---

* T: [a] v.l.: H V M N G (s. A. 7 und 8). – [b] v.l.: – (s. A. 20). – [c] v.l.: T S B G (s. A. 27). – [d] v.l.: T [S] (s. A. 57). – [e] v.l.: – (s. A. 63). – [f] v.l.: – (s. A. 64).

[3] Aber doch stärker als Mt; s. nachstehend und S. 107 zu V 21, S. 112 f zu V 22.
[4] ἀγαλλιάω „nur im bibl. u. kirchl. Sprachgebrauch nachgewiesen" – nach BAUERWb z. W. (klassisch ἀγάλλω, ἀγάλλομαι).
[5] Zur demonstrativen Bedeutung von αὐτὸς ὁ vgl. JEREMIAS, Sprache 98. – „αὐτὸς ὁ, αὐτὴ ἡ mit Substantiv der Zeit ... findet sich im NT nur im lk Doppelwerk" (DERS., ebd.).
[6] Ob τὸ πνεῦμα τὸ ἅγιον hier nun persönlich oder personalisiert vorgestellt ist als „die" bekannte Größe: Großschreibung scheint in beiden Fällen angebracht.
[7] T[a] Lukas schreibt ἐν πνεύματι (aktiv) nur noch 2,27 und Apg 19,21, so daß das εν hier weniger wahrscheinlich luk ist. – εν ist durch 𝔓[45 vid] 0115 892 2542 pc q, weiter durch ℵ D L Ξ 33 al it gut bezeugt, obgleich es 𝔓[75] B C Θ f[1] 579 al am vg, aber auch A W Ψ f[13] (1006) 1342 1506 𝔐 f fehlt (was – unterschiedlich – H V M N G beeindruckte). Vor allem

Heiligen[8] Geist". Jesus ist der „Urpneumatiker"[9]; Gebet und Gottesverherrlichung sind vom Pneuma inspiriert[10]. Die Erwähnung des Hl. Geistes – die im Leben Jesu nur noch 3,22, dann 4,1 a.b; 4,14. (und LXX) 18 im EvLk begegnet[11] – hebt 10,21.22 hoch über die Szenen 10,17–20.23–24 hinaus und verbindet mit jenen, in denen es – vielleicht nicht zufällig – auch um Jesu „Sohnschaft" ging.

Eine Zeitangabe – wie einleitend Lk 10,21 oder wie (anders) Mt 11,25 – verband schon in Q den Jubelruf mit der Aussendungserzählung[12]; vgl. die Abfolge Lk 10,13–15.21 f par Mt 11,21–23 a.25 ff. Die matth Fassung setzt von den Weherufen ab, die lukanische verbindet mit VV 17–20. Wenn VV 17–20 in Q eine Grundlage hatten (s. o.), wird auch die Zeitangabe (die auch Lk 12,12 par Mt 10,19 ähnlich begegnet) in irgendeiner Form aus Q stammen. Die konkrete Fassung ἐν αὐτῇ τ. ὥ. ist luk[13]. Auch ἀγαλλιᾶν[14] und πνεῦμα ἅγιον[15] verraten die Hand des Lukas.

Die dankbare[16] Lobpreisung[17] gilt in V 21 a – wie in V 21 d – dem „Vater", der in V 22 dann in exzeptioneller Weise „sein" (vgl. 2,49) Vater ist, was Jesus (s. dort) ebenso exzeptionell zum „Sohn" macht. Hier bleibt die Besonderheit des Vater-Sohn-Bezuges noch verhüllt[18], weil es zunächst nur um das offenbarende und verbergende Handeln des Vaters geht. Hinter der Anrede πάτερ V 21 a, deutlicher noch hinter ὁ πατήρ V 21 d, steht das für Jesus charakteristische אַבָּא[19].

---

das Fehlen in 𝔓[75] und B veranlaßte den St-T, es als fraglich in eckige Klammern zu setzen (die also fehlen dürfen).

[8] Tª: Der Zusatz τω αγιω (so 𝔓[75] B C Θ f¹ 579 al aur vg, aber auch ℵ D L Ξ 33 al it) ist gut luk; vgl. LK I, 55 A. 109 und LK I, 206 f. – Mit Art. nachgestellt außer Mk 3,29 par Mt 12,32 diff Lk 12,10 (Q?) syn nur Lk 2,26 S; 3,22 diff Mk und 10,21 diff Mt, aber ca. 15mal Apg. Zu (τὸ) πνεῦμα (τὸ) ἅγιον mit oder ohne Art. vgl. Bl-R § 257,2 und 474 Anm. 2.

[9] Vgl. LK I, 207.

[10] Siehe auch Lk 1,41.47.67; Apg 2,4; 10,44 f; 19,6.

[11] MIYOSHI, Anfang (L 1) 121, macht darauf aufmerksam. – Die genannten Übereinstimmungen legen die Frage nach einem vormaligen geschichtlichen Zusammenhang von Q 10,21–22 (11,2–4) mit dem „Bericht vom Anfang" in Q nahe; vgl. dazu zusammenfassend LK I, 258 f und u. S. 118 f.

[12] Siehe dazu u. 106 ff.

[13] Vgl. Näheres LK I, 410 A. 19 und JEREMIAS, Sprache 189. Aber auch die matth Fassung ist redaktionell; vgl. Mt 12,1; 14,1.

[14] Siehe dazu LK I, 33 A. 47 und S. 68.

[15] Siehe o. A. 8.

[16] Parallelen aus dem jüdischen Raum, speziell aus den Qumran-Hodajot, legt ROBINSON, a. a. O., vor. Urchristliche Eucharistiegebete (Berakot) können in der Formulierung nachwirken (vgl. ROBINSON, ebd. 201–213).

[17] SAND, Mt, macht auf die Nähe zu Dan 2,20–23 und 7,14 aufmerksam (wo aber die Weisheit den Weisen und Einsicht den Einsichtigen „gegeben" wird, die freilich auch dort von den „Weisen" Babylons abgesetzt sind).

[18] Da sich in der Anrede zunächst das Gottesverhältnis Jesu seinen Ausdruck gesucht hat, wird man die Vater-Anrede nicht (mit manchen Kommentaren) mit den „Unmündigen" in Beziehung bringen dürfen.

[19] Siehe Näheres u. S. 180–183.

Der Vater Jesu ist gleichzeitig „Herr des Himmels und der Erde"[20]. Das meint hier doch wohl mehr als „Herr der Welt" (wie Gen 14,19.22 LXX), der Schöpfung und der Geschichte. Die Formel setzt vielmehr ein zweistöckiges Weltbild voraus, ähnlich den matth Beifügungen im Herrengebet in der Anrede und in der dritten Bitte. Der Zusatz moduliert das Herrsein des „Vaters" über den himmlischen und den irdischen Bereich heraus, um seine göttliche εὐδοκία, die verhüllen und offenbaren kann, im voraus grundzulegen.

Der ὅτι-Satz gibt den Grund an für das dankbare Lobpreisen: Im Kontext bezieht sich das geheimnisvoll unbestimmte ταῦτα zunächst zurück auf das angenommene (VV 5f.8f.16a) bzw. abgelehnte (VV 10ff.16b) Wirken der Boten Jesu (einschließlich deren Erfahrungen V 17), auch auf das Wirken Jesu selbst (VV 13f.15.19) (und dessen Erfahrungen; V 18), in welchem Wirken sich Hintergründiges offenbart: das Zukommen der Basileia, letztlich das Geheimnis Jesu (V 16c), wie dann V 22 deutlich wird[21].

E. Norden[22] deutete ταῦτα als Indiz für die ursprüngliche Nachordnung von V 21 hinter 22. Auf einen andersartigen literarischen Zusammenhang – so die meisten – muß man nicht notwendig schließen.

In einem isoliert tradierten Gebetswort würde man ταῦτα, sehr generell und hymnisch offen[23], vorösterlich verstehen müssen vom „Geheimnis der Basileia" (Mk 4,11 parr), die Jesus ausruft und die sich schon bekundet, in nachösterlicher Tradition dann vom „Christusgeschehen".

Der Vater „hat verborgen"[24] und „enthüllt", sagt das Wortspiel ἀπέκρυψας – ἀπεκάλυψας. Man wird schwerlich unkritisch den Sinngehalt auf den spätjüdischen Offenbarungsbegriff[25] beschränken dürfen, da es hier (wie Mt 16,17) um ein individuelles „Verbergen" und „Enthüllen" geht, wobei mehr an anstehendes als an noch ausstehendes Geschehen gedacht ist.

Gott hat, wohl in seiner himmlischen Ratsversammlung (ἔμπροσθέν σου[26], das so beschlossen (εὐδοκία ἐγένετο)[27] – eine szenische Bekräfti-

---

[20] Die Formel entspricht jüdischer Gebetstradition (vgl. Gen 24,[3]7; Jdt 9,12; Tob 7,17; 2 Esra 5,11.12). Durch par Mt ist καὶ τῆς γῆς für Q bezeugt und Apg 17,24 als luk möglich gesichert. – T^b: Das Fehlen von και της γης in 𝔓45; Mcion geht sichtlich auf Marcion zurück und dessen Tendenz.

[21] Die Ausleger haben hier meist nur diesen oder jenen Bezug im Kontext im Blick. Auf die Eintragung der Namen in die himmlischen Listen legt man besser Lukas nicht fest. Noch weniger wird ταῦτα auf V 22 vorausschauen (anders FITZMYER 869; GNILKA, Mt 435).

[22] Vgl. NORDEN, Agnostos Theos*; vgl. jedoch u. S. 107.

[23] Daß „diese Redeweise ... liturgischen Einfluß" zeigt, wobei „im liturgischen Akt ... der Sinn klar" sein soll (CONZELMANN, in: ThWNT VII, 891 Anm. 44), ist aber nicht so sicher.

[24] Lukas (ἀπέκρυψας) gleicht diff QMt (ἔκρυψας) an ἀπεκάλυψας an.

[25] Für diesen hat HOFFMANN, Studien 111ff, Belege zusammengetragen.

[26] εὐδοκία ἔμπροσθέν σου ist „keine alttestamentliche Redeweise", sondern spätjüdischer Versuch, von Gott nicht unmittelbar ein „Wollen" auszusagen (vgl. auch Mt 18,14); vgl. DALMAN, Worte Jesu* 173 (dort Belege). – Freilich schöpft diese „religionsgeschichtliche Erklärung" die biblische Wendung hier wohl theologisch nicht aus.

[27] T^c: Die Wortstellung ευδοκια εγενετο von 𝔓45vid.75 B C* Ξ Ψ 0124 bevorzugt nunmehr

gung[28] des unerhörten Tatbestandes, daß Gott sich den ἄνθρωποι εὐδοκίας (vgl. zu 2,14): den Niedrigen und Sich-niedrig-Machenden, zuneigt. Er ist es, der seine Geheimnisse aktiv „verbirgt", wie er sie aktiv anderen „offenbart". Die σοφοί und συνετοί sind – im Zusammenhang mit V 16b (vgl. VV 10ff.13f.15) – die ἀθετοῦντες, die νήπιοι, im Zusammenhang mit V 16b (vgl. VV 5–9) die ἀκούοντες. V 21 sind nun aber auch (vgl. schon V 20) die Boten selbst zurückgetreten in die Menge derer, denen das Heil zugedacht ist. Hier sind aber wohl allgemein alle νήπιοι mitgemeint, die – wie die „Armen"[29] der Anawim-Frömmigkeit des AT (vgl. Lk 1,46ff; 2,4–7; 4,18; 6,20; 7,22) – aufnahmefähiger sind für die Offenbarung als die „Weisen und Verständigen", was die christliche Erfahrung früh bestätigen konnte[30] (vgl. 1 Kor 1,21)[31]. Damit dankt Jesus freilich für ein religionsgeschichtlich „revolutionäres" Geschehen: Nicht mehr den „Weisen" ist Gottes Weisheit und Offenbarung zugedacht, sondern paradoxerweise den Einfältig-Kleinen[32]. „Christen sind einfältig."[33]

Da das Logion VV 21 (f) auf einer späteren Redaktionsstufe der Aussendungserzählung 10,1–20 angefügt wurde (s.u.), sind wir nicht berechtigt, in ihrem Sinn die νήπιοι vorösterlich mit den „Boten Jesu" oder in einem frühen nachösterlichen Stadium mit einer „Q-Gruppe selbst"[34] zu identifizieren. Es sind – vom schriftgelehrten Standpunkt – die theologisch Ungebildeten der damaligen Zeit, „die vom Gesetz nichts verstehen", in der Weisheitsliteratur die, welche die Wege Gottes nicht kennen oder befolgen[35]. Jesus als Sprecher würde wohl an die Jüngerschar (in weitem Sinn) gedacht haben. Wahrscheinlich dachte eine diese Q-Tradition weitergebende Gemeinde (!) an ihre Mitglieder als „Hörer des Wortes".

An wen aber denkt Lukas, wenn er – synonym[36] – die „Weisen" und „Verständigen" als für Offenbarungsempfang indisponiert abgewertet findet? Lukas wird mit der Tradition vor ihm, gemäß dem vom Rabbinat bestimmten Sprachgebrauch[37], die Tora-Fachleute meinen, die in Lk – wie

---

der St-T. – T S B, auch G folgten ihren ägyptischen und westlichen Vorzugs-Hss. und bevorzugten damit – vielleicht richtig? – die unparallele Lesart als die lectio difficilior. – Die Lesart par Mt 11,26 des Gnostikers Markos (nach Ir I,13,2) ουα, ο πατηρ, οτι εμπροσθεν σου ευδοκια μοι εγενετο leitet zum folgenden Logion über und kann ernstlich nicht als ursprünglich in Erwägung gezogen werden (gg. GRUNDMANN).
[28] ναί dient der nachdrücklichen Wiederholung; vgl. Bl-R § 441,2 mit Anm. 2.
[29] Vgl. dazu LK I, 327.
[30] Siehe LK I, 327 A. 9; vgl. ferner 421 f.427 f (zu 7,29.35).
[31] Vgl. dazu u. A. 50.
[32] Vgl. DUPONT, Les Simples (a.a.O.); dort Lit. – Eine positive Wertung der νήπιοι – der noch unmündigen Kinder, hier wie oft übertragen – hinsichtlich ihrer Offenheit für Gott bahnt sich an in LXX: Weish 10,21; Ps 114,6; 118; 130; vgl. auch 1 QHab 12,4; 1 Clem 57,7. – (Natürlich weiß das NT auch, daß der Christenstand nicht auf der Stufe der νήπιοι stehenbleiben darf: vgl. 1 Kor 3,1; Eph 4,14; Hebr 5,13.)
[33] So der Buchtitel des aufschlußreichen (sein Werk erschließenden) Bändchens von H. U. v. BALTHASAR (Einsiedeln – Trier 1983).
[34] Gegen HOFFMANN, Studien 111.114.305.325 u.s.
[35] Vgl. GRUNDMANN, νήπιοι (a.a.O.).
[36] Vgl. H. CONZELMANN (s.o. A. 23), gg. SCHLATTER, Mt; GRUNDMANN.
[37] Vgl. U. WILCKENS in: ThWNT VII, 505 f.

schon in Q[38] – seit 5,17 immer als Gegner charakterisierten νομικοί (7,30), wie ähnlich Matthäus (vgl. 23,4) und Paulus die γραμματεῖς (1 Kor 1,20) als „Weise" dieser Welt abwerten können[39]. Soweit Lukas nicht nur historisierend aus der Zeit Jesu erzählt, sondern auch in die Situation seiner Gemeinde hineinspricht, kann er hier freilich auch warnend entartete christliche Lehrer und ihre sich weise dünkenden Anhänger mit im Auge haben[40]. Das Christusereignis führte schon zu einer Umwertung der Werte.

1. Lukas las 10,21 (par Mt 11,25f) bereits in Zusammenhang mit 10,22 (par Mt 11,27) *in Q,* ebendort auch schon im Kontext mit 10,13–14.15 (par Mt 10,21–22.23)[41]. Die Q-Fassung ist leicht rekonstruierbar, s. zur luk R o. (jeweils z. St.) zu ἐν αὐτῇ (A. 13), zu ὥρα (A. 13), zu ἠγαλλιάσατο (A. 4), ἐν τῷ πνεύματι τῷ ἁγίῳ (diff Mt) (A. 7 und 8), ἀπέκρυψας (diff Mt) (A. 24).

2. V 21 würde als vormals *isoliert* tradiertes Gebetswort Jesu eine situierende Einleitung verlangen, zumal das ταῦτα nach einem Kontext ruft. V 21 kann als Fragment eines nicht bekannten Erzählungsstückes verstanden werden[42]. Da V 22 in Q „sperrig" zum Kontext steht, möchte man eine *übernommene Tradition* vermuten, die dann in der Form dem Q-Kontext 10,3–7 oder 10,(3–7)8–12 oder 10,3–12.13–15(16), vielleicht schon beschlossen durch eine Vorform von 10,17–20 (s. ebd.), als Nach-Wort angefügt und dem Kontext in etwa angepaßt wurde. Diese „Erfahrungen" Jesu ließen sich passend durch ein Dankgebet Jesu beschließen, zumal man 10,3 eine Gebetsaufforderung Jesu las (und in Q 11,1b–4 das Gebet des Herrn folgte; s. u.).

3. a) In V 21 finden sich keine sicheren sprachlichen Spuren einer *sem. Vorlage,* da „die grammatische Parataxe bei logischer Hypotaxe" kein Semitismus sein muß[43]. Der Vokativ ὁ πατήρ kann, muß aber nicht als Übersetzungsgriechisch gedeutet werden[44].

b) In Denkweise und Formulierung bezeugt sich ein *jüdischer* (aber noch palästinensischer?) *Hintergrund*[45]: Die Gebetseinleitung ἐξομολογοῦμαί σοι hat biblische und jüdische Parallelen[46]. Die Vater-Anrede ist wohl jüdisch, zumal der Zusatz κύριε τοῦ οὐρανοῦ καὶ τῆς γῆς sachlich jüdische Parallelen hat (s. o.) und

---

[38] Vgl. dazu LK I, 422 A. 96.
[39] Vgl. das Referat über den (wertschätzenden) Sprachgebrauch der damaligen Zeit bei HOFFMANN, Studien 116f. – Kritik der Weisheit gegenüber ist schon Jes 29,14; 44,25; Jer 8,8f zu lesen (vgl. gg. heidnische „Weise" auch Gen 41; Dan 2).
[40] Vgl. LK I, 337ff.365–379, sowie TrU 290–309.312–322. – Obgleich „die christlichen Schriftgelehrten" im EvMt „gut weg(kommen)... bedeutet das Logion" auch nach GNILKA, Mt I,436, „prinzipiell eine Herausforderung der Schultheologen".
[41] Das wurde oft konstatiert; vgl. nur LÜHRMANN, Logienquelle 60ff; MARSHALL 431; KATZ, a.a.O. (L 1) 13; ERNST 231; WANKE, „Bezugs- und Kommentarworte" 46; GNILKA, Mt II,334; SCHNACKENBURG, Mt 103; KLOPPENBORG, Formation 201f.
[42] Aber schwerlich eine (aramäisch verfaßte) „verlorene jüdische Schrift", mit BULTMANN, Geschichte 172 („möglicherweise").
[43] JEREMIAS, Sprache 189 (vgl. 62), wagt solche nicht anzugeben.
[44] Siehe u. S. 179f.
[45] Vgl. die Autoren bei HOFFMANN, Studien Anm. 32. – KATZ, a.a.O. (L 1) 102, weiß zuviel: „mit Sicherheit der griechisch sprechenden Gemeinde Palästinas".
[46] Siehe o. A. 4.

den atl. Schöpfungsglauben bezeugt⁴⁷. εὐδοκία ἐγένετο ἔμπροσθέν σου vermeidet eine direkte Gottesaussage⁴⁸. Der Offenbarungsgedanke ist jüdisch-apokalyptisch eingefärbt⁴⁹. So möchte man dem Gebet V 21 eine relativ alte Tradition zubilligen.

4. a) Eine *paul. Kenntnis* des (dann früh tradierten) Logions läßt sich nicht sichern: Mehrfach⁵⁰ meinte man aus 1 Kor 1, 21 Abhängigkeit von QLk 10, 21 par Mt 11, 25 herauslesen zu dürfen; vgl. dazu MARSHALL. Der Rückgriff des Paulus auf Weisheitsmotive kann freilich auch anders erklärt werden. – Auch Hinweise, Gal 1, (1) 16 sei der pln. Sprachgebrauch von Mt 11, 25 ff par abhängig⁵¹, bleiben recht unsicher.

b) Häufiger⁵² wird angenommen, *Mt 16, 17* sei von QLk 10, 21(22).23 abhängig; V 17 sei durch Reminiszenzen an jene Q-Tradition in die vorliegende Fassung gebracht worden; vgl. nur μακάριος (Mt 16, 17; Lk 10, 23 par); vgl. ὁ πατήρ μου ὁ ἐν τοῖς οὐρανοῖς Mt 16, 17 v. l. mit Lk 10, 21.22 (wo freilich eher QMt 6, 9 par auf das Gebet des Herrn einwirken wird; s. u. S. 179); ἀπεκάλυψεν ... (ὁ πατήρ μου) Mt 16, 17 vgl. mit QLk 10, 21 (und 22)⁵³. – Die vermutete matth Abhängigkeit von QLk 10, 21(22).23 gibt freilich keinen Aufschluß über eine frühe Q-Überlieferung vor deren Abschlußredaktion⁵⁴.

5. Die radikale Situationsdeutung und das „revolutionäre" Urteil über die Schriftkundigen der Zeit (s. o.) möchte man gern auf *Jesus* zurückführen⁵⁵, da es dessen Intention entspricht (vgl. S. 106 f)⁵⁶. Freilich wird man die Einheit in ihrer singulären (und singularischen) Gebetsform nicht gut einer schon vorösterlichen Paradosis der Jünger zusprechen können.

---

⁴⁷ Freilich findet sich keine wörtliche jüdische Gebetsparallele; vgl. HOFFMANN, Studien 110; s. jedoch sachlich o. A. 20.
⁴⁸ Siehe o. A. 26.
⁴⁹ Siehe o. A. 105 f.
⁵⁰ Vgl. FJÄRSTEDT, Synoptic Tradition; auch MARSHALL. – Vgl. dazu LK I, 327 A. 9 und ebd. zu 7, 29.35.
⁵¹ Vgl. DENIS, a. a. O. 335–362; vgl. auch J. DUPONT, La révélation du Fils de Dieu en faveur de Pierre (Mt 16, 17) et de Paul (Ga 1, 16) (1964), in: DERS., Études II, 929–939.
⁵² Vgl. A. VÖGTLE, Zum Problem der Herkunft von „Mt 16, 17–19" (1973), in: DERS., Offenbarungsgeschehen 109–127 (127–140), bes. 111.121.135 ff; vgl. dort S. 127 Anm. 9, S. 73.95, Autoren, die den früheren diesbezüglichen Arbeiten A. Vögtles zustimmen. Vgl. auch dort 129–136 die Hinweise auf C. KÄHLER, Zur Form- und Traditionsgeschichte von Matth. XVI.17–19, in: NTS 23 (1976) 36–58, bes. 46.
⁵³ SCHENK, a. a. O. 73 f, überdehnt die Beobachtungen, wenn er Mt 16, 16 ff „aus Reminiszenzen von Q-Lk 10, 15.21–25 gebildet sein" läßt und Mt 16, 17 „in Verbindung mit V 15" als „dublettenhafte redaktionelle Nachbildung von Q-Lk 10, 23 f" versteht: Der Hades muß Mt 16, 17 nicht aus QLk 10, 15 stammen. Keineswegs sicher ist das σοι λέγω ὅτι Mt 16, 18 von QLk 10, 24 λέγω ὑμῖν abhängig. Die Verbindung der λέγω-Formel mit μακάριος Mt 16, 17 – vgl. QLk 10, 23 f – hat 12, 43 f eine enger verwandte Parallele. Der Zusatz Mt 16, 15 diff Mk ὁ υἱὸς τοῦ θεοῦ ζῶντος ist schwerlich Nachklang von QLk 10, 24 par. Die Negation (οὐκ) zum Zweck der Steigerung mag mit QLk 10, 24 funktionsgleich sein, was aber keine Abhängigkeit beweist.
⁵⁴ Zur Kompositionsgeschichte s. u. S. 123 f.
⁵⁵ Nach BULTMANN, Geschichte 172, „liegt ... kein zwingender Grund vor, es (V 21 das Logion) Jesus abzusprechen". Vgl. auch GNILKA, Mt I, 441, zur Frage.
⁵⁶ Vgl. MARSHALL 432; GNILKA, Mt I, 441; HOFFMANN, Studien 111 („möglicher Weise"); KATZ, a. a. O. (L 1) 100: „Die Nähe zur Verkündigung Jesu ist deutlich." – Das Urteil der Ausleger in dieser Frage pro und contra betrifft häufig ungut VV 21.22 als Einheit.

22 In der zweiten Strophe⁵⁷ findet das V 21 gepriesene Offenbarungsgeschehen (ἀπεκάλυψας) seine „christologische" Tiefe. Dabei wird Jesu Lobpreis des verhüllenden und offenbarenden Vaters V 21 nunmehr in V 22 reflektiert zu einer preisenden Selbstoffenbarung Jesu, die V 22 a mehr einer Selbstbekundung hinsichtlich seiner Bevollmächtigung ist, die dann V 22 b–d in ein „Offenbarungswort" bzw. in ein bekennendes Lehrwort übergeht.

Vorweg ein Überblick: In V 22 (a)b scheint es zunächst um das einzigartige Verhältnis des Vaters zum Sohn zu gehen – aber das doch nur, um den schon V 21 erwähnten Offenbarungsvorgang (ἀπεκάλυψας) als Offenbarungshandeln des „Sohnes" (V 22 c.d) in seiner Tiefe christologisch verständlich zu machen und dessen Exklusivität sicherzustellen⁵⁸. Diese Exklusivität wird V 22 a.d als im Vater gründend deutlich; sie wird durch das doppelte „nur" (οὐδείς ... εἰ μή) V 22 b.c, das andere ausschließt, eindeutig. Für das Verständnis ist wichtig: „Die logische Struktur der Zeilen ist nicht durch die gegenseitige Erkenntnis von Vater und Sohn bestimmt, sondern durch die Gegenüberstellung von Mysterium ... und Offenbarung."⁵⁹ Die zweiteilige Aussage über das gegenseitige⁶⁰ Erkennen⁶¹ schiebt sich vertiefend V 22.b.c dazwischen, wobei V 22 b V 22 a herausstellt und V 22 c V 22 d vorbereitet. Dabei geht es dem Aussageduktus nach am Ende näherhin mehr um das Erkennen des Vaters (V 22 c) aufgrund der Offenbarungstätigkeit des Sohnes (V 22 d)⁶². Die ausschließliche Erkennbarkeit des Sohnes durch „seinen⁶³ Vater" V 22 b bleibt diesem Duktus untergeordnet: sie stellt die Größe und Befähigung des Sohnes ins Licht. Die hin und her wogenden Aussagen erreichen also in V 22 (c)d deutlich ihren Höhepunkt: Zugang zum „Vater" gibt es nur durch den Sohn aufgrund dessen „Bevollmächtigung" V 22 a⁶⁴. – Die hier kurz skizzierte Analyse bedarf der bestätigenden Entfaltung, die für die zentrierten Teilsätze (V 22 a.c.b.d) nur meditativ kreisend möglich sein wird.

---

⁵⁷ Tᵈ: και στραφεις προς τους μαθητας (αυτου) ειπεν – aus V 23 vorgezogen und nicht besser bezeugt (om 𝔓⁴⁵ᵛⁱᵈ·⁷⁵ B ℵ D L Ξ 0124 f¹·¹³ 33 al lat saˢ·ᶜ co) – macht das „Kommentarwort" zu einer „Privatoffenbarung" für Auserwählte und akzentuiert es somit. Die Wendung ist hier – neben V 23 a – als ein Homoioarkton falsch plaziert.
⁵⁸ Percy, Botschaft Jesu 263.267.
⁵⁹ So Hoffmann, Studien 123 (freilich steht die Erkenntnisrelation begründend im Hintergrund; s. u.).
⁶⁰ Marshall 436 macht darauf aufmerksam, daß den sem. Sprachen ein reziprokes Pronomen fehlt.
⁶¹ Lukas bringt griechischen Stil in das Wort, wenn er zweimal (diff Mt) τίς ἐστιν schreibt. Dabei geht verloren, daß es ursprünglich (vgl. par Mt) nicht um die rechte Vorstellung bzw. eine (sachliche) „Wesens"-Erkenntnis geht, sondern daß mit γιγνώσκειν (= hebr. יָדַע) die in der personalen Hingabe wurzelnde Liebes-Erkenntnis gemeint ist.
⁶² Vgl. Steck, a.a.O. 346: In V 22 d „liegt der eigentümliche Drehpunkt"; besser Wanke, Bezugs- und Kommentarworte 48, das „Achtergewicht". Vgl. auch Gnilka, Mt I, 436.
⁶³ Tᵉ: In D a c l vgʷʷ syˢ; Mcion Ju Ir fehlt das μου; es wird aber im Grunde von der Übergabe-Aussage gefordert.
⁶⁴ Tᶠ: Wenige Texte wie 1424 pc (b) (Ju Ir Mcion?) ordnen um (πατηρ ... υιος – υιος ... πατηρ), wohl um den Vater „gehörig" vorzuordnen, der V 22 a (21 d) der Agierende war. Zu Unrecht bevorzugten diese recht vereinzelt überlieferte LA J. Weiss, a.a.O. 126; Bultmann, Geschichte (mit Streichung von V 22 c) 171; Winter, a.a.O. 148, u.a.

Lk 10,22

22a   Die Ausleger schwanken, ob sie die Totalübergabe (πάντα μοι παρεδόθη)[65] hier von weltöffentlicher Macht und Vollmacht oder technisch vom Lehrgehalt und von Lehrvollmacht verstehen sollen. Auf jeden Fall wird man von VV 22a (vgl. 21a).c her rahmend die kosmisch-geschichtliche sowie transzendente Dimension erkennen müssen: Hier ist der auferweckt-erhöhte Herr, und auch schon der Präexistente, in den irdisch redenden Jesus hineingeschaut (s. u.). Das muß die Deutung des πάντα mitbestimmen: Vielfach erinnert man an Ps 2,8 LXX, bes. an Dan 7,14 Θ, wo dem „Menschensohn" ἡ ἀρχὴ καὶ ἡ τιμὴ καὶ ἡ βασιλεία gegeben wurden (ἐδόθη ..., „und alle Völker und Stämme und Sprachen dienten ihm ..."), eine ἐξουσία αἰώνιος[66]. Was Jesus von „seinem Vater" als „dem Sohn" übergeben[67] wurde, ist also nicht nur „alles" Traditionsgut[68], sondern schlechthin alles, „alle Gewalt im Himmel und auf der Erde" (wie Mt 28,8 später richtig interpretiert), jedenfalls bedeutend mehr, als was einst der Teufel Jesus als dem „Sohn" anbot: die Macht und Herrlichkeit aller im römischen Imperium konzentrierten Königreiche der Ökumene (vgl. 4,5f). Das mag alles „rahmend" vorausgesetzt sein, darf hier aber nicht überbetont werden. – Das πάντα wird man schon umfassend „apokalyptisch", dann aber doch noch über den eigenen Wortsinn hinaus bedeutend tiefer verstehen sollen: Man wird diese „Totalübergabe" in ihrer Mitte nach V 22b.c.d – auch im Kontext (vielleicht VV 21.23f) – zentriert, d.h. hier: vom Offenbarungsgeschehen verstehen müssen. Schaut doch V 22a schon auf die Offenbarungstätigkeit des Sohnes V 22(c.)d. So wird man aus dem V 22a besonders die Fähigkeit und Legitimation eben dazu herauslesen sollen. Diese aber gründet in der personalen Liebeserkenntnis, die durch die gegenseitige Selbstübergabe von Vater und Sohn ermöglicht wird (s. u.). Weil die Sohnes-Erkenntnis durch den Vater eine göttlich-ausschließliche ist (V 22b), muß man aus dem „alles" schon eine Selbstübergabe des Vaters an den Sohn heraushören dürfen[69]. Damit transzendiert dann aber der hier vorliegende „Offenbarungs"-Begriff (V 22d) bei wei-

---

[65] Jedenfalls sollte man nicht meinen, man müsse das πάντα V 22 mit dem Inhalt des ταῦτα V 21 aus Kontext-Gründen gleichsetzen. V 22 behält seine hoheitliche Eigenständigkeit.
[66] Vgl. auch äthHen 52,4: dort „der Menschensohn". – Für Lukas ist „Der Sohn" keineswegs deckungsgleich mit dem „Menschensohn"; dieser wie alle anderen Titel sind freilich in jenem befaßt; s. nachstehend.
[67] Das παραλαμβάνειν – παραδιδόναι des rabbinischen Lehrbetriebs steht zumindest nicht im Vordergrund (gg. CREED; JEREMIAS, Theologie 66; GRUNDMANN), da Jesus nicht „empfängt", sondern „übergeben" bekommt und nicht „übergibt", sondern „offenbart". Das παραδιδόναι hat hier gewichtigeren Inhalt (s. u.).
[68] Vgl. zu BÜCHSEL, Art. παραδιδόναι κτλ., in: ThWNT II, 173ff, die Lit.-Nachträge in X/2, 1047f; besser W. POPKES, Art. παραδίδωμι, in: EWNT III, 42–48.
[69] Es tut der unerhört neuartigen Aussage von V 22 über „Den Sohn" nicht gut, wenn man – auf V 21 zurückblickend – hier Jesus den ersten νήπιος sein läßt, den als solchen das „Gefallen" des Vaters erwählt habe (so manche Kommentare) – so sehr „Der Sohn" vor „Dem („seinem") Vater" der Totalempfänger ist. – Die „Identifizierung" Jesu mit einem Kinde Lk 9,47f ist anders geartet (vgl. LK I,576); gegen MIYOSHI, Anfang (L 1) 139f.

tem den rabbinischen „Paradosis"-Begriff. Man wird von „Dem Sohn" keine schulische Überlieferung erwarten dürfen. Er wird in Person Gott mitteilbar, erfahrbar, offenbar, epiphan machen, näherhin (s. V 22 c.d): als „Der Vater".

Es ist nicht gesagt, wann diese „Übergabe" erfolgt ist (παρεδόθη). Dem irdischen Jesus eignet sie – im Sinne des Lukas – schon als dem „Sohn Gottes": Man wird an die Verheißung 1,32f denken dürfen, die in der geistgewirkten Lebensentstehung Jesu 1,35 bereits verwirklicht gedacht war. Die Christologie des Lukas, die dort im „Präludium" des Evangeliums (1,5 – 2,52) schon ins Wort kam (s. ebd.), erreicht hier erst ihre Tiefe, wobei Jesus mit der „Weisheit" Gottes identifiziert scheint (s. u.).

Man kann hier somit nicht nur an den Zeitpunkt der Auferweckung und Erhöhung denken (so sehr es wahr ist, daß kognitiv die christologische Meditation ihren Ausgang von der erkannten Erhöhung Jesu gewonnen haben wird); Macht und Legitimation eignen Jesus hier schon vorgegeben. Schon die Redenquelle wird, sosehr sie im irdischen Jesus den Erhöhten sprechen hörte, Aussagen wie V 20b.c – im Kontext von 10,13–15(16).17–20.23f; 11,2–4 (s. ebd.) gelesen – vom „Gekommenen", von Jesus als Offenbarer des Vaters, „epiphan" verstanden haben. Die Tiefe dieser „Epiphanie" wird V 20b.c dann ausgelotet.

Häufiger meinte man aus dem „Stilwechsel" zwischen V 22a und V 22b.c.d schließen zu dürfen, 22a sei (als Überleitung) sekundär V 22b.c.d vorgebaut worden[70]. Aber das „Achtergewicht" von V 22d ruft nach einer vorausgehenden Grundlegung wie V 22a. Trotzdem darf gefragt werden, ob hinter V 22b.c eine geprägte „Lehraussage" erkennbar wird; s.u.

22c.b In dem Parallelismus V 22b.c ist der Begriff des (gegenseitigen) Erkennens (γινώσκειν; Mt: ἐπιγινώσκειν) zentral[71]. Die Erkenntnis hat sich durchgesetzt, daß der Term hier grundlegend in atl. Weise personalexistentielles (hebr. יָדַע)[72], nicht griechisch intellektuelles Erkennen meint. Freilich ist ein derartiges gegenseitiges Erkennen im atl.-jüdischen Raum nicht belegt[73]; Lukas bemüht sich (diff Mt), dem hellenistischen Verständnis Brücken zu bauen: Die Gnosis zielt V 22b.c zunächst auf: τίς ἐστιν ὁ υἱός – dann auf: τίς ἐστιν ὁ πατήρ (diff Mt). Auch bei Lukas geht es dabei gewiß nicht nur um intellektuelle Wissensbereicherung. Das rechte Verständnis wird nach dem o. (zu 22a) Gesagten zunächst in V 22c(d) gesucht werden müssen.

22c Was ist hier Inhalt der Erkenntnis des Sohnes? Das Geheimnis, daß „Der Vater" Gott ist, oder: Was Gott als „Der Vater" eigentlich ist? Geht es um eine Identifizierung der bekannten Größe „Der Vater" mit Gott

---

[70] Vgl. dagegen die Überlegungen bei WANKE, „Bezugs- und Kommentarworte" 49.
[71] Vgl. zum Begriff R. BULTMANN, Art. γινώσκω κτλ., in: ThWNT I, 688–719; weitere Lit. ebd. X,2 1024f.
[72] DALMAN, Worte Jesu I*, 231ff, und JEREMIAS, Theologie I, 63–67; HAHN, Hoheitstitel 324–332, der freilich die unjüdische „christologische Verengung" (327) wahrnimmt.
[73] Vgl. HAHN, Hoheitstitel 324.

oder um eine Erkenntnis des Wesensgeheimnisses Gottes als „Der Vater" – speziell durch diesen „Sohn"? Die Erkenntnis „Des Sohnes", der V 22 a Gott „seinen Vater" nennt, kann eigentlich nur auf letzteres (vgl. 22 d) zielen: das Wirken und Wesensgeheimnis Gottes als „seines Vaters" offenbar zu machen. Das ist ihm aber nur möglich aufgrund der universalen Bevollmächtigung (V 22 a), mehr aber noch aufgrund einer besonderen Beziehung: weil Gott eben „sein Vater" (V 22 a) ist und er darin „Der Sohn" (s. u.). So impliziert die Erkenntnis des „Vaters" auch mittelbar ein Selbstverständnis des „Sohnes" eben dieses „Vaters". Auf dieses Sohnesgeheimnis als des alleinigen Offenbarers zielt die Gedankenführung 22 c(d) hin; die Aussagen von 22 a und 22 b sind hinführend. Nur dieser „Sohn" vermag Gott zu „offenbaren".

Das „Lehrwort" 22 b.c scheint sein unvergleichliches Wissen mehr der Glaubensmeditation zu verdanken als religions- oder geistesgeschichtlichen Parallelen. Es könnte näherhin sein Verständnis aus dem Gebet Jesu: „Vater ... es komme Dein Reich" (11,2) haben (s. ebd.). In Q folgt das Herrengebet 11,2–4 gewiß nicht zufällig auf 10,(21)22(23–24)[74]. Ob man 10,22; 11,2–4 als vormalige frühe Traditionseinheit vermuten darf (s. u.)?

22 b Die Reziprozität des Erkennens[75] (vgl. Joh 15,2f) verlangt nun eine analoge Erklärung von 22 b[76]. Das (ἐπι)γινώσκειν τὸν υἱὸν – τὸν πατέρα par Mt 11,27 ist Lk 10,22 „hellenisiert", insofern nicht nur Funktions-, sondern auch Seinsaussagen (τίς ἐστιν; s.o.) erfragt werden. Also auch: Wer ist Jesus eigentlich als „Der Sohn"?[77] Das weiß exklusiv nur „Der Vater"[78], der Jesus 3,22 als ὁ υἱός μου ὁ ἀγαπητός seiner εὐδοκία (s. ebd.) identifiziert hatte.

ὁ υἱός (in V 22 dreimal!) begegnet syn nur Mk 13,32 par Mt 28,19 und in der Taufformel nach Mt 28,19, dann aber Joh 3,35.36; 5,19–26; 6,40; 8,36; 14,13; 17,1. Es geht hier aber um eine sehr existentielle Selbstaussage Jesu, die es zu verstehen gilt. Wir werden zunächst aus dem luk Kontext deuten sollen: Wer Jesus nach luk Verständnis als „Der Sohn" ist, würde man besser verstehen, wenn man den Inhalt des πάντα erschöpfend kennen würde (s. die Andeutungen o. zu V 22 a),

---

[74] Auf das traditionsgeschichtliche Nacheinander macht SCHWEIZER 120 aufmerksam.
[75] Lukas vermeidet die Wiederholung des Verbums aus stilistischen Gründen, welche Änderung durch die Konstruktionsänderung des Satzes (s.o.) erleichtert wurde. Vielleicht wollte er auch das mehrdeutige ἐπιγινώσκειν vermeiden, da er auch von γινώσκειν sich abhebende Bedeutungen (s. BAUER Wb z. W.) kennt: vgl. ἐπιγ. Lk 1,4: für vertiefte Erkenntnis; Apg 12,14: für ein Wiedererkennen.
[76] Es ist vielleicht ein „dogmatisches" Vorurteil, welches die beiden Erkenntnisvorgänge verbreitet unterschiedlich deuten heißt: das Erkennen durch den Vater als ein „Erwählen", die des Sohnes dagegen als personale Liebeserkenntnis; so z.B. SCHWEIZER, Mt 176; SAND, Mt 252; richtig dagegen MARSHALL 437. – WANKE, „Bezugs- und Kommentarworte" 49, deutet von einem gegenseitigen „Sich-Erwählen" (was aber vielleicht zu kurz faßt?; s.u.).
[77] Die Frage zielt also anders als 9,9: „Wer ist dieser (Jesus)?"
[78] Vgl. treffend MARSHALL 437f.

den nur „Der Vater" kennen kann, der „Herr des Himmels und der Erde" (V 21), der es war, der „dem Sohn" „alles" übergab und – nach dem entfernteren Kontext – ihn zu ewiger Herrschaft berufen hat (1,32f), der „Herrschaft" geben wird (22,29). Für Lukas ist Jesus als der „Kyrios und Christus" (Apg 2,36) „Sohn des Höchsten" (1,32), der Χριστὸς Κυρίου (2,26), „der Christus Gottes" (9,20[79]), erhöht in die δόξα Gottes (24,26) als Geistspender (24,49). Das kann nicht „Fleisch und Blut" offenbaren, sondern nur „mein Vater im Himmel", weiß Matthäus (16,17)[80]. Diese „Sohnschaft" wurzelt für Lukas in der Schöpfungstat Gottes, von der 1,35 (s. ebd.) erzählte, so daß schon der Zwölfjährige in exklusiver Weise von Gott als „seinem Vater" reden konnte (2,49), wie er das dann auch hier V 22a (s. dort) tut, nachdem die himmlische Stimme ihn ὁ υἱός μου (3,22c; vgl. 7,35) genannt hatte.

Aber genügt diese Deutung aus dem luk Kontext[81], oder übersteigt nicht dieses irgendwie sperrig im Kontext stehende tradierte Logion die angeführten luk Aussagen? Der als „Der Sohn" Gott „seinen Vater" (V 22a)[82] nennen kann, wird von Gott gewiß nicht nur[83] in seiner messianischen Funktion und Bedeutung exklusiv „erkannt", sondern hier im Text von V 22 selbst grundlegend in dieser besonderen Relation: „Der Sohn" (mit Art.) und „Der Vater" sind hier (wie synoptisch noch Mk 13,32 par Mt 24,36, dann auch Mt 28,19) in Korrelation zu verstehen. Es liegt eine einzigartige personale Beziehung vor, in der Bevollmächtigung und Funktion erst gründen. Gewiß will Lukas hier die inhaltlich schwere Aussage des tradierten Logions V 22, umrahmt von christologischen Aussagen wie V 21 und VV 23 f, auch selbst voll zur Aussage bringen, damit andere in früheren von ihm herangezogenen Traditionen (s. vorstehend) überbietend. Eine Deutung von V 22 nur aus dem Kontext ebnet die Einzigartigkeit des Wortes ein. Im Hintergrund mögen Weisheitsaussagen[84] stehen.

---

[79] Vgl. LK I, 530f, auch schon LK I, 47f.54f.
[80] Man darf Abhängigkeit des Matthäus von unserm Logion annehmen: Vgl. ἀποκαλύπτειν hier und dort, auch ὁ πατήρ μου. – Vgl. dazu bes. J. LANGE, a.a.O. passim.
[81] Vielleicht greift man vom näheren und entfernteren luk Kontext aus (s.o.) zu kurz: Vgl. SCHWEIZER, Mt 176: „Bekenntnis des Sohnes als des von Gott erwählten Weltenherrn". Vgl. auch für die Deutung aus dem matth Kontext SCHNACKENBURG, Mt I, 105f. – Richtig weist MIYOSHI, Anfang (L 1) 137f, darauf hin, daß die Doppelfrage nicht nach etwas (τί), sondern nach einer Person (τίς) zielt. Er deutet aber dann doch zu kurz im Hinblick auf den Kontext (10,24, auch auf 3,15 und 7,19.20) von einer mitteilbaren Offenbarungswahrheit (V 22d): „Wer der von Gott auserwählte Sohn ist... Jesus von Nazareth". Und entsprechend (V 22c): „Wer der Vater dieses Sohnes ist... der wahre Vater Jesu von Nazareth" (in Abhebung von 4,22 und 2,48 ff).
[82] Vgl. auch das „mein Vater" in Lk noch 22,29 diff Mt und 24,49 (hier im Munde des Auferstandenen). Die Frage bedürfte näherer Untersuchung, ob QLk 22,29b diff Mt 19,28 mit QLk 10,22 par Mt 11,27 in einen traditionsgeschichtlichen Zusammenhang gebracht werden darf.
[83] Vgl. dazu HAHN, Hoheitstitel 319–333, bes. 327f. Aber HAHN deutet ebd. 327 wohl doch zu atl.: „Die Sohnschaft Jesu ist von der einzigartigen Stellung und ihm verliehenen Vollmacht zu verstehen." Und ebd. 326: „Das ‚Erkennen' des Sohnes durch den Vater kann nur heißen, daß Gott ihn auserwählt und legitimiert hat, und umgekehrt besagt das ‚Erkennen' des Vaters durch den Sohn, daß der Sohn allein den Vater wahrhaft anerkennt und aus der Gemeinschaft mit dem Vater lebt."
[84] Siehe u. A. 107.

Letztlich versagen hier aber alle religions- und geistesgeschichtlichen Analogien[85].

Zurückblendend zu V 20 a: Es mag sein, ist aber keineswegs sicher, daß die Redenquelle bzw. eine Tradition derselben hier (und in 22 a) an den Menschensohn gedacht hat, dem nach Dan 7,14 „Herrschaft, Würde und Königtum" gegeben werden sollten, nach äthHen 52,4 (vgl. 62,6) „Herrschaft", 61,9 das „Gericht", 46,3 und 51,3 auch umfassendes Wissen. Aber das ist für eine frühe Tradition von Q 10,22 nicht sicher, weil V 22b vormals vielleicht an Q 3,22c rückerinnern wollte. – Für Lukas jedenfalls ist der „Sohn" auch der „Christus" (2,26; 9,20; Apg 2,36 u.ö.), der Kyrios (9,54.61; 10,1.17) und der „Menschensohn" (9,58), aber doch offenbar noch mehr als alle Titulatur.

22 d Die gegenseitige „Erkenntnis" von Vater und Sohn ist so geheimnisvoll, daß das Erkennen des Vaters Außenstehenden nur durch den Sohn aufgrund von „Offenbarung" eröffnet werden kann (V 22 d: vgl. Mk 9,7b: „Ihn – den ‚Sohn' – sollt ihr hören!"), und diese Offenbarung durch den Sohn setzt zudem noch die Bevollmächtigung durch den Vater (V 22a) voraus (vgl. Joh 17,7f). Die Erkenntnis des Sohnes wird V 22b seine Auserwählung und Legitimierung einschließen (vgl. Mk 1,11 parr; 9,7 parr), wird aber – der Erkenntnis des Vaters durch den Sohn V 22c entsprechend[86] – „überschüssig" ins Wesensgeheimnis zielen (wie später Joh 10,15a)[87], in Q = Mt 11,27 tiefer als par Lk 10,22. Die nicht eigentlich ausdrücklich zur Aussage kommende besondere Relation zwischen Vater und Sohn, Sohn und Vater (s.o.) steht aber doch deutlich im Hintergrund; sie erst ermöglicht die jeweilige exklusive Erkenntnis. Christliche Meditation transzendiert hier alle religionsgeschichtlichen Analogien.

In V 22d kommt somit die Gedankenführung von V 22a–c zu ihrem Ziel: Es geht um das Offenbaren und Erkennen des Vaters exklusiv durch Vermittlung des Sohnes (was dann in etwa VV 23f aufgenommen wird).

Wenn des Vaters εὐδοκία V 21 im Geheimnis beließ, warum dieser die νήπιοι und nicht die σοφοί berief (was aber eine Jubel auslösende Gnadentat war), so bleibt hier der (absolute) Offenbarungswille Jesu – vielleicht anstößig – ohne Begründung. Wahrscheinlich soll man hier nicht von V 21 par Mt her kontextlich auffüllen[88]. Schon überleitend zu Lk 10,23f liegt hier doch noch alles Interesse allein bei der Sohneschristologie, deren soteriologischer Aspekt dann VV 23f erkennbar werden wird.

---

[85] Vgl. HAHN, Hoheitstitel 329 (vgl. auch 322): „Es dürfte eine ganz eigenständige Konzeption der Urgemeinde vorliegen (in dem absoluten Wortgebrauch von ‚der Vater' und ‚der Sohn')... Man wird den Schluß ziehen müssen, daß die Bezeichnung ‚der Sohn' vornehmlich aus dem für Jesus charakteristischen אבא gewonnen worden ist." Vgl. auch SCHNEIDER 243.
[86] NEUHÄUSLER, Anspruch* 20.
[87] Das ist dann das Thema des EvJoh; vgl. nur Joh 8,35; 14,7; 16,3; 17,3.25; 1 Joh 2,14; 4,6ff; 5,20.
[88] So GNILKA, Mt 416, u.a.

Wer sich in der Exklusivität von Lk 10, 22 d par als den bekennt, der allein „den Vater" zu offenbaren vermag, gibt damit als „der (nur vom Vater erkannte) Sohn" nicht nur indirekt, sondern auch direkt eine Selbstoffenbarung, wie sie höher kaum gedacht werden kann. Nun weiß man, daß es nicht nur der „Menschensohn" (9, 58), κύριος (10, 1.17; vgl. 9, 54.61) ist, der vom Vater Gesandte (V 16 c), der sendet, sondern dieser einzigartige „Sohn", und daß es nicht nur Heilungen (V 9 a; und – vgl. V 17 – Dämonenaustreibungen) und die Basileiaankündigung sind (V 9 b; vgl. V 11 b), die die christliche Missionare bringen, sondern daß hier durch den „Sohn" die sonst nirgends zu erlangende Offenbarung „des Vaters" kommt, von der alles Wirken und Verkünden der Boten sich herleitet und die sie selbst zu Empfängern macht (V 20). Man kann ahnen, was am Ende (10, 39) vor Maria alles zur Sprache gekommen sein kann. Jesu dankende Doxologie (V 21), die ihren letzten Grund hat in Jesu den Vater preisendem Selbstbekenntnis (V 22), führt damit in eine Höhe und Tiefe, die den näheren Kontext 9, 51 – 10, 20 und 10, 23–42 eminent überragt und vertieft.

1. Deutlich las Lukas 10, 22 (par Mt 11, 27)[89] schon in Zusammenhang mit 10, 21 (par Mt 11, 25 f) *in Q*, ebendort auch schon im gleichen Kontext; s. o.[90] Die Q-Fassung des Logions ist leicht rekonstruierbar. In V 22 gräzisiert Lukas τίς ἐστιν ὁ ..., καί ...,[91] und er vermeidet die Wiederaufnahme des Verbums (ἐπιγινώσκαι)[92].

2. a) Die noch überall zitierte These von Norden[93], Mt 11, 25 f.27.28–30 läge eine tradierte Einheit vor, wie sie sich religionsgeschichtlich Sir 51, 1–12.13–22.23–30 und Corpus Herm I, Poimandres 32, bezeuge, ist nicht mehr ernstlich vertretbar (noch weniger die Hypothese von ARVEDSON, a. a. O.: Liturgisches Formular einer mysterienhaften Inthronisationsfeier Christi)[94]. Die These hält schon traditions- und redaktionsgeschichtlichen Beobachtungen nicht mehr stand (s. o. unter 1. und nachstehend unter 2 b).

b) Die beiden „Strophen" V 21 und V 22 sind trotz ihrer religionsgeschichtlichen Verwandtschaft und aufeinander bezogenen Zielsetzung *keine ursprüngliche Einheit*[95]. V 22 bringt eine erhebliche Ergänzung zu V 21, wenn hier die „Offenbarungstätigkeit" und der Wille (βούληται) dazu beim Sohn liegen, nicht wie V 21 beim „Vater" und dessen εὐδοκία. Worauf man ferner das ταῦτα V 21 auch inhaltlich beziehen will: daß V 22 d das Vatersein Gottes Inhalt der Offenbarung durch den Sohn ist, kommt im Zusammenhang doch überraschend. (An 10, 21 würde sich problemloser 10, 23 f anschließen; s. auch ebd.). Man wird mit mehr Wahrscheinlichkeit V 22, als Zusatz zu V 21 und zum Kontext, einer anderen Redaktion zu-

---

[89] Der „*Heilandsruf*" *Mt 11, 28 ff* ist von Lukas nicht ausgelassen, vielmehr von Matthäus an dieser Stelle zugefügt worden; s. u. S. 123.
[90] Siehe o. S. 112.
[91] Siehe o. S. 111 f.
[92] Siehe o. A. 75.
[93] NORDEN, Agnostos Theos* 287–293.
[94] Referat über die diesbezügliche Forschung bei HOFFMANN, Studien 106 f.110.124; LÜHRMANN, Logienquelle 64–68, und nun bei FITZMYER 867 f.
[95] So auch BULTMANN, Geschichte 172; HOFFMANN, Studien 109; SCHULZ, Q 215; KATZ, a. a. O. (L 1) 100; KLOPPENBORG, Formation 137; WANKE, „Bezugs- und Kommentarworte" 45–51; URO, a. a. O. (L 4) 225 f (ebd. Anm. 100 weitere Autoren). – Als einheitliche Überlieferung verstanden von FITZMYER 866.

schreiben wollen als der von V 21[96]. Obgleich in verwandter Weise apokalyptisch-weisheitlicher Verstehenshorizont vorliegt (s. u. unter 5.), spricht V 22 auf einer tieferen Stufe der Glaubensmeditation und des Christusverständnisses als V 21.

3. V 22 gibt sich als ein weiterführendes *„Zusatzwort"*[97] zu dem „Grundwort" V 21 zu erkennen (das freilich dieses sein Bezugswort und dessen Kontext gar sehr übersteigt und das darum vermutlich nicht als ein solches konzipiert wurde). Es vertieft und verengt die Aussage von V 21 über die „Erkenntnis" des in Jesus begegnenden Heilsgeschehens eindeutig und einseitig auf die Erkenntnis Gottes als des „Vaters" hin und läßt keinen Zweifel mehr zu, daß Gottes-Offenbarung allein durch den Sohn kommt. Diese vereinseitigende Vertiefung gegenüber V 21 wird möglich, indem zusätzlich Jesus als „Der Sohn" vorgestellt und von seiner Vater-Beziehung her definiert wird. Man kann das Zusatzwort V 22 ein „Interpretament"[98], ein „Kommentar-Wort"[99] nennen, wenn man jene christologische Ausschließlichkeit als metatextliche Begründung versteht.

4. Im „zweiten Logion" wird man ein ad hoc geschaffenes „Interpretament des ersten" kaum „sehen können"[100], wenn man den bekenntnismäßig geprägten „Überschuß" (s. vorstehend) mitbedenkt. Dieses „Mehr" legt die Annahme einer irgendwie gearteten vorredaktionellen *Tradition* nahe[101]. Wenn man V 22a als sekundär vorgebaute Einleitung versteht, könnte man V 22b-d evtl. als einen geprägten „Lehrsatz" verstehen, in dem urchristliche Lehrer (mit Hilfe der Weisheitstradition) das Geheimnis Jesu von seiner Vaterbeziehung her und dessen Offenbarungs-Legitimation verständlich machten. Aber die Abtrennung von V 22a würde auch V 22d gefährden.

5. Das Logion V 22 spricht – ähnlich wie V 21 (s. ebd.) – auf dem Boden eines *alttestamentlich-jüdischen*[102] *Verstehensraumes.*

a) Der vorliegende Begriff von „Erkenntnis" und „Offenbarung" wurde häufig hellenistisch[103] oder speziell gnostisch[104] verstanden: Jesus, der Offenbarer des Vaters (aufgrund der Wissens-„Übergabe" von V 22a)[105]. Gegen gnostische Ableitung

---

[96] So auch HOFFMANN, Studien 109; anders MARSHALL 431.
[97] Die Feststellung eines „Stichwortzusammenhangs" (ERNST 233; SCHWEIZER, Mt 174 [fragend]) erklärt den „Redaktionswillen" der Tradition nicht: daß Mt 11,27 par „im Blick auf VV 25f geformt" ist (so GNILKA, Mt I, 441).
[98] So HOFFMANN, Studien 109; vgl. KATZ, a.a.O. (L 1) 100f; KLOPPENBORG, Formation 198.
[99] Vgl. WANKE, „Bezugs- und Kommentarworte" 45-51.
[100] Gegen HOFFMANN, Studien 109; SATO, Q 38 („kontextgebundene Neubildung").
[101] So wohl die Mehrzahl mit BULTMANN, Geschichte 172; vgl. Ausleger bei KLOPPENBORG, Formation 198 Anm. 121.
[102] Vgl. DALMAN, Worte Jesu I*, 231 ff; SCHNIEWIND, Mt* 152f; HAHN, Hoheitstitel 324 ff; E. SCHWEIZER in: ThWNT VIII, 374f.
[103] Besonders seit NORDEN, Agnostos Theos* (s.o. A. 93). An eine „hellenistische Schicht" in Q denkt SCHULZ, Q 213; weitere Autoren bei HAHN, Hoheitstitel 223 Anm. 2 (wobei der Begriff „hellenistisch" häufig sehr unspezifiziert gebraucht wird). Zu den vermeintlichen hellenistischen Parallelen (Herm 1,31; 10,15; Londoner Zauberpap. 122,50) vgl. HOFFMANN, Studien 125.
[104] So BULTMANN in: ThWNT I, 713f, und viele nach ihm; dagegen vgl. HAHN, Hoheitstitel 323-326.
[105] Gern herangezogene paulinische Stellen (Gal 4,8f; 1 Kor 8,2f; 13,12) repräsentieren keineswegs den gnostischen Erkenntnisbegriff; auch nicht johanneische (wie Joh 10,14f; 17,10; entfernter 3,31-36; 5,19-23 u.a.); sie bezeugen aber die (apokalyptische, weisheitliche und bes. christliche) exklusive Offenbarungsvorstellung.

sträubt sich die Aussage von 22 b: die Erkenntnis des Sohnes durch den Vater (vielleicht in Rückerinnerung an die Himmelsstimme 3,22 c). Wahrscheinlicher hilft hier eine jüdisch-apokalyptische[106] (oder) und sapientale[107] Vorstellungs- und Gedankenwelt (eine Vorstufe[108] der Gnosis), die sich auch in Qumrantexten bezeugt[109]. – In V 22 wird eine Höhe bzw. Tiefe der *innerkirchlichen Glaubensmeditation*[110] und des Christus-Verständnisses sichtbar, die alles Fragen nach religions- und geistesgeschichtlichen Abhängigkeiten gar sehr relativiert.

b) Parallelen und Analogien im *EvJoh*[111] beweisen für V 22 nicht späte hellenistische Herkunft. Keineswegs liegt hier Abhängigkeit vom EvJoh vor. Die Annahme einer Abhängigkeit von vorjohanneischen Traditionen[112] bleibt rein hypothetisch. Umgekehrt ist aber Abhängigkeit des EvJoh von unserm Logion (etwa in Joh 17,6–8?) auch nicht erwiesen; die Frage wäre aber eine Untersuchung wert; einige Aussagen im EvJoh könnten spätere Entfaltungen von schon in Q enthaltenen Ansatzpunkten sein[113]. Zeitgenössische jüdische und urchristliche Weisheitsspekulationen (s.o.), schon in Q aufgegriffen, werden im EvJoh weiter entfaltet sein[114]; oder besser: Einige „steile" Logien der Q-Tradition zeigen eine Stufe der Glaubensmeditation, die im EvJoh oder schon in dessen Traditionen meditierend weiter vertieft ist.

6. a) Schon o. wurde erwogen, ob die Lk-Akoluthie mit Lk 10,21 + 10,23–24 einerseits (s. S. 115f), mit *Lk 10,22 + 11,1 b–4*[115] andererseits (s. S. 112) nicht die

---

[106] Daß die jüdische Apokalyptik sich Weisheitserkenntnis zunutze machte, ist heute allgemeingültige Erkenntnis; vgl. LÜHRMANN, Logienquelle 64–68; thematisch W. GRUNDMANN, Weisheit im Horizont des Reiches Gottes, in: R. SCHNACKENBURG u.a. (Hg.), Die Kirche des Anfangs 175–199.
[107] Man denkt bes. an Lk 7,35; 10,21f; 11,31f; 11,49ff; 13,34f. – FEUILLET, a.a.O. 179–196; U. WILCKENS in: ThWNT VII, 517f; CHRIST, Jesus Sophia 89f; HOFFMANN, Studien 136f; FRANKEMÖLLE, Handlungsanweisungen 98; SCHULZ, Q 223f; MARSHALL 432; KLOPPENBORG, Wisdom (a.a.O.). SUGGS, a.a.O. 77ff; GRUNDMANN, a.a.O. (s.o. A. 106); DAVIES, a.a.O.; URO, a.a.O. (L 4) 224–230 (ebd. 224 Anm. 97 weitere Autoren); SATO, Q 160f; GNILKA, Mt I,434, sehen, daß Weisheitstheologie hier – mehr oder weniger – Bausteine für die christologischen Aussagen liefert. Direkte Abhängigkeit von Sir 51 (so NORDEN; s.o. A. 93) liegt aber schwerlich vor. – Eine Identifikation Jesu mit der „Weisheit Gottes" wird hier und sonst in Q freilich noch nicht deutlich (gg. WILCKENS, CHRIST, ebd.; für Mt auch SUGGS, ebd.).
[108] Zunehmend unterscheidet man „zwischen jüdischen Vorstufen in der Apokalyptik oder dualistischen Weisheit und dem ausgebildeten Gnostizismus"; so HOFFMANN, Studien 126 Anm. 108.
[109] Vgl. Belege (und Vorgänger) bei HOFFMANN, Studien 128–131; vgl. auch KLOPPENBORG, Formation 201f.
[110] Immer wieder wurde mit Recht an die verwandte Sprache urchristlicher Hymnen und Eucharistiegebete erinnert; vgl. ARVEDSON, a.a.O.; ROBINSON, a.a.O. 226–230; URO, a.a.O. (L 4) 228.
[111] Vgl. o. S. 112f und in A. 105 und A. 108.
[112] FITZMYER 866.
[113] Vgl. so auch HAHN, Hoheitstitel 329f. Vgl. schon HOFFMANN, Studien 124f; vgl. dazu auch die ebd. 125 Anm. 102 genannten Autoren (Cerfaux, Grundmann, van Iersel, Schnackenburg, Schulz). Vgl. nunmehr die gründliche Arbeit von DENAUX, a.a.O.
[114] „Wenn man das absolut gebrauchte ὁ υἱός titular verstand, [konnte Mt 11,27 par] der johanneischen Christologie ... wichtige Impulse geben"; so JEREMIAS, Abba* 50.
[115] P. VASSALIADIS, The Original Order of Q. Some Residual Cases, in: J. DELOBEL, Logia 379–387, hier 386 Anm. 27, erwägt (recht hypothetisch) eine Anordnung Mt 11,25–27 par Lk 10,21–22; Mt 6,9–13 par Lk 11,2–4; Mt 13,16–17 par Lk 10,23–24. – MIYOSHI,

Annahme zweier früher Spruch-Paare (= 1. Kf) nahelegen könnte, welche die Q-Redaktion später verschachtelt hätte. Jedenfalls ist in 10,22 d die Offenbarung des Vaterseins als der Offenbarungsauftrag und -wille Jesu so abrupt und offen herausgestellt, daß eine Jüngerbitte um Offenbarung dieses „Vaters Jesu" passend käme, besser: ein Gebet zu diesem „Vater" Jesu noch bedeutend passender[116]. Eine frühe Komposition Lk 10,22 + 11,1 b–4[117] wäre denkbar, bleibt aber hypothetisch[118], solange für diese frühe Spruchkomposition nicht ein erzählerischer Rahmen oder wenigstens eine apophthegmatische Einleitung gefunden werden kann; s. nachstehend.

b) Oben[119] wurde darauf aufmerksam gemacht, daß Aussagen über den Hl. Geist im Leben Jesu „christologisch" bedeutsam in Lk nur noch 3,32; 4,1 a.b, auch 4,14.18 begegnen. In ebendiesen Perikopen (Lk 3,21 f; 4,1–13) ist aber auch die „Sohnschaft" Jesu[120] (in 4,16–30 das messianische Selbstverständnis Jesu) thematisch. Ob hier ein *tradierter Q-„Kontext"* (vielleicht der „Bericht vom Anfang"[121] als Taufkatechese?) für 10,(21–)22 + 11,1 b–4 oder doch eine traditionsgeschichtlich gleiche Sammlung vorliegt, kann hier nicht geklärt werden[122].

Die Nähe zur atl. und frühjüdischen „Weisheit" läßt an formulierende Beter, der Interpretationswille an urchristliche Lehrer[123] (beim Taufkatechumenat?) denken, die das jesuanische Offenbarungsgeschehen „christologisch" legitimieren wollten.

7. Ein „Bekenntnis" wie 10,22 par Mt war in der vorliegenden Form selbst im engsten Jüngerkreis kaum verstehbar, war jedenfalls vorösterlich nicht tradierbar. Freilich entfaltet es nur, was *Jesu Gebet:* „Abba ... es komme dein Reich" (Lk 11,2;

Gebet (L 1), vermutet, Lk 10,25–28 (als Q-Gut verstanden, s. aber ebd.) sei vormals Lk 10,21–22 gefolgt.

[116] Vielleicht hatte die Redaktion Zugang zu einer kleinen Sammlung von Ich-Worten, die im Zusammen eine gemeinsame Einführung hatten wie: „Jesus sagte"?, bzw. einen Kontext, wie nachstehend (unter A. 121 und 122) vermutet? – Die Auslegung von Q-Passagen stößt immer wieder auf ein Logion, das offensichtlich nicht kontextuell völlig passend der Q-Akoluthie eingefügt werden kann; so 10,16.18.22; 12,49f. Solche Logien wurden eingefügt wie christologische „Marksteine", wie Lichtwerfer, die den Gesamtduktus oder größere Abschnitte von Q christologisch erhellen helfen.

[117] URO, a.a.O. (L 4) 94 Anm. 107, berichtet, daß die (mir nicht zugängliche) Diss. von A. D. JACOBSON, Wisdom Christology in Q (Diss. Claremont 1978) 218, den Makarismus (10,23f) für Q (oder für eine Vortradition von Q?) ausklammere.

[118] Mit Berufung auf A. D. JACOBSON, ebd., rechnet URO, a.a.O. (L 4), 9,57–60 (61f), auch noch 11,2–4.9–13, zum „disciple Eucharistic section" von Q (94f.112.115f.228). URO, ebd. 228, macht darauf aufmerksam, daß in QLk 10,21f; 11,2ff und das Gebet des Herrn ähnlich nahe beieinanderstehen wie in altkirchlichen Kirchenordnungen.

[119] Siehe S. 104.

[120] Siehe o. S. 103f.

[121] Vgl. unsern Versuch: Der „Bericht vom Anfang" (1964), in: TrU 69–80, sowie (zusammenfassend) LK I, 258f.

[122] Es wären bei einer derartigen – sehr erwünschten – Arbeit die Versuche zu beachten, die Einfügung gewisser Q-Überlieferungen einer letzten Redaktion von Q zuzuweisen, der z. B. POLAG, Christologie 145–170, u. a. Lk 3,21f; 4,1–3; 10,21.22; 12,49f zurechnet; ähnlich KATZ, a.a.O. (L 1). Vgl. ferner etwa LÜHRMANN, Logienquelle, bes. 84–89; SCHULZ, Q (zusammenfassend) 34–44; URO, a.a.O. (L 4), bes. 98–116.200–244. Nach SATO, Q 38, „(könnte) sowohl Lk 10,22 als auch 4,1–11 par ... Lk 3,22 par zugrunde liegen".

[123] SCHNACKENBURG, Mt I, 104. – JEREMIAS, Abba* 49f, vermag V 22 nur für Jesus zu sichern, indem er den Art. vor „Vater" und „Sohn" generisch und so das Logion bildhaft als „allgemeinen Erfahrungssatz" (50) versteht.

s. dort[124]) impliziert. „Die Selbstaussage Jesu ... schließt auch die Ostererfahrung derer ein, die sie formuliert haben."[125].

b) Seligpreisung der Jünger
10,23–24 (= Mt 13,16–17)

L 6: zu 10,23–24. – Vgl. außer der Lit. in L 5 (dort häufig 10,23f mitbehandelt) und WAGNER, EBNT II, 149f bes.: BORING, M. E., A Proposed Reconstruction of q 10: 23–24, in: SBL 1988 Seminar Papers 458–471; GNILKA, J., Zur Theologie des Hörens nach den Aussagen des Neuen Testaments, in: BiLe 2 (1961) 71–81; GRIMM, W., Selige Augenzeugen, Luk. 10,23f. Alttestamentlicher Hintergrund und ursprünglicher Sinn, in: ThZ 26 (1970) 172–183; DERS., Weil ich dich liebe 112–124; KUHN, Enderwartung 193–195; KÜMMEL, Verheißung* 104ff; LAMMERS, Hören*; MERKLEIN, Gottesherrschaft 161f; SCHNIDER, F., Jesus der Prophet (OBO II) (Freiburg/Göttingen 1973), bes. 176ff.

In 10,23f erfahren wir den Grund (der schon V 21 angedeutet wurde), warum die Namen der Sendlinge Jesu „im Himmel aufgeschrieben" sind (V 20): Zwar erleben alle Zeitgenossen Jesu die Erfüllung der alttestamentlichen Erwartungen – speziell aber sind es die „Jünger", die darin zur Einsicht kommen und zum Verstehen. Bei ihnen ist Gottes Offenbarung (V 21) und die des Sohnes (sowie dessen Selbstoffenbarung; s. o. V 22) angekommen. Das exklusive Offenbarungsgeschehen VV 21.22 konstituiert einen neuen soziologischen Raum: den der ntl. Heilsgemeinde.

Im Zusammen mit VV 21f reflektieren VV 23f über die Christusoffenbarung und ihre Annahme, wobei V 23 mehr aussagend, V 24 dann anredend und zusprechend wird (ὑμεῖς). Die beiden Anfügungen stellen die Aussendungserzählung 10,1–20 in einen Verstehenshorizont, in dem diese nicht mehr primär als Missionsinstruktion verstanden sein will, in dem vielmehr nun „kirchlich" die Sendungsaktion Jesu und die missionarische Tätigkeit der Kirche in ihrem Erfolg und Mißerfolg, spezieller noch: die Grundfrage des Jüngerseins zur Sprache gebracht werden.

23 Und zu seinen Jüngern für sich allein[a] gewandt sprach er:
  Selig die Augen, die sehen, was ihr seht!
24 Denn ich sage euch:
  Viele Propheten und Könige[b] wollten schauen, was ihr seht,
  und schauten es nicht,
  und hören, was ihr hört,
  und hörten es nicht.*

---

* T: [a] v.l.: – (s. A. 126). – [b] v.l.: – (s. A. 141).

[124] Das in Q wohl unmittelbar folgte (s. o. A. 11); vgl. Lk 10,21–22; 11,1–4ff (Einfügungen 10,23f.25–28.29–37.38–42; s.u.).
[125] So WANKE, „Bezugs- und Kommentarworte" 50.

23a Die Homologese VV 21f war einsam vor dem „Vater" gesprochen, stand aber – besonders in V 22 – dann doch als ein „Offenbarungswort" gleichzeitig in einem „Öffentlichkeitsraum". Nun wendet sich Jesus den „Jüngern" gesondert[126] zu: Diesen ist der allen zugedachte[127] Makarismus akzentuiert zugesprochen, was nebenher den in Israel sondierenden Gnadencharakter des gemeinten Heilsgeschehens deutlich werden läßt; s. u.

23b Der Makarismus preist nicht fromme Menschen ob ihres Wohlverhaltens und wünscht nicht irdisches Wohlbefinden (wie in der Weisheitsliteratur), sondern sagt (wie in den Verheißungen des Dtjes) das eschatologische Heil an[128]; aber nicht so, daß es gleichzeitig zur Scheidung von Frommen und Gottlosen kommt (wie in der Apokalyptik[129]). Die traditionelle Form des apokalyptischen Makarismus, nach dem Gerechte seliggepriesen werden, weil sie das Heil „sehen" werden[130], ist hier überboten[131]: Selig nun die, welche das Heil bereits erleben, wobei der Akzent stärker auf der Heilsansage als auf der Bedingung dafür liegt[132]. Der Makarismus[133] sondiert am Ende in Israel letztlich doch „ekklesiologisch".

Die Seligpreisung der Jünger bekommt besonderen Klang, wenn sie auf dem Hintergrund des Gerichtswortes Jes 6,9 f[134] gehört wird: „Gehe und sage diesem Volk: Höret, ja höret, doch verstehet nicht! Sehet, ja sehet, doch erkennt nicht! Verhärte das Herz dieses Volkes …" An den Jüngern wenigstens wird diese Androhung nicht Wirklichkeit (vgl. 8,10).

---

[126] T^a: κατ' ἰδίαν fehlt D pc lat sy$^{s.c.}$. – Die Wendung kann luk sein (s. Lk 9,10 par Mk; Apg 23,19), vgl. jedoch u. A. 156. – Nach dem Vorbild von Mk 4,34 und 9,28 deutet das κατ' ἰδίαν hier (mit anderen) bes. Miyoshi, Anfang (L 1) 131.140; s. dazu u. A. 156.
[127] Daß Lukas hier „die Augenzeugenschaft der Jünger im Hinblick auf ihre spätere Funktion als Zeugen des Lebens Jesu" herausstellen wolle, hat im Kontext – in dem nicht die „zwölf Apostel" genannt sind – keinen Anhalt; gg. Hoffmann, Studien 287 (vgl. 105.254); Fitzmyer 875; Miyoshi, ebd. 140 (gg. dessen Deutung s. u. A. 157).
[128] Vgl. auch 1 Hen 99,10; PsSal 4,23; 5,16ff; 6,1; 10,1.
[129] Vgl. die Weherufe 1 Hen 99; Lk 6,24ff.
[130] Die rabbinische Exegese weiß zu unterscheiden zwischen der damaligen Schau Gottes in der Exodus- und Sinaizeit und der späteren der Propheten; vgl. die Beispiele bei Grimm, Weil ich dich liebe 113f.174f.
[131] Zur Gattung „Makarismus" vgl. LK I, 329f; nunmehr (mit der neueren Lit.) Sato, Q 247–264 (im Gefolge von C. Kähler, Studien zur Form- und Traditionsgeschichte der biblischen Makarismen [Diss. theol. masch. Jena 1974] 220).
[132] Grimm, ebd., führt dafür PsSal 17,44; 18,6f an, wo ebenfalls vom Sehen des eschatologischen Heils – freilich in der Zukunft – geredet wird.
[133] Vgl. Sato, Q 261.
[134] Das Logion lehnt sich in der heutigen Formulierung an Jes 6,9f (= Mt 13,14f) an. Die Abhängigkeit beweist nicht nur die Partizipialform des Lk, sondern auch der gleiche Wechsel von βλέπειν und ἰδεῖν (wie auch Mk 4,12 parr). Hier lehrt der Parallelismus mit ἀκούειν – συνιέναι, daß das ἰδεῖν tiefer zielen kann als das βλέπειν. – Matthäus hat die Verwandtschaft erkannt und durch seine Einfügung im Anschluß an das Jes-Zitat sichtbar gemacht. Die Anwendung der Deutung auf das „gläubiges" Sehen (und Hören) verstärkt er hier durch das – Mt 13,17 fehlende! – begründende ὅτι (das nicht eine Übersetzungsvariante sein muß; gg. Burney, The Poetry* 145; Black, An Aramaic Approach 52f.157) und die Einfügung des „Hörens" (s. u. zu V 24b).

Recht eigentlich muß V 23 b von V 24 her verstanden werden – nennt die „Jünger" hier also zunächst beispielhaft: als Menschen der „Erfüllungszeit", die in dieser die Christusereignisse „sehen" dürfen, wobei der Bezug zur Person Christi nicht unmittelbar ins Wort kommt. Nach V 23 a, und im Kontext muß aber gedacht werden an die „Jünger" als Sendlinge (VV 1 ff.17–20), insofern sie das „erleben" (βλέπειν)[135], was den νήπιοι von V 21 offenbart war, wobei (s. dort) auch an die „Hörenden" (vgl. V 24 b mit V 16 a; vgl. auch VV 5 f.8 f) zu denken ist. So entspricht das „Was" (ἅ)[136] der Erfahrung VV 23 f jenem (ταῦτα/αὐτά) V 21 (wobei – im Zusammenhang – die Sohnesoffenbarung von V 22 nicht ausgeschlossen werden kann).

Der ursprüngliche Sinn des Makarismus ist in diesem Rückbezug auf VV 17–20.21 f durchgehalten, obgleich er nun kontextualisiert auf die Jüngerschar eingeengt ist und damit auf die im Glauben „sehend" Gewordenen[137]. Ursprünglich ist dieser Zusammenhang mit VV 21 f nicht, denn isoliert galt der Makarismus der Generation der messianischen Erfüllungszeit, die als solche gewürdigt war, die Verwirklichung aller Verheißungen und Erwartungen „zu erleben". Und Objekt des Sehens war entsprechend unmittelbar und direkt die Manifestation der hereinbrechenden Basileia; das „Hören" (das 23 b wohl ursprünglich fehlt[138]) der Basileia-Botschaft sowie das Wahrnehmen des Christusgeheimnisses dahinter[139] bleiben in einem isoliert tradierten Logion mehr implizit oder hintergründig.

24 a Propheten und Könige[140] (diff Mt[141]) stehen für die Großen der Verheißungszeit. Diese begehrten[142] die Enderfüllung zu sehen. Das Uner-

---

[135] Siehe dazu S. 123.
[136] Das „Was" wird ursprünglicher sein als das „Daß" des Matthäus (vgl. dort V 17 auch: ἅ); vgl. richtig auch SCHULZ, Q 419 (und die Ausleger dort Anm. 106). – Eine vormalige Anordnung VV 23 f.21 f (s. u. S. 123 ff) würde das Neutrum ἅ sichern.
[137] Das wird deutlicher par Mt (ὑμῶν); s. u. A. 143.
[138] Matthäus wird den einleitenden Satz in gewohnter Weise und in Angleichung an 13,1 par Lk, auch an 13,13.14 f um das „Hören" parallelistisch aufgefüllt haben; das ist leichter verständlich als die Annahme, Lukas habe (mit Rücksicht auf VV 17–20?) es sekundär gestrichen. – Gegenteilig urteilen MARSHALL 738 (ebd. weitere Autoren); MIYOSHI, Anfang (L 1) 132 f.
[139] Deutlich dann etwa Joh 8,56; Röm 16,25 f; Eph 3,5; Kol 1,26; Hebr 11,13; 1 Petr 1,10 ff.
[140] Vgl. ähnlich QLk 11,29 f.32.31 par Mt 12,39–41/42. Vgl. ähnlich auch das Nebeneinander Sir 44. Die „Könige" können aus Jes 52,15 oder 60,3 stammen (an beiden Stellen „Völker und Könige", darum unsicher). Die Auslegung von GRIMM, Weil ich dich liebe 117–122, hier 121: „Kein Zweifel kann daran bestehen, daß Lk 10,23 f ein messianisches Verständnis des Knechts und die Identifikation Jesu mit diesem voraussetzt", wird nicht allgemein akzeptiert.
[141] In Mt sind die „Könige" ersetzt durch die „Gerechten". Die δίκαιοι (Mk 2mal; Lk 11mal; Mt 17mal) fügt Mt häufiger ein; vgl. auch 5,45; 23,35 diff Lk; 13,43 diff Dan 12,3; vgl. besonders das gleiche Nebeneinander von προφῆται und δίκαιοι 23,29 diff Lk und Mt 10,41 (diff Mk). – Für die matth Fassung sucht MIYOSHI, Anfang (L 1) 133, nicht recht überzeugende Gründe zusammen. – T^b: Die βασιλεις sind in Lk durch die δικαιοι des Mt ersetzt in Ta b q. Auch die Streichung von βασιλεις durch Mcion; D it kann schon harmonisieren wollen.
[142] Es ist unwahrscheinlich, daß das gewöhnlichere und stilistisch bessere Verbum

hörte des jetzigen Offenbarungsgeschehens wird daran deutlich: die Angeredeten[143] sind begnadeter als jene (vgl. Mt 11,11) und darum so hoch zu preisen, wie – feierlich eingeleitet[144] – beteuert wird.

In der festen Terminologie einer überlieferten heiligen Sprache wird VV (23).24 vom „Sehen"[145] der Heilszeit geredet. Es darf aber nicht verkannt werden, daß dieses „Erleben" und „Erfahren"[146] der eschatologischen Erfüllung sich vollzieht im sinnlichen „Sehen" historischer Fakten[147]. Die eschatologische Erfüllung ist also letztlich doch ein christologisches Faktum[148]; sie manifestiert sich in den mit der Gegenwart Jesu gegebenen Ereignissen – wie auch 7,22 hinter den Heilungen Jesu die Verwirklichung von Jes 35,5f „gesehen" wird.

Der jubelnde Klang einer so gearteten Seligpreisung[149] sollte nicht entwertet werden, indem man sie in unmittelbarer Weise als „Mahnung" versteht[150]. Freilich hat diese Seligpreisung die Absicht, Augen und Ohren zu öffnen, weil der Anbruch der Heilserfüllung im Christusgeschehen selbstverständlich die Aufforderung einschließt, gegenüber den großen Heilsereignissen der Endzeit offen zu sein; aber es ist charakteristisch, daß solche „Mahnung" in eine Preisung eingehüllt bleibt. Wer diesen kostbaren Schatz, die kostbare Perle gefunden hat, wird dann schon „alles verkaufen" (vgl. Mt 13,44ff).

ἠθέλησαν (Lk) ursprünglicher ist als ἐπεθύμησαν (Mt); gg. BUSSMANN, Studien II*, 66; die Mt-Fassung dürfte auch durch das von unserem Logion abhängige Eröffnungswort Lk 17,22 (ἐπιθυμήσετε) Bestätigung erfahren (s. dort).

[143] Das betonte ὑμεῖς V 24a hat V 24b (und par Mt) keine Entsprechung. Vielleicht hat das doppelte ὑμῶν Mt 13,16 (s. o. A. 138), das dort den Gegensatz zu VV 13ff herausmodelliert, hier seinen Ursprung. – Nach MIYOSHI, Anfang (L 1) 133, wäre es luk. Lukas streicht pleonastische Pronomina häufig (vgl. SCHMID, Mt und Lk* 298); vermutlich hat er es hier aber nicht als Pleonasmus empfunden, sondern akzentuiert gewertet.

[144] Vgl. LK I, 344 A. 5: „Christussprache"; weniger glücklich SATO, Q, hier 241–245: „Meistersprache". ἀμὴν γὰρ λέγω ὑμῖν begegnet im NT nur in Mt. Matthäus kann hier ein ἀμήν eingefügt haben wie Mt 19,23; 24,2 diff Mk und 17,20 diff Lk (vgl. Mk 11,23 par Mt 21,21), obgleich Lukas auch ein ἀμήν in dieser Formel häufiger streicht oder ersetzt; vgl. LK I, 238 A. 120. Nach dem Makarismus und vor dem γάρ steht das beteuernde ἀμήν nicht so notwendig; vgl. auch JEREMIAS, Sprache 125f.

[145] Vgl. die Belege für diese prophetisch-apokalyptische Sprechweise bei KÜMMEL, Verheißung* 105 Anm. 23; BULTMANN, Geschichte 114 Anm. 2. – Vgl. LXX Jes 40,5 (= Lk 3,6), im NT bes. Lk 2,30; Joh 3,3; 8,56; 1 Kor 2,9; Hebr 11,13.

[146] Zu dieser erweiterten Bedeutung des ἰδεῖν vgl. o. A. 134 und MICHAELIS in: ThWNT V, 325f.

[147] Das VV 23f bevorzugte βλέπειν geht primär meist – und so hier zumindest in den Relativsätzen – auf sinnlich Wahrnehmbares, obgleich das Verbum (besonders hier und da in der Partizipialform) nebenher an der erweiterten Bedeutung des ἰδεῖν partizipiert. Der Vokabelwechsel ist also nicht überzubetonen.

[148] So, gg. BULTMANN, Geschichte 114, auch KÜMMEL, Verheißung* 105 Anm. 25.

[149] Die Seligpreisung einzelner Glieder des Leibes (vgl. auch Lk 11,27) ist semitisierend.

[150] Gegen MICHAELIS, Mt II, 201.

24 b   Dieser historisch-christologische Bezug wird V 24 b vollends deutlich durch das (V 23 fehlende) „Hören"¹⁵¹. Denn unverkennbar bringt das Verbum die Verkündigungstätigkeit Jesu ins Spiel, wie ja auch charakteristischerweise 7,22 zu Jes 35,5f die Verkündigung nach Jes 61,1 nachgetragen wird¹⁵². Die christologische Offenbarung geschieht materialiter in geschichtlichen Ereignissen, eröffnet sich formaliter als Offenbarung aber erst recht im Wort. Der Anbruch der Heilszeit erschließt sich dem Glauben vor allem verbaliter, in einem Wort der Selbstoffenbarung Jesu, der „mehr" ist als ein König und ein Prophet (11,31f) als „Der Sohn" (10,22) der Offenbarer.

Obgleich nun V 24 (wie 7,22) beim „Sehen" – in der Nebenordnung neben dem „Hören" – konkret an die Machttaten Jesu denken wird, muß doch V 23 davor bewahren, dieses „Sehen" und „Hören" (wie 7,22) schlechthin auf der gleichen Ebene zu lesen und die oben aufgewiesene übergreifende Bedeutungsfülle des „Sehens" zu verkennen. Fast wird das „Hören" zu dem Mittel, mit dessen Hilfe man zu jenem erlebenden „Sehen" kommt: Es geht VV 23f primär um das „Erleben" der Heilszeit, deren Anbruch vor allem in den geschehenen Machtzeichen wahrgenommen werden kann, weil Jesu Verkündigung sie enthüllt (vgl. auch 10,9). Die erwarteten apokalyptischen Anzeichen des Eschatons sind im christologischen Heilsgeschehen und in Jesu Verkündigung „historisiert" gegeben.

Zur Traditionsgeschichte von Lk 10,21–24

1. Ursprünglich ist der Zusammenhang von VV 23f und VV 21f nicht (s. o.). Wahrscheinlich hat aber schon die Q-Tradition 10,23f par Mt 13,16f hier eingefügt, nicht erst Lukas¹⁵³. Dieser las schon in Q die Abfolge 10,21f.23f; 11,2–4¹⁵⁴. Matthäus ersetzte hier den Makarismus (VV 23f) durch Mt 11,28ff und baute ihn thematisch hinter Mt 13,10–15 als 13,16–17 ein¹⁵⁵.

---

¹⁵¹ Siehe o. A. 138.
¹⁵² Siehe LK I, 411. – Das sehende Wahrnehmen kann auch sonst in ähnlichem Zusammenhang allein genannt werden; vgl. entfernter 13,28; Lk 12,54ff; 19,37 und Joh 12,40 (= Jes 6,10). Meist ist das im NT aber nur verkürzende Redeweise; vgl. Apg 26,16 mit 22,14f; Röm 11,10 (= Ps 69,24) mit 11,8; 1 Joh 1,2 mit 1,1.3. Wo der Blick nicht (wie in jüdischen Texten; s.o. S. 120f) auf dem Futura liegt, sondern auf der geschichtlichen Erfüllung oder Entscheidung, fehlt das „Hören" im allgemeinen nicht; vgl. bes. Lk 2,20; 4,21; 7,22; Apg 28,26f = Jes 6,9f; aber auch Röm 11,8 (= Jes 6,9f); 1 Kor 2,9 (= Jes 52,15; 64,3); Mk 8,18 (= Jer 5,21; Ez 12,2); Mt 13,14f (= Jes 6,9ff); Joh 3,32; 1 Joh 1,1.3.
¹⁵³ So richtig SCHULZ, Q 419; KATZ, a.a.O. (L 1) 13–18; SCHMITHALS; weitere Autoren bei MIYOSHI, Anfang (L 1) 131 Anm. 59. – Mehr oder weniger fragend: HOFFMANN, Studien 5.105.287 („wahrscheinlich"); LÜHRMANN, Logienquelle 61; ERNST; unentschieden MIYOSHI, ebd. 131.
¹⁵⁴ Siehe o. S. 112.
¹⁵⁵ Der Lk 10,22d erwähnte – als willkürlich beschränkt bzw. prädestinatorisch mißzu-

2. Die Einleitungswendung V 23 a wird nicht gänzlich[156] von Lukas gebildet worden sein, weil schon die Anredeform des Wortes nach irgendeiner Einleitungswendung ruft und die Notiz in der „Jüngerrede" 10,2–24 eigentlich unnötig steht[157].

3. Die Logien VV 21 f.23 f *können* bereits vor der letzten Q-Redaktion der Aussendungserzählung 10,1–16(17–20) par zugewachsen sein, sind ihr wahrscheinlicher aber erst von dieser Endredaktion angefügt worden. Dieser Abschluß nach 10,1–16(17–20)[158] entspricht passend dem redaktionellen „Vorbau" VV 57–62 der Redenquelle, in dem es ebenfalls um „Nachfolge" und wahre Jüngerschaft ging, wenn nunmehr am Ende V 20 und ausführend VV 21–22.23–24 die Hoheit der Jüngerschaft und deren Offenheit für das christologische Offenbarungsgeschehen als das fundamentale Heilsgeschenk herausgestellt wird.

4. Als Seligpreisung der Generation, die Jesu Machttaten sehen und sein Wort hören kann, könnte das Logion auch schon in früher Tradition[159] (vor der Q-Endredaktion) mit der Homologese Lk 10,21 f verbunden gewesen sein. Dabei würde sich freilich das ταῦτα/αὐτά V 21 in einer vormaligen Abfolge VV 23 ff + 21 f als Rückbezug auf das ἃ βλέπετε/ἀκούετε leichter erklären. Es darf vermerkt werden, daß bei solcher Reihenfolge in der frühen Tradition das Gebet des Herrn 11,2–4 sich unmittelbar an V 22 c.d, wo der Sohn sich als Offenbarer des Vaters bekundet (s. ebd.), anschließen würde.

5. Trotz der Anklänge an Jes 6,9 f (und Jes 52,15?)[160] wird der Makarismus Lk 10,23 f par auch in der kritischen Forschung weithin als zuverlässig überliefertes

---

verstehende – Offenbarungswille Jesu (s. ebd.) rief förmlich nach einer Ergänzung wie Mt 11,28 ff. Lukas hätte ein seiner Soteriologie so sehr entsprechendes Logion schwerlich ausgelassen, wenn er es hier in Q gelesen hätte; s. Näheres bei GNILKA, Mt I, 433. – EvThom L 90 bezeugt sich keine von Mt unabhängige Tradition; vgl. SCHRAGE, Verhältnis* 172 ff.

[156] Mt fügte das Logion in seine Mk-Vorlage ein (s. o.); er kann seine Q-Vorlage bei der Gelegenheit um das Äquivalent der Einleitung Lk 10,23 a gekürzt haben. – Nach einer gründlichen Untersuchung der Verwendung der Bezeichnung οἱ μαθηταί in den Reden oder Erzählungen, in Situationsangaben und Einleitungswendungen im EvLk wagt POLAG, Umfang 69, den Satz: „In Einleitungswendungen zu Redestücken dürfte οἱ μαθηταί stets in Abhängigkeit von der Vorlage stehen." – Zwar kann στραφεὶς πρός luk R sein, muß es aber nicht sein; s. o. S. 30 A. 74. – Für das (klass.) adverbiale ἰδίᾳ (im NT nur 1 Kor 12,11) tritt hell. und im NT sehr bevorzugt – κατ' ἰδίαν ein (vgl. BAUERWb 752 f; Bl-R 241,9). – Mt verwendet es ausschließlich (5mal) in Abhängigkeit von Mk. Wenn es Lk 10,23 aus Q übernommen wäre, wo es sonst nirgends nachweisbar ist, müßte man annehmen, Matthäus hätte es hier (und in Q sonst konsequent) beseitigt (was er aber diff Mk 5mal nicht tat). Lukas dagegen kann es von sich aus schreiben, wie Apg 23,19 beweist (hier aber „für sich" = „unter vier Augen"). Wenn die adv. Wendung 10,23 aus seiner Feder stammen würde, wäre das freilich im EvLk der einzige Fall, wo er es von sich aus geschrieben hätte. Denn 9,10 las er so in Mk 6,32.

[157] So KATZ, a.a.O. (L 1) 16. Anders MIYOSHI, Anfang (L 1) 131 (vgl. 134): „Der Einleitungsvers ist eindeutig redaktionell."

[158] Daß Lukas 10,21 f.23 f nicht mehr – wie Q – mit 9,57–62; 10,1–20 gliedernd zusammendenkt, sondern stärker mit 10,25–37 (s. schon o. S. 21 und 100 f), wird uns u. S. 128 f noch deutlicher werden.

[159] GRIMM, Selige Augenzeugen (a.a.O.) 180 ff, meint Nachwirkung von Lk 10,23 f in Lk 2,25–28; 1 Kor 2,7–10; Joh 8,56; Hebr 11,13 und EvThom (s. dazu o. A. 155) feststellen zu können; DERS. denkt in: Weil ich dich liebe 124, auch an Joh 12,20–43.

[160] Siehe S. 120 f und o. A. 140.

Herrenwort akzeptiert[161], weil er Augen und Ohren auf die Zeichen der nahenden Basileia und deren Erfüllung ausrichte und noch nicht direkte christologische Aussagen mache. Jesus kann so geredet und sich in derartig verhüllter Weise ins Spiel gebracht haben. Man meint die vox Jesu hören zu können.

2. Der Weg zum Leben:
die sich in der Nächstenliebe bewährende Gottesliebe
10,25–37

L 7: zu 10,25–37. – Vgl. zusätzlich L 7a, auch L 2a sowie die bekannten Gleichnisauslegungen und Theol. Wörterbücher, bes. die Lit. bei MONSELEWSKI, Der barmherzige Samariter (s. u.) 182–187 (bes. seit Jülicher mit 112 Titeln, freilich doch noch sehr unvollständig), und KLEMM, Das Gleichnis (s. u.); vgl. DERS., Referat über das 18. Jh., in: KuD 17 (1971) 127, bes Anm. 1; vgl. auch WAGNER, EBNT II, 150–155, und für 1973–1988 VAN SEGBROECK, Lk-Bibliography, Index (232; hier noch mehrere ungedruckte Diss.). – Darin und danach aus der immensen Literatur als Auswahl bes. AUS, R. D., Weihnachtsgeschichte, Barmherziger Samariter, Verlorener Sohn. Studien zu ihrem jüdischen Hintergrund (Arbeiten zur neutestamentlichen Theologie und Zeitgeschichte 2) (Berlin 1988); BAASLAND, E., Zum Beispiel der Beispielerzählungen, zur Formenlehre der Gleichnisse und zur Methodik der Gleichnisauslegung, in: NT 28 (3, 1986) 193–219; BAILEY, K. E., Through Peasant Eyes 33–56; BEXELL, G., Den barmhärtige samariern och den teologiska etiken, in: SvTK 59 (1983) 64–74; BINDER, H., Das Gleichnis vom barmherzigen Samariter, in: ThZ 15 (1959) 176–194; BISER, E., Wer ist mein Nächster?, in: GuL 48 (1975) 406–414; BISHOP, E. F. F., „Down from Jerusalem to Jericho", in: EvQ 35 (1963) 97–102; DERS., People on the Road to Jericho. The Good Samaritan – and the Others, in: EvQ 42 (1970) 2–6; BOERS, H., Traduction sémantique, transculturelle de la parabole du Bon Samaritain, in: Sémiotique et Bible 47 (1987) 18–29; BORNHÄUSER, Studien* 65–80; BOWMAN, J. W., The Parable of the Good Samaritan, in: ET 59 (1947/48) 151–153.248f; BURCHARD, CHR., Fußnoten zum neutestamentlichen Griechisch, in: ZNW 61 (1970) 157–171, bes. 158f; CASTELLINO, G., Il sacerdote e il levita nella parabola del buon samaritano, in: Div. 9 (1965) 134–140; CERFAUX, L., Trois réhabilitations dans l'évangile, in: BFCL 72 (1950) 5–13; reprinted in: Recueil II*, 51–59; CLUCAS, R. S., The Neighbour Questions, in: ThEv 17 (1984) 49–50; CRESPY, G., La parabole dite: Le bon Samaritain. Recherches structurales, in: ETR 48 (1973) 61–79; CROSSAN, J. D., Parable and Example in the Teaching of Jesus, in: NTS 18 (1971/72) 285–301, bes. I. The Good Samaritan: Example or Parable? 285–296; DERS., The Good Samaritan. Towards a Generic Definition of Parable, in: Semeia 2 (1974) 82–112; DANIEL, C., Les Esséniens et l'arrière-fond historique de la parabole du Bon Samaritain, in: NT 11 (1969) 71–104; DANIÉLOU, J., Le Bon Samaritain, in: COLL. (Éd.) Mélanges Bibliques (FS A. Robert) (Paris o. J. [1957]) 457–465; DELORME, J. (Hg.), Zeichen und Gleichnisse. Evangelientexte und semiotische Forschung (Düsseldorf 1979) 21–54; DERRETT, J. D. M., Law in the New Testament: Fresh Light on the Parable of the Good Samaritan, in: NTS 11 (1964/65) 22–37; DERS., The Parable of the Good Samaritan (1964), in: DERS., Law 208–227; DIEGO, J. R. DE, Quién es mi prójimo?, in: EE 41 (1966) 93–109; DOWNEY, G., Who is My Neighbour? The Greek and Roman Answer, in: AThR 47 (1965) 3–15; EICHHOLZ, G., Jesus Christus und der Nächste. Eine Auslegung des Gleichnisses vom barmherzigen Samariter (BSt 9) (Neukirchen 1955); DERS., Einführung in die Gleichnisse (BSt 37) (Neukirchen 1963); ELLIS, E. E., New Directions in the Form Criticism,

---

[161] Übertreibend GRIMM, Weil ich dich liebe 112: „niemals ernstlich angezweifelt". – Mehr oder weniger sicher BULTMANN, Geschichte 133.135; MARSHALL 431; ERNST 234; RIESNER, Jesus 433; GNILKA, Mt I, 484f; SCHNACKENBURG, Mt I, 121; SATO, Q 261.

in: STRECKER, Jesus Christus 299-315, zu Lk 10,25-37 ebd. 310-312; ELLSWORTH, D. O., Confronting Christian Responsibility, Exegesis and Application of Lk 10,29-37, the Good Samaritan Example Story, Diss. Claremont School of Theology 1976 (nicht zugänglich); ENSLIN, a. a. O. (L 2), bes. 284-292; ENTREVERNES, GROUPE D', „Va et fais de même". Récit et dialogue (Luc 10,25-37), in: DIES., Signes et paraboles (Paris 1977) 15-52; EULENSTEIN, R., „Und wer ist mein Nächster?" Lk 10,25-37 in der Sicht eines klassischen Philologen, in: ThGl 67 (1977) 127-145; EYNDE, P. VAN DEN, Le bon samaritain, in: BVCr 70 (1966) 22-35; FEUILLET, A., Le bon Samaritain (Luc 10,25-37). Sa signification christologique et l'universalisme de Jésus, in: EeV 90 (1980) 337-351; FORD, My Enemy, zu Lk 10,25-37: 91-94; FRANKEMÖLLE, H., In Gleichnissen Gott erfahren (Stuttgart 1977) 103-107; FRIEDRICH, G., Was heißt das: Liebe? (Stuttgart 1972), hier 7-26; FUNK, R. W., The Good Samaritan as Metaphor (1974), in: DERS., Parables and Presence (Philadelphia 1982) 29-34; DERS., The Poetics of Biblical Narrative (Foundations and Facets. Literary Facets) (Sonoma/CA 1988) 183-185; FURNESS, J. M., Fresh Light on Luke 10,25-37, in: ET 80 (1968/69) 182; GERHARDSSON, B., The Good Samaritan - the Good Shephard? (CNT 16) (Lund - Kopenhagen 1958); GEWALT, D., Der „Barmherzige Samariter". Zu Lukas 10,25-37, in: EvTh 38 (1978) 403-417; GHIO, G., La Parabola del Buon Samaritano (Luca 10.25-37) (Genua 1913); GIAVINI, G., Il „prossimo" nella parabola del buon Samaritano, in: RivBib 12 (1964) 419-421; GOLLWITZER, H., Das Gleichnis vom barmherzigen Samariter (BSt 34) (Neukirchen 1962); GORDON, J. C., The Parable of the Good Samaritan (St. Luke X.25-37). A Suggested Re-orientation, in: ET 56 (1944/45) 302-304; GOULDER, M. D., Characteristics*; GOURGUES, M., L'autre dans le récit exemplaire du Bon Samaritain (Lc 10,29-37), in: M. GOURGUES - G.-D. MAILHIOT (Éd.), L'alterité vivre ensemble (Recherches 7) (Montréal 1986) 257-268; GYLLENBERG, R., Den barmhärtige samariten, in: SEÅ 12 (1967) 163-174; HARNISCH, Gleichniserzählungen, zu Lk 10,30-35: 271-292 (+ Reg.); HEININGER, Metaphorik, zu 10,25-37: 22-25; HEUTGER, N., Münzen im Lukasevangelium, in: BZ 27 (1983) 97-101; HORN, Glaube und Handeln 107-115; JEREMIAS, J., Beobachtungen zu neutestamentlichen Stellen an Hand des neugefundenen griechischen Henoch-Textes. Luc 10.29 16.15: δικαιοῦν ἑαυτόν, in: ZNW 38 (1939) 117-118; JONES, P. R., The Love Command in Parable. Luke 10:25-37, in: PRSt 6 (1979) 224-242; KIEFFER, R., Analyse sémiotique et commentaire: Quelques réflexions à propos d'études de Luc 10.25-37, in: NTS 25 (1978/79) 454-468; KISSINGER, W. S., The Parables 313-322; KLEIN, Barmherzigkeit, bes. 74-78; KLEMM, H. G., Das Gleichnis vom Barmherzigen Samariter: Grundzüge der Auslegung in 16./17. Jahrhundert (BWANT 103) (Stuttgart 1973); KLINGHARDT, Gesetz; LEENHARDT, F.-J., La parabole du Samaritain (Schéma d'une exégèse existentialiste), in: COLL. (Éd.), Aux sources de la tradition chrétienne (FS M. Goguel) (Neuchâtel - Paris 1950) 132-138; LÉGASSE, S., „Et qui est mon prochain?" Étude sur l'object de l'agapè dans le Nouveau Testament (LeDiv 136) (Paris 1989); LINDIJER, C. H., Oude en nieuwe visies op de gelijkenis van de barmhartige Samaritaan, in: NedThT 15 (1960) 11-23; MANN, J., Jesus and the Sadducean Priests, Luke 10.25-37, in: JQR 6 (1915/16) 415-422; MASSON, W. S., The Parable of the Good Samaritan, in: ET 48 (1936/37) 179-181; MATTILL, A. J., Jr., The Good Samaritan and the Purpose of Luke-Acts, in: Encounter 33 (1972) 359-376; DERS., The Anonymous Victim (Luke 10,25-37): A New Look at the Story of the Good Samaritan, in: Unitarian Universalist Christian 34 (Boston 1979) 38-54; MAZAMISA, L. W., Beatific Comradeship. An Exegetical-hermeneutical Study on Luke 10:25-37 (Diss. theol.) (Kampen 1987); MERKLEIN, Gottesherrschaft 98-107; MILLER, J. S., The Neighbour, in: ET 96 (1984/85) 337-339; MONSELEWSKI, W., Der barmherzige Samariter. Eine auslegungsgeschichtliche Untersuchung zu Lukas 10,25-37 (BGBE 5) (Tübingen 1967); MUSSNER, F., Der Begriff des „Nächsten" in der Verkündigung Jesu. Dargelegt am Gleichnis vom barmherzigen Samariter, in: DERS., Praesentia Salutis 125-132; NEIRYNCK, a. a. O. (L 4), zu 10,35: 290-295; OAKMAN, D. E., The Buying Power of Two Denarii. A Comment on Luke 10:35, in: Forum (Sonoma/CA) 3 (1987) 33-38; PATTE, D., An Analysis of Narrative Structure on the Good Samaritan, in: Semeia 2 (1974) 1-26; DERS., Structural Network in Narrative. The Good Samaritan, in: Soundings 58 (1975) 221-242; PERKINS, P., Hearing the Parables of Jesus (New York 1982), zu 10,25-37: 112-132; PERPICH, S. W., A Hermeneutic Critique of Structuralist Exegesis, with Special Reference to Lk 10,29-37 (Lanham und London 1984); PIPER, J., „Love Your Enemies", zu 10,25-37 s. ebd. Stellenreg.; RAMAROSON, L., Comme „Le Bon Samaritain", ne chercher qu'à aimer (Lc 10,29-37), in: Bib. 56 (1975) 533-536; RAVASI, G., Sulla Strada da Jerusalemme a Gerico, in: Ambrosius 61 (1985) 120-134; REICKE, B., Der barmherzige Samariter, in: O. BÖCHER - K. HAACKER (Hg.), Verborum Veritas (FS G. Stählin) (Wuppertal 1970) 103-109; ROYSE, J. R., A Philonic Use of ΠΑΝΔΟΧΕΙΟΝ (Luke X 34), in: NT 23 (1981) 193-194; RIUS-CAMPS, J., Lc 10,25 - 18,30: una perfecta estructura concéntrica dins la seccio del viatge (9,51 - 19,46), in: RevCatT 8 (1983) 283-357; ROYSE, J. R., The Treatment of Scribal Leaps in Metzgers Textual Commentary, in: NTS 29 (1983) 539-551, zu Lk 10,32: 542.545f; SAUER, J., Traditionsgeschichtliche Erwägungen zu den synoptischen und paulinischen Aussagen über Feindesliebe und Wiedervergeltungsverzicht, in: ZNW 76 (1985) 1-28; SCHAIK, T. VAN, De barmhartige Samaritaan (Lc 10,25-37), in: VAN IERSEL u.a. (Ed.), Parabelverhalen 55-82; SCHOLZ, Gleichnisaussage 208-219; SELLIN, G., Lukas als Gleichniserzähler: Die Erzählung vom barmherzigen Samariter (Lk 10,25-37), in: ZNW 65 (1974) 166-189; ZNW 66 (1975) 19-60 [Kurzfassung von: Studien zu den Gleichniserzählungen des Lukas-Sondergutes. Die ἄνθρωπός-τις-Erzählungen des Lukas-Sondergutes - besonders am Beispiel von Lk 10,25-37 und 16,19-31 untersucht (Diss. theol. masch.) (Münster 1973)]; DERS., Gleichnisstrukturen. Auseinandersetzung zwischen D. O. Via Jr. und J. D. Crossan, in: LingBibl Nr. 31 (1974) 89-115; SERVOTTE, H. - VERBEEK, L., De structuralistische bijbellezing, in: CBG 26 (1980) 426-441; SFAMENI GASPARRO, G., Variazioni esegetiche sulla parabola del Buon Samaritano. Dal „Presbitero" di Origene ai dualisti medievali, in: E. LIVREA (Ed.), Studi in onore di A. Ardizzoni II (Rom 1979) 949-1012; SILVA, R., La parábola del buen samaritano, in: CB 23 (1966) 234-240; SPENCER, F. S., Chronicles 28: 5-15 and the Parable of the Good Samaritan, in: WThJ 47 (1984) 317-349; SPICQ, C., The Charity of the Good Samaritan - Luke 10:25-37, in: Contemporary NT Studies (Collegeville 1965) 218-224; DERS., Agapè I, darin bes.: La charité dans l'Évangile de Saint Luc: 98-156; „Et qui est mon proche?": 179-184; STEGNER, W. R., The Parable of the Good Samaritan and Leviticus 18: 5, in: GROH - JEWETT (Ed.), The Living Text 27-38; STEIN, R. H., The Interpretation of the Parable of the Good Samaritan, in: W. W. GASQUE - W. S. LASOR (Ed.), Scripture, Tradition and Interpretation (FS E. F. Harrison) (Grand Rapids/MI. 1978) 278-295 (278-287 Geschichte der Auslegung); SWEETLAND, D. M., The Good Samaritain and Martha and Mary, in: BiTod 21 (1983) 325-330; THOMAS, K. J., Liturgical Citations in the Synoptics, in: NTS 22 (1976) 205-214; TRUDINGER, L. P., Once Again, now, „Who is my Neighbour?", in: EvQ 48 (1976) 160-163: ULEYN, A., Exegese en psychoanalyse. Een psychoanalytische lezing van de parabel van de barmhartige Samaritaan, in: CBG 26 (1980) 405-425; VENETZ, H., Theologische Grundstrukturen in der Verkündigung Jesu? Ein Vergleich von Mk 10,17-22; Lk 10,25-37 und Mt 5,21-48, in: CASETTI u.a. (Éd.), Mélanges Barthélemy 613-650; VIA, D. O., Jr., Parable and Example Story: A Literary Structuralist Approach, in: LingBibl Nr. 25/26 (1973) 21-30; J. D. CROSSAN, Structuralist Analysis and the Parables of Jesus: A Reply to D. O. Via Jr., in: LingBibl Nr. 29/30 (1973) 41-51; WILKINSON, F. H., Oded: Proto-Type of the Good Samaritan, in: ET 69 (1957/58) 94; WILSON, Law 14-17 u.ö.; WINK, W., The Parable of the Compassionate Samaritan: A Communal Exegesis Approach, in: RExp 76 (1979) 199-217; WISCHMEYER, O., Das Gebot der Nächstenliebe bei Paulus, in: BZ 30 (1986) 161-187, bes.: 3. Dekalog und Nächstenliebe bei den Synoptikern, 170-180; YOUNG, N. H., Once Again, now, „Who is my Neighbour?". A comment, in: EvQ 49 (1977) 178-179; DERS., The Commandment to Love Your Neighbour as Yourself and the Parable of the Good Samaritan (Luke 10:25-37), in: AUSS 21 (1983) 265-272; ZERWICK, M., Homo quidam descendebat ab Jerusalem in Jericho (Lc 10,30-37), in: VD 27 (1949) 55-59; ZIMMERMANN, H., Das Gleichnis vom barmherzigen Samariter: Lk 10,25-37, in: G. BORNKAMM - K. RAHNER (Hg.), Die Zeit Jesu (FS H. Schlier) (Freiburg i.Br. 1970) 58-69; DERS., Jesus Christus. Geschichte und Verkündigung (Stuttgart 1973) 245-258.

Wenn oben (unter 1.) in Jesu Homologese 10, 21 f und seinem Makarismus über die Jünger (10, 23 f) der Aufruf zur Freude von V 20 a ausgemalt wurde, soll man doch nicht vergessen – meint Lukas (2.) ergänzen zu müssen –, daß das Anrecht auf das himmlische Bürgerrecht (10, 20 b), das „Erbe des ewigen Lebens" (V 25), auch von der Erfüllung des einen[1] Hauptgebotes Jesu abhängt: von der Erfüllung der auf das Doppelgebot der Liebe konzentrierten und intentionalisierten Tora (10, 25–37). – Wenn schon Lk 10, 22 von der „Offenbarung" durch den Sohn die Rede war und V 24 die Ohren seliggepriesen wurden, die „hörten, was ihr hört" (vgl. dann auch u. 10, 38–42!), war es angebracht, ein Beispiel für das Wort des Kyrios (vgl. zu V 39) zu bringen. Die Hörer werden sich an ihre grundlegende Taufunterweisung erinnern; vgl. schon o. in 3, 10–14 (LK I, 166 ff.) Daß dabei das Wort Jesu als verschärfte Tora erscheint – immerhin doch nach der „Evangeliums"-Verkündigung (10, 21 f.23 f)! –, läßt sich auch aus der damaligen Situation verstehen: Freudiger Enthusiasmus ohne tätiges Engagement würde schwärmerisch, und die Gnade würde billig verdorben. Lukas hatte zu seiner Zeit[2] schon Anlaß, das zu betonen.

Lukas könnte durch die Einfügung von 9, 52 b–55 – zunächst recht äußerlich – veranlaßt worden sein, diese Beispielerzählung 10, (29)30–35(36 f) (s. u.) aus seinem Sondergut hier anzufügen[3] und so die Samariterfrage weiter zu entschärfen (s. u.). Vor allem aber: Er hielt es für gut, in den Unterweisungen der Reiseerzählung gleich einleitend 10, 25–37 die Bedeutung des Liebesgebotes in seiner Wichtigkeit für das Jüngerleben herauszuarbeiten (s. zusammenfassend u. S. 149). Darum zieht er Mk 12, 28–31(32–34) – in gekürzter Fassung – vor. Er stellt das Liebesgebot dazu noch V 25 b diff Mk in den Horizont der bedeutsamen Heilsfrage (s. u.). Die zentrale Liebesforderung Jesu kam Lukas unter den „Jerusalemer Streitgesprächen" zu spät[4]; nach seinem Urteil mußte sie früher, jedenfalls vor der Nachfolge-Forderung an den „reichen Jüngling" Lk 18, 18–30 par Mk 10, 17–31, zur Sprache gebracht werden.

---

[1] Andersartige Gliederungsversuche verundeutlichen die Einzigartigkeit der Forderung: ZIMMERMANN, Gleichnis (a.a.O.) 69 (im Gefolge von B. WEISS, Mk u. Lk 456; HAUCK* 144f): 10, 25 – 22, 13 eine „Art Katechismus... drei Hauptforderungen: ... Gottes- und Nächstenliebe (10, 25–37): ... auf das Wort Gottes ... hören (10, 38–42) und die Forderung nach dem rechten Beten (11, 1–13)"; vgl. dagegen u. S. 169 mit A. 4. – G. SCHNEIDER, Christusbekenntnis und christliches Handeln, Lk 6, 46 und Mt 7, 21 im Kontext der Evangelien, in: R. SCHNACKENBURG u.a. (Hg.), Die Kirche des Anfangs 9–24, hier 20: „Zwei Stücke ... Sie sprechen vom *Tun* der Nächstenliebe einerseits (10, 25–37), vom *Hören* auf Jesu Wort andererseits (10, 38–42) und beantworten die Frage nach dem zum ewigen Leben notwendigen Tun (10, 25.42). Diese beiden Perikopen sind als grundlegende Jüngerunterweisung gewiß aufeinander bezogen, so daß die Aufforderung zum Handeln (V 37) durch die zum Hören auf Jesus als dem Einen-Notwendigen (V 42) ergänzt wird." (Vgl. dagegen u. S. 153 A. 4.) Das Liebesgebot verbleibt hier in seiner Einzigartigkeit.
[2] Vgl. dazu LK I, 583: „Häresien".
[3] Vgl. SCHMID, Mt und Lk* 144.
[4] Freilich hatte Lukas auch andere Gründe, die Perikope dort par Mk 12, 28–34 fortzulassen (s. ebd. z. St.), vor allem: er vermeidet gern Dubletten; vgl. TrU 279–289.

In der vorliegenden Fassung muß der Komplex 10,25–37 als Einheit gelesen werden: mit seinem hin- und herwogenden Dialog von Frage (V 25b) und Gegenfrage (V 26), Antwort (V 27) und Rückantwort (V 28), erneuter Frage (V 29), dann die Antwort mit Gegenfrage (VV 30–35.36), Antwort V 37a und Rückantwort Jesu (V 37b) – ein Spiel, das den Zuhörer ins Mitdenken und am Ende zur Tat (VV 28.37b) bewegen möchte. Dabei gibt Jesus V 37b autoritär eine Lehrentscheidung und Handlungsanweisung als „der" Lehrer schlechthin[5], wie sonst wohl in der Formel (ἀμὴν) λέγω (ὑμῖν)[6].

Wenn 10,25–28 zunächst als „Einleitung" zu 10,29–37 verstanden werden könnte, darf doch nicht übersehen werden, daß die Frage nach der Leben schenkenden Gesetzeserfüllung im Zusammenhang betont ihr Eigengewicht hat[7]. Aber auch die Samaritererzählung behält ihrerseits eine gewisse Eigenständigkeit: Sie ist nicht nur „Anhang" zu 10,25–28; sie erläutert den Begriff des „Nächsten" V 27b vgl. VV 27b.29.36. Wir markieren das gliedernd wohl sachentsprechend durch eine Zäsur[8]: (a) 10,25–28 wird exemplifiziert und dabei in Richtung auf die Nächstenliebe hin (b) noch akzentuiert durch 10,29–37.

a) Die Liebe als Heilsforderung
   10,25(vgl. Mk 10,17).26–28 (= Mk 12,28–31 [32–34] / Mt 22,34–40; vgl. Mt 19,19b)

L 7a: zu 10,25–28 (Liebesgebot). – Vgl. L 7 und außer LK I, 343 A.[c] und I, 349 A.[d] auch PESCH, MK II, L 77 (+ Nachtrag II, 576). – BANKS, Jesus 164–172; BERG, L., Das neutestamentliche Liebesgebot – Prinzip der Sittlichkeit, in: TThZ 83 (1974) 129–145; BERGER, Gesetzesauslegung I, 56–257; zu Lk bes. 232–242; BORNKAMM, G., Das Doppelgebot der Liebe (1954), in: DERS., Geschichte und Glaube I (Ges. Aufs. III), 37–45; BULTMANN, R., Das christliche Gebot der Nächstenliebe (1930), in: GluV I, 229–244; BURCHARD, CH., Das doppelte Liebesgebot in der frühen christlichen Überlieferung, in: LOHSE, Der Ruf Jesu 39–62; COPPENS, J., La doctrine biblique sur l'amour de Dieu et du prochain, in: EThL 40 (1964) 252–299; DAUTZENBEG, Sein Leben * 114–123; DENAUX, A. – KEVERS, P., De historisch-kritische Methode, in: CBG 26 (1980) 387–404; DIEZINGER, W., Zum Liebesgebot Mk 12,28–34 und Parr, in: NT 20 (1978) 81–83; ERNST, J., Die Einheit von Gottes- und Nächstenliebe in der Verkündigung Jesu, in: ThGl 60 (1970) 3–14; FUCHS, E., Was heißt: „Du sollst deinen Nächsten lieben wie dich selbst"? (1932), in: DERS., Zur Frage 1–20; FULLER, R. H., Das Doppelgebot der Liebe. Ein Testfall für die Echtheitskriterien der Worte Jesu, in: STRECKER (Hg.), Jesus Christus 317–329; FURNISH, V. P., The Love Command in the New Testament (London 1973) 22–90; GERHARDSSON, B., The Hermeneutic Program in Matthew 22:37–40, in: HAMERTON-KELLY u. a., Jews, Greeks and Christians 128–150; GRUNDMANN, W., Das Doppel-

---

[5] Vgl. H. SCHÜRMANN, „... und Lehrer", in: OrNT 116–156.
[6] Vgl. LK I, 344; dazu MONSELEWSKI, a.a.O 167ff.
[7] So richtig LINNEMANN, Gleichnisse 146f Anm. 17, gg. MANSON, The Sayings * z. St.; vgl. auch MARSHALL 440.445; EGELKRAUT, a.a.O. (L 1) 84 (dort Anm. 2 und 4 weitere Autoren). Die luk R kann zwei vormals getrennte Überlieferungseinheiten zusammendenken.
[8] Siehe dazu u. S. 142.

gebot der Liebe, in: ZZ 11 (1957) 449–455; GUNDRY, R. H., Matthean Foreign Bodies, in: F. VAN SEGBROECK (Ed.), The Four Gospels 1992 II, 1480–1482; HOFFMANN, P. – EID, V., Jesus von Nazareth und die christliche Moral (QD 66) (Freiburg i. Br. 1975) 147–185; HRUBY, K., L'amour du prochain dans la pensée juive, in: NRTh 91 (1969) 493–516; HULTGREN, A. J., The Double Commandment of Love in Mt 22:34–40, Its Sources and Compositions, in: CBQ 16 (1974) 373–378; KATTEN, M., Um das Gebot der Nächstenliebe, in: MGWJ 79 (1935) 209–223; KERTELGE, K., Das Doppelgebot der Liebe im Markusevangelium, in: COLLECTIV, À Cause 303–322; KIILUNEN, J., Das Doppelgebot der Liebe in synoptischer Sicht. Ein redaktionskritischer Versuch über Mk 12,28–34 und die Parallelen (Helsinki 1992); KLINGHARDT, Gesetz 136–155; KUHN, H.-W., Das Liebesgebot Jesu als Thora und als Evangelium. Zur Feindesliebe und zur christlichen und jüdischen Auslegung der Bergpredigt, in: FRANKEMÖLLE – KERTELGE (Hg.), Vom Urchristentum zu Jesus 194–230; KUSS, O., Die Liebe im Neuen Testament, in: DERS., Auslegung II, 196–234; LÉGASSE, S., L'étendue de l'amour interhumain d'après le Nouveau Testament, in: RTL 8 (1977) 137–159.293–304; LOHFINK, N., Das Hauptgebot, in: DERS., Das Siegeslied am Schilfmeer (Frankfurt a. M. 1965) 129–150; LÜTGERT, W., Die Liebe im Neuen Testament (Leipzig 1905); MERKLEIN, H., Gottesherrschaft 100–104; MICHEL, O., Das Gebot der Nächstenliebe in der Verkündigung Jesu, in: N. KOCH (Hg.), Zur sozialen Entscheidung (Tübingen 1947) 53–101; MONTEFIORE, H., Thou Shall Love the Neighbour as Thyself, in: Donum Gratulatorium = NT 5 (1962) (FS E. Stauffer) (Leiden 1962) 157–170; MUDISO MBÂ MUNDLA, Jesus, zu Lk 10,25–28: 110–233; NISSEN, A., Gott und der Nächste im antiken Judentum. Untersuchungen zum Doppelgebot der Liebe (WUNT 15) (Tübingen 1974); OSBORN, E., The Love Command in Second-Century Christian Writing, in: Second Century 1 (1981) 223–243; PESCH, R., Jesus und das Hauptgebot, in: H. MERKLEIN (Hg.), Neues Testament und Ethik 99–109; POLAG, Christologie 119ff; QUISPEL, G., Love Thy Brother, in: AncSoc 1 (1970) 83–93; RAD, G. V., Bruder und Nächster im Alten Testament, in: DERS., Gottes Wirken in Israel (Neukirchen-Vluyn 1974) 238–249; RATSCHOW, K. H., Agape, Nächstenliebe und Bruderliebe, in: ZSTh 21 (1950/52) 160–182; SCHNACKENBURG, R., Die Forderung der Liebe in der Verkündigung und im Verhalten Jesu, in: E. BISER u.a., Prinzip Liebe (Freiburg i. Br. 1975) 76–103; DERS., Sittliche Botschaft I, 88–97; SCHNEIDER, G., Die Neuheit der christlichen Nächstenliebe (1973), in: DERS., Jesusüberlieferung 168–186; SCHRAGE, Ethik 69–88, bes. 75ff; SCHRAMM, Markus-Stoff 47–49; SOUČEK, J., Der Bruder und der Nächste, in: H. GOLLWITZER – H. TRAUB (Hg.), Hören und Handeln (FS E. Wolf) (München 1962) 362–371; SPICQ, C., Die Nächstenliebe in der Bibel (Einsiedeln 1961); DERS., Agapè I, 137–148; DERS., Théologie*, bes. 481–548; STERN, J. B., Jesus' Citation of Dt 6,5 and Lv 19,18 in the Light of Jewish Tradition, in: CBQ 28 (1966) 312–316; SUHL, Funktion* 87–89; ZIMMERMANN, Jesus Christus (L 7) 245–258.

Schon in Lk 10,20b war die Frage nach dem ewigen Heil in den Raum gestellt. Sie war es wohl, die Lukas bewog, die Frage nach dem „ewigen Leben" noch einmal – mit den Worten des „Reichen" Mk 10,17 – durch einen Gesetzeslehrer stellen zu lassen und das Liebesgebot als Bedingung ins Spiel zu bringen. Lukas gibt dem Doppelgebot der Liebe eine neue Struktur (s. u.), dazu einen unerhörten Akzent, wenn er es durch die Frage einleitet, wie das „ewige Leben" zu erlangen sei. Dadurch wird der folgende Disput der theologischen Unverbindlichkeit enthoben und für den Leser in den Horizont der bedeutsamen (vgl. V 42) Heilsfrage gerückt.

25 Und siehe, ein Gesetzeslehrer stand auf; er sagte, ihn prüfend: Lehrer, was muß ich tun, um das ewige Leben zu erlangen? 26 Der aber sagte

zu ihm: Im Gesetz – was steht (da) geschrieben? Wie liest du? 27 Der antwortete:
  Du sollst lieben den Herrn, deinen^a Gott,
  aus^b deinem^c ganzen Herzen:
  und mit^d deiner ganzen Seele
  und mit^d deiner ganzen Kraft
  und mit^d deinem ganzen Sinnen – und:
  deinen Nächsten wie dich selbst.
28 Er sagte ihm aber: Richtig hast du geantwortet.
Tu das, und du wirst leben.*

25a Die Einleitung καὶ ἰδού markiert nicht einen Ortswechsel[9] gegenüber VV (17–20.21 f)23 f, sondern eine Zäsur[10]. Hier kommt nunmehr ein inhaltlich neuer Gesichtspunkt zur Sprache: Die eschatologischen Zusagen und Seligpreisungen VV 20.21.23 f könnten ja auch mißverstanden werden[11], aus der Heilsfrage kann doch nicht die des „Tuns" (vgl. auch Joh 6,28 f) ausgeklammert werden. Es ist nicht Zufall, daß Lukas hier die Frage eines jüdischen „Gesetzeslehrers" zu bedenken gibt.

Der „Gesetzeslehrer"[12] fragt nicht mehr (wie par Mk) nach dem „ersten Gebot", sondern nach dem heilsnotwendigen Tun (Aor.). Er zeigt sich dabei aber nicht ernstlich an seinem persönlichen Heil interessiert; er stellt aus Distanz – trotz der praktischen Formulierung (τί ποιήσας) – eine theoretisch-theologische Frage. Diese Deutung legt das ἐκπειράζων (vgl. dann auch V 29) nahe, wobei auch die „kollegiale"[13] Anrede (διδάσκαλε) vielleicht an das Erfragen[14] einer theologischen Meinung denken läßt.

Lukas macht damit aus dem „Schulgespräch" des Mk formal ein „Streitgespräch"[15], vielleicht weil er sich einen jüdischen „Gesetzeslehrer" – besonders nach

---

* T: ^{a} v. l.: h (s. A. 25). – ^{b} v. l.: – (s. A. 26). – ^{c} v. l.:[H St–T] (s. A. 28). – ^{d} v. l.: V (s. A. 30).

[9] ἀνέστη meint das „Auftreten", nicht das Sich-Erheben von der Synagogen-Kathedra (wie KLOSTERMANN erwägt).

[10] MIYOSHI, Anfang (L 1), sieht richtig (S. 1), daß die Einführung des Schriftgelehrten V 25 einen neuen Abschnitt markiert; diese bewirkt aber nicht eine Zäsur, die 9,51 – 10,24 von dem Folgenden trennt, sie trennt nur die Unterabschnitte 10,21–24 und 10,25–37 voneinander.

[11] Siehe dazu schon o. 128.

[12] νομικός – außer Tit 3,9.13 ntl. nur 6mal in Lk – verdankt sich wohl an allen Stellen der luk R (LK I, 422 A. 96 ist hier zu korrigieren); gg. G. D. KILPATRICK, Scribes, Lawyers, and Lucan Origins*, richtig R. LEANEY, ΝΟΜΙΚΟΣ in St Luke's Gospel, in: JThS 2 (1951) 166 f. Näheres s. u. zu 11,45 S. 318 f. Lukas las par Mk 12,28 γραμματεύς. (Die v. l. Mt 22,35 par wird sekundär von Lk 10,25 beeinflußt sein, vgl. METZGER, Commentary 59; GNILKA, Mt II, 258 z. St.; EGELKRAUT, a.a.O. (L 1) 86.)

[13] Der anredende Rabbi sieht in Jesus keinen Laien; gg. JEREMIAS, Gleichnisse 201. – Für Lukas ist die Anrede freilich völlig unsachgemäß; vgl. LK I, 269 A. 47.

[14] Vgl. für solche Fragen im rabb. Schulbetrieb Belege bei Bill. I, 829.

[15] So schon gesehen von BULTMANN, Geschichte 53 f; EGELKRAUT, a.a.O. (L 1) 90, u.a. Siehe jedoch ergänzend nachstehend.

der vorstehend den „Weisen und Verständigen" zuteil gewordenen Abfuhr V 21 – (auch für seine Zeit) nicht gutwillig[16], sondern nur als ἐκπειράζων[17] (V 25) vorstellen kann (vgl. auch die luk Beurteilung 11,46–52, ferner 7,29 und 14,3).

25b Lukas läßt nun aber doch den Gesetzeslehrer mit den Worten des das Heil suchenden Reichen Mk 10,17 persönlich (in der 1. Person; vgl. auch V 29: μου) fragen. Damit übermalt Lukas dessen Schulmeistern und Streitlust. Es wird ein geistlicher Raum eröffnet, in dem Jesus dann die Führung des Gespräches in die Hand nimmt und es seelsorglich umorientiert, so daß bereits die späteren Hörer, bes. Katechumenen, mitfragen und taufkatechetisch mit angesprochen werden. Liegt doch der Hörer mit seiner Heilsfrage auch stets mit der Forderung Jesu in Streit, so daß er immer neu zum Tun gemahnt werden muß (VV 28.37b). Das „streitende Schulgespräch" wird so in der folgenden Gesprächsführung Jesu in der Tiefe umfunktioniert zu einem „seelsorglichen Gespräch", das den Mithörenden zum Tun bewegen möchte[18].

Seit dem 2. Jh. v. Chr. hofft und weiß man in Israel deutlicher, daß es jenseits der Todesgrenze nicht nur ein Schattendasein in der „Unterwelt", sondern ein wahres „Leben", ein „ewiges Leben" bei und mit Gott gibt. Wer so wie der Gesetzeslehrer fragt, weiß zugleich, daß dieses Leben letztlich unverdientes „Erbe"[19], also Geschenk ist, auch wenn dasselbe nicht unabhängig von einem „Tun" gedacht werden kann (vgl. auch Joh 6,28f).

26 Die Gegenfrage (V 26) auf die Frage (V 25) entlockt dem Frager selbst die Antwort (V 27), die Jesus (V 28) dann nur zu bestätigen braucht. Jesus fragt (diff Mk) den νομικός nach dem im νόμος Geschriebenen[20]. Die Tora gilt auch Lukas als der Wille Gottes; das „Geschriebensein" genügt als Begründung[21].

---

[16] Auf ungute Absicht richtig gedeutet von LINNEMANN, Gleichnisse 59 Anm. a; ERNST; SCHNEIDER; EGELKRAUT, a.a.O. (L 1) 87f. – Eine „Erprobung" offizieller Art ist hier aber nicht gemeint, wie MARSHALL 442 richtig sieht. Der „Rechtfertigungsversuch" von V 29 spricht für privaten Charakter.
[17] Lukas kannte die versucherisch fragenden Pharisäer aus Mk 8,11 (vgl. Lk 11,16); er las so auch Mk 10,15 (diff Lk 20,23); s.o.
[18] Die Charakterisierung als pronouncement-story dürfte unter diesem Aspekt treffender sein als die Charakterisierung „Schul-" bzw. „Streitgespräch" (s.o. A. 15).
[19] Vgl. W. FOERSTER, in: ThWNT III, 766–786.
[20] Da nach dem „Geschriebenen" gefragt ist, wird ἀναγινώσκειν hier nicht „(im ‚Shema') rezitieren" heißen sollen; gg. J. JEREMIAS in: ZNW 25 (1926) 129, u.a. Es handelt sich um eine Formel des rabb. Lehrbetriebes, die einen Schriftbeleg einfordert; vgl. BERGER, Gesetzesauslegung I, 233 Anm. 2.
[21] Vgl. HORN, Glaube und Handeln 272–278 (dort Lit.).

27 Der Gesetzeslehrer versteht – erstaunlicherweise[22] – nach Lukas[23] den Nomos (vgl. Dtn 6,5 komb. Lev 19,18) diff Mk 12,31 bereits ganz im Sinne Jesu[24].

27a Die Weisung, seinen[25] Gott zu lieben – die Gottesliebe –, wird par Mk in ihrer „Gänzlichkeit" (ὅλος) vierfach charakterisiert, wobei Lukas präpositionell differenziert: Obgleich er ἐξ[26] καρδίας (par Mk + LXX [A]) sonst nirgends[27] schreibt, weiß er doch, daß Liebe „aus" (ἐξ[28]) dem Herzen kommt. Die drei weiteren Bestimmungen charakterisieren mehr das „Herz" als das Innerste und Tiefste im Menschen in seiner alle Seelenkräfte umfassenden Intimität in dreimaliger Wiederholung des ὅλος, wenn Lukas die ganze „Seele", die ganze „Kraft" (des Strebevermögens) und das ganze „Verstehensvermögen" des Herzens[29], dessen „Sinn", mit instrumentalem ἐν[30] zur Sprache bringt. Vielleicht setzt Lukas die διάνοια betont ans Ende, weil sie ihm im Kontext besonders wichtig war: vgl. 10,21 (ἀπεκάλυψας), 22(γινώσκει), 23f(βλέπειν, ἀκούειν). Das Herz ist (und wird) Quelle und Zentrum aller seelischen Kräfte (die nicht mehr scharf unterscheidbar sind, wenn (und indem) es Gott liebt.

Eindeutiger als Mk reflektierte Lukas die Gottesliebe von der Nächstenliebe her[31], was für sein Verständnis der Gottesliebe entscheidend sein dürfte.

---

[22] Wir kennen keine direkten jüdischen Parallelen; s.u. S. 134f A. 39.42.44. – Wenn schon die Gesetzesauslegung des Gesetzeslehrers den Nomos auf die Nächstenliebe hin konzentriert (vgl. auch Lk 18,20 par Mk) und diese sich so mit der Jesu auffallend deckt, will Lukas herausstellen, daß Jesus schriftgemäß in Kontinuität mit Israel lehrt (vgl. auch 16,16–18). Man sollte nicht historisierend deuten, der Gesetzeslehrer habe nicht sein eigenes, sondern das von Jesus gehörte Schriftverständnis vorgetragen; gg. MANSON, The Sayings* 260f; MARSHALL; ERNST u.a.
[23] „Daß es sich in Wahrheit um verschiedene Sätze handelt, die in verschiedenen Büchern des Alten Testaments ihren Ort haben", hat „auch Lukas ... sicher nicht gewußt" (HOLTZ, Zitate* 67).
[24] Wenn Mk 12,32 der Schriftgelehrte umgekehrt seine Zufriedenheit mit Jesus bekundete, meinte Lukas, das hier schon ändern zu müssen.
[25] T^a: Das σου ging B* H wohl in Angleichung an LXX verloren.
[26] Lukas folgt mit Mk hier dem Text der LXX Dtn 6,5 (anders ἐν 4 Kön 23,25 LXX). – T^b: Die Hss. Df¹ pc it gleichen das 1. Glied mit ἐν c. Dat. an die folgenden drei Glieder an, was aber durch 𝔓⁷⁵ B ℵ A f¹³ lat 𝔐 (= εξ) nicht gedeckt wird.
[27] Vgl. jedoch v.l. Apg 8,37; vgl. auch Lk 6,45 ἐκ θησαυροῦ τῆς καρδίας.
[28] T^c: 𝔓⁷⁵ B Ξ 070 pc lassen den Art. (της) vor καρδιας aus. Der [ST–T] setzt mit [H] den Art. in eckige Klammern, G nicht.
[29] Lukas kennt die διάνοια τῆς καρδίας (1,51) als „Gesinnung", während hier mehr an das „Denkvermögen" (vgl. BAUER Wb z. W.) des νοῦς gedacht ist (M. Luther: „Gemüt", in mittelhd. Verständnis). – In Textvarianten (B^r) von Dtn 6,5 LXX (diff LXXA) begegnet διανοια für καρδια. – Zur Bedeutung der Termini in zeitgenössischen Texten vgl. BERGER, Gesetzesauslegung 177f.
[30] T^d: Daß entgegen dem Zeugnis von 𝔓⁷⁵ ℵ B L Ξ (f¹) pc. in A C W Θ Ψ f¹³ 𝔐 lat sy^(c) auch im 2., 3. und 4. Glied par Mk (und par LXX) εξ zu lesen sei, kann nicht (mit V) als ursprünglich gewertet werden.
[31] Paulus (Gal 5,14; Röm 13,9; vgl. auch Jak 2,8; Did 1,2) redet entsprechend häufiger

27b Lukas läßt sich von Mk 12,33 leiten, wenn er durch καί[32] das Gebot der Gottes- und Nächstenliebe (Lev 19,18[33]) V 27b nebenordnet, im Zusammen als das geforderte Tun (V 28) bezeichnet, welches das Erbe des Lebens einbringt (VV 25.28). Daß – auch diff Mk 12,39 – das Verb ἀγαπήσεις nicht wiederholt wird, ordnet Gottes- und Nächstenliebe als Akt noch deutlicher zusammen[34]. Dabei wird freilich erst im Hinblick auf 10,29–37 der Sinn recht deutlich: Die geforderte totale Gottesliebe[35] verwirklicht sich in besonderer Weise[36]! in der V 27b dann geforderten und VV 29–35 illustrierten Nächstenliebe; vgl. auch die akzentuierte Aufzählung der Gebote der zweiten Tafel Lk 18,20 (par Mk 10,19) Gottes- und Nächstenliebe zusammen sind in unserem Text also die Zusammenfassung der Tora.

1. Auch das Judentum konnte die Tora schon intentional auf die Liebe hin konzentrieren[37].
2. Auch die Zusammenordnung von Gottes- und Nächstenliebe[38] begegnet schon – in unterschiedlicher Weise[39] – TestDan 5,(1)3[40] (vgl. auch TestIss 5,1f; 7,6; Test¹Seb 5,1; TestBenj 3,1.3, sachlich auch Jub 36,4–8 (u.ö.) und bei R. Eleazar[41], bei Philo, SpecLeg II, 63[42]. Nirgendwo aber wird ausdrücklich Dtn 6,5 und Lev 19,18 dabei zusammen zitiert wie hier[43].

---

von der Nächsten- als von der Gottesliebe; vgl. H. SCHÜRMANN, „Das „Gesetz des Christus" (1974), in: StNTE.
[32] Diff Mk 12,28 war ja Lk 10,25 einleitend nicht nach dem „ersten Gebot" gefragt worden, so daß ein „zweites" (vgl. Mk 10,31) nicht erwähnt werden konnte.
[33] Lukas folgt mit Markus auch hier dem Text der LXX.
[34] Ähnlich auch TestIss 5,2: ἀγαπήσετε τὸν κύριον καὶ τὸν πλησίον.
[35] Vgl. Th. SÖDING, Gottesliebe bei Paulus, in: ThGl 79 (1989) 219–242.
[36] Freilich nicht ausschließlich, wie z.B. BRAUN, Radikalismus 114–132.164–167, u.a. deuten. Richtig ERNST, a.a.O. 14: „Die Horizontale der Nächstenliebe erhält Sicherheit und Bestand durch die Vertikale der Gottesliebe." – Freilich findet die Gottesliebe auch in der Nächstenliebe akzentuiert ihr Betätigungsfeld nach Lukas (und Jesus).
[37] Arist 207; Sir 34,15; HILLEL (bSchabbat 31a). – Zur „goldenen Regel" vgl. LK I, 349 A.[d]. Vgl. ntl. noch u.a. Gal 5,14; Röm 13,8ff; Kol 3,14; 1 Tim 1,5; Jak 2,8.
[38] Vgl. die Überblicke bei COPPENS, a.a.O.; STERN, a.a.O.; SCHNEIDER, a.a.O. 259ff; NISSEN, a.a.O., bes. 230–244.
[39] Vgl. dazu NISSEN, a.a.O. 236f: „Weil Doppelgebote in keiner Weise das Ganze sagen konnten, ist ihnen auch in TPatr durchweg die Forderung nach voller Toraerfüllung – die ohnehin häufiger erscheint als alle anderen Forderungen – entweder zugesetzt oder ist diese in jener aufgenommen."
[40] Nach J. BECKER, Untersuchungen zur Entstehungsgeschichte der Testamente der zwölf Patriarchen (Leiden 1970) 349, vorchristlich; vgl. zur Frage auch NISSEN, a.a.O. (L 7a) 230f Anm. 591. Vgl. jedoch FITZMYER 879: „More one, the Greek form of the Testaments has usually been suspected of Christian interpolations."
[41] Auch hier (s.o. A. 39) die Dreiheit; vgl. NISSEN, a.a.O. (L 7a) 141 Anm. 643: „Ein gutes Herz gegen den Himmel, ein gutes Herz gegen die Gebote und ein gutes Herz gegen die Geschöpfe."
[42] Zu Philo vgl. NISSEN, a.a.O. (L 7a) 217–502: „Wo der Mensch ganz bei Gott ist, ist er nicht beim Nächsten, wo er ganz beim Nächsten ist, ist er nicht bei Gott; neben- und nacheinander kann er sich Gott und dem Nächsten widmen."
[43] Vgl. PESCH, Mk II, 247. – Gegenteilige „Vermutung": HAENCHEN, Weg 414. – Frühe

3. In den oben genannten Texten, in denen sachlich Gottes- und Nächstenliebe nebengeordnet begegnen, ist weder diese noch jene so verstanden, wie es das Doppelgebot Jesu tut[44].

Das Gesagte muß auf dem Hintergrund hellenistischer Texte[45] gelesen werden, die vertikal in der εὐσέβεια und horizontal in der δικαιοσύνη eine Zusammenfassung aller sittlichen Grundpflichten zu verstehen versuchen. Was Liebe des „Nächsten" bedeutet und wie sehr die universale Entschränkung und die radikale Ausrichtung auf den Notleidenden speziell Lukas ein Anliegen ist: darüber belehrt er durch die Anfügung der Erzählung 10,29–37; s. ebd.[46] Dabei soll Maßstab und Maß der geforderten Nächstenliebe das Selbstgewünschte nach dem Übermaß der ichhaften Begehrlichkeit sein[47]. Lukas dürfte diese Maßangabe von der 6,21 wiedergegebenen (positiven) Fassung der „Goldenen Regel" her verstanden haben, deren Totalforderung dort 6,30 illustriert wird (s. ebd.), wo ebenfalls das Begehren (θέλετε) des eigenen Ich das vorgestellte Maß ist.

Es wird richtig sein[48], daß der antike Mensch das (auf Selbstlosigkeit hin ausgerichtete) „Selbst" im heutigen Sinn thematisiert noch nicht kannte. Aber dieses ist doch ohne Zweifel im Abendland als Wirkgeschichte von Herrenworten wie Mk 10,31 parr; Lk 6,31 par; 6,29f par; 11,35; Mk 8,35 parr und Lk 6,27f.31–35 zum Durchbruch gekommen. Von daher wird man im Metatext den Sachsinn finden, daß es das cor incurvatum in seipsum, das zwar auf Selbst-losigkeit angelegte, aber faktisch doch immer zutiefst ichhafte Ich ist, das hier als Maßstab im Hintergrund steht.

Der innere Grund für die Forderung, in solch radikaler Weise die Gottesliebe als Nächstenliebe zu betätigen, wird in V 27 nicht ins Wort gehoben. Das so geartete Liebesgebot dürfte sein Proprium und sein Maß erst im Verhalten Jesu finden. Dessen liebende Hinwendung zu den Notleidenden und Sündern (vgl. Mk 2,27 parr) findet letztlich erst in seiner Erfahrung des „Vaters", der sich den Notleidenden und Sündern zuwendet (vgl. Lk 6,35 d.36 par; auch Lk 15,3–10 par; 15,11–32; Mt 18,23–35 u. ö.) ihre Begründung. Erst als Mitvollzug der Herablassung Gottes wird Jesu Gottesliebe zur Nächstenliebe[49].

Nachwirkungen des „Doppelgebotes" dann Did 1,2; 3,3; Barn 19,2–5; JustTryph 93,2f; MartPol.
[44] Vgl. Nissen, a. a. O. 231 f: „Nicht nur läßt sich dieses Gottesverhältnis sehr verschiedenartig fassen – als Liebe, Furcht, Gehorsam und Gutmachen der Wege vor Gott, sondern ebenso kann das rechte Verhalten gegenüber den Brüdern erscheinen als Ehrung, Erbarmen, Barmherzigkeit, Liebe, Üben von Wahrheit und Gerechtigkeit oder auch als Furcht..."
[45] Vgl. Berger, Gesetzesauslegung 136–177.
[46] Vgl. S. 142 und S. 150f.
[47] Ein Gebot „geordneter Selbstliebe" sollte man hier nicht begründet finden.
[48] Vgl. dazu Nissen, a. a. O. (L 7 a) 283f, der aber wohl im obigen Sinn zu hinterfragen ist.
[49] Vgl. Schweizer, Mk 138; Pesch, Mk II, 247f; Sand, Mt 448; Gnilka, Mk II, 167.

28 Jesus akzeptiert V 28 a die Antwort des Gesetzeslehrers[50], wobei er Mk 12,34 abwandelt. Er wird V 28 b dann ausdrücklich „seelsorglich" (s. o.), wenn er – die Aufforderung 10,37b vorwegnehmend – seinen Gesprächspartner zum Tun auffordert, der einleitenden Frage 10,25 (s. dort) so entsprechender. Dabei spricht Jesus mit den Worten des Pentateuch (Lev 18,5; Dtn 4,1; 6,24; 8,1; vgl. Ez 20,11; 9,29: „Wer sie [die Vorschriften Jahwes] hält, wird durch sie leben."[51] Das Tun ist Bedingung[52]: „Wenn du das tust, wirst du leben."

1. Unverkennbar hat Lukas *Mk 12, 28–31* gekannt und auf Lk 10,25-28 Einfluß gewährt. Diese Kenntnis bezeugt sich Lk 20,39 für Mk 12,32; Lk 20,40 für Mk 12,34[53]. Weiter verrät Lukas Kenntnis von Mk 12,28-31, wenn er in Lk 10,27 die Viergliedrigkeit des Liebesgebots aus Mk 12,30 (aber diff Mk 12,33 und diff LXX) übernimmt; auch wenn er statt δύναμις (Dtn 6,5 LXX) wie Mk 12,30.35 (und 2 Kön 23,25 LXX) ἰσχύς schreibt, auch wohl wenn er das ἐξ 10,27 aus par Mk 12,30 (und LXX Dtn 6,4) aufnimmt. Die bisherige Forschung ist jedoch geteilter Meinung, ob Lukas in 10,25-28 Mk als seine Hauptvorlage[54] wiedergibt, wobei hier und da sekundärer Einfluß einer Überlieferungsvariante (evtl. Q)[55] nicht ausgeschlossen wird; oder ob er primär eine solche[56] (aus luk S oder Q) benutzte, auf die er nebenher Mk 12,28-31.32-34 einwirken ließ. In letzterem Fall müßte weiter geprüft werden, ob sich auch Lk 10,25-26 a eine Nicht-Mk-Vorlage bezeugt (und ob damit 10,25-28.29-37 bereits als vorluk Komposition verständlich gemacht werden kann)[57] oder ob Lk 10,25-26 a besser als luk R unter Benutzung von Mk 10,17 zu verstehen ist[58]. Wenn ersteres der Fall wäre, würde sich ernster die Frage stellen, ob Lk 10,25-28 (in Einheit mit 29-37?) auf eine luk Sondervorlage[59]

---

[50] Lukas verkehrte hier wohl bewußt Mk 12,32 (s. o. S. 133); er hatte aber auch das Lob Mk 10,21 gelesen (s. o. zu V 25).
[51] Freilich weiß Gal 3,12ff; Röm 10,5ff das korrigierend zu ergänzen.
[52] Im Semitischen nimmt der Imp. häufig die Stelle des bedingenden Satzes an; Bl-R § 442 Anm. 7.
[53] Das wurde häufiger vermerkt; vgl. EGELKRAUT, a.a.O. (L 1) Anm. 4.
[54] So die meisten, vgl. JÜLICHER, Gleichnisreden II, 594; SCHMIDT, Der Rahmen* 281f; KLOSTERMANN; BORNKAMM, a.a.O. (L 7a) 93 (fragend); BERGER, Gesetzesauslegung 203; SCHMID*, (sehr fragend); ENSLIN, a.a.O. (L 2) 285f; SELLIN, Lukas (L 7); SCHRAMM, Markus-Stoff 47ff; MONSELEWSKI, a.a.O. (L 7) 173.176; ZIMMERMANN, Gleichnis (L 7) 61f; SCHNEIDER; GNILKA, Mt 257; EGELKRAUT, a.a.O. (L 1) 85ff; LÜHRMANN, Mk 205ff; SATO, Q 22.
[55] So BULTMANN, Geschichte 21; SCHRAMM, Markus-Stoff 47ff; LÜHRMANN, Mk 205ff; BERGER, Gesetzesauslegung 191.
[56] So MANSON, The Sayings* 259; STREETER, Four Gospels* 210 (L oder Q); BULTMANN, Geschichte 21 („möglicherweise"); SCHLATTER; RENGSTORF; JEREMIAS, Gleichnisse 200f; LINNEMANN, Gleichnisse 146 Anm. 17 (S. 64 fragend); SCHWEIZER; GRUNDMANN; HAENCHEN, Weg 412–415; LÉGASSE, a.a.O. (L 7a); ERNST; PESCH, Mk II, 244f; FITZMYER.
[57] So z.B. SCHLATTER; SCHWEIZER.
[58] Eine Benutzung von Mk 10,17 meinte HAENCHEN, Weg 413f, bestreiten zu dürfen (Lk 10,25-28 habe „eine frühere und einfachere Gestalt ... als ... Mt 10,17f"; ebd. 414).
[59] Siehe o. A. 56. – Meist wird hier nicht spezieller unterschieden.

zurückzuführen ist oder ob der Text von Lukas in Q[60] vorgefunden wurde[61].

a) Zunächst: Lk 10,25.28 zeigen sich *Übereinstimmungen mit Mk 10,17* par Lk 18,18. Die Frage ist fast identisch; Mk: διδάσκαλε τί ποιήσω ἵνα (Lk 10,28 wie auch Lk 18,18 diff Mk: ποιήσας) ζιωὴν αἰώνιον κληρονομήσω. Der Einfluß von Mk 10,18a εἶπεν αὐτῷ scheint in der Fortsetzung ebenfalls Lk 10,26a diff Mk 12,29a zu bestimmen: ὁ δὲ εἶπεν πρὸς αὐτόν. Lk 10,28 gibt dann die verheißende Antwort: καὶ ζήσῃ. Dem entspricht ζωὴ αἰώνιον Mk 10,30 par Lk 18,30, in etwa auch ἡ βασιλεία τοῦ θεοῦ Mk 12,34; vgl. auch Mk 10,23.25 (s.u.).

Verrät sich in der Frage Lk 10,25 diff Mk 12,28 eine luk Sondervorlage (die eine derartige stereotype Frage auch geführt haben kann) (oder gar Q; s.u.), oder ist luk Abhängigkeit von Mk 10,17 zu postulieren? Es ist wohl Lukas, der das ποιεῖν der Frage in den beiden Schlußsätzen 10,28 und 10,37a wiederholt. – Luk Mk-Abhängigkeit hat bedeutend mehr Wahrscheinlichkeit, wenn berücksichtigt wird: Lukas hat bei seiner „großen Einfügung" (9,51 – 18,14) schon die Fortsetzung der „kleinen Auslassung" 9,42 – 10,12 im Auge und Mk 10,17ff gelesen. Er übernahm von dort die Frage in der (auch Lk 18,18.19a diff Mk gewählten) Umformung (s.o.): διδάσκαλε ..., τί ποιήσας ζωὴν αἰώνιον κληρονομήσω εἶπεν ... δε αὐτῷ.

b) Zeigen sich in Lk 10,25-28(29-37) par Mt 22,34-40 diff Mk 12,28-31.32-34 Wendungen, die in Lk neben der Mk-Redaktion (als luk Haupt- oder Nebenquelle) Spuren einer ihm tradierten *Variante* erkennen lassen? An sich ist der Gedanke speziell an eine Q-Variante nicht abwegig, denn Mk hatte ohne Zweifel Zugang zu einer frühen Q-Tradition. – Dieser könnte *Mk 12,32-34* entstammen, welche Einheit offensichtlich eine Doppelung[62], vielleicht eine Überlieferungsvariante von 12,28-31 ist; evtl. also eine Q-Überlieferung, die auch Matthäus kannte (vgl. Mt 22,46a mit Mk 12,28b.32 und Mt 22,46b mit Mk 12,34), aber fortließ[63]. Dieses Verständnis von Mk 12,32-34 könnte der Annahme, Lk 10 und Mt 22 würden eine Sondervorlage (bzw. Q) bezeugen, starkes Gewicht geben.

α) *Lk 10,25-28 und Mk 12,32-34* haben nun aber tatsächlich nicht wenig gemeinsam: (1.) Es fällt auf, daß in beiden Einheiten der Schriftgelehrte (Mk 12,32) bzw. Gesetzeslehrer (Lk 22,25), nicht Jesus selbst, das Doppelgebot der Liebe vorträgt. Freilich kann Lukas hier redaktionell auch von Mk 12,32-34 diff Mk 12,28-31 beeinflußt sein. – Lukas ersetzt gern ein γραμματεύς durch ein νομικός;

---

[60] So STRECKER, Weg 25f; PESCH, Mk II, 245; SATO, Q 22.39 („keine Klarheit", „könnte vermutet werden").
[61] Traditionsgeschichtliche Abhängigkeit des Mt von Lk muß wohl hier nicht – wie auch sonst nicht – eigens erwogen werden; gg. R. T. SIMPSON in: NTS 12 (1965/66) 279f.
[62] BERGER, Gesetzesauslegung 192-202 (hier 192), versteht die Doppelung als „einen von 29-30 abhängigen Kommentar"; vgl. auch PESCH, Mk II, 244 u. ö.: sekundäre „Erweiterung". Das wird für 12,32b stimmen, wo gekürzt Mk 10,29 wiedergegeben wird (und folgerichtig κύριον τὸν θεόν σου V 30a in V 33 durch αὐτόν ersetzt) und die beiden Gebote VV 30.31 substantiviert durch den Art. τό eingeführt werden. Letzteres könnte sogar vormark sein, wenn V 33c das περισσότερον κτλ., das 10,30f keine Entsprechung hat, vormark ist. – Aber dürfte sich eine kommentierende Erweiterung in dem so wichtigen Herrenwort V 33 und 33c so starke Abweichungen von V 30 erlauben? V 33 formuliert die doppelgesichtige sittliche Hauptforderung, ohne die Tora zitieren zu wollen, wodurch größere Verwandtschaft mit anderen hellenistisch-jüdischen Texten entsteht (s.o. S. 134f).
[63] Vgl. LAUFEN, Doppelüberlieferungen, passim (der aber Mk 12,34-40 nicht als Q-Überlieferung in Erwägung zieht).

er muß hier freilich nicht Mk 12,32 abändern; er kann hier auch von Mk 12,28 abhängig sein. – (2.) *Lk 10,27b* ist die gleichstellende Anknüpfung καὶ πλησίον verwandt mit der von Mk 12,33b. Näherliegend ist von daher die Annahme, daß Lukas auch hier von seiner Mk-Vorlage beeinflußt ist, nicht von einer Q-Vorform derselben. – (3.) Lk 10,28b erinnert das ὀρθῶς ἀπεκρίθης auch an das καλῶς ἀπεκρίθη Mk 12,28. Lukas empfindet es für passender, daß nicht Jesus vom Gesprächspartner, sondern der Gesprächspartner von Jesus gelobt wird (s. o.), wobei Lukas das ὁ δὲ ἀποκριθεὶς εὖπεν (Lk 10,27) aufgreift. Lk 10,28b wird abgewandelt die lobende Einschätzung Jesu ἰδὼν αὐτὸν ὅτι νουνεχῶς ἀπεκρίθη Mk 12,34a aufgreifen. – Hier las er (4.) auch das εἶπεν αὐτῷ, das er Lk 10,28a bringt (δέ einfügend). – (5.) Weiter fällt Mk 12,33 das opferkritische Motiv auf, das sich zwar nicht Lk 10,25–28 findet, wohl aber ähnlich als Kritik an den Kultdienern in Lk 10,28–37. Hat eine frühe Q-Tradition wie Mk 10,32–34 eine Erzählung wie Lk 10,29–37 eingeleitet? Natürlich kann eine Notiz wie Mk 12,33 auch Lukas mitveranlaßt haben, Mk 12,28–37 als Lk 10,25–28 einer Sondergut-Erzählung wie Lk 10,29–37 einleitend vorzubauen.

Die vorstehenden fünf Übereinstimmungen (unter bα) zwischen Lk 10,25–27 (28–37) und Mk 12,32–34 lassen sich alle als Mk-R verständlich machen, so daß die Annahme einer Abhängigkeit von einer luk Sondertradition (oder Q) sich nicht sichern läßt. Wenn nachstehend (unter β 3, 4, 7) dazu noch gemeinsame Übereinstimmungen zwischen Lk 10,25–28 par Mt 22,34–40 mit Mk 12,32–34 beobachtet werden, wird sich ebd. ebenfalls zeigen lassen, daß Lk – wie auch Mt – wahrscheinlicher von Mk 12,32–34 abhängig sind.

β) Ernst zu nehmen sind die recht auffallenden *Übereinstimmungen in Mt 22,34–40 par Lk 10,25–28 diff Mk 12,28–34*, die den Verdacht auf Q als gemeinsame Vorlage eröffnen. Sie bedürfen einer gesonderten Untersuchung: (1.) Die auffallende Mt/Lk-Übereinstimmung νομικός (freilich in unterschiedlicher Bedeutung; s. u.) kann hier aus dem Spiel bleiben, da hier textkritisch die matth Lesart 22,35 (nur hier in Mt) wahrscheinlich als sekundäre Angleichung an Lk 10,25 abgetan werden darf[64] (om f¹ 205 et sy^s), was für den Zusatz τις (F G H 0233 pc) deutlich ist. Nirgendwo sonst hebt Matthäus aus der Gruppe der Pharisäer einen (pharisäisch gesinnten) „Gesetzeslehrer" bzw. „Schriftgelehrten" heraus wie hier, wo er nach V 34 recht überflüssig nachgetragen wird. – (2.) In (ἐκ)πειράζων kann bei beiden Evangelisten Mk 10,2 (par Mt) oder auch Mk 12,15 (par Mt) – unabhängig voneinander – nachwirken, da es eine Tendenz gibt, nach der Streitgespräche „gelegentlich auf andere Stücke" abfärben[65]. Freilich benutzt Lukas das Kompositum (unterscheidend) nur 4,12 par Mt. Prüfende Absicht bringt Lukas auch 11,16 (nach Mk 8,11) ins Spiel, während er sie 20,23 (diff Mk) fortläßt. – (3.) Die Anrede διδάσκαλε schreiben Lk 10,25b und Mt 22,36 gemeinsam diff Mk 12,28. Das muß nicht Rückschlüsse ziehen auf eine gemeinsame Sondervorlage, auch nicht auf eine Q-Tradition (wie Mk 12,32–34; s.o.) zurückgeführt werden, weil beide Evangelisten redaktionell von Mk 12,32f abhängig sein werden (zumal Mt auch Mk 12,34 als Mt 22,46 bringt; s.o.). Auch schon der vorstehende Kontext Mk 12,14 (par Lk 20,21 / Mt 22,18) und Mk 12,19 (par Lk 20,28 / Mt 22,23) legte beiden Evangelisten gemeinsam diese Anrede nahe. Lukas kann zu-

---

[64] Mit N; vgl. auch METZGER, Commentary 49; GNILKA, Mt 258 Anm. 5 (anders G und die EÜ). Der St-T setzt νομικός in eckige Klammern ob der breiten und schon frühen Textüberlieferung, aber doch wohl zu Unrecht.
[65] Vgl. BULTMANN, Geschichte 53.

sätzlich durch Mk 10,17 (s. o. unter 1 a) beeinflußt sein. – (4.) Sowohl in Mt 22,35 wie in Lk 10,27 ist das israelitische Ur-Credo (das keine ἐντολή ist) Mk 12,29b (vgl. 12,32b = Dtn 6,4b) den beiderseitigen Konzentrationsbemühungen zum Opfer gefallen und so als entbehrlich in Wegfall geraten. Man wird schwerlich daraus auf eine gemeinsame Mt/Lk-Vorlage schließen wollen. – (5.) ἐν τῷ νόμῳ Mt 22,36(40) / Lk 10,26 – von Mk konsequent gemieden – ist außerhalb Israels eine fast notwendige Ergänzung. Mt und Lk kennen den Sprachgebrauch aus Q Mt 5,18 par Lk 16,17 und Mt 11,13 par Lk 16,16. Es kann aber auch 2 Kön LXX 23,25: κατὰ πάντα τὸν νόμον Μωυσῆ auf beide Evangelisten einwirken. Mt erwähnt den νομος gern (vgl. Mt 5,17; 7,12; 12,5 diff Mk; 22,40; 23,23 diff Lk), Lukas ebenso in Lk 2,22.23.24.27.39 und 24,44 S. – (6.) Die stilistische Verbesserung des ἐξ in ἐν c. dat. Mt 22,37 par Lk 10,27 diff Mk (und diff LXX) können beide Evangelisten gut unabhängig voneinander vorgenommen haben. Vielleicht waren Traditionen mit ἐν – wie 2 Kön 23,25 – auch sonst in Umlauf, da MS (ב) näherstehend. – (7.) Diff Mk 12,29 wird die Auslassung von ἀποκρίνειν in Lk 10,26 (ὁ δὲ εἶπεν πρὸς αὐτόν) und Mt 22,37 (ὁ δὲ ἔφη αὐτῷ) schwerlich eine gemeinsame Nicht-Mk-Vorlage verraten, zumal beide Evangelisten Mk 13,34 lasen, wo Jesus ebenfalls redend mit εἶπεν αὐτῷ eingeführt wird. Auch lasen beide Jesus nirgends wie Mk 12,29 nur „antworten" (ohne ein εἶπεν o. ä. beizufügen). Lukas läßt Jesus VV 26.28a einen gewichtigen Ausspruch (εἶπεν) tun, den Gesprächspartner dagegen nur „antworten" V 27a (vgl. V 28b)[66]. Übrigens wird Lk 10,(25)26a noch von Mk 10,(17)18a abhängig sein; s. o. S. 000 (unter 1a).

Wir dürfen (bβ) *zusammenfassen:* Die sich in Mt 22,34–40 par Lk 10,25–28 gehäuft findenden Mt/Lk-Übereinstimmungen diff Mk sichern keine gemeinsame Sonder- (oder gar Q-[67])Vorlage, benötigen auch – außer für νομικός (s. o. unter β,1) – keinen Rekurs auf sekundäre matth Textangleichungen an Lk, auch nicht die Annahme eines Mt und Lk gemeinsamen Ur-Mk oder Deutero-Mk. Außer Einfluß evtl. von 2 Kön 23,25 (s. vorstehend unter β, 5 und 6) lassen sich außermark Traditionen (ohne neue Argumente) zumindest nicht sichern. Als luk (und matth) Vorlage fanden wir hier nur Mk 12,28–31, stärker speziell 12,32–34 (s. o. unter 1b), wobei in Lk 10,25–26a.28 Lukas Mk 10,17–18a Einfluß auf seinen Text gewährt. So bestätigen die Beobachtungen unter β die unter α. Die weitere Traditionsgeschichte der Erzählung kann mit einiger Sicherheit nur hinter Mk 12,28–31 und 12,32–34 gesucht werden.

Unser Ergebnis unter 1a–b gibt ein Präjudiz für die folgende Erzählung Lk 10,29–37: Wenn Lk 10,25–28 als „Vorbau" derselben sich nicht Q, sondern mit größerer Wahrscheinlichkeit der luk R von Mk 12,28–34 verdankt, ist es weniger wahrscheinlich, daß die Erzählung von Mt ausgelassenes Q-Gut ist. Der spezielle

---

[66] Sowohl Matthäus wie Lukas setzen einem verbum dicendi gern ein ἀποκριθείς bei; vgl. SCHMID, Mt und Lk* 78 Anm. 3.
[67] Man darf sehr bezweifeln, ob sich Mt 22,34–40 Semitismen nachweisen lassen, die dann evtl. als Spuren einer Q-Vorlage erklärt werden könnten; gg. PESCH, Mk II, 245: Die „Inversion" V 35 καὶ ἐπηρώτησεν εἷς ist als Nachtrag der Notiz in Mk 12,28 erklärbar. – Das εἷς ἐξ V 35 versteht sich als: „aus" der (V 34 genannten) „Versammlung". – V 36 ist μεγάλη (V 38 dann wiederholt) aus μείζων Mk 12,31 herausgelesen. Es ist kaum ein Semitismus, da μέγας in der Volkssprache immer mehr den Superlativ ersetzt; vgl. Bl-R § 245,2; BAUERWb 1009f. – Das Fehlen der Kopula muß kein Semitismus sein, zumal wohl das trennende ἐστίν Mk 12,28 (ποία ἐστὶν ἐντολή) vermieden werden sollte. – Das ἐν statt ἐξ V 37 (bei Lk) ist kein Semitismus, sondern stilistische Verbesserung, die zudem noch dem MT (ב) näherkommt als LXX; s. o. z. St.

Verdacht, Mt und Lk hätten eine von Mk in 12,32–34 bereits vortradierte gemeinsame Q-Tradition gelesen, konnte zumindest nicht gesichert werden.

2. R. PESCH sucht scharfsinnig nach einer „*Urform des Gesprächs*"[68], nach einer „ursprünglichen, wohl aus dem Leben Jesu überlieferten Tradition", die er meint, einerseits hinter der – wohl im Kreis „der Jerusalemer Hellenisten um Stephanus" – überarbeiteten Form von Mk 12,28–31 und der „Erweiterung" Mk 12,32–34 erarbeiten zu können, andererseits aus einer Form, wie „sie aus Mt/Lk par, wo Mk- und Q-Tradition verschmolzen sind" (244), gewonnen werden kann. – Wer nicht wagt, eine Q-Vorlage für gesichert zu halten (s.o.), geschweige eine solche zu rekonstruieren, wird zurückhaltend sein und die „Prähistorie" von Mk 12,28–31.32–34 lieber der weiteren Forschung überlassen. – KL. BERGER[69] hat sich nicht durchgesetzt mit der Meinung, einer vormarkinischen Tradition habe V 31 noch gefehlt.

3. Beobachtungen o. (unter 1,b α und 1,b β, zu 3, 4 und 7) konnten freilich die Frage aufwerfen, ob *Mk 12,32–34a* nicht auf eine Überlieferungsvariante wie Mk 12,28–31 zurückgeht. In diesem Fall mußte weitergefragt werden, ob diese Variante einer frühen Überlieferungsstufe der Q-Tradition zugehört haben kann, die Markus kannte[70]. Diese Variante wäre dann vielleicht *eine Frühform* gewesen, die das urchristliche Tora-Verständnis herausarbeiten wollte in Analogie zu jüdischen und hellenistischen Versuchen, ethische Fragen auf „Grundfragen" zurückzuführen[71]. Könnte Mk 12,28–31 erst nachträglich zu einem gelehrten Schriftbeweis ausgebaut worden sein?

4. Nach den obigen Ausführungen ist es abwegig, für Mk 12,28–31 und Lk 10,25–28 *zwei unterschiedliche Begebenheiten* anzunehmen[72].

5. Die Verknüpfung von Dtn 6,5 mit Lev 19,18 zum „Doppelgebot" kann *auf Jesus selbst zurückgehen*[73]. Das ist aber nicht zu beweisen, da die rahmende Erzählung als solche nachösterlich geformt wurde und vielleicht von Anfang an hellenistisch geprägt war[74], wobei man wohl schon an die Hellenisten des Jerusalemer Stephanuskreises denken darf; vgl. die Kultkritik Mk 12,33c mit Apg 7,48ff. – Die Frage nach der „Geschichtlichkeit" des Doppelgebotes als ipsissimum verbum Jesu muß so gestellt werden: ob dieses „als treffender Ausdruck seiner (Jesu) geistigen Haltung"[75], als ipsissima intentio Jesu, verstanden werden kann. Das ist mit großer Sicherheit zu bejahen; s.u. S. 150f.

---

[68] Mk II, 244–248, hier 245. – PESCH stützt sich auf die Versuche von BURCHARD, a.a.O. (L 7a) 39–41, und FULLER, a.a.O. (L 7a) 318ff, sowie auf die dort genannten Autoren.
[69] BERGER, Gesetzesauslegung 183; vgl. dagegen GNILKA, Mk 163; LÜHRMANN, Mk 206.
[70] Vgl. dazu o. S. 138f (unter b).
[71] Vgl. dazu o. S. 134f.
[72] Gegen LAGRANGE; MANSON, The Sayings* 260; SCHMID, Mt und Lk* 144; MARSHALL, Luke 441.
[73] Negativ urteilt – mit vielen – LÜHRMANN, Mk 206f. – PESCH, Mk II, 247, gewinnt aus seinen eigenen Argumenten keine Sicherheit: „Da es eine ausdrückliche Zusammenstellung des Doppelgebotes mit Dtn 6,5 und Lev 19,18 in jüdischen Texten einerseits nicht gibt, in der christlichen Katechese andererseits immer das einfache Gebot der Nächstenliebe als Summe des Gesetzes zitiert wird ..., dürfte die überlieferte Formulierung des Doppelgebotes auf Jesus selbst zurückgehen."
[74] So mit den meisten auch GNILKA, Mk II, 167.
[75] Vgl. BULTMANN, Geschichte 57.

b) Die Frage nach dem Nächsten
10,29–37

L 7b: zu 10,29–37. – Vgl. die Lit. S. 125–127. in L 7, zusätzlich in L 7a (S. 129 f).

Die Beispielerzählung[76] VV 30–35 ist gerahmt und in Dienst genommen durch eine einleitende Frage V 29b und ein Abschlußgespräch VV 36f, das die einleitende Frage zurechtrückt, richtig beantworten läßt und von der theoretischen Ebene in die Praxis verweist; dabei nimmt V 36 die Frage von V 28b konkretisiert auf und beantwortet die von V 25b endgültig.

Die Erzählung VV 30–35 scheint gegenüber ihrem Rahmen VV 29.36f ihren eigenen Sinngehalt zu bewahren (s. u.). Im Korpus der Erzählung steht VV 30–33: Diese Verse akzentuieren die Forderung des Nächstendienstes (V 27b), indem sie die Tat des (verachteten) Samariters als beispielhaft hinstellen; die VV 34–35 malen die Intensität seines Einsatzes breit und konkret aus.

29 Der aber wollte recht behalten[a] und sagte zu Jesus: Und – wer ist mein „Nächster"? 30 Jesus nahm[b] (die Frage) auf; er sagte[c]:
Ein Mann ging von Jerusalem hinab nach Jericho, und er fiel unter Räuber. Die plünderten ihn aus, schlugen ihn wund, machten sich davon und ließen ihn halbtot[d] zurück.
31 Zufällig ging aber ein Priester auf[e] jenem Weg hinab, sah ihn – und ging vorbei. 32 Ebenso kam[f] auch ein Levit daher an den Ort, kam und sah ihn – und ging vorbei. 33 Ein Samariter aber, der unterwegs war, kam zu ihm, sah ihn und bekam Mitleid. 34 Er ging zu ihm hin und verband seine Wunden, wobei er Öl und Wein auf sie goß. Er hob ihn auf sein Reittier, brachte ihn in eine Herberge und sorgte für ihn. 35 Und am anderen Morgen[g] holte er hervor und gab[h] dem Wirt zwei Denare; und er sagte: Sorge für ihn, und was du mehr für ihn ausgibst, werde ich dir bei meiner Rückreise erstatten.
36 Wer von diesen drei scheint dir „Nächster" geworden zu sein für den, der unter Räuber gefallen war?
37 Der aber sagte: Der Barmherzigkeit an ihm übte. Jesus[i] aber sagte ihm: Geh hin und handle du ebenso! *

29 Der V 25b orthodox fragende Gesetzeslehrer will sich von Jesus (vgl. V 28) nicht auf die Ebene der praktischen Forderung abdrängen lassen. Er

---

* T:[a] v.l.: V (s. A. 77). – [b] v.l.: S V B G (s. A. 86). – [c] v.l.: V EÜ (s. A. 87). – [d] v.l.: V (s. A. 93).– [e] v.l.: [H] (s. A. 102). – [f] v.l.: H S V M B N G (s. A. 104). – [g] v.l.: – (s. A. 115). – [h] v.l.: T (H) S V M B N G (s. A. 116). – [i] v.l.: [H] (s. A. 127).

[76] Siehe dazu u. S. 146f.

möchte recht behalten[77] auf der theoretisch-theologischen Ebene, indem er es nun mit der damals im Judentum[78] sehr diskutierten Frage nach dem Begriff des „Nächsten" (τὸ πλησίον)[79] versucht. Mit seiner Frage stellt er im Grunde die nach der Grenze der „Nächsten"-Liebe. Es geht um den Geltungsbereich von Lev 19,18b und aller Tora-Vorschriften, die den[80] „Nächsten" betreffen.

Gemeint ist Lev 19,18 zunächst der Volksgenosse, aber nach Lev 19,34 und Dtn 10,19 soll der Fremdling, der in Israel wohnt, mit eingeschlossen werden. Zur Zeit Jesu wurde der Begriff vielfach eingeengt, und zwar auf die Fremdlinge, die als Vollproselyten beschnitten waren und die Proselytentaufe empfangen hatten[81], in rigorosen Gruppen auch auf die eigenen Gruppenmitglieder[82]. Pharisäer konnten den 'am ha'aräç[83] Sünder und Samariter, Essener die „Söhne der Finsternis" ausschließen[84].

Die Einleitung V 29a muß nicht ursprünglich sein. Eine Frage nach dem „Nächsten" wie in V 29b, der die VV 36–37a korrespondieren, kann Lukas bereits vorgegeben gewesen sein, denn vielleicht war sie es, die 10,25–28 als Einleitung herbeirief (s. o.). Sie wird schon palästinensisch sein; jedenfalls bringt sie ein charakteristisch jüdisches Problem zur Sprache. Ob die Frage und mit ihr die ganze Rahmung VV 29b.36f, die die Erzählung in die genannte jüdische Problematik hineinzwängt, der Erzählung ursprünglich eignet, muß hier noch offenbleiben[85]. Jedenfalls werden wir die folgenden Erzählungen zunächst einmal auf ihren eigenen Aussagegehalt hin abhören müssen, den der „Rahmen" VV 29.36–37a durchaus im „Bild" belassen will.

30 Jesus „nahm[86] die Frage auf und sagte"[87], was wohl autoritativ klingen soll; die Erzählung hat schon etwas zu sagen. – Wo so erzählt wird, erfährt man nebenher (was die ersten Hörer wußten), daß Jericho ungefähr tausend Meter tiefer liegt als Jerusalem, daß man also ins Jordantal

---

[77] T^a: δικαιωσαι mit 𝔓[45.75] ℵ B gegen δικαιουν (nicht δικαιον, so ALAND, Synopsis 266, App.) mit 𝔐. – Zur Übersetzung vgl. BAUERWb 397.
[78] Vgl. die Darlegungen von JEREMIAS, Gleichnisse 201; BERGER, Gesetzesauslegung 80–135 u. ö.
[79] JEREMIAS, Gleichnisse 201 Anm. 1, macht darauf aufmerksam: „Der christliche Begriff des ‚Nächsten' ist das Ergebnis der Geschichte, nicht der Ausgangspunkt."
[80] Hier VV 29.37 ohne Art., da Prädikatsnomen; vgl. Bl-R § 266.
[81] Vgl. Bill. I, 353ff, 1a–c, der ebd. (unter e–g) jüdische Behauptungen in Frage stellt, zur Zeit Jesu sei Lev 19,18 als allgemeine Menschenliebe ausgelegt worden.
[82] Vgl. BERGER, Gesetzesauslegung 134f.
[83] JEREMIAS, Gleichnisse 201, nach Bill. II, 515ff.
[84] Für Qumran vgl. 1QS 1,9f; 2,24; 5,25; 1 QM 1,1.
[85] Zur Traditionsgeschichte des „Rahmens" VV 29.36–37a s. u. S. 147f.
[86] T^b: Mit 𝔓[75] ℵ* B C*^{vid} sa^{mss} bo^{mss} darf man das δε des 𝔐-Textes wohl zugunsten des Asyndeton streichen. – Vgl. Belege für ὑπολαμβάνω – in dieser Bedeutung – bei BAUERWb z. W. (unter 3.), im NT nur hier (in der Bedeutung von „annehmen" nur noch Lk 7,43 und Apg 2,15).
[87] T^c: αυτω (vgl. EÜ: ihm) D pc sy^{s.c.p} sa bo^{pt} wird aus V 28 eingedrungen sein; es ist nach ὑπολαβών überflüssig.

„hinabsteigen" muß (καταβαίνειν); ferner, daß dieser Weg (27 km) durch die gefährlichen Schluchten der felsigen Wüste Juda[88] als unsicher galt[89]. Die Hörer wußten wohl auch, daß Jericho eine Priesterstadt war, so daß der Weg von Priestern und Leviten[90] – wie hier nach dem achttägigen Priesterdienst im Jerusalemer Tempel – nach Jericho hinab[91] häufig begangen werden mußte.

Der nackt ausgeplünderte[92] Mensch, nach Gegenwehr in halbtotem Zustand[93], ist so anschaulich geschildert, daß er immer wieder Künstler zu Darstellungen angeregt hat. Die Anschaulichkeit will deutlich machen, wie sehr seine Not nach fremder Hilfe rief, auf die er ganz und gar angewiesen war: Niemand kann doch an einer derartigen Elendsgestalt vorbeigehen; jeder muß sich angefordert fühlen. Nicht die Feindesliebe (6,27f.29f)[94], sondern die „Goldene Regel" (6,31[95]), die Barmherzigkeitstat (6,36) soll hier veranschaulicht werden[96].

Wenn die Erzählung betont einen Samariter so herausfordernd ins Spiel bringt, wird man sich den unglücklichen Reisenden schon als Juden vorstellen dürfen. Aber nicht deren Feindseligkeit untereinander soll hier in den Blick gehoben werden; der Notleidende ist einfach ein „Jedermann"[97](ἄνθρωπός τις[98]). Es geht der Geschichte um den Notleidenden, nicht den „Feind" des Helfenden.

31 ff Liebespflichten kommen einem häufig „zufällig" (συγκυρίαν) zu. Das „von ungefähr hat Nachdruck"[99] Das sich wiederholende „sah (ihn) und ging vorüber"[100] malt einen Prozeß unverständlicher Lieblosig-

---

[88] Die λησταί müssen nicht requirierende Zeloten sein; gg. GRUNDMANN; ZIMMERMANN, Gleichnis (L 7), u.a. (Besser, man hinterfragt den Text nicht.)
[89] Vgl. KOPP, Die heiligen Stätten* 320f.
[90] Über die Aufgaben dieser Leviten vgl. LK I, 30f.
[91] Siehe u. A. 100.
[92] ἐκδύω = übertr. auch „ausplündern": s. BAUERWb 481. Die Räuber wollten nicht nur seine Kleider.
[93] T^d: Obgleich 𝔓$^{45.75}$ ℵ B D L Θ Ξ f^1 33 700 1241 pc τυγχάνοντα nicht schreiben, ist die LA – weil ausgesprochen luk Vorzugswort – als ursprünglich in Erwägung zu ziehen: Es begegnet außer Lk 20,35 und Apg 24,2; 26,22; 27,3 nirgends bei den Syn (sonst. NT 3mal Pls, 1mal 2 Tim, 2mal Hebr), freilich doch nirgends wie hier intrans.: „wie er eben war" (BAUERWb z. W.). So wird man doch nicht (mit V) gegen die bessere Überlieferung (s.o.) den Hss. A C W Ψ f^{13} 𝔐 sy^h folgen.
[94] Gegen SCHLATTER; MONSELEWSKI, a.a.O. (L 7) 159f; WIEFEL; KREMER.
[95] Vgl. die singuläre Übereinstimmung von 10,37b (ποίει) und 6,31b (ποιεῖτε) ὁμοίως.
[96] Vgl. richtig SCHNEIDER 251.
[97] Vgl. DELORME, a.a.O. (L 7) 23: „‚Ein Mann' ist der einzige, der nicht mit einer bestimmten sozialen Kategorie bezeichnet wird."
[98] Daß ἄνθρωπός τις 14,16–24; 15,11–32; 16,1–8 und 19,12–27 eine Parabel einleitet, kann nicht beweisen, daß auch 10,30–37 eine Parabel ist, da auch die Beispielerzählungen 16,19–31; 18,10–14 so beginnen; gg. ZIMMERMANN, Gleichnis (L 7) 63.
[99] So WELLHAUSEN 53: aus dem „von ungefähr" wird der „gebotene Augenblick".
[100] ἀντιπαρῆλθεν VV 31.32 = „gingen auf der gegenüberliegenden (Straßen)seite vorbei"; vgl. BAUERWb z. W. Auch die beiden Kultdiener gingen von Jerusalem nach Jericho „hinab" (V 31), nicht „in entgegengesetzter Richtung vorbei", so daß der Weg der beiden Kultdiener nach Jerusalem geführt hätte, umgekehrt wie der des ἄνθρωπός τις

keit¹⁰¹ auf¹⁰² jenem Wege, der über die beiden¹⁰³ genannten Beispiele, über Priester und Leviten¹⁰⁴ hinaus weitererzählt werden könnte (im Kult und Kirchenwesen der Jahrhunderte) – käme nun nicht ausgerechnet dieser Samariter mit seinem „Mitleid" des Weges ...

Wenn hier nicht der Hilfsbedürftige, sondern die Handelnden: Priester/Leviten bzw. der Samariter belehrend herausgestellt werden, zeigt das: Es geht der Erzählung VV 30–35 um Verdeutlichung, was Nächstenliebe ist, nicht – wie dem „Rahmen" VV 29.36–37a – darum, wer der Nächste ist. Richtiger: es geht nicht nur um sachliche Verdeutlichung, was Nächstenliebe ist, sondern darum: Ein jeder soll sich persönlich angesprochen und aufgerufen wissen zum Tun (vgl. V 37b). So bereitet sich im vorliegenden Text die V 36a überraschend ver-kehrte Frage Jesu schon vor; s.u. Auch ohne den Rahmen VV 29b.36–37a will die kontrastreiche Gegenüberstellung ausgerechnet dieser Personen erzählerisch deutlich machen, daß hier schlechthin jeder zum Tun aufgerufen ist und niemand sich entschuldigen kann: wenn selbst ein derartig verhaßter Mischling¹⁰⁵ hier solche Tat fertigbrachte¹⁰⁶.

Warum aber läßt die Erzählung speziell Kultdiener vorübergehen? Gewiß sollen sie nicht nur als Angesehene¹⁰⁷ fungieren oder als Musterfromme; vielmehr soll ihre Gottesverehrung in Frage gestellt und der Blick auf eine neue Art von Gottesdienst gelenkt werden, jedenfalls auf ein Handeln, von dem her sich aller Kultdienst prophetische Kritik gefallen lassen muß (vgl. Mt 9,13; 12,7 nach Hos 6,6). Die Kultfrage scheint im

---

V 30; oder daß sie „(zurückkehrend?) in entgegengesetzter Richtung" weitergingen (so GRUNDMANN; WIEFEL).
¹⁰¹ Wenn das Verhalten der Kultdiener auf konkrete geschichtliche Gründe zurückgeführt wird (vgl. die möglichen Überlegungen bei GRUNDMANN), ist der Erzählung ihre Schärfe genommen. – JEREMIAS, Gleichnisse 202, korrigiert die Ansicht mancher Ausleger, die das Verhalten mit (sadduzäischen) Reinheitsvorschriften entschuldigten.
¹⁰² Tᵉ: Das εν lassen vor τη οδω Hss. wie B 070^vid 1 579 1582 pc fort, was für das NT auffällig wäre (vgl. Bl-R § 198,5).
¹⁰³ Die zwei Zeugen von Dtn 19,15 sollte man hier nicht bemühen.
¹⁰⁴ Tᶠ: Hinter Λευιτης lassen das vom St-T eckig eingeklammerte [γενομενος] – anstelle oder neben ελθων (vgl. METZGER, Commentary 152f) – 𝔓⁷⁵ ℵ² B L Ξ 070 f¹ 33 205 700 892 1342 pc fort, obgleich γενομενος κατα – so 𝔓⁴⁵ D pc – durch Apg 27,7 als Lukanismus ausgewiesen wird (vgl. auch γιγνεσθαι [εις] in der Bedeutung „kommen" Lk 1,44; Apg 20,16; 21,17; 21,15) und die „schwere Lesart" ist und obgleich von der Doppelung aus sich beide Streichungen erklären lassen.
¹⁰⁵ Über die damals aktuell gespannte Situation zwischen Juden und Samaritern orientiert JEREMIAS, Gleichnisse 202. – Zur Samariterfrage bei Lukas vgl. S. 30ff und S. 23.
¹⁰⁶ Der Hilfsbedürftige wäre wohl ausdrücklich als Jude gekennzeichnet worden, wenn die Tat des Samariters die Grenzenlosigkeit der Liebesforderung oder gar die Feindesliebe charakterisieren sollte. – Vgl. die Autoren dieser Deutung bei MONSELEWSKI, a.a.O. (L 7) 138f, und diesen selbst 110f. – Somit ist es auch verfehlt – so DERS., ebd. 116–176 u.s. –, in Lk 6,27–36 par die nächste Parallele zu finden (statt in Lk 6,30f par).
¹⁰⁷ Es genügt nicht, sie zur „Oberschicht" zu schlagen (z.B. LINNEMANN, Gleichnisse 59; SCHNEIDER; u.a.;), aber es geht auch nicht an, sektiererische Abwertungen des Priesterstandes (mit LINNEMANN, Gleichnisse 144 Anm. 7) heranzuziehen, um die Frage nach dem wahren Kult und echter Frömmigkeit zu eliminieren.

Lk 10,34f

Spiele zu sein¹⁰⁸. Es legt sich die Deutung nahe: Es gibt keinen wirklichen Gottesdienst (mehr), der nicht Nächstendienst ist oder sich in Nächstendienst auswirkt, denn „den Nächsten lieben ... ist mehr als alle Schlachtopfer und (andere Opfer", so hat Lukas Mk 12,33b gelesen; s. S. 137f). Nunmehr will Gott als Gottesdienst vor allem Nächstendienst; vgl. 10,27b (s. dort).

In Parenthese: Vom entfernteren Kontext her wird eine redaktionelle Nebenabsicht des Lukas wahrscheinlich, die hier freilich im Text nicht ausdrücklich zur Sprache kommt: Lukas hat die Erzählung im Kontext als Korrelat zu 9,52–54[55] gestellt. Ihm ist die Frage nach der Samaritermission (vgl. dort zu Mt 10,5b f) wichtig. Somit ist der neue Weg ins „Leben" erzählerisch als ein universaler, auch Samaritern [und Heiden] zugänglicher, deutlich gemacht. Man kann schwer davor die Augen verschließen, daß hier bereits ein Wissen um die Offenheit von Samaritern für die Christusbotschaft¹⁰⁹ in die Erzählung eingegangen ist und daß „die Stunde kommt, in der man weder auf dem Berge noch in Jerusalem zum Vater beten" wird (vgl. Joh 4,21).

34 Das mitleidige „Sehen" bewirkt das προσελθών, das gegensätzlich steht zum ἀντιπαρῆλθεν¹¹⁰ (VV 31.32) der beiden Kultdiener.

34f Nunmehr wird die wortkarge Erzählung auffallend gesprächig: Der Samariter handelt praktisch¹¹¹, vernünftig, wie das eben die Liebe tut: Wein desinfiziert, Öl soll lindern (Jes 1,6) und heilen (Mk 6,13). Er tut das Notwendige großzügig: Er transportiert ihn auf seinem Lasttier, bringt ihn in eine Herberge und pflegt¹¹² ihn persönlich. Sein Einsatz wird breit als ein sehr intensiver¹¹³ geschildert, als das V 25 erfragte und VV 28.37b geforderte ποιεῖν, als ποιεῖν τὸ ἔλεος (V 37a): Am andern Morgen¹¹⁴ bei der Abreise¹¹⁵ gab¹¹⁶ er sehr reichlich: zwei Denare¹¹⁷; bedarf der Zerschundene doch auch nach seiner Weiterreise länger noch

---

[108] Richtig BINDER, a.a.O. (L 7), (der freilich zu Unrecht auf Lev 21,1 verweist). Ablehnend WIEFEL.
[109] Vgl. CONZELMANN, Die Mitte 64; auch CREED 151; SCHMITHALS; FITZMYER 884f; s. die Lit. in L 2a.
[110] Hier wird deutlich, daß das ἦλθεν κατ' αὐτόν (vgl. Apg 16,7) noch nicht ein „Auf-ihn-Zugehen" gemeint hat.
[111] „Schwerlich hat er Verbandszeug bei sich; er wird sein Kopftuch oder sein leinenes Untergewand zerrissen haben"; so JEREMIAS, Gleichnisse 202f (im Anschluß an BISHOP, a.a.O. [L 7]).
[112] ἐπιμέλεια kann auch die „Pflege" meinen; vgl. BAUERWb z. W.
[113] Vgl. MONSELEWSKI, a.a.O. (L 7) 140: „Neben dem Ausmaß der Nächstenliebe geht es vor allem auch um deren Intensivität."
[114] Vgl. Bl-R § 233. – PITTNER, Studien 77 Anm. 202, hält V 35 für eine luk Erweiterung.
[115] T^g: Dort εξελθων ist in vielen Hss. pedantisch ergänzt. Es fehlt $\mathfrak{P}^{45.75}$ B D L Ξ 070 f¹ 33 892 1342 1424 pc lat sy$^{s.c.p}$, also sehr gut bezeugt, zu Recht.
[116] T^h: Die Wortstellung variiert: $\mathfrak{P}^{45.75}$ B stellen δυο δηναρια hinter εδωκεν, viele mit $\mathfrak{M}$ lat sy erleichtern, indem sie εκβαλων deutlicher ein Objekt geben.
[117] Der „Tagesbrotbedarf entsprach einem Preise von 1/12 Denar" nach JEREMIAS, Gleichnisse 203; der Samariter gibt mehr: Lohn für zwei Pflegetage (vgl. Mt 20,2).

außer Unterhalt auch der Pflege, worum er den Aufnehmenden ausdrücklich bittet. Der Mann liebt wahrhaftig den Niedergeschlagenen „wie sich selbst" (V 27 b). Hier wird beispielhaft verdeutlicht, was Nächstenliebe ist und sein soll.

Der „Sitz im Leben" solchen Erzählens[118] ist der (in der Welt so fremdartige) Raum des liebenden Verhaltens und der Liebesforderung Jesu. Hinter dem selbstvergessenen Erbarmen des Samariters steht doch der Einsatz (vgl. Mk 2,17 parr) und die Liebesforderung Jesu (vgl. auch 6,30f.35; s. dort), in dem sich das „Erbarmen Gottes" (vgl. 1,50.54.58.72.78) bekundet und engagiert (vgl. Lk 6,35 d.36; s. ebd.). Letztlich verständlich wird der Einsatz des Samariters, den unsere „Beispielerzählung" VV 30–35 so beispielhaft vorstellt, erst auf dem Hintergrund des Handelns Gottes in Jesus.

Der Samariter handelt vorbildlich. Die eingebaute Erzählung 10,30–35 will als Beispielerzählung verstanden werden, nicht als „Parabel"[119]. Der Samariter ist nicht (aktiv) ein Bild für jemand, auch nicht für Jesus[120], noch weniger der Ausgeraubte. Die verbreitete christologisch-soteriologische Deutung des Samariters durch die Väter und im Mittelalter wird heute – außer in indirekter Applikation und oft neben der sittlichen Auslegung – nur noch selten versucht[121]. Freilich sollte die Frage nach dem „Sitz im Leben" der Verkündigung einer nur moralischen Auslegung den Boden entziehen und – in obigem Sinn – die Christologie implizit ins Spiel bringen.

So sehr auch eine unmittelbar aktiv-christologische (der Samariter) oder passiv-soteriologische Deutung (der Ausgeraubte) abzulehnen ist – ohne eine funktionale Christologie läßt sich die Liebesforderung der Erzählung schlecht verstehen[122]. Es muß jedoch betont werden, daß diese „funktional christo-logische" und zugleich „theo-logische" Deutung vom Kontext her (s. o.) hermeneutisch hier hintergründig bleibt und nicht in den Text dringt.

Hier dürfen noch zwei neuzeitliche Fehldeutungen von 10,30–35 abgewehrt werden:

---

[118] „Sitz im Leben" meint nicht eine Situation im Leben Jesu, etwa daß Jesus „einem Hilflosen, vermutlich einem Sünder sein Erbarmen erwiesen hat" (wie Lk 7,38f), meint ZIMMERMANN, Gleichnis (L 7) 67. Die von Jesus angestoßene Verkündigungssituation hat weitere Horizonte.
[119] Zumindest eine ursprüngliche Erzählung wie 10,30–35 will ZIMMERMANN, ebd. (L 7) 67, als Parabel verstehen: „In der Parabel [?] vom barmherzigen Samariter legt er [Jesus] sein Verhalten zu den Menschen aus, durch das er sich als der ‚Nächste' [?] erweist." – Jesu Verhalten ermächtigt zu solcher Forderung einer Beispielerzählung; er bildet sich aber nicht unmittelbar in der Gestalt einer Parabel ab. – Vgl. auch KLEIN, Barmherzigkeit 77f („Gleichnis"); KREMER 122.
[120] Vgl. das Referat von MONSELEWSKI, a.a.O. (L 7); anders heute noch GERHARDSSON, a.a.O. (L 7 a); ähnlich DANIÉLOU, a.a.O. (L 7); BINDER, a.a.O. (L 7) (der am Boden Liegende = Jesus).
[121] Vgl. MONSELEWSKI, a.a.O. (L 7) 9–14.137; vgl. 167ff (vgl. K. BARTH; GOLLWITZER; EICHHOLZ in seinen frühen Arbeiten, u.a.).
[122] Vgl. VENETZ, a.a.O. (L 7).

(1.) Eine existentialistische Auslegung im Sinne der Situationsethik[123] faßt zu kurz: Es soll nicht nur gelehrt werden, die Liebe erkenne jeweils in der Situation, was zu tun sei. Die Erzählung versteht „die Option für die Armen" als allgemeingültiges Gesetz. Erzählt Jesus doch, wenn er von dem barmherzigen Engagement des Samariters erzählt, verdeckt auch von seinem eigenen Einsatz und dem Interesse Gottes an den Notleidenden.

(2.) Der Sinn würde auch verfehlt, wenn – gemäß der Problematik „Gesetz und Evangelium" – hier aus unserer Perikope die („gesetzliche") Forderung eliminiert und das „Evangelium" in sie eingetragen (evtl. dann Jesu Forderung im Sinne des secundus usus legis zugelassen) würde[124].

36 f Die vorstehende Deutung ergibt sich, wenn man das Korpus der Erzählung, VV 30–35, isoliert deutet; sie wird überformt, aber nicht überdeckt oder ausgelöscht durch den „Rahmen" VV 29.36–37a des heutigen Textes. Die VV 36–37a greifen am Ende auf den Anfang V 29 zurück, so daß die Erzählung in die Frage nach dem „Nächsten" hineingerahmt ist. Schon von V 29 her wissen wir, daß damit das Problem der Reichweite der Liebesforderung gemeint ist (s. dort). Die tradierte Erzählung bewahrt auch als redaktionell „gerahmte" ihren Sinngehalt.

36 So wird der Fragende (V 29b) am Ende selbst gefragt, aber nun V 36 nicht: „Wer ist nun dein Nächster?", sondern alteriert: „Wer hat in der Geschichte als Nächster gehandelt?" Nicht das Objekt der Liebe, sondern das Subjekt derselben ist erfragt. Dabei gibt sich dann (V 37b) zu erkennen, daß sie zu einer praktischen Frage nach dem persönlichen Engagement wird.

Die Frage darf nicht von mir aus (V 29: „mein" Nächster), sondern muß vom vorgefundenen Notleidenden her gestellt werden. Der Notleidende macht mich zu seinem „Nächsten", „alteriert" mich. Dabei wird der Begriff des „Nächsten" über die alttestamentlichen und jüdischen Begriffe hinaus zugleich entschränkt, alteriert und enttheoretisiert.

37 Antwort des Gesetzeslehrers (V 37a) und Weisung Jesu (37b) aktivieren jenen nun im Sinn der Erzählung: Die Antwort des Gesetzeslehrers (V 37a) ist treffend, weil sie „den Nächsten" richtig von der „Barmherzigkeits"-Tat[125], her bestimmt[126] die Gott charakterisiert (s. vorstehend). Dabei antwortet er freilich noch recht objektivierend; er hatte nicht herausgehört, daß Jesus seine Frage von V 29b in V 36 doch auch persön-

---

[123] Gegen LINNEMANN, Gleichnisse 61 Anm. 1; SCHMITHALS; SCHOLZ, Gleichnisaussage 210. Vgl. weitere Autoren bei MONSELEWSKI, a.a.O. (L 7) 140f.
[124] Gegen LINNEMANN, ebd. 61f, u.a.
[125] ποιεῖν (τὸ) ἔλεος (חסד) μετ' αὐτοῦ ist hebraisierend (LXX Gen 24,12) nach Bl-R § 206 Anm. 5; 227,3; 310 Anm. 3.
[126] Daß der Gesetzeslehrer in V 27a den Namen „'Samariter' nicht in seinen Mund nimmt", sollte nicht betont werden (gg. HAUCK*; CREED; JEREMIAS, Gleichnisse 203; MARSHALL; SCHWEIZER u.a.), weil aller Akzent auf der richtigen Charakterisierung seines Tuns liegt; ὁ ποιήσας τὸ ἔλεος.

lich gemeint hatte: „Durch welche Art Handeln machst *Du* dich zum Nächsten?" Die abschließende Aufforderung Jesu[127] „hinzugehen" (V 37 b) betont darum das „Du" (σύ) des Tuenden eigens. Sie unterstreicht zugleich die Forderung für jedermann, sich selbst zum Nächsten des „Notleidenden wo immer" zu machen[128].

Die VV 36 f greifen über V 29 auf V 28 und damit auf VV 25–28 zurück, so daß nunmehr klar ist, welches Verhalten (nach Lev 18,5) zum „Leben" führen wird (V 25).

Im *Gesamtzusammenhang* von VV 21–42 macht die Perikope VV 25–37 deutlich, daß das Evangelium Jesu die Forderung Gottes in sich hat, nebenher im Zusammenhang mit 9,51 – 10,20 (bes. 9,52b–55, und im Gegensatz zu Mt 10,5bf) noch, daß Jesu Evangelium und Forderung universal sind. – Die Heilsfrage V 25b wird vom unmittelbaren Kontext – von VV 21f.23f und dann von VV 38–42 – her so sehr thematisch, daß das Gebot der Gottes- und Nächstenliebe – als Mitte und Sinn der Tora – zumindest auch als das deutlich wird, was die „Unmündigen" bei dem „Lehrer" (V 25) Jesus, der aber doch der „Kyrios" ist (V 39), „hören" (V 24b) können als das eine Notwendige (V 42): „sein (des Kyrios) Wort" (V 39). Vermutlich will Lukas, wenn er 10,25–28.29–37 anfügt, von jenen bestätigenden, jubelnden und seligpreisenden (10,21f.23f) Herrenworten ein enthusiastisch-libertinistisches Mißverständnis fernhalten (s.o.): Das „Leben" hängt auch an der Frage des Liebesgebotes, wie Lukas schon 6,(27–38)39–45 Gegnern gegenüber betonen mußte. Das „Evangelium" wird mißverständlich, wenn es nicht das „Gesetz" in sich hat. Nicht schon das Christus-Bekenntnis – erst dieses zusammen mit der Tat – rettet (6,46.47ff).

1. *Der Rahmen VV 29.36f* mit der Frage nach dem „Nächsten", also dem Geltungsbereich der Liebesforderung, zeigt ein anderes Interesse als die ursprüngliche Erzählung VV 30–35[129]. Die Erzählung ist ein eindringlicher Aufruf zur Liebestat (wobei als „Sitz im Leben" das nachahmenswerte „Verhalten Jesu" gedacht werden kann; s.o.); sie ist nicht eigentlich getrieben von der Frage nach dem Geltungsbereich der Liebe.

Daß die Frage nach dem Nächsten – vorluk oder luk – sekundär ist, schließt nicht aus, daß auch die ursprüngliche Erzählung schon durch eine irgendwie formulierte Frage in V 29 eingeleitet[130] und mit einer Gegenfrage wie V 36 beschlossen wurde (vgl. Lk 7,41–43; Mt 21,28–31)[131]. Die Einleitungsfrage V 29 könnte der (se-

---

[127] T¹: Ιησους fehlt in B*.
[128] ποιεῖν ὁμοίως – syn nur Lk 3,11S und 6,31 diff Mt – ist luk.
[129] So JÜLICHER, Gleichnisreden II, 596; BULTMANN, Geschichte 192; KLOSTERMANN; BINDER, a.a.O. (L 7) (nur VV 29.37b); SCHOLZ, Gleichnisaussage 208ff; ZIMMERMANN, Gleichnis (L 7); KLEIN, Barmherzigkeit 75 (in V 37a aber Ursprüngliche; STEGNER, a.a.O. [L 7]), anders LINNEMANN, Gleichnisse 60f.144f Anm. 14; ERNST; anders GERHARDSSON, a.a.O. (L 7a); MARSHALL; SCHWEIZER 121.
[130] Siehe o. S. 143.
[131] So schon JÜLICHER, Gleichnisreden II, 595f, auch BULTMANN, ebd., der eine Frage wie V 36 τίς τούτων τῶν τριῶν sowie die Antwort V 37a für ursprünglich hält. – Das Su-

kundären, s. ebd.) von V 25 verwandt gewesen sein; sie mag dann eine Antwort gefunden haben, die „das Erbarmen" herausstellte (wie V 37 a), hintergründig auch das „Tun" (vgl. V 37 b) (wie S. 146 f vermutet).

Freilich könnte in diesen vorstehend postulierten Rahmen (VV 29.36 f) dann sekundär auch die Frage nach dem „Nächsten" schon vorluk eingetragen gewesen sein, was vielleicht der Sprachgebrauch verrät[132]. Wenn V 29 bereits vorluk das Stichwort πλησίον geführt hätte, wäre es leichter verständlich, warum Lukas Mk 12,28–34 heranrief und daraus (und aus 10,17) den „Vorbau" 10,25–28 bildete. Bei dieser Annahme würde man auch eine Gegenfrage ähnlich wie V 36 schon einer vorluk R zuschreiben können; diese zeigt freilich in der heutigen Fassung starken luk Sprachgebrauch[133].

2. Die Erzählung 10,30–35 verrät Kenntnis palästinensischer Verhältnisse[134], war also vormals wohl *in Palästina tradiert*. Sie weiß um die Gefährlichkeit des Weges von Jericho nach Jerusalem, um Jericho als Wohnort von Priestern, die Samariterproblematik u. a. Sie verrät sich auch als alt und einer Zeit angehörend, in der in Palästina die Frage der Aufnahme von Samaritern in die Gemeinde ein aktuelles Problem war. Lk 10,30–35 und 17,11–19 (s. dort) sind – anders als Lk 9,52 ff (s. dort) und Mt 10,5 f – in der synoptischen Tradition beispiellose Erzählungen, wenn sie wohlwollend über Samariter berichten. Die Überlieferung solcher Texte kann in Kreisen gesucht werden, in denen die Samaritermission – in den eigenen Reihen (vgl. Mt 10,5 b–6; Joh 4,27) und unter den Volksgenossen (vgl. Joh 4,9 v.l.) angefochten – ein Anliegen war. In diesen Kreisen könnte auch die Tradition von Apg 8,5–25 festgehalten worden sein.

3. Die vormals isolierte Erzählung 10,30–35 entstammt wohl Kreisen, die weniger an der eschatologischen Verkündigung Jesu interessiert waren als an der Botschaft vom Engagement Gottes für die Notleidenden und seiner Liebesforderung, welche Tendenz unsere Erzählung mit anderen des *luk Sondergutes* gemeinsam hat[135].

4. Die Erzählung über das barmherzige Verhalten der Samariter hat – bei aller Verschiedenheit – besonders VV 33 f auffallende Ähnlichkeiten mit 2 Chr 28,(5–14)15, die nicht zufällig sein werden[136]. Man sollte aber eine Erzählung, in der die Basileiaverkündigung nicht thematisch wird, darum Jesus noch nicht absprechen[137], sie schon gar nicht für luk Schöpfung halten[138]. – Ob das Judentum die

---

chen nach der ursprünglichen Frage (wie V 25) und Antwort bringt nicht viel; KLEIN, Barmherzigkeit 76 f, erwägt eschatologische Verheißungen wie Lk 14,14; 16,9; 16,22.

[132] V 29 wird für luk R gehalten von EGELKRAUT, a.a.O. (L 1) 84.88. – Verdacht auf vorluk T erweckt das vorgestellte μου πλησίον (vgl. JEREMIAS, Sprache 142 f), auch für δικαιόω: im NT außer Mt 12,37 S nur 7,29.35 par Mt (Q) und wie hier 16,15 und 18,14 luk S.

[133] Vgl. JEREMIAS, Sprache 192 f.

[134] Siehe o. S. 143 f.

[135] Vgl. thematisch KLEIN, Barmherzigkeit 74–78. – Dem luk Sg wird die Erzählung auch zugesprochen von SCHLATTER (der „neue Erzähler"); FITZMYER; WIEFEL 210 („am naheliegendsten").

[136] Darauf machte MANSON, The Sayings* 262, aufmerksam; vgl. dazu auch WILKINSON, a.a.O. (L 7); FURNESS, a.a.O. (L 7); vgl. nun bes. SPENCER, a.a.O. (L 7).

[137] SCHWEIZER 121; „dürfte von Jesus stammen". Vgl. jedoch SCHNEIDER 251: „Die Beispielerzählung ... läßt sich kaum mit Sicherheit als jesuanisch erweisen, kann Jesus aber auch nicht begründet abgesprochen werden"; vgl. WIEFEL 210: „Rückführung auf Jesus selbst ... die plausibelste Lösung". SCHMITHALS meint: „aus dem ihm [Lukas] vertrauten Lehrgut der Synagoge übernommen".

[138] Gegen ENSLIN, a.a.O. (L 2); SELLIN, Gleichniserzähler (L 7) 31 f.37 u.a.; JEREMIAS,

Universalität der Nächstenliebe zur Zeit Jesu kannte[139], wird bestritten, aber auch bejaht[140]. Nicht bestritten wird, daß sich hier – wie in der Goldenen Regel Lk 6,31 par Mt 7,12 – die *ureigene Intention Jesu* ausspricht (vgl. entfernter auch Lk 10,27b parr; Mt 25,31–46) und sein Verhalten (vgl. Mk 2,17 par) spiegelt, das das Verhalten Gottes sichtbar macht; vgl. nur Lk 6,35d.36 par, s. dazu o. S. 146f.

Sprache 191f, meint in 10,30–35 doch allerlei unlukanische Sprachelemente aufweisen zu können. Für jesuanischen Ursprung u.a. auch MARSHALL.
[139] Vgl. das rabb. Material bei Bill. I, 353ff; II, 177.
[140] Vgl. das Referat bei MONSELEWSKI, a.a.O. (L 7) 145ff, und o. (zu V 27b).

D. „Hören auf sein Wort" als das eine Notwendige
10,38–42

L 8: zu 10,38–42. – Ältere Lit. bei METZGER, Christ and the Gospels, Nr. 5646–5655; WAGNER, EBNT II, 155–157; dann bes. (bis 1989) bei BRUTSCHECK, Maria-Marta (s. u.) 266–299; danach bei VAN SEGBROECK, Lk-Bibliography; vgl. ebd. Reg. 233. – AUGSTEN, M., Lukanische Miszelle, in: NTS 14 (1967/68) 581–583; BAKER, A., One Thing Necessary, in: CBQ 27 (1965) 127–137; BLANK, J., Frauen, bes. 54–60; BONNARDIÈRE, A.-M. DE LA, Marthe et Marie, figures e l'Église d'après S. Augustin, in: VS 86 (1952) 404–427; BOVER, J. M., "Porro unum est necessarium" (Luc. 10,42), in: SBEsp 14 (1954) 383–389; BRUTSCHECK, J., Die Maria-Marta-Erzählung. Eine redaktionskritische Untersuchung zu Lk 10,38–42 (BBB 64) (Frankfurt a. M. – Bonn 1986) (zit.: a. a. O.); DIES., Lukanische Anliegen in der Maria-Marta-Erzählung, in: GuL 62 (1989) 84–96; BURKITT, F. C., Mary Magdalene and Mary, Sister of Martha, in: ET 42 (1930/31) 157–159; CASTEL, F., Luc 10/38–42, in: ETR 55 (1980) 560–565; COAKLEY, J. T., The Anointing at Bethany and the Priority of John, in: JBL 107 (1988) 241–256; CSÁNYI, D. A., "OPTIMA PARS". Die Auslegung von Lk 10,38–42 in Geschichte und Gegenwart (Diss.) (Rom 1959); DERS., OPTIMA PARS. Die Auslegungsgeschichte von Lk 10,38–42 bei den Kirchenvätern der ersten vier Jahrhunderte, in: StMon 2 (1960) 5–78; DAUER, Johannes und Lukas, bes. 126–206; DAUTZENBERG u. a. (Hg.), Die Frau 54–58; DAVIDSON, J. A., Things to be Understood and Things to be Done, in: ET 94 (1982/83) 306f; DAVY, M.-M., Le symbole de Marie Magdeleine, in: VS 133 (1979) 804–814; DREHER, A., Jesus bei Marta und Maria (Lukas 10,38–42), in: EuA 57 (1981) 277–279; DUPONT, J., Marta et Maria: O Servico e la Escuta (Lc 10,38–42) (1978), in: Grande Sinal (Petrópolis 1978) 723–739; DERS., De quoi est-il besoin (Lc X.42)?, in: BEST – MCWILSON (Ed.), Text and Interpretation 115–120 = Études II, 1049–1054; ECKHART, M., Martha and Mary. Second Discourse, in: Parabola (New York) 5 (1980) 69–73; ERB, P. C., Contemplative Life as the One Necessary. In Defense of a Traditional Reading of Luke 10: 42, in: Mystics Quarterly 11 (1985) 161–164; FEE, G. D., "One Thing is Needful"? Luke 10:42, in: EPP–FEE (Ed.), Criticism 61–75; GEORGE, A., L'accueil de Seigneur (Lc 10.38–42), in: ASeign 47 (1970) 75–85; HOUTRYVE, V., L'unique nécessaire d'après S. Benoît, la tradition monastique et les grands Maîtres de la vie spirituelle (Bruges 1957); KEMMER, A., Maria und Martha. Zur Deutungsgeschichte von Lk 10,38ff. im alten Mönchtum, in: EuA 40 (1964) 355–367; KNOCKAERT, A., Structural Analysis of the Biblical Text, in: LV 33 (1978) 471–481 (vgl. franz. ebd. 331–340); LALAND, E., Die Martha-Maria-Perikope Lukas 10,38–42. Ihre kerygmatische Aktualität für das Leben der Urkirche, in: StTh 13 (1959) 70–85 (vgl. norw. in: NTT 53 [1952] 10–27; franz. in: BVC 76 [1967] 29–45); LEHMANN, M., Quellenanalyse 141–145; MAGASS, W., Maria und Martha. Kirche und Haus. Thesen zu einer institutionellen Konkurrenz (Lk 10,38–42), in: LingBibl 27/28 (1973) 2–5; MALY, E. H., Women and the Gospel of Luke, in: BTB 10 (1980) 99–104; MATANIC, A., La pericopa di Lc. 10,38–42, spiegata da Ugo di St. Cher, primo esegeta degli Ordini Mendicanti, in: Div. 13 (1969) 715–724; O'RAHILLY, A., The Two Sisters, in: Scrip. 4 (1949) 68–76; PITTNER, Studien; POTTERIE, I. DE LA, Le titre ΚΥΡΙΟΣ appliqué à Jésus dans l'Évangile de Luc, in: DESCAMPS u. a. (Éd.), Mélanges Bibliques 117–146, bes. 129–132; PRETE, B., Il logion Gesù: „Una cosa sola è necessaria" (Lc. 10,42), in: Associazione Biblica Italiana (Ed.), Fondamenti Biblici della Teologia Morale (ASB XXII) (Brescia 1973) 283–307 (= DERS., L'opera di Luca 142–166); PUZO, F., Marta y María. Nota esegética a Lc 10,38–42 y 1 Cor 7,29–35, in: EE 34 (1960) 851–857; ROOSEN, A., Das einzig Notwendige. Erwägungen zu Lk 10,38–42, in: StMor 17 (1979) 9–39; ROYSE, The Treatment (L 7); SCHILLE, G., Judenchristentum (L 4) 76–79; SCHÜSSLER-FIORENZA, E., A Feminist Critical Interpretation for Liberation. Martha and Mary: Lk 10:38–42, in: Religion and Intellectual Life 3 (1986) 21–36; DIES., Theological Criteria and Historical Reconstruction. Martha and Mary. Luke 10:38–42, in: Center for Hermeneutical Studies Protocol Series (Berkeley/CA) 53 (1987) 1–12; SIMPSON, A. R., Mary of Bethany; Mary of Magdala; and Anonyma, in: ET VII/8 (1909) 307–318; SOLIGNAC, A.

– DORMAT, L., Marthe et Marie, in: DSp 10 (Paris 1978) 664–673; STOCKUM, TH. C. VAN, Lucas 10,38-42. Catholice, Calvinistice, Mystice, in: NedThT 12 (1957) 32–37; SWEETLAND, a.a.O. (L 7); VIA, E. J., Women, the Discipleship of Service, and the Early Christian Ritual Meal in the Gospel of Luke, in: SLJT 29 (1985) 37–60; WALL, R. W., Martha and Mary (Luke 10.38-42) in the Context of a Christian Deuteronomy, in: JSNT 11 (1989) 19–35; WISSEL, F. VAN DER, De Martha – en Maria – pericoop een proeve verklaring, in: NTT 15 (1926) 330–337; WITHERINGTON, III, B., Women in the Ministry of Jesus. A Study of Jesus' Attitudes to Women and Their Roles as Reflected in His Earthly Life (MSSNTS 51) (Cambridge 1984) 101–116; ZERWICK, M., Optima pars (Lc 10,38-42), in: VD 27 (1949) 294–298.

Die Erzählung 10,38–42 (D), überschaut als Abschluß Einheit 9,51 – 10,37(ff)[1], denn sie korrespondiert deutlich der Einleitung (A) 9,51–56(57–62): Der Verweigerung der Aufnahme Jesu dort stellt Lukas nun hier eine Erzählung entgegen, die seine Aufnahme schildert[2]. Diese Abschlußerzählung hat aber insbesondere den Hauptteil (B und C) 10,1–20 + 21–37 im Auge: 10,1 hatte Jesus die Siebzig in jede Stadt und Ortschaft gesandt, in die er selbst – als der Kyrios (V 1; vgl. VV 39ff) – gehen wollte. Lukas vermißte in Q die Ausführung dieses Planes; so bietet er 10,38–42 wenigstens *ein* Beispiel für das Kommen Jesu[3]. Der Abschluß gilt dabei näherhin betont dem 2. Teil (C) im Hauptteil der Erzählungseinheit (10,21–37), wobei noch einmal deutlich wird, daß Jesus der Offenbarer (VV 21f) ist, dessen Wort schlechthin nichts vorzuziehen ist, nicht einmal die heilige Pflicht der Gastfreundschaft (V 39), und wie sehr selig zu preisen sind, die hören, was sie hören (V 24), was hier nun an Maria beispielhaft veranschaulicht wird und für alle Zeiten gelten soll. Was Jesus ihr – als Heilszusage und Heilsforderung – grundlegend zu sagen hatte, soll nach Meinung des Lukas wohl VV 21–24.25–37[4] nachgelesen werden können.

---

[1] So auch BRUTSCHECK, a.a.O. 51–58.62, mit W. WILKENS, Struktur 61f. – Die häufigen Verweise bei der Kommentierung dieser Perikope auf die (von mir betreute) Diss. meiner Mitarbeiterin J. BRUTSCHECK möchten unsere Ausführungen entlasten dürfen.
[2] Vgl. BRUTSCHECK, ebd. 57f; so schon B. WEISS, Quellen* 289, der beobachtete, daß „die Geschichte... (Lk 10,38–42) einen absichtlichen Gegensatz gegen jene Abweisung" bildet; freilich nicht, wie er meinte, schon „in L". – Vielleicht hat das ὑπεδέξατο V 38 Lukas an das οὐκ ἐδέξαντο 9,53 erinnert.
[3] SELLIN, a.a.O. (L 1) 106, sieht, daß nach einem „Vorspann" 9,52–56.57–62 mit 10,1–17ff und 10,20(sic!)–37 gegen Ende der Reiseerzählung abermals nach der „Ersten" 10,38–42 „eine letzte Einkehrgeschichte" 19,1–10 folgt, die sich ebenfalls der luk Kontextualisierung verdankt, eine Beobachtung, die BRUTSCHECK, ebd. (60ff)164 aufgegriffen hat. Der Kyrios sagt – wie in der apostolischen Zeit – sein Wort betont in die Häuser.
[4] Anders denkt sich Grundmann – recht künstlich – die Perikope chiastisch mit V 27 verbunden: „Das Doppelgebot der Liebe war nach der Seite der Nächstenliebe durch das Gleichnis vom barmherzigen Samariter ausgelegt. Die Liebe zu Gott (?) fordert das Hören auf sein Wort..." – Vgl. jedoch unsern Versuch, die Kontextualisierungstendenz des Lukas zu verstehen, o. S. 21.100. 128f.

Lukas liebt es, am Ende von tradierten Erzählungseinheiten die Wichtigkeit des Wortes Jesu (Gottes) zu unterstreichen; vgl. nur 6,46.47ff par; 8,19ff diff Mk; 11,27f S. So fügte er auch hier 10,38–42 als betonten Abschluß ein.

Lukas – wie schon die Tradition vor ihm – will die transparent zu lesende Erzählung im Hinblick auf aktuelle Gemeindeprobleme verstanden haben. Primär geht es um das „Verhalten gegenüber Jesus, der als Bote Gottes im *Wort* den Willen Gottes auslegt", also gegenüber dem Wort des Kyrios, wo immer und wie immer es begegnet. Dabei wird aber mitbedacht sein, daß es normalerweise in den Gemeinden im Wort der Boten des Kyrios begegnet: „Wer euch hört, hört mich" (V 16a; vgl. Mt 10,40). 10,5ff war von der „Aufnahme" in ein Haus die Rede, VV 8.10 von der in einer Stadt (V 38: in einem „Dorf").

Die „Aufnahme" von Missionaren war nachösterlich eine akute Gemeindefrage[5]. Das Verhalten gegenüber Wanderaposteln und -propheten der nachösterlichen Zeit ist implizit hineingeschrieben in das erzählte Verhalten gegenüber dem wandernden (9,51.57; 10,1.38), einkehrenden und lehrenden Jesus. Der Akzent liegt dabei aber nicht auf der Mahnung, die Sendlinge möchten anspruchslos sein (VV 4.7.8; vgl. 12,31); vielmehr darauf: deren Aufnahme solle so sein, daß nicht die Aufwartung, sondern das Hören auf das Wort der Sendlinge im Mittelpunkt stehe.

38 Als sie[a] dahinzogen[b], kam er in ein Dorf. Eine Frau aber mit Namen Marta nahm ihn auf[c]. 39 Und diese hatte eine Schwester, die Maria[d] hieß, und sie[e] hörte, dem Herrn[f] zu Füßen sitzend[g], sein Wort. 40 Marta aber ließ sich ganz davon in Anspruch nehmen, ihn zu bedienen. Sie trat aber hinzu und sprach: Herr, kümmert es dich nicht, daß meine Schwester mir die Aufwartung allein überließ[h]? Sag ihr doch, sie solle mir helfen. 41 Der Herr[i] aber gab ihr zur Antwort: Marta, Marta, du mühst dich und beunruhigst dich um vieles. 42 Nur[j] eines aber ist notwendig. Maria[k] hat schon[l] den guten Anteil erwählt, der soll nicht von[m] ihr genommen werden. *

38 Die Einleitung V 38 bindet die Erzählung ein in die Reiseerzählung, wobei das Ziel nach 9,51 und der Weg nach 9,52.56f nicht eigens genannt werden müssen. Die begleitenden Jünger, am Ende zu einer „Menge" (19,37) geworden, malen Jesu Reise als Gefolge und Herolde (vgl. zu 10,1)

---

* T: [a] v.l.: T V (s. A. 10). – [b] v.l.: T V (s. A. 10). – [c] v.l.: T (H) M N + [h] S V B G (s. A. 12). – [d] v.l.: St-T (s. A. 31). – [e] v.l.: T [H] B S V M (s. A. 30). – [f] v.l.: – (s. A. 34). – [g] v.l.: – (s. A. 29). – [h] v.l.: H S V M B N G (s. A. 43). – [i] v.l.: V (s. A. 45). – [j] v.l.: H N S N G; (s. S. 160). – [k] v.l.: St-T (s. A. 47). – [l] v.l.: h (s. A. 50). – [m] v.l.: St-T (s. A. 48).

[5] Vgl. etwa Mk 6,11 parr; Mt 10,40ff; Gal 4,14; 2 Kor 7,15; Röm 12,13; 16,1f.23; Phlm 22; Kol 4,10; 1 Tim 3,2; 5,10; Tit 1,8; Hebr 13,2; dann häufig in Apg: 10,6.18.23.32; 15,4; 17,7; 18,27; 21,7f.10.16; 24,23; 27,3; 28,7, aber auch Jak 2,25; 2 Joh 10f; 3 Joh 5–8(10); 1 Petr 4,9; Did Kap. 11.12.

des Messiaskönigs (vgl. dazu 19,37-38)[6]. Hintergründig schlägt freilich das ziellose Wandermotiv[7] durch, das schon den Abschnitt 5,1 - 9,50 prägte. Diesem korrespondieren die Einkehr und das Aufgenommenwerden Jesu und – transparent – das der nachösterlichen Wanderapostel. Damit ist einleitend schon die Thematik abgesteckt.

Jesus ist betont herausgehoben; *er* (αὐτός[8]) kommt – wie mit der kontexttrennenden Formel ἐν τῷ c. inf.[9] feierlich (LXX-Stil) gesagt wird [10] – auf der Wanderung mit den Jüngern[11] (vgl. 9,51.56f; 10,1-24) – die in der Erzählung dann nicht mehr begegnen – in ein Dorf als der „Kyrios" (vgl. VV 39.40.41), wie das 10,1 ins Auge gefaßt war. Die ihn aufnehmende[12] Marta ist offensichtlich die Herrin des Hauses[13] (wie schon der Name „Herrin" sagt).

Man soll nicht – aus Joh 12,1; 11,1.18 – harmonisierend schließen, Jesus sei hier schon in Betanien[14]. 10,1.3 legt aber auch nicht nahe, (nach 9,56) noch an ein Sa-

---

[6] Vgl. 9,51-56; 9,57; 10,1; 12,22; 11,5; als Wegbereiter 9,52 (vgl. 22,8-13) und Sendlinge 10,1.3.
[7] Vgl. LK I, 221.251.445.
[8] Vgl. αὐτός als respektvolle Einführung Jesu: AB I, 100.
[9] Die formelhafte Einleitung ἐν τῷ c. inf. ist hier kontexttrennend und markiert einen Neueinsatz. Vgl. SELLIN, a.a.O. (L 1), bes. 107ff.
[10] T[b]: Schon die textliche Bezeugung ($\mathfrak{P}$[45.75] ℵ B L Ξ 33 579 892. 1342 pc co, aber auch sy[s.c]) spricht gegen die Lesart εγενετο δε εν von $\mathfrak{M}$. Diese häufige luk Schreibweise, bes. im näheren Kontext (9,51; 11,27), kann eingewirkt haben; sie wäre vermutlich nicht sekundär verlorengegangen.
[11] T[a]: D (f[1] 205) sa[mss] ersetzen – gewiß sekundär – αὐτοὺς αὐτός durch αὐτόν; vgl. Näheres bei BRUTSCHECK, a.a.O. 14ff. Nach dem Intermezzo 10,25-37 mußte Lukas die Jünger als Wegbegleiter (vgl. 9,54.57; 10,1-20) wieder einmal nennen. Die bessere Textüberlieferung ($\mathfrak{P}$[(45).75] ℵ B L Ξ 33.69.788. 1342 pc a sy[s.c.p] sa[ms] bo[mss]) fügt zwischen αυτους αυτος kein και ein wie $\mathfrak{M}$.
[12] T[c]: Die LA υπεδεξατο αυτον (ohne eine Zielobjekt) wird recht gut bezeugt von $\mathfrak{P}$[45.75] B sa. Im NT wird das Verbum außer Jak 2,25 nur von Lukas, immer ohne eine Zielangabe (= „Unterkunft geben"), gebraucht; vgl. noch 19,6 und Apg 17,7. Diese LA hat zudem den Vorzug, die kürzere zu sein, die dann unterschiedlich ergänzt sein kann: Die Varianten εις την οικιαν $\mathfrak{P}$[3vid] ℵ C L Ξ 33 579 pc (+ αυτης ℵ[1] C[2]), oder: εις τον οικον αυτης A D W Θ Ψ 070 f[1.13] 892 1006 1342 1506 $\mathfrak{M}$ lat sy bo nimmt der St-T nicht auf. Bezeugt Joh 11,20 Μαριὰμ δὲ ἐν τῷ οἴκῳ ἐκαθέζετο etwa eine vorluk T (so BRUTSCHECK, a.a.O. 18, fragend)? Aber der Erzählungsduktus Joh 11 verlangte dort die Erwartung des „Daheimbleibens". – R. BORGER, NA[26] und die neutestamentliche Textkritik, in: ThR 52 (1987) 1-58, hier 32f, vertritt die Ansicht. εις την οικιαν sei gestrichen worden, weil es als anstößig empfunden worden sei, daß Jesus sich von einer Frau in ihr Haus aufnehmen ließ. R. Borger zitiert aber ebd. auch die umgekehrte Meinung von C. Martini, εις την οικιαν wäre zugesetzt worden, um einen anstößigen Anklang an die Dirne Rahab Jos 2,3 zu vermeiden. – Es wird also doch wohl bei dem Urteil des St-T und von METZGER, Commentary 153, bleiben müssen, daß kein einsichtiger Grund für eine nachträgliche Streichung von „into her house" zu finden sei.
[13] Joh 11,20 ist die Vorordnung der Maria kontextbedingt. Dort aber wird (Joh 11,17-36; vgl. V 27) deutlich Marta als die gläubigere und somit vorteilhafter geschildert (ob Joh Lk 10,38-42 korrigiert?).
[14] Der luk Text ist nicht von Joh 12,1-8 abhängig; s.u. S. 166. – Es liegt also keine „Ortsätiologie für Bethaniens Gemeinde" vor; gg. SCHILLE, Judenchristentum (L 4) 79.

mariterdorf[15] zu denken. Man darf auch Lazarus hier nicht aus Joh 11; 12,1f als Bruder[16] eintragen. Der luk Text bietet keinen Anlaß, Maria mit der salbenden Frau Mk 14,3–9 par Mt (erst Joh 12,1–8 trägt die beiden Schwestern – nach einer Vorlage wie Lk 10,38–42? – dort ein), mit der Sünderin 7,36–50[17] oder mit der Maria aus Magdala (8,2)[18] zu identifizieren.

Der Einleitungsvers 38 zeigt starke luk Redaktionsspuren[19]. Luk Vorzugswendungen bzw. Wörter sind ἐν τῷ c. inf.[20], mit δέ verbunden noch Lk 8,40.42 diff Mk, vgl. Apg 9,3; 11,15; πορεύεσθαι[21]. Lukas ergänzt gern zu einem Infinitiv das Subjekt, wie hier αὐτούς[22]; zu αὐτός[23] s. o. A. 8. Bevorzugt schreibt Lukas auch εἰσέρχεσθαι[24]; Lukas denkt sich in Palästina wohl hauptsächlich Dorfansiedlungen[25] (κωμη Mk 7mal; Mt 4mal; Lk 12mal und Apg 1mal), was auf das luk Sg zurückgehen kann (vgl. 9,52.56; 13,22; 17,12; 24,13.28). – Somit kann V 38a luk Bildung sein, was für V 38b – trotz aller luk Vorzugswendungen (das indef. τις[26]; zu ὀνόματι[27]; zu ὑποδέχεσθαι[28]) – nicht sicher ist. Hier wie in der Nennung der Marta, meldet sich wohl schon die erzählerische Vorlage zu Wort.

39f V 39 und V 40 sind zwei Verhaltensweisen oppositionell einander gegenübergestellt. Zwei Handlungsverben im durativen Imperfekt (ἤκουεν – περιεσπᾶτο) bestimmen wesentlich das gegenteilige Verhalten.

39 Bevor die Mahlzeit bereitet war, hockt[29] deren[30] (Martas) Schwester

---

[15] So HIRSCH, Frühgeschichte II*, 212.
[16] Johannes scheint – mit Rücksicht auf Lk 10,38–42? – den Bruder Lazarus nicht zum Hausherrn machen zu wollen; er wohnt nach Joh anderswo in Betanien und ist bei Marta nur zu Gast.
[17] Vgl. LK I, 441 f.
[18] Vgl. LK I, 446.
[19] Vgl. sprachliche bei BRUTSCHECK, a. a. O. 66–74; zur inhaltlichen Thematik vgl. ebd. 97–109: Jesu Wandern, Einkehr und gastliche Aufnahme (auch von Wanderpropheten), das Frauenmotiv.
[20] Vgl. AB I, 13; III Anm. 40.
[21] Vgl. AB I, 90.
[22] Vgl. BRUTSCHECK, a. a. O. 67 f.
[23] Siehe o. A. 18.
[24] Vgl. AB I, 9.
[25] Siehe LK I, 504.
[26] Vgl. AB III, 8 f.
[27] Vgl. BRUTSCHECK, a. a. O. 71.
[28] Siehe o. A. 12.
[29] Lukas bringt das „Sitzen" meist durch καθῆσθαι zur Sprache (was auch Joh 11,20 gelesen haben könnte), das „Sich-Setzen" durch καθίζειν (vgl. BRUTSCHECK, a. a. O. 76 mit Anm. 316). Hier, wo Maria erst eingeführt wird, möchte man zunächst das Platznehmen ausgedrückt finden, was aber noch keine sichere Entscheidung für die Ursprünglichkeit von παρακαθισασα ($\mathfrak{P}^{45}$ C³ D W Θ Ψ f¹·¹³ 892.1006.1342. 1506 𝔐) erlaubt. Besser bezeugt scheint παρακαθεσθεῖσα (mit $\mathfrak{P}^{3.75}$ ℵ A B C* L Ξ 579 pc). Die VV 39.40 geben dann bereits eine „Zustandsschilderung" der sich unterschiedlich verhaltenden Schwestern. – T⁸: πρὸς (τοὺς πόδας) ist durch $\mathfrak{P}^{75}$ B* ℵ bestens bezeugt. Lukas schreibt aber von sich aus konsequent (vgl. Bl-R. 189 Anm.1) παρὰ τ. π. (Apg 4,35; 7,58; 22,3; vgl. auch Lk 7,38; 8,35.41 diff Mk und 17,16), Dann nicht mit mehr Wahrscheinlichkeit auch hier Lk 10,38 mit $\mathfrak{P}^{45}$ B¹ A C³ D W Θ Ψ (und Apg 4,37 v.l. und 5,10 (v.l.)?
[30] Tᵉ: Der relativische Anschluß η και (so ℵ¹ A B* C D W Θ Ψ f¹·¹³ 𝔐 syʰ) (anders ohne

Lk 10,39

Maria[31] vor Jesus – wie ein Schüler vor dem Rabbi (vgl. Lk 2,46 S; 8,35 diff Mk; Apg 22,3)[32] – und hört auf „sein"[33] Wort, das ja doch das des „Kyrios"[34] ist, wie betont gesagt wird. Es war *der* κύριος, dessen „Kom-

---

Relativum 𝔓[45.75] ℵ* B² L Ξ 579 pc) beseitigt eine Parataxe, vertritt ein Demonstrativum und ist charakteristisch luk (vgl. RADL, Paulus und Jesus 420), auch in Verbindung mit abhebend verstärkendem καί (vgl. Bl-R § 277, 3; 442,8b); dazu einschränkend BRUTSCHECK, a.a.O. 21 (mit Anm. 80.81.82.83): Trotzdem spricht das Textzeugnis für das Fehlen von ἥ und eher für die Ursprünglichkeit der „kürzeren" LA, die auch die „schwierige" ist. – Das parataktische καί begegnet bes. häufig im luk Sg (vgl. BRUTSCHECK, ebd. Anm. 84).

[31] T^d: Ein Überblick über die Hss., die V 41 (wie der St-T) Μαριαμ (𝔓[75] ℵ B² C* L P W Ξ Ψ 1.33 pc; V 42 zusätzlich noch 𝔓³ B f¹ pc) oder Μαρια (𝔓[45] A B* C³ D Θ f[13] 𝔐 latt; V 42 zusätzlich noch ℵ C L W Ψ Cl) schreiben, rät, für die hebr. Namensform zu plädieren, wenn man (mit den Autoren des St-T) dem Zeugnis von 𝔓[75] (dem hier freilich B* nicht beipflichtet!) entscheidendes Gewicht beilegt. Sie ist auch wohl die „schwerere Lesart", die im hell. Raum erleichternd in die mehr griechisch klingende geändert werden konnte. Auf Joh 11 (wo eine vorluk Form von Lk 10,38–42 als Quelle benützt sein könnte; s.u. S. 166) kann man sich für Μαριαμ freilich nicht sicher berufen, weil hier die gleiche Textunsicherheit herrscht. – Vom luk Sprachgebrauch her könnten aber gg. die LA Μαριαμ Bedenken erhoben werden (wenn die Textüberlieferungen nicht so stark variieren würden): Lukas scheint die „Mutter Jesu" unterscheidend als Μαριάμ von andern Trägerinnen des Namens Maria bewußt abheben zu wollen, wobei er dann von der Vorgeschichte Lk 1–2 gelernt haben würde, die regelmäßig so schreibt (vgl. jedoch die v.l. 2,19), falls er auch Apg (v.l.) die hebr. Namensform gewählt hätte. Maria Magdalena (8,2; 24,10a), die Maria „Ἰακωβου" (24,10b) und die Mutter des Johannes Markus Apg 12,12 nennt er Μαρία. So dann vielleicht auch 10,39 (so mit S B) und 42 (mit T S V B) (mit den Ausgaben von S B V T) die Schwester der Marta?

[32] Vgl. Bill. II, 185.763ff. – Anders SCHLATTER, z. St. (ihm folgend ELLIS, z. St.): Sie hockt zu Füßen des auf dem Liegepolster zum Mahl liegenden Jesus, während Marta bei Tisch bedient. Das wäre aber keine gute Position für ein Lehren und Hören; Marta ist ja auch noch bei der Vorbereitung der Mahlzeit (s.u.).

[33] Zum hoheitlichen ὁ λόγος αὐτοῦ (μου) vgl. LK I, 380 A. 6.

[34] T^f: Mit den Textausgaben des 19. Jh. liest der St-T die Kyriosbezeichnung nicht nur V 41 (s.u.; hier bevorzugte V die LA Ιησους), sondern auch V 39, obgleich V 39 𝔓[45.75] A B* C² W Θ Ψ f[1.13] 33 1006 1342 1506 𝔐 vg^ms sy^s.h sa^mss bo^mss Ιησου bezeugen (!), Ιησου könnte, in 𝔓[45.75] B* gewichtig bezeugt, ursprünglicher (und vielleicht vorluk) stehen, und der Kyriostitel wäre sekundär von V 41 her (vgl. auch die Kyrie-Anrede V 40) eingedrungen. Obgleich der Kyriostitel – außer hier und da par Mk – für den irdischen Jesus bevorzugt auch im luk Sg 7,13; 13,15; 16,8; 18,6; 19,8 begegnet, steht er doch auch – möglicherweise als luk R – in luk Einleitungswendungen von Q-Traditionen (7,19; 10,1; 11,39; 12,42; 17,5 Sv diff Mt; vgl. ferner 17,6 diff Mt), deutlich als luk R 22,61 a.b; 24,3 Svv diff Mk. So könnte auch Lukas den Titel kontextualisierend – auf Lk 10,1 zurückgreifend – bedeutungsschwer hier eingetragen haben. In V 41 ist der Kyrios-Titel gut bezeugt durch 𝔓[3(45).75] ℵ B² L 579.892 pc lat sy^hmg sa bo^mss. Da er in V 39 mit 𝔓³ B² ℵ D L Ξ 575 892 pc lat sy^c.p.hmg sa^ms bo immerhin auch nicht schlecht bezeugt ist, muß man hier dem einhelligen Zeugnis der Textausgaben des 19. Jh. und nicht dem St-T nicht unbedingt widersprechen. Zugunsten deren Entscheidung könnte man dann noch überlegen, ob die außer 1 Thess 1,8; 4,15 im NT nur Apg 8,25; 12,24; 13,48.49; 14,25; 15,35.36; 19,20 begegnende Wendung (ὁ) λόγος (τοῦ) κυρίου, vgl. zudem noch speziell ἀκούειν τὸν λόγον τοῦ κυρίου Apg 13,44; 19,10, Lukas bewogen haben kann, zum ἀκούειν des λόγος Jesu Maria πρὸς τοὺς πόδας τοῦ κυρίου zu postieren, so daß seine beliebte Formel hier die Feder geführt hätte. Bliebe aber dann doch noch die Frage, aus welchem Grund die so gewichtige Kyrios-Bezeichnung V 39 in 𝔓[45.75] B* ℵ u.a. (s.o.) so früh verlorengehen konnte.

men" 10,1 angekündigt war und der nun gekommen ist. Aus dem Kontext 10,21 f weiß man, woher sein Offenbarungswort kommt, aus 10,23 f, wie sehr seligzupreisen sind, die es jetzt hören dürfen; 10,25–37 war die Quintessenz des Tora-Verständnisses Jesu dargelegt (s. ebd.).

Lukas hat auch V 39 sprachlich stark geprägt[35], hat die Szene aber nicht gebildet (s. u. S. 164ff). – Das Belehren einer Frau war nicht Art eines Rabbi (vgl. Joh 4,27, auch 1 Kor 14,35 a)[36]. Hier spricht sich die durch Jesu Verhalten begründete neue Stellung der Frau in den christlichen Gemeinden und ihre Rolle im konkreten Gemeindeleben mit aus[37].

40a Marta als Gastgeberin „dient"[38], indem sie inzwischen für Jesus[39] die Mahlzeit richtet (vgl. V 41), was nach den Maßstäben ihrer dienstbereiten Gastlichkeit[40] mehr als zwei Hände verlangt hätte. Dieses „Sorgen"[41] wird VV 40(41 f) als übergroß gekennzeichnet, um abgewertet werden zu können: ein Kontrastgemälde zu der ruhig lauschend zu Füßen des Kyrios sitzenden Maria.

40b παρακαθεσθεῖσα ... ἤκουεν (V 39) ἐπιστᾶσα ... εἶπεν (V 40b): „Die Oppositionen Ruhe/Bewegung; Haltung der Niedrigkeit/aufrechte Haltung; Hören/Sprechen sind hier eingezeichnet."[42] Martas zweiteilige Rede weist auf die Situation, die sie abgeändert wünscht. Ihre verständliche, aber doch ichhafte (μου – με – μοι), gereizte und einem Gast (diesem Gast!) gegenüber taktlose Aufforderung, Maria doch noch zur Mithilfe zu bewegen[43] – ebenfalls ein literarisches Mittel –, läßt die Ant-

---

[35] Vgl. BRUTSCHECK, a. a. O. 74–80.109. Luk R ist wahrscheinlich: εἶναι c. dat. (vgl. LK I, 335 A. 77), ὅδε (außer in τὰ δὲ λέγει im NT nur noch sicher Jak 4,13). Zu καλούμενος vgl. AB III, 72, zu Μαρία s. o. A. 31, zur Kyrios-Bezeichnung s. o. A. 34. zu ὁ λόγος αὐτοῦ vgl. Lk I, 380 A. 6.

[36] Vgl. MOORE, Judaism II*, 269f; Bill. II, 438 und LK I, 442 A. 73.

[37] Vgl. LK I, 446ff; s. auch BRUTSCHECK, a.a.O. 107f.126f.

[38] Das Hapaxlegomenon περιεσπᾶτο περί würde man als Hapaxlegomenon, Kompositum (zumal mit gleicher Präposition) und Imperf. Lukas zuschreiben, wenn nicht die verwandten Ausführungen 1 Kor 7,32–35 mit dem ebenfalls singulären ἀπερισπάστως eine vorluk Tradition wahrscheinlich machen würden; s. u. S. 166.

[39] Die auch zu bewirtenden Jünger von V 38 a sind nur in der einleitenden R, nicht in der Geschichte selbst im Blick, so daß Martas „viele Arbeit" – wie manche Kommentare begründen – nicht von daher „erklärt" werden sollte; sie wird als Kontrastmotiv erzählerisch benötigt.

[40] An eine unmittelbare Aufwartung bei Tisch (vgl. 22,27) ist hier nicht gedacht; die hätte Marta schon allein geschafft. Joh 12,2 dagegen sorgt (διηκόνει) Marta während der Mahlzeit. – Tischdienst von Frauen galt Rabbinen als ungeziemend; vgl. LK I, 252 A. 237.

[41] V 41 mit aktivem Sinn; vgl. u. SCHÜRMANN, Gebet des Herrn 197f Anm. 127 und u. zu 12,11.22.25 f.

[42] Vgl. BRUTSCHECK, a.a.O. 42.

[43] T^h: Ob der Aorist κατέλιπεν (u. a. mit 𝔓$^{45.75}$ B² D (W) Ψ f$^{1.13}$ 13. 28.1241 al; Bas) oder das Imperfekt κατέλειπεν (u. a. mit A B* Θ 𝔐 ursprünglich ist, ist kaum zu entscheiden; vgl. die Erörterung bei BRUTSCHECK, a.a.O. 25f. Das Imperf. wäre offener für die erbetene, immer noch mögliche Hilfe. Der (vom St-T nun bevorzugte) Aor. beklagt die von

wort Jesu hernach V 41 f um so deutlicher in ihrer Bedeutsamkeit hervortreten.

Auch in V 40 verrät sich vielfach die Sprache des Lukas[44]. Starke sprachliche Redaktion bezeugt aber noch nicht textliche Bildung, zumal wenn Spurenelemente vorluk Tradition nachweisbar sind; s. u. S. 164f.

41f Die Aufforderung der Marta befolgt Jesus nicht, was einer Begründung bedarf. Hier spricht nun abschließend der „Kyrios"[45] ein entscheidendes Wort, nach dem es „kein Wort mehr" geben kann. Er charakterisiert das Tun der Marta V 41 abwertend und stellt V 42 das der Maria lobend heraus. Es geht also deutlich um die Verhaltensweisen der beiden Schwestern.

41 Jesus spricht auf Marta eindringlich ein, sie doppelt[46] mit Namen nennend. Tadelnd wird nun die so gutgemeinte πολλὴ διακονία von V 40a als μεριμνᾶν entlarvt, das περιεσπᾶτο als θορυβάζειν περὶ πολλά. Das πολύς gelangt hier erneut ins Wort. Es ist nicht einem „Wenig" entgegengestellt, sondern deutlich als ein geschäftiges „Sich-Verlieren an das Vielerlei", dem nur das ruhig gesammelte „Eine" entgegengestellt werden kann, das im Verhalten der Maria ansichtig wird, das unnütze Vielerlei, dem „Einen-Notwendigen", mag man schon heraushören. Diese Begründung für den Tadel erwartet der Hörer dieser Erzählung (womit für V 42 auch schon eine textliche Erwartung ausgesprochen ist; s. u.).

42 Das eigentliche Urteil Jesu gibt V 24a. Dieses bliebe ein unbestimmtes Rätselwort, wenn nicht V 42b einen Hinweis gäbe, was „das Notwendige" sei. Da auch die Textüberlieferung von V 42a uns Rätsel aufgibt, wird es gut sein, V 42b vorweg zu betrachten, da er – wie schon der Erzählungsduktus von 39–40a.40b–41 (s. o.) – vielleicht für Text und Verständnis von V 42a ein Vor-Urteil geben kann.

---

der Schwester gefällte Entscheidung. Angesichts der folgenden Aufforderung ist der Aor. die „schwerere Lesart", der freilich auch aus itazistischer Aussprache erklärt werden könnte.

[44] Vgl. eingehend BRUTSCHECK, a.a.O. 80–87 zu den nachstehend genannten Lexemen: zu περιεσπᾶτο περί (s. auch o. A. 38), πολύς; διακονία (s. auch AB III, 78), ἐπιστᾶσα (als Partizipialkonstruktion s. auch AB I, 86); δὲ εἶπεν (s. auch AB I, 86.88), κύριε (s. o. A. 34; AB III, 28f), καταλείπειν, μόνος, συναντιλαμβάνεσθαι (s. auch AB I, 95.108); εἰπὲ ... αὐτῇ ἵνα; οὖν. – Nach BRUTSCHECK, ebd. 85, wären „kaum red" die Wendung οὐ μέλει σοι ὅτι, die Vokabel ἀδελφή und das Verbum διακονεῖν (vgl. auch AB III, 78f); auch nicht die rhetorische Frage (vgl. auch AB III, 80f); luk ist auch nicht das Motiv des „Dienens" (vgl. auch BRUTSCHECK, a.a.O. 110–114), des „Sorgens" (114–118), das Hören auf das Wort des Kyrios (119–127), das Lukas freilich stark akzentuiert. Die „Wahl des guten Teils" könnte Lukas verraten (ebd. 127–131).

[45] T¹: Zur LA s.o. A. 34.

[46] So immer bei Namensverdopplungen; vgl. 13,34 par; 22,31; Apg 9,4 (= 22,7; 26,14).

42b   Wenn V 42b eine Anspielung auf Ps 15,5f LXX (κύριος ἡ μερὶς τῆς κληρονομίας μου ...) vorliegt, bezieht sich ἥτις auf μέριδα[47] (Ps 15,5: ὁ ἀποκαθιστῶν τὴν κληρονομίαν μου ἐμοί): In alle Ewigkeit wird ihr Anteil nicht von ihr genommen[48] werden. Ps 72,26ff LXX ist Gott ἡ μερὶς εἰς αἰῶνα, V 28 ist „ihm Anhangen" ἀγαθόν. Im Wort Jesu empfängt man das Erbe (vgl. Ps 118,57 LXX) des ewigen Lebens, was auf Lk 10,25 zurückweist.

Dieses „geistliche" Verständnis von μερίς hat Konsequenzen: man darf τὴν ἀγαθὴν μερίδα nicht komparativ als „das Bessere" verstehen[49], weil hier nicht eine bessere Verhaltensweise einer weniger guten gegenübergestellt wird[50]. Es gilt, zwischen zwei alternativen Verhaltensweisen zu wählen: Zum Hören des Wortes des Herrn gibt es keine konkurrenzfähige Alternative (vgl. schon 10,23f), da es dann um die ζωὴ αἰώνιον geht (10,25, vgl. 10,28). Der „gute Teil" ist das „Aufgeschriebensein des ‚Namens' im Himmel" (10,20).

42a   Die obige Auslegung von VV 39–40a.40b–41 und 42b kann nun aber als Kontextargument bei der Textentscheidung in V 42a mithelfen. Die radikale Lesart, die in erzählerischer Unbekümmertheit dem Verhalten der Maria vor dem der Marta den Vorzug gibt und so den einen notwendigen Heilsweg zum Leben herausstellt (vgl. V 25), wird das Ursprüngliche bieten.

T^j: Die folgenden vier Lesarten haben allesamt fachkundige Befürworter gefunden:

(1.) Die Streichung von VV 41b–42a μεριμνας ... χρεια (om it sy^s Ambr) läßt das aufdringliche Ansinnen der Marta V 40b unkorrigiert; auch ist das Zusammenstoßen der Namen in dieser Lesart doch wohl sekundär. Diese bezeugen auch noch die Texte, die (unterschiedlich zu ergänzen versuchen durch θορυβαζη (D d; dafür Westcott-Hort = h) περὶ πολλά ([Cl] Aug), weiter durch μεριμνας (c).

(2.) Mit 𝔓^{45} 𝔓^{75} C* W Θ* pc lat sy$^{(c.)p.h}$ sa ist der Text: μ.κ.θ.π.π.: ενος δε εστιν χρεια gut bezeugt, zumal – mit Auswechslung des θορυβαζη durch τυρβαζη – das ενος δε εστιν χρεια u. a. auch noch A Θ^c Ψ f^{13} 892 1006 1506 𝔐 bezeugen.

---

[47] Wellhausen verstand dagegen ἥτις indeklinabel und bezog αὐτῆς auf μερίς zurück: „von dem sie nicht, wie Marta wünscht, abgezogen werden soll, wobei er ἀγαθὴ μερίς als das bessere Verhalten Marias verstand. – T^k: Zur Namensform „Maria" s. o. A. 31.

[48] T^m: ἀφαιρεῖσθαι findet sich im NT nirgends sonst mit dem doppelten Akk.; vgl. Bl-R § 155,4, sondern mit dem Gen. (so ℵ* B D L 579 it) oder fortschreitend mit ἀπό (so 𝔓$^{3.75}$ ℵ A C W Θ Ψ f$^{1.13}$ 𝔐 lat). ἀφαιρεῖσθαι ἀπό schreibt Lukas auch 16,3, wie er auch sonst gern Komposita mit gleicher Präposition verwendet (vgl. AB I, 94.96), so daß die textkritische Entscheidung des St-T für die Weglassung der Präp. unsicher bleibt und man besser mit 𝔓^{75} liest.

[49] Zur Auslegung von ἀγαθὴ μερίς vgl. Brutscheck, a.a.O. 128–131; Ausleger, die die komparative (bzw. superlative) Deutung vertreten, nennt Brutscheck, ebd. Anm. 696.

[50] T^l: Das γάρ V 42b (𝔓$^{3.75}$ ℵ B L f^1 69. 892.1424.2542 al sa bo^{pt}) ist im Mehrheitstext erleichternd durch δέ ersetzt, (infolge des dort gekürzten Textes) sekundär in D pc lat sy$^{s.c}$ gestrichen. Es scheint hier erklärend und zugleich lose fortführend zu stehen (wie ähnlich Lk 18,25.32; 20,42 diff Mk und 19,21 diff Mt); vgl. Bauer Wb z. W. (unter 2. und 4.): „Maria hat schon ..."

(3.) ολιγων statt ενος 38 al (sy ᵖᵃˡ) bo^ms arm geo ist nicht diskutabel, weil die Lesart den Kontrast verliert und das Interesse auf die Art der Bewirtung verlagert.

(4.) Der Mischtext ολιγων δε εστιν χρεια η ενος 𝔓³ ℵ*(Χρεια) B (χρεια εστιν) C² L f¹ pc sy^hmg bo; Bas kombiniert die beiden vorstehenden Lesarten doch wohl sekundär (anders H N G [S]) und verschiebt damit auch den ursprünglichen Sinn des ενος. Die Gemeindepraxis – die selbstverständlich auch an der Bewirtung der Missionare interessiert sein mußte (vgl. VV 7.8) – machte sekundär aus dem literarischen „Entweder-Oder" das praktisch-vernünftigere, aber auch pedantischere: „Wenig" (an Speise) ist notwendig (die 3. Lesart), oder, diese beiden Lesarten kombinierend: „Wenig oder (damit den Sinn des ‚Einen' ändernd) eigentlich nur eines (= ein ‚Sättigungsmittel')" ist notwendig! (die 4. Lesart).

Man muß sich zwischen der 2. und 4. Lesart entscheiden. Der „Mischtext" der 4. Lesart ist aber die „mildere Lesart"; sie versucht offensichtlich, die Notwendigkeit der Versorgung von wandernden Missionaren als ein praktisches Gemeindeanliegen zu retten (s. o.), zerstört damit aber die literarische Forciertheit und den Radikalismus der Aussageabsicht der Perikope[51]. So entscheidet sich der St-T (wie schon T M V B) wohl richtig für die 2. Fassung.

Auch in V 42 finden sich Worte und Wendungen, die die Annahme luk R als möglich bzw. als wahrscheinlich begründbar machen[52]. Die luk R betrifft also auch den entscheidenden Ausspruch Jesu.

41f Zusammenfassend: „Jesus steht so im Mittelpunkt der Szene, daß sich in ihm unübersehbar das Heil verkörpert"; das heißt aber nicht, daß „nicht von den Schwestern, sondern von ihm... im Grunde die Rede ist"[53]. Die Christologie kommt hier *indirekt* zur Sprache; sie wird anthropologisch angegangen. Die Wichtigkeit des Offenbarungswortes Jesu gibt sich zu erkennen im geforderten Verhalten ihm gegenüber. Direkt aber zielen das konträre Verhalten der Schwestern sowie der Erzählungsduktus auf die Aussage: Jesus – und seinen Boten (?) – begegnet richtig, wer „sein (ihr?) Wort" hört; vgl. ähnlich Lk 11,28; Apg 6,2 ff. Es ist nicht zu verkennen, daß unsere Erzählung Lk 10 in einem von Lukas ekklesiologisch gemeinten Kontext steht, der die tradierte Aussendungsrede der Redenquelle (etwa Lk 10,1–16) weitermeditierte auf das in der Kirche „Jüngern" als Gabe und Aufgabe zukommende Heil hin (Lk 10,21–24.25–37). Das Wort der missionierenden Sendlinge ergeht in alle „Städte und Ortschaften" (Lk 10,1.10ff.13–16) und wird in deren Häuser getragen (Lk 13,5; vgl. 9,53) zu „Unmündigen" (10,21). Schon Lk 8 weiß Lukas zu unterscheiden zwischen dem Wort, das missionarisch nach außen geht, und

---

[51] Vgl. so auch – mit äußeren und inneren Argumenten – BAKER, a.a.O.; BRUTSCHECK, a.a.O. 5–12.
[52] BRUTSCHECK, a.a.O. 91–95 u.a. weisen hin auf εἷς, χρεία ἐστίν, γάρ, μερίς. ἐκλέγεσθαι, ὅστις, ἀφαιρεῖν im Futur Pass., ἀγαθός.
[53] RENGSTORF, z.St. – Richtig ist – gg. BULTMANN, Geschichte 70f.346 –, daß die beiden Frauen nicht als zwei „Typen" geschildert werden; es geht aber doch um zwei Verhaltensweisen.

dem, das predigend im Hause sein Licht gibt (vgl. LK I zu Kap. 8). In unserer Erzählung erlangt diese Verkündigung nun fast die Gestalt einer „tractatio familiaris verbi divini" (so Philipp Neri)! Wenn das Wort in den „Häusern" ankommt, kommt es im Innenraum der Kirche und an deren Basis an. Was hier aber ankommen soll bei den „Unmündigen" (10,21) – das Offenbarungswort Jesu (Lk 10,22.23 f), das zu einem gläubigem Leben aus Gottes- und Nächstenliebe werden will (Lk 10,25–37) –, übergreift bei weitem das, was die traditionelle Ausdeutung (s. nachstehend) und die Lehre von Kontemplation und Aktion besagt: Die „Vollkommenheit" besteht in Glauben und Liebe, welche Forderung existentiell zunächst immer den einzelnen (freilich als Gemeindemitglied) trifft.

Im lukanischen Kontext, auch schon in der vorluk Tradition (s. u.), ist die Perikope wohl auch zugleich gedeutet worden im Hinblick auf die rechte Aufnahme von Aposteln und Wanderpropheten[54]: Der „nimmt" Jesus (V 16) richtig „auf" (δέχεσθαι), der sein Wort – durch seine Boten[55] – „annimmt" (δέχεσθαι); vgl. VV 8(10)[56] (welche Erkenntnis dann zu der oben skizzierten Textverwirrung Anlaß bot).

Vielleicht konnte man auf einer späteren Erzählungsstufe aus dem luk Text auch noch heraushören: In der Gemeindeversammlung ist der „Wortdienst" wichtiger als der „Tischdienst" (Apg 6,2.4)[57], das Hören wichtiger als die Sättigung (vgl. nur 1 Kor 11,34; vgl. zu Lk 12,42–48 par). (Vielleicht gar: Der Wortgottesdienst muß nicht mit dem Sättigungsmahl verbunden sein; vgl. u. zu 22,19b. Aber solche Applikation deutet sich im Text nicht direkt an.)

Seit Origenes bis in die Neuzeit wurde in die Erzählung weithin – freilich in unterschiedlicher Weise – der griechische Gegensatz vom aktiven und kontemplativen Leben eingetragen[58], welche Deutung im Mittelalter schon die Spiritualität der Mendikanten mit ihrem Ideal der „vita mixta" zu hinterfragen suchte, die in der heutigen Spiritualität, nicht zuletzt auch durch Anregungen des Vat. II, in noch vertiefter Weise hinterfragt wird. Verwandt damit ist die Deutung, die Maria als Typ der Jungfräulichkeit sieht[59]. Daß die alte Tübinger Schule gern ihren Gegensatz von Judenchristentum und Heidenchristentum in die Perikope hineinlas[60], bedarf nicht mehr der Widerlegung, auch nicht die Deutung von der Rechtfertigung her[61].

---

[54] Siehe o. S. 153.
[55] Vgl. LALAND, a.a.O. 81: „Die Kirche hört daraus die Weisung des Herrn für das rechte Verhalten gegen die reisenden Boten des Evangeliums."
[56] Vgl. noch Lk 8,13; Apg 8,14; 11,1; 17,11; 1 Thess 1,6; 2,13; Jak 1,21; vgl. Apg 2,41; (ἀποδέχεσθαι).
[57] Die vokabelmäßigen Entsprechungen erlauben durchaus die Annahme, Apg 6,1–6 sei ein „red. Nachhall" von Lk 10,38–42; vgl. BRUTSCHECK, a.a.O. 113 (mit Anm. 604).
[58] Vgl. VAN STOCKUM, a.a.O.; die Arbeiten von CSÁNYI, a.a.O. Vgl. diese Deutung auch bei BUNDY, Jesus* 343.
[59] Häufiger wird unter Hinweis auf die verwandten Hapaxlegomena Lk 10,40 (περιεσπᾶτο) und 1 Kor 7,35 (ἀπερισπάστως) Abhängigkeit des Lukas von Paulus angenommen; vgl. PUZO, a.a.O.; BOUWMAN, Das dritte Evangelium 110f; DE LA POTTERIE, a.a.O.
[60] LOISY 310f.
[61] H. GOLLWITZER, Die Freude Gottes. Einführung in das Lukasevangelium (Hamburg ²1952) 126, versteht den Text als Belehrung über die *Rechtfertigung aus Gnaden*.

Daß heute gern der Gegensatz von „Diakonat" und „Liturgie"[62], von Engagement und Gottesbezug oder ein feministisches Desiderat[63] eingetragen wird, ist nicht verwunderlich.

Am Ende darf gefragt werden, welcher Gattung die Einheit Lk 10, 38–42 – in der vorliegenden luk Gestalt – zugeordnet werden kann. Dabei wird zu beachten sein: Unsere Erzählung gibt ihre Erzählabsicht nicht preis, wenn nur nach ihrer durch ihren „Sitz im Leben" bestimmten Entstehungs- und Überlieferungsgeschichte motivgeschichtlich gefragt wird. Zu deutlich spricht sich in ihr auch die Intention eines genialen Erzählers aus, an die Lukas anknüpfen konnte und die er redigierend und kontextualisierend kräftig unterstrich. Die viel ventilierte Frage nach der generellen und individuellen Form der Erzählung ist zugleich auch eine nach deren zentraler Aussageabsicht.

(1.) Als *„Legende"* – wie immer man sie bestimmt[64] – ist sie nicht adäquat gefaßt, denn es besteht kein (erbauliches) Interesse an der Person der Maria[65]. Das Interesse liegt eindeutig auf dem oppositionellen Verhalten der Maria zu dem der Marta.

(2.) Als *„biographisches Apophthegma"*[66] ist die Erzählung auch nicht richtig bestimmt, schon weil ein biographisches Interesse nicht vorliegt. Aber auch die Kennzeichnung als „Apophthegma" dürfte nicht treffen, weil der Akzent nicht allein auf dem abschließenden Wort liegt; dieses verweist auf das Erzählte, das szenisch geschilderte Verhalten, das gedeutet wird, das hier somit Eigenwert hat und nicht nur „rahmend" steht. Die Erzählung kann nicht der Wortüberlieferung zugeteilt werden (wie das Apophthegma), sondern gehört zum Erzählstoff. Sie ist als „erweiterte Chrie"[67] mit „Affinität zum moralischen exemplum"[68] schwerlich charakteristisch erfaßt.

(3.) Von daher würde sich die Charakterisierung – sehr weit gefaßt – als *„kerygmatische Erzählung"*, *„pronouncement story"*[69] anbieten. Aber auch diese weitfassende formale Charakterisierung befriedigt nicht ganz.

(4.) Es muß gesehen werden, daß es in Lk 10, 38–42 um Verhaltensnormierung geht, wobei mit einer „Schockwirkung" gearbeitet wird, die mit unerwartetem Effekt aufschlüsselt und zu einer *„disclosure"*[70] führt.

(5.) Natürlich hat die Erzählung *„paradigmatische"* Züge[71], ist sie eine

---

[62] Vgl. G. Schille, Judenchristentum (L 4) 78; ähnlich Ernst.
[63] Vgl. die berechtigten Ansätze bei Brutscheck, a.a.O. 7f. 11f. 138. 161f. s. auch u. A. 89.
[64] So Dibelius, Formgeschichte 48f.101–129; s. dazu LK I, 21f.
[65] Gegen Dibelius, Formgeschichte 48f.115f.
[66] So Bultmann, Geschichte 33.58–73, und viele mit ihm.
[67] So Berger, Formgeschichte 85–89.
[68] Ders., ebd. (28)30.87.
[69] So Tannehill, Pronouncement Story 1.2f. T. kennt sechs Formen, dazu Mischformen von solchen.
[70] Vgl. Aurelio, Disclosures.
[71] Vgl. schon überlegend Dibelius, Formgeschichte (48f) 115f.128.

„*Beispielerzählung*"⁷² – aber nicht doch mehr als das? Auch das ist noch eine sehr weite Beschreibung, die nach Untergliederungen ruft. J. Brutscheck charakterisiert die Erzählung richtig als „*verhaltensnormierende Jesus-Erzählung*"⁷³ (wie Mk 14,3–9 par Mt 26,6–13). Diese Jesuserzählung gibt *Handlungsanweisung*⁷⁴ (was nicht alle „Jesus-Erzählungen" tun) am Beispiel eines Verhaltens, das aufgeschlüsselt wird in einer „*überraschenden Antwort*"⁷⁵.

(6.) Aber auch als „verhaltensnormierende Jesus-Erzählung" ist Lk 10,38–42 schwerlich schon umfassend genug charakterisiert⁷⁶. Die Erzählung stellt, wie fast alle „erzählten Erzählungen" des luk Sg (es gibt darin auch „erzählende Erzählungen" Jesu), eine *Jesus-Begegnung* vor, in die das alternative Verhalten der beiden Schwestern hineingenommen ist. In „Jesus-Begegnungen" wird aber nun hier – wie auch sonst im luk Sg – nicht die Begegnung zwischen Gleichrangigen erzählt, vielmehr eine Begegnung mit einem „Hochrangigen", hier keineswegs mit einem Propheten, sondern mit dem das entscheidende Wort Gottes zusprechenden „Herrn", der mit diesem Anteil am ewigen Leben bringt. Unter den Begegnungs-Erzählungen ist die vorliegende speziell eine „*Einkehr-Erzählung*" (wie Lk 19,1–10); in diesen spricht sich das Motiv der (göttlichen) „Heimsuchung" aus⁷⁷. Natürlich kann das richtige Verhalten einem derartig hohen Gast gegenüber nur das „hörige" bzw. „ange-hörende" Hören sein. Die Auslegung einer derartigen Erzählung wäre dann aber als „verhaltensnormierende" doch erst recht einseitig bestimmt. Sie hat auch die Absicht, den einkehrenden Jesus, der allein dieses konkrete Verhalten einfordern kann, als den sichtbar zu machen, der er in Wahrheit ist, das zwar nicht mit christologischen Formeln (wie es „Christus-Erzählungen" tun), sondern narrativ durch Beleuchtung eines zweiseitigen (sehr disparaten) Begegnungsgeschehens. Die Intention der Erzählung ist nicht nur durch ihren paränetischen Normierungswillen bestimmt; sie zielt (in narrativer Form) schon auch auf Kerygma (pronouncement). Sachgemäß kann in dieser Begegnung freilich die Hoheit und Bedeutsamkeit des Sich-begegnend-Zeigenden nur indirekt und verhüllt zur Darstellung kommen: durch das eingeforderte Verhalten. Aber es ist eben doch die Begegnung hoheitlich „einfordernd", nicht nur ethisch normierend. Lk 10,38–42 nimmt im Kontext auf, was die häufige Kyrios-Anrede und -Bezeichnung in Lk 9,51 bis 10,42 prädikatisierte sowie was Lk 10,22(23 f) explizit homologetisch herausstellte. Der Sinngehalt einer „Begegnung" kann wohl immer nur von beiden Seiten, von oben und unten, gelichtet werden.

---

[72] So (als Chrie) BERGER, Formgeschichte (28) 322.
[73] BRUTSCHECK, a.a.O. 158f.
[74] Vgl. FRANKEMÖLLE, Handlungsanweisungen.
[75] Vgl. SCHNEIDER, Überraschende Antworten.
[76] Das sieht BRUTSCHECK, a.a.O., wenn sie die diesbezüglichen Ausführungen S. 158f.162 aufsprengt und vom luk Kontext her ausweitet. Aber auch schon für die tradierte Erzählung des luk Sg wäre jene Gattungsbestimmung noch unzureichend.
[77] So UNTERGASSMAIR, Kreuzweg 209; vgl. dazu BRUTSCHECK, a.a.O. 109.

1. Die vorliegende Jesus-Erzählung ist eine *„einheitliche Komposition"*, aus der kein Bestandteil, auch nicht das Wort Jesu, als „Sentenz"[78] herauszulösen ist[79]. Sie ist Abschlußerzählung des umfassenderen luk Erzählungstraktes 9,51 – 10,37(ff) und dessen Unterabschnitte (s. o.). So erhebt sich die Frage, ob Aussagen gewagt werden können über eine vormals isoliert tradierte Erzählung bzw. eine solche, die bereits mit vorluk Traditionen kombiniert war.

2. Trotz der gehäuften luk Spracheigentümlichkeiten[80] und inhaltlichen Motive[81] hat Lukas die von ihm kompositorisch hier eingefügte[82] Erzählung ihrem Grundbestand nach in der *Tradition*[83] vorgefunden. Sie ist keine Bildung des Lukas[84]. Einer vorluk Erzählung dürfte bereits – nach einer kürzeren erzählenden Einleitung – der Wortwechsel zwischen Marta und Jesus, schon in oppositioneller Form, angehört haben. Es schien uns erlaubt, dem Jesus der vorluk Erzählung die Κύριος- und die Σωτήρ-Funktion abzusprechen (s. o.). Lukas verschärft kontrastierend und wertet das „Dienen" VV 40 a.41 a der Marta sehr ab zugunsten des einen Notwendigen: des Hörens auf das Wort des Kyrios. Die vorluk Tradition aber hat wohl noch nicht im „Modus der Gegensätzlichkeit", sondern im Modus der „Überbietung" gesprochen. Nicht der Kontrast „Sorgen" – „Hören", sondern die steigernde Überbietung „Dienen" – „Hören" war vorluk zu lesen. Hören auf das Wort ist wichtiger als die doch auch wichtige Bewirtung der Boten Jesu. Man wird die vorluk Gegenüberstellung der beiden Verhaltensweisen nach Art der semitischen „dialektischen Negation"[85] verstehen sollen, die weniger ein „Nicht so, sondern so" als ein „Mehr so als so" meint. Die Wichtigkeit, auf Jesu Wort zu hören, wird illustriert an dem, was dem Orientalen mit das „Heiligste" ist, an der Gastfreundschaft[86]: Selbst ihr noch ist das „Hören auf das Wort" vorzuziehen.

3. Die vorliegende Erzählung ist *luk Sondertradition*.

a) Speziell mit den Überlieferungen des *„luk Sondergutes"*[87] in Lk c. 3–10 hat unsere Erzählung mehrere Motive gemeinsam: Jesus ist im luk Sg – wie hier – häufiger zu Gast[88]; das Interesse an der Frauen-Frage in der Gemeinde[89]; die Armutsfrage, speziell die Unterstützungstätigkeit[90]; die Betonung der Notwendigkeit des Hörens auf Jesu Wort (vgl. Lk 11,27f, auf 8,21 einwirkend?)[91]; der Blick,

---

[78] So BERGER, Formgeschichte, für die Langfassung von V 42: 66.89.
[79] So auch BULTMANN, Geschichte 64; BUNDY, Jesus* 342f.
[80] Vgl. die sprachlichen Untersuchungen bei BRUTSCHECK, a.a.O. 65–95(134–137).
[81] Vgl. die motivkritischen Beobachtungen von BERGER, Formgeschichte 96–132(138f).
[82] Zur Kontextualisierung der Erzählung vgl. BRUTSCHECK, a.a.O. 50–64.
[83] Bestand und Aussageintention der vorluk Erzählung sucht BRUTSCHECK, ebd. 131–145, vorsichtig in den Blick zu bekommen.
[84] Gegen SCHMITHALS 129 u.a.; vgl. Anm. 6.
[85] Vgl. KRUSE, Dialektische Negation.
[86] Vgl. 11,5–8; vgl. auch die Bestattungspflicht (Lk 9,59f par), andere Pflichten gegen die Eltern (Lk 9,61f; 11,27f; Mk 3,31–35 parr; Joh 2,3f).
[87] Vgl. dazu die Lit. bei KLEIN, Barmherzigkeit; PITTNER, Studien.
[88] Vgl. 7,36–50; 19,1–10; 24,28–31. Zu 11,37 und 14,1 s.u. Vgl. aber auch LK I, 431 A. 4; vgl. PITTNER, Studien 145–150.
[89] Vgl. LK I, 252 A. 237; 401. Vgl. Frauen im Gemeindedienst noch Röm 16,1–16 (partim); Kol 4,15; Apg 12,12; 16,13–15; 17,4.12; 18,2.18, vgl. Mk 1,29 parr; vgl. PITTNER, Studien 81–85.
[90] Siehe LK I, 513ff. 517. Vgl. PITTNER, Studien 76–79.
[91] Was aber auch luk sein kann; s.o. zu diesen Stellen.

der den erhöhten Kyrios bereits im irdischen Jesus sieht[92]: diese Motive begegnen im luk Sg besonders oft.

Diese Erzählungen berichten sehr häufig von „Jesusbegegnungen"[93]; mehrfach bieten sie „Hausszenen"[94]. – Das Erbarmen Gottes mit Sündern[95] und Ausgestoßenen, das Interesse an Unterstützungstätigkeit und Almosen, die Besitz- und Armutsfrage[96], das Thema des Gebetes (11,5–8[?]; 17,11ff; 18,1–8; 18,9–14) sind weitere Vorstellungen, die hier gehäuft begegnen. Freilich hat Lukas auch als Redaktor weithin die gleichen Interessen[97]. Sehr bezeichnend für diese Traditionsschicht ist das Fehlen der Basileia- sowohl wie der Menschensohn-Vorstellung, die Thematik Hl. Geist und die vom Vatersein Gottes[98].

b) Daß Lukas die Erzählung bereits unmittelbar *im Zusammenhang* mit 10,25–28.29–37 vorgefunden habe[99] oder bereits in unmittelbarer Einheit mit den Sondertraditionen Lk 7,11–17.36–50; 8,2[100], daß sie vormals eine Einheit mit 9,51–56 bildete[101], all das läßt sich schwer stringent beweisen. Eher schon könnte man sie in die Nähe von Lk 11,27–28 rücken.

c) Man muß an vormaligen Zusammenhang mit Lk 19,1–9 denken[102]: Lukas hat die Einkehr-Erzählungen 10,38–42 und 19,1–10 im Zusammen im Blick, wenn er die erste im Einleitungsteil der Reiseerzählung, letztere an deren Schluß, beide also bewußt rahmend, einordnet. Beiden Erzählungen ist viel gemeinsam[103], so daß zumindest eine gemeinsame Tradition angenommen werden darf. Mit hoher Wahrscheinlichkeit gehören diese Sondertraditionen somit einer *gemeinsamen Traditionsschicht,* schon schriftlich „notiert", an, der Lukas – als Tradent und Redaktor – besonders verbunden war.

d) Es werden Beziehungen bestehen zwischen Lk 10,38–42 und *1 Kor 7,32 bis 35*[104]. Da Lukas keine Paulusbriefe gekannt haben wird[105], könnte vermutet werden, Paulus habe eine Frühform der Erzählung gekannt. Da die Übereinstimmungen aber gerade für Lukas charakteristische Wendungen betreffen, darf man vielleicht auch fragen, ob hinter 1 Kor 7,32–35 ein Logion oder formelhafte Wendungen des Gemeindegebrauchs stehen, die Ehelosigkeit betreffend, die auch Lukas kannte.

e) Der *Evangelist Johannes* – vermutlich schon sein ihm zugekommenes Traditionsgut; s.o. – wird die vorluk Tradition von 10,38–42 gekannt haben; vgl. Joh

---

[92] In der Erzählung vgl. LK I, 401, eingehender in: TrU 224f; vgl. PITTNER, Studien 55f. In der Anrede LK I, 293 A. 28. Vgl. DE LA POTTERIE, a.a.O.
[93] Siehe o. S. 163f.
[94] Siehe o. S. 103f und S. 166.
[95] Vgl. Lk 7,36–50; 15,4–10.11–32; 18,9–14; 19,1–10.
[96] Lk 12,13ff.16–21; 14,28–32; 16,1–12.19–21; 19,1–10.
[97] Oben jeweils zu den Stellen vermerkt.
[98] Vgl. PITTNER, Studien 224f.233.257.
[99] So LALAND, a.a.O. 84f; zur These von GRUNDMANN s.o. A. 4, auch S. 128 A. 1.
[100] Vgl. dazu LK I, 448 (vgl. 404.442f).
[101] So WEISS, Quellen* 208f.289, der in dem „Dorf" 10,38 das „andere Dorf" 9,56 vermutete.
[102] Zu den unterschiedlichen Zuordnungsversuchen im luk Sg vgl. BRUTSCHECK, a.a.O. 151f.
[103] Vgl. dazu BRUTSCHECK, a.a.O. 103.152.
[104] Vgl. DE LA POTTERIE, a.a.O.
[105] Gegen BOUWMAN, Das dritte Evangelium 110f; DE LA POTTERIE, ebd. 131, richtig KÜMMEL, Einleitung 118, mit den meisten.

(11,1–54) 12,1–8[106]. Diese Beobachtung betrifft aber auffallend viele Perikopen des luk Sg[107].

4. Ihren „*Sitz im Leben*" hat die vorluk Erzählung nicht in Kreisen von wandernden Aposteln und Propheten, sondern in (Haus-)Gemeinden, die in Kommunikation mit dem „Wanderradikalismus" standen. Diesen war das Hören auf das Wort der Boten das Wichtigste, wobei deren Bewirtung vorausgesetzt wird, die aber noch nicht (oder nicht mehr?) zum Problem wird wie Lk 10,(4)7.8 und 1 Kor 9,4f.14; Did 11,3–8. Eher wird die Frauenwelt vor einer übertriebenen Gastlichkeit gewarnt. Diese tradierenden Kreise wird man sich als Gruppierungen von Hausgemeinschaften vorstellen können, ein Zustand, der in das Leben Jesu, in die frühe Palästina-Mission, aber auch in spätere Zeit weisen kann. – Jedenfalls wird man eine derartige Geschichte nur tradiert haben, wo „Haus"-Verbände bestanden, die wandernde Verkünder regelmäßig aufzunehmen hatten. Man darf wohl schon auf „Gemeinden" schließen, die wesentlich noch vom Wort solcher wandernden Verkünder lebten – mehr als von ortsansässigen Diensten. Hier gab es noch keinen Diotrephes (3 Joh). Wir sind noch in der „Diaspora" der werdenden Kirche. – Ob die Tradition als „hellenistisch"[108] deklariert werden darf – eine sehr problematische Etikettierung –, könnte nur eine umfassendere Untersuchung des gesamten luk Sg klären.

5. Die Erzählung verdankt ihre Gestalt und ihren Aussagegehalt den theologischen Interessen des seine Evangelienschaft komponierenden und seine Tradition redigierenden Lukas, ihre Entstehung aber zunächst lebendigen Gemeindeinteressen; s. o. Wie weit *geschichtliche Rückerinnerung*[109] in ihr nachwirkt, vermag eine methodenbewußte Befragung derartiger Quellentexte nicht zu erhellen. Es wäre freilich unkritisch, Erinnerungen an ein Geschehnis ausschließen zu wollen.

Zur Redaktions- und Traditionsgeschichte von Lk 9,51 – 10,42

1. *Kern* der redaktionellen Komposition 9,51 – 10,42 ist die *Aussendungserzählung 10,1–20*. Deren hypothetische Vorgeschichte wurde zusammenfassend oben[110] skizziert.

2. Diese Aussendungserzählung „rahmten" wohl schon in der Redenquelle ein *Vorbau* (vgl. Lk 9,57–62)[111] und ein *Abschluß* (wie Lk 10,21–22.23–24)[112]; hinter

---

[106] Joh 12,1–8 (oder seine Tradition) wird von einer Tradition wie Lk 10,38–42 (und Lk 7,36–50) abhängig sein (vgl. so auch SCHNACKENBURG, Joh II, 466), nicht umgekehrt (so vormals SCHNACKENBURG, Joh I, 20ff). Vgl. Näheres bei BRUTSCHECK, a.a.O. 147–150.
[107] Vgl. – von Logien oder kleineren Erzählungszügen abgesehen – besonders Lk 5,1–11 mit Joh 21,1–19; 7,1–10 mit Joh 4,46–54; 7,36–50 mit Joh 12,1–8; 16,19–31 mit Joh 11,1–53; 22,27 mit Joh 13,4–15; Lk 24,36–49 mit Joh 20,19–29 und mancherlei in den beiden Passionsgeschichten; vgl. DAUER, Johannes und Lukas. Vgl. zum häufig untersuchten Problem J. BLINZLER, Johannes und die Synoptiker (SBS 5) (Stuttgart 1965) 60: „Ein nicht unerheblicher Teil der Berührung des Joh-Evangeliums mit dem Lk-Evangelium dürfte darin seine Erklärung finden, ... daß der vierte Evangelist zu Traditionen Zugang hatte, die auch vom dritten Evangelisten verwertet worden sind."
[108] So BULTMANN, Geschichte 64, und viele. Vgl. THEISSEN, Studien 21: „in den hellenistischen Stadtrepubliken" des Umfeldes von Palästina?
[109] Dafür DIBELIUS, Formgeschichte 293.
[110] Siehe in LK I, 504f, und ergänzend zusammengefaßt o. S. 98f.
[111] Siehe o. S. 47.
[112] Siehe o. S. 124.

dieser Rahmung, die die „Sendung" einbettet in die „Basissituation" des Jüngerseins, gibt sich die Lukas und Matthäus vorausliegende Q-Redaktion zu erkennen[113].

3. *Lukas* hat diesen schon als Einheit vorgefundenen Teil der Redenquelle 9,51 bis 10,24 als sinnvolle Ganzheit verstanden und übernommen; er benutzt ihn, um mit ihm seine „Reiseerzählung" zu eröffnen. Er fügte – außer kleineren Redaktionen und Auslassungen – mit Lk 10,25-28.29-37[114] und 10,38-42[115] *zwei Nachträge an,* die die übernommene Tradition erzählerisch konkretisierten, abrundeten und sie zugleich für die Kirche seiner Zeit gegen falschen Enthusiasmus absicherten[116], zudem die universale Mission – auch in Samaria – sichern halfen[117].

Rückblick: Lk 9,51 – 10,42 als Taufanamnese

Rückblickend dürfen wir den Erzählkomplex Lk 9,51 – 10,42 noch einmal mit den Augen und Ohren der Leser und Hörer des Lukas lesen und abhören.

Schon in seinem Proömium 1,1-4 redet er diese in seinem Adressaten Theophilus (1,3f) mit an, sie an ihre Taufkatechese erinnernd[118]. In den Belehrungen der „Reiseerzählung" wird in besonderer Weise die nachösterliche Gemeinde unterwiesen und eingewiesen in das „Jüngersein". Wir bekommen hier Einsicht in eine *„mystagogische* (baptismale) *Katechese"* der Urkirche. Deren erster Erzählabschnitt (9,51 – 13,35) scheint – wie schon in der Redenquelle – für die Praxis der luk Gemeinden Rückerinnerung an eine „prä- und postbaptismale Taufkatechese" zu bieten.

Da wird uns zunächst in 9,51 – 10,42 „die *Begründung der Jüngergemeinde* durch das Wort Jesu und das seiner Sendlinge" in Erinnerung gerufen. Lesende bzw. hörende Christen mußten sich notwendig an ihre eigene *„Initiation"* erinnern. Sie hatten die Reich-Gottes-Botschaft (vgl. Lk 10,9b) der von Jesus erwählten und gesandten (Lk 10,1.16) Boten gehört, von Heilzeichen begleitet (Lk 10,9.17ff). Sie hatten darin den *Nachfolge-Ruf Jesu* (Lk 9,57-62) als auch an sie selbst gerichtet erfahren als Aufforderung zur Jesus-Nachfolge (9,57-62) auf dem „Weg Jesu" (9,51-56), als das entscheidende Wort, dem nichts vorzuziehen ist (10,38-42). In den Häusern (10,5-7) und Ortschaften (10,8f), in denen sie Sendlinge und Jüngergemeinde erlebten, wurden sie auch vor ihrer Taufe schon bekannt mit dem Fundament des Glaubens: Sie hörten die Christusbotschaft (10,21f.23f) und als fundamentale Lebensordnung das Liebesgebot (10,25-37). Vielleicht erinnerten sie sich auch an die *Taufansprache* (vgl. zu Lk 3,7-18)[119]. Jedenfalls hatten sie wohl doch schon eine gewisse

---

[113] Siehe o. S. 147 u. 124.
[114] Siehe o. S. 136-140.
[115] Siehe o. S. 164.165.
[116] Siehe o. S. 128.
[117] Siehe o. S. 146 und 149.
[118] Vgl. schon LK I, 13f.15f.148.259.280.285f.
[119] Vgl. LK I, 148f.161f.166ff.179-183.

erste *(präbaptismale) Einführung* bekommen, die freilich nach tieferer postbaptismaler Unterweisung rief (s. zu 11,1–54). Um einen Vorblick zu geben: Die eigentliche „*postbaptismale mystagogische Katechese*" wird sich in 11,1–54 in Erinnerung bringen, wo es um Beständigkeit, aber auch um Eigenständigkeit der Jüngergemeinde geht. Dort wird nun in fundamentaler Weise über das Gebet, besonders das „Gebet des Herrn", belehrt (11,1–13) und (indirekt) über das *exorzistische Taufgeschehen* (11,14–28), wobei dieser „neue Weg" thematisch abgehoben wird von dem des die Christusbotschaft nicht annehmenden Judentums, den Pharisäern und Schriftgelehrten jener Generation (11,29–34; s. ebd.).

II. BESTÄNDIGKEIT UND EIGENSTÄNDIGKEIT DER JÜNGERGEMEINDE
11,1–54

Die feierliche biblizistische Wendung V 1 (s. u.) markiert einen neuen (II.) Erzählabschnitt. Während der I. (9,51 – 10,42) Getaufte an das missionarische Kerygma und die grundlegende baptismale Unterweisung rückerinnerte, geht es nunmehr – die Exegese wird es zeigen müssen – um Beständigkeit der Jünger und um Abgrenzung Israel gegenüber[1].

Der neue (II.) Abschnitt wird 11,53 f szenisch geschlossen; er ist VV 14 ff, V 29 a und VV 37 f erzählerisch untergegliedert. Daß die beiden Unterabschnitte (1.–2.) 11,1–13.14–28 (= A) und die beiden folgenden (3.–4.) 11,29–36.37–54 (= B) jeweils enger im Zusammen gelesen werden müssen, zwischen V 28 und V 29 aber eine tiefere Zäsur zu beachten ist, wird die Auslegung bestätigen müssen. Die Ausführungen über das Gebet um „heiligen Geist" (11,[1–]13) und die warnende Erinnerung an die Errettung aus der Macht des bösen Geistes (11,14–28) reden die Jüngerschar unmittelbar und positiver an als die Warnungen und Mahnungen anhand des jüdischen Geschickes (11,29–36) und die Abgrenzung von der jüdischen Führung (11,37–54). Daß die beiden Unterabschnitte (A–B) nicht nur ausdrücklich VV 16.29 f sowie durch die szenische Erwähnung des ὄχλος VV 14.27.29 (12,1) verklammert, sondern auch als Erzähl- wie Unterweisungseinheit inhaltlich aufeinander bezogen sind – dieses Vor-Urteil kann ebenfalls erst in der Auslegung seine Bestätigung finden.

Oft wird übersehen, daß die Komposition und Gliederung der Endredaktion der Redenquelle nicht schlechthin von der luk R übernommen wird: (1.) Daß Lukas 11,29–54 als Einheit versteht, wird nicht überall erkannt; der Neuansatz von 12,1 wird häufig übersehen[2]. (2.) Auch daß Lukas 11,29–54 (als Unterabschnitt) thematisch absetzt von 11,14–28, entspricht nicht dem allgemeinen Urteil[3]. (3.) Daß Lukas 11,1–13 von 9,57 – 10,42 absetzt[4], aber mit 11,14–28 zusammengebunden hat und im Zusammen verstanden haben will[5], wird oft nicht gesehen.

---

[1] In etwas eingeengterer Weise findet GÜTTGEMANNS, a. a. O. (L 9 b) ein „Funktionsgefälle" von 10,1–24(25–42) zu 11,(5–13)14–23 ff hin: „Wenn die ‚Zeit Jesu' und der anfechtungslosen Mission vorüber ist, d. h., wenn die ‚Zeit der Kirche' gegeben ist, dann wird die Bitte um den hl. Geist so gewiß erhört werden, wie es die Parabel fiktional abbildet; denn in der Zeit der Anfechtung braucht man die Hilfe des hl. Geistes, gerade weil es die ‚Unzeit' ist."
[2] Vgl. aber die Zäsur von SCHWEIZER nach 11,37 – 12,1; 12,2–12 „Die Jüngerschaft ohne Angst". – KLOSTERMANN gliedert: 11,1–13; 11,14–36; 11,37–54.
[3] RENGSTORF bindet 11,14–54 die „Auseinandersetzung Jesu mit der schriftgelehrten Frömmigkeit" zusammen; ähnlich SCHMID* Siehe Näheres u. S. 170 und S. 224.
[4] URO, Sheep (L 4) 110–116 u. ö., hält Lk 9,57 – 11,13 für eine „disciple section" des Endredaktors von Q. Schon MARSHALL 439 band 10,25 – 11,13 „The characteristics of Disciples" zusammen; FITZMYER 896 vermerkt Kontextbezüge von 11,1–4 zu 10,21–22.23–37.38–42. ERNST findet in 10,38 – 13,21 „die zweite Reiseetappe"; SCHNEIDER 255 denkt sich 10,25–37.38–42 mit 11,1–13 eng zusammen.
[5] GRUNDMANN 236 sieht in 11,1–13 und 14–28 einen „sachlichen Zusammenhang". SCHWEIZER ordnet 11,1–13 „Die Chance des Betens" mit 11,14–36 „Die Chance der Be-

Lk 11,1–13.14–28

A. GEBETSUNTERWEISUNG; ERRETTUNG AUS DER MACHT DES SATANS
11,1–13.14–28

Der erste Unterabschnitt 11,1–13 wird VV 1–2a szenisch eingeleitet, der zweite Unterabschnitt 11,14–28 ist VV 14ff.27f szenisch gerahmt, wobei V 14 keine neue Orts- und Zeitangabe bringt. Die Seligpreisung derer, die Gottes Wort bewahren, VV 27f, schaut wohl nicht nur auf VV 23.24ff zurück (s. u.), sondern auch auf die pointierte Schlußbitte V 4b: „und wolle uns nicht in eine Versuchung führen", so daß die Einleitung VV 1 (2ff) und der Abschluß VV 27f den genannten Abschnitt 11,1–28 als Rahmen umspannt und zusammenhält.

Im ersten Unterabschnitt VV 1–13 gibt sich das besondere luk Interesse pointiert abschließend in V 13 zu erkennen: Es geht Lukas beim Beten und Bitten in ganz besonderer Weise um „heiligen Geist". Im zweiten Unterabschnitt VV 14–28 verrät Lukas sein Unterweisungsinteresse in V 28: Das Wort Gottes hören und bewahren werden die, über die die Basileia gekommen ist (V 20) und die als vormals Exorzisierte nicht erneut unter die Herrschaft böser Geister geraten sind (VV 24ff). Die nachstehende Auslegung muß unsern Verdacht bestätigen, daß in 11,1–28 – mit und in der Jesus-Erzählung – Unterweisung an Getaufte geboten werden soll, die einst in der Taufe den Geist empfangen haben und aus der Macht des Satans befreit worden sind[6]. Solche werden hier erneut auf ihre christliche Initiation hin angesprochen.

1. Gebetsunterweisung und Aufforderung zum Bitten
11,1–13

L 9: *zu 11,1–13 / Gebet nach Lukas.* – Vgl. außer der Lit. in L 9a, b, c und in den theologischen Wörterbüchern bes. auch OTT (s. u.) (bis 1965); FELDKÄMPER (s. u.) (bis 1978). – BRODIE, Luke; CABA, J., La oración de petición. Estudio exegético sobre los evangelios sinópticos y los escritos joaneos (AnBib 62) (Rom 1974), 11–93.328–332, Lit. 341–355; DERS., La oración de petición. Del Jesús histórico a los evangelios, in: Manresa 47 (1975) 311–334; DODD, The Prayer Life*, bes. 111–144; DUPONT, J., La prière et son efficacité dans l'Évangile de Luc (1981), in: DERS., Études 1055–1065; EDWARDS, R. A., a.a.O. (L 4), zu 11,2–13: 263–265; FELDKÄMPER, Der betende Jesus 178–205.317–320; DERS., Lukas, Lehrer des Gebetes. Illustriert an Lk 11,1–13, in: P. G. MÜLLER, Das Zeugnis des

---

gegnung mit Jesus" enger zusammen. MARSHALL läßt mit 11,14–54 einen neuen Hauptabschnitt folgen.

[6] Richtig sah schon G. BAUMBACH, Verständnis* 130f.157ff, in Lk 11,1–28 den Taufbezug; anders als wir dachte er jedoch nicht an eine Tauf-Erinnerung, sondern an „eine Taufbelehrung" „im Dienst der Taufvorbereitung der Katechumenen..." – In der Alten Kirche war die Taufbelehrung aber weitgehend postbaptismal, auch die traditio des Symbolums und des Herrengebetes. Vgl. das von D. Y. HADIDIAN, The Lord's Prayer (L 9a), besprochene Material.

Lukas (Stuttgart 1985) 61–68; FINKEL, A., The Prayer of Jesus in Matthew, in: FINKEL-FRIZZELL, Standing Before God 131–170; GEORGE, A., La prière, in: DERS., Études 395–427; HAMMAN, A., La Prière I (Tournai 1959) 94–134; HARRIS, O. G., Prayer in Luke-Acts. A Study in the Theology of Luke (Diss. theol. Vanderbilt University 1966) [Microfilm; Xerographie]; DERS., Prayer in the Gospel of Luke, in: SWJT 10 (1967) 59–69; HARRISVILLE, R. A., God's Mercy. Tested, Promised, Done! (An Exposition of Genesis 18 : 20–22, Luke 1 : 1–13, Colossians 2 : 6–15), in: Interp. 31 (1977) 165–178, bes. 172–175; KATZ, a. a. O. (L 1) 258–297; LAVERDIERE, E. A., God as Father, in: Emmanuel 88 (1982) 545–550; LEONARDI, G., „Cercate e troverete" ... Lo Spirito santo nell'unità letteraria di Luca 11, 1–13, in: G. DANIELI (Ed.), Quaerere Deum (Settimana biblica 25) (Brescia 1980) 261–288; MARTY, J., Étude des textes cultuels de prière contenus dans le Nouveau Testament, in: RHPhR 9 (1929) 234–268.366–376; MICALCZYK, J. J., The Experience of Prayer in Luke-Acts, in: RR 34 (1975) 789–801; MOBLEY, R. A., Jr., Structure and Theological Significance in the Lukan Concept of Prayer (Diss. theol. Southwestern Baptist Seminary 1983) (vgl. Diss. Abstr. 44 [1983/84] Nr. 6, 1832); MONLOUBOU, L., La prière selon saint Luc. Recherche d'une structure (LeDiv 89) (Paris 1976); NAVONE, J., Prayer, in: DERS., Themes 118–131; NIELEN, J. M., Gebet und Gottesdienst im Neuen Testament (Freiburg i. Br. ²1963) 29–35 u. ö.; O'BRIEN, P. T., Prayer in Luke-Acts, in: TynB 24 (1973) 111–127; OTT, Gebet*, zu 11, 1–4: 92–99.112–123; 12, 5–10: 99–102; 12, 11–13: 102–111; PLYMALE, S. F., The Prayer Texts of Luke-Acts (Americ. Univ. Stud., Ser 7, 118) (New York 1991); PRETE, B., Motivazioni e contenuti della preghiera di Gesù nel Vangelo di Luca (1983), in: DERS., L'Opera di Luca 80–113; RADL, Das Lukas-Evangelium 118–121; SCHILLE, G., Grundzüge des Gebetes nach Lukas, in: BUSSMANN – RADL (Hg.), Der Treue Gottes trauen 215–228; SIMON, L., La prière non-religieuse chez Luc, in: FV 74 (1975) 8–22; SIMPSON, R. L., The Interpretation of Prayer in the Early Church (Philadelphia 1965); SMALLEY, S. S., Spirit, Kingdom and Prayer in Luke-Acts, in: NT 15 (1973) 59–71; TRITES, A. A., Some Aspects of Prayer in Luke-Acts, in: SBLSP 1977, 59–78; auch in: TALBERT (Ed.), Perspectives 168–186; VELLANICKAL, M., Prayer-Experience in the Gospel of Luke, in: Bible Bhashyam 2 (1976) 23–43.

Die zweiteilige[7] Redekomposition 11, 2 b–13 ist VV 1, 1–2 a apophthegmatisch eingeleitet. Diese Einführung stellt die folgenden Weisungen in das Licht des vorbildlichen Verhaltens Jesu; sie sind zudem als spezielle Jüngerunterweisung, damit aber auch für die nachösterliche Gemeinde als bedeutsam charakterisiert. Auf (a) Jesu Gebetsanleitung 11, 2 b–4 folgt (b) eine Gebetsaufforderung 11, 9–13, die 11, 5–8 durch eine parabolische Gebetsermutigung eingeleitet wird. Die „Rede" Jesu läßt also auf eine Gebetsunterweisung eine Gebetsparaklese folgen; die „Katechese"[8] geht in „Predigt" über. Die Komposition hat ihren Sitz im Leben vermutlich als grundlegende baptismale Katechese (die sich 11, 14–28 fortsetzt; s. u.), an die sich die nachösterliche Gemeinde stets zurückerinnern soll.

Die Gebetsanleitung des Kyrios 11, 2 b–4 ruft nach einer breiteren Auslegung, weil der luk Kompositionswille ihr eine Zentralstellung in der Gemeindekatechese einräumt, aber auch, weil dieses „Gebet des Herrn" wie kaum ein anderer Text sich als ipsissimum verbum Jesu und als Schlüssel seiner Verkündigung zu erkennen gibt.

---

[7] GÜTTGEMANNS, a. a. O. (L 9 b) 7, findet fälschlich (mit den meisten) „drei Funktive". Nach JEREMIAS, Theologie I, 189, wäre der „Gebetskatechismus ... vierteilig".
[8] Die Charakterisierung als „Gebetskatechese" durch JEREMIAS, Gleichnisse⁶ 158; DERS., Theologie I, 189, trifft nicht das Ganze.

a) Jesu Gebetsanleitung
11,1–4 (= Mt 7,9–10a.11–13a)

L 9a: zu 11,1–4. – Vgl. außer der Lit. in L 9 und in den theologischen Wörterbüchern speziell die reichen Lit.-Zusammenstellungen (bis 1968) bei CARMIGNAC, Recherches (s.u.) 469–553; SCHÜRMANN, Das Gebet des Herrn (s.u.) 215–218. Vgl. M. DORNEICH (Hg.), Vaterunser. Bibliographie (Freiburg i.Br. 1982); im 1. Teil über 2200 Titel, im 2. Teil „Musikbibliographie und Discographie" seit 1945 (vgl. ebd. S. 7: berücksichtigt „das vorhandene Material bis zur Jahrhundertwende und teilweise noch weiter zurück". „Für ... 1945–1975 ... möglichste Vollständigkeit ...; die Titel der Jahre 1976–1981 ... soweit feststellbar ..."). (Unter der Masse der von D. aufgeführten erbaulichen Auslegungen sind die relativ wenigen wissenschaftlich wertvollen nur mühselig auffindbar.) Vgl. ergänzend DIES., Vaterunser. Bibliographie. Neue Folge (Freiburg i.Br. 1987) 65–115. – ABRAHAMS, I., Studies in Pharisaism and the Gospels II (Cambridge 1924) 94–108; ALEIXANDRE, D., En torno a la cuarta petición del padrenuestro, in: EstB 45 (1987) 325–336; BAARDA, T., De korte tekst van het Onze Vader in Lucas 11:2–4: een Marcionitische corruptie?, in: NedThT 44 (1990) 273–287; BACKHAUS, K., Die „Jüngerkreise", bes. zu Lk 11,1–4: 172–189; BAKER, A., What Sort of Bread Did Jesus Want us to Pray for?, in: NBl 54 (1973) 125–129; BAMMEL, E., Ein neuer Vater-Unser-Text, in: ZNW 52 (1961) 280–281; BANDSTRA, A. J., The Original Form of the Lord's Prayer, in: CTJ 16 (1981) 15–37; BIGUZZI, G., Mc. 11,23–25 e il Pater, in: RivBib 27 (1979) 57–68; BILL. I, 406–424; BLANK, S. H., Some Observations Concerning Biblical Prayer, in: HUCA 32 (1961) 75–90, bes. 79–82; BONNARD, P. u.a. (Éd.), Notre père qui es aux cieux (Paris 1968), darin bes. DUPONT-BONNARD, Commentaire exégétique 77–115; BOURGOIN, H., Le pain quotidien, in: CCER 25 (1977) 1–17; DERS., Epiousios expliqué par la notion de préfixe vide, in: Bib. 60 (1979) 91–96; BOVON, Luc le Théologien 220–222; BRAUN, F.-M., Le pain dont nous avons besoin. Mt 6,11; Lc 11,3, in: NRTh 100 (1978) 559–568; BROCKE, M. – PETUCHOWSKI, J. J. – STROLZ, W. (Hg.), Das Vaterunser. Gemeinsames im Beten von Juden und Christen (Freiburg i.Br. [1974] ²1980); BROOKE, G. J., The Lord's Prayer Interpreted through John and Paul, in: DR 98 (1980) 298–311; BROWN, R. E., The Pater Noster as an Eschatological Prayer (1961), in: HIGGINS, NTEssays 217–253; BRUGGEN, J. VAN, The Lord's Prayer and Textual Criticism, in: CTJ 17 (1982) 78–87; BUCHAN, W. M., Research on the Lord's Prayer, in: ET 100 (1989) 336–339; BURNEY, The Poetry* 112f; BUSSCHE, H. VAN DEN, Le „Notre Père" (EtRel 747) (Bruxelles – Paris 1960) (= engl. New York 1963); CARMIGNAC, J., „Fais que nous n'entrions pas dans la tentation". La portée d'une négation devant un verbe au causatif, in: RB 72 (1965) 218–226; DERS., Recherches sur le „Notre Père" (Paris 1969); COGGAN, D., The Prayers of the New Testament (London 1975), bes. 18–41; COLLINS, R. F., „Lord, Teach Us to Pray" (Luke 11:1). A Reflection on the Prayer of Petition, in: LouvSt 10 (1984/85) 354–371; CYSTER, R. F., The Lord's Prayer and the Exodus Tradition, in: Theol. 64 (1961) 377–381; DALMAN, Worte Jesu I*, 283–365; DEISSLER, A., Der Geist des Vaterunsers im alttestamentlichen Glauben und Beten, in: BROCKE u.a. (Hg.), Das Vaterunser (s.o.) 129–150; DELEBECQUE, É., Le pain du *Pater* (11,3), in: DERS., Études grecques 167–181; DELOBEL, J., The Lord's Prayer in the Textual Tradition. A Critique of Recent Theories and Their View of Marcion's Role, in: J.-M. SEVRIN (Ed.), The New Testament in Early Christianity. La réception des écrits néotestamentaires dans le christianisme primitif (EThL.B 86) (Leuven 1989) 293–309;; DEWAILLY, L.-M., „Donne-nous notre pain": quel pain? Notes sur la quatrième demande du Pater, in: RSPhTh 64 (1980) 561–588 (Geschichte der Auslegung); DIAZ, J. A., El „Padre Nuestro" en el problema general de la Eschatología (MCom 34/35) (Santander 1960) 297–308; DERS., El problema literario del Padre Nuestro, in: EstB 18 (1959) 63–75; DIBELIUS, M., Die dritte Bitte des Vaterunsers (1940), in: DERS., Botschaft und Geschichte I*, 175–177; DUPONT, J., Le Notre Père. Nótes exégétiques, in: DERS., Études II, 832–861; EDMONDS, P., The Lucan Our Father. – A Summary of Luke's Teaching on Prayer?, in: ET 91 (1979/80) 140–143; ELLIOTT, J. K., Did the Lord's Prayer Originate with John the Baptist?, in: ThZ 29 (1973) 215; ELLIS-GRÄSSER, Jesus und Paulus 344–362; FALCONE, S. A., The Kind of Bread We Pray for in the

Lord's Prayer, in: R. F. MCNAMARA (Ed.), Essays in Honor of J. P. Brennan (Rochester/NY 1976) 36–59; FIEBIG, P., Das Vaterunser. Ursprung, Sinn und Bedeutung des christlichen Hauptgebetes (Gütersloh 1927); FIEDLER, Jesus 204–211.255–259; FILSON, F. V., Petition and Intercession, in: Interp. 8 (1954) 21–34; FINKEL, The Prayer (L 9); FITZMYER, Abba and Jesus' Relation to God (L 5) 15–38; FOUCAULT, J.-A. DE, Notre pain quotidien, in: REG 83 (1970) 56–62; FRESENIUS, W., Beobachtungen und Gedanken zum Gebet des Herrn, in: EvTh 20 (1960) 235–239; FREUDENBERGER, R., Zum Text der zweiten Vaterunserbitte, in: NTS 15 (1968/69) 419–432; FREY, J.-B., Le Pater est-il juif ou chrétien?, in: RB 12 (1915) 556–563; GATZWEILER, K., La prière du Seigneur, in: La Foi et le Temps 15 (1985) 10–28; GERHARDSSON, B., The Matthaeen Version of the Lord's Prayer (Mt 6,9b–13) – Some Observations, in: W. C. WEINRICH (Ed.), The New Testament Age I, 207–220; DERS., Fader var i Nya testamentet [The Our Father in the New Testament], in: SvTK 54 (1978) 93–102; GNILKA, Mt I, 212–232 (231f Lit.); GOULDER, M. D., The Composition of the Lord's Prayer, in: JThS 14 (1963) 32–45; GRÄSSER, Parusieverzögerung, bes. 95–113; GREEVEN, H., Gebet und Eschatologie im Neuen Testament (NTF III/1) (Gütersloh 1931), bes. zu Lk 11,1–4: 72–101; GRELOT, P., La quatrième demande du „Pater" et son arrière-plan sémitique, in: NTS 25 (1979) 299–314; HAAG, H., Wenn ihr betet... (ThMed 16) (Einsiedeln [1967] ³1971); HADIDIAN, D. Y., The Lord's Prayer and the Sacraments of Baptism and the Lord's Supper in the Early Church, in: StLi 15–16 (1982–87) 132–144; DERS., The Meaning of ἐπιούσιος and the Codices Sergii, in: NTS 5 (1958/59) 75–81; HAENCHEN, Weg 492–494; HARNACK, A. v., Der ursprüngliche Text des Vater-Unsers und seine älteste Geschichte, in: DERS., Erforschtes und Erlebtes (Gießen 1923) 24–35; DERS., Über einige Worte Jesu, die nicht in den kanonischen Evangelien stehen, nebst einem Anhang über die ursprüngliche Gestalt des Vaterunsers (SPAW) I (Berlin 1904) 170–208; HARNER, P., Understanding the Lord's Prayer (Philadelphia 1975); HEINEN, H., Göttliche Sitometrie: Beobachtungen zur Brotbitte des Vaterunsers, in: TThZ 99 (1990) 72–79; HEMER, C., ἐπιούσιος, in: JSNT 22 (1984) 81–94; HENSLER, J., Das Vaterunser. Text- und literarkritische Untersuchungen (NTA IV/5) (Münster 1914); HERRMANN, J., Der alttestamentliche Urgrund des Vaterunsers, in: A. ALT u.a. (Hg.), Festschrift Otto Procksch (Leipzig 1934) 71–98; HILL, D., „Our Daily Bread" (Matt 6.11) in the History of Exegesis, in: Irish Biblical Studies 5 (1983) 2–10; HOENICKE, G., Neuere Forschungen zum Vaterunser bei Matthäus und Lukas, in: NKZ 17 (1906) 57–67.106–120.169–180; JEREMIAS, Abba*, bes. 15–80.145–152 (1954); 152–171 (1962) (weitere einschlägige Arbeiten [und Übersetzungen] zum Thema in dessen Bibliographie, in: LOHSE u.a. (Hg.), Der Ruf Jesu 24–33); DERS., Theologie I, 188–196; KATE, R. TEN, Geef ons heden ons „dagelijks" brood (Give Us Today „Daily" Bread), in: NedThT 32 (1978) 125–139; KIRSCH, L., Das Vaterunser als Schule des Gebetes (Mt. 6,9–13 par Lk. 11,2–4) (Diss. lic. masch. Würzburg 1982) (Beschäftigt sich mit H. SCHÜRMANN, Das Gebet des Herrn); KISTEMAKER, S. J., The Lord's Prayer in the First Century, in: JETS 21 (1978) 323–328; KLEBER, A., The Lord's Prayer and the Decalog, in: CBQ 3 (1941) 302–320; KLEIN, G., Die ursprüngliche Gestalt des Vaterunsers, in: ZNW 7 (1906) 34–50; KORABOU, A., Η ΚΥΡΙΑΚΗ ΠΡΟΣΕΥΧΗ. ΦΙΛΟΛΟΓΙΚΗ ΙΣΤΟΡΙΚΟ-ΘΕΟΛΟΓΙΚΗ ΚΑΙ ΕΡΜΗΝΕΥΤΙΚΗ ΜΕΛΕΤΗ (Athen 1979); KRUSE, H., „Paternoster" et Passio Christi, in: VD 46 (1968) 3–29; KUHN, K. G., Achtzehngebet und Vaterunser und der Reim (WUNT 1) (Tübingen 1950); KUSS, O., Das Vaterunser (teilweise 1952/54), in: DERS., Auslegung II, 275–333; LACHS, S. T., On Matthew VI. 12, in: NT 17 (1975) 6–8; LAMBRECHT, J., Zo moet u bidden. Het Onze Vader: uitlegen vertaling, in: TLi 61 (1977) 206–215; LAMPE, G. W. H., The Holy Spirit in the Writings of St. Luke, in: D. E. NINEHAM (Ed.), Studies in the Gospel 159–200; LEANEY, R., The Lucan Text of the Lord's Prayer (Lk XI 2–4), in: NT 1 (1956) 103–111; LINDEMANN, A., Die Versuchungsgeschichte Jesu nach der Logienquelle und das Vaterunser, in: D.-A. KOCH u.a. (Hg.), Jesu Rede von Gott 91–100; LOCHMANN, J. M., Unser Vater. Auslegung des Vaterunsers (Gütersloh 1988); LOHMEYER, E., Das Vater-Unser als Ganzheit, in: ThBl 17 (1938) 217–227; DERS., Das Vater-Unser (Göttingen [1946] ⁵1962); LOWE, J., The Lord's Prayer (Oxford 1962); LUZI, P., Il Paternoster Commento (Urbino 1961); MAGNE, J., La réception de la variante „Vienne ton Esprit Saint sur nous et qu'il nous purifie" (Lc 11,2) et l'origine des épiclèse, du baptême et du „Notre Père", in: EL 102 (1988) 81–106; DERS., La variante du Pater de Lc 11,2, in: LTP 44 (1988) 369–374; MARCHEL, a.a.O. (L 5) bes. 191–202; METZGER, B. M., How Many Times Does „Epiousios" Occur Outside the Lord's Prayer, in: ET 69 (1957/58) 52–54; MOOR, J. C. DE, The Reconstruction of the Aramaic Original of the Lord's Prayer, in: P. VAN DER MEER – J. C. DE MOOR (Ed.), The Structural Analysis of Biblical and Canaanite Poetry (Sheffield 1988) 397–422; MOULE, C. F. D., An Unsolved Problem in the Temptation-Clause in the Lord's Prayer, in: RTR 33 (1974) 65–75; DERS., „As we forgive ...": a Note on the Distinction between Deserts and Capacity in the Understanding of Forgiveness, in: BAMMEL u.a., Donum Gentilicium 68–77; MUSSNER, F., Das Vaterunser als Gebet des Juden Jesus, in: DERS., Traktat 198–208; OBENG, E. A., Abba, Father: The Prayer of the Sons of God, in: ET 99 (1988) 363ff; ORCHARD, B., The Meaning of τὸν ἐπιούσιον (Mt 6:11 = Lk 11:3), in: BTB 3 (1973) 274–282; POPKES, W., Die letzte Bitte des Vater-Unser. Formgeschichtliche Beobachtungen zum Gebet Jesu, in: ZNW 81 (1990) 1–20; PORTER, ST. E., Mt 6:13 and Lk 11:4: „Lead us not into Temptation", in: ET 101 (1990) 359–362; REFOULÉ, F., Le Notre Père. Point de vue exégétique, in: Unité des Chrétiens 39 (1980) 9–17; ROBINSON, J. A. T., The Lord's Prayer, in: DERS., New Testament Studies 44–64; RORDORF, W., Le „pain quotidien" (Matth. 6,11) dans l'histoire de l'exégèse, in: Didaskalia 6 (1976) 221–235; DERS., „Wie auch wir vergeben haben unsern Schuldnern" (Matth. VI,12b), in: StPatr 10 (= TU 107) (1970) 236–241; DERS., The Lord's Prayer in the Light of its Liturgical Use in the Early Church, in: StLi 14 (1980/81) 1–19; SABUGAL, S., ABBÁ ... La oración del Señor. Historia y exégesis teológica (BAC 467) (Madrid 1985) (dort S. XIf die vielen Vorarbeiten des Vf.; vgl. die [kritische] Besprechung der Arbeit von H. E. LONA, in: BZ 30 [1986] 268ff); SCHELBERT, G., Sprachgeschichtliches zu „abba", in: P. CASETTI u.a. (Éd.), Mélanges 395–447; SCHLOSSER, Le Dieu 145–146; DERS., Le Règne I,247–322; Die Bitte um das Kommen des Geistes im lukanischen Vaterunser (Lk 11,2 v.l.), in: SCHRAGE (Hg.), Studien 344–373 (Nachdr. in: DERS. Jesusüberlieferung 86–115); DERS., Das Vaterunser – oratio dominica et judaica?, in: BAIER (Hg.), Weisheit Gottes 405–417 (Nachdr. unter dem Titel: Das Gebet des Herrn, ein „jüdisches" Gebet?, in: DERS. [Hg.], Jesusüberlieferung 39–51); DERS., Das Vaterunser des Matthäus, in: COLL. (Éd.), À Cause 57–90 (Nachdr. in: SCHNEIDER (Hg.), Jesusüberlieferung 52–85); DERS., Gott, der Vater (L 5); SCHULZ, Q 86–93; SCHÜNGEL, H., Der leidende Vater. Betrachtungen zum Vaterunser, in: Orien. 41 (1977) 49f; SCHÜRMANN, H., Das Gebet des Herrn (7., verb. Aufl. Leipzig 1990); SCHWARZ, „Und Jesus sprach", zu 11,2–4: 209–225; DERS., Matthäus VI.9–13/Lukas XI.2–4, in: NTS 15 (1968/69) 233–247; SMALLEY, a.a.O. (L 9) 58–71; SODEN, H. v., Die ursprüngliche Gestalt des Vaterunsers, in: ChW 18 (1904) 218–224; SPITTA, F., Die älteste Form des Vaterunsers, in: MGKK 9 (1904) 333–345; STARCKY, J., La quatrième demande du Pater, in: HThR 64 (1971) 401–409; STRECKER, G., Vaterunser und Glaube, in: HAHN – KLEIN, Glaube 11–28; STROTMANN, A., „Mein Vater bist Du" (Sir 51,10). Zur Bedeutung der Vaterschaft in kanonischen und nichtkanonischen frühjüdischen Schriften (FTS 39) (Frankfurt a.M. 1991); SWETNAM, J., „Hallowed Be Thy Name", in: Bib. 52 (1971) 556–563; THÜSING, W., Die Bitten des johanneischen Jesus in dem Gebet Joh 17 und die Intention Jesu von Nazareth, in: SCHNACKENBURG u.a., Die Kirche des Anfangs 307–337; ThZ 48 (1992) H. 1: Das Universale Gebet. Studien zum Unservater (FS J. M. Lochmann) (Basel 1992); TILBORG, S. VAN, A Form-Criticism of the Lord's Prayer, in: NT 14 (1972) 94–105; TORREY, CH. C., The Translations made from the Original Aramaic Gospels (New York 1912); VÖGTLE, A., Das Vaterunser – ein Gebet für Juden und Christen, in: BROCKE u.a. (Hg.), Das Vaterunser (s.o.) 165–195; DERS., Der „eschatologische" Bezug der Wir-Bitten des Vaterunser (1975), in: DERS., Offenbarungsgeschehen 34–49; WILLIS, G. G., Lead Us Not Into Temptation (Mt 6,13), in: DR 93 (1975) 281–288; YAMAUCHI, E. M., The „Daily Bread" Motiv in Antiquity, in: WThJ 28 (1965/66) 145–156; ZELLER, D., God as Father in the Proclamation and in the Prayer of Jesus, in: FINKEL-FRIZZELL, Standing Before God 117–130; ZERWICK, M., Vivere ex verbo Dei: 10) Oratio Dominica (Lc 11,1–4), in: VD 28 (1950) 176–180.

Zur Geschichte der Forschung

Vgl. bes. die Überblicke: AMPHOUX, C. B., La révision Marcionite du „Notre Père" de Luc (11,2–4) et sa place dans l'histoire du texte, in: R. GRYSON – P. M. BOGAERT (Éd.), Recherches sur l'histoire de la Bible Latine (RTL 17) (Louvain 1987) 105–121; ANER, K., Das Vaterunser in der Geschichte der evangelischen Frömmigkeit (Tübingen 1924); ANGÉNIEUX, J., Les différents types de structure du „Pater" dans l'histoire de son exégèse I/II, in: EThL 46 (1970) 40–77.325–359; BAESECKE, G., Unerledigte Vorfragen der althochdeutschen Textkritik und Literaturgeschichte, I: Die Vaterunser vor Notker, in: BGDS (H) 69 (1947) 361–365; BAHR, G. J., The Use of the Lord's Prayer in the Primitive Church, in: JBL 84 (1965) 153–159; CHASE, F. C., The Lord's Prayer in the Early Church (TaS I/3) (Cambridge 1891); DIBELIUS, O., Das Vaterunser. Umrisse zu einer Geschichte des Gebetes in der Alten und Mittleren Kirche (Gießen 1903); GUYOT, B.-G., À propos de quelques commentaires sur la Pater Noster I–II, in: RSPhTh 53 (1969) 245–255; 56 (1972) 423–432; HOENICKE, H., Neuere Forschungen (s.o.); JEREMIAS, J., The Lord's Prayer in Modern Research, in: ET 71 (1959/60) 141–146; SABUGAL, ABBÁ (s.o.), bes. I: Historia 9–131; STRITZKY, v., M.-B., Studien zur Überlieferung und Interpretation des Vaterunsers (MBTh 57) (Münster 1989); VOKES, F. E., The Lord's Prayer in the First Three Centuries, in: StPatr 10 (= TU 107) (Berlin 1970) 253–260; WALTHER, G., Untersuchungen zur Geschichte der griechischen Vaterunser-Exegese (TU 3. R., X, 3) (Leipzig 1914).

In der *Einleitung* erbittet ein Jünger – für die Jüngerschar[9], keineswegs für jedermann in Israel – vom „Kyrios", der selbst im Gebetsraum vorgestellt wird, eine Gebetsanleitung. Damit ist das folgende Gebet einleitend (11,1–2a) als „Gebet des Herrn" charakterisiert (s.u.).

Ein Blick vorweg auf *Aufbau und Struktur des Gebetes VV 2b–4* hilft dem Verständnis[10]: Auf die Anrede folgen zwei Du-Bitten, wobei sich in asyndetischer Form die zweite von der ersten absetzt, darauf – abermals asyndetisch – drei Wir-Bitten, jeweils durch ein „und" miteinander verknüpft. Man wird die zweite Bitte, die unverbunden sowohl die erste als auch die folgende Dreiergruppe von sich stößt, in ihrer herausragenden Einsamkeit verstehen müssen, die drei folgenden in ihrem Zusammen, die erste dagegen (s.u.) in enger Anlehnung an die Anrede. Dann ist die Basileia-Bitte in ihrer einsamen Größe der Kette der drei Wir-Bitten vorgelagert, die *eine* eschatologische Bitte den drei „Diesseits-Bitten" (die freilich auch nicht ohne eschatologischen Bezug sind; s.u.). Im Vergleich z.B. mit dem jüdischen Achtzehngebet ist diese Umstellung von Zukunfts- und Gegenwartsinteresse für das Gebet grundlegend; sie wird in ihrer Bedeutung zu bedenken sein.

---

[9] VÖGTLE, Das Vaterunser (a.a.O.) 179, läßt ursprünglich „mit den drei Wir-Bitten den Blick auf die Situation der zur Heilserlangung berufenen Israeliten" gerichtet sein; vgl. DERS., ebd. 181 Anm. 62; DERS., „Wir-Bitten" (a.a.O.) 35–49.
[10] Vgl. den Überblick über die *différents types de structure du „Pater"* in der Auslegungsgeschichte der Jahrhunderte: J. ANGÉNIEUX, a.a.O. (L 9a Anhang).

1 Und es geschah, als er an einem Ort betete, da sagte, als er geendet hatte, einer seiner Jünger zu ihm: Herr, lehre uns beten, wie auch Johannes seine Jünger (beten) gelehrt hat.
2 Er sagte aber zu ihnen: Wenn ihr betet, sprecht:
Vater[a],
geheiligt werde dein Name! –
Es komme[b] dein Reich[c/d]. –
3 Unser[e] Brot, das notwendige, gib uns Tag für Tag;
4 und vergib uns unsere Sünden,
denn auch wir vergeben[f] gleichfalls jedem, der uns schuldet;
und wolle uns nicht in eine Versuchung führen ...[g]!*

1 Der Erzähler läßt Ort und Zeit unbestimmt; sie sind einfach die des Betens Jesu[11], der hoheitlich als „Kyrios" angeredet wird. Jesus wird aber nicht nur als Beter vorgestellt, weil das Jüngergebet damit als Nachvollzug und Teilhabe des Lebens Jesu hingestellt werden soll; vielmehr vor allem: im Gebetsraum Jesu geschehen Offenbarungen[12]. Aus ihm kommen auch sonst wichtige Handlungen Jesu[13], so daß so auch das folgende Gebet in seiner Bedeutsamkeit herausgestellt ist. Ist doch der Kyrios *der* unüberbietbare „Lehrer" (6,40), mehr als der „Lehrer" (3,12) Johannes. Wieder einmal[14] ist Jesus mit Johannes parallelisiert, deutlich diesem aber auch als „Kyrios" vorgeordnet. Im EvLk läßt Lukas niemand „lehren" (διδάσκειν)[15] oder eine Lehre (διδαχή) vortragen außer Jesus und den Heiligen Geist (12,12). Jesus ist *der* Lehrer schlechthin.

Der Hinweis auf Johannes soll wohl nicht nur den Erzählungsfaden[16] fortspinnen; er ist von Lukas Mk 2,18 par Lk 5,33 nachgebildet, wo er mit δεήσεις ποιοῦνται bereits 11,1b vorbereitet hatte. Lukas denkt sich – mit Q[17] – den Kreis der Johannesjünger institutionalisiert (vgl. zu 3,15[18]) und als eine zu seiner Zeit offenbar nicht unwichtige Gruppe.

2a Die Einführungsworte machen deutlich, daß hier für das private oder gemeinsame Beten ein Gebetsformular[19] übergeben wird. Auch die innere

---

* T: [a] v.l.: – (s. A. 32). – [b] v.l.: T H N (s. A. 96). – [c] v.l.: – (s. S. 189f und A. 116) – [d] v.l.: – (s. A. 123). – [e] v.l.: – (s. A. 132). – [f] v.l.: – (s. A. 183). – [g] v.l.: – (s. A. 213). – Die Textausgaben sind für Lk 11,1–4 weithin einig in der Ablehnung von anderen – meist parallelisierenden – Textvarianten.

[11] Vgl. Lk I, 191 A. 19. – Hier wie 5,16 und 9,18 (anders 9,29) coniugatio periphrastica.
[12] Vgl. 3,21; 9,28f.
[13] Vgl. 6,12; 9,18.
[14] Vgl. zu Lk 1,5 – 2,25: LK I,97.140–145.
[15] Vgl. LK I,368f; H. SCHÜRMANN, „... und Lehrer", in: OrNT 116–156, bes. 151ff.
[16] Lk 1,5–80; 3,1–20; 7,18–35; 9,7–9.19.
[17] Siehe dazu u.
[18] Vgl. LK I,170 A. 62; anders in früherer Zeit: vgl. ebd. 95f.413.
[19] Anders kann auch der ursprüngliche Text nicht verstanden werden; vgl. JEREMIAS, Theologie I,188.191; PERRIN, Was lehrte Jesus wirklich? 166–169; BACKHAUS, Die

Ganzheitsstruktur des Gebetes, die ihre – wir werden es noch sehen – unverschiebbare Gedankenlogik hat[20], beweist das, auch wenn alle Einleitungs- und Abschlußwendungen sowie die gehobene Sprache liturgischer Gebete fehlen. Freilich erlauben jüdische Parallelen[21] die Frage, ob das folgende Gebet als wortwörtliches Rezitativ oder als variables „Leitgebet"[22], das der Beter oder Vorbeter frei – etwa wie in der Mt-Tradition – erweitern kann, gemeint ist. Darüber hinaus läßt die Bitte um ein „Gruppengebet"[23] der Jünger „Selbstverständnis als Gemeinde Jesu erkennen", zunächst wenigstens: als religiöse Gruppe[24] in und im Dienste Israels.

V 1 a wird luk Bildung sein; s.o.[25] Den Grundbestand von V 1 b kann die Q-Tradition Lukas zugetragen haben[26], weil dieser 5,33 diff Mk davon abhängig ist, wenn er dort den Gebetsbrauch der Johannesjünger – eigentlich kontextwidrig – einträgt[27]. Auch kennt die Redenquelle Johannesjünger[28], sie versteht Johannes auch als „Lehrer" (3,12; s. ebd.). Eine Einleitung wie V 2 a ist für Q sicher: Matthäus hat ὅταν προσεύχεσθε nach 6,5[29] vorgezogen und dann „in 6,9 a eine Lk 11,2 sachlich entsprechende Einleitung" gebildet[30].

Eine Textanalyse muß hier zunächst das Verständnis des Lukas und das seiner intendierten Leser erhellen, darf danach erst fragen, inwiefern dies in Kontinuität mit dem Jesu steht.

2 b Das Gebet beginnt mit einer Anrede und einem „Eröffnungswunsch", die sich gegenseitig interpretieren (obgleich die Anrede πάτερ die „Seele" des ganzen Gebetes ist und vor *jeder* der Bitten betend mitgedacht werden will[31]).

„Jüngerkreise" 182 (dort weitere Autoren); anders VÖGTLE, Das Vaterunser (a.a.O.) 165.
[20] Siehe u.; vgl. SCHÜRMANN, Das Gebet des Herrn 151 ff.
[21] Vgl. L. ELBOGEN, Der jüdische Gottesdienst in seiner geschichtlichen Entwicklung (Hildesheim 1962) 41 f; FIEBIG, a.a.O. 19 f; KUHN, a.a.O. 10 f.
[22] Siehe u. S. 203; BACKHAUS, Die „Jüngerkreise" 182 Anm. 413: „Modellcharakter".
[23] So JEREMIAS, Theologie I, 167 (vgl. 191 – mit Hinweis auch auf die Pharisäer und auf Qumran).
[24] Vgl. dazu zusammenfassend u. S. 206. – Daraus darf nicht geschlossen werden, Jesu Gebet solle immer gemeinsam gebetet werden; s.u. S. 191 f.
[25] Siehe o. S. 176 und bei SCHULZ, Q 84 Anm. 185. Sprachliche Hinweise bei JEREMIAS, Sprache 195. – Vgl. DAUER, Beobachtungen 49 ff.
[26] Anders SCHNEIDER, Überraschende Antworten 326.
[27] Vgl. Lk I, 295.
[28] Vgl. Lk I zu 3,15; 5,33; 7,18.
[29] Das dreistufige Lehrgedicht Mt 6,2–4.5–6.16–18 läßt noch erkennen, daß die einleitenden ὅταν-Sätze ursprünglich im Singular standen (auch in V 16, wie VV 17 f belehrt).
[30] So SCHULZ, Q 85; Sch. urteilt weniger sicher.
[31] Vgl. den Nachklang Mk 11,25 (par Mt 6,14): ὁ πατὴρ ὑμῶν ὁ ἐν τοῖς οὐρανοῖς (Mt: ὁ οὐράνιος) für die Vergebungsbitte.

2b α   *Die Anrede* πάτερ[32] ist nicht nur – verglichen mit jüdischen[33], überhaupt mit liturgischen Gebeten wohl aller Religionen – ungewöhnlich schlicht; die Anrede 'abbā der aramäischen Muttersprache Jesu scheint nachzuklingen[34]. Sie konfrontiert in außergewöhnlicher Weise mit einem Gott, für den das Vatersein innerstes Wesen ist, mehr als eine Eigenschaft unter anderen.

Betont läßt Lukas Jesus „mein Vater"[35] sagen, vgl. Lk 2,49; 24,49 S; 10,22 par Mt[36]; 22,29 diff Mt. Als „Vater Jesu" (vgl. Apg 2,33), des „Menschensohnes" (Lk 9,26 diff Mk), des „Sohnes"[37] und von diesem „offenbart" (Lk 10,22 par Mt), ist Gott dann *der* Vater (ὁ πατήρ) schlechthin (vgl. Apg 1,4.7; Lk 11,13 diff Mt).

Diese Vaterschaft Gottes wird – zunächst im unmittelbaren luk Kontext gelesen – charakteristisch bestimmt, nämlich eindeutig christologisch; s.u.

Die vertraute Anrede hat hier im Kontext schon Hoheit in sich („Vater, geheiligt werde dein Name"), dazu weltweite Universalität („Vater ..., es komme dein Reich").

Der Gott, den Jesus hier „Vater" anreden lehrt, ist der, der sich eschatologisch *universal* in seinem kommenden Reich offenbaren will: „*Vater, ... es komme dein Reich!*" Wir werden aber gleichzeitig auch reziprok interpretieren müssen: Die eschatologische und weltweit gedachte apokalyptische Basileia-Vorstellung ist hier „entmythologisiert" von der vertrauten *Vater*-Beziehung her in Dienst genommen, „personalisiert" jesuanisch zu interpretieren – was wiederum nur implizit-christologisch möglich sein dürfte[38]. Der Einheitspunkt dieser schlichten Vertraulichkeit und hoheitlichen Universalität dürfte das charakteristische Selbstbewußtsein Jesu verraten[39]. Gottes Vatersein ist für Lukas also keineswegs griechisch oder stoisch gedacht, manifestiert sich vielmehr „christologisch".

Erst von daher wird es verständlich, daß Gott auch der Vater der Jünger ist: „euer Vater" (Lk 6,36; 12,30 par Mt; 12,32 S). Wenn Jesus also im Herrengebet die Jünger unterweist, Gott „Vater" anzureden, setzt das nach Lukas die „Offenbarung" des Vaters 10,22 voraus (11,2 könnte nicht vor 10,21f stehen!). Und wenn Jesus ihnen die Anrede πάτερ empfiehlt, die er im EvLk selbst ausschließlich für „seinen Vater" gebraucht, läßt er sie – jedenfalls nach luk Verständnis – an seinem eigenen Gottesverhältnis

---

[32] Tᵃ: Die meisten Hss. parallelisieren mit Mt; vgl. jedoch richtig wie oben 𝔓⁷⁵ ℵ B f¹ 700 1342 pc aur vg syˢ; Mcion Or.
[33] Vgl. etwa H. RINGGREN in: ThWAT I,1–19, bes. 16–19: Art. 'āḇ.
[34] Siehe u. S. 180.
[35] Die Anrede Gottes als Vater im kollektiven Sinn Sir 23,1.4; Tob 13,4.
[36] Was außer für die luk auch für die matth christologische Hoheitssprache charakteristisch ist: Mt 12,50; 20,23; 26,29.39(42) diff Mk; 7,21; 10,32.33 diff Lk und 15,13; 16,17; 18,10.19.35; 25,34(41 v.l.); 26,53 matth S. – Beide Evangelisten können dabei von Lk 10,22 par Mt 11,27 beeinflußt sein.
[37] Des „Sohnes" außer Lk 10,22 par Mt 11,27 (vgl. Mt 28,19) auch Mk 13,32 par Mt, des „Menschensohnes" auch Mk 8,38 parr.
[38] Vgl. dazu u. S. 182f (unter 3).
[39] Vgl. dazu u. S. 181f (unter 2c).

partizipieren. Dabei gibt Lukas mit diesem „christologischen" Verständnis der „Vater"-Anrede nur das seiner Tradition der Redenquelle (und das Jesu; s. u.) wieder; vgl. Lk 10,21 f par Mt einerseits, 6,36; 12,30 par Mt andererseits.

Wenn also die Vater-Anrede als „Seele" des Gebetes vor jeder Bitte, auch noch vor den drei folgenden Wir-Bitten, mitgedacht werden muß[40], expliziert der matth Zusatz ἡμῶν nur, was auch die luk Anredeform bereits implizierte (und was auch im aramäischen 'abb'ā mitgehört werden darf[41]). Mag nun die Jüngergemeinschaft oder ein Einzelner Gott so anreden: immer ist die Gemeinde derer im Blick, die die Vater-Offenbarung Jesu (vgl. Lk 10,22 c.d) verstanden und angenommen haben; gewiß zunächst der engere Kreis der Nachfolgenden, aber wohl auch die, welche zur „Familie Gottes" (Mk 3,33 ff) gehören[42], weil sie auf Jesu Wort hören. Hier wölben die Bitten derer, die so beten, einen Gemeinschaftsraum, der später die Kirche sein wird. Mehr noch als Jesu sammelnde und zugleich faktisch scheidende Basileia-Verkündigung und sein Bußruf ist dieses Gemeinschaftsgebet (in einer gewissen präformierenden Weise) inchoativ „kirchenkonstituierend"[43] geworden.

Wir werden tief in die vorluk *Traditionsgeschichte* hinableuchten müssen, um zu erkennen, ob die vorstehend aus dem unmittelbaren Kontext heraus interpretierte „Vater"-Anrede das Verständnis Jesu bewahrt hat:

1 a) πάτερ ist in der Mt-Fassung durch ὁ ἐν τοῖς οὐρανοῖς charakterisiert. Hier dürfte die *Q-Fassung* bewahrt sein[44]: Mk 11,25 (vgl. Mt 6,14f) beweist wohl, daß schon Markus aus der Gebetstradition (oder aus einer Vorform von Q?) das Gebet (vgl. Mk 6,24) mit diesem Zusatz kannte; der Anklang steht doch hier recht auffallend, da außerhalb von Mt der „Vater" synoptisch nirgends im NT[45] als „himmlischer", „im Himmel" gekennzeichnet wird. Wenn – in vormals unmittelbarer Folge (s. u. z. St.) – Mt 7,11 par Lk 11,13 (v.l.)[46] irgendwie *der* oder *die* Himmel genannt waren, möchte man auch in diesem Q-Text den Einfluß der Q-Fassung der Vater-

---

[40] Siehe o. S. 176f.
[41] Vgl. JEREMIAS, Theologie Bd. 191 Anm. 84; auch SCHELBERT, a.a.O. 417; s. auch u. (unter 9d).
[42] Vgl. JEREMIAS, ebd. 191f.
[43] Siehe u. S. 182; vgl. ähnlich – von der Basileia-Kunde her – auch W. TRILLING, „Implizite Ekklesiologie". Ein Vorschlag zum Thema „Jesus und die Kirche", in: W. ERNST u.a. (Hg.), Dienst der Vermittlung (FS zum 25jährigen Bestehen des Philosophisch-Theologischen Studiums Erfurt) (EThSt 37) (Leipzig 1977) 149–164. Vgl. auch FELDKÄMPER, Das Beten Jesu und die Gemeinde. Die ekklesiologische Dimension des Betens Jesu, in: DERS., Der betende Jesus 336ff.
[44] Das sahen schon DUPONT, Les Béatitudes I,65f; CARMIGNAC, Recherches (a.a.O.) 74ff; MARCHEL, a.a.O. (L 5) 185–189.
[45] MCNAMARA, Targum, weist in den palästinensischen Targumim 20 Stellen für die jüdische Gottesbezeichnung „Vater im Himmel" nach; sie kann schon früh in das Herrengebet und von da (s. A. 46) in Q und Mt eingedrungen sein. – Daß „das traditionsgeschichtlich alte Jesuswort Mk 11,25 ... vielleicht seinerseits die Erweiterung der Vergebungsbitte Mt 6,12b par Lk 11,4b mit bedingt haben kann" (so SCHNEIDER, Das Vaterunser des Matthäus [a.a.O.] 71f), ist weniger wahrscheinlich (s.u. S. 199f).
[46] Zur richtigen LA vgl. u. zu Lk 11,13.

unser-Anrede vermuten[47] (selbst wenn in diesem ursprünglich das Vaterunser interpretierenden „Kommentarwort" Lk 11,11ff par der „himmlische" Vater vom „irdischen" abgehoben werden mußte; s. dort). – Es ist nicht sicher auszumachen, ob diese Q-Fassung auch schon das im Gemeinschaftsgebet naheliegende ἡμῶν führte; das ὑμῶν Mk 10,25 (par Mt 6,14f) läßt das aber vermuten[48].

b) Die schlichte Vokativ-Anrede πάτερ[49] des *Lukas* begegnet als Gebetsanrede Jesu in Q nicht, außer mit erläuterndem zweitem Vokativ noch Lk 10,21a par Mt (10,21b par Mt 11,26 aber ὁ πατήρ!). Dagegen ist sie für Lukas anscheinend charakteristisch; vgl. noch 22,42 diff Mk, in luk R auch wohl 23,46 und vielleicht (v.l.) 23,34[50]. Stammt die gut griechische Anrede also in dieser Form von Lukas? Wahrscheinlich; aber es muß die Möglichkeit offengehalten werden, daß Lukas mit der Anrede πάτερ die in seiner Gemeindetradition übliche (und der Grundform ἀββᾶ noch nähere; s.u.) Form in die Q-Fassung (entsprechend dann vielleicht auch in die anderen vorstehend genannten Stellen) eingetragen hat.

c) Vermutlich haben aber weder Matthäus noch Lukas die *älteste griechische Fassung* – von Q – erhalten; man kann nämlich hinter den beiden Fassungen mit guten Gründen eine griechische Vorform vermuten: Diese kann ἀββᾶ, ὁ πατήρ (wie Gal 4,6; Röm 8,15, aber auch Mk 14,36) gelautet haben[51]. Bei dieser Annahme ließe es sich am besten erklären, warum diese aramäische Anredeform mit griechischer Übersetzung – der Nominativ (mit Artikel) in emphatischer Form[52], griechisch gut möglich als Vokativ gebraucht, nicht als Übersetzung von 'abbā – sich in so unterschiedlichen Traditionen wie bei Paulus und Markus erhalten hat.

Q hätte also schon früh – wie Mk 10,25 und Lk 11,13 par Mt wahrscheinlich machen – eine erweiterte Fassung geführt. Entweder Lukas – oder wahrscheinlicher schon eine von ihm gekannte Gebetstradition – ließ dann im hell. Raum das Fremdwort ἀββά fort und wählte die gängigere Vokativform πάτερ.

2a) Die vorstehend sichtbar gewordene griech. Frühform läßt die *aramäische Grundform* erkennen: Wir dürfen als ipsissima vox Jesu die aram. Anrede 'abbā vermuten. Diese ist von Haus aus traut „familiär"[53]; so reden u.a. aram. spre-

---

[47] Dann wäre wohl auch die Einfügung Mt 12,50 diff Mk und 5,45 diff Lk durch die Q überlieferte Vaterunser-Anrede beeinflußt. Ein Nachklang kann auch vorliegen, wo Matthäus den Vater als οὐράνιος charakterisiert, vgl. bes. 6,14 (und 18,35) diff Mk, dann wohl auch 5,48; 6,26.32 diff Lk und 15,13; 23,9 S (das nirgends sonst in Q oder im NT begegnet). – Die meisten meinen die luk Fassung der Anrede als die der Redenquelle verstehen zu müssen; vgl. SCHULZ, Q 85 mit Anm. 188.190; SCHNEIDER, Das Vaterunser des Matthäus (a.a.O.) 65f. 70 (vorsichtiger ebd. 69: „Die Langform kann nicht mit Sicherheit Matthäus zugeschrieben werden").
[48] Auch das ὑμῶν Lk 12,29 par Mt 6,32 Q – vormals im Kontext von Lk 11,2(–4) stehend – macht das ἡμῶν für Lk 11,2 Q möglich. Lukas kann es aufgrund seiner Gebetstradition hier (wie 11,13) gestrichen haben. – Auch das aram. 'abbā kann den Plural ἡμῶν implizieren; vgl. u. (unter 2d).
[49] Vereinzelte Beispiele aus dem hell. Judentum liest man bei JEREMIAS, Abba* 31 Anm. 84.
[50] Vgl. dann auch Joh 11,41; 12,27.28; 17,1.5.21.24(v.l.).25(v.l.).
[51] MUSSNER, Gal 276 Anm. 154, meint, daß Röm 8,15 und Gal 4,6 der Anfang des Vaterunsers zitiert würde, sei „schlechterdings ausgeschlossen"; vgl. kritisch auch KÄSEMANN, Röm 219. Aber warum eigentlich, wenn die o. unter 1a und 1b genannten Beobachtungen stimmen? Vgl. auch FITZMYER, Abba (L 5) 28: „Gal 4,6 ... may be an echo of the tradition about a prayer uttered by Jesus himself."
[52] Vgl. FITZMYER, Abba (L 5) 17ff.
[53] Vgl. JEREMIAS, Theologie I, 72.

chende Kinder ihren Vater an⁵⁴. Die Anrede bekundet eine Beziehung, ist kein Name für Gott. – Nirgendwo findet sich in der jüdischen Gebetsliteratur der Zeit ein Beleg dafür, daß man die Anrede ʾabbāʾ (ohne weitere Zusätze) auf Gott angewandt hätte⁵⁵; Gal 4,6 ist das älteste Zeugnis. Selbst in anderen Formen ist die Vater-Anrede zur Zeit Jesu selten⁵⁶; sie breitet sich erst im 1. und 2. Jh. n. Chr. allmählich aus, bleibt aber auch dann noch nur eine mögliche Anrede unter anderen, vor allem aber: meistens in der Form „unser Vater" (hebr. ʾabinu, aram. ʾabunan). Nur im Diasporajudentum, nicht im zeitgenössischen palästinensischen Judentum, begegnet auch „mein Vater" (hebr. ʾabhi⁵⁷). Das hebräische āb ist so sehr für Gott gebräuchlich, daß es auch in aramäischen Gebetstexten stehenbleibt.

b) Doch gilt es sehr zu beachten, daß ʾabbāʾ als Anrede des Vaters „in Jesu Tagen längst nicht mehr auf die Kleinkindersprache beschränkt" war⁵⁸. ʾabbā tritt für das hebr. ʾabhi ein, auch für den nicht vokativischen Gebrauch der Form, und hat „den Status emphaticus abha ersetzt; auch für ‚sein Vater' und ‚unser Vater' kann abba eintreten" und respektvolle Anrede an „alte Männer", besonders wohl an „Lehrer", sein, „ein Prozeß der Ausweitung", der in „neutestamentlicher Zeit bereits abgeschlossen" war⁵⁹ (vgl. πατήρ Mt 23,9; auch 1 Kor 4,15; 2 Kor 6,18). Die aram. ʾabbāʾ-Anrede ist von diesem ihrem ausgeweiteten Gebrauch her also durchaus *ehrfürchtig*. Darum soll der Name des *abba* als „heilig" offenbar werden⁶⁰.

---

⁵⁴ Nach JEREMIAS, Abba* 59f, wäre ʾabba nicht ein aus Kontraktion von *ai* zu *a* entstandenes Diminutivum (gg. Dalman), aber auch nicht ein Status emphaticus mit angehängtem Artikel (= ʾabhā) („der Vater"), „der sekundär die Funktion der Formen mit dem Suffix der 1. Person (‚mein Vater', ‚unser Vater') mit übernommen habe", sondern „Nachbildung der Anrede an die Mutter *imma*". Vgl. aber auch A. 58. Das ist freilich schwach belegt. „Da das Wort ʾabbā das hebräisch-aramäische Wort ʾabī fast ganz verdrängt hatte, gab es für Jesus kaum eine andere Wahl, wenn er zu Gott ‚Vater' sagen wollte"; vgl. ZELLER, a.a.O. 124. – Belege nunmehr in der gründlichen Untersuchung von SCHELBERT, a.a.O. (L 9a).
⁵⁵ Das hat JOACH. JEREMIAS mehrfach (s. L 9a) herausgearbeitet und K. SCHUBERT, in: Kairos 15 (1973) 98, wohl nicht widerlegt; vgl. das briefliche Urteil von M. Hengel, das VÖGTLE, Das Vaterunser (a.a.O.) 276f Anm. 66, zitiert. Vgl. auch das Urteil des Aramäisten FITZMYER, Lk 898: „how Jesus ... in a way exclusive to himself and otherwise unknown in pre-Christian Palestinian Jewish tradition"; vgl. DERS., Abba (L 5). Zum Für und Wider vgl. die Lit. bei FIEDLER, Jesus 98ff. – Gegen D. FLUSSER, Jesus in Selbstzeugnissen und Bilddokumenten (Rowohlt 140) (Reinbek 1968) 139 Anm. 162, der sich auf Taan 23 b beruft, bemerkt JEREMIAS, Theologie I, 71: „Ḥanin redet Gott keineswegs mit *Abba* an; seine Anrede lautet vielmehr: ‚Gebieter der Welt'." Freilich wendet Flusser – auch mit einigem Recht – ebd. ein, daß ein Nichtfinden „bei dem sehr spärlichen rabbinischen Material über charismatische Gebete nicht viel (bedeute)".
⁵⁶ Vgl. JEREMIAS, Abba* 27–33. – Das AT kannte āb bzw. ābinu als Gebetseröffnung nicht, wohl aber sachlich das Vatersein Jahwes; vgl. bes. innig Hos 11,1ff und Jes 63,15ff, 64,7; vgl. DEISSLER, a.a.O. 134ff. S. H. BLANK, a.a.O. 81, wagt 2,27 und 3,19 aus Jer zu erschließen; „The invocation ‚Father' can itself be a prayer", meint aber ebd. 82: father „as in Jer 3 hardly more so (is usual) in biblical times".
⁵⁷ Die bei Juden mögliche hebr. Anrede – vgl. JEREMIAS, ebd. 62 – ʾabhi wäre vermutlich – wie Mt 26,39.42 – mit πάτερ μου übersetzt worden.
⁵⁸ Vgl. schon JEREMIAS, (in Selbstkorrektur) Theologie 73; vgl. auch HAENCHEN, Weg 492ff Anm. 7a (gg. KITTEL in: ThWNT I [1933] 5f); KUHN in: EWNT I (1980) 2
⁵⁹ DERS., Abba* 60f (= Selbstkorrektur; vgl. ebd. 63f).
⁶⁰ Beachtung verdient die Beobachtung von SCHELBERT, a.a.O. 410: Das „Ölberggebet Jesu ist ... ein Appell an das Herz des Vaters, an seine Liebe zum Sohn als seinem Kind. Freilich wird der Appell mit der Allmacht dieses ʾabbāʾ begründet: ‚Alles ist dir möglich'

Der Zusatz (s.o.) der Mt-Überlieferung ὁ ἐν τοῖς οὐρανοῖς ist schon sachgerecht.

c) Die Anrede kann auch in ihrem unmittelbaren Kontext nicht nur individuell verstanden werden: Der Gott, den Jesus hier *abba* anreden lehrt, ist der, der sich eschatologisch universal in seinem kommenden Reich offenbaren will: „Lieber Vater ... es komme dein Reich!"[61] Wir werden aber doch – auch wenn wir das anerkennen – interpretieren müssen: Die eschatologische und weltweit gedachte apokalyptische Basileia-Vorstellung ist hier „entmythologisiert" von der vertrauten *Abba*-Beziehung her in Dienst genommen, ist „personalisiert" jesuanisch zu interpretieren[62] – was nur implizit-christologisch möglich sein dürfte[63].

d) Wenn die Vater-Anrede die Seele des Gebetes ist und vor jeder Bitte, auch den drei Wir-Bitten, mitgedacht werden muß (s. S. 177), expliziert *der matth Zusatz* ἡμῶν nur, was auch die luk Anredeform bereits implizierte und was auch im aram. *'abbā* mitgehört werden darf[64]. Mag nun die Jüngergemeinschaft oder ein Einzelner Gott so anreden: immer ist die Gemeinschaft derer im Blick, die die Vater-Offenbarung Jesu (vgl. Lk 10,22 c.d) verstanden und angenommen haben: gewiß zunächst der engere Kreis der Nachfolgenden, aber wohl auch die, welche zur „Familie Gottes" (Mk 3,33 ff) gehören[65], weil sie auf Jesu Wort hören. Hier wölben die Bitten derer, die so beten, einen Gemeinschaftsraum, der später die Kirche sein wird. Mehr noch als Jesu sammelnde und zugleich faktisch scheidende Basileia-Verkündigung[66] und sein Bußruf ist dieses Gemeinschaftsgebet (in einer gewissen präformierenden Weise) faktisch und inchoativ „kirchenkonstituierend" geworden.

3. Die Aufforderung Jesu, Gott so ungewöhnlich anzureden, kommt einer offenbarenden Mitteilung gleich (vgl. Lk 10,22 c par). (Wenn die Vater-Anrede in dieser ungewöhnlich vertraulichen Form die Seele des Jüngergebetes sein soll, muß dieses neuartige Gottesverhältnis auch die Mitte der Belehrung Jesu gewesen sein[67], dürfen wir vermuten.) Es läßt sich mit großer Zuversicht sagen, daß hier geschichtlich *das eigene „Sohnesverhältnis" Jesu signifikativ* wird, in das Jesus seine betenden

---

(Mk 14,36) ... In den paulinischen Stellen geht es im Zusammenhang auch weniger um Herzlichkeit des Verhältnisses zu Gott, dem '*abba*'-Vater, als vielmehr um die rechtliche Stellung als Sohn und damit Erben, im Unterschied zum Sklaven."

[61] (Gottes) Herrschaft und Reich findet sich in der Logien-Tradition häufiger mit der Rede vom „Vater" verbunden: Lk 12,30f par; 12,23 S; in Mt dann in der Formel βασιλεία τοῦ πατρός Mt 13,43 S; 26,29 diff Mk, vgl. 20,23; 25,34 S; vgl. verwandt auch Lk 22,29.

[62] Vgl. SCHÜRMANN, Das Gebet des Herrn 33f und u. A. 67.

[63] Anders VÖGTLE, Das Vaterunser (a.a.O.) 184: „Auch die von Jesus bevorzugte und empfohlene intime Anrede Gottes mit abba, die selbstverständlich ganz zu seiner Betonung des ‚nahen' Gottes paßt, erlaubt als solche noch nicht den Schluß auf den Anspruch des eschatologischen Heilbringers." – „Als solche" – aber wenn die „intime Anrede" mit der Basileia-Bitte zusammengehalten wird? Kann man die von der Abba-Anrede her zu interpretierende (s.o.) Basileia-Bitte Jesu, wie überhaupt seine Basileia-Verkündigung als gegenwärtiges Heilsangebot, ohne „implizite Christologie" verstehen? (Siehe auch u. A. 69).

[64] Vgl. o. S. 178f.

[65] Vgl. JEREMIAS, Theologie I, 191f.

[66] Vgl. schon o.S. 179 mit A. 43.

[67] Gerade in Worten, die zu gänzlichem Vertrauen ermuntern, wird Gott mit einem Vater verglichen (Lk 11,11f par) oder „Vater" genannt (Lk 11,13 par; 12,30 par; 12,32 S; Mt 6,8 S; Mk 11,25 par 6,14).

Jünger als Teilhaber hineinheben möchte[68]. In Jesu Kommen, seinem Verhalten und seinen Worten, kommt die Basileia nahe. Wir möchten der neueren Forschung[69] gerecht werden, wenn wir das Spezifische der Vater-Anrede Jesu nicht allein schon aus seinem kindlich-vertraulichen abba-Gebrauch ableiten[70], sondern aus der Koinzidenz desselben mit der Basileia-Bitte[71]. Von daher ist das Gebet Jesu durchaus charakteristisch „jesuanisch" und als solches in einer Weise einzigartig, daß man schon von einer „impliziten Christologie" reden darf[72]; es ist somit kein jüdisches Gebet mehr. Andererseits wird man sagen müssen: Die zu erschließende Anrede 'abbā im Munde Jesu ist zwar signifikativ für sein eigenes *ungewöhnlich-einzigartiges* Gottesverhältnis, aber damit doch noch nicht so auf ein *absolut-einmaliges* („metaphysisches") Gottesverhältnis[73] hinweisend, daß ein Mitvollzug desselben bzw. eine Partizipation an ihm, wie Jesus sie im Vaterunser ja doch anbietet, nicht möglich wäre.

2 b β   Unmittelbar leitet die Vater-Anrede – vgl. auch Joh 12,28 – den Wunsch ein, des Vaters „Name" möge „*geheiligt*" werden[74]. Obgleich formale Gemeinsamkeiten mit der nächsten Bitte: die Voranstellung des Zeitwortes, die Vermeidung eines direkten bittenden Angehens Gottes, das gemeinsame „Dein", das Fehlen einer Kopula zwischen den beiden Wünschen, nahelegen, den Wunsch mit dem folgenden zu einer Zweiheit von „Du-Bitten" zusammenzufassen (wozu die gewohnte Mt-Fassung mit der Abhebung der Anrede und der Einfügung einer dritten parallel gebauten „Du-Bitte" weithin verleitet), wird man ihn in der luk (und ursprünglichen; s.u.) Fassung wie im jüdischen Kaddisch-Gebet als Einleitung in enger Anlehnung an die Anrede[75] verstehen sollen.

In der ältesten Form des Kaddisch-Gebetes[76] – am Ende des Synagogengottesdienstes – wurde nur *eine* (aktiv formulierte) Bitte gesprochen: „Er lasse herrschen seine Königsherrschaft ... in Eile und in Bälde." Gerahmt ist diese einzige Bitte

---

[68] Vgl. Näheres SCHÜRMANN, Das Gebet des Herrn S. 29–37.
[69] Siehe o. S. 181 (zu 2 b).
[70] Damit gehen wir über DALMAN, Worte Jesu I*, 157f; KITTEL, 'abba', in: ThWNT I (1933) 4ff, und besonders die frühen Arbeiten von JEREMIAS, a.a.O., und dessen Nachfolger hinaus. Kritisch gg. J. Jeremias schon K. SCHUBERT in: Kairos 15 (1973) 98; D. ZELLER, a.a.O. 123f, sowie die von FIEDLER, Jesus 98f und von SCHELBERT, a.a.O. 434 Anm. 4, genannten Autoren.
[71] Vgl. dazu o. S. 77f und H. SCHÜRMANN, Das Gebet des Herrn 33ff und 80–83, ausführlicher DERS., Jesu ureigenes Basileia-Verständnis, in: GR 21–64, bes. 27–31.
[72] Gegen SCHULZ, Q 88, dem VÖGTLE, Das Vaterunser (a.a.O.), bes. 183f (vgl. auch o. A. 63) folgt: „Das VU verzichtet ... auf das, was man implizite Christologie nennt" (184) (wobei der Begriff „implizite Christologie" von V. unnötig eingeengt wird). „Indirekte Christologie" erkennt SCHNEIDER, Das Vaterunser (a.a.O.) 409.
[73] Diese Unterscheidung zwischen Jesu *einzigartigem,* jedoch eine Partizipation erlaubendem, und seinem *absolut-einmaligen* Gottesverhältnis wird bei der Ausdeutung der Abba-Anrede häufig – z.B. auch bei CONZELMANN, Theologie 122 – nicht vollzogen. Vgl. richtig auch LUZ, Mt I, 340.
[74] Vgl. jüdische Parallelen bei Bill. I, 408f.
[75] Gegen die allgemein übliche Auslegung, der sich SCHNEIDER, Das Vaterunser (a.a.O.) 410ff, anschließt; vgl. richtig dagegen DIBELIUS, Jesus* 100.
[76] Vgl. die Angaben und die Lit. bei JEREMIAS, Theologie I, 192 Anm. 87; Bill. I, 411–418. Näheres s. u. S. 205f.

von dem (passivisch formulierten) Wunsch: „Verherrlicht und geheiligt werde sein großer Name in der Welt, die er nach seinem Willen schuf", zu Beginn und: „Gepriesen sei sein großer Name von Ewigkeit zu Ewigkeit" am Schluß. Das heißt aber: Wenn das Kaddisch-Gebet irgendeinen Einfluß auf das Gebet des Herrn gehabt hat, legt sich auch von dorther nahe, den „Eröffnungswunsch" nicht als einen ersten Wunsch dem nach dem Kommen des Reiches als einem zweiten vorzuordnen (so sehr gesehen werden muß, daß derselbe die Basileia-Bitte vorbereitet und diese jenen exemplifiziert; s. u. z. St.). Er eröffnet nicht schon eigentlich das Bitten, sondern dient vorweg als Einleitung[77].

Der Wunsch steht im Gebet Jesu an der Stelle einleitender Lobpreisungen jüdischer Gebete, ist aber nicht selbst ein Lobpreis, sondern charakteristischerweise eben ein wortkarger, freilich als Anfangswort gewiß sehr eindringlich gemeinter bittender Wunsch. Statt eines Lobpreises[78] äußert der Beter nur – zurückhaltend bittend – einen Wunsch, weil er weiß, daß letztlich kein menschlicher Lobpreis die Herrlichkeit Gottes vermehrt, daß vielmehr Gott selbst am Ende diese sichtbar machen und durchsetzen kann. Wie im ganzen Gebet nur Wünsche und Bitten formuliert werden und in den sonst überlieferten Gebetsanweisungen Jesu überhaupt das Bitten auffällig dominiert[79], so überschlägt sich hier der Wille zum Lobpreisen schon im Ansatz und wird zu einer Wunsch-Bitte, besser: zu einem Wunsch, der schon um die Erfüllung weiß, da der Vater sich in seiner Königsherrschaft offenbaren will.

Da die Anrede keinen Namen nannte, sondern Gott in seiner wesenhaften Du-Beziehung anredete (s. o.), geht es nun dem Wunsch nicht um die Heiligung speziell des Vater-Namens. Die Bitte Joh 12,28[80], die dort die (meist so genannte) dritte Du-Bitte des Mt wohl korrigierend ersetzen soll, umschreibt treffend: „Vater, verherrliche deinen Namen"[81]. Hinter seinem „Namen" verbirgt sich Gott selbst, indem er sich in ihm offenbart; vgl. Sach 14,9b: „Am letzten Tage wird der Herr einzig sein, und einzig wird sein Name sein." Der Name Gottes gehört zu seiner den Menschen zugewendeten Seite, ist die Offenbarungsseite Gottes[82]. „Geheiligt" wird Gott, wenn seine „Heiligkeit", sein alles transzendierendes Gott-Sein sichtbar und bestimmend wird. Das mag den Gedanken einschließen: „Der Anbruch[83] des Gottes-

---

[77] Aus der weithin parallelen Form sollte man nicht auf einen „synonymen Parallelismus" (mit JEREMIAS, ebd. 192; FITZMYER 898; WIEFEL [„Doppelbitte"] u. viele) schließen.
[78] Auf die „Ehre Gottes" ist Jesus nach Lk 17,18 bedacht; vgl. auch Mt 5,16, den Lobpreis Lk 10,21b par und auch die für Jesus zu postulierenden Berakhot bei Tisch (vgl. nur Lk 22,19 parr).
[79] Vgl. SCHÜRMANN, Das Gebet des Herrn 40f. – Nach DEISSLER, a.a.O. 132, haben wir im AT kein einziges „verselbständigtes Bittgebet".
[80] Auch Offb 15,4 könnte ein Nachklang vorliegen.
[81] Vgl. SCHNACKENBURG, Joh III, z. St.
[82] Vgl. H. BIETENHARD in: ThWNT V, 271.
[83] Die betonte Eingangs- und Voranstellung könnte an eine „ingressive" Bedeutung des Imperativ Aorist denken lassen, die „das Zustandekommen des Verhaltens... im Gegensatz zum Bisherigen" ausdrücken will; so Bl-R 337,1.

reiches bringt den Zustand, wo Gottes Name nicht mehr durch Sünde entweiht und gelästert werden wird"[84], erschöpft sich aber nicht darin.

Die Wunsch-Bitte darf nun aber doch nicht in so enger Anlehnung an den Basileia-Wunsch[85] ausgelegt werden, daß sie mit diesem fast identisch wird. Unser Wunsch steht hier so lapidar am Anfang, daß es darin mehr um die Heiligkeit Gottes als solche[86] (die freilich in Gottes liebender Heilsoffenbarung besteht; s. u.) als um die Weise der Verwirklichung geht. Hier wird Jesu Theozentrik sichtbar – gewiß nicht unabhängig vom Wunsch nach der eschatologischen Erfüllung, letztlich aber doch jeden Zeitgedanken transzendierend und Gottes Herrlichkeit und Größe, sein Gott-Sein, herausstellend. Vor allem Wünschen und Bitten legt der Beter hier gleich einleitend die tiefste Intention seines Betens bloß. Mit dieser Intention durchseelt der Einleitungswunsch (zusammen mit der „Vater"-Anrede; s. o.) alle folgenden Wünsche und Bitten, ja ermöglicht sie erst. Erst wenn das gesehen wird, darf dieser Wunsch – vom Kontext her – nunmehr inhaltlich weiter gefüllt werden.

Dazu dürfte unser Vorschlag, den vorliegenden Wunsch als „Eröffnungswunsch" eng mit der Vater-Anrede zusammenzubinden, den Weg weisen: Von dieser aus wird nämlich deutlich, worin die Heiligkeit Gottes und damit die „Heiligung seines Namens" besteht; man wird diesen Wunsch von der vorstehenden vertrauten Anrede *abba* her verstehen müssen. In prophetischer Tradition[87] denkt sich Jesus die „Heiligung" des „Namens" dadurch, daß Gott als der *abba* seine Bundestreue: seine Gnade und Barmherzigkeit, zeigt. Gott erweist seine heilige „Andersartigkeit" gerade durch seine Deszendenz[88]. So nimmt die Eröffnungsbitte mit ihrer sich überschlagenden Theozentrik der Abba-Anrede nicht ihre Vertrautheit. – Erst so wird auch der Wunsch – zusammen mit der Abba-Anrede – als „Vorbau" des Gebetes recht deutlich: Was in dem Basileia-Wunsch und den drei folgenden Bitten ins Wort gehoben wird, ist implizit hier bereits vorweggenommen. Jedenfalls wird einleitend an Gottes herablassende Hilfs- und Gebebereitschaft appelliert, die allein die „Heiligkeit"

---

[84] H. BIETENHARD, ThWNT V, 275.
[85] Die Passivform ἁγιασθήτω will schwerlich nur – als passivum divinum – vermeiden, Gott als handelnd einzuführen; zeitgenössische Texte reden in diesem Fall meist in der dritten Person (vgl. auch Lk 6,38 b), zumal das Passiv im Aramäischen ungebräuchlich ist. Wenn in den synoptischen Herrenworten dieses Passiv fast nur in eschatologischen Texten begegnet, wird auch hier ein „passivum eschatologicum" vorliegen und an die eschatologische Erfüllung gedacht sein. Damit ist der Wunsch nach dem Kommen der Basileia in gewisser Weise schon vorbereitet. – Der Gedanke des Heiligens steht auch atl. häufig im eschatologischen Kontext; vgl. Sach 14,9, auch z. B. Ez 20,41; 28,22–26; 36,20ff; 38,16–23; 39,11–29.
[86] Diese ipsissima intentio Jesu ist auch dieselbe der ethischen Forderungen Jesu; vgl. SCHÜRMANN, Das Gebet des Herrn 45 ff.48–52, und den oben A. 71 genannten Beitrag.
[87] A. HESCHEL, Die Prophetie (Krakau 1936).
[88] Vgl. weiterführend das Referat von P. KUHN, Gottes Selbsterniedrigung in der Theologie der Rabbinen (StANT 17) (München 1968), ferner die Verständnishinweise in: JT 143–149.

des Abba manifest machen kann: Führe einen Zustand herauf, in dem deine ganze andersartige Heiligkeit – deine Recht schaffende Bundes- und Schöpfungstreue offenbar wird.

Der Heiligungswunsch ist im Spätjudentum formelhaft und Jesus aus dem jüdischen Synagogengottesdienst, der mit dem Kaddisch[89] beschlossen wurde, von Jugend an sehr vertraut gewesen. Die vorliegende Fassung könnte sich *in Jesu Beten* bereits in Nazaret, im privaten Beten „im Kämmerlein", vor dem „Vater im Verborgenen" (Mt 6,6), ausgeformt haben – vor allem kraft der Abba-Anrede, die die Formel in die Du-Form zwang und so wortkarg vereinfachte[90]. Die vertraute Anrede und der Wunsch nach Gottes Verherrlichung wurden in Jesu Beten zu einer innigen Einheit: zu einem „Aufblick" vor dem „Ausblick" der folgenden Zentralbitte um das Reich[91].
Irgendwann wird Jesus „sein Kaddisch" seine vertrauten „Jünger" beten gelehrt haben. Was die Nachfolgenden in die Gemeinschaft Jesu geholt haben wird, war: daß sie hier den Willen Gottes in letztgültiger Weise „mit Macht" (Lk 4,32[92]) gelehrt fanden, die atl. Forderungen überbietend und die spätjüdische, besonders die pharisäische Observanz sprengend – eben von dieser neuartigen Theozentrik Jesu her –, sehr andersartig als aller Gesetzesradikalismus in der pharisäischen, essenischen oder zelotischen Umwelt[93]. Jesus lehrt hier eine Gebetseröffnung solchen, die auf die Eröffnung dieser Theozentrik hin die fast unzumutbare Nachfolge wagten. Letztlich wird und kann nur denen, die Jesus radikal nachfolgen, ein derartig radikales Beten gelingen. Aber auch alle die, welche über diesen Kreis hinaus in Jesus den anerkannten, der den Willen des Vaters (s. o.) letztgültig auslegt, konnten und können so beten – alle die, denen Jesus die „Vater"-Anrede erlaubte.

2 c Wenn wir den vorstehenden Wunsch als einen mit der Anrede eng verbundenen Eröffnungswunsch richtig verstanden haben, gerät der nun asyndetisch folgende weitere *Wunsch nach dem Kommen der Basileia* in eine majestätische Einzigartigkeit.

Dieser Wunsch wird auch durch das betont vorangestellte Zeitwort „Es komme" von der folgenden, das erbetene Objekt voranstellenden Brotbitte, durch eine scharfe Zäsur abgehoben und durch seinen Inhalt, seine Form als Wunsch und durch die Anrede „Dein" von der Kette der folgenden drei Wir-Bitten unterschieden. Auch die Stellung am Anfang des Gebetes – im Unterschied zu jüdischen Gebeten[94] – betont die Wichtigkeit dieses Wunsches und hilft ihn aufschlüsseln. Wir dürfen schon vermuten: In diesem Wunsch geht es um das Ganze; die folgenden drei Bitten werden ihm untergeordnet bzw. zugeordnet sein. Im Gebet Jesu hat das Kommen der Basileia die gleiche Zentralstellung wie in der Verkündigung Jesu[95].

---

[89] Vgl. dazu o. S. 183 f.
[90] Siehe ausführlicher in G R 27–31.
[91] Siehe nachstehend, ausführlich in: SCHÜRMANN, Das Gebet des Herrn 158–164: Die Perichorese von „Aufblick" und „Ausblick", von Theo-logie und Eschato-logie in der Verkündigung Jesu.
[92] Vgl. LK I, 246.
[93] Vgl. GR 24–27.
[94] Vgl. KUHN, a.a.O. 41.
[95] Vgl. LK I, 330 ff und GR 21–64: Jesu ureigenes Basileia-Verständnis.

Es geht um *das Kommen* der Basileia (ἐλθέτω[96]). Was sie ihrem Wesen nach – im Sinne Jesu – näherhin ist, weiß der Beter, den Jesus im Auge hat. Der griechische Imperativ Aorist kann so gedeutet werden, daß hier nicht ein immer erneutes „Kommen", sondern das einmalige Geschehen der letzten Ankunft Gottes gemeint ist. Wenn der Wunsch um das Kommen der Basileia allen anderen Bitten vorgeordnet ist, hilft das bereits, ihr Wesen zu erfassen: Es geht bei dieser Bitte nicht um irgendein Anliegen de novissimis, um das man passend am Ende auch noch bitten müßte, sondern um das zentrale Anliegen für das Hier und Heute. Die Voranstellung dieses Wunsches bringt in das Beten der Jünger eine kopernikanische Wende: Das Eschaton ist das Wichtigste, das Eine!

Was aber kommt nach der Vorstellung Jesu näherhin nach Jesu Verständnis, wenn die Basileia kommen wird? Wenn der Wunschsatz dem parallel gebauten Eröffnungswunsch mit seiner Vater-Anrede unmittelbar folgt, dürfen wir jene Einleitung wohl als hermeneutischen Schlüssel nehmen für das Verständnis dieses einzigartigen großen Wunsches:

Wenn die Basileia kommt, verwirklicht sich das, was der vorstehende *Eröffnungswunsch* einleitend als Zentralwunsch Jesu offenlegte. Für den durchschnittlichen Hörer wird das Kommen einer Welt, eines Zeitalters gewünscht, in dem Gottes *Heiligkeit* und *Herrlichkeit* alles bestimmen: ein Zustand, in dem Gott königlich thront und herrscht zugleich. Die Theozentrik jenes Eröffnungswunsches beseelt auch den Wunsch nach dem Kommen der Basileia. Und diese Theozentrik ist so radikal, daß Gottes Thronen und Herrschen nur eschatologisch – jenseitig dieser Weltwirklichkeit – vorgestellt werden kann. Wenn nun um das „Kommen"[97] dieses Zustandes gebetet wird, dann wird es nicht nur funktional um Gottes Herrschaft gehen, sondern um einen Herrlichkeits- und Herrschaftsbereich Gottes, um „sein" – wie zu übersetzen sein wird – „Reich". Gottes Herrlichkeit und Herrschaft schaffen sich ihren eigenen *Bereich*[98]: Sie können letztlich erst Wirklichkeit werden in der neuen Welt Gottes[99].

---

[96] T^b: ἐλθέτω (so der St-T) könnte sekundäre Angleichung an Mt 6,10 (v.l.) oder Nachwirkung der Geistbitte (s. u. S. 189f) sein, könnte auch einfach den besseren Sprachgebrauch einführen –; die Lesart ist aber textlich doch besser bezeugt (𝔓[75] B L f¹ 1342 pc vg sy^{s.c}: Mcion Or), auch als ἐλθάτω (so N[25] mit T H).

[97] So noch Mk 9,1; Lk 22,18 diff Mk – an beiden Stellen sekundär (und in Abhängigkeit von unserer Bitte?). Andere Verben – vgl. DALMAN, Jesus – Jeschua* 87f – lassen ebenfalls mehr an ein Kommen und Nahen einer schon bestehenden Größe als an die geschehende Verwirklichung einer Funktion Gottes denken.

[98] Anders GNILKA, Mt, der stärker vom Heiligungs-Wunsch her als von der Anrede her deutet. – Dieser Bereich kann syn als Thronsaal vorgestellt werden, in welchem wir als Mitregenten herrschen werden (Mk 10,40), als Festsaal, in dem man zu Tische liegt oder aus dem man herausgeworfen werden kann (Lk 13,28f par; Mk 14,25 par Mt; vgl. Mt 22,1-13), als Palast oder Stadt, die auf- und zugeschlossen werden kann (Mt 16,19; 23,13). Man kann in die Basileia „eingehen" (Mk 9,47 par Mt; 10,15.23 ff parr; Mt 5,20; 7,21 diff Lk).

[99] Vgl. SCHÜRMANN, Das Gebet des Herrn 55f; eingehender in: DERS., Das Zeugnis, bes. 135.136-143.144-149.

Mit der vorstehenden formalen Bestimmung ist aber Jesu Basileiabotschaft letztlich noch nicht verstanden. Schon der Eröffnungswunsch ließ erkennen: Gottes Name wird „geheiligt", er wird verherrlicht, indem er das Heil verwirklicht (s. o.). Ebenso ist Gottes Herrlichkeit und Herrschaft nur in einer Welt verwirklicht, in der Gottes Heil vollendet Wirklichkeit geworden ist. Recht eigentlich muß die Basileia-Bitte (wie schon der Eröffnungswunsch; s. o.) von der *Abba-Anrede* her verstanden werden: Das Reich dieses „Vaters" („dein Reich") soll kommen. Die Abba-Anrede erläutert Jesu Basileia-Verständnis wie Jesu Basileia-Geschick seine Abba-Anrede[100]. Dieses ist aber nur als herablassendes Heil vorstellbar. Es geht – im Unterschied zur Verkündigung des Täufers – nicht mehr primär um das Gericht[101], wenn es der *'abba* ist, dem der Wunsch vorgetragen wird, *sein* Reich möge kommen. Es geht *primär um Heil,* und dieses Heil[102], das die familiäre Anrede als irgendwie bereits gegeben zuspricht, wird sich am Ende mit dem „Kommen" der Basileia voll verwirklichen als eschatologische „Sohnschaft" (6,35 c; vgl. Mt 5,9)[103]. Die Basileia ist nach 6,20 b f das Heilsgut schlechthin[104]. Die Basileia-Vorstellung ist zuinnerst von der Vater-Relation Jesu her bestimmt, darum so unapokalyptisch „farblos"[105]. Wer um den Heilswillen des Vaters weiß und um das Heilsangebot Jesu, ist von selbst diesem Heil „an-genähert" und in diesem Sinn in *„Nah-Erwartung"* versetzt; er bittet nun wortkarg, aber intensiv darum.

Die wortkarge, lapidare Basileia-Bitte setzt das neuartige und ureigene Basileia-Verständnis Jesu voraus. Apokalyptiker, Pharisäer und Zeloten werden sie nicht ohne weiteres im Sinne Jesu verstanden haben. So dürfen wir abermals [106] annehmen, *Jesus* habe die Bitte primär *seinen nachfolgenden Jüngern* anvertraut. Wir dürfen an unsere Vermutung erinnern[107], daß sie die Bitte des Kaddisch-Gebetes Jesu schon in Nazaret war: Bestandteil des kaddischartigen Gebetes Jesu Lk 11,2b par Mt, das erst im Zusammenleben mit den nachfolgenden Jüngern um die – so andersgearteten – Wir-Bitten Lk 11,3–4 erweitert wurde[108]. In besonderer Weise hatte Jesus den nachfolgenden Jüngern „das Geheimnis der Basileia" eröffnet (vgl. Mk 4,10ff); sie hatte er zur Verkündigung der Basileia ausgesandt. So bekommt dieser erste und letztlich einzige Wunsch im Beten der Jünger, die sich – Jesus nachfolgend und mit ihm verkündend – schon in besonderer Weise erwartend auf deren Kommen existentiell eingelassen hatten, eine besondere Bedeutung: Es geht in ihr um die Bestätigung nicht nur der Verkündigung Jesu und ihrer eigenen Verkündi-

---

[100] Vgl. schon o. S. 177f.181 f. – Ausführlicher: SCHÜRMANN, Das Gebet des Herrn 30 f. 60–64.71–75.158–169 (mit den Anm. ebd.); thematisch dann im GR 21–64 (s. o. A. 71), bes. 27–31 und ebd. Das Zeugnis, bes. 144–149.
[101] Freilich erwartete auch der Täufer bereits das eschatologische Heil, wenn auch nicht in der akzentuierten Weise Jesu; vgl. LK I, 33.171–177.178f.186.416f.
[102] Vgl. unsern o. in A. 71 und 100 genannten Beitrag.
[103] Siehe Näheres LK I, 355ff.
[104] Siehe Näheres LK I, 330ff.
[105] Vgl. LOHMEYER, Das Vater-Unser (a.a.O.) 74.
[106] Siehe schon o. S. 175.179; vgl. ferner u. S. 191.206 A. 256.
[107] Siehe o. S. 186.
[108] Siehe o. S. 186 und u. S. 191.

gung, sondern auch um der Jünger Nachfolgewagnis – was nicht heißt, daß nicht alle, die der Basileia-Verkündigung glaubten und glauben, diese Bitte mitbeten konnten und können.

Der Terminus βασιλεία meint in Herrenworten (die je einzeln zu beurteilen wären[109]) terminologisch bis auf wenige Stellen (wie Lk 10,9.11; 11,20; 12,32; 17,21), in denen prophetisch im kleinen Anfang schon die Endverwirklichung gesehen wird, die kommende Totalverwirklichung. Sie ist das eschatologisch Zukünftige schlechthin, das freilich für Jesus – als Eschaton – doch schon Gegenwärtigkeit hat.

Betonter noch gilt das nach Ostern und Pfingsten für *Lukas*. Wahrscheinlich denkt Lukas das neutestamentliche Heilshandeln Gottes in Christus und darüber hinaus *ekklesiologisch* die nachösterliche Evangeliumsverkündigung[110] in die Gebetsbitte mit hinein, was zu bedenken ist, wenn uns hier der luk Text für die Auslegung maßgeblich sein soll.

Die Bitte um das Kommen der Basileia meint im ursprünglichen Sinn das *baldige*[111] Kommen; sie ist – trotz aller Verhaltenheit der Wunschform – von einer drängenden Vehemenz. Diese „Naherwartung"[112] wurzelt in der mit dem Dasein Jesu, in seinen Taten und Worten, gegebenen Gegenwärtigkeit des Reiches Gottes. Da Lukas diese bereits in der Zeit der Kirche pneumatisch lebendig erfährt, ist die – immerhin auch bei ihm noch vorhandene – Naherwartung in seinem Beten nicht mehr in gleicher Weise drängend, vielmehr ins Ekklesiologische transponiert: Die Basileia kommt für Lukas durchaus auch schon im Missionserfolg (s. o.).

1. Nach A. v. Harnack u.a.[113] soll dem Gebet *die Basileia-Bitte ursprünglich gefehlt* haben, welche Möglichkeit H. deutlich im Interesse seiner antiapokalyptischen Einstellung – ohne überzeugenden Anhalt am Text und der Gesamtverkündigung Jesu – durchspielt.

T^c: Die sehr schwach bezeugte *Geist-Bitte* ελθετω το πνευμα σου το αγιον εφ' ημας και καθαρισατω ημας verdrängt eine andere Bitte, mal diese, mal jene; sie hat keinen festen Platz in der Überlieferung und ist schon von daher verdächtig: Sie bezeugte sich (vielleicht zunächst) bei Tert (Mcion?[114]) anstelle der Eröffnungs-

---

[109] Vgl die in A. 99 genannte Untersuchung.
[110] Vgl. LK I, 255 A. 257, ferner Apg 1,3; 8,12; 19,8; 20,25; 28,23.31 und M. VÖLKEL, Zur Deutung des „Reiches Gottes" bei Lukas, in: ZNW 65 (1974) 57–70.
[111] Jesu „Naherwartung" bleibt auf die Möglichkeiten des Vaters hin „offen" und wird nicht zu einer terminlich fixierten „Nächsterwartung". Die „Terminworte", Mk 1,30; Mt 10,23 und Mk 9,1 parr weiterwirkend, dürften nachösterlich sein (oder wollen in jeweiligen Evangelienkontext verstanden werden). Vgl. dazu u.a. L. OBERLINNER, „Terminworte" 51–66; D. ZELLER, Prophetisches Wissen um die Zukunft in synoptischen Jesusworten, in: ThPh 52 (1977) 258–271.
[112] Siehe die Verständnishilfe in: SCHÜRMANN, Das Gebet des Herrn 67f. – Die Annahme einer „Intensivierung des Apokalyptissimum der Apokalyptik" (so SCHULZ, Q 93; vgl. S. 91: „morgen") schreibt ungut ein Wortmonstrum an die Wand der Zukunft; vgl. dagegen die Auslegung der folgenden drei „Diesseits-Bitten".
[113] Vgl. dazu FREUDENBERGER, a.a.O. 431.
[114] Vgl. die nicht unberechtigten Zweifel von B. M. METZGER, Commentary z. St., und von DELOBEL, a.a.O. (Tert „zitiert" nicht).

bitte[115], (später dann) bei GrNy MaxConf 700[116] anstelle der Basileia-Bitte (bei MaxConf wie 162 umgestellt und ohne ἐφ' ἡμᾶς). Johannes-Jünger hätten eventuell so auf Grund von Lk 3,16.17 (und Ez 36,25–27) beten können, nicht aber getaufte Jünger Jesu, schon gar nicht auf Anregung von Lukas; es würde trotz der betonten Geisttheologie des Lukas und des luk Einschubes V 13 (s. u.) Mut dazu gehören, die Bitte diesem zuzuschreiben[117]. Sie kann ihre Ausformung – vgl. verwandt 1 QS 4,21[118] – anläßlich der Taufe mit Salbung[119] und Handauflegung (Apg 8,17ff; 19,6) gefunden haben[120] (wo sie ursprünglich ihr Eigenleben gehabt haben mag). Warum erscheint die Bitte textgeschichtlich in Lk und nicht in Mt? Man kann annehmen, Lk 11,13b (s. dort), auch Apg 8,15 sei Anlaß gewesen, einen derartigen baptismalen Text dem (ja auch bei der Taufe „übergebenen" – seit wann?) Herrengebet in Lk 11,2 einzufügen[121].

2. Die zusätzliche *Bitte des Mt* (6,10b) γενηθήτω τὸ θέλημά σου wird fast allgemein[122] als nachträgliche Erweiterung des Herrengebetes verstanden, die dann weithin auch in den luk Text[123] sekundär eindrang. Als ursprünglich selbständiges „Stoßgebet" Jesu ist sie nicht zu erhärten, da Mk 14,36c (wie anders auch u. zu Mk 11,25), noch deutlicher Mt 26,42b, bereits von unserer Vaterunser-Bitte abhängig sein wird[124]. Die Bitte verrät Eigentümlichkeiten der matth Gemeindesprache[125]

---

[115] Bei Tert anstelle der Eröffnungsbitte plaziert? So manche seit v. HARNACK, Der urspr. Text (a.a.O.).

[116] T^c: εφ' ημας (ελθετω σου η βασιλεια) in D und d verdankt sich wohl der Geistbitte, s. vorstehend.

[117] Die Basileia-Bitte wird Lukas – bei seinem Basileia-Verständnis (s.o. S. 189) – schwerlich unsympathisch gewesen sein (gg. GRÄSSER, Parusieverzögerung z. St.). – Überzeugende Argumente für den luk Ursprung der Geistbitte (s.o. S. 189f) sind nicht beizubringen; vgl. SCHNEIDER, Die Bitte (a.a.O.) 370f. Zwar nennt Lukas die Christen einigemal (Apg 4mal) ἅγιοι, dazu Apg 20,32; 26,18 ἡγιασμένοι. Bitten um den Hl. Geist kennt Lukas außer Lk 11,13b (s. ebd.) diff Mt nirgends. Das Verbum καθαρίζω (durch den Glauben) findet sich nur Apg 15,9 ähnlich gebraucht; nirgendwo „reinigt" bei Lukas der Hl. Geist. Apg 1,8 δύναμιν ἐπελθόντος τοῦ ἁγίου πνεύματος ἐφ' ὑμᾶς, vgl. auch entfernter Lk 3,22; Apg 10,44; 11,15; 19,6, ist formelhaft und darum kaum als Nachklang unserer Bitte zu sichern; vgl. auch LK I, 190 A. 11.

[118] Vgl. BRAUN, Qumran 88. – Gegen die Versuche, die Geistbitte (unterschiedlich) mit den Johannesjüngern in Verbindung zu bringen, vgl. BACKHAUS, Die „Jüngerkreise" 187f.

[119] Vgl. ActThom, auch im Hochgebet der Chrysostomus-Liturgie.

[120] Vgl. Belege bei MAGNE, La réception (a.a.O.; vgl. gg. diesen aber DELOBEL, a.a.O. 297f. Anm. 15b).

[121] Näheres in der gründlichen Untersuchung von SCHNEIDER, Die Bitte (a.a.O.). Dieser nennt ebd. 358 zwischen 1889 und 1981 17 Autoren, die die Geist-Bitte Lk 11,2 für luk, 28, die sie (wie heute die meisten) für spätere Einfügung halten. – Gründe gg. die von AMPHOUX, a.a.O., konstruierte Entstehungsgeschichte führt DELOBEL, a.a.O. 301–305, an.

[122] Vgl. nur SCHNEIDER, Das Vaterunser des Matthäus (a.a.O.) 74ff, dieser ebd. 90 aber vorsichtiger: „eine sichere Entscheidung nicht möglich". Für Ursprünglichkeit – nicht überzeugend – SCHWARZ, a.a.O. 242–245.

[123] T^d: Sie fehlt hier in bester Überlieferung wie 𝔓75 B L f¹ 1342 pc vg sy^{s.c}; Mcion Or.

[124] Τὸ θέλημα γινέσθω Lk 22,42b diff Mk und Apg 21,14 ist offenbar stereotype Ergebenheitsbekundung und kein Nachklang von Mt 6,10b (gg. SCHWARZ, a.a.O. 244 Anm. 3 und 4), zumal ihr passiver Sinn nicht mit der Vaterunser-Bitte harmoniert.

[125] Vom „Willen des Vaters" ist in den syn Evv noch die Rede Mt 12,50 diff Mk; 7,21 diff Lk; 21,31 matth S (vgl. 18,14); „dein Wille" noch Mt 26,42 diff Mk.

und verundeutlicht die majestätische Einsamkeit (s. o.) des einzigen (s. o.) Du-Wunsches um das Kommen der Basileia, dem sie inhaltlich auch nichts hinzufügt. Sie kommentiert diesen Basileia-Wunsch nur in einer einseitigen, für die Gemeinde des Matthäus aber charakteristischen Weise: daß Gottes Heilsplan zur Vollendung komme und sich durchsetze[126]. Eine in seinen Gemeinden übliche Gebetsform des Herrengebetes kann freilich den Evangelisten veranlaßt haben, seine Q-Tradition (= Lk) hier zu ergänzen.

3f Die Basileia-Bitte ist uns als der einzige Gebetswunsch deutlich geworden, der eigentlich keinen anderen neben sich haben kann. Nun aber folgt, von diesem sowie dem Einleitungswunsch, in denen es primär um das „Du" Gottes geht, asyndetisch abgehoben, doch noch eine *Kette von drei Wir-Bitten*, jeweils durch ein „und" aneinandergebunden, wobei die erste sich (auch von den beiden folgenden) durch die Voranstellung des erbetenen Objektes unterscheidet, so daß die Zäsur noch stärker wird. In überraschender Weise wird in diesen „Diesseitsbitten" der Blick nun vom kommenden Gott weg auf irdische Nöte gelenkt, wobei betont die Bitte um (irdisches; s. u.) Brot noch – ebenso überraschend – den beiden folgenden „geistlichen" Bitten voransteht. Die Form der drei Bitten will mitbedacht werden: In ihrer prägnanten Kürze gleichen sie SOS-Rufen, wobei besonders der letzte am Ende das ganze Gebet als Notschrei verhallen läßt ...

Offenbar sind die folgenden drei Gebetsanliegen[127] als die einzig nötigen gedacht – besonders in der Situation des Jüngerkreises, der in der Nachfolge Jesu gänzlich und besonders existentiell auf das Kommen der Basileia ausgerichtet ist (s. o.) –, eben weil in solcher Situation drei Nöte bleiben, die durch diese sogar recht eigentlich erst entstehen: die materielle Ungesichertheit des Lebens nachfolgender Jünger, das tägliche Schuldigwerden, besonders im Miteinander des engen Jüngerkreises, und die Gefahr des Falles und Abfalls in der immer gefährlichen Nachfolge Jesu. Gerade die Beschränkung auf *diese* Dreiheit von „Not wendenden" Bitten läßt den ursprünglichen „Sitz im Leben" und die nachfolgenden Jünger als die ersten Adressaten dieses Gebetes vermuten.

So sehr die Jünger Jesus um ein „Gruppengebet" bitten (V 2a) und auch schon in der Abba-Anrede ein „Unser" mitgedacht werden darf[128]; so sehr

---

[126] Vgl. M. Dibelius, a. a. O.; Trilling, Israel* 146.190f; A. Kretzer, Die Herrschaft der Himmel und die Söhne des Reiches (SBM 10) (Stuttgart 1971) 106f (und Reg. zu Mt 6,10); J. D. Kingsbury, Matthew: Structure, Christology, Kingdom (Philadelphia 1975).
[127] Die 12 Berakhot des Mittel- und Hauptteils des Achtzehn(Bitten)-Gebetes (vgl. K. G. Kuhn, a. a. O. 25f) bringen in der 9., der 6. und 7. Berakha gewisse Analogien zu unseren drei Bitten; aber die 6.: „Vergib uns, denn wir haben gesündigt", ist zu allgemein, um Abhängigkeit zu beweisen. Die 9. Bitte um den Jahresertrag und die 7. um die „Erlösung" des „elenden" Israel von der Fremdherrschaft beweisen das noch weniger – abgesehen davon, daß wir kaum feststellen können, ob die einzelnen Berakhot in die Zeit Jesu zu verlegen sind; vgl. dazu in: J. Maier u. a. (Hg.), Jüdische Liturgie (QD 86) (Freiburg i. Br. 1979) 77–88: J. J. Petuchowski, Das Achtzehngebet.
[128] Siehe o. S. 179.

auch die „Unser"-Bitten betend einen neuen ekklesiologischen Raum konstituieren[129]: Jesus kann das Gebet durchaus zunächst als ein Gebet des einzelnen Jüngers gedacht haben, wie ja auch das Achtzehngebet täglich von den Juden einzeln privat gebetet wurde. Jesus lehrt das Gebet seine Jünger (V 2a) und sagt nicht: „Wenn wir beten, wollen wir so sprechen."[130] Der Beter muß sich freilich in der Gemeinschaft mit den Brüdern wissen, was schon im vorösterlichen Jüngerkreis zu einem gelegentlichen gemeinschaftlichen Beten geführt haben wird.

3 Es überrascht, wenn der Beter jetzt nach der großen Du-Bitte um das Kommen der Basileia, betont vorangestellt, nun so alltäglich um *„Brot"* bitten soll. Palästinenser, die so bitten, erflehen damit das Hauptnahrungsmittel (über das darum bei der Mahlzeit auch der Tischsegen gesprochen wurde), damit den Lebensunterhalt überhaupt[131]. Die Beter sollen um *ihr* Brot bitten, also offensichtlich doch um irdisches, das uns (ἡμῶν[132]) notwendige Brot[133], dürfen wir schon deuten, denn das ἡμῶν sperrt sich gegen eine übertragene Ausdeutung. In der Lk-Fassung denkt der Beter nicht nur betend an das Heute (wie par Mt: σήμερον): „Tag für Tag" (τὸ καθ' ἡμέραν) – vgl. dazu noch die betonte Endstellung! – soll das Brot nicht fehlen, was entsprechend auch der iterative Imperativ Präsens (δίδου) zum Ausdruck bringt. Damit ist ebenfalls an das hiesige Brot gedacht.

Freilich will Lukas seine Beter auch bescheiden: Gewünscht wird nur das jeweils für den Tag Notwendige, wie das Manna (außer am Vortage des Sabbats) immer nur für den einen Tag gegeben wurde (vgl. Ex 16, 4.16.18.21)[134]. Es ist an Beter und Familien gedacht, die nichts auf die „hohe Kante" legen wollen, sondern genügsam mit der Tagesration zufrieden sind, sich diese aber doch verständlicherweise für alle Tage ihres – ob befristet oder länger vorgestellten – Lebens wünschen. Die Situation der

---

[129] Siehe o. ebd. A. 43.
[130] Die Evangelien schließen Jesus nicht mit seinen Jüngern zu einem betenden Wir zusammen (vgl. Joh 20, 17), obgleich man gemeinsame Tischgebete (Mk 6, 41b; 8, 6b) und Psalmengebete Mk 14, 26 annehmen muß. Jesus wird Gott erfüllter „Abba" angeredet haben als seine Jünger; er wird auch den Wunsch nach Heiligung des Namens und den Wunsch nach dem Kommen der Basileia von seiner Sendung her vertieft gebetet haben. Die Bitte um Schulderlaß (vgl. Mk 11, 25) und die Bewahrung vor der Versuchung (vgl. Mk 14, 38) ist im Munde Jesu nicht in gleichem Sinn denkbar wie im Munde der Jünger; vgl. dazu SCHÜRMANN, Das Gebet des Herrn (151).
[131] Vgl. Mk 3, 20; 7, 2; Lk 14, 1.15.
[132] Tᵉ: Das σου des Mcion (Or^{pt}) kann aus Joh 6, 33 (τοῦ θεοῦ); vgl. 6, 32 (ὁ πατήρ μου) stammen. – Die vielen an Mt angleichenden Textvarianten (vgl. ALAND, Synopsis) in V 3 verdienen keine Berücksichtigung.
[133] Vgl. die Bitte um „Brot" als den notwendigen Lebensunterhalt auch Mk 8, 14–21 par Mt 16, 5–12; Lk 11, 5; Mt 7, 9 diff Lk, um das Notwendige auch Lk 12, 22–31 (bes. V 30) par; Mt 6, 8.
[134] Auch die matth Fassung (= Q) denkt sich die Parusie nicht am nächsten Tag, so daß Lukas – bei einem übertragenen Verständnis – nicht durch das Iterativum die Zeit hätte dehnen müssen; gg. SCHULZ, Q 85 Anm. 193 (mit Gräßer u. a.).

durchschnittlichen Gemeindechristen zur Zeit des Lukas hat sich hier die Bitte Jesu (s. u.) und des vorösterlichen Jüngerkreises bzw. nachösterlicher Wanderapostel (s. u.) zu eigen gemacht und zurechtgebetet.

Der „Sitz im Leben" solchen Betens war ursprünglich – anders dann Did 7,1–4 im Zusammenhang von 9,1 – 10,6 – wohl nicht zunächst der Gottesdienst einer Gemeindeversammlung. Als Bitte armer christlicher Familien und Gruppen, vielleicht auch einzelner, klingt die Bitte in der Mt-Fassung ursprünglicher, weil existentieller.

Das σήμερον des Matthäus hat als die „schwerere Lesart" und damit als ursprünglicher zu gelten. Auch die beiden folgenden Wir-Bitten denken primär an das nahe Jetzt, jedenfalls nicht zunächst an die eschatologische (wie die zweite Bitte) oder entferntere (so die dritte Bitte) innerweltliche Zukunft. – Der hier die Vorlage der Redenquelle geändert hat, war Lukas selbst; dabei ist es weniger wahrscheinlich, daß eine vorlukanische Gebetspraxis Lukas dazu veranlaßt haben soll, weil seine eigene Sprache hier zu deutlich erkennbar wird: Lukas hätte σήμερον hier nicht stehen lassen müssen, weil das für ihn charakteristische akzentuierte „Heute" hier nicht vorliegt[135]. Dagegen ist τὸ καϑ' ἡμέραν wahrscheinlich lukanisch[136] (ebenso wie καϑ' ἡμέραν[137]). Entsprechend muß der komplexive Aorist δός des Matthäus als ursprünglicher gelten als der iterative Imperativ δίδου.

In der Lukasfassung ist das Erdenleben mit seinen Notwendigkeiten fordernder geworden; im Mt-Text beten noch Charismatiker, die ganz auf das Heute fixiert sind und das Morgen dem Vater überlassen können (vgl. Mt 6,34b). Das Nachlassen eines pneumatischen Überschwanges läßt die irdische Wirklichkeit wieder in den Blick kommen. Mit Parusieverzögerung[138] hat das sehr wenig zu tun.

Wenn Lukas den Text von sich aus geändert hat (s. o.), war das Gebet ihm entweder aus dem Gemeindebrauch nicht bekannt, oder es war ihm dem Wortlaut nach nicht sakrosankt und invariabel, vielmehr als „Leitgebet" durchaus abänderbar[139].

Die Brotbitte war uns oben auch ohne das unverständliche (s. u.) ἐπιούσιος bereits aus dem unmittelbaren Kontext heraus deutbar: Aus diesem Kontext legt sich für das Adjektiv schlicht der Sinn „notwendig" nahe[140]. Jede andere Interpretation trägt gegenüber dieser nächstliegenden die Beweislast. Der ausdrückliche Zusatz des Adjektivs bedeutet freilich eine Akzentuierung. Eine Einschränkung dieser Art war angebracht[141], wenn

---

[135] Vgl. LK I, 112.225.233. – Freilich kann Lukas σήμερον auch theologisch unbefrachtet verwenden: so Lk 12,28 par Mt; 22,34.61 par Mk und 9mal in Apg.
[136] Die Wendung begegnet mit Art. im NT nur hier und Lk 19,47 (diff Mk). Apg 17,11 v.l., auch Lk 22,53 v.l. kann, muß sie aber nicht von der luk Vaterunserfassung her eingedrungen sein.
[137] Wie Mk 14,49 parr und Lk 16,19 S; 22,53 par Mk; Apg 2,46.47; 3,2; 16,5; 17,11; 19,9.
[138] Siehe schon o. A. 134.
[139] Siehe die nachstehenden Ausführungen.
[140] Daß es sich nicht um eine „Zeit-, sondern eine Maßangabe" handeln muß, diese Meinung von FOERSTER, Art. ἐπιούσιος, in: ThWNT II, 587–595 (und mancher vor ihm), hat sich „weitgehend durchgesetzt"; vgl. SCHULZ, Q 90f Anm. 232; SCHNEIDER, Das Vaterunser des Matthäus (a.a.O.) 66f.
[141] Auch die jüdischen Parallelen bei Bill. I, 420f und DALMAN, Worte Jesu I*, 329ff, führen am ehesten auf „das zum Leben notwendige oder zureichende" Brot. Vgl. Spr

die Bitte bescheiden bleiben wollte, weil „Brot" für Nahrung überhaupt, keineswegs nur für das Existenzminimum stehen konnte.

1. Das Adjektiv επιούσιος begegnet außer im Vaterunser (Lk par Mt; vgl. Did 8,2) biblisch sonst nirgends, noch einmal[142] (επιουσι[ων]) in ebenfalls schwer zu deutendem Zusammenhang in einer Liste von täglichen Haushaltsausgaben. Eine etymologische Ableitung[143] – entweder von ἐπεῖναι (ἐπ' οὐσία) oder von ἐπιέναι ἡ ἐπιοῦσα (ἡμέρα) – wäre denkbar, wobei erstere auf den von uns postulierten Sinngehalt „notwendig", letztere eher auf die Bedeutung „kommend", führen würde. Die Philologie scheint mehr für eine Ableitung von ἐπιέναι zu sprechen[144], wobei auch diese Ableitung das „Ausstehende" als „Anstehendes" meint[145].

2. ἐπιούσιος als Äquivalent des *māchār* des (hebräisch gedachten) EvHebr[146] läßt unterschiedliche Deutungen zu: Es kann – mit Bezug auf Ex 16 (s. o.) – an das Brot „für morgen" *(le māchār)* oder „bis morgen" *(ad māchār),* also für heute, gedacht sein, wobei die erste Form der doppelten Ration des Sabbat-Vortages entsprechen würde. Man kann dann an ein neues Manna denken, das nicht nur leiblich sättigt[147]; oder an das himmlische Mahl (vielleicht gar einschließlich der Eucharistie)[148]. Mit Recht verzichtet J. Jeremias[149] auf die Anspielung auf das Manna. Er meint, der spätere (aramäische) Übersetzer des griechischen EvMt habe in das targumartige EvHebr (bzw. Nazaräerevangelium?[150]) die Vokabel einfließen lassen, die er aus dem aramäischen Beten sei-

---

30,8b: „Armut und Reichtum gib mir nicht, laß mich nur essen das mir bestimmte Brot (MT: *léhem ḥukki*)"; vgl. LXX: „Gib mir nur das Notwendige (τὰ δέοντα) und Hinreichende (τὰ αὐτάρκη)".

[142] Vgl. PREISIGKE, WGUÄ I, 5224, 20: A. DEBRUNNER, Ἐπιούσιος, in: ThLZ 50 (1925) 119. Schon ORIGENES, De orat. 27,7, schreibt, er habe das Wort weder in der Literatur noch in der Volkssprache irgendwo gefunden. – Die Mitteilung von G. KLAFFENBACH, in: MH 6 (1949) 216f, über einen weiteren Fund der Vokabel in einer Inschrift in Lindos auf Rhodos aus dem Jahre 22 n.Chr., erwies sich durch Nachprüfung an Ort und Stelle als Fehldeutung; vgl. A. DEBRUNNER, ebd. 9 (1952) 60ff; METZGER, a.a.O.

[143] Vgl. ausführlich BAUERWb z. W.; auch W. FOERSTER, Art. ἐπιούσιος, in: ThWNT II, 587–595; Bl-R § 123,1 Anm. 2 und 124 Anm. 2.

[144] Vgl. HEMER, a.a.O. 82–90.

[145] HEMER, ebd. 90f: „The accent is upon immediate sequence rather than on chronical date".

[146] Hieronymus behauptet in Komm. Mt zu 6,11 und im Trakt. über Ps 135, „in dem sogenannten Evangelium nach den Hebräern" das Wort *māchār* gefunden zu haben, das er mit *crastinum* übersetzt. P. VIELHAUER und G. STRECKER zeigen in: NTApo I, 120–126.135, daß Hieronymus wahrscheinlich das aramäische Nazaräerevangelium meint und daß seine Mitteilungen über das von ihm gemeinte judenchristliche Evangelium auch sonst recht unzuverlässig sind.

[147] Vgl. so CARMIGNAC, Recherches (a.a.O.) 118–221, wobei er – modern aktualisierend (S. 190) – auf leibliche Nahrung, Gottes Wort und Eucharistie meint deuten zu dürfen. Solche „geistliche" Ausdeutung der Bitte die Jahrhunderte hindurch weist auf (und verteidigt ähnlich): DEWAILLY, a.a.O.

[148] BROWN, a.a.O. 238–243; verwandt – aber als nachösterliche Deutung der Urgemeinde – versteht STARCKY, a.a.O.; vgl. auch FITZMYER, 900f. Weitere Autoren mit ähnlicher Deutung bei CARMIGNAC, a.a.O. 237.

[149] JEREMIAS, Theologie I, 193.

[150] Siehe o. A. 146.

ner Gemeinde kannte, so daß *māchār* alte aramäische Tradition und – an sich denkbar, aber keineswegs sicher[151] – die Grundlage des griechischen ἐπιούσιος gewesen wäre.

„Das Brot für morgen gib uns heute" – so mag ein armer Mann beten, dessen Familie Nahrung für den folgenden Tag braucht, die er „heute" als Tagelohn erarbeiten[152] muß. Immerhin bekam der Tagelöhner am Arbeitstag selbst seine Nahrung, aber abends dann noch den Denar; die Frau konnte davon in der Frühe dann das Brot für den Tag backen; vgl. Lk 17,35. Das „heute" gegebene „Brot" würde dann im Gebet Jesu – wenig glücklich – als Äquivalent für den heute erwarteten Denar stehen. – Auch an Bettler kann man nicht denken; sie bettelten wider den heutigen Hunger und konnten sich nicht groß um das Morgen kümmern. Das „Heute" würde eigentlich eine Nuance zu vorsorglich wirken. In einer Gemeinde, die Mt 6,34a tradierte[153], wird man das ἐπιούσιος jedenfalls so nicht haben verstehen können. – Eine übertragene Deutung aber auf das Brot der Heilszeit, gegenwärtig als „Lebensbrot" bei jeder Mahlzeit Jesu, besonders bei den Sündermahlzeiten und im Abendmahlssaal[154], scheint reichlich überfrachtet und hat die oben genannten Bedenken gegen sich: Das eschatologische Mahl bietet nicht „unser Brot"[155].

3. Kontextgemäß ist für ἐπιούσιος nur die Bedeutung „notwendige" Nahrung; nur auf diese zielt die Bitte. Das aber nicht darum, weil der Bittsteller an Dauergütern nicht mehr interessiert ist[156]. Die Bitte hat nicht Reiche, sondern Bettler oder Sklaven im Auge. Darum ist „die Brotbitte im Sinne Jesu" auch nicht „Bekenntnis zu Jesu Verbot des Vorsorgens, das den Menschen nicht zur Besorgung des einzig wirklich Notwendigen im Hier und Jetzt kommen läßt", eine Bitte, „ganz auf den Willen Gottes eingehen" zu können[157]. Die Bitte um das notwendige Brot für heute ist sinnvoll nur im Munde von Armen (wie Mk 12,41–44) und Bettlern (wie Lk 16,19–31) bzw. von Sklaven[158] – oder aber der – wie Sklaven[159] – ohne Erwerbsstreben in der Nachfolge Jesu lebenden eigentlichen „Jünger"

---

[151] Der Übersetzer kann auch den Sinn des ihm unbekannten ἐπιούσιος geraten haben. – Aus welchem Grund sollten die ersten griechischen Übersetzer auf diese ausgefallene Vokabel verfallen sein, da es für *māchār* genügend andere Übersetzungsmöglichkeiten gab?
[152] Vgl. SCHWEIZER, Mt 97.
[153] Vgl. auch den Ausspruch des R. Eleazar aus Modiim (um 135 n.Chr.) bei Bill. I, 421: „Wer hat, was er heute essen kann, und spricht: ‚Was werde ich morgen essen?', der ist ein Kleingläubiger."
[154] So bes. JEREMIAS, Theologie I, 193f (194 Anm. 92 Belege für die Möglichkeit des eschatologischen Verständnisses).
[155] So richtig mit anderen VÖGTLE, Wir-Bitten (a.a.O.) 39f.
[156] So SCHULZ, Q 91 Anm. 232, mit Berufung auf M. Dibelius.
[157] So VÖGTLE, Das Vaterunser (a.a.O.) 181 und 276 Anm. 62; ähnlich DERS., Wir-Bitten (a.a.O.) 39, u.a. in der Nachfolge von DIBELIUS, Das Vaterunser 181. Vögtles Überlegungen, ebd. 45, scheinen mir diese Auslegung eher unwahrscheinlich zu machen.
[158] H. HEINEN, a.a.O., verwies jüngst auf die „göttliche Sitometrie", die „Tagesration" bes. auch für Sklaven (vgl. Lk 12,41–46, auch Lk 12,22–32 Q; vgl. auch Lk 17,7–10S). Vgl. Spr 30,8: „Nicht Reichtum gib mir und nicht Armut! Das Nötige und Hinreichende weise mir an!", wobei „*ta deonta* und ... *ta autarke*... uns auch aus dem griechischen Vokabular der Sitometrie so oder ähnlich bekannt sind" (ebd. 76). Heinen verweist auch auf seine Übereinstimmung mit E. M. YAMAUCHI, a.a.O. 145–156.
[159] An „Tagelöhner" erinnert man besser nicht, da diese neben der Tagesration auch noch einen Denar bekommen; vgl. SCHÜRMANN, Das Gebet des Herrn 90f.

Jesu[160]. Hier dürfte der ursprüngliche – sehr existentielle! – „Sitz im Leben" dieser Bitte sein. Für die nachfolgenden Jünger hatte diese Gebetsanweisung Jesu eine erregende Aktualität: Sie lebten – am Morgen gesprochen – buchstäblich von dieser Bitte „heute"[161]. Es ging in ihr ursprünglich also um die Bestätigung der gewagten erwerbslosen Jüngerexistenz durch den Vater[162]. So wird dann auch die Voranstellung der Bitte vor der um Sündenvergebung und um Bewahrung vor dem Fall verständlich. – Der hier erarbeitete primäre Sinn der Bitte dürfte auch noch seine ursprüngliche Geltung gehabt haben für die Wandermissionare der frühen palästinensischen Christenheit, die von der Regel Lk 10,4ff.7f par; Mk 6,8f.10 parr sich leiten ließen – dürfte freilich in diesem besonderen Sinn auch noch Geltung haben für besonders gerufene Christen aller Jahrhunderte bis in unsere Tage[163].

4. Dieser ursprüngliche Sinn der Bitte dürfte deutlich machen, daß das Gebet vornehmlich als Morgengebet[164] gedacht war. Auch der Aufblick zum „Vater" mit seinem universalen Eröffnungswunsch, der Bitte um das Kommen der Basileia und der Bewahrung vor dem Fall, hat etwas von dem Schein der Morgenstunde an sich.

4 Jeweils durch ein καί ist die nächste Bitte mit der vorhergehenden und nachfolgenden zu einer Kette verbunden. Dieses Miteinander der Bitten sowohl wie ihre Reihenfolge muß die folgende Auslegung bedenken.

4a Da die Brotbitte unserer obigen Auslegung durchaus nicht als eine profane Bitte erschien, muß es nicht wundern, daß die *Vergebungsbitte* jener erst folgt. Lukas denkt (diff Mt) nicht zunächst an *Erlaß* von „Schulden" (Mt: ὀφειλήματα), sondern persönlicher: an *Vergebung* dafür,

---

[160] Vgl. SCHÜRMANN, Das Gebet des Herrn 95–99; LK I, 501 ff und u. zu 12,22–31. – Daß die hier gegebene Deutung „eine Engführung ist, die auch die beiden folgenden Bitten gegen sich hat" (so VÖGTLE, Das Vaterunser 276 Anm. 62), bedürfte des Beweises. (Auch die zweite und dritte Bitte bekommen einen besonders aktuellen Sinn als Gebetsanweisung für die nachfolgenden Jünger; s. dort.)
[161] Man kann ungezwungen die Bitte für „heute" nicht mit SCHULZ, Q 91, der „Gemeinde" in den Mund legen, „die [für?] morgen schon das Einbrechen der Herrlichkeit Gottes und seiner Herrschaft erflehte", da die Basileia-Bitte nicht auf den nächsten Tag zielt (s.o. A. 111 und 112.).
[162] Vgl. außer unserem u. (in nachstehender A.) genannten Beitrag LK I, 501 ff; ausführlich in: Das Gebet des Herrn 95–99; zustimmend auch F. MUSSNER, Traktat: „Gebetsausdruck eschatologischen Wanderradikalismus der Jüngerschar in der Nachfolge des Messias Jesus". Vgl. ferner SCHNEIDER, Das Vaterunser (a.a.O.) 416 u.ö.; GNILKA, Mt 223.229. – Vgl. nun auch die Arbeiten von G. THEISSEN, die den soziologischen Gesichtspunkt des Jüngerkreises – nicht nur den des individuellen „Nachfolgens" – zur Geltung bringen, und der wie wir deutet; vgl.: Jesusbewegung; DERS., Studien, darin Wanderradikalismus 79–105; DERS., „Wir haben alles verlassen", ebd. 106–141; DERS., Legitimation und Lebensunterhalt, ebd. 201–230. Einen kritischen Forschungsbericht zu neueren soziologischen Ansätzen bringt TH. SCHNELLER, Brechungen. Urchristliche Wandercharismatiker im Prisma soziologisch orientierter Exegese (SBS 136) (Stuttgart 1989), bes. 66–70.
[163] Vgl. SCHÜRMANN, Der Jüngerkreis Jesu (L 3); auch G. KRETSCHMER, Ein Beitrag zur Frage nach dem Ursprung frühchristlicher Askese, in: ZThK 61 (1964) 27–67.
[164] Vgl. auch SCHÜRMANN, Das Gebet des Herrn 98 mit Anm. 103.

sündig geworden zu sein, Gott durch „Sünden" beleidigt zu haben[165]. Dieses persönliche Unrecht möge „vergeben" (ἄφες) werden; Streichung einer Schuld würde das Gottesverhältnis – um das es hier eigentlich geht – noch nicht in Ordnung bringen[166].

Matthäus wird das Ursprüngliche bewahrt haben[167] wenn er an „Erlaß" der „Schulden"[168] denken läßt, obgleich τὰ ὀφειλήματα in LXX und im NT nur hier übertragen für das religiös-sittliche Versagen stehen – wohl der Grund, warum die luk Tradition[169] oder Lukas selbst den ungewöhnlichen Sprachgebrauch präzisiert hat. Die luk Fassung hat im Nachsatz das Bild (παντὶ ὀφείλοντι) beibehalten, also auch wohl im Vordersatz ursprünglich geführt. Zudem begegnet es in der Gleichnissprache Jesu in immer neu abgewandelten Formen charakteristisch häufig in unterschiedlichen Traditionsschichten[170]. Jesus stellt den Menschen als „Schuldner" hin, weil er ihn als „Knecht", mehr noch: als „Sohn" Gottes unendlich zurückgeblieben weiß hinter den Forderungen, welche der Vaterliebe Gottes entsprechen würden. Darum machen die Unterlassungen gravierend schuldig[171].

Schuld und Sünde – tief genug empfunden – individualisieren so stark, daß der Sünder immer nur um seine eigene Sünde weiß (vgl. nur Lk 6,41f par; Mt 18,23–35) und als einzelner schwerlich die vermutliche Sünde der nichtanwesenden Brüder in solcher Weise mit einschließen wird. Das ἡμεῖς läßt trotzdem an eine Gemeinsamkeit in der Schuld denken. Jesus denkt sich das Gebet in Solidaritätsbewußtsein gesprochen.

Die Nachordnung der zweiten Wir-Bitte hinter der ersten könnte das Verständnis nahelegen, zunächst würde um das Irdisch-Gegenwärtige, dann um Zukünftiges (als welche Lukas die Eschata ja auch stärker versteht) gefleht, und die Vergebung würde erst im Endgericht erwartet. Jedoch wäre die dritte Bitte um Bewahrung vor dem Fall der zweiten dann doch wohl vorgeordnet; die dritte setzt ja Beter voraus, denen die Sündenvergebung bereits zugesprochen war. Aber auch die bereits zugesprochene Vergebung bedarf immer neuer Aktualisierung, wenn die „Früchte der Umkehr" (vgl. zu Lk 3,8) ausgeblieben sind. Mag die Bitte auch das Endgericht im Auge haben: Wer so eindringlich[172] betet, möchte der Verge-

---

[165] Vgl. LOHMEYER, Das Vaterunser (a.a.O.) 123f.
[166] ἀφιέναι wird im NT nur Mt 6,12; 18,27.32 mit der „Geldschuld" verknüpft, sonst meist mit Begriffen, die die Sünde meinen, so daß nicht die Übersetzung „erlassen", sondern „vergeben" das Gemeinte trifft (selbst auch bei Mt); vgl. SCHÜRMANN, Das Gebet des Herrn 113–119.
[167] So die meisten; vgl. nur SCHNEIDER, Das Vaterunser des Matthäus (a.a.O.) 67f.
[168] Der auffällige Ausdruck des Matthäus ist Aramäismus, denn das häufig für Sünde gebrauchte aramäische Wort ḥoba heißt eigentlich „(Geld)schuld". Es wurde wortwörtlich ins Griechische übersetzt, vgl. JEREMIAS, Theologie I. 18 Anm. 47
[169] In Q begegnet das Bild Lk 12,57ff par; im luk S 7,41ff; 16,1–8 und Mt 18,23–34 matth S; vgl. auch das Gleichnis von den Talenten oder Minen Lk 19,12–27 bzw. Mt 25,14–30 (in Q oder S?; s.u.).
[170] Die meisten Autoren lassen – mit Recht? – Lukas selbst ändern; vgl. die von SCHULZ, Q 85 Anm. 194 (195) genannten Ausleger. Aber man kann auch an die Q-Tradition denken (s. A. 169).
[171] Vgl. SCHÜRMANN, Das Gebet des Herrn 105–111.
[172] Über den Imperativ Aor. in Gebeten, der „bestimmter" ist, vgl. Bl-R 337,4 (vgl. 335).

bung des Endgerichtes wohl doch hier und jetzt schon hoffend sicher sein. Auch der Hinweis auf das immer neue eigene Vergeben (s. u.) spricht dafür, daß der so Betende der kommenden Vergebung im Gericht jetzt schon vertrauen darf.

Die Jünger Jesu waren solche, denen die Vergebung bereits – freilich bedingt – zugesprochen war, nicht nur in der Johannestaufe, die sie wohl meist empfangen hatten (vgl. Lk 7,29f), sondern mehr durch ihre Gemeinschaft mit Jesus, der das Verlorene „suchen und retten" wollte (Lk 19,10), Sünder rief (Mk 2,17b; vgl. Lk 14,21) und auch sie gerufen (vgl. Joh 10,3f) und ihnen sein Wort gesagt hatte (vgl. Joh 15,3[173]). Vor allem der anstößige Umgang Jesu mit Sündern war zeichenhaft-effizient für das Verhalten Gottes (wie später das der Gemeinde; vgl. Mt 16,19; 18,18)[174]. Aber trotzdem bedurften sie der immer erneuten Vergebung – zumal sich besonders die Jünger Jesu unter dem Eindruck der gesteigerten sittlichen Forderung Jesu[175], seines erschreckenden sittlichen Radikalismus, eigentlich immer tiefer als hoffnungslos der Schuld verfallene Sünder verstehen mußten[176].

Auch das Zusammenleben des engeren Jüngerkreises Jesu, der sich aus denkbar heterogenen Elementen zusammensetzte[177], wird die Vergebungsbitte täglich neu notwendig gemacht haben. So darf man urteilen: Im Kreise der nachfolgenden Jünger bekam diese Bitte eine besondere Aktualität, so daß hier der vornehmliche „Sitz im Leben" derselben zu suchen sein wird. Ihnen gab Jesus dieses Gebet – freilich zur Weitergabe an solche, die sich der Verkündigung Jesu öffneten. Die enge Anlehnung an die vorstehende erste Wir-Bitte, die das Wagnis der Nachfolge sichern sollte (s.o.), dürfte diese Auslegung unterstützen.

4b   Der Vergebungsbitte ist eine *Vergebungsbeteuerung* beigefügt, formal ein störender, inhaltlich ein ärgerlicher Zusatz in der sonst so prägnanten Gebetskette. Geht es in ihr doch ausgesprochenerweise um das menschliche Tun, das dazu noch in Vergleich mit dem Gottes gesetzt wird und sogar implizit als Vorbedingung für die Vergebung des Vaters verstanden ist: „Denn auch wir vergeben gleichfalls ..."

Aufdringlicher als bei Mt (ὡς καί korrelativ) ist im luk Text die eigene Vergebung – als bereits erfüllte Bedingung der Vergebung Gottes (καὶ γάρ[178]) – durch αὐ-

---

[173] Vgl. Joh 15,3f: „Ihr seid bereits rein durch das Wort, das ich zu euch gesprochen habe."
[174] Es ist wohl zu wenig, Jesu „Offenheit diesen gegenüber als ‚Entsprechung' zur Liebe Gottes (dadurch wird sie erfahrbar)" zu verstehen (außer es handelt sich um eine effiziente „Erfahrung"); gg. FIEDLER, Jesus 276.
[175] Vgl. nur Lk 16,3 par; Mk 10,25 parr; 12,41–44; Mt 5,21f.27f.33f.37.38f; vgl. LK I, 342–365 (zu 6,27–38), ferner o. zu 10,25–28.29–37 und u. zu 17,7–10.
[176] Vgl. nur Mt 18,23–34; Lk 6,41f; 16,1–8.14f; 17,7–10; 18,10–13; Mk 11,25, ferner SCHÜRMANN, Das Gebet des Herrn 105–111.
[177] Vgl. H. SCHÜRMANN, Symbolhandlungen (L 4) 74–110, bes. 88f. Vgl. DERS., Der Jüngerkreis Jesu.
[178] καὶ γάρ (sonst. NT ca. 26mal) kennen Mk 10,45; 14,70 parr und QMt 8,9 par 7,8; es muß hier wie auch Lk 6,32.33(34 v.l.); 11,4 (v.l.) diff Mt und 1,66; 22,37 S nicht unbedingt – wie Apg 19,40 – luk Ursprungs sein; vgl. auch (spezifizierend) JEREMIAS, Sprache 144f. – Die Verwandtschaft der Mt-Fassung mit der von Mt 18,33 καὶ ... ὡς κἀγώ (in beiden Gliedern des Vergleichs!) ist recht auffällig.

τοί verstärkt[179] herausgestellt[180]. Hier bitten aber Beter, denen schon vergeben ist, erneut um die (ja doch immer nur bedingte; s.o.) Vergebung. Hintergrund sind Aufforderungen Jesu, in denen das eigene Vergeben nicht nur Bedingung der göttlichen Vergebung[181], sondern auch Frucht derselben ist[182].

Bereits in der luk Form der Beteuerung bestimmt die Gebotssprache (s.o.) die Gebetssprache: Immer erneut (vgl. Lk 17,3f) vergeben wir (ἀφίομεν)[183]: „jetzt wie immer schon und alle kommenden Tage". Vielleicht darf das Präsens sogar noch aktueller verstanden werden: als unmittelbare Vergebungs-Zusage hier und jetzt im Angesichte Gottes während des Gebetes[184] – und zwar universal und ausnahmslos (παντί). Dabei ist keineswegs nur an Wiedergutmachung eigenen Unrechts gedacht[185], sondern auch an Vergebungsbereitschaft denen gegenüber, die an uns „schuldig" geworden sind[186].

1a) Wenn Mk 11,25 ein früher Nachklang des Herrengebetes ist[187], bestätigt ἀφίετε sich die präsentische Form des Lk (diff Mt) vielleicht als Lukas vorgegebene alte – wenn auch nicht ursprüngliche (s. nachstehend) – Tradition der Redenquelle.

b) Daß die Partizipialform ὀφείλοντι die Q-Fassung sein kann, zeigt Lk 6,30 par Mt 5,42 – ein Logion, das in der Lk-Fassung diff Mt auch sonst unter dem Einfluß der geläufigen stereotypen Fassung des Gebetes Lk 11,3-4 gestanden haben kann[188]. Die Deutung, das matth ἀφήκαμεν gehe auf ein aramäisches perfectum coincidentiae *šebaqnan* zurück[189], beseitigt vielleicht den Anstoß eines bestimmten Gnadenverständnisses (s.u.), nicht aber die des zu kommentierenden griechischen Textes; sie erklärt vor allem auch nicht die Übereinstimmung mit anderen Herrenworten (s.o.), die eindeutig das eigene Vergeben unbekümmert als Vorbedingung der Vergebung Gottes herausstellen.

c) Das präsentische ἀφίομεν muß man mit dem verstärkenden καὶ γὰρ αὐτοί zusammenlesen. Wenn wir auch bei beiden Differenzen – wie auch in der Partizipial-

---

[179] Vgl. BauerWb 244 (1g): „verstärkend". – Dieses αὐτοί muß mit καὶ γάρ eng zusammen gelesen werden.
[180] Das καί (= auch) muß hier mitgehört werden; vgl. Bl-R 452,3.
[181] Vgl. Mt 5,7b; Lk 6,37 par; Lk 16,1-8; Mt 7,2 diff Lk; Mt 5,23f außer Mk 11,25 par Mt 6,14f.
[182] Vgl. Mt 5,7; 18,23-34, vgl. Lk 6,36; 7,36(41ff)-47; 19,1-10.
[183] T^f: sy$^{p.h}$ übernehmen αφηκαμεν aus par Mt; ℵ* 𝔎 Θ Ξ 33 892 1006 1342 1506 𝔐 übernehmen – aus Mt 6,12 v.l.? (s. Aland, Synopsis) – gg. das Zeugnis von 𝔓^{75} B αφιεμεν.
[184] Die eigene Vergebung ist der Gottes im Jetzt vorgeordnet (s.u.), nicht der im Endgericht (gg. Schulz, Q 92, der ihr Größer folgt), was auch für die matth Aoristform gilt.
[185] Wie etwa Mt 5,23f; Lk 12,58f par.
[186] Wie Mk 11,25 par Mt; Lk 6,27f par; 6,37c; 17,3f par; Mt 18,23-34.
[187] Vgl. schon o.S. 179f. Wenn außerhalb des EvMt nur Mk 11,25 ὁ πατὴρ ὑμῶν ὁ ἐν τοῖς οὐρανοῖς begegnet, ist speziell Abhängigkeit von Q (= Lk 6,4b) sehr wahrscheinlich.
[188] Vgl. παντί ... δίδου. Eine solche Annahme hat wohl mehr Wahrscheinlichkeit als die einer unabhängigen – zweimaligen gleichlautenden – Änderung des Lukas, die meist – vgl. Schulz, Q 85 Anm. 200 – angenommen wird. – πᾶς mit Partizip ohne Artikel in Lk/Apg nur noch Lk 6,30, also wohl vorluk (vgl. auch Jeremias, Sprache 144).
[189] Jeremias, Theologie 195: damit „eine Selbsterinnerung an das eigene Vergeben, eine Erklärung der Bereitschaft, Gottes Vergebung weiterzugeben".

form; s. o. – die Q-Fassung[190] vor uns haben können (wie uns o. wahrscheinlich wurde), kann Matthäus doch in allen diesen drei Lukas-Differenzen (mit ὡς καὶ ἡμεῖς ἀφήκαμεν τοῖς ὀφειλέταις) eine ältere Fassung aus der Gebetstradition seiner Gemeinde bewahrt und in seine Q-Fassung eingetragen haben.

2. Der Nachsatz der Vergebungsbitte stört den Gebetsfluß, da eine Beteuerung; stört auch den Gebetsgeist des Bittens, da er das eigene Tun recht selbstbewußt zur Sprache bringt. Er wird manchmal als sekundärer Zuwachs beurteilt[191], den freilich schon Q geführt hat; s. vorstehend (unter 1 a–c). Sir 28,2 soll sich hier schulmeisterlich zu Wort melden[192]: „Vergib das Unrecht deinem Nächsten! Dann werden, wenn du bittest, auch deine Sünden vergeben." Aber nun ist in den Worten Jesu das eigene Vergeben recht häufig in Zusammenhang gebracht mit dem Vergeben Gottes[193]. Zudem hatte der Nachsatz seinen besonders aktuellen „Sitz im Leben" des gar sehr heterogenen[194] vorösterlichen Jüngerkreises Jesu, in dem die gegenseitige Vergebung eine tägliche Notwendigkeit gewesen sein mußte, wenn er nicht auseinanderfallen sollte[195]. Hinter der Unechtheitserklärung steht häufig ein dogmatisches Vorurteil[196].

4c Eine formale Eigentümlichkeit der folgenden Bitte deutet an, daß mit ihr die Kette der Bitten abgeschlossen werden soll: Als einzige ist sie negativ formuliert, und statt des Imperativs benutzt sie einen prohibitiven Konjunktiv in der 2. Person Singular[197].

Keineswegs hat hier „Versuchung" den Sinn von „Erprobung" wie häufig in atl. Texten (z. B. Ps 26,2). Wenn das Gebet ohne jede liturgische Ab-

---

[190] Vgl. zusammenfassend u. S. 204.
[191] So zaghaft VÖGTLE, Das Vaterunser (a. a. O.) 167ff („wahrscheinlich"); 175.185 („mit gutem Gewissen zu sagen"); DERS., Wir-Bitten (a. a. O.) 37 (als „Möglichkeit"); 47 („diskussionswürdig"); FIEDLER, Jesus 204–211 (dort ausführliches Referat); PERRIN, Was lehrte Jesus wirklich? 167 z. St.: SCHNEIDER, Das Vaterunser (a. a. O.) 412.417; DERS., Das Vaterunser des Matthäus (a. a. O.) 62 (fragend).
[192] DEISSLER, a. a. O. 146: „kaum unabhängig von dieser Grundstelle".
[193] Siehe schon o. A. 181 und A. 182.
[194] Siehe bereits o. S. 198.
[195] Darum die gehäuften diesbezüglichen Mahnungen Jesu o. A. 185.186, die ebenfalls großenteils im Jüngerkreis ihren „Sitz im Leben" gehabt haben werden. – W. POPKES. Die letzte Bitte (a. a. O.) 2f (vgl. ebd. 6f), wird richtig sehen: „Das Vaterunser (galt) in der alten Kirche des 2.–4. Jahrhunderts als Erstgebet der Neubekehrten; *nach* der Taufe und *vor* der ersten Mahlfeier durften sie erstmals das Gebet des Herrn rezitieren... Diese Praxis nun scheint sehr alt zu sein, und zwar schon auf das 1. Jahrhundert zurückzugehen... Leitet das Vater-Unser nämlich zur Mahlfeier über, so ist es sinnvoll zu beteuern, daß man nicht unversöhnt zum Tisch des Herrn geht." Dieser traditionsgeschichtliche „Sitz im Leben" der Beteuerung hat aber einen passenderen entstehungsgeschichtlichen „Sitz im Leben" des Jüngerkreises; s. o.
[196] Nicht so VÖGTLE, Wir-Bitten (a. a. O.) 36: „Zunächst einzig im Blick auf die mögliche Struktur der ursprünglichen Aufzählung der Gebetsanliegen", jedoch auch wegen der „Bezugnahme auf das menschliche Tun" (ebd. 35), die im Vaterunser „ganz singulär" sein soll (nicht aber in der Verkündigung Jesu!; s. ebd. 35), die zudem „im Sinne Jesu ohnedies eine selbstverständliche Implikation der von ihm stammenden Vergebungsbitte" (ebd. 36) wäre.
[197] Er vertritt regulär den negierten Imperativ des Aorist; vgl. Bl-R § 335.

rundung mit einem derartig eindringlichen Flehruf endet[198], muß die Gefahr groß gedacht werden. Die eigene Schwachheit ist sehr zu sehen und die Versuchung übermächtig, so daß die Bitte im Grunde auf Bewahrung vor dem Fall, dem Abfall, wie ähnlich Mk 14,38, zielt[199]. An welche gefährliche Situation aber ist näherhin gedacht?

Die Bitte entstammt nicht dem Wunsch, überhaupt nicht in *die* – der Artikel fehlt hier [200] – vor dem Ende zu erwartende – Versuchungszeit[201] zu geraten[202], sondern denkt höchstens an eine Aktualisierung dieses πειρασμός, an *eine* Versuchung im Hier und Jetzt[203]. Das Basileia-Verständnis Jesu war so sehr „soteriologisch verbalisiert" und „theo-logisch personalisiert"[204], daß für Jesus die apokalyptische Vorstellung (vgl. Offb 3,10) von dem dem Kommen der Basileia vorhergehenden Peirasmos – trotz Mk 13,7ff und Lk 22,28[205] – keine besondere Bedeutung gehabt zu haben scheint[206] (was in anderer Weise aber auch für Qumran und andere Kreise des Judentums zur Zeit Jesu gelten wird[207]).

Wenn die Situation so versucherisch ist, daß das Gebet mit einem derartigen Notschrei enden muß, wird man den Grund in der Situation Jesu – und damit seiner Jünger – suchen dürfen: Der Peirasmos ist nun, je mehr es mit Jesu Wirken und Verkünden zu Ende geht, entapokalyptisiert und personalisiert als „Jesus-Geschick". So ist auch wohl diese dritte Wir-Bitte – wie die erste und vielleicht auch die zweite – von Jesus vornehmlich den nachfolgenden Jüngern nahegelegt, deren Nachfolge keineswegs ungefährlich war[208], was die Mahnung am Ende (Mk 14,38) verständlich macht: „Wachet und betet, damit ihr nicht in eine Versuchung kommt."

---

[198] Nach HERRMANN, a.a.O. 91, gibt es im „Alten Testament... keine Parallele zur 6. Bitte" (des Mt).
[199] Das legt sich auch von der entsprechenden Bitte des jüdischen Morgen- und Abendgebetes sowie von anderen jüdischen Gebeten her nahe; vgl. Bill. I, 422; JEREMIAS, Theologie I, 196.
[200] Eine nachträgliche „entapokalyptisierende" Streichung des Artikels ist in der apokalyptisch-enthusiastischen Anfangszeit nicht zu erwarten; vgl. auch VÖGTLE, Wir-Bitten (a.a.O.) 43.
[201] Vgl. Offb 3,10. – Nach der jüdischen und ntl. Apokalyptik „die große Drangsal" (Mk 13,19.24), in der falsche Messiasgestalten (Mk 13,6 parr; 13,22 par Mt; Mt 24,23.26f parr) und Propheten (Mk 13,22 par Mt; Lk 17,21; 21,8c; Mt 7,15) auftreten.
[202] Für und wider vgl. SCHULZ, Q 92 mit Anm. 241.242.
[203] So mit den meisten VÖGTLE, Das Vaterunser (a.a.O.) 176, und die bei SCHULZ, ebd., genannten Autoren (P. Fiebig, H. Seesemann, G. Bornkamm, E. Gräßer, E. Schweizer); FIEDLER, Jesus 255f. Das gilt für das NT weithin (vgl. GRÄSSER, Parusieverzögerung 104), vgl. den „Tag" (Hebr 3,8), die „Stunde" (Offb 3,10), den „Augenblick" (καιρός) (Lk 8,13) der Versuchung.
[204] Vgl. o. S. 182.188.
[205] Vgl. AB III, 39f.
[206] SCHÜRMANN, Das Gebet des Herrn 128–132.
[207] Vgl. die Hinweise von VÖGTLE, Wir-Bitten (a.a.O.) 44f.
[208] Es bedarf eingehender Prüfung, wie weitgehend Jesus seine nachfolgenden Jünger schon früh auf die Möglichkeit der Märtyrersituation vorbereitet hat, wobei Logien wie Lk 14,27 par; vgl. Mk 8,34; 8,35 parr; Mt 10,28 par, zu prüfen wären; vgl. JT 38 Anm. 75.

Der Anstoß, der Gott nicht als aktuellen Versucher sehen möchte (vgl. Jak 1,13), gilt vielleicht nicht für einen semitischen Grundtext[209] (der hier freilich nicht zu erklären ist). Es ist zu bedenken, daß dieser Sprechweise, die alles Gute und Böse (vgl. auch Röm 9,18b) auf Gott zurückführt, die Unterscheidung von Gottes „verursachendem" und „zulassendem" Tun noch fehlt. Ersteres wird Jak 1,13 ausdrücklich abgewehrt.

Die Zeit, die mit der Passion Jesu anhebt, ist für Lukas in besonderer Weise die Gefahrenzeit[210]. Anlaß zum Abfall konnte die von Jesus für sich vorausgesehene[211] Märtyrersituation sein, die für die Jünger notwendig zu „Versuchung" und Fall werden konnte, wie die nachösterliche Erinnerung bestätigt (Mk 14,38; vgl. 14,27f.29ff; Lk 22,31f). Der harte Wille Gottes, der Jesus den Leidenskelch zumutet (Mk 14,36), kann für die Jünger schon den Anschein einer „Einführung" (μὴ εἰσενέγκῃς) in „Versuchung" und Fall erhalten. Es ist aber zu beachten, daß hier eine räumliche Vorstellung vorliegt: Der Vater wird gebeten, nicht in den Bereich der Satansmacht, an den Ort und damit in die Situation der Versuchung zu führen, in der das Böse oder der Böse sich auswirken kann (welche räumliche Vorstellung dann im matth Nachsatz noch deutlicher ist: ῥῦσαι ἡμᾶς ἀπὸ τοῦ πονηροῦ). Gott ist im griechischen Text selbst wohl nicht als Versucher eingeführt.

Der Beter wird – nach dem Beispiel Jesu (Mk 14,36) – auch diese Bitte an den richten, den er mit *'abba, πάτερ* anredet[212].

Bei Mt hat die letzte Bitte die Form eines antithetischen Parallelismus[213]. Hier verlagert sich – wie in solchen Fällen üblich[214] – der Akzent auf die zweite Hälfte: Der πειρασμός steht nicht nur gefährlich bevor; das (und der) Böse steht schon als Gefahr gegenwärtig an – in der dritten Generation der matth Gemeinde irgendwie in aktueller Weise wird man deuten dürfen: Es würde der ethischen Tendenz der matth Gemeinde entsprechen, wenn πονηρός hier den πειρασμός sittlich interpretieren würde: auf das sittlich Böse hin[215], wobei besonders an die „Gesetzlosigkeit" der Irrlehre[216] gedacht sein könnte (vgl. 7,23; 13,41; 23,28; 24,12), wobei *der* Böse[217] hintergründig mitgedacht wäre. Möglicherweise ist diese formal glättende

---

[209] Die Kausativform hat permissiven Sinn, hat nicht die Ursache, sondern die Wirkung im Auge: „Laß nicht zu, daß wir in eine Versuchung hineingeraten" (wie ähnlich bBer. 60b); vgl. JEREMIAS, Theologie 195f.
[210] Zeit satanischer Nachstellungen: 4,13b; 22,3.35–38.53, der Versuchung 22,31f.46.
[211] Vgl. LK I, 545; vgl. auch JT 26–33.38–41.
[212] Vgl. SCHÜRMANN, Das Gebet des Herrn 135f.
[213] T⁸: Die Antithese dringt auch – wie die anderen Mt-Überschüsse – in Lk-Texte ein, fehlt aber zu Recht 𝔓75 B ℵ*² L f¹ 700 pc vg sy^s sa bo^pt; Mcion Tert Or. (Das überraschend häufige textliche Miteinander von 𝔓75 und B erweist sich weithin als gegen derartige Parallelisierungen gefeit.)
[214] JEREMIAS,, Theologie I, 28.
[215] Vgl. SCHÜRMANN, Das Gebet des Herrn 138f. – Die (zumindest – sachlichen) Anklänge an Joh 17,15; 2 Thess 3,2f, auch Did 10,5, machen das wahrscheinlich.
[216] Nach BAUMBACH, Verständnis* 56–93, bes. 75f (dort Forschungsbericht), soll primär an „die Einheit der Gemeinde bedrohende falsche Lehre und deren Vertreter" (ebd. 76) gedacht sein.
[217] Vgl. SCHÜRMANN, Das Gebet des Herrn 139f; vgl. GNILKA, Mt 227.

"Abrundung" des Gebetes schon im Gebetsbrauch der matth Gemeinde üblich gewesen[218] und von Matthäus der Q-Fassung eingefügt worden, die Lukas noch richtiger wiedergibt[219]. Auch schon als die asymmetrische, formal als die "schwerere" und auch als die "kürzere Lesart" hat die Lk-Fassung die Präsumtion der Ursprünglichkeit für sich.

Das Gebet Jesu konnte, wenn gemeinsam verrichtet[220] – von einem Vorbeter vorgesprochen –, vielleicht nach jüdischer Weise mit einer mehr oder weniger frei formulierten[221] Abschlußdoxologie beantwortet werden. Ein doxologischer Abschluß (zwei- oder dreigliedrig, mit oder ohne αμην [vgl. ALAND, Synopsis]) findet sich in der Matthäus-Fassung bei mehreren (teils guten) Textzeugen und in Did 8,2 außer in 𝔐 schon in sy it^{pt} bo^{pt} sa L W Θ f^{13} 33 892 al; dort fehlt er in ℵ B D Z 0170 f^1 205 pc lat mae bo^{pt}. Die Doxologie wäre schwerlich in Lk (wo sie nicht bezeugt wird) wie in den besten Mt-Texten verlorengegangen. In Mt würde sie zudem die auf die fünfte Bitte (6,12) bezogenen Ausführungen in 6,14ff noch weiter entfernen. So kann sie nicht als ursprünglich angesehen werden[222].

Die Frage, ob der Text des Gebetes eine Gebetsanleitung geben oder eine Formel sein wollte, ist wahrscheinlich falsch gestellt, da das Judentum zur Zeit Jesu und die frühe Christenheit (z. B. in ihrem Eucharistiegebet) auch Gebetsformulare kannte, die *"Leitgebete"* sein wollten[223], die zwar Strukturen für weitere betende Entfaltung festlegten, für eine solche aber dann Freiheit ließen, wie sie sich z. B. die Zusätze der Matthäus-Fassung[224], die in der Kommentierung häufiger festgestellten sekundären Änderungen in der Mt- bzw. in der Lk-Fassung (wohl meist aufgrund abweichender Gemeindetraditionen) und die spätere Beifügung der abschließenden Doxologie (s. vorstehend) erlaubt haben.

---

[218] So STRECKER, a. a. O. 19; SCHNEIDER, Das Vaterunser des Matthäus (a. a. O.), denkt an matth Bildung und Einfügungen in Q, wobei er sich auf die substantivierte Verwendung von τὸ πονηρόν (vgl. außer auf Mt 6,13b diff Lk aber nur noch auf Mt 13,19 diff Mk) stützen kann, abgesehen von Mt 5,37; 13,38 matth S.
[219] Als in Mt ursprünglich verteidigt von VAN BRUGGEN, a.a.O.; dagegen BANDSTRA, a.a.O. 18–25.
[220] Jesus hat das Gebet wohl zunächst – wie das jüdische Achtzehngebet – als Gebet des einzelnen gedacht; s. dazu o. S. 179.182.191.
[221] Nach JEREMIAS, Theologie I, 196, gab es zwei Formen eines Gebetsschlusses: Der Beter bzw. Vorbeter konnte einen frei formulierten Abschluß sprechen, ḥatima ("Siegel") genannt (so vielleicht ursprünglich); er konnte aber auch einen fixierten Schluß anfügen, wie er Did 8,2 für das Herrengebet erstmalig belegt ist. Derartige Doxologien ähnlich 1 Chr 29,11f, vgl. Offb 12,10; Did 8,2; 9,4.
[222] Verteidiger der Doxologie und ihre Gründe im Koine-Text widerlegt DELOBEL, a. a. O. 305–309.
[223] Vgl. dazu ELBOGEN, Gottesdienst (s. o. A. 21) 41f; KUHN, a. a. O. 10f.
[224] Siehe o. S. 179f.190f.202.

Zur Traditionsgeschichte von Lk 11,1–4

1. a) Obgleich man annehmen darf, daß sowohl Matthäus[225] als auch Lukas[226] bei der Wiedergabe des Gebetes hier und da vom Gebrauch desselben in ihren Gemeinden beeinflußt sind, haben die beiden Evangelisten doch die *gemeinsame Q-Vorlage* vor sich[227]. Das ließ sich oben[228] für Lk 11,1b.2a sichern. Das legt ferner nicht nur die gemeinsame Abfolge Mt 6,9–13 ... 7,7–11 = Lk 11,2–4 ... 11,9–13[229] nahe, sondern auch der weitere Kontext, der zeigt, wie Matthäus – trotz aller Neuordnung – in Q wohl die Lk-Akoluthie gelesen hat[230].
   b) Die Forschung ist sich weitgehend einig, daß Lukas die Q-Fassung bewahrt hat, wenn er die dritte und siebente Bitte des Mt nicht bringt[231], daß dagegen Matthäus den Wortlaut[232] von Q meist ursprünglicher bewahrt hat.
2. a) Hier und da erlauben Beobachtungen, hinter der Mt und Lk gemeinsamen Q-Vorlage eine *ältere griechische Fassung* zu erschließen und diese im Wortlaut mehr oder weniger sicher auch noch auszumachen[233].
   b) Das gemeinsame einmalige ἐπιούσιος in Lk und Mt (= Q)[234], das nirgendwo Textspuren einer anderen griechischen Übersetzung neben sich erkennen läßt, zwingt zur Annahme *einer sehr frühen griechischen Übersetzung* des Vaterunsers, die als Quelle allen Traditionen zugrunde liegt und die vermutlich schon in Kreisen der Jerusalemer Hellenisten entstanden ist.
3. Die *Ursprache* des Gebetes war *Aramäisch*[235], wenn man nicht an ein ursprüngliches hebräisches EvMt glaubt[236]. Eine „liturgische" hebräische Fassung würde der schlichten Urform, wie sie etwa in Lk vorliegt, nicht konform sein. Für eine aramäische Fassung hat man den sich hier einstellenden Endreim – ähnlich wie im Achtzehngebet – in die Überlegung einbezogen[237].
4. Über das vorstehend[238] Festgestellte hinaus läßt sich eine *„Urfassung"* nicht

---

[225] Vgl. o. S. 179f.190f.202f.
[226] Vgl. o. A. 48; S. 199. – Auf den Gebrauch zweier verschiedener Kirchen führten die Differenzen zurück: LOHMEYER, Das Vater-Unser (a.a.O.) 210; JEREMIAS, Abba* 157; DERS., Theologie I, 194.
[227] SCHNEIDER, Das Vaterunser (a.a.O.), „geht ... aus" von einer „unterschiedlichen Bearbeitung der Q-Vorlage", will aber Einwirkung von „Elementen der Gemeindeüberlieferung" in Mt nicht ausschließen.
[228] Vgl. o. S. 176f.179.
[229] Siehe o. S. 220f.
[230] Vgl. die weitgehend gleiche Akoluthie (abgesehen von zwei matth Vorwegnahmen in Mt 5 und einer in Mt 7): *Mt 6,9–13*/Lk 11,2–4; *Mt 7,7–11*/Lk 11,9–13; *Mt 5,15*/Lk 11,33; *Mt 6,22–23*/Lk 11,34–35; *Mt 6,25–33*/Lk 12,22–31; *Mt 6,19–21*/Lk 22,33–34; *Mt 5,25–26*/Lk 12,57–59; *Mt 7,13–14*/Lk 13,22–24; *Mt 7,22–23*/Lk 13,26–27; *Mt 8,11–12*/Lk 13,28–29. Vgl. außerdem die evtl. Reminiszenz in *Mt 6,8* an Lk 11,8 (s. dort).
[231] Siehe o. S. 190f und S. 202f. – Lukanische Kürzungen vertreten hier nur wenige: z. B. GOULDER, a.a.O. 32–45; auch VAN TILBORG, a.a.O. 94–105.
[232] Vgl. jedoch die notierten Zweifel S. 182.
[233] Siehe o. S. 180.
[234] Vgl. o. S. 194.
[235] Vgl. Fachleute wie JEREMIAS, Abba* 160; FITZMYER II, 901.
[236] So CARMIGNAC, Recherches (a.a.O.) 32f; vgl. auch STARCKY, a.a.O.
[237] Vgl. KUHN, a.a.O., auch SCHWARZ, a.a.O.
[238] Vgl. unter 1., 2. und 3.

gewinnen, weder aufgrund von inhaltlichen noch von formalen[239] Beobachtungen.

5. a) Daß das Gebet erst in einer – prophetisch geleiteten[240] – „Q-Gemeinde" entstanden sei[241], läßt sich nicht wahrscheinlich machen. Die den Menschensohn erwartende *frühe Gemeinde* oder deren Wanderprediger hätten vermutlich ihr zentrales Gebet expliziter „christologisch" formuliert. Eine spätere liturgische Reflexion (des Matthäus) über die Getsemani-Erzählung[242] ist es nicht; der Einfluß ist umgekehrt zu denken. Eine Bildung der judenchristlichen Gemeinde aufgrund des Kaddisch-Gebets und des Jesus-Logions vom *Peirasmos* (Mk 14,38) ist ganz unwahrscheinlich[243].

b) Ein „*jüdisches Gebet*"[244] ist dieses „Gebet des Juden Jesus"[245] trotz aller „Judaismen"[246] nicht. Mögen auch alle Einzelwendungen alttestamentlich und frühjüdisch verstehbar oder gar belegbar sein – die Ganzheitsgestalt, ihre Struktur, ihre Ordnung und Anordnung der Bitten und Elemente, die sich gegenseitig interpretieren, sind ohne Parallele und charakteristisch jesuanisch; s. o. einleitend. Das im Gebet sichtbar werdende Vater-Verhältnis Jesu ist jüdisch zumindest ungewöhnlich[247] und sprengt in seiner Konsequenz das alttestamentliche Gottesverhältnis. Die Basileia-Bitte will jesuanisch interpretiert sein und enthält bereits christologische Implikationen[248], und die drei Wir-Bitten lassen die Existenzsorgen, die Schwierigkeiten und die Gefährdung speziell der Jüngernachfolge erkennen[249]. Das genannte „jüdische" Mißverständnis kann nur dann aufkommen, wenn man lediglich die Worthülsen des Gebetes, nicht aber seinen spezifischen Gehalt abhört.

6. Das Gebet kann *zu den gesichertsten Jesus-Überlieferungen* gezählt werden: Es ist ein Schlüssel für die Verkündigung Jesu.

a) Die Anrede und das Basileia-Verständnis sind charakteristisch jesuanisch (s. o.). Das gilt auch, wenn man im Eröffnungswunsch mit der Basileia-Bitte so viel Verwandtschaft mit den ältesten Formen[250] des Kaddisch findet, daß man nicht gut von Zufall reden kann. Über die genaue Fassung des Kaddisch zur Zeit Jesu kann man freilich keine sicheren Aussagen machen[251]. Aber Jesu Beten hebt sich doch charakteristisch von jenem ab[252]. – Die beste Erklärung bietet die Annahme, der

---

[239] Aus den Regeln der alttestamentlichen Poesie argumentiert unzulänglich bes. SCHWARZ, a.a.O.; vgl. dagegen VÖGTLE, Das Vaterunser (a.a.O.) 166f.
[240] Vgl. SCHULZ, Q 88: „Der erhöht-gegenwärtige Jesus ermächtigt seine Gemeinde durch den Mund seiner Propheten, den nahen Gott als Vater anzureden."
[241] SCHULZ, Q 86f, mit BULTMANN, Geschichte 140f: „Gemeinderegel".
[242] GOULDER, a.a.O. 174.
[243] Gegen VAN TILBORG, a.a.O.
[244] Vgl. die Autoren des Bandes von M. BROCKE – J. J. PETUCHOWSKI – W. STROLZ (Hg.), u.a., a.a.O.
[245] MUSSNER, Traktat 198–208.
[246] Vgl. DEISSLER, a.a.O. 131–150.
[247] Siehe dazu o. S. 178f.182f.
[248] Siehe o. bes. S. 176.187f.
[249] Siehe S. 191 und S. 206, näherhin u. A. 256.
[250] Vgl. dazu o. A. 76; ferner L. ELBOGEN, Gottesdienst (s. o. A. 21) 92–98, ferner SCHALOM BEN CHORIN, Betendes Judentum (Tübingen 1980) 109ff, und die Lit. bei B. GRAUBARD, Das „Kaddisch"-Gebet, in: M. BROCKE (Hg.), a.a.O. 102–119; s. auch die Lit. in: TRE XII (1984) 47.
[251] Vgl. zur Frage FITZMYER II, 901.
[252] Vgl. o. S. 183f. und S. 185f. – FREY, a.a.O. 562f, sah richtig, daß der Geist des Gebe-

„Du"-Teil des Gebetes sei schon in Nazaret Jesu private Gebetsform in Anlehnung an Vorformen des Kaddisch gewesen[253], später den Jüngern gelehrt, gelegentlich dann erweitert um die drei konkreten Bitten[254]. Die *beiden Teile* des Gebetes bezeugen somit wohl eine *unterschiedliche Entstehungssituation:* vor und nach der Taufe Jesu.

b) Das Gebet läßt sich in seiner Ganzheitsgestalt aus einem „Sitz im Leben", einer *„Überlieferungssituation"* des vorösterlichen Jüngerkreises heraus am besten verständlich machen: Da es primär als Jüngergebet gedacht ist[255], muß man zunächst notwendig an die besondere Lage und die Verhaltensweise des Jüngerkreises denken. Für die drei Wir-Bitten läßt sich keine passendere Situation finden, insbesondere: dessen wirtschaftliche Ungesichertheit, aber auch sein schwieriges Gemeinschaftsleben und seine politische Gefährdung[256]. Keineswegs richtet Jesus „mit den drei Wir-Bitten" primär „den Blick auf die Situation der zur Heilserlangung berufenen Menschen (!) bzw. Israeliten"[257]. Auch die wortkarge Basileia-Bitte konnte – im Sinn Jesu – niemand sachgerechter beten als nachfolgende Jünger; bei den von Jesus zur Basileia-Verkündigung Gerufenen hatte die Bitte um das Kommen der Basileia eine besondere Aktualität[258]. Auch an seiner Abba-Anrede wird Jesus niemand eher haben partizipieren lassen als eben diese seine von ihm lernenden Jünger: Jesu Gebets-„Gebot" ist von daher kein „Erfüllungsgebot", sondern ein „Zielgebot"; in diesem Sinn bleibt es ein „Höhengebet", das in seiner „Tiefe" nur in intensivem Hören auf Jesu Wort gelernt werden kann.

Eine Bestreitung der *jesuanischen Herkunft* des Gebetes ist somit unbegründet, da dieses in eminenter Weise zentrale Themen der Verkündigung Jesu spiegelt und geradezu als hermeneutischer Schlüssel für deren Verständnis benutzt werden kann. Es gibt Anzeichen, daß das Gebet als Gebet nachfolgender Jünger, näherhin besonders zu Beginn des Tages seinen aktuellen Sinn hatte[259]. Daß eine von Jesus gegebene Anleitung zum Beten erst in der Tradition als Gebetsformular verwendet worden sei[260], ist ein Gedanke, der sich nur in der Konsequenz unbewiesener Voraussetzungen nahelegen würde[261].

b) Gebetsparänese
11,5–13

Die Parabel 11,5–8 will im Zusammenhang mit der folgenden Sprucheinheit 11,9–13 gedeutet werden. Diese unterstreicht einerseits die Absicht

---

tes Jesu sich von dem des Kaddisch unterscheidet. Aber kann das beweisen, daß Jesus nicht eine Vorform gekannt und „jesuanisch" umgeformt haben kann?
[253] Siehe o. S. 186. – Vgl. schon die Vermutung von JEREMIAS, Theologie I, 192f.
[254] Siehe o. S. 186. – Versuche, die luk Kurzform und die erweiterte von Matthäus – in unterschiedlichen Situationen und vor verschiedenen Hörern – auf Jesus zurückzuführen, bedürfen keiner Widerlegung.
[255] Siehe o. A. 249.
[256] Siehe o. S. 195f.198 und 201f. – „Daß sich das Täufergebet im Herrengebet widerspiegeln (dürfe)" (so BACKHAUS, Die „Jüngerkreise" 184), vermag ich nicht zu sehen. Auch B. sieht die fundamentalen Unterschiede (ebd. 184f.188f).
[257] Siehe o. A. 9.
[258] Siehe o. S. 188.
[259] Siehe o. S. 195f.
[260] Siehe o. S. 177 und S. 205.
[261] Scilicet: einer absolut antiinstitutionellen Nächsterwartung Jesu.

der Parabel, Mut zum Bitten zu machen (wobei das Freundschaftsmotiv [VV 5.8] durch das Vater-Motiv [VV 11.13] ausgewechselt wird). Steigernd wird dann aber in VV 9f die Ermutigung von VV 5–8.11–13 zur Aufforderung aktualisiert, so daß die Parabel für die folgende Spruchreihung mehr einleitend steht. 11,5–8.9–13, als Einheit gelesen, bringt so eine ermutigende Motivierung, darüber hinaus steigernd eine direkte und nackte Aufforderung, es mit den 11,2–4 vorgelegten Bitten zu wagen. Jesu vorstehende Gebetsunterweisung 11,2b–4 ist so in eine aufmunternde und auffordernde Paränese hineingenommen, die mit Erfahrungsmotiven der religiösen Weisheit arbeitet.

α) Die Parabel von dem zu nächtlicher Stunde gebetenen Freund 11,5–8

L 9b: zu 11,5–8. – Vgl. die Lit. in L 9 und L 9c. – BAILEY, Poet and Peasant 119–134; BERGER, K., Materialien zu Form und Überlieferungsgeschichte neutestamentlicher Gleichnisse, in: NT 15 (1973) 1–37, bes. 33–36; BORNKAMM, G., „Bittet, suchet, klopfet an": Predigt über Luk. 11,5–13, in: EvTh 13 (1953) 1–5; CABA, a.a.O. (1974) (L 9), bes. 11–25; CATCHPOLE, D. R., Q and „The Friend at Midnight" (Luke xi. 5–8/9), in: JThS 34 (1983) 407–424; DERS., Q, Prayer, and the Kingdom: A Rejoinder, in: JThS 40 (1989) 377–388; DERRETT, J. D. M., The Friend at Midnight. Asian Ideas in the Gospel of St. Luke (1978), in: DERS., Studies III, 31–41; FRIDRICHSEN, A., Exegetisches zum Neuen Testament, in: SO 13 (1934) 38–46, bes. 40–43; GRELOT, a.a.O. (L 9a); GÜTTGEMANNS, E., Struktural-generative Analyse der Parabel „Vom bittenden Freund" (Lk 11,5–8), in: LingBibl 1/2 (1970/71) H. 2, S. 7–11; HAACKER, K., Mut zum Bitten. Eine Auslegung von Lukas 11,5–8, in: ThBeitr 17 (1986) 1–6; HEININGER, B., Metaphorik, zu 11,5–8: 98–107; HUFFARD, E. W., The Parable of the Friend at Midnight. God's Honor or Man's Persistence?, in: RestQ 21 (1978) 154–160; JOHNSON, A. F., Assurance for Man. The Fallacy of Translating anaideia by „Persistance" in Luke 11:5–8, in: JETS 22 (1979) 123–131; KOSCH, Tora, zu 11,5–8: 418; MARTIN, A. D., The Parable concerning Hospitality, in: ET 37 (1925/26) 411–414; NOËL, TH., The Parable of the Wedding Guest: A Narrative-Critical Interpretation, in: PRSt 16 (1989) 17–28; RICHARDS, R. R., The Translation of Luke 11,5–13, in: BiTr 28 (1977) 239–243; SCHOLZ, Gleichnisaussage 219–230; TUCKETT, C. M., Q, Prayer, and the Kingdom, in: JThS 40 (1989) 367–376; ZERWICK, M., Vivere ex verbo Dei: 11) Perseveranter orare (Lc 11,5–13), in: VD 28 (1950) 243–247.

Das Korpus der Parabel[262] VV 5b–7 besteht aus einer einzigen Frage[263],

---

[262] Besser „Parabel" als „Gleichnis", weil die Bildhälfte mehr individuell als typisch erzählt; vgl. JÜLICHER, Gleichnisreden II, 268; BULTMANN, Geschichte 188.
[263] Gleichnisse bzw. Bildworte in Frageform begegnen auch sonst Lk 11,11f par; 12,25 [42f] par; 14,5 par 14,28 [31]; 15,4 [8]; 17,7 (außer in den eckig eingeklammerten Fällen immer mit der Formel τίς ἐξ ὑμῶν). Erwartet wird regelmäßig eine emphatische Bejahung oder Verneinung; vgl. GREEVEN, a.a.O. (L 9c) 86–101, bes. 97; GÜTTGEMANNS, a.a.O. 8. – In dem hier in Q – wie auch (vgl. auch schon Hag 2,3; Jes 42,23; 50,10) in luk S (in luk Nachahmung?; vgl. Lk 15,4 [8] diff Mt) – vorliegenden „festen Redetyp" spricht schwerlich „jenes hoheitliche Ich" wie in „Ich aber sage euch..." (gg. GREEVEN, ebd. 100f), aber auch nicht urchristliche Prophetie (so SCHULZ, Q 63.163), sondern die Autorität der Evidenz, die aufgrund von irdischer Erfahrung Wahrheiten Gottes aufleuchten zu lassen vermag.

auf die V 8 die Antwort Jesu selbst gibt, wobei diese im Bilde bleibt und –
anders als V 13 und 18,7 – die Anwendung auf Gott nicht ausdrücklich ins
Wort hebt.

5 Und er sprach zu ihnen:
Wer von euch wird einen Freund haben und zu ihm gehen um Mitternacht, und er würde ihm sagen[a]: Freund, borg mir drei Brote, 6 denn ein Freund von mir kam von unterwegs zu mir, und ich habe ihm nichts vorzusetzen – 7 würde dann wohl jener von drinnen zur Antwort geben[a]: Mach mir kein Ungemach!; schon ist die Tür verschlossen und meine Kinder sind mit mir zu Bett!; ich kann nicht aufstehen und dir geben ...?[b] –
8 Ich sage euch:
Wenn er schon nicht aufstehen und ihm geben wird, weil er ihm Freund ist, wird er doch wegen dessen Dreistigkeit sich erheben und ihm geben – soviel er braucht.*

5f   Die Einleitung setzt die Parabel von dem vorstehenden Gebet ab[264], wobei (s. u.) gefragt werden darf, ob die Redaktion evtl. doch einen inhaltlichen Bezug zu V 3 („Brot") beabsichtigt (s. u.). Die Frageformel fordert auf, sich mit dem angehenden Bittsteller zu identifizieren, nicht mit dem Angegangenen, den er für seinen „Freund" hält.

5f   Die (gnomischen) Futura ἕξει und πορεύσεται (δώσει) deuten auf die Fiktionalität des Geschehens, die deliberativen Konjunktivformen[265] εἴπῃ[266] (VV 5.7) signalisieren die Irrationalität, was für das Verständnis der Parabel wichtig ist[267].

Daß es „Mitternacht" ist, macht sowohl die mißlichen Umstände des Bittstellers (V 6)[268] wie die des angegangenen Hausherrn V 7 verständlich. Die beiden Kontrahenten legen VV 6f ihre unangenehme Lage dar, wobei erzählerisch deutlich wird, daß die sich auf die Pflicht der Gastfreundschaft berufende (φίλος μου) des Bittstellers durchaus als die gewichtigere gewertet werden soll.

Der Bittende, dem die Bewirtung heilige Pflicht ist, will nicht mehr „geliehen" (χρῆσον), als eine großzügige Gastfreundschaft verlangt[269]; er

---

* T: [a] v.l. – (s. A. 266). – [b] v.l. – (s. A. 283). – Der Text gilt hier und sonst (vgl. weitere Differenzen bei ALAND, Synopsis) den führenden Textausgaben weithin als gesichert.

[264] GÜTTGEMANNS, a.a.O. 8. – Die Einleitungsformel kann vorluk sein; s. LK I. 367 A. 164 und u. A. 289.
[265] Vgl. Bl-R 366,1.
[266] T[a]:   Mit ἐρεῖ gleichen futurisch an in V 5: A D W Ψ f[13] 892 1424 al, in V 7: D.
[267] Vgl. GÜTTGEMANNS, a.a.O. 10.
[268] Brot wird im Haus im allgemeinen vor Sonnenaufgang von den Frauen für den anhebenden Tag gebacken. Zu kaufen gibt es in dörflichen Verhältnissen, zumindest nach Mitternacht, nichts.
[269] Nach HAUCK* (vgl. auch JEREMIAS, Gleichnisse 157) wären drei Brote die Portion für eine gastliche Mahlzeit. – DALMAN, Arbeit und Sitte IV*, 120, verlangt nur ein Drittel

denkt sogar an Rückgabe χρῆσον. Es handelt sich also um keine unbillige Bitte – es wäre ganz unverständlich, wenn sie ausgeschlagen würde. Er beruft sich in seiner Anrede (φίλε) V 5 b auf die (wohl nachbarliche) „Freundschaft" (vgl. V 5 a.8).

7 Der angegangene „Freund" wird aber V 7 erzählerisch als κἀκεῖνος ἔσωθεν auf Distanz gesetzt, als einer, der keineswegs aus der Freundschaftsrelation reagiert, sondern nur aufgrund von „Aufdringlichkeit" (vgl. V 8). Die unwirsche Antwort in kurzen, unverbundenen Sätzen von dem ἐκεῖνος ἔσωθεν durch die verriegelte Tür – ohne Anrede (nicht φίλε!) –, mit μή beginnend, ohne viel Überlegung mit den naheliegendsten Gründen zu einem „unmöglich" findend, ist doch eigentlich undenkbar! Sie wird unzulänglich begründet mit der gewiß nur umständlich und geräuschvoll zu öffnenden Tür[270] und damit, daß auf der gemeinsamen Familienbettstatt[271] die gewiß schon wach gewordenen Kinder[272] beim Aufstehen des Vaters unruhig würden[273]. Eine derartig ablehnende Antwort bleibt trotz alldem doch gänzlich unwahrscheinlich. Wichtig ist also die Erkenntnis, daß V 7 keine wirkliche Antwort auf die Frage VV 5f ist, sondern selbst noch Teil der rhetorischen Frage[274], so daß V 7 irreal[275] zu verstehen ist. Diese offengehaltene Frage will die Antwort hervorrufen: daß sich ein „Freund" so verhalten würde, ist ganz undenkbar! – Eine angesichts der orientalischen Gastlichkeit und Hilfsbereitschaft einem jeden einleuchtende Unmöglichkeit!

8 Erst Jesu eigene Antwort[276] auf seine rhetorische Frage – durch λέγω ὑμῖν[277] betont abgesetzt – stellt diese Undenkbarkeit dann ins Licht: Selbstverständlich wird der Angegangene auf jeden Fall aushelfen. Gesetzt den Fall, er würde noch nicht von Freundschaftsmotiven[278] dazu be-

---

Brot für eine gewöhnliche Mahlzeit, was Keth 106ª (vgl. Bill. II, 479) konform ist. Die Gastlichkeit verlangte aber wohl das reiche Übermaß (vgl. auch Gen 18,6).
[270] Die Türen wurden gesichert durch Holzbalken oder metallene Stangen; vgl. DALMAN, Arbeit und Sitte VII*, 770–774.
[271] In einem einräumigen Haus liegt die ganze Familie im erhöhten Teil des Raumes auf einer Matte; vgl. JEREMIAS, Gleichnisse 157. – εἰς für lokales ἐν ist luk; vgl. JEREMIAS, Sprache 197.
[272] εἰς τὴν κοίτην εἶναι = „zu Bette sein"; vgl. (mit Berufung auf das Syrische) DALMAN, Arbeit und Sitte VII*, 77, und BAUERWb (mit Berufung auf JosAnt 1,177).
[273] Vgl. GÜTTGEMANNS, a.a.O. 9f: „daß er seine wachgewordenen Kinder wieder beruhigen muß".
[274] So FRIDRICHSEN, a.a.O. 40ff; JEREMIAS, Gleichnisse 158; SCHMID*. – Die EÜ setzt richtig hinter V 7 – anders als der St-T und G – ein Fragezeichen. – Wenn DSCHULNIGG, Gleichnisse 154.158 Anm. 8, 11,5–8 unter die dreiteiligen Gleichnisse (VV 5f – V 7 – V 8) zählt, darf der Fragecharakter von V 7 dadurch nicht verwischt werden.
[275] Vgl. GÜTTGEMANNS, a.a.O. 8.
[276] Vgl. auch 15,7(10) par; 16,8; 18,8.18 Sg.
[277] Summierendes λέγω ὑμῖν ist – nach JEREMIAS, Sprache 198 (106) – unluk.
[278] Das aktive Verständnis von φίλον αὐτοῦ entspricht wohl mehr dem gemeinten Sach-

stimmt – Unannehmlichkeiten würden ihn auch dann noch zwingen, dem – mitternächtlich gewiß lästigen – so dreist Bittenden[279] zu helfen, und zwar reichlich, wie erbeten[280]. Dabei hebt das irreal bildhaft-fiktiv Erzählte den Hörer in seine eigene Situation, macht wach und gibt Anstoß, die Situation des eigenen Lebens besser zu verstehen.

Die Antwort Jesu V 8 wächst aus der „Frageparabel" – die eine solche nicht unbedingt nötig hat, in der sie aber doch sehr helfend steht[281] – heraus, da V 7 der ἐκεῖνος ἔσωθεν, der die (Freundes-)Anrede vermeidet, in seinem Verhalten nicht als „Freund" geschildert war – wie dann in V 8: Gott gibt den Bittenden schon als „Freund" (das ist nicht in Frage gestellt); aber in der Bildhälfte mußte die Vergleichsperson fragend doch „unfreundlich", wenn am Ende auch helfend, gemalt werden. V 8 benennt hier nur – der Situation entsprechend – ein mutig-dreistes[282], nicht ein „unablässiges"[283], Bitten: Keine Bedenken – menschlich verständlich – sollen den Beter davon abhalten, es mit dem Bitten zu wagen! Trotzdem fällt keineswegs „das ganze Gewicht der Aktion auf den Bittsteller", der „allein ... die Wende" bewirkt[284], sondern auf Gott, der vorgetragene Not nicht untätig ansehen kann. Damit es zum Bitten kommt, eben darum schildert die Parabel den angegangenen „Freund" nicht nur als in sich freundschaftlich hilfsbereit, sondern als einem mutigen Bitten gegenüber hilfsbereiten. Gott „affiziert" die vorgetragene Not, er läßt sich angehen und durchaus bewegen, wobei man wohl an die Bitte um das Reich (V 2) zurückdenken kann[285]. Damit würde dann so auch zu VV 9–13 übergeleitet[286].

---

verhalt (dem Verhalten Gottes), zumal nach der Bezeichnung (V 5 a) und Anrede (V 5 b) (Gottes) als „Freund".

[279] Ein Chiasmus ordnet das bewegende Motiv konträr in die Mitte: οὐ δώσει ... ἀναστὰς διὰ τὸ εἶναι φίλον αὐτοῦ – διά γε τὴν ἀναίδειαν αὐτοῦ ἐγερθεὶς δώσει.

[280] Siehe o. A. 269. – Es darf nicht herausgelesen werden: „über das Erbetene hinaus" (gg. ZAHN; RENGSTORF; JEREMIAS, Gleichnisse 157; GRUNDMANN), vielmehr ist hier – in Unterschied zu V 5 – nur allgemeiner formuliert, schon in Hinblick auf die gemeinte Sache.

[281] Gegen OTT, Gebet* 26 f.29.62, der V 8 für „sekundäre Bildung, von 18,5 beeinflußt", hält; auch MARSHALL 462 f; CATCHPOLE, Prayer (a.a.O.) passim.

[282] ἀναίδεια muß die gewiß objektiv lästige, weil dreiste Bitte nicht als subjektiv „unverschämt" schildern (vgl. BAUERWb z.W.). LEVISON in: ET 9 (1925) 496–560, und FRIDRICHSEN, a.a.O. 40–43, deuten: „wegen seiner eigenen Schamlosigkeit", „um nicht als schamlos dazustehen"; vgl. auch JÜNGEL, Paulus und Jesus 156; OTT, Gebet* 27–31. JEREMIAS, Gleichnisse 157, bringt dafür als Beleg bei b.Taan. 25 a (*„mišsum kissupha"*). Die Parallelität mit διὰ τὸ εἶναι φίλον αὐτοῦ könnte diese Deutung nahelegen; jedoch empfiehlt die „Parallele" 18,5 sie nicht, und eine lästige Aufdringlichkeit ist eine derartige mitternächtliche Bitte auch dann, wenn sie nicht als „unverschämt" geschildert sein soll. αὐτοῦ meint in beiden Satzhälften den Bittsteller.

[283] T[b]: Die v.l. : et si ille perseveraverit pulsans (so it vg[cl]), kann nicht verteidigt werden.

[284] Gegen KAHLEFELD, Gleichnisse II, 78.

[285] Vgl. dazu (und dagegen) nachstehend im Kleindruck.

[286] Es darf die Vermutung ausgesprochen werden, dieser im Erzählungsduktus der Parabel nicht angelegte Hinweis auf die ἀναίδεια in 11,8 sei von 18,3 ff her hier in den Text

Die Hauptperson der Parabel ist also deutlich nicht der bittende, sondern der angegangene „Freund". Dessen selbstverständliches Helfen soll durch die Frage VV 5–7 und Antwort V 8 ans Licht kommen. Der Blick auf den gebebereiten Gott soll dann zum Bitten ermuntern. Keinesfalls soll der Bittende als Vorbild für hartnäckiges Bitten vorgestellt werden (was auch Mt 6,7f abzulehnen scheint). Im Zusammenhang wird diese Absicht der Parabel in VV 9–13 dann noch kräftig unterstrichen (s. ebd.).

Was aber ist – dem Kontext nach – das „Benötigte"? In unmittelbarem Anschluß an das Gebet 11,2ff wird man im Sinne des Lukas an alles denken dürfen, was dort erbeten wurde: besonders an Brot (vgl. auch V 5b mit V 3a, auch Mt 7,9a), im Vorblick auf 11,9f an die Basileia, im Hinblick auf V 13b aber besonders an den Heiligen Geist.

Es kann gefragt werden, was sich eine isoliert tradierte Parabel 11,5–7(8?) als Inhalt des Bittens dachte. Sie wird wohl nur sehr allgemein zum Bitten ermutigt haben mit Hinweis auf die selbstverständliche Hilfsbereitschaft Gottes. Wer annimmt, unsere Parabel habe ursprünglich mit 18,2–8a eine Doppelparabel gebildet (s.u.), wird speziell leicht an das Kommen des Königreiches Gottes denken[287]. Wer an einen vormaligen Zusammenhang entweder mit 11,2ff, oder anders: mit 11,(9f)11ff par Mt denkt, kann sich besonders zur Bitte um das „notwendige Brot" V 3 ermuntert fühlen[288], weil die Bildhälfte der Parabel (vgl. auch Mt 7,9) das nahelegt.

1. Lk 11,5–8 ist *keine Bildung des Lukas*[289], so sehr es als wahrscheinlich gelten muß, daß Lukas die Parabel hier eingefügt und dem Kontext – besonders in V 8[290] – angepaßt hat[291].

2. Lukas hat die Parabel wohl doch *nicht* Q entnommen[292]; dort folgte Lk 11,9f.11ff par unmittelbar 11,(1b)2–4[293], da 11,9f par besonders die Basileia-Bitte

---

gelangt (was schwerlich aber für den ganzen V 8 angenommen werden kann; vgl. o. S. 209f und u. A. 290).

[287] Vgl. die Vermutung von BULTMANN, Geschichte 216; SCHMITHALS.
[288] Vgl. MANSON, The Sayings* 267.
[289] Für luk Bildung gehalten u.a. von HASLER, Amen 100f. Aber die Formel καὶ εἶπεν πρός fehlt in Apg; in Lk steht sie redaktionell nur unsicher 9,3 (vgl. aber Mk 6,8 καὶ παρήγγειλεν αὐτοῖς) und 2,49 S; 4,23 Sv (vgl. 14,5 Sg); 22,15 Sg; vgl. AB I, 4. Weitere Indizien für unluk Sprachgebrauch in VV 5–7 bei JEREMIAS, Sprache 196ff; zur Frage-Figur V 5a s.o. A. 263. Die wiederholten Anreihungen mit καί klingen semitisch.
[290] Auch eine Antwort Jesu wie V 8 auf die Frage VV 5–7 fragt formal (vgl. o. A. 263) sowie inhaltlich (s.o. S. 210) (s.o. A. 286) recht passend; sie wird vorluk sein. V 8 wäre sekundär zugewachsen nach OTT, Gebet* 27; HEININGER, Metaphorik 101.
[291] Die ἀναίδεια freilich wurde wohl, nicht sehr geschickt, eingefügt; s.o. A. 286. Diese Kontextualisierung (in Angleichung an 18,3ff führte zu weiteren sprachlichen Änderungen durch Lukas: Zum substantivierten Infinitiv mit Präposition vgl. AB I, 12f. Zur Vermeidung von Wiederholung durch Abwechslung (ἐγερθείς statt eines dritten ἀναστάς) vgl. JEREMIAS, Sprache 197f.
[292] 11,5–8 wird Q zugeschrieben u.a. von EASTON*; SCHMID, Mt u. LK* 141ff; KNOX, Sources II*, 60; POLAG, Christologie 3 („möglich"); KATZ, a.a.O. (L 1) 260ff (dem Q-Material); SCHNEIDER („möglicherweise"); HASLER, Amen 100f; ERNST; CATCHPOLE, „The Friend ..." (a.a.O.); DERS., Q, Prayer (a.a.O.) 412, dem TUCKETT, a.a.O., KLOPPENBORG, Formation 203 Anm. 132, und WIEFEL widersprechen.
[293] Siehe dazu u. z.St. - Mt 6,8 ὧν χρείαν ἔχετε - unmittelbar vor Mt 6,9–12 = Lk 11,1–4! - wird doch wohl keine Reminiszenz an Lk 11,8 ὅσων χρῄζει vorliegen, da Mat-

unterstützt (s. ebd.), 11, 11 ff par die Vateranrede lebendig werden läßt und auch auf die drei Wir-Bitten – in Mt (ursprünglich!) besonders auf die Brotbitte – zurückschaut[294].

3. Schwerlich hat unsere Parabel vormals *zusammen mit 18, 2–8 a* ein „Doppelgleichnis"[295] gebildet, da die Aussageabsichten der beiden Parabeln divergieren (s. o.). Die formale Parallelität, auch gewisse inhaltliche Angleichungen, besonders in V 8[296], erklären sich – soweit sie nicht auf Lukas zurückgeführt werden müssen – durch gegenseitige Beeinflussung im gleichen *Traditionsstrom*[297] *des luk Sondergutes.*

4. *Religionsgeschichtliche Parallelen* für unsere Parabeln sind bisher nicht nachgewiesen[298].

β) Aufforderung und Ermutigung zum Bitten
11, 9–10 (= Mt 7, 7–8).11–13 (= Mt 7, 9–11)

L 9 c: zu 11, 9–13. – Vgl. die Lit. in L 9 und 9 b. – BAILEY, Poet and Peasant 134–141; BAMMEL, E., Rest and Rule, in: VigChr 23 (1969) 88–90; BROX, N., Suchen und Finden. Zur Nachgeschichte von Mt 7, 7 b/Lk 11, 9 b, in: HOFFMANN u. a. (Hg.), Orientierung an Jesus 17–36; CABA, a. a. O. (1974) (L 9) 63–93; DERS., a. a. O. (1975) (L 9); DELEBECQUE, a. a. O. (L 4) 590–593; GOLDSMITH, D., „Ask, and it will be Given ..." Toward Writing the History of a Logion, in: NTS 35 (1989) 254–265; GREEVEN, H., „Wer unter euch ... ?", in: WuD 3 (1952) 86–101, bes. 93 f (11, 11–13); GÜNTHER, H., Das Vaterunser – Gebet im Namen Jesu. Zu Eigenart und Sinn des Vaterunsers bei Matthäus und Lukas, in: Luth. Theol. und Kirche 2 (1980) 34–41; HIERL-HANSEN, B., Le rapprochement poisson-serpent dans la prédication de Jésus (Mt. VII, 10; Luc 11, 1), in: RB 55 (1948) 195–198; KISSINGER, The Parables, bes. 312 f; KRAELING, C. H., Seek and You Will Find, in: A. P. WIKGREN (Ed.), Early Christian Origins (FS H. R. Willoughby) (Chicago 1961) 24–34; LEONARDI, a. a. O. (L 9); OTT, Gebet* 102–112; PIPER, R. A., Matthew 7, 7–11 par. Luk 11, 9–13. Evidence of Design and Argument in the Collection of Jesus' Sayings, in: DELOBEL (Éd.), Logia 411–418; DERS., Wisdom 15–24; RASCO, E., La Teologia 138–147; RAU, E., Reden in Vollmacht, zu 11, 11–13: 172–182; SCHLOSSER, Le Dieu 146–148; STEINHAUSER, Doppelbildworte 69–79; VARA, J., Una sugerencia: κόπριον lección originaria de σκορπίον en Lucas 11, 11–12, in: Salm. 30 (1983) 225–229; ZELLER, Mahnsprüche 127–131.

---

thäus von Mt 6, 32 = Lk 12, 30 (= Q) abhängig sein wird und ihm die Wendung auch 3, 14 und 14, 16 diff Mk geläufig ist (Selbstkorrektur von: TrU 119).

[294] Eine vormalige Einheit Lk 11, 5–8.9 – V 9 als ursprünglicher Abschluß der Parabel – versuchte CATCHPOLE, in seinen o. (L 9 b) genannten Arbeiten aufzuweisen; vgl. den Widerspruch von TUCKETT, a. a. O.; s. auch u. (A. 309).

[295] So JEREMIAS, Gleichnisse 157: „fast ein Doppelgleichnis"; ERNST: vielleicht „eine ursprüngliche Einheit".

[296] Vgl. dazu eingehend OTT, Gebet* 29 ff. – Siehe o. (A. 281).

[297] Vgl. auch HIRSCH, Frühgeschichte II*, 101; SCHOLZ, Gleichnisaussage 225–230.

[298] Die von Bill. I, 456, angeführten Texte bieten keine eigentlichen Parallelen; vgl. z. B. den Spruch des Rabbi Schimeon ben Calaphta (um 190 n. Chr.): „Der Unverschämte besiegt den Bösen, um wieviel mehr den Allgütigen der Welt." Weder ist in der Bildhälfte der Parabel Jesu der Bittsteller als „Unverschämter" (s. o.) geschildert noch der Angegangene als „Böser", noch geht es in der Sache darum, durch aufdringliches Bitten den allgütigen Gott zu besiegen (s. o.). Vgl. dagegen auch GÜTTGEMANNS, a. a. O. 11.

In der Spruch-Einheit 11,9–10.11–13 findet die parabolische Sprechweise gezielt gleich in V 9 zu einer unmittelbar ansprechenden Direktheit. Die Komposition ist kunstvoll in zwei Strophen geformt, wobei die erste (VV 9–10) aus zwei Dreizeilern, die zweite (VV 11–13) aus drei Doppelzeilern besteht. Die erste Strophe stößt den Hörer in V 9 mit seinen drei Aufforderungen hart und konkret – wie das die religiöse Weisheit nicht vermag, schwerlich auch nach Art der Propheten (s. u.); die drei Erhörungszusicherungen von V 10 vermögen dem Angeredeten wieder Standfestigkeit zu geben. In der zweiten Strophe VV 11–13 werden die Zusicherungen motiviert: Zwei rhetorische Fragen – Vergleiche aus der Erfahrungswelt der Angeredeten – nehmen zunächst den Hörer so ins Gebet, daß er zustimmen muß, das um so mehr, als die Bildhälfte des Vergleichs die Erhörungsgewißheit vom Vatersein Gottes her motiviert und so den Aufblick eröffnet zur göttlichen Liebe, die Gutes geben will (11,5–8 und 11,9–11). – Die Einheit VV 9–13 *motiviert* – die Gebetsunterweisung 11,1–13 beschließend – noch einmal den *Akt* des Bittens und zentriert ihn *inhaltlich:*

(1.) Die Sprucheinheit 11,9–10.11–13 führt zunächst die Parabel 11,5–8 auf ihre Weise weiter, die ebenfalls schon Mut machen sollte, es mit dem Bittakt zu wagen. Die Weiterführung liegt nunmehr – über VV 5–8 hinaus – in der dreifach unterstrichenen imperativischen Aufforderung, die VV 9f sehr eindrücklich wird und die VV 11ff dann vom Vatersein Gottes her *motiviert* wird. Sie lenkt damit weiter zurück zu dem Gebetsvorschlag 11,2ff, der ebenfalls wie 11,(9f)11–13, aber anders als 11,5–8 die Möglichkeit, so zu bitten, nicht im Freund-Sein, sondern im Vater-Sein Gottes gründen ließ. Wir sollen es also nicht nur mit dem Bitten wagen (VV 5–8), sondern sollen, vom Kontext her deutend, glauben, daß uns dereinst die Tür geöffnet wird (V 10), daß der „Vater" Gutes, nicht Böses gibt (VV 11ff); daß die Basileia also als Heil und Vergebung, nicht als Gericht kommen will und Gott nicht in eine Versuchung führen wird (VV 2ff).

(2.) Die Sprucheinheit 11,9–13 führt die ganze Komposition 11,1–13 *inhaltlich* auf diesen Höhepunkt: Lukas läßt am Ende in V 13 deutlich werden, was ihm die Zentralbitte für die Gemeinde seiner Zeit (und aller Zeiten) zu sein scheint: die Bitte um „heiligen Geist". Die Auslegung wird zeigen, wie sehr 11,9–13 über 11,5–8 hinweg auf die Gebetsunterweisung 11,2–4 zurückblickt und die dort aufgeworfene Frage der Gebetsthematik: Es geht um Gottes Reich (der eine große Gebetswunsch: 11,2) und was dazugehört (die drei notwendigen Bitten; 11,3–4), nicht nur (V 3) um Brot (vgl. auch 11,9 par Mt 7,9 = Q), sondern V 4 auch um Vergebung und endgültige Rettung, was alles Gottes Geist der Gemeinde zukommen läßt.

9 Und ich sage euch:

Bittet – und es wird euch gegeben;
suchet – und ihr werdet finden;
klopfet an – und es wird euch geöffnet werden[a].

10 Denn jeder, der bittet, erhält,
und wer sucht, der findet,
und wer anklopft, dem wird geöffnet[b].

11 Welchen Vater[c] aber unter euch
wird der Sohn um einen Fisch[d] bitten –
und[e] statt eines Fisches würde er ihm[f] eine Schlange reichen?
12 Oder auch: er wird bitten[g] um ein Ei –
wird er ihm einen Skorpion geben[h]?

13 Wenn nun (sogar) ihr, die ihr böse seid,
gute Gaben euren Kindern zu geben wißt,
um wieviel mehr wird der Vater, „der aus dem Himmel"[i],
heiligen Geist[j] denen geben, die ihn bitten! *

9f Von den folgenden zwei Dreizeilern bringt der erste eine Gebetsaufforderung, der zweite mit der Zusicherung der Erhörungsgewißheit die Motivation für diese.

9 Die einleitende Autoritätsformel[299] ὑμῖν λέγω überbietet das „sammelnde" λέγω ὑμῖν von V 8[300]; es knüpft an das εἶπεν VV 2(5) an. In dem betonten κἀγώ bringt sich Jesus – deutlicher als in V 8 – mit einer eindeutigen Aufforderung zur Sprache (ähnlich präzisiert wie Lk 16,9 nach 16,8).

(ἀμὴν) λέγω ὑμῖν ist auch für Q charakteristisch[301]. Die Umstellung ὑμῖν λέγω (vgl. 16,9) sowie das κἀγώ[302] sind aber als luk verdächtig. Lukas kann die Einleitungswendung hier von sich aus gebildet haben[303] – aber kaum in Anlehnung an λέγω ὑμῖν V 8, eher umgekehrt; Mt könnte die Einleitungsformel freilich auch bei

---

* T: [a] v.l.: T (s. A. 312). – [b] v.l.: T h [St-T] (s. A. 314). – [c] v.l.: S St-T (s. A. 319). – [d] v.l.: T B h; S V M (s. A. 320). – [e] v.l.: T H S V M B N G (s. A. 320). – [f] v.l.: V B (s. A. 321). – [g] v.l.: – (s. A. 321). – [h] v.l.: T [S] V M B G (s. A. 321). – [i] v.l.: [H] [St-T]; S (s. A. 329). – [j] v.l.: – (s. A. 331)

[299] Vgl. LK I, 344; TrU 97 (87).
[300] Diese Formel charakterisiert die hoheitliche Christussprache (vgl. TrU 97), schwerlich nur Prophetenrede (gg. HASLER, Amen 178f; SCHULZ, Q 57–61 und die dort genannten Autoren).
[301] Siehe TrU 97 Anm. 155.
[302] Vgl. AB III, 41f.
[303] So OTT, Gebet* 100f; HASLER, Amen 101. – Die Einführungsformel muß nicht von V 8 λέγω ὑμῖν abhängig sein; eher könnte man sich die umgekehrte Abhängigkeit vorstellen.

seiner Textumordnung unterdrückt haben[304]; eigentlich ruft der energische imperativische Neuansatz aber nach einer neuen hoheitlichen Einführung.

Der Akzent liegt in V 9 auf den drei vorangestellten objektlosen Verben, die recht energisch zum Tun aufrufen[305]. Der erste Imperativ scheint bildlos eindeutig; die zwei folgenden dagegen sind bildhaft mehrdeutig. Das „Anklopfen"[306] könnte ein „Bitten" illustrieren wollen[307], das „Suchen"[308] dagegen nicht.

10   Die dreifache Zusicherung V 10 ist gewiß kein Erfahrungssatz, wie jeder Bittsteller wird bestätigen können. Es entspricht der bedingungslosen Aufforderung V 9, daß hier autoritativ eine absolute Zusicherung gegeben wird, die aller Erfahrung widerspricht. Sie steht noch im Licht der einleitenden Autoritätsformel.

Lukas – und wohl bereits die Tradition vor ihm (s. u.) – wird die Aufforderung VV 9f als Anfügung an VV 2–4 gelesen haben und gedeutet wissen wollen (s. u.): Das auffordernde αἰτεῖτε läßt das λέγετε von V 2a wieder aufklingen. Es geht also nicht nur – in Weiterführung von 11,5–8[309] – um die allgemeine Aufforderung, es mit dem Bitten zu wagen und Gott etwas zuzutrauen (s. o.); es wird schon konkret – über 11,5–8 hinweg – im Zusammenhang mit dem Herrengebet um die 11,2–4 vorgeschlagenen Bitten gehen sollen, primär (trotz V 13; s. ebd.) um die grundlegendere Reichsbitte, wobei die drei „Unser-Bitten" des Gebetes Jesu – im Anschluß an VV 5–8 besonders auch die Brotbitte – gewiß mitbedacht werden sollen, im Zusammenhang mit der Reichsbitte freilich dann auch wohl die vorletzte und die letzte Bitte.

Die Bildhaftigkeit der zwei Dreizeiler V 9f – diese zunächst isoliert gelesen – läßt die gemeinte „Sache" durchscheinen; sie hebt das Objekt des Bittens, Suchens und Anklopfens metaphorisch in den Blick. Das dreimalige Passivum divinum ist – wie meist – ein Passivum eschatologicum. Die Dreiheit bekommt ihre Eindeutigkeit auf dem Hintergrund der Reich-Gottes-Verkündigung Jesu[310]: Die enge Pforte und der

---

[304] So FITZMYER; SCHULZ, Q 57.161 (in der ursprünglichen mündlichen Tradition, nicht in Q, erst wieder in Lk).
[305] Es handelt sich keineswegs um eine Aufforderung zu unablässigem insistierendem Bitten (wie auch 11,5–8 nicht; s. ebd.); gg. FITZMYER 913f (910) u.a. Jesus will, daß wir Gottes Hilfswilligkeit Glauben schenken und ihn daher überhaupt anzugehen wagen.
[306] Vgl. stereotyp vom Gebet die rabbinischen Beispiele bei Bill. I, 458, wobei dort freilich nicht an die Basileia gedacht wird; V 9 belehrt (vielleicht) das futurische „Geöffnetwerden", daß im Wort Jesu ursprünglich nicht eine abgeschliffene Redeweise vorlag.
[307] „Bitten" und „Anklopfen" läßt schwerlich ursprünglich an Bettler denken; gg. JEREMIAS, Gleichnisse 159. Diese müssen erst anklopfen, bevor sie bitten können(?)
[308] Siehe nachstehend.
[309] Lukas hat VV 9f nicht „zur Anwendung der Parabel 11,5–8 gemacht"; gg. OTT, Gebet* 100f (und die dort Anm. 24 genannten Ausleger); s. auch o. A. 294. Das „Suchen" ist von VV 5–8 her nicht erklärbar. – Den von ihm in Q vorgefundenen (s. u.) Rückbezug von 11,9–13 (vgl. auch u. S. 218) zu 11,2–4 hat Lukas nicht aufheben wollen.
[310] Vgl. so auch GOLDSMITH, a.a.O., bes. 262ff für Lk 11,9a.10a par Mt 7,7a.8a, der freilich nicht sieht, daß der gleiche Bezug auch für Lk 11,9b.c und 10b.c par Mt 7,7b.c und

beschwerliche Weg zum Leben müssen „gesucht" werden (vgl. Lk 13,24)[311], wohl mehr im Bilde: die Basileia will „erstrebt" sein (Lk 12,31), vgl. Mt 13,45: das Himmelreich, wie die eine kostbare Perle, „gesucht" werden. Es liegt nahe, beim Anklopfen und Geöffnetwerden[312] an die Tür zum Festsaal zu denken (vgl. Lk 13,25; Mt 25,11). Wenn so die Metaphern des zweiten und dritten Gliedes – unter unterschiedlichen Bildern – das Gottesreich meinen sollten, kann die erste bildlose Aufforderung ebenfalls in gleiche Richtung zielen[313]. Ist doch das Gottesreich – z. B. Mk 4,11; Lk 12,32, vgl. 22,38 f – als Gabe vorgestellt. Wem es – in Jesu Worten und Taten – aufgeleuchtet und zugekommen ist, der wird nun darum zunächst bitten, dann auch danach suchen, auch anklopfen, und am Ende wird ihm geöffnet werden[314]. Für die christliche Situation wäre nachösterlich das Verständnis der Dreistufigkeit denkbar: des „bittenden" und „suchenden" Katechumenen, der am Ende „anklopft" und (in der Taufe) die Aufnahme in die Gemeinde findet? Lukas denkt wohl an seine Gemeindechristen. – Die beiden Dreizeiler VV 9f wären also auf dem Hintergrund der Reichsverkündigung Jesu auch als isolierter Mahnspruch (s. dazu u. S. 219f) verständlich[315].

Der uns wahrscheinlich gewordene Reich-Gottes-Bezug geht in der luk Kontextualisierung nicht verloren; Lukas versteht ja VV 9f mit der Tradition als Zusatz zum Herrengebet 11,2–4 (s. o.). Er will primär ja tradieren, nicht nur aktualisierend redigieren.

---

8 b.c als ursprünglich angenommen werden kann. Die Dreiheit kann also als ursprünglich verständlich gemacht werden.

[311] So auch MANSON, The Sayings* 81. – Das Bild vom „Suchen" hat vor- und nachneutestamentlich eine breite Verwendbarkeit; vgl. Bill. I, 458, und BROX, a.a.O. Das AT redet oft vom Suchen (und Finden) Gottes; vgl. MARSHALL 467. 1 QS 1,1 f; 5,8.11 ermutigt, an das „Gesetz", den rechten Lebensweg, zu denken. Das „Suchen" wird nicht erst in der Gnosis wichtig; s. u.

[312] T^a: Der St-T und G bevorzugen in V 9 das Futur II ανοιγησεται (vgl. dazu Bl-R § 76 und BAUERWb z. W.), $\mathfrak{P}^{45}$ neugriech. ανυγησεται (vgl. Bl-R § 22 Anm. 4), das Hss. wie D E F G H W 1006 1424 pm (mit T) V 9 durch das Futur I ανοιχθησεται zu verbessern suchen, teils übereinstimmend mit v.l. in V 10 (s. A. 314).

[313] Ntl. Nachklänge vielleicht Jak 1,5f; 3,22; 5,14, christologisiert vielleicht auch Joh 11,22; 14,13f; 15,7.16b; 16,23f; vgl. die Parallele Mk 11,20 par Mt 21,20. Altkirchliche Nachklänge (oder Parallelen) bei GOLDSMITH, a.a.O. 254 Anm. 2.3.4.

[314] T^b: Die Tempusform der 3. Zusage ist in V 10 freilich textlich unsicher: Obgleich $\mathfrak{P}^{75}$ B D (in Anlehnung an die ersten beiden Präsensformen in V 10) präsentisch ανοιγεται schreiben, entscheidet sich G mit $\mathfrak{P}^{45}$ vid ℵ pm für ανοιγησεται (wie in V 9; s. vorstehend die A. 312), wobei der St-T durch eckige Klammer (ανοιγ[ησ]εται) seinen Respekt für die alte Texttradition von $\mathfrak{P}^{75}$ B D (s.o.) zu erkennen gibt. ανοιχθησεται dringt auch (s.o. zu V 9 A. 312) in V 10 ein in: A E F G H W Δ 565 1006 1424 pm. – Man kann das Präsens als sekundäre Angleichung an die beiden ersten Präsensformen in V 10 verstehen; man kann aber auch die Präsensform als eine präsentische Aktualisierung des Lukas im Rückblick auf die kurzfristig erwartete Erfüllung in 11,5–8, auch in Angleichung an die präsentischen Aussagen von 11,11ff hier für luk ursprünglich halten und das Futur als sekundäre Angleichung an V 9.

[315] V 10 ist nicht unabhängig von V 9 jemals tradiert worden; vgl. die Argumente bei KLOPPENBORG, Formation 203f. (V 9 war auch nicht ursprünglich Abschluß von 11,5–7(8); s.o. A. 294 und 309.)

11 ff Angefügt³¹⁶ sind – als zweite Strophe – zwei Doppelzeiler, welche die absolute Zusicherung von V 10 nach der Art der religiösen Weisheit verständlich machen wollen (und bereits zu 11,14–28 überleiten).

11 f Die Doppelfrage lockt die Antwort hervor: „Selbstverständlich niemand – so etwas gibt es nicht", ähnlich wie schon in der vorstehenden „Frageparabel" 11,5–8. Wie V 5 hebt sie mit der typischen Redefigur „wer unter euch" an, aus der hier wohl zunächst weniger ein (messianisches oder prophetisches) Hoheitsbewußtsein spricht als die unbezwingbare Einsichtigkeit der Argumente.

Die stilistischen Bemühungen des Lukas haben die einleitende Frage von Q (= Mt) – ganz semitisch konstruiert³¹⁷ – nicht gerade verbessert³¹⁸. Aber Lukas will wohl den Blick eindeutiger auch auf den bittenden Sohn³¹⁹ richten und damit erneut die Notwendigkeit des Bittens – in engem Anschluß an V 10 – unterstreichen. Hauptperson bleibt freilich auch hier der Vater.

Von 11,5–8 her konnte VV 9 f als Aufforderung, es mit dem Bitten zu wagen, gedeutet werden (s.o.). Während VV 5–8 begründend das Freundschaftsmotiv angeführt war, so VV 11–13 nun wieder wie V 2 das Vater-Motiv. Gesagt wird hier aber nicht allgemein, der „Vater" würde Bitten erfüllen, sondern spezieller: er würde auf Bitten hin nichts Gefährdendes (s.u.) geben, sondern nur Gutes. Das scheint im Kontext unmittelbar an die beiden letzten Wir-Bitten des Herrengebetes V 4 anzuknüpfen, hat aber wohl auch die kühne Bitte um die Heilsankunft der Basileia V 2b im Auge: Jesu Gebetsvorschlag VV 2–4 darf nicht erschrocken und zaghaft machen, sagt diese Anfügung, denn der, den der Beter als „Vater" angeredet hat, will die Basileia als Heil, nicht als Gericht zubringen; er wird die Schuld vergeben – und wird ganz gewiß nicht in eine Versuchung führen! Jesu Basileia-Botschaft ist gar sehr anders akzentuiert als die des Täufers (s.o. S. 188). Man darf Gottes Kommen vertrauensvoll herbeibeten.

In Lk bittet der Sohn nur um die „Zukost": um Fisch³²⁰ und Ei, also um

---

³¹⁶ Lukas wollte VV 11 ff nicht – durch die „Übergangspartikel" δε (vgl. Bl-R § 447, 1 f) – von V 9 f „trennen"; gg. OTT, Gebet* 100 ff.
³¹⁷ Vgl. Bl-R § 469 Anm. 1.
³¹⁸ Für die diesbezüglich größere Ursprünglichkeit der matth Fassung SCHULZ, Q 161; HASLER, Amen 100. – Matthäus schiebt ἔστιν ein; Lukas ersetzt ἄνθρωπος durch πατήρ.
³¹⁹ T^c: Mit den meisten Ausgaben bevorzugt der St-T den „schwierigeren" Text von (𝔓⁴⁵) A C (W) Θ Ψ f^1.13 (1006) 1506 ℵ sy^(p)h. 𝔓⁷⁵ B trennen τινα ... πατερα noch stärker voneinander durch die Vorordnung des Verbums αιτησαι vor πατερα – was noch schwieriger ist und darum ursprünglicher (so h)? – Der Text von 𝔓⁴⁵ wird mehrfach „verbessert" (vgl. auch par Mt): mit τις δε – bei Einsparung von ο υιος – eingeleitet von einer von ℵ bezeugten Gruppe, ohne δε, aber mit ο υιος auch von D. αιτησαι stellt D erleichternd hinter das Subjekt ο υιος.
³²⁰ T^d: Anstelle von ιχθυν (so 𝔓⁴⁵ ⁽⁷⁵⁾ B pc ff² i l sy^s sa) schreiben viele Hss. in Abhängigkeit von Mt αρτον, μη λιθον επιδωσει αυτω; η και μιτ ℵ A C 𝔐 pm; Mcion. – T^e: Statt και αντι ιχθυος (𝔓⁴⁵.⁷⁵ B pc) schreibt eine breite Tradition (ℵ A C D L W Θ Ψ f^1.13 33 892 pm, 𝔐 latt sa^ms bo) μη αντι ιχθυος par Mt! Das και des St-T verteidigt METZGER, Commentary, als Semitismus.

δόματα ἀγαθά V 13 par Mt 7,11a, um ἀγαθά (Mt 7,11b). Kinder betteln ja gern um Wohlschmeckendes. Der Vater gibt dem Sohn[321] Angenehmes, nicht Schädliches wie „Giftschlange" und „Skorpion".

In Mt zielt die Bitte diff Lk auf das notwendige Brot und um Fisch als die übliche Zukost (vgl. Mk 8,5.7), also um die täglich notwendige karge Kost, damit durchaus auch um eine „gute Gabe", um „Gutes" (V 11). Was stand in Q[322]? Der luk Text muß keineswegs als ursprünglicher angesehen werden, da sein Gegensatz „Gutes" – „Böses" (= „Schlange" – „Skorpion"; vgl. 10,19!) – „Gutes" vom ursprünglichen Sinn des Spruches in Q (= Mt) her – nicht notwendig ist: Ein Vater gibt, um Brot und Fisch gebeten, statt dessen nichts „Unnützes": einen Stein[323] oder eine Schlange[324] (wobei die „Schlange" ursprünglich in Q [= Mt] die harmlose Hausschlange meint). So spricht schon manches für die Ursprünglichkeit dieser matth Fassung[325]. Lukas[326] wird hier den Q-Text, den Mt bewahrt hat, kontextualisierend geändert haben: Die „gute Gabe" des heiligen Pneumas (V 13) läßt aus dem „Unnützen" e contrario das „Ungute" werden (s.u.). – In der Mt-Fassung ist die Sprucheinheit (anders als par Lk 11,11) auch enger an die Bitte 11,3 par Mt gebunden, die auch das „Brot" erwähnte. Die Ursprünglichkeit der matth Fassung würde zudem die luk Einfügung von 11,5–8 mit der Brotbitte zwischen 11,2–4 und 11,9–13 verständlicher machen[327].

13 Gottes Güte wird ins Licht gestellt durch den Hinweis auf die „Bosheit" der Menschen (vgl. Lk 6,45 par). Der Schluß a minore ad maius, mehr: a contrario vom Menschen, der ein böses Herz hat (Mk 7,15)[328] und doch

---

[321] T^f: Der St-T folgt 𝔓⁷⁵ B D und stellt V 11 αυτω dem επιδωσει voran, wo 𝔓⁴⁵ ℵ A 𝔐 pm die Nachstellung von V 12 übernehmen. – T^g: Die Einfügung des εαν V 12 (𝔓⁴⁵ A) wird von 𝔓⁷⁵ ℵ B L f^{1.13} 33 205 2542 co nicht gestützt. – T^h: Das eingefügte und breit bezeugte μη ℵ A C (D) 𝔐 fehlt 𝔓^{45.75} B L 892 pc sa^{mss}; es wird vom St-T nicht mehr übernommen.

[322] Es ist ganz unwahrscheinlich, daß Q beide Alternativen doppelpaarig brachte, Mt die eine, Lk dann die andere übernommen hätte; der luk Änderungswille ist verständlich zu machen; s. zu V 13 (gg. MANSON, The Sayings* 81; KLOPPENBORG, Formation 205 Anm. 145).

[323] Flache Steine und runde Gerstenbrote können sich äußerlich gleichen; vgl. LK I zu 4,3.

[324] Vgl. die Diskussion über die Ausdeutung der unterschiedlichen Gaben bei OTT, Gebet* 104 ff; zur „Schlange" bes. KRAELING, John* 32.

[325] Vgl. OTT, Gebet* 111; SCHULZ, Q 162; SCHNEIDER; WIEFEL; SATO, Q 56 Anm. 133; vgl. die Meinung der Ausleger bei OTT, ebd. 109–112; MARSHALL 469.

[326] MARSHALL 469 macht hier (mit Berufung auf DODD) die mündliche Tradition für die Differenzen verantwortlich.

[327] Dieses Verständnis ist wohl wahrscheinlicher als das von HASLER, Amen 101; Lukas habe 11,5–8 gebildet, weil er Ersatz für das 11,11(13) wegredigierte „Brot" hätte schaffen wollen.

[328] Der Gegensatz zum Gutsein Gottes, das in dessen „Güte" besteht, verlangt hier eine Aussage über „den" Menschen als solchen, wobei Lukas im Zusammenhang will, daß sich seine Gemeindechristen hier angesprochen fühlen sollen. – Für die frühe Tradition, die 11,1–4.9–13 katechetisch benutzt haben wird, kann das folgende Verständnis zur Diskussion gestellt werden: „πονηρος bedeutet im Zusammenhang der an die Anfänger im Glauben gerichteten Gebetsdidache 11,1–13 ‚unbekehrt', ‚außerhalb der geisterfüllten Gemeinde stehend'. Das Ziel unseres Logions besteht somit darin, die als ‚böse geltenden Hörer' aufzufordern, zur Gruppe der ‚Gott Bittenden' überzugehen, um durch

seinem Sohn nur Gutes, nichts Schädliches gibt, führt zu Gott, dem allein Guten (vgl. Mk 10,18), dem „Vater, dem vom Himmel"[329], dem himmlischen Vater (V 11 b)[330]. Begründet wird die Verheißung hier nicht aus der Eschato-logie, sondern aus der Theo-logie, dem Vater-Sein Gottes, das freilich für Jesus eine eschatologische Offenbarungswirklichkeit ist; s. o.

Während par Mt 7,11b die Gabe Gottes allgemein als „Gutes" charakterisiert ist (wie das die Bildhälfte Lk 11,13a/Mt 7,11a mit „guten Gaben" nahelegte), ist τὰ ἀγαθά LK 11,13b speziell als „heiliger Geist"[331] konkretisiert, was in der Bildhälfte des Vergleichs VV 11ff keinerlei Anhalt hat und eine sekundäre luk Interpretation sein wird[332]. Mit dieser wird der verschärfende Austausch von „Brot und Stein" durch „Ei und Skorpion" (s. o.) zusammenhängen. Die Einfügung des „heiligen Geistes" als Gebetsanliegen wird bereits auf 11,14–26 vorausschauen: Wenn sich unser Verdacht bestätigt[333], daß 11,1–4.9–13 mit 11,14–28 nach luk Intention im Zusammen an die Taufkatechese rückerinnern soll (und in einer vorluk Komposition vielleicht eine unmittelbare Taufansprache oder -katechese war), wird verständlich, warum Lukas hier das „heilige Pneuma" eingefügt hat[334]: 11,24 geht es um Austreibung des „unreinen Pneumas".

In bedrängter Zeit muß das ἅγιον πνεῦμα helfen (12,12). Lukas schaut schon proleptisch auf die Zeit[335], da die Verheißung Jesu 24,49; Apg 1,5.8 in Erfüllung gegangen ist (Apg 2,4.34 und passim; vgl. Lk 12,10), in der die Geistbitte nachösterlich ihre bleibende Aktualität behält und erfolgversprechend ist. Lukas weiß, daß der Geist nachösterlich verliehen wird.

---

den Empfang des Heiligen Geistes volle Glieder der Gemeinde zu werden"; so BAUMBACH, Verständnis* 131f; dort weiteres über 11,1–28 als Taufbelehrung; s. u. A. 333.

[329] T¹: ο εξ ουρανου (A B D R W Θ f¹ 𝔐 sy^h) bevorzugen T W V L M N, fragend bezüglich des Artikels [H], ohne Frage G. Der Artikel fehlt freilich 𝔓⁷⁵ ℵ L Ψ 33 69 892 2452 pc sa bo^pt, was – erleichternd – die Gabe aus dem Himmel kommen läßt. Auch υμων ο ουρανιος (𝔓⁴⁵ (579) 1424 (pc) l vg^s) – nach Mt 5,48; 6,14 u. ö. – erleichtert; υμων wird aus par Mt stammen.

[330] Bl-R § 437, 1 Anm. 2, belegt ein ἐκ, wo ein ἐν zu erwarten wäre, mit Mt 24,17; Kol 4,22. BAUERWb z. W. (unter 6.) belegt für LXX Sus 26 Theod; 1 Makk 11,41; 13,21; Jdt 15,5. Vielleicht soll auch Lk 11,13 die „Zugehörigkeit" zum Ausdruck gebracht werden (wie Phil 4,22; Röm 4,12).

[331] Tʲ: Mit 𝔓⁷⁵ ℵ B A pm ist πνευμα αγιον bestens bezeugt und von T H S V M B N G sowie dem St-T übernommen. Die Varianten αγαθον δομα (D it), δοματα αγαθα Θ (a² sy^s) erklären sich aus V 13a par Mt. 𝔓⁴⁵ L pc nur sy^h m g sind mit πνευμα αγαθον beide LA kombiniert und zugleich an Mt 7,11 (αγαθα) angeglichen.

[332] So die meisten Ausleger; s. OTT, Gebet* 107ff; SCHULZ, Q 162; unentschieden (mit WREGE; C. S. ROAD) MARSHALL.

[333] Siehe o. A. 328. – „Möglicherweise steht ... der ganze Abschnitt 11,1–28 im Dienste der Taufvorbereitung der Katechumenen. Denn 11,13 bildet ja nicht nur den Abschluß der Gebetsdidache, sondern durch die Erwähnung des Heiligen Geistes zugleich den Übergang zum Beelzebul-Streit mit seinen Aussagen von ... der ... erfolgten Befreiung der vom Satan beherrschten Menschen (11,20–22)"; so richtig BAUMBACH, Verständnis* 130. Vgl. auch ERNST 367f. Siehe Weiteres o. S. 170 und u. S. 220.224 u. ö.

[334] Die (sekundäre; s. o. 189f) Geistbitte in einigen Textzeugen der luk Fassung des Herrengebetes 11,2–4 kann durch 11,13 mitveranlaßt sein (s. ebd.). Keineswegs kann Lk 11,13 dort die Geistbitte als luk bestätigen. Auch sie verdankt sich der Taufsituation (s. ebd.).

[335] Vgl. WREGE, Überlieferungsgeschichte 108.

Oben (S. 216) schien uns der Spruch VV 9 f als vormalig isoliert tradierbare Mahnung Jesu verstehbar – auch ohne VV 11 ff als Erläuterung. Ähnlich kann auch VV 11–13 als *vormals isoliert tradiertes Bildwort* mit Doppelfrage (VV 11 f) und Antwort (V 13) – auch unabhängig von VV 9 f – verstanden werden: Jesus trat nach dem Scheitern des Täufers, der am Ende das bevorstehende Zorngericht Gottes über Israel verkünden mußte (vgl. z. B. 3, 7.9), mit der Botschaft auf: Gottes Reich käme „trotzdem", trotz der Verstockung der damaligen Generation[336]. – Für eine vormalig *unabhängige Tradition der beiden Sprüche* läßt sich auch der unterschiedliche Gehalt anführen: Während V 9 a, auch noch V 9 b, sehr energisch das Tun des Menschen eingefordert wird und Gottes Hilfe V 10 davon abhängig scheint, betont das „Zusatzwort" VV 11 ff zu jenem „Grundwort" VV 9 f vordergründig nur die gebewillige Güte des Vaters (sosehr die Einheit 11, 9 f.11 ff zum Bitten durch Motivation ermutigen will). – Aus den Sprüchen 11, 9 f[337] und 11, 11 ff kann schon sehr früh ein „Spruch-Paar"[338] geworden sein (1. Kf).

Zur Traditionsgeschichte von Lk 11, 1–13

1. *Lk 11, 1–13* gibt sich als eine apophthegmatisch (VV 1–2 a) eingeleitete „Rede Jesu" (4. Kf) an seine nachfolgenden Jünger, die aber als Jesusrede deutlich die nachösterliche Gemeinde anspricht und die (in Zusammenhang mit 11, 14–28; s. u.) die Gemeinde an ihre grundlegende postbaptismale Unterweisung zurückerinnern will.

2. Die vorstehende Auslegung machte uns *die Parabel 11, 5–8* als sekundären Einschub wahrscheinlich, so daß eine vormalige Zusammenordnung von Lk 11, 2–4.9–13 angenommen werden darf; s. nachstehend. Vermutlich war es Lukas, der die Parabel 11, 5–8 hier einfügte, weil sie die Zusage von VV 11 ff unterstützen konnte. – VV 5–8 und VV 11–13 stimmen in der Frageform, der Einleitungswendung τίς ἐξ ὑμῶν (Mt) überein, wobei das Bild vom nachbarlichen Freund das vom gebebereiten Vater vorbereitet. Aber es ist schwer auszumachen, wie weitgehend eine ursprüngliche Parabel (von Lukas oder schon vorluk) an den Kontext von 11, (9 f)11–13 sekundär angepaßt ist[339]. Die Verwandtschaft mit Lk 18, 1–8 Sg macht sie eher als Sg denn als Q-Tradition wahrscheinlich, womit eine vormalige Einordnung zwischen 11, 2–4(Q) und 11, 9–13(Q) – als Q-Einheit – unwahrscheinlich würde[340].

---

[336] Siehe o. (S. 188); ausführlicher in GR 32–37.
[337] Das EvThom verrät in L 92 a Kenntnis von Mt 7, 7 b (par Lk 11, 9 b), in L 93 a.c von Mt 7, 6, in L 94 von Mt 7, 8 b.c (par Lk 11, 10 b.c). Es läßt sich damit aber nicht beweisen, daß das EvThom eine vorsyn Q-Fassung oder Lk 11, 9 f als isolierte Tradition gekannt hat; vgl. SCHRAGE, Verhältnis* 177–183. Eine frühe Einheit VV 9 f.11 ff bezeugt EvThom auch nicht.
[338] Vgl. so auch BULTMANN, Geschichte 90; SCHMID, Mt u. Lk* 242; MARSHALL; KLOPPENBORG, Formation 204; anders SCHULZ, Q 163; ZELLER, Mahnsprüche 128.
[339] Weder die drei Verben VV 9 f noch ihre Reihenfolge, auch nicht der Vater-Vergleich VV 11 ff haben einen Anhalt in 11, 5–8, so daß eine vormalige Einheit 11, 5–8.9–13 auch von daher wahrscheinlich ist.
[340] Man könnte aufgrund von formalen und inhaltlichen Beobachtungen (s. o.) die Hypothese durchspielen, ein „Doppel-Gleichnis" 11, 5–8.11–13 sei als Q-Tradition sekundär im Verlauf der Q-Überlieferung aufgelöst und schon dort sei 11, 5–8 an Lk 11, 2–4 angefügt worden, 11, 11–13 gleichzeitig an 11, 9 f. Man würde diese „Lösung" aber nur recht fragwürdig hypothetisch vortragen können. Dagegen müßten weiterhin

3. Das Spruch-Paar (s.o.) VV 9f.11ff schien uns o. S. 215f in ähnlicher Weise metaphorisch vom Basileia-Gedanken durchdrungen und gleichzeitig vom Vatergedanken[341] beherrscht wie das Herrengebet VV 2b–4, auch geht es in beiden Einheiten (ursprünglich[342]) um „Brot", so daß ein vormaliger unmittelbarer Anschluß 11,2–4.9–13 abermals wahrscheinlich wird[343]. Das Spruch-Paar 11,9f.11ff – im Kontext auf das Herrengebet 11,2–4 rückbezogen – ermuntert, es mit den Bitten von 11,2–4 zu wagen. Es akzentuiert damit das Gebet Jesu im nachhinein als ein Bittgebet[344]. Der „Sitz im Leben" dieser Zusammenordnung 11,2–4.9–13(?) wird die Taufe bzw. die postbaptismale Taufkatechese gewesen sein[345]. – Lk 11,9–13 ist durch Mt 7,7–11 als Q-Gut ausgewiesen. Die unterschiedliche Einordnung in Mt kann nicht zwei voneinander abweichende Q-Rezensionen bezeugen[346]. Es spricht viel dafür, daß die luk Zusammenordnung von 11,2–4.9–13 bereits vor der Endredaktion von Q geschah.

4. Diese frühe Komposition 11,2–4.9–13 war keine ursprüngliche Einheit. 11,2–4 war sicher vormals isoliert tradiert. Aber auch das Spruch-Paar *11,9f.11ff*, welches das Objekt des Bittens nur metaphorisch andeutet, kann vormals im Zusammen ein Eigenleben gehabt haben, zumal es im Vergleich mit dem Herrengebet Überschüssiges enthält: das „Suchen". Joh 16,23b.24b wird von einer Tradition wie Lk 11,9a.10a par Mt 7,7a.8a abhängig sein. Der Jakobusbrief kennt vielleicht Q: vgl. Jak 1,5.17 mit Q 11,9–13; Jak 4,2–3 mit Q 11,9 (vgl. auch Jak 5,2–3 mit Q 12,33–34).

5. Es konnte o. aufgewiesen werden, daß sowohl das Grundwort 11,9f (s. S. 215f) wie das Zusatzwort 11,11ff (s. S. 219f) je isoliert tradiert aus der Verkündigungssituation Jesu und der Gemeinde verständlich zu machen sind. Die zwei Logien sind sekundär zu dem „Spruch-Paar" 11,9f.11ff zusammengeordnet worden (1. Kf), wobei die Frage offenbleiben kann[347], ob eventuell das Bildwort 11,11ff erst später an ein schon vormalig tradiertes Spruch-Paar 11,2–4.9f als Zusatzwort angefügt wurde.

6. Die obigen Ausführungen zu 11,2b–4 dürfen den Anspruch erheben – abgesehen von einigen deutlichen luk Änderungen diff Mt –, das Herrengebet als ipsissimum verbum Jesu erwiesen zu haben (s. ebd.). Die Auslegungen zu 11,9f und 11,11ff versuchten, die „Entstehungssituation" in der Verkündigung Jesu aufzuweisen (s. o.); die Ausführungen zu 11,5–8 lassen die Annahme einer (kontextbedingt redigierten) Parabel Jesu zu. Die ganze „strukturierte Komposition" (3. Kf) 11,2–4.5–8.9f.11ff kann als Beispiel gelten, wie das verbum Domini aus einem ipsissimum verbum Jesu Inhalt und Kraft bezieht, sich in Tradition und Redaktion als ipsissima vox Jesu weiter zur Sprache zu bringen[348].

---

die Beobachtungen angeführt werden, die oben Lk 11,5–8 als Sg und dann als luk Einfügung wahrscheinlich machten.
[341] Siehe o. zu V 2a und V 13b.
[342] Siehe o. S. 218f.
[343] So auch SCHULZ, Q 163; TUCKETT, a.a.O. (L 9b); ZELLER, Mahnsprüche 128; DERS., Kommentar 56; KLOPPENBORG, Formation 203.205f.
[344] Vgl. zur „Koinzidenz von Lobpreis und Bitte" im Beten Jesu: H. SCHÜRMANN, Das Gebet des Herrn 164–169.
[345] JEREMIAS, Theologie I, 189 (der freilich hier unnötig an Heidenchristen denkt); vgl. BAUMBACH, Verständnis* 130f.
[346] Gegen MARSHALL.
[347] Siehe o. A. 336.
[348] Vgl. unsern Beitrag: Zur Kompositionsgeschichte 339ff.

2. Die neue Freiheit
11,14-28

L 10: zu 11,14-28. - Vgl. auch L 10a (zu 11,19f), L 10b (zu 11,27f) und L 10c, ferner die Lit. zu den Gleichnissen. - Ältere Lit. bei METZGER, Christ and the Gospels Nr. 5660-5671, neuere bei WAGNER, EBNT II, 162-166, und bes. bei FUCHS, Die Entwicklung (s. u.); für 1973-1988 bei VAN SEGBROECK, Lk-Bibliography, Reg. 233. - BAILEY, K. E., Poet and Peasant 79-85; BALTENSWEILER, H., „Wer nicht gegen uns (euch) ist, ist für uns (euch)!", in: ThZ 40 (1984) 130-136; BARNETT, P. W., The Jewish Sign-Prophets - A. D. 40-70: Their Intentions and Origin, in: NTS 27 (1981) 679-697; BAUMBACH, Verständnis*, bes. 27-48.105-120.164-204; BECKER, Heil Gottes 197-217, bes. 201 (zu V 20).209f (zu V 17b); BÖCHER, O., Dämonenfurcht und Dämonenabwehr. Ein Beitrag zur Vorgeschichte der christlichen Taufe (BWANT 90) (Stuttgart 1970); DERS., Christus Exorcista. Dämonismus und Taufe im Neuen Testament (BWANT 96) (Stuttgart 1972); BORING, M. E., The Synoptic Problem. „Minor" Agreements, and the Beelzebul Pericope, in: VAN SEGBROECK (Ed.), The Four Gospels 1992, I, 587-615, bes. 600-619; BRYANT, H. E., Note on Luke XI.17, in: ET 50 (1938/39) 525-526; BUSSE, Wunder, bes. 275-288; CHILTON, B., A Comparative Study of Synoptic Development: The Dispute between Cain and Abel in the Palestinian Targums and the Beelzebul Controversy in the Gospels, in: JBL 101 (1982) 553-562; CONGAR, Y., Le blasphème contre le saint Esprit (Mt 9,32-34; 12,22-32; Mc 3,20-30; Lc 11,14-23; 12,8-10), in: P. BRAND (Éd.), L'expérience de l'Esprit (FS E. Schillebeeckx) (PoTh 18) (Paris 1976) 17-29; EASTON, B. S., The Beelzebul Sections, in: JBL 22 (1913) 57-73, bes. 57-65; FRIDRICHSEN, A., „Wer nicht mit mir ist, ist wider mich", in: ZNW 13 (1912) 273-280; FUCHS, A., Die Entwicklung der Beelzebulkontroverse bei den Synoptikern. Traditionsgeschichtliche und redaktionsgeschichtliche Untersuchung von Mk 3,22-27 und Parallelen, verbunden mit der Rückfrage nach Jesus (SNTU [B] 5) (Linz 1980); vgl. dazu F. NEIRYNCK, Deuteromarkus (s. u.); GASTON, L., Beelzebul, in: ThZ 18 (1962) 247-255; GREEN, H. B., Matthew 12,22-50 and Parallels. An Alternative to Matthean Conflations, in: C. M. TUCKETT (Ed.), Synoptic Studies (JSNT 7) (Sheffield 1984) 157-176; HAENCHEN, Weg 143-154; HAHN, Hoheitstitel 297-300; HIRSCH, Frühgeschichte II*, bes. 60-64.327-329; KÄSEMANN, E., Lukas 11,14-28, in: DERS., ExVuB I, 242-248; KATZ, a.a.O. (L 1) 166-213; KIRCHSCHLÄGER, Jesu exorzistisches Wirken, bes. 231-236; KLAUCK, Allegorie, bes. 174-184 (zu 11,17.21-22); KLOPPENBORG, J. S., Q 11:14-26: Work Sheets for Reconstruction, in: SBLSP 24 (1985) 133-151; KOCH, D. A., Die Bedeutung der Wundererzählungen für die Christologie des Markusevangeliums (BZNW 42) (Berlin 1975), zu Mk 3,20-35: 140-147; KRUSE, H., Das Reich Satans, in: Bib. 58 (1977) 29-61, bes. 37-44; KÜMMEL, Verheißung* 98-102; LAMBRECHT, J., Marcus Interpretator. Stijl en boodschap in Mc. 3,20 - 4,34 (Brugge - Utrecht 1969); DERS., The Relatives of Jesus in Mark, in: NT 16 (1974) 241-256; LAUFEN, Doppelüberlieferungen 126-155; LECLERQ, J., „Scopis mundatam" (Matth. 12,44; Lc 11,25). Le balai dans la Bible et dans la liturgia d'après la tradition latine, in: J. FONTAINE - CH. KANNENGIESSER (Ed.), Epektasis (FS J. Daniélou) (Paris 1972) 129-131; LÉGASSE, S., L'„homme fort" de Luc 11,21f, in: NT 5 (1962) 5-9; LIMBECK, M., Beelzebul - eine ursprüngliche Bezeichnung für Jesus?, in: FELD - NOLTE (Hg.), Wort Gottes 31-42; LINTON, O., The Demand for a Sign from Heaven (Mk 8,11-12 and Parallels), in: StTh 19 (1965) 112-129; LÜHRMANN, Logienquelle 32-43 und Reg.; LUZ, U., Q 10:2-16; 11:14-23, in: SBLSP 24 (1985) 101-102; MACLAURIN, E. C. B., Beelzeboul, in: NT 20 (1978) 156-160; MANSON, The Sayings* 82-88; MEYNET, R., Qui donc est „le plus fort"? Analyse rhétorique de Mc 3,22-30; Mt 12,22-37; Luc 11,14-26, in: RB 90 (1983) 334-350, bes. 342-349; MUSSNER, F., Die Stellung zum Judentum in der Redenquelle und in ihrer Verarbeitung bei Matthäus, in: L. SCHENKE (Hg.), Studien zum Matthäusevangelium (FS W. Pesch) (SBS) (Stuttgart 1988) 209-225, bes. 216-222; DERS., Wer ist „Dieses Geschlecht" in Mk 13,30 parr, in: Kairos 29 (1987) 23-28; DERS., Dieses Geschlecht, hier 89f; NEIRYNCK, F., The Minor Agreements 82-85; DERS., Deuteromarcus et les accords Matthieu - Luc (1980), in: DERS., Evangelica (I) 769-796; DERS., Mt 12,25a/Lc 11,17a et la rédaction des évangiles (1986), in: Evangelica II, 481–492; NESTLE, W., „Wer nicht mit mir ist, ist wider mich", in: ZNW 13 (1912) 84–87; NYBERG, H. S., Zum grammatischen Verständnis von Matth 12,44–45, in: CNT 13 (1949) 1–11; OAKMAN, D. E., Ruler's Houses, Thieves, and Usurpers. The Beelzebul Pericope, in: Forum (Sonoma/CA) 4 (1988) 109–123; PIPER, R. A., Wisdom, bes. 121–124; POLAG, Christologie 35–38; DERS., Fragmenta Q 50–52; ROBBINS, V. K., Rhetorical Composition and the Beelzebul Controversy, in: B. MARK – V. ROBBINS, Pattern of Persuasion (Sonoma/CA 1989) 161–193; ROBINSON, J. M., a.a.O. (L 4) 97–99; ROLLAND, P., Jésus connaissait leurs pensées, in: EThL 62 (1986) 118–121; SCHMID, Mt und Lk* 289–297; SCHÜRMANN, QLk 11,14–36:563–586; SCHULZ, Q 203–213 (zu 11,14–23).476–480 (zu 11,24–26); SELLEW, P. H., Beelzebul in Mark 3. Dialogue, Story, or Sayings Cluster?, in: Forum (Sonoma/CA) 4 (1988) 93–108; SIMPSON, R. T., Agreements of Matthew and Luke Against Mark, in: NTS 12 (1965/66) 273–284, hier 280–282; STEINHAUSER, Doppelbildworte 123–147 (zu 11,17f); THEISSEN, Wundergeschichten, bes. 21.129.163f; THEISSEN – VIELHAUER, Erg.-Heft zu BULTMANN, Geschichte, bes. 10ff.17; WANKE, „Bezugs- und Kommentarworte" 51–56.88–92; DERS., „Kommentarworte" 218–220.227f; WENHAM, D., The Meaning of Mark 3,21, in: NTS 21 (1974/75) 295–300; WILLIAMS, N. P., A Recent Theory of the Origin of St. Mark's Gospel, in: W. SANDAY (Ed.), Studies* 387–421, bes. 412f.

1. Die Einheit 11,14–26 gibt sich als eine szenisch eingeleitete (V 15, erweitert V 14 und V 16; s. u.) Streit- und Mahnrede Jesu (VV 17–26), der Lukas abschließend noch das Apophthegma 11,27f angefügt hat. Die Rede wird so – narrativ gerahmt[1] – in den mit 11,1 beginnenden Erzählungsgang zurückgebunden[2]: Das abschließende Wort V 28, das an V 23 wie an VV 24ff anknüpft, gibt der vorstehenden Rede Akzent und Deutungsrichtung.

Daß Lk 11,28 abschließend das Hören und Bewahren des Wortes Gottes herausgestellt wird, entspricht dem Abschluß des I. Abschnittes 9,51 bis 10,42 (s. o.) über das „eine Notwendige" Lk 10,38–42[3]. Lk 11,14–28 (zusammen mit 11,1–13) soll also (entfernter; s. o. S. 20) auch in Einheit mit 9,51 – 10,42 gelesen werden.

2. Nachdem V 15 eine unglaublich feindselige Erklärung der Exorzismen gegeben, V 16 von „anderen" dann eine himmlische Bestätigung verlangt wird, ist Jesus zutiefst herausgefordert. Seine dreistufige Antwort muß hochrangig ausfallen, darf erwartet werden: VV 17b.18a weist zunächst auf die Widersinnigkeit der Anschuldigung hin, wobei bereits der göttliche Ursprung seiner Exorzismen V 18b implizit erkennbar wird. Mit Hinweis auf den göttlichen Ursprung der Exorzismen der Rabbinenschüler wird in V 19 den Gegnern das Gericht Gottes angedroht. Was sich so

---

[1] Als (durch eine Wundererzählung eingeleitetes) „(Groß-)Apophthegma" ist weder 11,14–18 noch 11,14–26 genügend bestimmt (gg. BULTMANN, Geschichte 8.10ff u.ö.; SATO, Q 81), VV 15–18 auch nicht als rabb. „Streitgespräch" (DERS., ebd.; LAUFEN, Doppelüberlieferungen 433 Anm. 66). Das (literarisch gewachsene; s.u.) Gebilde 11,14–28 wird man besser wie o. charakterisieren.
[2] Vgl. dazu o. S. 170. – Freilich markieren die VV 14.15.16.17a – wie oft beobachtet – einen gewissen Neueinsatz; sie setzen zwar (für das Folgende) neu ein, ohne aber (vom Vorstehenden) betont abzusetzen (s.u.). 11,14–28 will im Zusammen mit 11,1–13 gelesen werden; s.u. A. 5.
[3] Vgl. schon LK I, 259.262f.275.280.285.

implizit bereits andeutete, kommt in V 20 – dem Höhepunkt der Antwort Jesu – ins Wort: in der Macht Gottes wirkt Jesus; darüber hinaus: Die heilbringende Gottesherrschaft manifestiert sich in ihr – wahrlich eine „Bestätigung aus dem Himmel", von Gott her, die alles Zeichenhafte überbietend wegwischt.

3. Man könnte sich hier die Antwortrede beendet denken, wenn diese sich nur „christologisch" explorieren sollte, nicht soteriologisch – wenn es nicht um das Heil der Hörer ging: Es gibt freilich schon „Exorzisierte", von der Satansmacht heilsam Befreite (VV 21 f). Der Heilswille Gottes aber zielt auf mehr: sucht solche, die sich für sein Offenbarungswort entschieden haben (V 23) – was auf (9,57–)10,42 zurückweist, was Mahnung (VV 24 ff) notwendig macht (wie eine Erinnerung an 11,4: „Und wolle uns nicht in Versuchung führen"), damit die Seligpreisung V 28 – ein grandioser Abschluß! – Geltung haben kann.

Die ὄχλοι (VV 14.27) sind noch als bekehrungsfähig vorgestellt, so daß die Auseinandersetzung mit vereinzelten Kritikern (VV 15 f) aus den noch unentschieden „sich wundernden" (V 14) und noch unzulänglich reagierenden (vgl. V 27) „Massen" im Zusammenhang mehr Mahnung (VV 24 ff) und Aufforderung (VV 23.28) als Gerichtsansage ist.

4. Hier wird wiederum einmal deutlich, daß Lukas nicht nur vom Werben Jesu um Israel erzählen will, sondern auch die Christen seiner (und unserer) Gemeinden mit angeredet sein läßt: Die Mahnung Jesu an die *Massen* seiner Zeit 11,14–26 ist so in die *Jünger*unterweisungen 11,1–13 und die Aufforderung V 28, Gottes Wort zu hören und zu bewahren, eingebunden, daß man auch diese – solcherweise „eingeklemmte" – „durchsichtige" Volksrede Jesu *hintergründig lesen* muß: Nach Ostern müssen sich die Christen nicht nur beim Hören von 11,1–13 und 11,28 in besonderer Weise angesprochen fühlen, sondern auch von 11,14–26: Sie sollen sich nicht nur an ihre baptismale Gebetskatechese, sondern auch an die in der Taufe [4] geschehene Befreiung aus der Macht des Satans und an die geschenkte pneumatische Macht über den Satan (vgl. schon Lk 10,18 f) erinnern.

Die narrativ gerahmte Komposition Lk 11,14–28 [5] läßt in ihrem ältesten Kern, in dem Grundwort VV 17 b (18 a) (s. u.) erkennen, welche Aktualität das befreiende Exorzisieren in den frühen Gemeinden hatte und daß es von Getauften auch heute noch zu bedenken und zu bedanken wäre. Unterschiedliche Zusatzworte (wie VV 21–22 und – vielleicht eingeschoben – VV 19–20; s. dort) lassen vertiefende christologische Reflexionen deutlich werden, der Entscheidungsruf V 23, der dann die Warnung VV 24–26 an sich zieht und (anders) das abschließende Apophthegma VV 27–28, lassen

---

[4] Vgl. auch schon Lk 6,46–49 nach 6,20–45.
[5] Siehe andere Versuche, 11,14–28 zusammenzuordnen bzw. abzugrenzen, o. S. 169 f und u. S. 265 f.

paränetisches Gemeindeinteresse erkennen[6]. Worte, die die befreiende Macht Jesu als des Repräsentanten von Gottes Herrschaft und Macht (VV 19–20.21–22) christologisch aufweisen und, so motiviert, zu Entschiedenheit (V 23), zu Beharrlichkeit (VV 24–26) und zur Befolgung von Jesu Wort (VV 28 f) mahnen, behalten für die Verkündigung bleibende Aktualität.

5. Es wird gut sein, das „gewachsene Gebilde" Lk 11,14–28 in seinen vorstehend erwähnten Einzelaussagen (2 a–f) näher zu bedenken, aber auf eine „*Gliederung*" zu verzichten.

14 Und[a] er trieb einen stummen[b] Dämon aus. Es geschah aber, als der Dämon ausgefahren war, da fing der Stumme an zu sprechen. Und es staunten die Scharen. 15 Einige daraus sprachen: Durch Beelzebul[c], den Fürsten der Dämonen, treibt er die Dämonen aus[d]. 16 Andere aber forderten von ihm – in versucherischer Absicht – ein Zeichen aus dem Himmel. 17 Er aber, ihre Gedanken kennend, sprach zu ihnen:
Jedes wider sich selbst[e] gespaltene[f] Reich wird verwüstet,
und Haus fällt auf Haus.
18 Wenn aber gar der Satan wider sich selbst gespalten wäre
– wie könnte Bestand haben sein Reich? Das, weil ihr sagt,
durch Beelzebul[c] würde ich austreiben die Dämonen!
19 Wenn aber ich durch Beelzebul[c] austreibe die Dämonen –
eure Söhne, durch wen treiben sie aus?
Deswegen: diese werden eure Richter sein[g].
20 Wenn aber ich[h] mit dem Finger Gottes die Dämonen austreibe –
ist folglich doch gekommen über euch das Reich Gottes!
21 Solange der Starke, hochgerüstet, sein Gehöft bewacht,
in Frieden sind seine Besitztümer;
22 wann aber ein[i] Stärkerer als er[i] anrückt[j] und ihn besiegt haben wird,
nimmt er ihm sein gesamtes Kriegspotential,
auf das er sich verlassen hatte –
und sein Beutegut verteilt er.
23 Wer nicht mit mir ist – gegen mich ist er;
und wer nicht mit mir sammelt – er zerstreut (mich[k]).
24 Wenn der unreine Geist ausgefahren ist vom Menschen,
durchschweift er wasserlose Stätten, einen Ruheort suchend und keinen findend, sagt[l] er:
Ich werde zurückgehen in mein Haus, von dem ich ausgegangen bin.
25 Und angekommen, findet er es gekehrt[m] und geschmückt.

---

[6] Vgl. ERNST 373, der mit Recht auch an die nachfolgenden Logien vom Licht 11,33.34–36 erinnert, welche den gleichen Verstehenshorizont eröffnen (s. dort).

26 Dann[n] geht er hin und nimmt andere Geister,
schlimmer als er, sieben,
sie ziehen ein und wohnen dort.[o]
Und es werden die letzten Dinge jenes Menschen schlimmer sein als
die ersten.

27 Es geschah aber, wie er das sagte, da erhob jemand die Stimme, eine
Frau[p] aus der Menge, und sprach zu ihm:
„Selig der Schoß, der dich getragen,
und die Brüste, die du gesogen hast."
28 Er aber sagte:
Erst recht[q] selig,
die hören das Wort Gottes – und es bewahren.*

a) Die einleitende Streitszene

11,14 (= Mt 9,32f; vgl. Mt 12,22–23 a).15 (= Mt 9,34; vgl. Mt 12,24).17–18 a (= Mt 12,25–26; vgl. mit Mk 3,22–26).16 (vgl. Mk 8,11 / Mt 16,1, komb. mit Mt 12,38 / Lk 11,29).18 b (vgl. Mk 3,30).

Der (gestraffte) „Wunderbericht" 11,14 mit dem durch VV 15(16).17a eingeleiteten Streitgespräch 17b–18a will, durch dieses Bildwort fragend gedeutet, aller Verdächtigung den Boden entziehen, indem es zu eigenem Nachdenken zwingt: Jesu befreiendes und heilendes Wirken läßt sich nicht diabolisch erklären, wie aber dann? V 18b erinnert abschließend noch einmal an den unerhörten Vorwurf V 15, macht aber auch schon aufgeschlossen für die richtige nachfolgende Erklärung.

14 Eine Zäsur zur vorstehenden Jüngerunterweisung 11,1–13 wird nicht markiert, so daß das Folgende auch darum (s. o.) in Verbindung (καί[7]!) mit der Gebetsaufforderung 11,(1–)13 gedeutet werden muß: Es geht im Zusammenhang – vgl. V 13 – um die Macht des Geistes[8], die vor Gott sprech- und hörfähig macht. Jesus betätigt sich als Exorzist, was für ihn charakteristisch war, sagt die periphrastische Konstruktion[9]. Der Dämon[10], den er austreibt, ist[11] *stumm* und macht[12] den Besessenen taub und

---

* T: [a] v.l.: – (s. A. 7). – [b] v.l.: T W V N G [St-T] (s. A. 11). – [c] v.l.: H N (s. A. 37). – [d] v.l.: – (s. A. 58). – [e] v.l.: – (s. A. 67). – [f] v.l.: T h S (s. A. 65). – [g] v.l.: H N T; h; S B G (s. A. 79). – [h] v.l.: T S B G (s. A. 90). – [i] v.l.: – (s. A. 122). – [j] v.l.: – (s. A. 123). – [k] v.l.: [S] G (s. A. 141). – [l] v.l.: T M B N G [H V St-T] (s. A. 155). – [m] v.l.: [H] (s. A. 156). – [n] v.l.: – (s. A. 157). – [o] v.l.: – (s. A. 158). – [p] v.l.: S V B (s. A. 167). – [q] v.l.: T H S M B N G St-T (s. A. 174).

[7] T[a]: D (a[2c] c f) verknüpfen – offenbar sekundär: par Mt 12,22 und Mk 3,22 – noch enger: ταυτα δε ειποντος αυτου προσφερεται κτλ.
[8] Das muß nicht heißen, V 13 (πνεῦμα) dürfe von hier aus nur an das exorzistische Charisma gedacht werden.
[9] Die periphrastische Konstruktion ἦν ἐκβάλλων ist luk Stil; vgl. Fuchs, a.a.O. 126f. Die generalisierende Schilderung überschreitet den einmaligen Exorzismus von V 14 und schaut schon auf VV 15–18.
[10] Vgl. LK I zu 4,41; 6,18; 7,21; 9,37–43a und S. 261f (L 10c).

stumm[13]. Warum die Heilung speziell eines κωφός als szenische Einleitung für die Rede gewählt ist, läßt sich aus dem weiteren Zusammenhang verständlich machen: V 14 wird – wohl schon in Q – einen Beleg für Lk 7,22 par Mt 11,5 nachtragen sollen (der Mt 9,32f[34] schon vorgezogen war). Jesu Heilungen sind christologische Erfüllungszeichen (vgl. Jes 29,18.19)[14].

Es ist aber wohl auch nicht zufällig, daß es ein Taubstummer ist, der hier exorzisiert wird[15]: Im Zusammenhang mit 11,1–13 und 11,14–36 sollen christliche Leser sich an ihre Taufe rückerinnern[16]. Erst aus der Macht der Dämonen befreit, kann der Mensch den Gebetsaufforderungen 11,(1–4)5–8.9–13 Folge leisten und sich in die Schar der Beter einfügen. V 14 blickt aber wohl auch schon auf VV 23.27f: Jesu Macht ist es, die Jünger Jesu (V 13) und wahre „Hörer des Wortes" (V 27f) schafft (s. dort).

Ob sich die Rückerinnerung an das Taufgeschehen vielleicht erst einer späteren Redaktion in Q verdankt(?), die das Spruch-Paar 11,15.17 bis 18a.21–22 par Mt apophthegmatisch einleiten sollte?

Daß die Massen „*sich wundern*"(par Mt 12,23 gesteigert [17]) – für welche Verwunderung dann beispielhaft der Makarismus der Frau ἐκ τοῦ ὄχλου (Lk 11,27) steht –, zeigt, wie sehr diese noch unerleuchtet sind: Deren Reaktion ist keineswegs einheitlich, wie auch VV 15.16 vermerkt wird; sie bedürfen schon der Belehrung durch Jesu Wort (im Sinne von V 28).

1. Der sehr geraffte Exorzismusbericht Lk 11,14 par Mt, dessen „erzählerische Knappheit" auffällt und in dem „das Wunder nur Anlaß ist"[18], an dem nur die „Stummheit" interessiert, ist direkt *als Einleitungswendung konzipiert* und war nie selbständig[19]. Er entstammt einer Redaktion, die wußte, welche Elemente für einen

---

[11] T^b: Das nachgetragene semitische καὶ αὐτὸ[ς] ἦν begegnet Lk 1,22 Str; 5,1 (v.l.) R; 17,16 Sg: 19,2 Sg, ist also luk hier immerhin möglich, zumal betontes αὐτός luk ist (vgl. AB I, 100); es steht zudem syn unparallel, ist aber erleichternd und auch nicht die kürzere Lesart, die hier vielleicht (mit H und S) vorzuziehen ist, zumal sie besser bezeugt scheint; vgl. 𝔓 $^{45.75}$ ℵ A* B L f¹ 33 205 788 892 1241 pc sy$^{s.c}$ co. – Während der St-T die Erleichterung in eckige Klammer setzt, läßt G mit N dieselbe weg und akzeptiert die längere LA bedenkenlos.

[12] Krankheit galt weithin als dämonisch verursacht; vgl. die Belege bei BÖCHER, Christus Exorcista (a.a.O.) 70–74.

[13] Der „stumme Geist" von Mk 9,17 ist 9,25 zugleich taub, wie auch der stumme Zacharias Lk 1,22 in 1,62 stumm und taub vorgestellt ist; vgl. auch Lk 7,22: κωφοὶ ἀκούουσιν.

[14] Vgl. LK I, 411f.

[15] Die (von Lk und Mt übergangene) breite Erzählung von der Heilung eines Taubstummen Mk 7,31–37 steht – im Heidenland! – ebenfalls sprechend in Kontextbezug: vgl. dazu PESCH, Mk I, 399f; auch ANNEN, Dämonenaustreibungen (L 10c) 116; FUCHS, a.a.O. 132–140. – Das „Effata, d.h. ‚Öffne dich'!" (Mk 7,34) lebt im altkirchlichen Taufritus weiter.

[16] Siehe o. (S. 169–171; S. 224 u.ö.).

[17] ἐξίσταντο Mt 12,23 (in Mt nur hier) ist Reminiszenz an Mk 3,21. Lk 11,14 par Mt 9,33 schreiben ἐθαύμασαν.

[18] So BULTMANN, Geschichte 10f; SCHULZ, Q 206; LÜHRMANN, Logienquelle 32f; SCHLOSSER, Le Règne I, 127.

[19] Vgl. THEISSEN, Wundergeschichten 121.

Exorzismusbericht benötigt werden[20]. Christologie wird in ihm nicht erwiesen, ist vielmehr vorausgesetzt[21]. Trotz aller vorhandenen Strukturelemente ist er nur das „Gerippe"[22] eines Wunderberichts.

2. Lukas fand die einleitende Exorzismusszene – trotz mancher Lukanismen[23] – bereits in einer *Vorlage,* die auch Mt[24] kennt. Das zeigen die Mt-„Dubletten": Mt 9,32-34, ein Text, der mehr Verwandtschaft mit Lk 11,14f hat als Mt 12,22-24[25]; Matthäus zieht 9,32-34 vor und ordnet den Bericht hinter der Blindenheilung Mt 9,27-31 ein, um Mt 11,5 vorzubereiten. Dann freilich wiederholt er ihn, der Mk-Abfolge entsprechend (mit Variationen ausgeweitet[26]), als Mt 12,22-24 (wo er Mk 3,[20]21 ersetzt); er liefert so nachträglich noch einmal einen Nachweis für Mt 11,5 (wobei er – wohl aus gleichem Grund – 12,22 den Stummen auch noch blind sein läßt). Was war die Vorlage der Lk/Mt-Gemeinsamkeiten?

3. Die Szene wird vielfach einer *vormark Tradition* (evtl. einem „Urmarkus") zugesprochen, da Mk 3,22-26 ohne eine solche als unbegründet eingeleitet empfunden wird; die Dämonenaustreibung sei von der mark R dann sekundär durch Mk 3,20f (als Vorbereitung auf 3,31-35) ersetzt worden[27].

4. Ob die Lk/Mt-Gemeinsamkeiten[28], speziell hier Lk 11,14 par Mt 12,22f, einem *Deuteromarkus*[29], einer „Zweitauflage" (= Dmk) des (kanonischen) Mk

---

[20] Vgl. Katz, a.a.O. (L 1) 187: Eine „literarisch kunstvolle" Bildung späterer Zeit.

[21] Keineswegs offenbart sich hier – nicht, wie Schulz, Q 207, meint – „eine deutliche theologische Reserve, ja christologische Reserve gegenüber den vormarkinischen Wundergeschichten und ihrem missionarischen Skopus".

[22] So Schulz, Q 207.

[23] Vgl. schon o. A. 9.10 und zu V 15 A. 34. Vgl. auch den gen. abs. diff Mt 12,22 (aber par 9,32) (dazu LK I, 111 A. 63, und Beyer, Syntax* 46). Zum einleitenden (und wiederholenden) ἐγένετο δέ (diff Mt) vgl. Beyer, Syntax* 31 Anm. 5 und S. 42; es ist luk Stil (vgl. AB III, 65f). Vgl. zur luk Bearbeitung näherhin Fuchs, a.a.O., bes. 126-128; Laufen, Doppelüberlieferungen 132; Polag, Fragmenta Q 51; Schulz, Q 204ff.

[24] Auf die matth Redaktionsspuren in Mt 12,22-23 macht Fuchs, a.a.O. 121-157, aufmerksam.

[25] Vgl. ὁ κωφός, καὶ ἐθαύμασαν οἱ ὄχλοι, dazu den inhaltlich verwandten gen. abs. Für V 15 par Mt 9,14 (vgl. Mt 12,24) vgl. Fuchs, a.a.O. 24ff.33 (Ausleger bes. ebd. Anm. 17).

[26] Die tituläre Akklamation Mt 12,23 (ὁ υἱὸς Δαυίδ) ist matth. Zum Anteil der matth R vgl. Luz, Mt 254f; Fuchs, a.a.O. 121-157.

[27] Vgl. Bultmann, Geschichte 10f; Lührmann, Logienquelle 32f; Laufen, Doppelüberlieferungen 126-133.153; Ernst, Mk; Wanke, „Bezugs- und Kommentarworte" 89f, u.a.

[28] Vgl. übersichtlich nun Neirynck, The Minor Agreements, zu in Lk 11,14-23 par Mt: S. 82-85; zu 11,16.29 par Mt: S. 117-118; vgl. nunmehr auch ders., Q-Synopsis. The Double Tradition Passages in Greek (Studiorum Nov; Testamenti Auxilia/Leuven 1988), 33-35. Siehe ferner u. S. 262 A. 209.

[29] Eine Exegese Vers für Vers kann die gemeinsame Lk/Mt-Vorlage von Mk abheben, dabei aber nicht entscheiden, ob die minor agreements zwischen Lk und Mt diff Mk in dieser Vorlage sich einer von Lk und Mt benutzten „Zweitauflage" des (kanonischen) Mk, einem „Deuteromarkus" (= Dmk) verdanken oder einer Q-Überlieferung. So kann Neirynck, Deuteromarkus (a.a.O.) 7-78, feststellen, daß die Rekonstruktion des Dmk-Textes von Fuchs, a.a.O., in Wirklichkeit die Q-Vorlage erarbeitet hat. Eine Entscheidung wird hier erst die Kompositionskritik bringen können. Ich meine mich hier der vorstehend genannten Untersuchung von Neirynck anschließen zu müssen und schon hier und im folgenden die erkennbare gemeinsame Lk/Mt-Vorlage „Q" nennen zu dürfen; s. Näheres u. S. 257ff). – Die einschlägigen Arbeiten von Fuchs (über die a.a.O.

oder der Redenquelle zugeschrieben werden müssen, kann sachgerecht erst u. (in Zusammenhang mit V 15) bedacht werden. Die frühere Vermutung[30], ein vormals ohne Situationsbezug tradiertes Logion *Lk 11,20 par Mt 12,28* könne einmal *durch Lk 11,14 par Mt 9,32–34/12,22.23a eingeführt* gewesen sein, vermag ich nicht mehr aufrechtzuerhalten; s. auch u.[31] die ähnlichen Vorschläge, V 14 irgendwie den folgenden Sprüchen mit V 19 zuzuordnen.

5. Man darf wohl urteilen, für ein (ursprünglich oder sekundär) gerahmtes Bildwort wie Mk 3,24–25 par Q (Lk 11,17b par Mt 12,25b) - vielleicht selbst noch für ein vormaliges Spruch-Paar wie Mk 3,24–26 mit 3,27 par Lk 11,17b–18a mit 11,21–22/Mt 12,25b–26 mit 12,29 - sei eine einfache Einleitung wie Mk 3,22–23a par Lk 11,15.17a/Mt 12,24.25a durchaus ausreichend gewesen[32]. Im folgenden wird noch deutlicher werden, daß V 14 viele Kontextbezüge hat, so daß man V 14 als Bildung einer *kontextualisierenden Redaktion der Q-Tradition* oder der Endredaktion von Q am besten verstehen kann. Mk 3,22–23a muß mit mark R in Einzelheiten gerechnet werden.

15 Nicht näher bestimmt (τινές; vgl. auch V 27) werden die Gegner, weil sie den ambivalenten ὄχλος (VV 14.27; 12,1) charakterisieren sollen (wie V 16 die ἕτεροι), der für Lukas weithin ein „Problemfall" ist. So bleibt nebenher die Erzählung aber auch auf die Leser hin offen, da auch sie sich entscheiden sollen.

Schon Q kann als „Ankläger" die „Pharisäer" (vgl. par Mt 12,24 und Mt 9,34; vgl. auch Mt 12,38[33] [τινες[34] τῶν ... Φ] diff Lk und Mt 16,1 par Mk) genannt haben[35] (die Lukas hier erst 11,37–44; 12,1 ins Spiel bringt), während Markus „die Schriftgelehrten aus Jerusalem" (3,22) nennt[36] (die Matthäus dann 12,38 mitkommemoriert).

---

genannte hinaus), nennt NEIRYNCK, Deuteromarcus (a.a.O.) 769f. Zu ergänzen wäre A. FUCHS, Durchbruch in der Synoptischen Frage. Bemerkungen zu einer „neuen" These und ihren Konsequenzen, in: SNTU 8 (1983) 1–17 (hier auch andere Vertreter der Dmk-Hypothese). – Daß in Lk 11,14–23 par Mt neben einer Mk-Vorlage sich auch Q bezeugt, ist auch heute noch die gängige Auffassung (vgl. das Referat von A. FUCHS, a.a.O. 169–248). Vgl. nun ausführlich BORING, a.a.O.
[30] Siehe dazu u. S. 241.
[31] Siehe u. S. 237f.
[32] Siehe u. S. 231.
[33] Daß Lukas hier eine Q-Vorlage wie Mt 12,38 vor sich gehabt haben wird, kann u. (zu V 16) wahrscheinlicher gemacht werden.
[34] Lukas schreibt zwar sehr bevorzugt τις, τινες mit gen. part., aber auch – syn nur er! – mit ἐκ: in Lk in Verbindung mit ὄχλος, diesen differenzierend, ausdrücklich (wie hier sachlich noch 12,13); vgl. auch γυνὴ ἐκ τοῦ ὄχλου 11,27, speziell τινὲς ... ἐξ αὐτῶν begegnet noch wie hier V 15 auch Apg 11,20; 15,2; 17,4; vgl. sonst noch τὶς, τινὲς ἐκ Lk 24,22; Apg 15,2.24; 19,13. Diese Differenzierung des ὄχλος durch τινές muß zusammen mit der anderen V 16 (ἕτεροι) bedacht werden: auch ἕτερος ist luk Vorzugswort (Mk 0mal; Mt 9mal; Lk aber 32mal und Apg 17mal.)
[35] Anders die meisten, die die „Pharisäer" hier wie sonst oft der matth R zuschreiben; vgl. die Zeugen bei SCHULZ, Q 204. SCHENK, Synopse 68, schließt – wohl unnötig – aus den „Schülern" 11,19 par auf „Gesetzeslehrer"; auch „Pharisäer" konnten als solche gedacht sein.
[36] Diese verdanken sich freilich sicher der mark R; vgl. LAUFEN, Doppelüberlieferungen 133.

„Verwunderliche" (V 14: ἐθαύμασαν) Fähigkeiten setzen jenseitige Kräfte voraus: göttliche oder dämonische. Der böse Vorwurf lautet, im Bunde mit Beelzebul[37], dem „Fürsten der Dämonen" (par Mk/Mt; auch Mt 9,34)[38], und mit dessen Hilfe (ἐν) vermöge Jesus exorzistisch zu wirken[39], Jesus exorzisiere also „kriegslistig". Die Anschuldigung greift dabei hoch und meint mehr als Besessenheit[40]; gemeint ist ein Zusammenwirken mit Satan (V 18), dem Fürsten der Dämonen (sachlich auch 10,17f), dem „Feind" (10,19) schlechthin, der 4,1–13 par Mt διάβολος hieß – ein wahrlich diabolischer Vorwurf!

Der in der jüdischen Literatur nicht begegnende[41] Name Beelzebul[42] kann hier vielleicht als „Baal des Hauses" gedeutet werden[43]. Denn diese „Übersetzung" finden wir in der matth R (s. o.) Mt 10,25b; sie steht aber auch wohl schon im Hintergrund von Mk 3,25.27 par Mt 12,(25)29 (s. u.) (wobei „Haus" das Dämonenreich des ἄρχων meint). – Es spricht viel dagegen, „daß es sich um eine ad hoc geprägte Bezeichnung für Jesus handelt"[44], wohl aber „spricht viel dafür, daß es sich um eine (solche) handelt..., die auf einem diffamierenden Wortspiel beruht, vergleichbar den pejorativen Decknamen in Qumran"[45]. Vorösterlich hatte Jesus noch nicht die Gefährlichkeit (verhaßter politischer Größen), die es geraten sein ließ, pejorativ von ihm unter einem Decknamen zu reden. Wohl aber war der „Satan" als solcher eine gefährliche Größe, dessen Namen man nicht gern in den Mund nahm. – Ursprünglich ist Beelzebul der „Herr der Wohnung", d. h. (vielleicht) des „Him-

---

[37] T^c: Unsere Schreibung Βεελξεβούλ im Text hat hier (wie VV 18.19) 𝔓^{45.75} A C D (L) W Θ Ψ f^{1.13} 33 𝔐 it sy^h co eine frühe und breite Überlieferung, gegen die auch die Fehllesung (dafür H N) Βεεζεβούλ ℵ B 579 nicht ankommt. Die Lesart *Beelzebub* (= Herr der Fliegen) in c vg sy^{c.p} gleicht (entstellend) an den Namen einer phönizischen Gottheit 2 Kön 1,2(3.6.16) an.

[38] Die Vorstellung eines ἄρχων der Dämonen ist im NT keine Neuheit (gg. FÖRSTER, in: ThWNT I, 606 und II, 18); vgl. nur TestSal 2,9; 3,5; 6,1; vgl. ähnlich auch 1 QS 3,20f. – Vgl. weitere Beispiele bei BAUMBACH, Verständnis* 32f; KLAUCK, Allegorie 177 Anm. 151, und BÖCHER, Dämonenfurcht (a.a.O.) 104ff; FITZMYER 921

[39] Zum jüdischen Volksglauben für die Vorstellung von dämonisch verursachten Exorzismen vgl. die Belege bei Bill. I, 492f; BÖCHER, Dämonenfurcht (a.a.O.) 274 (vgl. ebd. auch 29 Anm. 78); DERS., Christus Exorcista (a.a.O.) 161f; für den hell. Raum vgl. auch THEISSEN, Wundergeschichten 241.

[40] Der Vorwurf der Besessenheit (Βεελζεβούλ ἔχει) Mk 3,22a fehlt in Q=Lk 11,15 par Mt 12,24 und 9,34 wohl ursprünglich; s. nachstehend (S. 231).

[41] Es wird auf einen Zaubertext bei R. REITZENSTEIN, Poimandres (Leipzig 1904) 75f verwiesen; vgl. Lit. bei BAUERWb z. W.

[42] „Beelzebul" – ohne Artikel – ist für Lukas (bei ihm nur 11,15.18.19) wohl ein Name, während die Bezeichnung – mit Artikel – Mt 12,24 als Funktionsbezeichnung den „Herrn des Hauses" meinen könnte; s. u.

[43] Vgl. andere Deutungsversuche bei Bill. I, 631f; FÖRSTER in: ThWNT I, 605f; GASTON, a.a.O. (gg. Jesu Anspruch, Herr des Tempels zu sein); GNILKA, Mk I, 49; vgl. bes. FITZMYER 920 (hier Belege aus Ugarit und Qumran und die sprachliche Ableitung: „Exalted One/Prince, Lord of Earth", kanaanitisch „Lord of the Heavens": FITZMYER 921 hält ὁ ἄρχων τῶν δαιμονίων für ein Wortspiel mit dem Namen). – Bill. ebd. (und mit ihm nicht wenige andere) neigen zur Deutung: „Baal des Mistes" („Mist" = זְבוּל), für heidnisches Opfer).

[44] Gegen KLAUCK, Allegorie 178; PESCH, Mk 213.

[45] KLAUCK, ebd.

mels" = des Luftraumes als Wohnort der Geisterwelt[46]. Es spricht manches dafür, daß man diesen „Fürsten der Dämonen" (Mk 3,22 par Mt/Lk) als Herrn eines herrscherlichen Bereiches (Mk 3,24 par Mt/Lk), eines „Hauswesens" (Mk 3,25 par Mt) so nannte, dessen „Bereich" man sich dann bildlich in dem „Zusatzwort" Mk 3,27 par Mt (s. u.) als „Haus" (par Lk αὐλή) vorstellen konnte. – Denkbar wäre es, daß dieser verschleiernde Deckname z. Z. Jesu Satan speziell als den Herrn des Imperium Romanum gemeint hätte (s. u. zu Lk 11,21 im Vergleich mit Lk 4,5f).

Die Mitteilung, die Jerusalemer Schriftgelehrten hätten dem machtvollen Exorzisten Jesus ein Bündnis mit diesem „Fürsten der Dämonen" zugeschrieben (nach Lk 11,17 par Mt 12,24), ist an sich nicht unglaubwürdig[47] (wohl aber, daß sie ihn vorösterlich mit diesem identifiziert und bereits „Beelzebul" genannt haben[48] sollen, wie dann Mt 10,25b will).

1. Wie V 14 (s. o.), so bezeugt sich auch in Lk 11,15 par Mt 9,34 und 12,24 eine gemeinsame Lk/Mt-Vorlage diff Mk: hier fehlt der erste Vorwurf von Mk 3,22: Βεελζεβοὺλ ἔχει (den Matthäus aber – in Mk – gelesen haben wird; vgl. Mt 10,25b[49]). Es besteht der Verdacht, daß dieser *Vorwurf der Besessenheit* Mk 3,22 sich der mark R verdankt, die damit das ὅτι ἐξέστη von Mk 3,21 verschärfend aufgriff[50] und mit 3,22f kombinierte.

2. Es schien uns o. (zu V 14) wenig wahrscheinlich, daß Markus in seiner Vorlage schon die Exorzismusszene, von der Lk und Mt erzählen, gekannt hat und zugunsten von Mk 3,21 weggebrochen hat[51]. Sie wird nicht sekundär in einem Dmk beseitigt worden sein; denn das wäre eine „Erschwerung" des Textes gewesen. In der Lk/Mt-Tradition ist in Lk 11,15 par Mt 12,24 ja auch nicht der Vorwurf der Besessenheit Mk 3,22 stehengeblieben, den ein Dmk dann hätte auch streichen können. Für *Q als Lk/Mt-Vorlage* könnte sprechen[52], daß Lk 11,14–28 nach rückwärts (Lk 11,1–4.9–13 und noch weiter zurück) und vorwärts (Lk 11,29–36ff) in einen Q-Zusammenhang eingebunden ist und daß Lukas hier nicht der Mk-Akoluthie, die er kannte (s. u.)[53], folgt. Zwar folgt Matthäus 12,22-23.24-29 der Akoluthie der Mk-Vorlage, aber die Dublette Mt 9,32-34 par Lk 11,14.15 bietet doch vielleicht einen Hinweis darauf, daß er neben Mk auch Q kannte[54].

---

[46] Bill. I, 632, macht freilich darauf aufmerksam, „daß זְבוּל im Rabbinischen nur die Wohnung Gottes, den Himmel oder den Tempel bezeichnet".
[47] So auch KLAUCK, Allegorie 153, gg. LIMBECK, a.a.O. 31–42; s. auch u. (S. 233f).
[48] Anders PESCH, Mk.
[49] Der Vorwurf wird Joh 10,20 (δαιμόνιον ἔχει; vgl. 7,20; 8,48.52) weitergetragen. Das μαίνεται 10,20 ist dort wohl die Auswirkung der Besessenheit; vgl. LK I, 427 A. 140.
[50] Vgl. die Ausleger, die FUCHS, a.a.O. 39, Anm. 36, nennt; auch PESCH, Mk; ERNST, Mk.
[51] Vgl. o. S. 228f. – Daß erst ein Dmk die Exorzismusszene „wesentlich aus dem Text von Mk 3,22b entwickelt" haben soll (so FUCHS, ebd. 42f), ist eine wenig wahrscheinliche Hilfskonstruktion.
[52] Meist wird eine parallele Überlieferung zu Mk 3,22–27 in Q = Mt 12,22–30 par Lk 11,14–15.17–23 angenommen; vgl. den (kritischen) Forschungsbericht darüber bei A. FUCHS, a.a.O. 169–248 (der ebd. über neun Autoren ausführlich kritisch referiert und viele weitere dabei kommemoriert). Zur Deuteromarkus(=Dmk)-Hypothese besonders von A. FUCHS vgl. o. A. 29 und S. 262f.
[53] Siehe dazu u. zu V 16 (S. 232f).
[54] Das Fortlassen der Verwandtenszene 3,21 ist ein Lk/Mt-agreement diff Mk; Mt setzt deutlich 12,22–24 an deren Stelle. Lukas läßt sie fort in einer umfassenderen Auslassung von Mk 3,20.21.22–30.31–35 zwischen Lk 6,19 und 8,4. Lukas und Matthäus wurden

3. *V 15* ist höchstwahrscheinlich ursprünglicher Bestand der Einheit Lk 11,15.17 par Mt 12,24.25 (und Mk 22,23 a.24–25); s. u. Der ungeheuere Vorwurf des Satansbündnisses V 15 provozierte apophthegmatisch das folgende Bildwort Lk 11,17b par Mt 12,25 (vgl. Mk 3,24f) als Antwort Jesu. Dieser ursprünglichen Einheit wird die Exorzismusszene V 14 (s. ebd. S. 229.231) noch nicht zugehört haben; sie benötigte dieselbe nicht.

16 V 16 führt V 15 weiter, aber nunmehr so, daß ἕτεροι sich unmittelbar an Jesus wenden, und zwar „versucherisch", was Lukas Mk 8,11b (vgl. par Mt 16,1) las (s. u.). Ob Jesu exorzistische, also übermenschliche, Macht von Gott oder Beelzebul stammt, letztlich: ob er „mehr" ist als ein Prophet[55], soll ein Zeichen vom Himmel[56], d. h. eine unmittelbare göttliche Bestätigung, eindeutig machen. Das aber ist – nach 11,29 – eine recht böse Forderung angesichts des mächtig wirkenden Jesus, in dessen Taten sich prophetische Ankündigungen erfüllen (vgl. Lk 4,18 und 7,21; 10,23f). V 16 schaut schon auf V 20[57] (ein Wort, das 17,20 dann nachwirken kann; s. dort); man soll in dem nach V 20 bereits an-stehenden und wirkmächtigen Gottesreich das „Zeichen vom Himmel" erkennen. Man müßte auch Jesu Weisheit (V 31) und prophetische Vollmacht (V 32) als „Zeichen" nehmen, vor allem aber auf sein Wort, gesprochen als Wort Gottes (vgl. V 28), hören – die wichtigste Gabe Jesu über allen seinen Charismen und Gaben. Das eigentliche „Zeichen vom Himmel" aber wird dann V 29 andeutend nennen: Jesu Auferstehung (s. dort).

V 16 diff Mt (und diff Mk) unterbricht den vormaligen Zusammenhang 11,15.17 par Mt (und par Mk)[58]. Lukas zieht V 16 aus Q (s. u.) vor; vgl. Lk 11,16.29b–30 par Mt 12,38f. Diese szenische Einleitung wird aber auch durch Mk 8,11f und Mt 16,1 als Lukas vorgegeben ausgewiesen. Vielleicht verrät dabei τινές Lk 11,15 (s. dort), daß Lukas in Q wie Mt 12,38 gelesen hat: ἐξ (Mt 16,1: ἐκ τοῦ) οὐρανοῦ dürfte aus Mk 8,11 (ἀπό) stammen, da es par Mt 12,38 fehlt. Deutlicher noch greift Lukas

---

doch wohl aus sehr naheliegenden inhaltlichen Gründen – unabhängig voneinander – bestimmt, Mk 3,21 fortzulassen? – Ein Einwand gegen Ursprung in Q: Wenn Lk 11,14 par Mt 12,22f der Redenquelle zugesprochen werden soll, müßte freilich bedacht werden, daß diese – neben Lk 7,1–10 par Mt 8,5–13 – dann nur noch hier eine weitere Wundergeschichte bringen würde. Aber abgesehen davon, daß V 14 kein „Wunderbericht" sein will (s. o. S. 227f): Hier sollte nur – in der Q-Tradition (oder in der Endredaktion von Q?) – ein Wort oder eine „Rede" Jesu apophthegmatisch eingeleitet werden, was für eine spätere Traditionsstufe von Q durchaus denkbar wäre und viele Parallelen hat.
[55] Es kann hier nicht um vom Propheten erwartete (vgl. Bill. I, 640f) Wunderzeichen gehen, die ja vorlagen; vgl. u. S. 238f.).
[56] Ein solches bietet R. Eliezer (um 90) an (vgl. Bill. I, 727), und Mk 1,11 war ein solches gegeben. Vgl. Lit. zu Beglaubigungswundern der Propheten bei HAHN, Hoheitstitel 390f Anm. 4; SCHULZ, Q 255 Anm. 541.
[57] Daß Lukas mit V 16 primär auf VV 29–32 (Q) vorverweisen und somit VV 14–36 als Einheit verstanden wissen wollte (so die meisten), ist weniger wahrscheinlich, da er seinen Abschnitt mit VV 27f beschließen will (s. u.). Ihm (und schon Q) war wichtig, daß Lk 11,20 (s. ebd.) der Zeichenforderung Lk 11,29(30–32) vorausging.
[58] T^d: Es ist verständlich, daß man nach V 15 eine unmittelbare Antwort Jesu vermißte und (in A D 346 579 al) die Frage Jesu aus der Mk-Parallele 3,23b hier einfügte, so Lk 11,18 par Mk (Mt) vorbereitend.

(diff Mt 12,38) mit πειράζοντες und ἐξ οὐρανοῦ ἐζήτουν auf Mk 8,11b (par Mt 16,1)[59] – damit auf seine „Große Auslassung" – zurück. Wir hätten somit in Lk 11,16 eine Kombination[60] von Mk- und Q-Text vorliegen[61].

17–26 Die mit V 17b anhebende Rede Jesu VV 17b–26 ist vordergründig weiterhin eine Streitrede wider und eine Warnrede an die VV 15.16 genannten Gruppen. Sie hat aber gewiß die V 14 und V 27 genannte „Volksmenge" als Mithörer im Blick, darin speziell auch die „Jünger" (vgl. bes. V 23 und VV 24–26, dann auch abschließend VV 27f). (V 29 wird eine neue „Volksrede" einsetzen; s. ebd.)

17a Besondere Herzenserkenntnis (εἰδώς par Mt 12,25a [v.l.] diff Mk 3,23; vgl. dazu schon LK I, 283 zu Lk 5,22) war nicht notwendig, um die hörbaren Äußerungen der Gesprächspartner (von V 16) zu kennen, wohl aber eine solche, um die der τινές aus der Menge (V 15) beantworten zu können[62].

Lk 6,8a diff Mk und 9,47 diff Mk verraten für V 17a die luk Sprache. Aber auch die Parallele Mt 12,25a ist wörtliche Wiederholung von 9,4a, wo Matthäus sachlich Mk 2,8 (vgl. auch par Lk 5,22) wiedergibt. Der Tiefblick Jesu ist auch Mt 22,18 (γνοὺς τὴν πονηρίαν αὐτῶν) und Lk 20,23 (κατανοήσας ... αὐτῶν τὴν πανουργίαν) par Mk 12,15 (εἰδὼς αὐτῶν τὴν ὑπόκρισιν) jeweils mit anderen Worten formuliert. Sowohl 11,17a wie par Mt 12,25a geben Lukas und Matthäus somit in eigenem Sprachstil wieder. Beide kennen das Motiv vom „Tiefblick" Jesu aus Mk, bezeugen es aber sonst nirgends für Q. Daß aber beide das gleiche Motiv (mit je eigenen Worten) für Lk 11,17a/Mt 12,25 diff Mk bringen, kann nicht gut Zufall sein; hier wird wahrscheinlich doch wohl eine gemeinsame Mt/Lk-Tradition (Q oder eine gemeinsame Mk-Rezension?) bezeugt.

17b Das Vergleichswort[63] bleibt im Bild; dieses ist aber im Zusammenhang schon in sich verständlich. Man muß daran denken, daß hier der „Fürst der Dämonen" (V 15) gemeint ist, der als solcher ein „Reich" hat.

---

[59] Auch der Rückgriff auf Mk 8,12b in Lk 11,29b (ἡ γενεὰ αὕτη ... σημεῖον ζητεῖ) bezeugt einen Zusammenhang mit diesem Text (s. dort).
[60] KATZ, a.a.O. (L 1) 190–195, hat aber die Möglichkeit wohl nicht als „naheliegendste Erklärung" einsichtig gemacht, daß Lk 11,16 bereits in einer frühen Tradition der Logienquelle (in einer vormark Tradition von Mk 8,11f) hier „einen neuen Platz angewiesen bekam" (ebd. 194; vgl. 216f).
[61] Vgl. zu den Motiven der luk „Großen Auslassung" LK I, 525ff; s. ebd. zu Lk 9,10 (Βηθσαϊδά); 9,11b; 9,18 (προσευχόμενον); siehe ferner ebd. zu 11,38 und 12,1 (s. auch jeweils u. z. St.).
[62] Deren διανοήματα (nur hier in Lk); verbessert Mt (wie hier auch 9,4 diff Mk; vgl. ἐνθυμέομαι [im NT nur Mt 1,20 und 9,4 diff Mk]: „ich erwäge", „ich überlege"). – Es geht nicht an, mit KATZ, a.a.O. (L 1) 194f, dieses geheime Wissen hier auf die versucherische Absicht in V 16 zu beziehen.
[63] Die Aussageform des Satzes V 17b par Mt 12,25b dürfte in Q ursprünglicher sein. Die Konditionalform Mk 3,24f steht im Verdacht sekundärer Angleichung an 3,26.

Lk 11,18

Der gemeinte Sachverhalt gibt sich schon metaphorisch zu erkennen: gemeint ist (ebenso wie beim „Hauswesen" Mk 3,25 par Mt) nicht eine „beliebige illustrative Größe, sondern das Reich des Widersachers"[64].

Kein zerstrittenes[65] Reich, das im Inneren wider sich selbst (ἐφ[66] ἑαυτήν[67]) steht, also in sich selbst uneins[68] ist, hat Widerstandskraft nach außen: Es wird durch äußere Feinde „verwüstet" (ἐρημοῦται) und, in Brand gesteckt, fallen die Häuser zu einem Trümmerhaufen übereinander[69]. Wenn die luk Vorlage (vgl. Mt 12,24) das „Wüstsein" vielleicht als „Entvölkerung" von Dämonen „und Besessenen" sich vorstellte, dachte Lukas eher an eine „Verwüstung"[70].

18a   In der beigefügten Ausdeutung V 18a par Mt (Mk) wird der weithin unbekannte (s.o.) „Beelzebul" mit „Satan" identifiziert. Dieser ist hier nun deutlich mit seiner Hausmacht zusammengedacht: Der „Satansbereich" wird doch nicht gegen sich selbst kämpfen – so inkonsequent darf man sich diesen gefährlichen Feind doch nicht vorstellen[71] (vgl. unten zu V 21)! – Lk 11,18a par Mt ist – überleitend zu VV 19f – ausdrücklich von der βασιλεία des Satans die Rede; damit steht diese dann deutlicher der βασιλεία τοῦ θεοῦ (vgl. V 20) gegenüber[72].

(1.) Das weitgehend parallel gebaute Bildwort Lk 11,17b par Mt 12,25b, vgl. Mk 3,24–25, wird – eigentlich unnötig (und wohl sekundär) – Lk 11,18a par Mt 12,26, vgl. Mk 3,26, noch gedeutet. Lk 11,17b.18a par Mt 12,25b.26; vgl. Mk 3,24–25.26 ist also schon früh im Zusammen als „gedeutetes Bildwort" tradiert

---

[64] KLAUCK, Allegorie 178.
[65] Lukas schreibt gern Komposita (vgl. AB I, 32 Anm. 139); διαμερίζω (vgl. dazu AB I, 31f) in übertragenem Sinn wie hier und V 18 diff Mt (Mk) auch (Lk 12,52.53 diff Mt 12,51 διαμερισμος auch nur hier im NT). – T^f: 𝔓^{45} Ψ 1342 co, auch C F W Θ 579 al gleichen mit μερισθεισα an par Mt 12,25 (vgl. auch Mk 3,24 μερισθῇ) an.
[66] Das „schwierigere" ἐφ' der Vorlage (s. auch Mt 12,26) hat Lukas V 17 diff Mt 12,25 (καθ') bewahrt; vgl. auch Mk 3,24.25.26.
[67] T^e: Wahrscheinlicher hat Lk 11,17 nicht die Wortfolge des Mt, sondern mit 𝔓^{75} B R f$^{1.13}$ 𝔐 die akzentuierte Voranstellung des εφ' εαυτην wie auch V 18 (hier par Mt) gelesen, die auch der von Mk 3,24.25 entspricht.
[68] VV 24ff wird dann die Einheit im Dämonenreich deutlich werden; s. u.
[69] Markus (und ähnlich Matthäus) stellen bildlich Zerstörung innerlich zerstrittener Reiche und ihrer Herrscher-„Häuser" durch Bürgerkriege vor, was Lukas nicht mehr verstand; vgl. BRYANT, a.a.O. 525f; KLAUCK, Allegorie 176. – Daß an Dan (2,41) 11,4 erinnert sein soll, ist für Lk schwerlich zu beweisen.
[70] Das luk „Mißverständnis" wird nicht allgemein (vgl. MARSHALL) akzeptiert, wobei auf die Möglichkeit einer übertragenen Bedeutung von πίπτω (vgl. LIDDELL-SCOTT*, z.W.) verwiesen wird. Lukas scheint aber auch das ursprünglichere σταθήσεται bei Mt (vgl. par Mk) hier wortwörtlich verstanden zu haben (anders V 18a).
[71] Anders SCHLATTER, Mt 404 (für die matth Fassung): „Bürgerkrieg im Lager des Feindes wäre ein erfreulicher Vorgang".
[72] Darauf verweist BAUMBACH, Verständnis* 184f. – Freilich wird man mit ihm das dynamische Verständnis von βασιλεία V 18a und V 18b noch nicht dahin ausdeuten dürfen, nunmehr würde aufgrund des Sieges von VV 21ff „der Übergang vom Bereich des Bösen zum Gottesreich des Heiligen Geistes möglich".

worden. (In Mk 3,23 b war die Antwort Mk 3,26 bereits fragend vorbereitet, was sekundär sein wird.)

(2.) Das Bildwort Lk 11,17b / Mt 12,25b, vgl. Mk 3,24–25, konnte vielleicht vormals isoliert – auch ohne eine Einleitung (wie Lk 11,15.17a par Mt 12,24.25a) – im vorösterlichen Jüngerkreis Jesu, aber auch im Kreise nachösterlich exorzisierender Jünger, seinen „Sitz im Leben" gehabt haben, weil es isoliert sagbar war, wann immer ein Vorwurf – wie der der Einleitung V 15 – gegen urchristliches Exorzisieren, Jesu oder seiner Jünger, laut wurde. Freilich rief das Bildwort auf die Dauer nach einer Einleitung wie der Lk 11,15.17a par Mt 12,24.25a, vgl. Mk 3,22–23a, vorliegenden.

18 b Im heutigen Text sagt V 18 b, VV 17–18 a müsse – über V 16 hinweg – auf V 15 bezogen werden; und: der V 18 a „Satan" genannt war, sei identisch mit dem „Beelzebul" von V 15. Vor allem ist damit aber das Beelzebul-Wort V 19 vorbereitet.

V 18 b geht „mit gut griechischer Konstruktion auf Lukas zurück"[73]. Vielleicht gab Mk 3,30 Lukas den Anstoß dazu? Was naheliegt, wenn dieser bereits Lk 12,10 par Mt 12,31(32) in einer frühen Tradition der Redenquelle im Anschluß an Lk 11,21–22.23 par Mt 12,29–30 gelesen hätte, was man nach Mk 3,27.28–29 par Mt 12,29.31–32 nicht für unmöglich halten sollte (s.u.)[74].

(1.) Lk 11,15.17–18a wird durch Mt 12,24–26 für eine gemeinsame Vorlage (Q oder Dmk?) bezeugt. Diese Einheit finden wir – wenn auch in der Tradition abgeschliffen und dem Kontext angepaßt – schon in Mk 3,22.23–26 in einem Frühstadium. (Lk 11,16 erkannten wir o. als luk Einfügung.)

(2.) Lk 11,15.17–18 a / Mt 12,24–26, vgl. Mk 3,22–26, liegt ein Apophthegma mit geschlossenem Sinngehalt vor, dessen Kern das Bildwort Lk 11,17b / Mt 12,25b, vgl. Mk 3,24–25, ist. Das Bildwort wurde früh mit einer Deutung Lk 11,18a / Mt 12,26, vgl. Mk 3,26 und mit einer Einleitung versehen, die hinter Lk 11,15.17a / Mt 12,24–25a, vgl. Mk 3,22–23a, zu erschließen ist. (Mk 3,23b „übersetzt" dann noch einleitend erläuternd – 3,26 vorziehend – „Beelzebul" mit „Satan".) Diese traditionsgeschichtliche Ableitung ist nicht unbestritten.

b) Eine Einfügung: Jesu Exorzismen als Zeichen
11,19 (= Mt 12,27).20 (= Mt 12,28)

L 10a: zu 11,19–20. – Siehe o. L. 10, vgl. alle Spezialuntersuchungen zur Basileia-Vorstellung Jesu (vgl. Lit.: ThWNT I (1933) 562–595 und X/2 [1978] 1008–1014; danach: WAGNER, EBNT II, 164f; GR 21–152. – BERKEY, R. F., ΕΓΓΙΖΕΙΝ, ΦΘΑΝΕΙΝ and Realized Eschatology, in: JBL 82 (1963) 177–187; CANGH, J. M. VAN, „Par l'esprit de Dieu – par le doigt de Dieu" Mt 12,28 par. Lc 11,20, in: DELOBEL (Ed.), Logia 337–342; COUROYER, B., Le „doigt de Dieu" (Exode, VIII, 15), in: RB 63 (1956) 481–495; DUNN, J. D. G., Matthew 12:28 / Luke 11:20, in: W. H. GLOER (Ed.), Eschatology and the New Testament (FS G. R. Beasley-Murray) (Peabody/MA 1988); FIEDLER, Jesus 211–215; GEORGE, A., Paroles de Jésus sur ses miracles (Mt 11,5.21; 12,27.28 et par.), in: DUPONT,

---

[73] SCHWEIZER 128; anders MARSHALL; KATZ, a.a.O. 200. – Lukas schreibt den Acc.c. inf. 5. ἐμβάλλειν με, wohl wegen des vorangehenden ὅτι λέγετε (vgl. Bl-R 498, Anm. 1).
[74] Vgl. HOLTZMANN, Die Synoptiker* 365; kritisch dagegen NEIRYNCK, Mt 12,25a/Lk 11,17a (a.a.O.) 488.

Jésus aux origines 283–301; DERS., Note sur quelques traits lucaniens de l'expression „Par le doigt de Dieu" (Lc XI,20) (1966), in: DERS., Études 127–132; GIESEN, H., Naherwartung im Neuen Testament?, in: ThG 30 (1987) 151–164; GRÄSSER, E., Zum Verständnis der Gottesherrschaft, in: ZNW 65 (1974) 3–26; HAMERTON-KELLY, R. G., A Note on Matthew XII. 28 Par. Luke XI.20, in: NTS 11 (1964/65) 167–169; HIERS, The Kingdom, bes. 30–35; LORENZMEIER, TH., Zum Logion Mt 12,28; Lk 11,20, in: H. D. BETZ – L. SCHOTTROFF (Hg.), Neues Testament und christliche Existenz (FS H. Braun) (Tübingen 1973) 289–304; MATTILL, A. J. Jr., Last Things 158–207, bes. 168–177; MEARNS, CH., Realized Eschatology in Q? A Consideration of the Sayings in Luke 7.22, 11.20 and 16.16, in: SJTh 40 (1987) 189–210, bes. 203–208; MERKEL, Gottesherrschaft, hier 142ff; MERKLEIN, Gottesherrschaft 158–160; MORGENTHALER, R., Kommendes Reich (Zürich 1952) 36–45; PERRIN, Was lehrte Jesus wirklich? 64–81; RODD, C. S., Spirit or Finger, in: ET 72 (1960/61) 157–158; SATO, Q 132–134.308f; SCHLOSSER, Le Règne, bes. (127–129) 130–139 (140–153); SHIROCK, R., Whose Exorcists Are They? The Reference of οἱ υἱοὶ ὑμῶν at Matthew 12.27 / Luke 11.19, in: JSNT 46 (1992) 41–51; TRAUTMANN, Zeichenhafte Handlungen Jesu, hier: 158–277; WALL, R. W., „The Finger of God": Deuteronomy 9.10 and Luke 11.20, in: NTS 33 (1987) 144–150; WANKE, „Kommentarworte" 218–220; YATES, J. E., Luke's Pneumatology and Lk. 11,20, in: StEv II (= TU 87) (Berlin 1964) 295–299.

19f Mit VV (19)20 kommt der Redegang Jesu auf seinen (christologischen) Höhepunkt (der dann VV 21f verdeutlicht wird). Trotz aller Divergenzen sind die VV 19.20 im vorliegenden Zusammenhang als Einheit zu lesen: Während die Frage V 19 noch den Vorwurf von V 15 zurückgibt, sagt V 20 positiv, was VV 17a–18(19) nicht ausdrücklich gesagt war, was aber ans Licht gehoben werden mußte: daß Jesus in der Macht Gottes exorziziert. Erst so ist recht eigentlich die Bedeutung der Exorzismen Jesu herausgestellt, aber auch schon die Hoheit Jesu.

VV 19.20 liegt – nach V 18a – eine weitere Antwort (mit zwei unterschiedlichen Aussagen; s. u.) zu V 17 vor. Die einleitenden Konditionalsätze der beiden Worte sind – in Anlehnung an V (15)18a – in einer Art antithetischem Parallelismus weitgehend einander angeglichen: ἐν Βεελζεβούλ – ἐν δακτύλῳ (Mt: πνεύματι) θεοῦ; „ich" – „eure Söhne"; „durch Beelzebul" – „durch den Finger Gottes"; „Gericht" (vgl. κριταί) – „Reich Gottes". Die Antithese ist inhaltlich zugleich eine gewaltige Klimax: Mögen auch die genannten jüdischen Exorzismen ihren Ursprung in Gott haben (V 19) – von ihnen kann eben nicht gesagt werden, daß sie wie Mose (bei der dritten Plage) sich auf den „Finger Gottes" berufen können (vgl. Ex 8,15), darum auch nicht, daß in ihren Exorzismen das Reich Gottes bereits zukommt (V 20). Wenn zwei dasselbe tun, ist es eben nicht dasselbe: Der Unterschied kann nur in dem betonten ἐγώ V 20 gründen (welches dann VV 21f expliziert wird).

Ein erster Überblick erlaubt das Vor-Urteil:
1. Es kann kein einsichtiger Grund angegeben werden, warum Markus eine ihm vorliegende Einheit wie Lk 11,19.20 par ausgelassen haben sollte[75].
2. Mk 3,27 par Lk 11,21–22 / Mt 12,29 versteht sich am besten als Zusatzwort

---

[75] Anders z. B. SCHMITHALS.

zu dem Grundwort Mk 3,(23 a)24–25(26) par Lk/Mt [76]; es bleibt in der dort vorgegebenen Bildwelt (s. u.). Schon von daher wird Lk 11,19.20 par Mt 12,17.28 als nachträglicher Einschub wahrscheinlich (s. näherhin u. zu V 19 und zu V 20).

19 V 19a bringt zunächst eine sich an V 18 anlehnende zweite Gegenfrage. Diese appelliert nicht mehr wie V 18a an die Logik der Argwöhnenden, sondern gibt den Vorwurf von V 15 scharf zurück. Das „Ich" Jesu steht hier betont voran in Gegenüberstellung zu „Eure Söhne". Dieses muß in Rückblick auf V 15 nun heißen: „Leute aus eurer Mitte", „Männer, die zu euch gehören"[77]. Das Wort übergreift in seiner Angriffigkeit aber wohl die in V 15 (parr) Genannten und leitet bereits zu VV 29–32 über. Erfolgreiche jüdische Exorzisten kannte man[78]. Vorausgesetzt ist V 19, daß auch diese im Namen Gottes Exorzismen ausüben können, nur darum können sie ja auch nach V 19b die Argwöhnenden von V 15 „richten"[79]. Das Gericht Gottes (vgl. Mk 3,28f par Q: Lk 12,10 / Mt 12,32) mußte hier nicht ausdrücklich ins Spiel gebracht werden. Wenn hier die Exorzismen Jesu mit denen anderer jüdischer Exorzisten zunächst auf gleiche Ebene gestellt werden, kann das, trotz Mk 9,38f par Lk 9,49f, freilich nicht das letzte Wort in der Angelegenheit sein[80]; vgl. Lk 11,21 par – vorher aber vor allem noch 11,20 par (s. u.).

1. Die beiden Konditionalsätze Lk 11,19.20 par Mt 12,27.28 sind *nicht als* eine *ursprüngliche Einheit* verstehbar (s. u. unter 2.); sie sind formal einander angeglichen (s. u. unter 3.), aber doch wohl sekundär. Die Frage V 19: das Rechnen mit der Möglichkeit gottgewirkter jüdischer Exorzismen, und die gewichtige Aussage V 20: das „an-kommende An-Gekommensein" des Gottesreiches lassen sich ungezwungen nicht als ein ursprünglich einheitliches Logion verstehen.

2. Lk 11,19 par ist nicht isoliert, sondern nur textgebunden, auf V 15 bezogen, verständlich (s. u.)[81]. Weil das weithin gesehen wird, werden verschiedentlich „Einleitungen" bzw. wird ein Grundwort für V 19 gesucht: Es wird eine ursprüngliche Einheit Lk 11,15.19 par Mt vorgeschlagen[82], oder auch ein Apophthegma 11,14.15.19 par Mt[83]. Oder es wird V 19 als abschließende Zusatzbildung für das

---

[76] Vgl. WANKE, „Bezugs- und Kommentarworte" 53.
[77] GRUNDMANN z. St. – Verrät die „Formel der Zugehörigkeit", daß ursprünglich V 15 par Mt von „Pharisäern" die Rede war (vgl. o. zu V 15)?
[78] Vgl. Bill. I., 526.631–636; IV/1, 501–535, und die Arbeiten von BÖCHER, a.a.O. (L 10). Vgl. auch Apg 13,6.8 (auch 19,13f).
[79] T⁸: Die vierfach variierende Wortstellung der Hss., vgl. ALAND, Synopsis, wurde immer unterschiedlich bevorzugt; der St-T entscheidet sich auch hier für das Zeugnis von $\mathfrak{P}^{75}$ B, das von D und 700 pc unterstützt wird: αυτοι υμων κριται εσονται. – Die betonte Voranstellung von αυτοι entspricht der von υιοι; sie wird von den meisten Hss. bewahrt, die Wortstellung des Pronomens (υμων κριται) auch von $\mathfrak{P}^{45}$.
[80] Vgl. LAUFEN, Doppelüberlieferungen 147f (und die ebd. 446 Anm. 162 genannten Autoren); vgl. DERS., ebd. 136 (dort Belege). – Anders MARSHALL, Luke 475. – Auf den Hiatus zwischen den beiden Versen machten BULTMANN, Geschichte 12; SCHNACKENBURG, Gottes Herrschaft 84, u. a. aufmerksam.
[81] Anders BULTMANN, Geschichte 11f.55.174.
[82] Vgl. dazu schon o. S. 232.
[83] Vgl. SCHWEIZER, Lk 127; Mt 184f (anders DERS., Mk¹⁴ 43f). LUZ, Mt II, 256, plädiert

Grundwort 11,(14)15.17–18a par Mt angenommen[84]. Für die ersten beiden Lösungen wird angeführt: Lk 11,15 und 11,19 ist von „Beelzebul" die Rede, 11,18a par (vgl. Mk 3,23.26) dagegen ausdeutend von „Satan". Aber die Verdeutlichung „Satan" findet sich schon in der Mk-Tradition in dem genannten zusätzlichen Deutewort (s.o.). In jedem Fall wäre V 19 als Abschluß eigenartig stumpf: in 11,(14)15.19 als Ausspruch einer Chrie, der pointierter und inhaltsreicher sein mußte, ebenso als „Zusatz-Wort" zu einem Grundwort 11,(14)15.17–18a. Gegen alle drei Vorschläge wäre einzuwenden, daß – schon nach dem Zeugnis von Mk 3,22–26.27 – Lk 11,17–18a/Mt 12,24–26, vgl. Mk 3,22–26, ein „Grundwort" ist, das mit Lk 11,21–22/Mt 12,29, vgl. Mk 3,27, als „Zusatzwort" (s. ebd.) ein vormaliges „Spruch-Paar" bildete, in das Lk 11,19.20 par Mt 12,27–28 nachträglich redaktionell „implantiert" wurde, was u. (zu VV 21–22) noch zu begründen sein wird.

3. V 19 ist mit seiner inhaltsschwachen (s.o.) Aussage doch wohl nur als „*Überleitungsbildung*" zu verstehen, die zu Vorstehendem wie zu Nachstehendem Beziehungen aufgenommen hat: Lk 11,19 par Mt 12,27 ist in mancherlei Hinsicht – vgl. nur das εἰ δὲ V 18a und 19(20) sowie die wörtliche Wiederaufnahme der Anschuldigung mit der recht seltenen Erwähnung von „Beelzebul" – formal an das vorstehende Basileia-Wort Lk 11,15.17b–18a par Mt 12,24.25–26 (vgl. Mk 3,22f.24–26) angeglichen[85]. Es greift den Beelzebul-Vorwurf auf (den Lukas dann in V 18b noch näher heranholte). – Lk 11,19 par zeigt andererseits aber auch starke formale Angleichungen an V 20[86]. Von daher ist es wahrscheinlicher, daß V 19 zusammen mit V 20 in die vorliegende Spruchkette von Q eingefügt wurde[87]. Da der Akzent dieser Einheit aber deutlich auf V 20 liegt und V 19 nur textbezogen verständlich ist (s.o.), erklärt sich V 19 am ungezwungensten als Übergangsbildung zwischen Lk 11,15.17–18a einerseits und 11,20 andererseits[88].

4. In V 19 haben sich wahrscheinlich *nachösterliche Kontroversen* niedergeschlagen; vgl. Mk 9,39; Apg 19,13f.

20 Mit VV (19)20 findet die Komposition 11,(14)15.17–18a nunmehr ihre christologische Explikation[89]. Dem exorzistischen Wirken Jesu wird eine Deutung gegeben, die dem V 19 erwähnten der jüdischen Exorzisten keineswegs zugesprochen wurde: Jesu Exorzismen sind ein eschatologisch reales „Zeichen" für das Ankommen der Herrschaft Gottes im Erfahrungsraum derer, die Jesu Wirken miterleben. Der Unterschied ist wahrhaft „epochal", Äonen wendend! Damit ist dann auch die Forderung der

---

(umfassender) für die folgende traditionsgeschichtliche Lösung: „An den ... ursprünglichen Kern Q = Lk 11,14f.19 (wurde) zunächst das formal ähnliche, ursprünglich selbständige Logion Q = Lk 11,20, dann das inhaltlich verwandte Wort Q = Lk 11,21f (etwa in der Formulierung von Mk 3,27) und am Schluß der Entscheidungsruf Q = Lk 11,23 angefügt." – Diese Lösung würde den Gewinn bringen, daß zwar „über das Streitgespräch Mt 22,24.27 [= Lk 11,14f.19] kaum Aussagen möglich" wären(!), die Logien 11,20.21 und 11,17–18a aber als „ursprünglich eigenständig" „in ihrer vermutbaren Urform ... auf Jesus zurückgehen (könnten)".

[84] Marshall 472.
[85] Vgl. Lührmann, Logienquelle 33; Laufen, Doppelüberlieferungen 148.
[86] Siehe o. S. 237 (unter 1.).
[87] So auch Lührmann, Logienquelle 33; Laufen, Doppelüberlieferungen 148.
[88] Vgl. auch Fitzmyer 918.
[89] Vgl. Wanke, „Bezugs- und Kommentarworte" 55f.

ἕτεροι V 16 nach einem „Zeichen vom Himmel" als erfüllt dargestellt. Es gibt bereits eine „dynamische" Gegenwärtigkeit des „Herrschaftsbereiches" Gottes in der Welt. Zentral wichtig aber ist, daß dieser in Jesus – vgl. das ausdrückliche „Ich" (ἐγώ!)[90] – durch die Taten Jesu in der Jetztzeit (vgl. schon Lk 10,23 f par) ansichtig wird[91]. V 20 bereitet damit auch schon sehr passend die christologische Aussage von VV 21 f(23.24–26) vor[92], „kommentiert" aber im nachhinein auch die vorstehende Bitte um das Kommen der Basileia (Lk 11,2b par): diese ist (wie 10,9b) für den luk Kontext eben als zu-gekommene „kommend".

20a Der „Finger Gottes" steht nun betont voran, in Gegenüberstellung zu Beelzebul in V 19. Wie seinerzeit die jüdischen Zauberer im Wunderwirken des Mose machtvoll den „Finger Gottes" erkannten (Ex 8,15 LXX)[93], so müßten Jesu Zeitgenossen in dessen Dämonenaustreibungen – die Situation von V 14 ist generalisiert – Gottes Macht am Werk sehen. Der „Finger Gottes" macht vielleicht Jesus als Moyses redivivus kenntlich[94], deutlicher aber doch – darauf liegt im Zusammenhang aller Akzent! – Gottes Macht und Stärke (vgl. V 22!).

Es darf – entgegen der Mehrzahl der Ausleger[95] – zunächst einmal der Verdacht durchgespielt werden, vormals könnte in unserem Logion – wie in Mk 3,28f par Lk 12,10b (τὸ ἅγιον πνεῦμα) / Mt 12,32 – vom πνεῦμα (τὸ) ἅγιον die Rede gewesen sein[96], zumal dasselbe in der luk Vorlage – vgl. Lk 11,13 diff Mt (s. dort) – wohl sehr kontextgemäß stehen würde. Matthäus hätte dann diese Redeweise nur leicht

---

[90] Über den christologischen Sinn des ἐγώ bei Lukas vgl. SCHÜRMANN in: TrU 87f. – T^h: Wenn das ἐγώ hier sekundäre Angleichung an V 19 wäre, stünde es wie dort doch vielleicht voran (wie dann in D pc); eher könnte es Angleichung an Mt 12,28 sein. Eγω ist hier aber durch 𝔓^75 ℵ^1 B C D L R f^13 33 579 892 al it sy^h** co bestens bezeugt.
[91] Diese Ausdeutung ist – bei allen noch möglichen Differenzen (s. nur SCHULZ, Q 210.213) – allgemein; vgl. ebd. 209 Anm. 236.
[92] LAUFEN, Doppelüberlieferungen 147, deutet die Struktur von VV 20–26 formal: „V. 20 und V. 23 (stellen) die Kernaussagen dar ... die durch je ein Gleichnis erläutert werden ... 11,20–22 (setzt) sich noch mit dem Vorwurf des Teufelsbündnisses auseinander ... 11,23–26 ... macht das erweiterte Beelzebulstreitgespräch für die konkrete Gemeindeparänese nutzbar" – beide Einschübe werden als ein Werk des Q-Redaktors verstanden. – Hier ist doch wohl das „Janus-Gesicht" von V 20 unterbewertet: Der gewichtige Spruch schaut nicht nur zurück, sondern auch vor-interpretierend auf VV 21–22, auch noch auf VV 23.24–26 (s. u.).
[93] Vgl. auch Ps 8,4; Beispiele für den jüdischen Raum bei DEISSMANN, Licht vom Osten* 260 Anm. 8; H. SCHLIER in: ThWNT II, 21; K. GROSS, Art. Finger, in: RAC VII (1969) 909–946. – Anders: Der schreibende Finger Gottes nach Ex 31,18; Dtn 9,10 (Dan 5,5).
[94] Siehe dazu auch LK I, 311f.320f.520f.553–567.
[95] Vgl. nur FITZMYER 918: „Luke has undoubtedly preserved ‚the finger of God'"; LÜHRMANN, Logienquelle 33.
[96] Zum Für und Wider der einzelnen Ausleger vgl. SCHMID, Mt und Lk* 292 Anm. 2; SCHULZ, Q 203 Anm. 218; LAUFEN, Doppelüberlieferungen 431 Anm. 49; SCHLOSSER, Le Règne I, 146 Anm. 42; SCHNEIDER in: EWNT I, 659.

in die ihm geläufige Form πνεῦμα θεοῦ umgeschrieben [97]; einen Anthropomorphismus hätte er nicht vermeiden müssen [98] (vgl. nur Mt 5,34f; 6,4.6.18), wenn er ihn in der Vorlage gelesen hätte. Bei dieser Annahme hätte Lukas dann vielleicht hier, wie schon 11,13 (vgl. dann auch in 12,10), wie Mt πνεῦμα (τὸ) ἅγιον gelesen. Lukas (oder schon die Vorlage?) könnte geändert haben, weil er den Geist Gottes ausdrücklich nicht heilend und exorzierend wirksam sein läßt [99], vor allem weil er aber die Macht Gottes so unmittelbarer – schon im Hinblick auf VV 21f – ins Spiel bringen konnte [100]. – Da aber der Verdacht bleibt, daß Mt 12,28 vorbereitend auf Mt 12,32 (hier bereits in der gemeinsamen Vorlage: vgl. par Lk 12,10b?) von Matthäus sekundär angeglichen wurde, geben die vorstehenden Argumente keine rechte Sicherheit, ob für die gemeinsame Vorlage ἐν δακτύλῳ oder ἐν πνεύματι vorzuziehen ist.

20b Die Aussage von V 20 muß noch tiefer verstanden werden: Dämonenaustreibungen Jesu bedeuten nicht nur den dynamischen Einbruch der Gottesherrschaft, vielmehr sind sie selbst schon die Folge [101] ihres heilbringenden Angekommenseins, wie zudem das ἔφθασεν ἐφ' ὑμᾶς [102] deutlich macht: φθάνω (mit Präposition) meint im NT wohl meist [103] ein „Hingelangen", und zwar hier nicht im Sinn von „nahe herankommen" (vgl. Mk 1,14f), sondern ein bereits „An-Stehen" [104]. Das beweist das hier übertragen gebrauchte ἐπί c. acc.; es erläutert weiterhin, daß die Basileia „in Bann nimmt", „affiziert": beschenkt; vgl. schon o. Lk 10,9. Sie kommt nicht nur an, sondern „überkommt" gnadenhaft. Das so zu erschließende „Gegenwärtige" versteht Lukas V 22 diff Mk/Mt treffender als eine Satansbesiegung denn als eine Fesselung des Satans (so Mk 3,27c par Mt; vgl. Offb 20,1ff). Diese aber wird – in apokalyptisch überhöhtem Sinn – als „mes-

---

[97] πνεῦμα (τοῦ) θεοῦ begegnet syn nur noch Mt 3,16 diff Mk (Mt); vgl. τοῦ πατρός noch Mt 10,20 diff Lk (vgl. auch 18,19 S).
[98] Mit einer breiten englischen Tradition HAMERTON-KELLEY, a.a.O., der hier unnötig die „Hand Jahwes" als atl. Tradition – vgl. Ex 7,4f; 9,3.15; Jes 50,2 u.ö. – ins Spiel bringt.
[99] Vgl. YATES, a.a.O. 295–299; KIRCHSCHLÄGER, Jesu exorzistisches Wirken 234. Lk 4,18 (LXX) kann Lukas aber doch von der dort auch genannten Geistmächtigkeit der Verkündigung verstanden haben; ähnlich Lk 12,10 par Mt und 4,14. – Lukas führt freilich das (ἅγιον) πνεῦμα sonst nur in Lk 1–2 und in Apg bevorzugt ein; vgl. RODD, a.a.O. (L 10).
[100] Siehe o. S. 239.
[101] ἄρα „in klassischem Gebrauch nie am Anfang des Satzes ... Im Nachsatz von Bedingungssätzen z. stärkeren Hervorhebung d. Folge *so... folglich...* Lk 11,20" nach BAUERWb z.W.
[102] Vgl. BAUERWb z.W. III, 1bβ.
[103] Außer 1 Thess 4,15 (dort ohne Präposition). – Vgl. zur Deutung BAUERWb z.W. BERKEY, a.a.O. (L 10a); SCHLOSSER, Le Règne 137ff (Lit.); MATTILL Jr., a.a.O. (L 10a) 70–79. Nach MORGENTHALER, Kommendes Reich (Zürich 1952) 39f, behält φθάνω „etwas von seiner ursprünglichen Bedeutung bei und stellt sich in den Texten jeweils gerade dort ein, wo es nicht um das gewöhnliche ἔρχεσθαι geht, sondern um ein proleptisches, vorwegnehmendes Kommen, um ein dynamisches ‚Durchdringen - zu'".
[104] Gegen BULTMANN, Geschichte 12, und sein großes Gefolge richtig: W. MICHAELIS, Täufer, Jesus, Urgemeinde (Gütersloh 1928) 73ff u.a.; KÜMMEL, Verheißung* 98–101; gg. KÜMMEL wieder BRAUN, Radikalismus II, 19 Anm. 8; 20 Anm. 2; 46 Anm. 1 u.ö.

sianisches" Werk verstanden. Lk 10,18 war das allem Wirken Jesu vorausliegende sieghafte Geschehen bereits als Satanssturz (vgl. Offb 12,7 ff; Joh 16,11) deklariert. – Freilich ist damit nicht bereits eine Totalankunft der Basileia gemeint – die „eschatologische Differenz" bleibt. Wenn man das Proleptische dieser Rede von einer „Ankunft" betont (und man wird es müssen!), ist dazu doch noch die emphatische Sprechweise zu beachten, welche die Augen öffnen will für das wirklich Erfahrbare und beglückend erfaßbare Heil der Gottesherrschaft.

Die fast paradoxe Aussage von Lk 11,20 muß vor Mißverständnissen einschränkend abgesichert werden, wußte bereits die Mt/Lk-Vorlage. Diese Absicherung wird nachstehend einerseits der Anhang 11,23 (par Mt 12,30), andererseits die abermalige Erweiterung 11,24–26 (par Mt 12,43–45), die die Gebetsbitte Lk 11,4c (par Mt 6,13) illustriert (s. u.), leisten.

Es bleibt die Frage nach der Traditionsgeschichte[105] von Lk 11,20 par Mt 12,28.

1. Als *isoliert tradiert* ist das Logion V 20 zunächst schwer vorstellbar[106]; die enthusiastische Emphase, mit der die Basileia als bereits anstehend ausgerufen wird, in der Ichform – so meint man –, setzt ein erzähltes Geschehnis als Anlaß, besser: die Erwähnung sich wiederholender Vorgänge als „Sitz im Leben" – vielleicht aber auch „nur" das „Christus-Kerygma", den „sich selbst offenbarenden Offenbarer" – voraus.

Die auffallend kurze Notiz von der Dämonenaustreibung Lk 11,14(17a) par Mt 12,22–23a(25a) (vgl. die Dublette Mt 9,32f) war nicht ursprüngliche Einleitung von Lk 11,15.17–18a par (s. o.), wäre aber an sich als vormalige Einleitung des Ausspruchs Jesu V 20 par diskutierbar[107]. Die als Wirken Gottes im Wirken Jesu geschilderte Dämonenaustreibung V 14 par hätte einen Anlaß zu solcher emphatischer Ausdeutung geboten. Zusammen mit einer Einleitung wie Lk 11,14(17a) par Mt 12,22–23a(25a) wäre Lk 11,20 par Mt 12,28 als ein isoliert tradierbares Apophthegma denkbar[108]. In dieser Gestalt könnte dieses „Ich-Wort" dann als alte Tradition leichter vertreten werden: Sowohl V 14 par wie V 20 par verlören den „Makel", isoliert nicht tradierbar zu sein. Aber der „Chorschluß", das „Sich-Wundern", gibt doch wohl keinen hinreichenden „Aufhänger" für die hohe Aussage Jesu, mit dem „Finger Gottes" die Basileia bereits heilsmächtig an-stehend zu machen (zumal auch der Bedingungssatz ein nicht erfragtes Hilfsmittel für sein Exorzisieren voraussetzen würde). – Weiter ist es sehr wahrscheinlich, daß die apophthegmatische Einleitung V 14 par Mt nicht einem Einzelwort wie VV 15b.17b.18a par Mt galt, sondern zumindest einem Spruch-Paar oder einer noch umfassenderen Komposition, da die Frage des „Reden(Beten)-Könnens" und des (gläubig das Wort Gottes) „Hören-Könnens" den Kontext bestimmt (s.

---

[105] Von unserm Logion dürfte bereits Lk 10,9b abhängig sein; s. dort.
[106] Zum Für und Wider der Forschung vgl. WANKE, „Kommentarworte" 219 Anm. 48.
[107] Dazu s. schon o. S. 229.
[108] In meinem Beitrag: Das Zeugnis der Redenquelle für die Basileiaverkündigung Jesu, in: GR 104–108, machte ich fragend den Versuch, Lk 11,14.17a.20 par Mt 12,22–23a.25.28 als vormals isoliert tradiertes Apophthegma zu verstehen und von Lk 11,15.17b.18a par Mt 12,24.25b–26 (vgl. Mk 3,22–26) traditionskritisch abzuheben. Trotz der Zustimmung von H. MERKEL, Gottesherrschaft 144f, möchte ich nunmehr vorsichtiger urteilen (s. o.).

nachstehend) und sich von daher eher einer komponierenden Redaktion vor der Endredaktion von Q (oder dieser selbst) verdankt.

2. Lk 11,20 par Mt 12,28 kann auch als ein verdeutlichender und *ergänzender „Einschub"*, als letztlich sachgerechte Antwort auf den Vorwurf der Einleitung Lk 11,15 par Mt 12,24 (vgl. Mk 3,22) und als verdeutlichender Zusatz zu 11,18a par Mt 12,26 dem Zusammenhang „implantiert" sein[109]. Das Wort nimmt andererseits inhaltlich weithin auch schon die Aussage von 11,21–22 interpretierend (und überhöhend) voraus und bereitet 11,23, auch 11,29 vor (s. u.). Als „Einfügung" reißt VV (19)20 das vormalige Spruch-Paar Lk 11,15.17–18a mit 11,21–22 par Mt (vgl. Mk 3,22–26 mit 3,27) auseinander, mußten wir o.[110] schon vermuten. Wahrscheinlicher ist die Einfügung nicht erst der Endredaktion[111] von Q zuzuschreiben, da 11,23.24–26 bereits V 20 voraussetzen dürften; s. u.

3. Lk 11,20 par Mt 12,28 gehört in die Reihe der *„Christus-Worte"*[112], die gewiß keine redaktionellen Bildungen sind, weil sie offenbar sich nicht der Redaktion des Kontextes verdanken. Deren traditionsgeschichtlichen Ort kennen wir aber noch nicht[113]. Sie stehen oft kompositionell „fremd" (aber inhaltlich doch sehr treffsicher) in den Kompositionszusammenhängen: trennen ursprünglich Spruch-Paare bzw. Spruch-Gruppen, dienen aber auch häufig als Vor- oder Nach-Worte. Wir wissen auch nicht, ob diese Hoheitsworte erst auf der Endstufe der Q-Redaktion eingefügt wurden oder, wie wahrscheinlicher ist, der Q-Tradition bereits auf komponierenden Vorstufen zuflossen[114].

4. Nach R. Bultmann[115] soll das Logion Q 11,20 „den höchsten Grad der Echtheit beanspruchen, den wir für ein Jesuswort anzunehmen in der Lage sind; es ist erfüllt von dem eschatologischen Kraftgefühl, das das Auftreten Jesu getragen haben muß." – Diesem Urteil wird auch in der kritischen Forschung weithin beigepflichtet[116]. – Die traditionsgeschichtliche Rückfrage verliert sich hier aber im

---

[109] Der Einfügungscharakter von Lk 11,20 par Mt 12,38 wird häufig gesehen – vgl. SCHLOSSER, Le Règne 132; MERKLEIN, Gottesherrschaft 158 –, nicht aber genügend der Tatbestand *sekundärer* Einfügung.

[110] Siehe o. S. 236f.

[111] Anders LAUFEN, Doppelüberlieferungen 147.

[112] Einige von ihnen stehen unter denen, die R. BULTMANN, Geschichte 161–176, unter „Ich-Worte" bespricht; es darf u. a. erinnert werden an: Lk 9,58; 10,16; 10,18; 10,22.

[113] Eine Hypothese (und nicht mehr als das): Man könnte sich eine (aufgeschriebene) Sammlung von derartigen „Christus-Worten" denken, die in der baptismalen Katechese (und in der weiteren Gemeindeunterweisung) helfen konnten, den Christusglauben zu festigen.

[114] Es müßte auch eigens untersucht werden, ob und wie die hier postulierte Sammlung in der joh Tradition weiterlebt.

[115] BULTMANN, Geschichte 174. Was BULTMANN (vgl. auch ebd. 12) von Jesus sagt, läßt SCHULZ, Q 209–212, nur mehr für die jüngere hellenistisch-judenchristliche Q-Schicht gelten: daß Jesus ein „eschatologisches Phänomen" ist (212); vgl. DERS., ebd. 210f: „In dieser christologischen und eschatologischen Motivation der ursprünglich apokalyptisch verstandenen Basileia der älteren Q-Stoffe zeigt sich die hellenistisch-judenchristliche Basileia-Auffassung der jüngeren Q-Stoffe" (210), in denen sich „der eschatologische Aufbruch der universalen Basileia ... in der Geschichte des Nazareners als des Endzeitpropheten und nicht nur wie in den ältesten Q-Stoffen im prophetischen Enthusiasmus ereignet" (211) – welches Geschichtsschema aber schlicht ein Vorurteil ist; vgl. unsern Beitrag: Das Zeugnis, in: GR 65–152.

[116] Vgl. die reiche Dokumentation von LAUFEN, Doppelüberlieferungen 439 Anm. 107: M. Dibelius, E. Percy, W. G. Kümmel, R. Schnackenburg, E. Käsemann, Ph. Vielhauer,

Dunkel (s. o.). Auf jeden Fall konnte das Herrenwort V 20 par nur in einer Zeit weitergetragen werden, in der vor- und nachösterliche Exorzismen nichts Seltenes waren. – Zumindest das in diesem Logion sich aussprechende Basileia-Verständnis kann Jesus schwerlich abgesprochen werden[117], ein Urteil, das durch verwandte Aussagen abgestützt werden könnte[118]. Ohne Zweifel hören wir hier die vox Jesu.

c) Verdeutlichung der Antwort Jesu im Bildwort vom Stärkeren
  Lk 11,21–22 (= Mt 12,29; vgl. Mk 3,27)

Das Bildwort VV 21f knüpft über VV 19–20 hinaus an das Bild vom gespaltenen Reich Lk 11,17b(18a) par Mt an und bleibt so im Bilde. Die Besiegung und nachfolgende Ausräumung der Satansmacht hebt weiterführend den Erlösungsgedanken von V 20 heraus und charakterisiert damit die Gottesherrschaft deutlicher als öffentliches Heil. Im heutigen Zusammenhang wird freilich rückblickend andererseits auch V 20 ausgemalt: daß die der Gottesherrschaft entgegenstehende Satansherrschaft sieghaft gebrochen ist, womit die Behauptung von V 20 über das Zugekommensein der Gottesherrschaft bestätigt ist.

Was dem an-stehenden und zu-gekommenen Gottesreich (V 20) bislang entgegenstand, darf man keinesfalls verharmlosen und – VV 17b–18a mißdeutend – als eine zerstrittene und brüchige Größe einschätzen. Um das zu verdeutlichen, schildert besonders Lukas in VV 21f – wohl eine Vorlage wie Mt 12,29 (vgl. Mk 3,27) militant ausmalend (s. u.) – im nachhinein (und im Rückblick auf 4,5?) das Satansreich in korrigierender Ergänzung als gut gesicherte Festung. Es gibt nur einen, der einem derartigen Zwingherrn gewachsen ist. Vor Einfügung von VV 19f könnte man mit Jes 49,25c an Gott denken[119], im Kontext aber ist nun ohne Zweifel an den gedacht, der VV 19.20 sein ἐγώ emphatisch herausstellte. Nunmehr wird (diff Mk/Mt) expressis verbis gesagt, welches „Ich" hier spricht: der Mächtige (V 22) von Jes 49,24f, der wie dort Jahwe – als der „Ich selbst" – auftritt, der V 20 in der Macht Gottes wirkte und dann V 23 in die Entscheidung rufen wird.

21 Das Bild von Jes 49,24f, wo Jahwe („Ich selbst") mit seinem Gegner streitet und dem γίγας (LXX), dem ἰσχυρός (nach Jes 53,12 LXX den ἰσχυροί) seine „Beute" (σκῦλα) entwindet, ist hier also dem Kontext nach

---

G. Bornkamm, F. Hahn, D. Lührmann, J. Jeremias, N. Perrin, P. Hoffmann; auch Merklein, Gottesherrschaft 132: „Wenigen Logien wird so allgemein das Siegel der Authentizität gegeben wie dem aus der Logienquelle stammenden Spruch Lk 11,20 par Mt 11,28", urteilt H. Merklein. M. nennt ebd. als weitere Zeugen H. W. Kuhn, H. Merklein, J. Schlosser, E. Gräßer.
[117] Vgl. die wenigen kritischen Gegenstimmen (W. Bousset, M. Goguel, Th. Lorenzmeier, S. Schulz) bei Merklein, Gottesherrschaft 159 Anm. 538.
[118] Vgl. unseren Beitrag: Das Zeugnis 104–108 und 142f.
[119] Vgl. Klauck, Allegorie 182 (der den Kontext von VV 19–20.23 nicht im Auge hat), der aber für Mk 3,27c den christologischen Bezug sieht.

(vgl. schon Jes 53,12 LXX vom Gottesknecht!) auf Jesus übertragen[120]. Wenn irgendeiner, dann ist Beelzebul, Satan (V 18a), „der Starke", bestens bewaffnet, um sein Gehöft (αὐλή), wohl eine palastähnliche Festung, und seine Güter (τὰ ὑπάρχοντα) – es sind weithin die genannten „Beutestücke" (τὰ σκῦλα) – auch hier wohl großteils versklavte „Gefangene" – zu bewachen: Menschen in der Gefangenschaft Satans bzw. von diesem „gebunden" – vgl. Lk 13,16 – entsprechen einer verbreiteten apokalyptischen Vorstellung[121]. So ist ein „Friede" der Gewalt garantiert, der das Erraffte „sichert", der aber ein Hohn ist auf alles, was von Gott her „Friede" heißt – ein satanischer Stillhaltezustand.

22 Hier ruft nun alles nach einem „Stärkeren"[122]. Dieser „rückt an" (ἐπελθών[123]) zur Besiegung des „Starken", was bedeutet, daß ihm sein gesamtes „Kriegspotential"[124] entwunden wurde[125]. Dies denkt sich Lukas – im Kontext – wesentlich personal: Der „Macht des Satans" (Apg 26,18) sind die Dämonen: die „Satansengel" (vgl. 2 Kor 12,7; 2 Petr 2,4; Jud 6; Offb 9,11; 12,9). Nur eine „Fesselung" des Satans (par Mk 3,27/Mt 12,29; vgl. Offb 20,2f.) würde Lukas nicht genügt haben, er muß schon in solcher Weise entmachtet werden.

Es ist schwer, hier nicht wenigstens nebenher an Lk 4,5f (s. dort) zu denken und an das weltbeherrschende Imperium Romanum[126], das Lukas dort als vom διάβολος „besessen" vorstellt, zumal V 21 sich die trügerische Pax Romana anzudeuten scheint (s.o.). Dem „Frieden" von V 21 steht der des σωτήρ entgegen, der der Χριστὸς Κύριος ist (vgl. 2,[11]14 mit 19,38). Die Aussagen von Lk 4,5; 11,(17)21f einerseits, 1,52f; 6,20bf andererseits stellen uns schon die Frage, ob Lukas im Innersten wirklich so

---

[120] Vgl. WANKE, „Bezugs- und Kommentarworte" 92: VV 21f parr „verlagert das Interesse von der exousia Jesu V 20 hin zum Träger dieser exousia, zur Person Jesu".
[121] Vgl. die Belege bei KLAUCK, Allegorie 180f.
[122] T^j: Die bessere Überlieferung schreibt ισχυροτερος ohne Artikel; vgl. 𝔓$^{45.75}$ ℵ B D L Θ Ψ 700 892 2542 pc bo (anders A C W f$^{1.13}$ 33 sa 𝔐). Der Art. ο kann V 21 nachgebildet sein, könnte aber auch deutlicher an den Lk 3,16 par Mk genannten ὁ ἰσχυρότερος erinnern sollen, könnte schließlich auch durch Bezug auf Lk 11,20 veranlaßt sein. – Die v.l. αυτου εστιν ℵ* zieht αὐτοῦ deutlicher zu ισχυροτερος (abhängig von Mt 3,11: ισχ.μου εστιν?). – Die Streichung von αυτου 𝔓$^{45.75}$ D 2542 vereinfacht sekundär.
[123] T^j: Das an sich mehrdeutige επερχεσθαι (= „herankommen" oder „anfallen") machen 𝔓^{75} H* 983 vg^{ms} durch ελθων eindeutig (vgl. schon par Mt εισελθειν). Von „Rückkehr" (𝔓^{45} 2542: επανελθων) kann hier nicht die Rede sein. – ἐπέρχεσθαι in der Bedeutung „angreifen" (so EÜ) verlangt ein αὐτῷ oder ein ἐπ' αὐτόν, so daß hier ein „herankommen" gemeint sein wird, freilich ein feindliches (im Kontrast zu φθάνω ἐπί V 20). Auch zu dem heilbringenden ἐγγίζειν ἐπί 10,9 steht es kontrastreich.
[124] Durch πανοπλία verdeutlicht Lukas den Hellenisten (und uns) das schwer verständliche σκεύη von Mk 3,27 par Mt. Er denkt wohl an die Dämonen als „Satanswerkzeuge" (nicht an die von diesen „Besessenen", was Mk und sein Kontext näherlegt).
[125] ἐπάν temporal (vgl. Bl-R 45,1), mit „Konj. Aor. wie das lat. fut. exact."; so BAUERWb z.W.: vgl. THRALL, Particles 36.
[126] H. FUCHS, Der geistige Widerstand gegen Rom in der antiken Welt (Berlin ²1964).

römerfreundlich war, wie er sich hier und da nach außen hin den Anschein gibt.

Großgrundbesitz und Geldansammlung hingen im damaligen Syrien und Kleinasien weitgehend mit dem römischen Herrschaftssystem zusammen[127]. In der luk Bildwelt des Logions könnte so metaphorisch auch ein Nebensinn mitschwingen[128]: das Heil, das die Satansbesiegung bewirkt, ist hier (vgl. auch schon o. zu V 17) entprivatisiert und als öffentliches Heil, vielleicht auch als soziale Umschichtung (vgl. Lk 1,52f; 6,20f) geschildert. Die erbeuteten (vgl. τὰ σκῦλα) Reichtümer (V 21: ὑπάρχοντα) des „Zwingherrn" können nunmehr verteilt werden, wobei das (nur bei Lukas begegnende) διαδιδόναι (wie 18,22 diff Mk und Apg 4,35) – in Transformation von Jes 53,12 (LXX: μεριεῖ) – den Gedanken an die Armen mitschwingen läßt: Diese, denen das „Reich" zugesprochen ist, werden nicht mehr hungern (vgl. Lk 6,20bf). „Die δυνάσται stürzt Gott von ihrem Thron", er „läßt die Reichen leer ausgehen" und „erfüllt die Hungernden mit Gütern" (Lk 1,52f), wenn die βασιλεία (V 20) „zukommt".

Es kann keinem Zweifel unterliegen, daß die Tradenten und Redaktoren der in der narrativ gerahmten Streitrede (11,14–28) gesammelten, komponierten und redigierten Traditionen die Wirkmächtigkeit des Satans und seiner dämonischen Helfer gläubig ernst nahmen, wenn sie (wie schon bes. Lk 4,1–3 und 10,18) im Gegenüber zum Satan und in Überordnung über ihn eine christologische Soteriologie entwickelten. Außer der Christologie ist die Worttheologie zu bedenken, wenn christlich vom „Satan" geredet wird: Der „Rahmen" stellt in V 14 das Hörenkönnen (s. dort) und V 28 das Verhalten gegenüber dem Wort Gottes betont heraus. Über diese beiden – gewiß gewichtigen – Feststellungen hinaus kann es nicht Aufgabe des Exegeten sein, die Vorstellungsgehalte und Theologumena im Text auf den gemeinten Sachverhalt hin verbindlich auszudeuten[129].

1. In Lk 11,21–22 lassen sich keinerlei Gemeinsamkeiten mit Mt 12,29 über Mk 3,27 hinaus finden, so daß der matth Text als solcher noch keinen Beweis liefert, daß Lukas 11,21f in der gemeinsamen Mt/Lk-Vorlage fand[130]. Jedoch schließt sich die nachfolgende Aufforderung an exorzisierende Helfer Lk 11,23 par Mt 12,30 (für Q gesichert; s. u.) besser an einen christologisch gemeinten Text wie Lk 11,21f par Mt 12,29 als an Lk 11,17b–18a par Mt 12,25b–26 an. Auch würde sich Lk 11,24ff par Mt 12,43ff nicht schon gut an Lk 11,17b–18a par Mt 12,25b–26 anfügen, so daß Lk 11,21f als luk Wiedergabe der Mt/Lk-Vorlage (Q oder Dmk?), und zwar in der luk Akoluthie, doch recht gesichert scheint[131]. Entscheidend für Q

---

[127] KIPPENBERG, Religion und Klassenbildung, bes. 125–133.152f, gibt ein Bild von den ökonomischen Hintergründen.
[128] Vgl. dazu LÉGASSE, a.a.O. (L 10); KLAUCK, Allegorie 183.
[129] Vgl. dazu die u. in L 10c genannte Lit., bes.: DARLAP, a.a.O.; KASPER-LEHMANN, a.a.O.; SCHLIER, a.a.O.; ANNEN, Dämonenaustreibungen (a.a.O.), bes. 118f; KIRCHSCHLÄGER, Jesu exorzistisches Wirken 270–279; v. BALTHASAR, a.a.O. 182–192.
[130] Matthäus gibt hier weitestgehend Mk 3,27 wieder. Darum wird wahrscheinlich er es gewesen sein, der die Frageform πῶς δύναται 12,29 an 12,26b (par Lk) πῶς σταθήσεται angeglichen hat; anders KLAUCK, Allegorie 176.
[131] Für luk Mk-Bearbeitung halten 11,21f KLOSTERMANN, FUCHS, a.a.O., u.a. – An eine „eigenständige Variante" denkt mit LÜHRMANN, Logienquelle 33, auch SCHULZ, Q 203

spricht, daß Lukas wahrscheinlicher nicht von sich aus eine Sondertradition gerade hier – par Mk (und Mt) (!) – eingefügt haben würde.

2. Die luk Fassung des Spruches ist ausmalender und gesprächiger als die des Mk (und Mt), dazu stärker luk redigiert und kontextualisiert: also weithin sekundär. Die breite positive Schilderung der Satansmacht V 21, auch die zeitliche Zerdehnung seines „Friedensreiches" lassen die Christuszeit als helfende Wende hervortreten. Die verdeutlichende Christologisierung mit Hilfe von Jes 53,12[132] neben 49,24f in V 22 harmoniert (diff Mk) besser mit V 20: dort war es „der Finger Gottes", hier ist es die „stärkere" Macht Gottes, die „dem Stärkeren", der weder Jes 49,24f LXX noch Mk 3,27 ausdrücklich ins Wort gehoben wurde (s. o.), zur Verfügung steht (von Lk 3,16 parr beeinflußt?). Die explizite „Christologisierung" führt dazu, die soteriologische Wirkung „öffentlicher" zu zeichnen, entsprechend auch die Satansmacht. Die Bilder benutzen die militärische Fachsprache[133]. – Traditionsgeschichtlich ist par Mk 3,27 (par Mt) als ursprünglicher anzusehen als die Lk-Fassung, deren Redaktion eher auf Lukas[134] als auf eine vorluk R zurückgeht. Die oben festgestellten luk Motive in der Bildhälfte des Spruches verstärken diesen Verdacht.

3. Das Spruch-Paar Mk 3,22–26.27, vgl. Lk 11,15.17–18a.21f par Mt 12,24 bis 26.29 (1. Kf) gipfelte deutlich schon christologisch auf, bevor das Logion Lk 11,(19)20 par Mt 12,(27)28 mit seiner funktional-soteriologischen Christologie eingefügt war; s. dort. (Das beweist im nachhinein auch Lk 11,23 par Mt 12,30; s. o.) – Mk 3,27 (wie Lk 11,21f par Mt 12,2) war – vor der Einfügung von Lk 11,19f par Mt 12,27f – ein Zusatzwort zu dem bereits in Mk 3,26 (vgl. Q = Mt 12,26 par Lk 11,18a) gedeuteten bildhaften Grundwort Mk 3,23b–25 (vgl. Q = Mt 12,25b par Lk 11,17b–18a), so daß ein – narrativ eingeleitetes – Spruch-Paar entstand.

4. Auch ein später ergänzendes Zusatzwort eines Spruch-Paares wie Mk 3,27 (parr Mt/Lk) kann alte Tradition sein[135]. Für eine solche spricht, daß hier der Satansname „Beelzebul" (Mk 3,22 parr; Lk 11,18b) noch als „Baal (Herr) des Hauses" verstanden[136] und bildhaft zur Sprache gebracht wird; auch wohl, daß der Schriftbezug auf Jes 49,24 in Mk 3,27 noch andeutend ist und erst Lk 11,21f (vgl.

Anm. 200. – Die meisten bestimmen Lk 11,21f als Q-Gut, so BULTMANN, Geschichte 11; DIBELIUS, Formgeschichte 221 Anm. 2; MANSON, The Sayings* 85; KATZ, a.a.O. (L 1) 181ff; POLAG, Fragmenta Q 52f (sehr wahrscheinlich); LAUFEN, Doppelüberlieferungen 84. 130f; SCHWEIZER, Mt; LUZ, Mt II, 255.

[132] Die LXX redet hier von der Verteilung der Beute.

[133] Vgl. das ἐπέρχεσθαι, νικᾶν, πανοπλίαν αἴρειν, τὰ σκῦλα διδόναι V 22, auch schon φυλάσσειν, καθωπλισμένος, αὐλή(?), εἰρήνη V 21.

[134] Die sprachliche Überformung durch Lukas ist nicht zu übersehen: καθοπλίζομαι begegnet im NT nur hier, auch πανοπλία (außer 2mal Gal) nur hier. Vgl. φυλάσσω (Mk 1mal; Mt 1mal; Lk 6mal; Apg 2/6mal; sonst. NT 15mal). εἰρήνη (Mk 1mal; Mt 4mal; Lk 14mal; Apg 7mal; sonst. NT 66mal); ὑπάρχω (Mk 0mal; Mt 3mal; Lk 15mal; Apg 25mal; sonst. NT 17mal, speziell zu τὰ ὑπάρχοντα vgl. AB III, 123 Anm. 428); ἐπάν (Mk 0mal; Mt 1mal; Lk 2mal; sonst. NT 0mal); ἐπέρχομαι (Lk 3mal; Apg 4mal; sonst. NT 2mal); νικάω syn nur hier (Röm 3mal; Joh 1mal; 1 Joh 6mal und Offb 17mal); αἴρω (in der Bedeutung „wegnehmen" luk gut möglich: vgl. AB III, 122); πείθω (Mk 0mal; Mt 3mal; Lk 4mal; Apg 17mal; sonst. NT 28mal); τὰ σκῦλα (nur hier im NT); διαδίδωμι (außer 2mal Lk; 1mal Apg, nur 1mal Joh).

[135] LAUFEN, Doppelüberlieferungen 444 Anm. 108 und 109, nennt nicht wenige Ausleger, die das Bildwort für authentisch halten.

[136] Wenn Lukas οἶκος durch αὐλή ersetzt, versteht er den ursprünglichen Sinn nicht mehr.

Jes 53,12) dann deutlicher wird. Jes 49,24 kann bereits als sprichwörtliche Bildung umgegangen sein[137], was PsSal 5,3 nahelegt. – Mk 3,27 (parr Mt/Lk) setzt aber vielleicht doch Mk 3,22–26 (parr Mt/Lk) voraus: Das Zusatzwort expliziert das Grundwort meditativ. Herrenworte zeugen sich oft weiter.

d) Der Ruf zur Entscheidung und zur Mitarbeit
11,23 (= Mt 12,30; vgl. Mk 9,40 / Lk 9,50)

Der Entscheidungsruf V 23 knüpft – in der Form einer Feststellung – zunächst an 11,(20)21f an und scheint die vorstehende Sprucheinheit beschließen zu wollen: Er weiß – im Rückblick auf das „Ich" in VV (19)20 –, von wem das Bildwort V 22 geredet hat. Andererseits steht V 23, insofern er zu Entschiedenheit aufruft, im Kontext als Überleitung[138] zu der Warnung VV 24–26.

V 23 ist ein klimaktischer Parallelismus. Die grundlegende Forderung bringt zunächst V 23 a, wenn hier – in Form einer Warnung – das Bekenntnis zu Jesus, mehr noch: das „Mit-Sein" mit ihm eingefordert wird. Die Warnung schaut zurück auf VV 14.15.16, weil diese geforderte Entscheidung von der – dort differenziert charakterisierten – Menge (vgl. VV 14–26 und 27.29–32) verfehlt wird. Im Werben des nach Jerusalem wandernden Jesus geht es mal wieder um Entscheidung und Scheidung in Israel. Nebenher wird hier auch das – das Gegenteil behauptende – Logion 9,50 (s. dort), das in einen anderen Zusammenhang hinein sprach, ergänzend relativiert: „Wer nicht gegen uns ist, ist für uns!"

Lukas spricht das Jesuswort aber auch in seine Gemeinden hinein, die V 20 verstehen müßten und der Unentschiedenheit „späterer Christen" (in der dritten Generation) zu wehren hätten. V 23 wird im Zusammenhang überleitend schon zu VV 24–26 hinüberschauen, wo an vormals „befreite" und nun erneut gefährdete Jünger gedacht ist[139].

V 23 scheint also nicht nur „jedermann" in Israel anzusprechen. Das wird V 20b deutlicher: V 23 b wird indirekt zu einer Sammlungstätigkeit aufgerufen. „Mitsein" mit Jesus ist als Wirkgemeinschaft mit ihm zur Sprache gebracht. Das „Sammeln" ist schon alttestamentlich ein „ekklesiologischer" Begriff: Erinnert ist an das „Sammeln" des guten Hirten (Jes 40,11; Ez 34,13), an ein Sammeln auf Gemeinde hin[140] (vgl. Lk 12,32). Lukas wird hier „Jünger" im Auge haben, diese aber dem Kontext nach zunächst in weitem Sinn verstehen wie 9,57–62 (hintergründig); 10,24–42; 11,1–13.24–26.27f von allen, die das „Mit-Jesus-Sein" realisieren. Unentschiedene Laxheit „sammelt" nicht Gemeinde, sondern „zerstreut" die Herde[141].

---

[137] So KLAUCK, Allegorie 180.
[138] SCHENK, Synopse 68f, erkennt den Charakter von V 23 als Einleitungsspruch (zu VV 24ff par) – im heutigen Zusammenhang.
[139] Vgl. auch SCHENK, Synopse 69.
[140] So SCHWEIZER 128.
[141] T^k: Hss. wie ℵ*² C² L Θ 33 575 892 pc sy^s bo, die ein με ergänzen, dürften pastoral-

Das schließt nicht aus, daß Lukas die nachfolgenden Jünger (in engem Sinn) als seine Mitarbeiter besonders angesprochen weiß (wie – in ursprünglichem Sinn – 9,57–62; 10,1–20). Auch 9,50 (s. dort) ging es um den Jüngerkreis und um Exorzisten (wie schon 11,19). Es ist kaum denkbar, daß Lukas in V 23 b nicht auch den ursprünglichen Sinn (der Tradition; s. nachstehend) hat durchklingen lassen wollen, der von den nachfolgenden Jüngern in engerem Sinn sprach. Freilich sah Lukas – nach dem Scheitern des Täufers[142] – es nicht mehr als Aufgabe Jesu, noch weniger nachösterlich als die seiner Jünger an, ganz Israel zu „sammeln". Bei diesem Versuch konnte es nur noch darum gehen, einzelne aus Israel[143] auf die kommende eschatologische Heilsgemeinde hin zu sammeln (s. nachstehend). Ohne Zweifel war es aber eine wichtige Tätigkeit der nachösterlichen Wanderapostel und Wanderpropheten, zerstreute Anhänger Jesu zu „Hausgemeinden" zu „sammeln", nicht nur, aber auch aus Israel den λαός[144], der Jesus als seinen Χριστὸς Κύριος (vgl. Lk 2,11) anzuerkennen bereit war.

1. Schon die *Redenquelle* – vgl. par Mt 12,30 diff Mk – führte an dieser Stelle dieses Logion.
2. Vielleicht hat schon Markus die erste Hälfte eines derartigen Logions in einer *frühen* (auf Q hinführenden) *Logientradition* vorgefunden[145]?
3. Es wäre an sich denkbar, daß V 23 – vormals wohl unabhängig von 11,24ff zu denken – in Q dem eingeleiteten Spruch-Paar 11,15.17–18 a.21–22 als *Nach-Wort* angefügt gewesen wäre in Rückblick auf V 15 (vor Anfügung von VV 24ff).
4. Mehr Wahrscheinlichkeit hat aber doch wohl eine andere traditionsgeschichtliche Möglichkeit: Lk 11,23 par war schon früh Lk 11,24–26 par zugeordnet als *Vor-Wort*. Denn auffallen muß, daß die gegensätzlich urteilenden Verhaltensregeln Lk 11,23 par Mt und Mk 9,40 beide in die Problematik der Exorzismen hineinsprechen. Das kann schwerlich als Zufall erklärt werden. Man darf fragen, ob das Zusammen von Lk 11,23 mit 11,24ff par Mt ganz unabhängig entstanden ist von

---

kerygmatisch verstehen: Tätigkeit, die nicht Gemeinde bildet, *ver*streut die Christusbotschaft (wie 8,5–8; vgl. 8,11) oder *zer*streut die Jünger Jesu, die zu sammeln wären, und damit Christus selbst. – Vielleicht bewirkte die Gerichtsrede Ez 34,11–16 wider die schlechten Hirten die Einfügung des με, in der sich Jahwe mit seiner zerstreuten Herde wie Mt 25,31–45(42 f) identifiziert. – Die LA ist wohl – gg. [S] G – sekundär, aber früh und verbreitet, verdankt sich christologischen Überlegungen und ist als die schwerere vielleicht doch nicht mit Arens, Sayings und Metzger, Commentary z. St., als „a scribal blunder" zu leicht abzutun.

[142] Vgl. H. Schürmann, Jesu ureigenes Basileia-Verständnis (s. o. S. 185 A. 71), hier: GR 32–37.

[143] Daß „Jesus im Verständnis des Lukas keine neue Glaubensgemeinschaft gründen, sondern [noch] ganz Israel sammeln will" (so Lohfink, Sammlung 93), vermag ich nicht zu sehen. Lohfink führt ebd. Lk 11,23 par nirgends an, obgleich er sehr behutsam die Vorstellung des Lukas von der „Sammlung Israels durch den Messias angesichts der hereinbrechenden Gottesherrschaft" (vgl. ebd. 93) zur Darstellung bringt.

[144] Vgl. LK I, 34ff (zu 1,17) und 125 (zu 2,28).403 (zu 7,16), aber auch ebd. 321f. Für Lukas mag zu seiner Zeit dann schon gelten: „Möglicherweise spiegelt sich in dem Spruch die endgültige Trennung der jungen Christengemeinde von dem jüdischen Volksverband" (so Ernst).

[145] Siehe LK I, 579 zu 9,50 (dort ins Gegenteil gekehrt).

der Zusammenordnung Mk 9,40 mit 9,38(39). Hier duldete die Verhaltensregel V 40 die exorzistische Praxis fremder Exorzisten VV 38(39), dort leitet die Regel 11,23 die Erzählung von nicht dauerhaften Exorzismen ein. Könnte 9,38–39.40 Markus schon aus einer frühen Q-Tradition übernommen haben (wofür freilich Mt 10,42 – vgl. Mk 9,41 – nicht als Beweis angeführt werden soll)? Und brachte schon Q in der Spruchkomposition LK 11,23 + 24–26 par eine korrigierende Ergänzung zu einer – Mk 9,38–39.40 par Lk 9,49–50 entsprechenden Q-Tradition, die in Mt gestrichen ist? Bei dieser Annahme wäre eine Komposition wie Lk 11,23.24–26 / Mt 12,30.43–50 – als ergänzende Korrektur von Mk 9,38f.40 – leichter vorstellbar.

Welchen Adressaten mit der Komposition Lk 11,23.24–26 par Mt in einer ursprünglichen Komposition eine Verwarnung (und Aufforderung) gegeben werden sollte, wird u. (zu VV 24ff) überlegt werden müssen. Hier im Zusammenhang mit Lk 11,1–13.14–22 par Mt kann kein Zweifel bestehen, daß das „Mitsein" mit Jesus, das „Sammeln mit ihm" abschließend eingefordert wird (s. o), also an Getaufte gedacht ist. Das Entscheidungslogion Lk 11,23 par bestimmt als „Vor-Wort" zu 11,24–26 par, wem hier Mahnung und Warnung gegeben werden soll.

5. V 23a kann sprichwörtlich vorgeprägt im Umlauf gewesen sein[146]. Der Spruch wird eine *eigenständige Traditionsgeschichte* gehabt haben, da das „Sammeln" V 24b hier nicht vom unmittelbaren Kontext gefordert ist.

6. Isoliert tradiert läßt der Spruch – auch von Jes 46,11; Ez 24,13 her – an *nachfolgende „Jünger"* als „Mitarbeiter", als „Sammler" denken, so daß hier die Mit-ihm-Seienden zunächst als Helfer in Dienstfunktion angesprochen waren; angeredet sind die „Knechte" 12,39f.41–48, von denen der Herr am Ende 19,12–13.15–26 Rechenschaft über ihre Arbeit verlangen wird. Es gibt keinen Grund zu bezweifeln, daß Jesus seine Jünger auf diese ihre Mitarbeit ansprechen konnte.

e) Die abschließende Warnung
   11,24–26 (= Mt 12,43–45)

24ff Lk 11,24ff will eng mit V 23 par Mt zusammen gedeutet werden (s. u.); VV 23.24–26 greift – so 11,15–22 umfassender als V 23 (s. schon ebd.) umrahmend – auf 11,14 zurück.

Von dem V 14 ausgetriebenen Dämon ist hier nun abermals die Rede. Die Aussage, das verlassene „Haus" sei jetzt „gekehrt und geschmückt", übersteigt freilich die von V 14 und läßt den gemeinten Sachverhalt: die Begnadigung des Getauften, durchscheinen; sie verweist im Zusammenhang auf V 20: die „über-kommende" Wirklichkeit des „Reiches Gottes". Jeder „Jünger Jesu" (und Getaufte) soll wissen, daß er selbst einer ist, der vom bösen Geist befreit ist und den erbetenen „Geist Gottes" empfangen hat (vgl. 11,13b). Er muß aber auch mit dessen Rückkehrwillen[147] rechnen, so daß er nicht ohne die tägliche Bitte um Bewahrung vor Abfall (vgl. 11,4c) bestehen kann. Der Spruch VV 24–26 hat durchaus Eigengehalt:

---

[146] Vgl. LK I, 579 A. 38.
[147] Die Gefahr ist, wie SCHNEIDER richtig sieht, die „Rückkehr", nicht der Rückfall. Wenn es aber um „Unreinheit" geht, gibt es diese Rückkehr nicht ohne „Rückfall" (des Getauften), was auch die Mahnungen (V 23 und V 28) nahelegen.

Mit seiner starken warnenden Aussage hat er – in Einheit mit V 23 – die Funktion, in Entsprechung zu der Einleitung VV 14.15(16) das (mehrfach erweiterte) Spruch-Paar 11,15(16.17a).17b–18a(18b)(19–20).21–22 als angefügtes „Nach-Wort" rahmend zu beschließen.

Am Ende wird so deutlich[148], wie sehr die Auseinandersetzung Jesu mit den Gegnern 11,(14)15.16 „beteiligt" gelesen werden will: Auch der nachösterlichen Gemeinde ist hier in Erinnerung gebracht, daß sie zwar durch die Macht Jesu (in der Taufe) von aller Satansmacht befreit ist und „die Erkenntnis der Geheimnisse des Gottesreiches" (Lk 8,10) geschenkt bekommen hat, aber – wie in der zweiten und dritten Generation (und weiterhin) gesagt werden muß – sich vor dem Abfall zu hüten hat.

Die Aussageabsicht würde verkannt, wenn das Bildwort als „Gleichnis" verstanden würde, etwa für das Heilsgeschehen an Israel (wie Matthäus 12,45c das tut)[149], oder moralisierend oder doch spiritualisiert vom einzelnen[150]. Die Getauften wissen um die Realität des „Fingers Gottes" (V 20), um das Geistwirken (Mt 12,28), um das „Über-Kommen" des anstehenden Reiches Gottes (V 20) im eigenen Leben, auch um die Befreiung von der Satansmacht (VV 14.21f), was alles für sie Realitäten sind, die metaphorisch durch das Bild hindurchscheinen. Eine gewisse Metaphorik ist im Zusammenhang nicht zu verkennen: Schon V 14 verstanden Getaufte die Heilung von Taubheit und Stummheit übertragen (s. ebd.); so läßt auch hier die Befreiung von der Satansmacht, das Exorzisiertsein, nicht an eine „Besessenheit", wie sie sich in parapsychischen oder morbiden Zuständen äußert, denken, sondern an eine solche, die „taub" macht für das Wort Gottes und „stumm" für das Gebet. V 23 ist die Richtung gewiesen: Wenn das Bei-Jesus-Sein nicht mehr gegeben ist und das „Sammeln mit ihm", kommt es zu Glaubensabfall und Rückfall in die frühere sittliche Pervertiertheit.

Lk 11,24–26 par muß im Kontext als störend empfunden werden[151], wenn dieses negativ auf Erfolglosigkeit hin gestimmte Wort nur als Rede an die Gegner von V 15 gelesen wird; stellen doch die vorstehenden Antworten 11,17–18a und 11,21–23, noch stärker der Einschub 11,19.20, die Sache Jesu selbst recht sieghaft dar. Aber sobald man die Rede Jesu als eine solche liest, die auch in die Gemeinde hineinsprechen will (was V 23 einleitend deutlich ist; s. o.), wird die abschließende Warnung VV 24–26 sehr verständlich, und das Ganze ist kohärent. – Daß eine vormals isoliert tradierte Komposition wie 11,23.24–26 par auch irgendwie „fremde Exorzisten" im Auge gehabt haben kann, wird u. eingeräumt werden müssen[152].

---

[148] Vgl. die Diskussion der unterschiedlichen Ausdeutungen von VV 24–26 im Kontext bei LAUFEN, Doppelüberlieferungen 140–147. Zur richtigen paränetischen Ausdeutung im Zusammenhang mit V 23 ebd. 144–147.
[149] Vgl. STRECKER, Weg 106; POLAG, Christologie 20.
[150] Mit JÜLICHER, Gleichnisreden 144, wohl auch LAUFEN, Doppelüberlieferungen 144–147 (dort 444 Anm. 144 weitere Ausleger), der nicht zwischen „reinen Gleichnissen" und „Bildworten mit metaphorischen Zügen" unterscheidet.
[151] Vgl. die irritierten Äußerungen von Auslegern bei LAUFEN, Doppelüberlieferungen 443 Anm. 127.128 und 129.
[152] Vgl. S. 252.

24 Die Verbannung des „unreinen Geistes"[153] in die Wüste[154] und sein Streben nach einem „Behaustsein" lassen vielleicht verständlich werden, daß „das Böse" nicht nur – mittels „Zeitgeist" und machtvollem „Milieu" – die Tendenz hat, Menschen „böse" zu machen, sondern auch Institutionen und Strukturen „einzuwohnen" und diese so „bösartig" werden zu lassen.

Wie gute Menschen für böswillige ärgerlich sind, so gesteigert für den bösen Geist; er ist dem Guten gegenüber aggressiv, wie sein Selbstgespräch[155] zeigt.

25f Daß das „Haus" des Exorzisierten ausgefegt und gar „geschmückt"[156] ist, erinnert im Zusammenhang an V 20, aber wohl auch an 11,13b (s. o.). Die erneute[157] Besessenheit, die „Einwohnung"[158] im vormals Exorzisierten, wird als eine in höchster Potenz geschildert: als eine mit sieben[159] Gehilfen, und zwar solchen, die „böser" sind als der vertriebene Geist. Ein in solcher Weise Besessener ist dann sachlich wohl nicht nur als (sittlich) „Rückfälliger", sondern als (glaubensmäßig) „Abgefallener", ja der Gnaden Beraubter vorgestellt. V 24 will im Lichte von V 23 gelesen werden, wie das 2 Petr 2,20 geschieht[160]. Das tägliche Gebet Jesu (11,4c par), das Lukas hier im Blick haben kann, ließ schon um Bewahrung vor dieser Gefahr des Abfalls beten. – Man möchte hier das Urteil

---

[153] „Unreiner Geist" schreibt Lukas wie hier par Mt schon 9,42b par Mk 9,25 (vgl. noch Mk 6,7 par Mt 10,1). Die Bezeichnung ist also nicht erst von Lukas eingeführt. – Über die Auswertung in der lat. Bußliturgie vgl. J. LECLERCQ, a. a. O. (L 10).

[154] Der Aufenthaltsort der Dämonen ist die „hauslose Wüste" (vgl. die Belege bei Bill. IV, 515f), „offenbar vor allem vorgestellt als zwangsweiser Wohnort der bestraften Schädiger (Tob 8,3; aethHen 10,4; vgl. ... Lk 11,24)", nach BÖCHER, Dämonenfurcht (L 10) 67.

[155] T¹: Das trennende und neu einsetzende τότε kann in $\mathfrak{P}^{75}$ B $\aleph^2$ L Θ Ξ 070 33 579 852 1342 pc b 1 sy^h co aus par Mt stammen (aber auch aus V 26; s. dort). Mit $\mathfrak{P}^{45}$ $\aleph^*$ A C D W Ψ f$^{1.13}$ 1006.1506 $\mathfrak{M}$ lat sy$^{c.s.p}$ entfällt es – trotz der gegenteiligen guten Bezeugung – nach dem Part. besser.

[156] Wenn Matthäus den unreinen Geist das Haus nicht nur „gekehrt" und „geschmückt" finden läßt, sondern auch „leer stehend" (σχολάζοντα), verbindet er 12,44 vielleicht stärker mit Mt 12,29, wobei er sich den ἰσχυρός dort als den ἄρχων δαιμονίων vorstellt. – T^m: σχολαζοντα ($\aleph^2$ B bo) wird aus Mt eingedrungen sein. Lukas dachte im Zusammenhang nicht an Israel, sondern an einzelne Getaufte (vgl. V 23 und V 28), so würde bei ihm die geist-lose „Leere" fehl am Platz stehen.

[157] T^n: Das auch hier verdächtige τοτε (par Mt) fehlt früh (D sy^c bo^{ms}), aber doch selten und lokalisiert. Es steht hier als Einführung des zeitlich Nachfolgenden („darauf", „da") unklassisch (vgl. Bl-R § 459); es findet sich immerhin so aber doch häufig in Lk und Apg.

[158] T^o: Nach κατοικει konnte ein εκει schreibtechnisch leicht verlorengehen (so C* D 33 it); es ist hier kaum entbehrlich.

[159] Zur Siebenzahl (vgl. ursprünglich die sieben Planeten) vgl. BÖCHER, Dämonenfurcht (L 10) 109–112; sie wird häufig auf die Dämonen übertragen (Ez 9,1f; Lk 8,2b; vgl. Mk 16,9; vgl. ferner Apg 7,14; Offb 15,1 – 16,21). Die Siebenzahl charakterisiert die Besessenheit als einen hoffnungslosen Fall.

[160] Hier darf Abhängigkeit von Lk 11,23.24 angenommen werden, wenn nicht V 24b stereotyper Sprachgebrauch vorliegt; vgl. auch Joh 5,14.

über solche, die einmal „das gute Wort und die Kräfte der zukünftigen Welt kennengelernt" hatten (Hebr 6,4ff), zitieren. Es wäre ein besonders schlimmer Zustand von neuer Versklavung (mit dem Jesus freilich nach 8,2 wohl auch noch würde fertig werden können).

1. Lukas hat hier (und 11,29–32; s. u.) die *Akoluthie von Q* – im Anschluß an V 23 als Warnung an Getaufte[161] sehr passend (s. dort) – gewahrt; s. schon o. zu V 23. Daß Lk 11,24–26 und Mt 12,43–45 die gemeinsame Q-Vorlage wiedergeben, sollte nicht bezweifelt werden ob des weithin gemeinsamen Wortlauts und auch der matth Anordnung, die mit 12,22–30.43–45.38–42 nur geringfügig von der luk Akoluthie abweicht und das unter Einfluß der Mk-Vorlage, deren Akoluthie Matthäus sich anpaßt. Er bringt das Logion als 12,43–45 hinter 12,38–42, offenbar weil er das Bildwort deutlicher auf die Generation Jesu (s. dort V 45 c[162]) beziehen wollte.

2. Das Spruch-Paar VV 15.17b–18a.21–22 bekam durch die christologische Implantation von VV 19–20 eine große Gewichtigkeit, durch die vorgebaute szenische Einleitung V 14 (s. ebd.) sowie durch das beschließende Nach-Wort VV 23.24–26 eine Rahmung, aber auch ein schwerwiegendes „Achtergewicht" (s. ebd.). Schon in der Q-Tradition hat sich so ein erweitertes Spruch-Paar mit Vor- und Nach-Wort herausgebildet.

3. Daß das Haus V 25 gekehrt und dazu noch „geschmückt" vorgestellt wird, kann V 20 aufnehmen; s. o. Vielleicht kann man daraus vorsichtig schließen, daß VV 24ff in Weiterführung von V 23 – als vormalige Abschlußbildun (s. ebd.) – in Entsprechung zur Einleitung VV 14.15(16) *erst relativ spät* – nach Einfügung von VV (19)20; s. o. (S. 242) – der Komposition *angefügt* worden ist?

4. Schon o. (zu V 23) erkannten wir, daß V 23 mit VV 24–26 zusammen eine *frühe Einheit* gebildet haben wird, die freilich *nicht* als *ursprünglich* angesehen werden kann. V 23 ist ein Vor-Wort, das die Deutung von VV 24–26 erleichtern soll. – Es geht nicht an, VV 24–26 – als „Grundwort" (über VV 27f hinweg) mit VV (16)29b(30) als „Zusatzwort" (s. dort) – als vormaliges Spruch-Paar zu verstehen.

5. In Einheit mit Lk 11,23 par Mt 12,30 (s. o.) wäre Lk 11,24–26 / Mt 12,43–45 – isoliert tradiert – als Ergänzung und „Korrektur" einer Tradition wie Mk 9,38–39.40 par Lk 9,49.50 deutbar (s. o. S. 248f), wobei auf einer früheren Überlieferungsstufe *Exorzisten* angeredet gewesen sein können[163], die das „Mit-Jesus-Sein", das „Mit-ihm-Sammeln" nicht verwirklichten (wie solche ja auch Lk 11,19 par Mt 12,27 im Blick sind). In Lk 11,24–26 par Mt 12,43–45 Q würde dann auf die Erfahrung rekurriert, daß derartige Exorzismen häufig nicht von Dauer waren. Aber auch auf dieser frühen Stufe werden Gemeindemitglieder immer schon mit angesprochen gewesen sein, wenn Außenstehende verwarnt wurden (was

---

[161] HOFFMANN, Studien 37.291.299, findet hier eine Instruktion für die Jünger als Exorzisten. Ähnlich deutet MARSHALL 11,24–26 als Warnung an Exorzisten, die sich um die von ihnen Exorzisierten nicht genügend kümmern; ähnlich als „Exorzistenregel" („sich nicht auf bloße Heiltätigkeit zu beschränken") auch SCHENK, Synopse 70. Aber Lk 11,27f macht deutlich, daß jedenfalls Lukas nicht so verstanden hat.

[162] Matthäus verrät, daß er den von Lukas bezeugten Q-Zusammenhang kennt: Mt 12,45c hat Matthäus aus Q = Lk 11,30b – τῇ πονηρᾷ unter Eifluß von Lk 11,29 = Mt 12,39 ergänzend – gesetzt; s. dazu dort.

[163] So unterschiedlich BULTMANN, Geschichte 10f; LÜHRMANN, Logienquelle 34; SCHULZ, Q 476 Anm. 562; s. auch o. A. 161.

dann im Kompositum Q und im EvLk zur dominierenden Tendenz wurde; s. o. S. 250).

6. Schon daß die Bezeichnung des „Bösen" hier in VV 24ff anders ist als in 11,14.15.18a(18b).19 par Mt, kann eine vormalige *Eigentradition* verraten, muß es aber nicht.

7. Auch schon im *Leben Jesu* können Auseinandersetzungen mit „fremden Exorzisten" akut gewesen sein; vgl. o. zu Lk 9,38–40. Es darf freilich gefragt werden, ob diese von der Art waren, wie sie Lk 11,19 par Mt oder (anders) auch in 11,24–26 par Mt bezeugt sind. Eine isoliert tradierte Einheit 11,24–26 par Mt wäre als vormalige Jüngeranrede vorösterlich eher denkbar. Die Gefahr des „Abfalls" muß nicht erst eine nachösterliche gewesen sein; sie steht ja schon hinter der akzentuierten Bitte Jesu 11,4c (vgl. auch Joh 6,66), so daß wir hier – in einer Diktion nachösterlicher Gemeinden (und in der des Lukas) – noch die *vox Jesu* hören können.

f) Die Abschlußszene: Jesu Wort hören und bewahren 11,27–28

L 10b: zu 11,27–28. – Siehe zusätzlich zu L 10 die Lit. zu den Makarismen LK I, 325 A.ᵇ und ebd. 329 A. 19 sowie u. A. 169. – BEN-CHORIN, SCH., Mutter Mirjam. Maria in jüdischer Sicht (München 1971) 119f; BLACK, M., The Aramaic Liturgical Poetry of the Jews, in: JThS 50 (1949) 179–182; BLINZLER, J., Jesu Worte an und über seine Mutter, in: GlDei 9 (1954) 168–193, hier 188f; BROWN, R. E., u. a., Mary, hier 170–172 (vgl. 167–170); DEWAILLY, L.-M., Jésus-Christ. Parole de Dieu (Paris ²1969), bes.: Écouter la parole de Dieu et la garder 141–164; MCNAMARA, M., The New Testament and the Palestinian Targum to the Pentateuch (AnBib 27) (Rom 1966) 131–133; MUSSNER, F., Lk 1,48f; 11,27f und die Anfänge der Marienverehrung in der Urkirche, in: Cath(M) 21 (1967) 287–294, bes. 291–294; PALACIOS, L., Beatus venter qui portavit ... (Luc. 11.27,28), in: Revista Española de Estudios Bíblicos 2 (1927) 89–95; RÄISÄNEN, H., Die Mutter Jesu im Neuen Testament (AASF B 158) (Helsinki 1969), bes. 139–141; SCOTT, M. P., A Note on the Meaning and Translation of Luke 11:28, in: IThQ 41 (1974) 235–250; ZIMMERMANN, H., „Selig, die das Wort Gottes hören und es bewahren". Eine exegetische Studie zu Lk 11,27f, in: Cath(M) 29 (1975) 114–119; ZMIJEWSKI, J., Die Mutter des Messias (Kevelaer 1989) 129–132.

Lk 11,27–28 steht im Zusammenhang in doppelter Weise abschließend. *Zunächst* hilft das Apophthegma narrativ die Spruch-Gruppe Lk 11,17b–26 rahmen: Wie die Rede Jesu Lk 11,17b–26 in VV 14–17a ihre einleitende Szene hatte, so wird sie VV 27f nun durch eine abschließende gerahmt (obgleich wir oben auch schon VV 24ff als vormaligen Abschluß von VV 14–23 verstehen mußten). Aber VV 27f wird das Jesuswort nun narrativ in das Jesusgeschehen eingebunden. Hier geht es jetzt um das rechte Hören. Der abschließende Makarismus V 27 artikuliert in etwa die einleitend erwähnte „Verwunderung" der „Menge" (V 14); er steht kontrapunktisch zu der feindseligen bzw. kritischen Einstellung „einiger" und „anderer" (VV 15.16) aus der Menge. Das Wort Jesu V 28 in Einheit mit seinem zu Anfang V 14 erwähnten heilenden Tun gibt einen hermeneutischen Schlüssel für die so VV 14–17a und VV 27f gerahmte (mahnende) Streit- und Warnrede.

Durch die Anfügung von VV 27 f „verbalisiert" Lukas nicht nur Jesu exorzistische Tätigkeit, sondern wohl auch die christliche Initiation: Daß die Macht des Satans gebrochen ist und Menschen aus seiner Gewalt befreit wurden (VV 17–23), ist Voraussetzung dafür, daß diese Jesu Wort „hören" und es, Gott preisend, bezeugen (vgl. o. zu V 14) können. Wenn sie es „bewahren" (V 28), sind sie vor dem Schlimmen bewahrt, das die Warnung VV 24–26 vorstellte.

Wenn aber Lk 11,1–13 mit 11,14–26 zusammen als Einheit verstanden werden darf (s. ebd.), bildet 11,27f *ausholender* – im Gegenüber zu 11,1–2a (2b–4) – auch eine Rahmung der übergreifenden Sinn-Einheit 11,1–13.14–26, die so durch ein Apophthegma eröffnet und beschlossen wird. Die 11,4c betend Sorge um einen möglichen Abfall haben, werden 11,28 seliggepriesen, wenn sie das von Jesus verkündete Wort Gottes bewahren. Kompositionskritisch wird diese zweite Funktion von Lk 11,27f stärker betont werden müssen als die erstgenannte. Das Apophthegma VV 27f beschließt so den ganzen (II.) Erzählkomplex Lk 11,1–26, wie Lukas 10,38–42 den (I.) Abschnitt 9,(51–56)57 – 62; 10,1–37 inhaltlich durch einen Hinweis auf die Bedeutung des Wortes Jesu beschloß (wie er ähnlich schon in Q VV 46–49 als Abschluß von 6,20b–45 einen Hinweis auf das Tun des Wortes Jesu vorfand).

Obgleich in der folgenden Spruchfolge 11,29–36[164] – wie könnte es anders sein? – Kontextbezüge zu 11,14–28 aufweisbar sind[165], muß man doch die mit V 29 anhebende Zäsur erkennen und in VV 27f die für VV 14–26 bestimmte Abschlußbedeutung. (Lukas bildet erzählend „Belehrungseinheiten", in denen er weithin Q folgt; aber er gliedert sie im Dienste seiner Redaktionsabsicht oft anders als Q.)

27a Das einleitende ἐγένετο (hier mit substantiviertem Infinitiv) stellt das Geschehen in die vorher erzählte Situation (vgl. auch ὁ ὄχλος V 14 und V 27), hebt aber gleichzeitig den folgenden Ausspruch Jesu betont heraus.

Die Wendung ἐγένετο mit substantiviertem Inf. stammt von Lukas[166]; dasselbe wird für ἐπάρασα ... φωνήν[167] gelten, eine Wendung, die im NT so oder ähnlich auch nur bei Lukas begegnet[168].

---

[164] Meist gliedert man 11,29–36 noch der Komposition 11,14–28 an; vgl. Katz, a.a.O. (L 1) 166–257, bes. 168.216–247; Schweizer 127ff; Zimmermann, a.a.O. 116f; Lührmann, Logienquelle 34, was für Q seine Berechtigung hat, nicht aber für Lk.
[165] Vgl. nur die Vorwegnahme von VV 29f in V 16. Die Sprüche VV 33.34ff fügen sich zudem gut in die Taufanamnese 11,1–28 (s.o.).
[166] Siehe o. S. 24 A. 8.
[167] T^p: Die getrennte Voranstellung des τις (επ. τις φωνην γυνη) bezeugen 𝔓75 B. – A C W f13 𝔐 erleichtern (επ. τις γυνη φωνην). – Das vorangestellte τις ... ἐκ τοῦ ὄχλου korrespondiert auffallend dem τινὲς δὲ ἐξ αὐτῶν (= οἱ ὄχλοι, V 14) V 15.
[168] Vgl. Lk 17,13; Apg 2,14; 4,24; 14,11; 22,22. – Vgl. auch das luk ἐπάρας τοὺς ὀφθαλμούς Lk 6,20; 16,23; 18,13 (syn nur noch Mt 17,8 diff Mk). Verben des Sagens verbindet Lukas freilich sonst lieber mit πρός, nicht mit dem Dativ (vgl. AB III, 4f).

27b Der Makarismus[169] V 27b muß in seinem Wortlaut und in seiner Tiefenschicht befragt werden: Die Frau aus der Menge preist letztlich Jesus, wenn sie formelhaft[170] seine Mutter nennt[171]; sie hat etwas verstanden von dem, was VV 21–22 (implizit) und V 20 (explizit) über Jesus sagten. Die Antwort Jesu aber überhört das und nimmt Stellung zu ihrem Lobpreis, insofern dieser dem Wortlaut nach seiner Mutter galt. Dabei lenkt die Umschreibung („Leib", „Brüste"; vgl. auch 23,29 Str[172]) den Blick auf die leibliche Mutterschaft Mariens[173], was das μενοῦν[174] μακάριοι V 28 eindeutig macht.

28 Das betonte αὐτός[175] hebt die Antwort einleitend als Jesus-Wort hervor, und zwar adversativ (δέ). Auch das betont vorangestellte μενοῦν[176] ist hier unverkennbar adversativ[177]; genauer: korrigierend[178]: Die „das Wort Gottes" – wie Jesus es sagt – hören und bewahren, sind zu preisen, viel mehr noch als selbst seine Mutter! Jesu Wort V 28 klingt abweisend, weist aber nur ab, um korrigierend überbieten zu können[179]. Dabei ist es nicht

---

[169] Vgl. dazu LK I, 325–330.340f.412ff; Lit.-Nachtr. in ThWNT X/2 (1979) 167. – Ein in dieser Weise wiederaufgenommenes μακάριος begegnet im NT nur hier, das Wort syn wohl überhaupt nur in Q und in luk S: Matthäus schreibt es nur in Q oder in Abhängigkeit von Q (5,7.8.9.10 und 16,17, vgl. mit 13,16). Lukas bringt die Vokabel auch Apg 20,35 und 26,2, aber hier nicht als Makarismus. So kann man – außer vielleicht 14,15 Sv diff Mt (vgl. 14,14 Sg) – Lukas nicht nachweisen, daß er 12,37.38 Sg von Q = 12,43 par Mt 24,46 abhängig ist. Auch 1,45 kann man nicht als luk Bildung sichern. 11,27.28 muß in Zusammenhang mit 23,29 Str beurteilt werden.
[170] Beispiele bei Bill. I, 161f; II, 187f; BULTMANN, Geschichte 29f.
[171] Anders MARSHALL.
[172] Ähnliche griechische und hellenistische Wendungen sind auch schon verschleiert Preisungen des Sohnes einer solchen Mutter; vgl. BLINZLER, a.a.O. 188. BLACK, a.a.O., hält aram. Volkstradition für möglich.
[173] Anders als 1,42.48 ist hier die theologische Bedeutung der Mutterschaft Mariens gar nicht im Blick, so daß sich viele apologetische Erörterungen erübrigen.
[174] T^q: Das verstärkende γε zu μενοῦν (vgl. THRALL, Particles) fehlt in bester Überlieferung 𝔓⁷⁵ ℵ A B* L W Δ Ξ pc. – Freilich scheint Lukas γε zu lieben, nicht nur in der Wendung εἰ δὲ μήγε) Lk 5,36.37 diff Mk; 10,6 diff Mt; 13,9; 14,32 S), er bringt es auch sonst im Sg (11,8; 18,5; 19,42 v.l.; 24,21), aber auch in Apg 2,18 (diff LXX); 8,30; 17,27 (2mal), so daß es B² C D Θ Ψ f¹·¹³ 33 892 1006 1342 1506 𝔐 doch – wie V meinte – ursprünglich stehen könnte?
[175] Siehe AB III, 86.
[176] Klassisch weder zusammengeschrieben noch Satz eröffnend nach THRALL, Particles 34; vgl. Bl-R § 441,6: ἀμὴν λέγω ὑμῖν zu vergleichen (ein solches ersetzend?).
[177] μενοῦνγε so auch an den beiden anderen Stellen im NT: Röm 9,19f; 10,18.
[178] THRALL, Particles 35, weist die Bedeutungen „strictly adversative" bzw. „on the contrary" zurück, auch die gegenteilige: „assenting in the full sense" („yes, certainly" wie Phil 3,8); er entscheidet sich für die „corrective" („true … but"). Die Korrektur wird meist gesehen; vgl. MARSHALL.
[179] Siehe o. (A. 173). – Wenn μενοῦν steigernden und berichtigenden Sinn haben kann (Bl-R 450,4; BAUERWb z.W.), dann darum, weil auch in einer Steigerung eine Berichtigung liegt. Es ist nicht zu paraphrasieren: „nein, vielmehr im Gegenteil sind selig die…", sondern eher im Sinne der semitischen dialektischen Negation vgl. KRUSE, Dialektische Negation: „Mag solche Mutterschaft etwas Großes sein, bedeutend mehr jedoch sind selig (zu preisen) die…"

doktrinal, sondern paränetisch: Es will die korrigierte Frau und alle Hörer auf das Eine Notwendige hinweisen, wie ähnlich (und doch anders) schon 8,19–21 par Mk. Wie hoch die wahren „Hörer des Wortes" zu preisen sind, kann aber nur überbietend an etwas herausgearbeitet werden, das der Frau (und allen Hörern) als etwas sehr Hohes gilt: eben diese qualifizierte Mutterschaft, eines solchen Sohnes, der Stumme redend macht (11,14), Macht hat über Dämonen (11,17f), die anstehende Basileia erfahrbar macht (11,20), der als der Stärkere über den Starken (11,21f) siegt – der vor allem aber Gottes Wort sagt (V 28).

Der Evangelist, der über Maria 1,28.30.38.42.45.48; 2,19.51; Apg 1,14 schrieb, würde diese gewiß nicht aus der Preisung der Hörer des Wortes ausgeschlossen haben[180]. Erst bei einer gewissen Wertung der Mutter macht bereits die Bildhälfte des Wortes überbietend deutlich, welcher Wert den treuen Bewahrern des Wortes Jesu hier zugesprochen ist, daß es für sie das Eine Notwendige ist (vgl. 10,38–42); s.o.

Wieder ist hier, wie schon 6,46 diff Mt und 8,21 diff Mk, der „Wille Gottes" zum „Wort Gottes", das Jesus spricht, „christologisiert"[181]. Der Kontext VV 24ff legt hier die Ausdeutung nahe, daß das „Bewahren"[182], nicht das „Tun" (so an den beiden vorgenannten Stellen), im Gegensatz zu einem bloßen „Hören" steht; das Verbum φυλάσσειν meint hier die „Beständigkeit" (wie 8,15 diff Mk das κατέχειν). Das geschenkte „innere Licht" (s.u. zu V 35) darf nicht erlöschen. – Ob Lukas gemerkt hat, daß hier nun auch Lk 10,38–42 weitergeführt wird? Das „Hören" auf das Wort Jesu (s. dort) ist erst dann das „Eine Notwendige", wenn es sich im „Bewahren" bewährt. Man könnte sich Lk 11,27f gut als eine ergänzende Zufügung zu 10,38–42 vorstellen und vormals im Anschluß an jene Erzählung tradiert (s.u.). Die Mahnung, das Wort Gottes (zu hören und) zu bewahren, fügt sich außerordentlich passend in den mit 11,23 anhebenden paränetischen Kontext: VV 27f sagt im Zusammenhang, den „Hörern des Wortes mit Beständigkeit" gelte die Drohung von Lk 11,24–26 nicht. Diese haben – nach V 20 – das „Zeichen vom Himmel" (vgl. V 16) gesehen, das nach draußen scheinende und zum Eintritt einladende „Licht auf dem Scheffel" (VV 33[34ff]). Die angesichts der Taten (VV 14.20) und Worte (V 28; vgl. VV 31f) Jesu noch ein „Zeichen vom Himmel" verlangen, denen muß VV 29f ernstlich das Gericht angedroht werden.

---

[180] Vgl. GRUNDMANN 240: „Lukas verehrt Maria, weil sie die Hörende, Glaubende und Bewahrende ist"; vgl. anders SCHWEIZER, dieser aber immerhin auch: „wofür Maria Vorbild sein könnte, 2,19.51".
[181] FITZMYER, 927, reicht die formale Bestimmung als „Apophthegma", als „Chrie" mit Recht nicht. Man konnte mit ihm von einer „pronouncement-story" reden – freilich doch wohl nur, wenn man die Einheit zur Erzählüberlieferung rechnen könnte und als eine „story" charakterisieren dürfte.
[182] So vom Gesetz Lk 18,21 par Mk; Apg 7,53; 21,24 (Röm 2,26 u.ö.). – Vgl. G. BERTRAM, Art. φυλάσσειν κτλ., in: ThWNT IX (1973) 232–242, Lit-Nachtr. ebd. XI/2, 1290. Siehe LK I, 464 (zu Lk 8,15) zum κατέχειν. Vgl. S. BROWN, Apostasy and Perseverance, bes. 114–131.

1. Lukas 11,27f ist als (traditionsgeschichtliche oder literarische) „Variante" von Mk 3,31–35 gewiß nicht richtig bestimmt[183], man darf hier freilich eine „Variation des *Motivs der Verwandtschaft*"[184] sehen.

Es kann freilich nicht als Zufall erklärt werden, daß in Mk die Redekomposition Mk 3,22–27(28–30) mit Mk 3,31–35 par Mt, in Lk die traditionsgeschichtliche Variante Lk 11,(14)15–18(19–20).21–22(23.24–26) mit der verwandten Erzählung Lk 11,27f diff Mt schließt. Die Stellung als Abschluß der traditionsgeschichtlich gleichen Spruchkomposition in Mk einerseits, in Lk andererseits läßt für die beiden sachlich verwandten[185] Traditionen eine irgendwie geartete *Abhängigkeit* vermuten?

Es können mehrere traditionsgeschichtliche Möglichkeiten abgetastet werden, wobei der Mk-, der Mt- und der Lk-Text zu befragen sind:

a) Könnte eine Abhängigkeit für Mk 3,(31–)35 von Lk 11,27f und für diese Lk-Tradition damit eine Zugehörigkeit zu einer *Vorstufe der Mk-Tradition* erwogen werden? Mk 3,20–21.31–35 ist eine mark Rahmung; deren „harter Kern", das Ich-Wort 3,35, ist vielleicht „aus einer Tradition übernommen"[186]. So mag die Frage zumindest zugelassen werden: Kann Mk 3,(31–)35 nicht auf eine Urform wie Lk 11,28 zurückgehen? Man müßte annehmen, eine vormalige Spruchgruppe Mk 3,22–27 sei (in einem Urmk?) mit einem Apophthegma wie Lk 11,27f beschlossen gewesen, aber dann sekundär durch die Rahmung Mk 3,20f.31–35 ersetzt worden (nach oder mit Einfügung von Mk 3,28–29.30?). Für diesen spekulativen Verdacht gibt es keine verifizierenden Beobachtungen. Eine derartige traditionsgeschichtliche Ableitung muß im Gegenteil als äußerst unwahrscheinlich beurteilt werden: Deutlich ist vor oder in der Mk-Redaktion die vormalige Spruchgruppe 3,22–26.27 durch das weitere Zusatzwort 3,28ff und dann durch die Rahmung Mk 3,20f.31–35 in sehr anderer Weise zu einer „strukturierten Komposition" mit sehr anderem Sinngehalt ausgebaut worden als die parallele Spruchgruppe der Mt/Lk-Tradition Lk 11,14–18.21f par Mt durch Einfügung von 11,19f par Mt und Anfügung von 11,23 par Mt und 11,24ff par Mt (s.o.)[187]. Es ist kaum vorstellbar, wie diese „strukturierte Komposition" der Mt/Lk-Tradition der Redaktion eines Dmk zugeschrieben werden kann, die in ihrer Aussagetendenz so sehr von der in Mk 3,20–35 abweicht, zumal sowohl Matthäus[188] wie Lukas[189] die Tradition des kanonischen Mk (3,20f.31–35) (= 1. Aufl.) neben der des postulierten Dmk (= 2. Aufl.) gekannt haben müßten. Die Annahme einer eigenständigen „zweiten Quelle": der „Redenquelle" (= Q)[190] erklärt hier (wie anderswo) die Traditionsgeschichte besser.

---

[183] So nun wieder SCHMITHALS.
[184] Anders als BUNDY, Jesus* 349, und CREED 162, richtiger BULTMANN, Geschichte 30, der dabei an „eine zeugende Kraft des Apophthegmas in der Variation der Motive" erinnert (ebd. 65).
[185] Vgl. dagegen auch die ebd. bei LAUFEN, Doppelüberlieferungen 152f, zitierten Autoren, auch PESCH, Mk I, 209.216 (nur „Sachzusammenhang"); GNILKA, Mk I, 145.
[186] So LAUFEN, Doppelüberlieferungen 152f; vgl. auch PESCH, Mk I, 223, fragend.
[187] Vgl. JACOBSON, The Literary Unity (L 4) 381.
[188] Siehe nachstehend (unter b).
[189] Siehe nachstehend (unter c).
[190] Wir meinen im folgenden nunmehr unsere vorsichtige Redeweise von der „gemeinsamen Mt/Lk-Tradition", welche die Frage offenließ, ob diese auf einen Dmk oder auf Q zurückzuführen sei (s.o. A. 29), aufgeben zu dürfen. Vgl. zur Begründung auch u.S. 262f.

b) Fand Lukas seine Einfügung 11,27f in der *gemeinsamen Mt/Lk-Vorlage Q*[191] an der von Lukas bezeugten Stelle der Akoluthie? An sich wäre ein Makarismus wie der vorliegende dieser Vorlage durchaus zuzutrauen (vgl. die Verwandtschaft mit Lk 10,23f par, evtl. auch mit Lk 12,[37]43f par).

Für eine sekundäre Streichung durch Matthäus könnte immerhin als Grund das redaktionelle Vorgehen dieses Evangelisten ins Feld geführt werden: Dieser folgte bei der Wiedergabe seiner Tradition grundlegend seiner Mk-Vorlage und deren Akoluthie Mk 3,22-26.27 in Mt 12,24-26.29, dann auch noch Mk 3,28-29 in Mt 12,31-32 (wo er Q = Lk 12,10 einwirken ließ). Matthäus kombinierte aber seine Mk-Vorlage mit der ihm überlieferten Q-Variante der Rede, wie sie sich etwa Lk 11,14-15.17-18.19-20.21-22.23 bezeugt. Dort hat Matthäus dann auch noch Mt 12,43-45 par Lk 11,24-26 gelesen. Aber vor Wiedergabe dieser Warnung Jesu (s.o.) fügte Matthäus in Mt 12,33-37.38-42 diff Lk zunächst anderes Q-Material (vgl. par Lk 6,43-45 und par 11,29-32) ein, um erst danach in der Q-Abfolge mit ihrer abschließenden Warnung Lk 11,24-26 in Mt 12,43-45 zurückzufinden. Erst nach der genannten Einfügung (vgl. Lk 6,43-45) und Umstellung (vgl. Lk 11,29-32) von Q-Einheiten konnte er dann seine Mk-Akoluthie (Mk 3,31-35) in Mt 12,46-50 wiederaufnehmen. Nunmehr wäre es ihm aber aus inhaltlichen Gründen nicht mehr möglich gewesen, den Makarismus Lk 11,27f zu bringen, denn durch die beiden genannten Einfügungen und den Abschluß Mt 12,45b (par 11,30b) war die Rede Jesu zu einer Gerichtsvorhersage umfunktioniert (s.u.). – Für die matth Auslassung ließe sich noch ein weiterer Grund nennen: nunmehr kollidierte dieser Makarismus (vgl. Lk 11,27f) mit der in der Mk-Akoluthie an gleicher Stelle folgenden Erzählung Mk 3,31-35 (s.o.). Diese Einheit konnte er auf die Gerichtsandrohung – adversativ verstanden – hier als Mt 12,46-50 sehr passend folgen lassen.

Einen Beweis, daß Matthäus eine Parallele zu Lk 11,27f in Q gelesen, aber übergangen habe[192], haben die vorstehenden Erörterungen keineswegs erbracht. Wäre diese Einheit hier seiner Redaktionsarbeit im Wege gewesen, hätte er sie ja doch leicht andernorts nachtragen können (wie er das häufig zu tun pflegt). Die folgenden Beobachtungen (unter c) machen hier eine Q-Vorlage vollends unwahrscheinlich.

c) Es läßt sich wahrscheinlich machen, daß auch *Lukas* 11,27f nicht an dieser Stelle seiner Vorlage gelesen hat, daß vielmehr er die Einheit hier überlegt abschließend einbrachte: Als Lukas in der Wiedergabe der Markus-Akoluthie Mk 3,11b-35 überging und in die Lücke Lk 6,12-16; 6,20 – 7,50 (aus Q und Sg) einfügte, wollte er Mk 3,31-35 nicht fallen lassen. Er trug dieses Apophthegma nach Wiederaufnahme der Mk-Vorlage Lk 8,4ff par Mk 4,1ff an der erstmöglichen Stelle nach: im Anschluß an Mk 4,1-25 = Lk 8,4-18 als Lk 8,19-21[193]. So war die Abweisung der Mutter und der Brüder Jesu Mk 3,31-35 in Lk bereits Lk 8,19-21 zu stehen gekommen, wo Lukas mit Hilfe dieses recht passenden Apophthegmas sein Wunder-Kapitel schließen konnte. Als Abschluß von 11,14-26 par Mt wollte er diesen einmaligen Bericht nicht wiederholen; er bringt statt dessen die „Variation

---

[191] So SCHMID, Mt und Lk* 294f; MANSON, The Sayings* 85.88; KATZ, a.a.O. (L 1) 168.174–178. Ursprung aus Q erwägt auch die Gruppe um BROWN, Mary 171. HASLER, Amen 66; LAUFEN Doppelüberlieferungen 140: „Nicht mit Sicherheit auszuschließen, aber ... unbeweisbar"; KOSCH, Tora 413ff.416–420, und SATO, Q 54–62, haben schwerlich die Größe Q^{LK} schon überzeugend bewiesen.

[192] Selbstkorrektur von TrU 231: Das Zitat aus Jona 2,1 (κοιλία) Mt 12,40 muß sich nicht von Lk 11,27 her als Reminiszenz assoziiert haben; s. auch u. zu Lk 11,30.

[193] Vgl. LK I z.St.

des Verwandtschaftsberichtes" 11,27 f. Er sah in diesen beiden Überlieferungen also nicht eine (zu vermeidende) Dublette von Lk 8,19 ff. Lk 11,27 f verdankt somit seine Position der *Komposition des Lukas*.

Damit hätten wir aber nebenher den Beweis: Lukas kannte neben den Gemeinsamkeiten seiner Mt/Lk-Vorlage auch den kanonischen Mk! Denn es ist aber doch sehr unwahrscheinlich, daß er neben einem Dmk (= Zweitauflage) 11,14–26 par Mt auch den kanonischen Mk 3,20–35 (als Erstauflage) gekannt haben soll, zumal die theologische Tendenz in beiden „Varianten" sich sehr unterscheidet (s. o.): Mk ist am Gericht über Israel interessiert, während die luk Wiedergabe eine noch offene Gerichtswarnung bringt (die zugleich die Gemeinde der dritten Generation im Auge hat), worin sich auch sonst – der Mk-Tendenz entgegen – die Q-Redaktion verrät.

Die Akoluthie von Q läßt sich auch im weiteren Umfeld aufweisen, die nicht die von Mk ist: Aller Wahrscheinlichkeit nach hat sich diese über Lk 11,14–23.24–26 par Mt 12,22–30 (vgl. 9,32–34).43–45 hinweg nahtlos Lk 11,29 f.31 f par Mt 12,38 ff.41 f fortgesetzt (s. dort)[194]. In der Redenquelle wäre so die Warnung von Lk 11,24–26 (vgl. Mt 12,43–45) unmittelbar in die Gerichtsdrohung Lk 11,29 f.31 f par Mt 12,38 ff.41 f übergegangen, wobei der ὄχλος Lk 11,29 a weiterhin Zeuge gewesen wäre für das Urteil Jesu über „dieses Geschlecht" (Lk 11,29 b.30). Bei der Annahme dieser sehr wahrscheinlichen Q-Akoluthie wäre Lk 11,27 f dann eindeutig als eine nachträgliche luk Einfügung erwiesen.

Für eine vormalige Q-Akoluthie 11,14–26.29–32 par Mt spricht zusätzlich, daß Lukas in 11,16 bereits auf die Zeichenforderung hinwies (s.o.). – Er wird dort ähnlich wie Mt 12,38–39 a gelesen und diese Notiz (nach 11,16) vorgezogen haben (freilich auch, um 11,20 vorzubereiten; s. dort). – Wir haben somit zu dem Ergebnis durchgefunden: Lukas hat 11,27 f hier in seine Q-Vorlage eingefügt, um der als Einheit verstandenen Komposition Lk 11,14–26 einen narrativen Abschluß zu geben, welcher Abschluß gleichzeitig auch 11,1–13 mit einband[195] und Lk 11,1–28 als thematische Einheit im Sinne des Lukas ausweisen kann.

2. Wenn Lk 11,27 f eine luk Einfügung war, muß weitergefragt werden, ob es sich um eine *luk Bildung oder um vorgefundene Tradition* handelt.

a) Nicht nur die Einleitungswendung V 27 a[196] verrät die Sprache des Lukas. Auch eine Wortstellung wie τις φωνὴν γυνή[197] ist Lukas zuzutrauen. βαστάζω begegnet nur hier im NT in diesem gynäkologischen Verständnis und ist sonst ein luk Vorzugswort. κοιλία[198] las Lukas vom „Mutterschoß" 5mal in Lk 1–2, auch 23,29 und 2mal in Apg. φυλάσσω wird ein dem Lukas wichtiger Zusatz sein[199]. Die Wendung ἀκούειν τὸν λόγον fiel auch 8,21 diff Mk auf[200]. Wieder einmal ist aber zu betonen: luk Sprachgebrauch und luk Motive beweisen nicht immer schon luk Bildung. Daß Lukas hier das Apophthegma Mk 3,31–35 umgeschaffen haben soll, erwies sich uns bereits oben[201] als ganz unwahrscheinlich: Der Preis der Gebärerin

---

[194] Vgl. H. LÜHRMANN, Logienquelle 34; ZIMMERMANN, a.a.O. 116f.118, u.a. – Siehe auch o. S. 252. – Daß sich die Q-Akoluthie 11,14–26.29–32 auch noch 11,33–36 fortsetzte, wird u. (z. St.) deutlich werden. Siehe ferner auch u. A. 219.
[195] Siehe o. S. 254.
[196] Siehe o. (S. 254) zu V 27 a.
[197] Siehe o. S. 254.
[198] Zu κοιλία Mt 12,40 als möglicher Reminiszenz an Lk 11,22 s. o. A. 192.
[199] Vgl. LK I,464 (zu 8,15).
[200] Vgl. LK I,471.
[201] Siehe o. (unter 1 c).

(vgl. Spr 23,25), auch der Preis einzelner Glieder des Leibes (vgl. Lk 10,23 f; 23,29) klingt palästinensisch[202], so daß man – trotz luk Spracheigentümlichkeiten und theologischer Motive (s. o.) – angesichts der jüdischen Parallelen *nicht* an *lukanische Bildung*[203] denken möchte. So verweist man die Einheit besser in eine frühe jüdische Traditionsgeschichte. Aber wo fand Lukas dieses Apophthegma? – müssen wir nun weiterfragen.

b) Oben (unter 1 b) wollte es nicht gelingen, Lk 11,27 f Q zuzuschreiben. So wird man an das *luk Sg* denken[204]; das auch darum, weil unser Apophthegma Verwandtschaft mit Lk 23,29[205] zeigt, weil ferner im luk Sg auch sonst Frauen eine betonte Rolle spielen[206]. – Daß sich eine Sammlung von Perikopen, die Frauen erwähnte und die sich 7,11–17; 7,36–50; 8,2–3 beziehen könnte[207], noch 10,38–42 fortgesetzt habe, mag erwogen werden; aber können wir für diese Sammlung auch noch Lk 11,27 f beanspruchen?

Daß es in den beiden Sondergutstücken, sowohl Lk 10,38–42 wie 11,27 f, um das Wort „Gottes" geht, fällt auf. Es kann freilich nicht mehr als eine Vermutung liefern, Lukas habe die beiden Traditionen 10,38–42 + 11,27 f bereits im Zusammenhang überliefert vorgefunden. In einer solchen Komposition hätte dann die zweite Einheit als Zusatzwort die erste leicht korrigierend ergänzt: Das Verhalten der Maria genügt nicht, es muß das „Bewahren" dazukommen. Lukas hätte bei dieser Annahme das Wort-Paar getrennt und die eine Erzählung am Schluß des ersten (9,57 – 10,42), die andere am Schluß des zweiten Teiles (11,1–28) seiner Reiseerzählung plaziert.

3. Es ist natürlich kaum wahrscheinlich zu machen, daß das Erzählelement in Lk 11,27 schon vorösterlich tradiert wurde. Daß eine erzählende Rückerinnerung einen isoliert tradierbaren *Makarismus Jesu* wie V 28 überliefert habe, so daß hier ein ipsissimum verbum Jesu vorliegen könnte, sollte trotz des starken luk Redaktionsanteils (s. o. unter 2 a) nicht gänzlich ausgeschlossen werden. Jedenfalls hören wir hier die vox Jesu, wenn wir ihm Makarismen nicht absprechen wollen (vgl. nur 10,23 f par; Lk 6,20 b.21 par) und das Bewußtsein, Gottes Wort beglückend und zugleich verpflichtend zu sagen, wie sich das besonders Lk 6,21; 10,23 f par ausspricht; vgl. auch z. B. Gleichnisse wie Mk 4,3–9 parr; Mk 4,26–29; Mt 13,24–30, auch Lk 6,47 ff par.

Die luk Wiedergabe der Mahn- und Streitrede Lk 11,(14)15–28 wird in ihrer *Bedeutsamkeit im Heute* besser verstanden, wenn *abschließend* zweierlei bedacht wird:

(1.) In der Bildhälfte der Metaphern und Gleichnisse spiegelt sich die politisch bedrängte und zelotisch beunruhigte Welt der *Zeit Jesu und der Jahrzehnte danach:* Beelzebul (VV 15.18 b.19) kann als „der Herr des Hauses" (V 17 b.21) damals durchaus als ein pejorativer Deckname für das verhaßte Imperium Romanum verstanden worden sein. Dieses steht als Satans „Herrschaftsbereich" (V 18) dem heilbringenden Herrschaftsbe-

---

[202] Vgl. Bill. II, 187; I, 663 f; BULTMANN, Geschichte 29 f; FITZMYER 928.
[203] Gegen SCHMITHALS.
[204] So RÄISÄNEN, a. a. O. 139, und die meisten.
[205] Das EvThom Nr. 79 erkennt die formale Verwandtschaft und verbindet beide Logien.
[206] Siehe PITTNER, Studien 181 ff.
[207] Vgl. LK I, 448.

reich Gottes gegenüber (V 20). In sich zerstrittene Herrschaftsbereiche (V 17) und Sippen (Mk 3,25) sowie despotisch „Mächtige" (VV 21 f) kannte man zur Genüge in Palästina, ebenso wohl auch noch die Parole des Pompejus (vgl. V 23), nicht weniger kriegerisch verwüstete Landstriche (V 17 b), auch bezwungene Festungen (VV 21 f). Derartige bedrängende Machtstrukturen in der Welt ideologisieren sich immer leicht metahistorisch und metasoziologisch, wodurch dann geschichtliche Gegensätzlichkeiten gefährlicherweise metaphysisch verabsolutiert werden können. In unserem Text sind nun diese Gegensätzlichkeiten aus der Bilderwelt auf eschatologische Sachverhalte übertragen: die Basileia Gottes und das Heilandswirken Jesu einerseits, die metahistorische und metasoziologische Satansmacht andererseits, wodurch irdische Gegensätzlichkeiten profanisiert werden und „entkrampft" sind. – Die in unserer Streitrede entwickelte christologische Soteriologie hat somit eine wichtige *entideologisierende und entlastende Funktion für den politisch-soziologischen Bereich.*

(2.) Stärker als in Q finden sich im luk Text *die einzelnen Jünger (die Getauften)* zwischen den Herrschaftsbereich des Satans und den herrscherlichen Heilsbereich Jesu gestellt, dessen *befreiende Wirkung* (V 14) und dessen bewahrende Hilfe der Jünger *a) im Gebet* (11,1–13) und *b) im Hören und Bewahren des Wortes* (11,23.27 f) erfährt. Das dämonisierte Weltbild ist hier „christologisiert" und „verbalisiert": Die exorzistische Heilsmacht Christi (V 20) ist ernster und beglückender erfahren als die (immerhin als wirklich und bedrohlich empfundene) Satansmacht. Die Welt, in der Getaufte, die sich entschieden haben (V 23), leben, ist eine Welt, in der das Heil des Reiches Gottes überwältigend ansteht (V 20), ist das Bei-Jesus-Sein (V 23 a) und das tätige („sammelnde") „Versammeltsein" (V 23 b) in der Gemeinde, allwo das Wort Jesu „gehört und bewahrt" wird (V 28) und die ein Raum des Gebetes ist (VV 1–13), dem der Geist verheißen ist (V 13).

Zur Traditionsgeschichte von Lk 11,14–28

L 10 c: *Exorzismus, Besessenheit, Dämonen, Satan u. ä.* – Vgl. die einschlägigen Kap. in Bibl. Theologien, in Monographien zu den „Wundern", bes. die Art. in theologischen Wörterbüchern und Reallexika. – Vgl. ergänzend o. zu L 10, L 10 a und L 10 b: ANNEN, F., Heil für die Heiden. Zur Bedeutung und Geschichte der Tradition vom besessenen Gerasener (Mk 5,1–20 parr.) (FTS 20) (Frankfurt 1976); DERS., Die Dämonenaustreibungen Jesu in den synoptischen Evangelien, in: ThBer 5 (Zürich 1976) 107–146; BALTHASAR, H. U. v., Theodramatik IV (Einsiedeln 1983) 182–192; BAUMBACH, Verständnis*; BILLERBECK, P., Zur altjüdischen Dämonologie, in: Bill. IV/1, 501–535; BÖCHER, O., Das Neue Testament und die dämonischen Mächte (SBS 58) (Stuttgart 1972); DERS., Dämonenfurcht (L 10); DERS., Christus Exorcista (L 10); DARLAP, A., in: SM I (1967) 827–831; EITREM, S., Some Notes on the Demonology in the NT (Uppsala ²1966); FITZMYER, J. A., Satan and Demons in Luke-Acts, in: DERS., Luke the Theologian 146–174; FRIDRICHSEN, A., Jesu Kampf gegen die unreinen Geister, in: A. SUHL, Der Wunderbegriff im Neuen Testament (WdF 295) (Darmstadt 1980) 248–265; GARRETT,

S. R., The Demise of the Devil: Magic and the Demonic in Luke's Writings (Minneapolis 1989); GASTER, T. H., in: IDB I, 817–824; IV, 224–228; IERSEL, B. VAN, Jesus, duivel en demonen, in: AThijm 55 (1968) 5–22; KASPER, W. – LEHMANN, K. (Hg.), Zur Wirklichkeit des Bösen (Mainz 1978), bes. 283–293; KIRCHSCHLÄGER, Jesu exorzistisches Wirken 231–236; KÜMMEL, Verheißung* 98–102; NOACK, Satanás (L 4a); REICKE, B., The Disobedient Spirits and Christian Baptism (ASNU 13) (Uppsala – Kopenhagen 1946); SCHLIER, H., Mächte und Gewalten im Neuen Testament (QD 3) (Freiburg i. Br. ³1963); TAEGER, Der Mensch 68–81; VOGLER, W., Dämonen und Exorzismen im Neuen Testament, in: Theologische Versuche XV (1985) 9–20.

1.a) Anders als Matthäus ließ *Lukas* die „Beelzebul-Rede" par Mk 3,22–27 (ff) bei seiner Wiedergabe der Mk-Akoluthie aus, offenbar weil seine Q-Vorlage andernorts eine Variante führte. Er brachte die ihm überlieferte Q-Fassung nach deren Akoluthie (s. u.) in seiner „großen Einschaltung" Lk 9,51–18,14 (wobei er die Mk-Fassung nur ganz geringfügig anklingen ließ). – *Matthäus* bringt dagegen seine Mk-Vorlage – vielfach mit seiner Q-Fassung kombiniert – Mt 12,(22 bis 23)24–26(27–28).29(30).31–32; die Einleitung der Q-Fassung 9,32–33.34 nimmt er als Dublette zu 12,22–24 in einer Lk 11,14 (s. ebd.) näherstehenden Form vorweg.

b) Abgesehen von einigen redaktionellen Änderungen (s. o.), erwiesen sich die folgenden Verse als *luk Einfügungen* in die Q-Vorlage: *Lk 11,16* (s. ebd.) diff Mt (und Mk) ist eine luk Einfügung in Hinblick auf Lk 11,29 (vgl. Mk 8,11 par Mt 12,38), aber auch auf V 20, wo Lukas bereits das „Zeichen vom Himmel" gegeben sah. – Dieser wurde durch den Abschluß der Rede in der Mk-Fassung 3,31–35 veranlaßt, seiner Redekomposition vermutlich aus seinem Sg *Lk 11,27–28* anzufügen (s. ebd.). – Die harte Überleitung Lk 11,17b–18a hin zur vorluk Einfügung Lk 11,19–20 par glättete Lukas, indem er Mk 3,30 zu Lk *11,18b* (s. ebd.) umformte.

Hier darf noch einmal auf die Anfrage eingegangen werden, die von der Deuteromarkus-Hypothese an die Zweiquellentheorie gestellt wird: ob nicht ein Großteil des Q-Gutes auf eine verbesserte und erweiterte „Zweitauflage" von Mk zurückgeführt werden müsse (die auch schon Teile des Q-Gutes aufgenommen haben soll), was speziell für die vorliegende Perikope angenommen wird[208]. Wie erklären sich die minor agreements[209] Mt/Lk diff Mk in Lk 11,14–19.26 par Mt 12,22–30; 12,43–45 besser? War die zu erschließende gemeinsame Vorlage ein Dmk oder Q? Sosehr manche minor agreements durch eine „revidierte Mk-Vorlage" des Lk und Mt (die man nicht schon „Deuteromarkus" nennen sollte) gut erklärt werden können[210], auch mancherlei in Lk hier und da und besonders in Mt auf diese Revision zurückgeführt werden mag – als Ganzheit läßt schon die von Mk abweichende Akoluthie und die nachweisbare Einbindung von Lk 11,14–26 in eine (Mk völlig fremde) Q-Akoluthie für Lk eine von Mk unabhängige Q-Vorlage wahrscheinlich sein. Zudem lassen die in Mk nicht bezeugten Logien, die Mt und Lk in gleicher Abfolge gemeinsam führen – Lk 11,19–20.23.24–26 par Mt 12,27–28.30 (in einigem Abstand) auch 12,43–45 –, auf Q schließen; s. o. (S. 259). Dafür spricht fer-

---

[208] Vgl. FUCHS, Entwicklung (L 10). Zu den weiteren diesbezüglichen Arbeiten, besonders von A. FUCHS, s. o. S. 228 A. 29.
[209] Siehe o. S. 228 A. 28. – Vgl. dazu nunmehr ausführlich A. ENNULAT, Die „Minor Agreements". Untersuchungen zu einer offenen Frage des synoptischen Problems (WUNT II) (Tübingen 1991).
[210] Siehe o. S. 228 A. 29.

ner, daß in Mt die Wiedergabe Mt 12,22-30 zwar der Mk-Akoluthie 3,22-27 entsprechend eingeordnet ist, daß Matthäus aber doch schon vorgezogen, in anderem Zusammenhang, Mt 9,32-34 eine „Dublette" zu Lk 11,14-15 bringt (s. o. ebd.), die dieser Lk-Parallele näher steht als 12,22-24. Vgl. ferner auch die Ähnlichkeit von Mt 16,1.2 a.4 par Mk 8,11-13 zu Mt 12,38-39 par Lk 11,29 a.16.29 b. Die Annahme einer Doppelüberlieferung in Mk einerseits, Q andererseits erklärt für Lk 11,14-26 par Mt den Tatbestand besser als die Annahme eines Dmk neben dem kanonischen Mk (den eine konsequente Dmk-Hypothese als Vorlage des Lk und Mt neben dem postulierten Dmk kaum wird entbehren können).

2. Nach Abhebung der luk (und matth) R verbleibt die *Redekomposition Q* = Lk 11,14-15.17-23.24-26 / Mt 12,22-30.43-45, die auf einer früheren Entwicklungsstufe[211] auch Mk 3,22-27 noch kürzer bezeugte. Die Meinung, eine „längere Fassung" von Q habe Mk „stark gekürzt"[212], erwies sich uns als unwahrscheinlich[213]. Jeweils unterschiedlich haben Mk oder Q die ursprünglichere Fassung bewahrt[214]. Die Mk-Traditionen in 3,22-30 sind – im Vergleich mit der Q-Fassung des Lk und Mt – im allgemeinen wohl in einem längeren Traditionsprozeß mehr der Rahmung Mk 3,20f.31-35 angepaßt[215]. Das Grundwort Mk 3,24-25[216] dagegen, auch das Zusatzwort 3,27[217] schien uns in mancher Hinsicht in der Q-T bzw. Lk-R stärker „zersagt". Im ganzen hat aber wohl A. Fuchs[218] recht mit seiner Feststellung, daß die Lk/Mt-Fassung gerade in deren agreements eine stilistisch und inhaltlich glattere Fassung bekundet als Mk, damit unter diesem Aspekt sekundär ist. – Die Mk-Komposition erweiterte sich Mk 3,20-21.22-27[219].28-30 mit 3,31-35 anders als die von Q: vgl. Lk 11,14.15.17-18 a.21-22 mit 11,19-20 und 11,23.24-26 ff par Mt 12,22-23 a.24-26.27-28.30.43-45 ff.

a) Wenn wir den Mk und Q gemeinsamen Kern ins Auge fassen, gibt sich ein *„Spruch-Paar"* (1. Kf) zu erkennen: Mk 3,22-26 mit 3,27 par QLk 11,15.17.18 a mit 11,21-22 / Mt 12,24-26 mit 12,29. In diesem läßt sich unschwer von einem apophthegmatisch eingeleiteten *„Grundwort"* Mk 3,22.23 a.24-25 par QLk 11,15.17 / Mt 12,24-25 ein *„Zusatzwort"* Mk 3,27 par QLk 11,21-22 / Mt 12,29 abheben. Dem ersten Bildwort, dem Grundwort, war – vermutlich vorher schon – die Ausdeutung Mk 3,26(23 b) par Q (= Lk 11,18 a / Mt 12,26) zugewachsen (s. ebd.).

b) Dem so erarbeiteten „Spruch-Paar" als „Kern" der Redekomposition wurde in der Lk/Mt-Tradition *einleitend* ein gestraffter Exorzismusbericht Lk 11,14 par

---

[211] LAUFEN, Doppelüberlieferungen (vgl. 386), erkannte Q noch nicht als eine „aufgeschrieben" wachsende Kompositionseinheit („Die parallelen Traditionen sind ... aus derselben mündlichen oder schriftlichen Überlieferung geschöpft"), obgleich er „ein Höchstmaß an Kontinuität innerhalb der christlichen Traditionsgeschichte eines Jesuslogions" konstatieren muß.
[212] So SCHULZ, Q 203, mit HAHN, Hoheitstitel 298; FUCHS, Entwicklung (L 10) 41 f.
[213] Siehe o. zu V 14 und VV zu 19. 20.
[214] Siehe LAUFEN, Doppelüberlieferungen, zusammenfassend 385 ff.
[215] Vgl. jeweils PESCH, Mk z. St.
[216] Siehe o. zu V 16 und zu V 17 b.
[217] Siehe o. zu VV 21 ff.
[218] FUCHS, Entwicklung (L 10) 49-81.94-105.
[219] Es spricht weiter einiges dafür, daß die Lukas und der matth T vorliegende Fassung der Redenquelle in Verbindung mit Lk 11,21-22 par Mt 12,29 (vgl. Mk 3,27) auch bereits (in nicht zu weitem Abstand) Lk 12,10 par Mt 12,31.32 (vgl. Mk 3,28-29) geführt hat (s. u. ebd.).

Mt 12,22–23a (den Matthäus als Dublette auch noch 9,32b.33 verwandte) (s. o. zu V 14) vorgebaut, so daß die Redekomposition ein „Großapophthegma" wurde. Vermutlich war das erst das Werk einer späteren Traditionsstufe (vielleicht gar der Endredaktion von Q); s. o. (zu V 14).

c) Gleichsam rahmend wurde – in Rückblick auf die einleitende Exorzismus-szene V 14 par auf einer späteren Kompositionsstufe – *abschließend* als Mahnung und Warnung die frühe Spruchkomposition Lk 11,23.24–26 par Mt 12,30 (umgestellt: 12,43–45) als Nach-Wort angefügt (s. o. zu V 23 und zu VV 24ff).

d) Vermutlich war schon vorher (s. o. [220]) der ganzen Komposition – dieser nach vorn und rückwärts als Interpretament dienend – das *„Christuswort"* Lk 11,(19)20 par Mt zwischen „Grundwort" und „Zusatzwort" implantiert worden.

3. Die Rahmung des genannten Spruch-Paares sowie die Einfügung des „Christuswortes" haben aus dem genannten „Spruch-Paar" ein *„erweitertes Spruch-Paar"* werden lassen, das ob der pointierten Gewichtigkeit der Ein- und der Anfügung von 11,20 par Mt und 11,23.24–26 par Mt schon auf dem Weg zu einer „strukturierten Komposition" ist[221]. Wir werden unten noch fragen müssen, ob sich in Lk 11,29–32(Mt 12,38–42).33–35.36(Mt 5,15; 6,22–23) weitere Q-Bestandteile dieser Komposition ausmachen lassen.

4. Als *„Sitz im Leben"* muß hinter dem Grundwort Lk 11,(15).17 par Mt, aber auch hinter den an dieses angereicherten Spruch-Traditionen eine Situation erschlossen werden, in der „christliche" Exorzismen „Tagesgespräch" waren. Das war der Fall im urchristlichen Wanderradikalismus[222], bald auch schon in Gemeinden, die dann an solchen Traditionen interessiert waren[223], stärker wahrscheinlich aber doch noch im vorösterlichen Leben Jesu[224], so daß das Mashal Lk 11,17b parr schon im vorösterlichen Jüngerkreis eine geprägte Antwort auf Einwände wie V 15 parr gewesen sein kann. Denkbar wäre aber auch eine Vorform des Wortes[225] mit einem vorösterlichen „Sitz im Leben", in dem Jesus unapologetisch auf den Zerfall der Satansherrschaft hingewiesen hätte. Man mußte für einen Exorzisten wie Jesus solche Worte postulieren (hinter Lk 11,17.21, auch 11,20 und 10,18); werden doch exorzisierende und heilende Machttaten Jesu auch in der Kritik nicht bezweifelt[226], auch Vorwürfe, wie ein solcher V 15 erhoben wird, nicht[227].

---

[220] Siehe o. zu V 20, bes. S. 242f.
[221] Solche bauen meist eine Spruch-Gruppe weiter aus, hier und da aber auch schon ergänzende Spruch-Paare; s. H. SCHÜRMANN, Kompositionsgeschichte 337.
[222] Vgl. vorösterlich Mk 3,15; 6,7.13; 9,14–29 parr (9,38 parr); 10,17–20, nachösterlich Apg 5,16; 8,7; 16,16ff; 19,12(13–16). – Siehe dazu näherhin schon S. 47f.98f.
[223] Vgl. PESCH, Mk I, 215.219f.
[224] Vgl. Berichte wie Mk 1,21–28.38 parr; (1,29ff parr); 1,39 (3,11; 4,35–41 parr); 5,1–20 parr; Lk 7,21 Sv diff Mt; 8,2; 13,16; 13,32 S.
[225] BULTMANN, Geschichte 110, scheint mit einer derartigen Vorform zu rechnen.
[226] Vgl. die von LAUFEN, Doppelüberlieferungen 437f Anm. 99, und von PESCH, Mk z. St., genannten Ausleger.
[227] Der Vorwurf der Besessenheit begegnet auch Mk 3,22a.30; Joh 7,20; 8,48–52; 10,20 (vom Täufer: Lk 7,33 par), der der Zauberei im Bund mit dem Bösen auch Mk 3,22b wie Lk 11,15(18b).19 par Mt 12,24(9,34).27.

B. Wider „dieses Geschlecht"; Weherufe wider seine Führer
11,29–54

1. Weiterhin wird Jesus auf dem Weg nach Jerusalem 9,51 ff verkündend und lehrend, einladend und drohend geschildert, vor sich versammelnden und ihn begleitenden Volksmassen in Auseinandersetzungen mit jüdischen Gruppen und deren Führern. Seine Volksreden sind durchwirkt von (Jünger-)Unterweisungen. Dabei wirkt Jesu Wort nun (II. B) vertieft Scheidung und Entscheidung[1]; nunmehr 11,29–54 *entschiedener scheidend,* was sich in 11,14–28 (A 2) bereits vorbereitete (s. o.)[2].

Wenn 12,1a die szenische Bemerkung von 11,29, neu einsetzend, wieder aufnimmt, ist von rückwärts der Abschnitt *11,29–36.37–54 zu einem Erzählabschnitt zusammengeschlossen*[3], auch inhaltlich: Die Leser bekommen (nun in B) die Droh- und Gerichtsworte gegen das Israel der Zeit Jesu (11,29–36) in der Zeit der Kirche noch einmal zu hören, besonders aber die Weherufe wider die Führerschaft Israels (11,37–52), die sie nicht unbeteiligt vernehmen sollen.

2. Innerhalb des neuen Erzählabschnittes (B) 11,29–54 markiert V 37 einen Szenenwechsel: der Abschnitt *gliedert* sich also ungezwungen (1.) in die Volksszene 11,29–36 und (2.) in die Hausszene 11,37–54. In jener wird „diesem Geschlecht" drohend das Gericht angesagt, in dieser an den religiösen Führern des Volkes in einem vernichtenden „Privatissimum" das Gericht proleptisch im Wort schon vollzogen. Die ambivalente israelitische „Masse" behält eine Bekehrungschance, nicht aber die Führungsschicht Israels. Die Christusfrage wird für einzelne Juden auch noch in der Zeit des Lukas, die nunmehr forciert die Zeit der Heidenmission ist, offengehalten[4]; die „ekklesiologische" Entscheidung ist aber bereits gefallen[5].

3. Schon vorstehend (unter A) meinten wir in 11,1–28 hinter den Geschehniserzählungen und den Volks- und Jüngerunterweisungen *Beleh-*

---

[1] Siehe S. 1–8 (einleitend zu 9,51 – 19,27), auch o. S. 169f (einleitend zu 11,1–54).
[2] Diese Beobachtung verführt einige Ausleger dazu, 11,14–28.29–36.37–54 als Dreiergruppe („Polemik") gliedernd zusammenzuordnen: so MICHAELIS, Einleitung 58ff; WIKENHAUSER/SCHMID, Einleitung* 250; KÜMMEL, Einleitung 96; die Kommentare von KLOSTERMANN, HAUCK, GRUNDMANN und WIEFEL; auch ERNST.
[3] Daß Lk 11,29–36 dem luk Gliederungswillen nach eng mit 11,37–54 zusammengeschaut werden muß (anders als die Vorlage Q das tat!), wird oft übersehen, aber von LAGRANGE und DANKER richtig erkannt.
Meist wird Lk 11,29–32.33–36 in Einheit mit 11,14–(26)28 gedeutet (wie das für die Q-Vorlage angehen mag und was auch eine gewisse Berechtigung behält; s. u.). V 16 verleitet dazu z. B. die Kommentare von LOISY; ZAHN; SCHMID*; CREED; RENGSTORF; SCHWEIZER; ERNST; vgl. ferner POLAG, Fragmenta Q, z. St.; SCHENK, Synopse, z. St.; EDWARDS, The Sign (a.a.O.) 88f; LÜHRMANN, Logienquelle 32–43; KATZ, a.a.O. (L 1) 166–257; LAUFEN, Doppelüberlieferungen 126–149; NEIRYNCK, Mt 12,25a / Lc 11,17a (L 10).
[4] Vgl. richtig GNILKA, Verstockung, bes. 119–154. Anders LÜHRMANN, Logienquelle 47.87f.93.
[5] Mit obiger Unterscheidung läßt sich die Kontroverse in dieser Frage zwischen LÜHRMANN, Logienquelle, und HOFFMANN, Studien, vielleicht überwinden.

rungen an Getaufte in der Zeit der Kirche mithören zu dürfen. Nunmehr in 11,29–54 erzählt Lukas das vorösterliche Scheidungs- und Entscheidungsgeschehen konkreter. Mit einem hellen Blick (vgl. VV 34ff), den die nachösterliche Wirkgeschichte geschärft hat, sollen dabei die Leser seiner Schrift die erzählten vorösterlichen Geschehnisse kennen, um aus ihnen zu lernen: In 11,29–54 wird erzählt, wie sich an Jesus und seinem Wort (einleitend VV 29.30.33–36, explizierend VV 31–32 und betont abschließend V 52) die Scheidung in Israel vollzieht: an Jesus, dem „Licht zur Offenbarung für die Heidenvölker" (2,31–32), der aber als „Zeichen des Widerspruchs" „gesetzt ist zum Fall und zum Aufstehen vieler in Israel" (2,34). Die nachösterliche Jüngergemeinde soll verstehen, daß sie sich von „diesem Geschlecht" Israels und besonders von dessen Führerschaft absetzen muß. Auch für Jesu Jünger – auf deren Belehrung hin erzählt wird – ist nach Ostern das Schicksal „dieses Geschlechts" (11,29.30.31.32), d.h. jener Generation der Zeit Jesu in Israel, Warnung und Mahnung (vgl. VV 29–36). Die Lehre der Führerschaft Israels, der Pharisäer und Schriftgelehrten (VV 37–52), ist in den Augen des Evangelisten ein immer noch (s. schon zu 6,24ff.39–45) aktuell zu meidender Irrweg.

1. Warnung und Mahnung
11,29–36

1. Der nahtlose Übergang von V 32 zu V 33 belehrt, daß *11,29–32.33–36 als Einheit* verstanden und ausgelegt werden will[6].

Der szenisch und inhaltlich zusammengehörige Abschnitt 11,29–36 will einerseits mit 11,37–54 zusammengelesen werden (s.u.), steht andererseits aber auch noch in enger Verbindung mit 11,(1–13)14–28 (s.o.): Die gleiche Situation vor den ὄχλοι V 29 – vgl. mit VV 14b.27 – gibt dafür schon einen Hinweis (s.o.); mehr noch der aus seiner ursprünglichen Einheit mit V 29 (vgl. par Mt 12,29) von Lukas vorgezogene V 16. In dessen machtvollem Wirken (vgl. VV 20.21f) die Basileia bereits ansteht und der in die Entscheidung ruft (V 23): auf dessen Wort (vgl. schon VV 1–13) ist zu hören (V 28), wenn es nicht ein böses Ende nehmen soll (VV 24–26). Es kann nicht wundernehmen, daß es so weiterhin um Gerichtsdrohung bzw. Gerichtsankündigung an die geht, die auf Jesu Wort nicht hören (vgl. VV 31–32), sondern anderen Führern folgen (vgl. dann VV 37–54).

Die vorstehende Kontextualisierung kann helfen, den luk Aussagewillen in der an sich mehrdeutigen Komposition 11,29–30.31–32 (s.u.) sowie in der weiteren 11,33.34–36 besser zu erkennen. Dabei darf die Kommentierung eines luk Textes nicht auf das vergessen, was Lukas seinen Gemeinden und der Generation seiner Zeit mit Hilfe überlieferter Traditio-

---

[6] Schon für Q kann man diesen Zusammenhang nachweisen; vgl. dazu zusammenfassend S. 302.

nen – im nachhinein mit österlichem Verständnis (bei ihm und seinen Hörern[7]) – zur Aussage bringen will.

2. Die vorliegende Zusammenstellung läßt folgenden *Aufbau* erkennen: In einem ersten Spruch-Paar steht nach einer Einleitungswendung V 29 a der Spruch VV 29 b–30 als Grundwort, dem VV 31–32 als Zusatzwort zugeordnet scheint. In einem zweiten Spruch-Paar scheint V 33 das Grundwort zu sein, dem sich VV 34–35(36) als Zusatzwort zugesellt hat, so daß man VV 29–32.33–36 als eine Spruch-Gruppe (2. Kf) deuten könnte. V 33 bezieht sich aber deutlich auf VV 29 b–30 zurück, wenn das Jona-Zeichen richtig von der Auferstehung her verstanden wird (s. u.): Der als Auferweckter erhöhte und verkündete Herr ist das Licht auf dem Scheffel (V 33), das als „inneres Glaubenslicht" Verstehen gibt (VV 34–36); s. u.

So wird man sich schon fragen müssen, ob VV 33.34–35(36) nicht ursprünglich das Zusatzwort zu VV 29 b.30 gewesen sein kann, so daß VV 31–32 dann als ein nachträglicher Einschub verstanden werden muß; s. u.

VV 33.34–36 scheint mehr zu sein als ein „zweites Spruch-Paar". Durch die Beifügung wird diese Spruchkomposition eher zu einem „Nach-Wort", das VV 29–30(31–32) mahnend beschließt, das umfassender vielleicht gar auf 11,(1–13)14–28 zurückweist; s. u.

3. Ein gewisses *Vorverständnis* des Aufbaus der Spruchgruppe 11,29–36 (das noch erhärtet werden muß) kann der Auslegung behilflich sein: Schon von 11,27 f her ist deutlich, daß alle Scheidung und Entscheidung am Wort Jesu fällt. Es wird noch gezeigt werden müssen, daß trotz Ablehnung des geforderten bestätigenden Zeichens für den Hoheitsanspruch Jesu (VV 16.29 a) „diesem (bösen) Geschlecht" doch ein solches von Gott her gegeben werden wird, wie man – zumindest nachösterlich – deutlich im Glauben erkennen kann: VV 29 b.30 die wunderbare Rettung Jesu aus dem Tod, seine Auferweckung, die als verkündete (VV 33.34–36) äußerlich und innerlich Licht gibt.

---

[7] Ein Großteil der „Rätselhaftigkeit" und der Verstehensunterschiede von 11,(29)30 ist vom Forschungsziel bestimmt: Soll es um das Verständnis des ipsissimum verbum Jesu gehen? Oder um das Verständnis eines ursprünglich isoliert tradierten Logions VV 29(30) oder desselben als Bestandteil der Komposition VV 29–30.31–32 oder noch umfassender der Komposition VV 29–30(31–32).33–36; oder gar um das Verständnis unseres Spruches in der Redenquelle oder im Kontext des EvLk? Man muß schon mit D. ZELLER (in: DELOBEL, Logia 395–409) mit „Redaktionsprozeß und wechselndem ‚Sitz im Leben' beim Q-Material" rechnen.

a) Die Drohrede wider „dieses Geschlecht" –
eine warnende Belehrung
11,[16]29 (= Mt 12,[38]39; vgl. Mk 8,[11]12, komb.
Mt 16,[1]2.4).30 (= Mt 12,40).31.32 (= Mt 12,42.41)

L 11: zu 11,29–32. – Vgl. auch L 11a; bei JEREMIAS (s.u.) (bis 1934); bei VÖGTLE (s.u.) (bis 1953); Forschungsreferat in Auswahl bei EDWARDS, The Sign (s.u.) 1–24 (seit A.v. Harnack bis 1971); LANGEVIN, Bibliographie II (1930–1975), 126–155; Spezialarbeiten zu „Menschensohn"; WAGNER, EBNT II, 167f. – AMBROZIC, A., Die Zeichenforderung und der christliche Dialog mit der Welt, in: H. MERKLEIN - J. LANGE (Hg.), Biblische Randbemerkungen (FS R. Schnackenburg) (Würzburg 1964) 273–282; BACON, B. W., What was the Sign of Jonah?, in: NS 20 (1902) 99–112; BAYER, H. E., Jesus' Predictions of Vindication and Resurrection (WUNT II/20) (Tübingen 1986) 110–145; BONSIRVEN, J., Hora talmudica. À propos du logion sur le signe de Jonas, in: RSR 24 (1934) 450–455; BORING, Sayings 153–158; BOWEN, C. R., Was John the Baptist the Sign of Jonah?, in: AJT 20 (1916) 414–421; BOWMAN, J., Jonah and Jesus, in: Abr-n. 25 (1987) 1–12; BÜCHELE, Tod Jesu 150–151; CORRENS, D., Jona und Salomo, in: HAUBECK-BACHMANN (Hg.), Wort in der Zeit 86–94; CULLMANN, Christologie 61f; EDWARDS, R. A., The Eschatological Correlative as a *Gattung* in the New Testament, in: ZNW 60 (1969) 9–20, bes. 17f; DERS., The Sign of Jonah. In the Theology of the Evangelists and Q (SBT II/18) (London 1971), bes. 34–41.89–95; FESTAROZZI, F., „Ecco, ora qui c'è più de Salomone!" (Mt. 12,42), in: C. M. MARTINI (Ed.), Testimonium Christi (FS J. Dupont) (Brescia 1985) 205–236; FRANCE, F. T., Jesus and the Old Testament (London 1971) 43ff.80ff; FRANTZEN, P., Das Zeichen des Jonas, in: ThGl 57 (1967) 61–66; GIBLIN, The Destruction 34–35; GIESEN, H., Dämonenaustreibungen – Erweis der Nähe der Herrschaft Gottes. Zu Mk 1,21–28, in: TGA 32 (1989) 24–37; GLOMBITZA, O., Das Zeichen des Jona (Zum Verständnis von Matth. XII.38–42), in: NTS 8 (1961/62) 359–366; GNILKA, J., Wie urteilte Jesus über seinen Tod?, in: KERTELGE, Der Tod Jesu 13–50, hier 29f; HAMERTON-KELLY, Pre-Existence, bes. 33–44; HAMPEL, Menschensohn 79–98; HEINZE, M., Das „Zeichen des Jona". Mt 12,38–40; 16,1.4; Lk 11,29f; Mk 8,11f, in: H. BENKERT u.a. (Hg.), Wort und Gemeinde (FS E. Schott) (AVTRW 42) (Berlin 1962) 77–82; HOFFMANN, P., Die Auferweckung Jesu als Zeichen für Israel Mt 12,39f und die matthäische Ostergeschichte, in: K. KERTELGE u.a. (Hg.), Christus bezeugen 110–123; HOWTON, J., The Sign of Jonah, in: SJTh 15 (1962) 288–304; JAKOBSON, A. D., a.a.O. (L 4) 419–423; JEREMIAS, J., Art. Ἰωνᾶς, in: ThWNT III (1938) 410–413; KATZ, a.a.O. (L 1) 190–195.214–247; KERTELGE, Die Wunder 23–27; LINTON, a.a.O. (L 10); V. LIPS, Weisheitliche Traditionen, zu 11,25–31: s. ebd. Register; LÜHRMANN, Logienquelle 34–42; MANSON, The Sayings* 89–94; MERLI, D., Il segno di Giona, in: BO 14 (1972) 61–77; MERRILL, E. H., The Sign of Jonah, in: JETS 23 (1980) 23–30; MICHAEL, J. H., The Sign of John, in: JThS 21 (1920) 146–159; MUSSNER, „Dieses Geschlecht" (L 10) 23–28; DERS., Dieses Geschlecht 91f; PERRIN, Rediscovering* 191–195; PIPER, Wisdom, bes. 127–130; REISER, Gerichtspredigt 192–206; RENGSTORF, K. H., Art. σημεῖον, in: ThWNT VII (1964), bes. 231–234; ROBBINS, V. K., Dynameis and Semeia in Mark, in: BR 18 (1973) 5–20; SATO, Q 281–284; SCHMIDT, D., The LXX Gattung „Prophetic Correlative", in: JBL 96 (1977) 517–522; SCHMITT, G., Das Zeichen des Jona, in: ZNW 69 (1978) 123–129; SCHNIDER, Jesus 174–176; SCHULZ, Q 250–257; SCOTT, R. B. J., The Sign of Jonah. An Interpretation, in: Interp. 19 (1965) 16–25; SEIDELIN, P., Das Jonaszeichen, in: StTh 5 (1951) 119–131; STEFFEN, U., Das Mysterium von Tod und Auferstehung. Formen und Wandlungen des Jona-Motivs (Göttingen 1963), bes. 145ff.162–170; SWETNAM, J., No Sign of Jonah, in: Bib. 66 (1985) 126–130; THIBAUT, R., Le signe de Jonas, in: NRTh 60 (1933) 532–536; TÖDT, Menschensohn 48–50.194–197; VIELHAUER, PH., Jesus und der Menschensohn (1963), in: DERS., Aufsätze* 92–140, hier 110–113.127f; VÖGTLE, A., Der Spruch vom Jonaszeichen (1953), in: DERS., Das Evangelium und die Evangelien 103–136; WANKE, „Bezugs- und Kommentarworte" 56–60; ZELLER, D., Entrückung zur Ankunft als Menschensohn (Lk 13,34f; 11,29f), in: COLL. (Éd.), À Cause 513–530.

Das mehrdeutige Rätselwort Jesu V 29b, dessen ursprüngliche Einleitung Lukas schon V 16 vorweggenommen hatte, wird durch V 30 – wohl als sekundäre Erweiterung[8] (s.u.) – konkretisierend aufschlüsselt, wobei das angefügte Doppelwort VV 31.32 diese „Konkretisierung" zusätzlich noch (mehrdeutig; s.u.) „verdeutlicht". Die VV 31.32 bringen mit Hinweis auf zwei alttestamentliche Szenen eine Ergänzung: Die Verkennung der überragenden Bedeutung Jesu und seines Wortes wird ins Gericht bringen, führt zur Verwerfung „dieses Geschlechts", zur „Auswechslung" der Träger der „ekklesiologischen" Größe „Israel", zu einem neuen Gottesvolk aus Juden und Heiden, die auf Jesu Wort hören.

In welcher Beziehung aber steht das Doppelwort Lk 11,31.32 zu 11,29–30? Wir vermuteten o. (S. 267) schon, daß VV 31–32 vormals wahrscheinlich nicht ein „Zusatzwort" zu dem „Grundwort" VV 29–30 war; dieses hatte vielmehr wahrscheinlicher seine vormalige Fortsetzung in VV 33.34–36 als „Zusatzwort"; s.u. (S. 284.289.296). Wie dem auch sei: Auf jeden Fall ist zu fragen, ob das Doppelwort VV 31–32 – im Sinne des Lukas – den legitimen Kommentar geben soll, von dem aus das „Grundwort" VV 29f zu deuten ist; oder wird VV 29f von dem „Einschub" VV 31–32 nur partiell „bedacht"? – Obgleich es unserer Kommentierung darum gehen muß, den Sinn des luk Textes und die Aussageabsicht des Lukas (was freilich zu unterscheiden ist) ausfindig zu machen, werden wir guttun, nach der vorstehenden Übersicht über den Sinngehalt des unmittelbaren Kontextes im folgenden zunächst V 29 unabhängig von seiner Konkretisierung V 30 zu befragen, VV 29–30 dann auch zunächst unabhängig von VV 31–32 (und 33.34–36).

29 *Als die Scharen noch mehr zusammenströmten,*
   hob er an zu sprechen:
   Dieses Geschlecht ist ein böses Geschlecht[a]:
   Ein Zeichen fordert[b] es!
   Und es wird ihm kein Zeichen gegeben werden –
   es sei denn das Zeichen des Jona[c].

30 *Denn wie Jona[d] für die Einwohner von Ninive ein Zeichen war,*
   so wird (es) auch der Menschensohn sein für dieses Geschlecht.

31 *Die Königin des Südens wird auferweckt werden[e]*
   anläßlich des Gerichts[f]
   zusammen mit den Männern dieses Geschlechts und sie verurteilen.
   Denn sie kam von den Enden der Erde,
   um die Weisheit Salomos zu hören.
   Und siehe – mehr als Salomo ist hier!

---
[8] V 30 ist kein „Kommentarwort", weil es keinen deutenden „Kommentar" gibt, sondern ein Rätselwort erweiternd aufschlüsselt; vgl. u. A. 53. STEINHAUSER, Doppelbildworte, versteht VV 29 und 30 richtig nicht als „Doppelung".

*32 Die Männer von Ninive werden auferstehen anläßlich des Gerichts zusammen mit diesem Geschlecht und es verurteilen.
Denn sie haben Buße getan auf die Predigt des Jona hin.
Und siehe – mehr als Jona ist hier!ᵍ *

29 a Lukas stellt die folgende Gerichtsandrohung bedeutsam in den großen Öffentlichkeitsraum der immer mehr zusammenströmenden [9] Volksmenge [10]. Während diese VV 14.27, als Ganzheit auch VV 15.16, nur mithörend vorgestellt war, muß sie sich in der neuen Rede Jesu [11] nunmehr schon unmittelbar angesprochen fühlen, wenn vor ihr „dieses Geschlecht" als ein „böses" apostrophiert wird; mit Recht, da ohne deren Widerspruch die V 29 b abgelehnte Zeichenforderung (vgl. V 16) gestellt wurde. Freilich bleibt die Identifikation mit den ὄχλοι immerhin noch ambivalent, wenn es (V 15) nur τινές waren, die lästerten, und wenn die Zeichenforderung (V 16) nur ἕτεροι erhoben.

Inmitten dieser Massen müssen hier zudem die in 11,1–13 – vgl. auch o. zu VV 23.28 und u. zu VV 33–36 – angeredeten Jünger als noch mithörend vorgestellt werden. Nicht nur in diesen Jüngern kann hier die nachösterliche Gemeinde [12] mit angeredet werden; auch in den zusammenströmenden Massen sieht Lukas schon proleptisch die missionsfähigen Scharen seiner Zeit, aus denen bekehrungs- (s. u. zu V 29 c) und tauffähige (s. u. zu 33 b) einzelne Juden (und Heiden) zur wachsenden Jüngergemeinde [13] finden können.

1. Mk 8,11 (par Mt 16,1), aber auch par Mt 12,38 ist deutlich, daß das Herrenwort erzählerisch eingeleitet wurde. Lukas hat die szenische Bemerkung (teilweise) als V 16 vorgezogen (s. dort).
2. Durch die luk Einfügung von 11,27f war die neue szenische Einleitung V 29a notwendig geworden. Aber nicht nur kompositionskritisch, sondern auch sprachlich [14] erweist diese sich als luk R. In gewisser Hinsicht ist Mt 12,38–39a (sowie Mk 8,11–12a par Mt 16,1–2a) ursprünglicher bewahrt als Lk 11,16.29a: Die unbe-

---

* T:ᵃ v. l.: – (s. A. 24). – ᵇ v.l.: V (s. A. 21). – ᶜ v. l.: V (s. A. 32). – ᵈ v. l.: [H N] (s. A. 54). – ᵉ v. l.: – (s. A. 106). – ᶠ v. l.: – (s. A. 110). – ᵍ v. l.: – (s. A. 98).

[9] ἐπαθροίζομαι ist Hapaxlegomenon; vgl. jedoch ἀθροίζομαι Lk 24,33; συναθροίζομαι Apg 12,12; 19,25. – Auch der gen. abs. ist luk (vgl. AB I,94.105 Anm. 421). – Der Plural ὄχλοι ist für Lukas charakteristisch (4,42; 5,15; 9,11.18 diff Mk; 23,48 Sv diff Mk; vgl. 3,10; 5,3 S und 7mal Apg); vgl. JEREMIAS, Sprache, zu 3,7. Lukas läßt V 29 aber Q = Lk 11,14 par Mt 12,23 nachwirken (der Plural sonst in Q mit Sicherheit nur noch 7,24 par Mt 11,7, vielleicht aber auch 12,54; 14,25 Sv diff Mt, kaum 3,7 diff Mt).

[10] Vgl. im Reg. zu LK I die Stichworte „Menge" und ὄχλος. – Ausführungen und Lit. zu ὄχλος bei R. MEYER, Art. in: ThWNT V, 585–590; X, 1208, danach H. BALZ, Art. in: EWNT II, 1354f.

[11] Anders KATZ, a.a.O. (L 1) 215; SCHNEIDER. – In ἤρξατο λέγειν steht das ἄρχεσθαι nicht abundierend (vgl. dazu LK I,231 A. 69); gg. JEREMIAS, Sprache z. St.

[12] Vgl. den ὄχλος bzw. πλῆθος der Jünger Lk 6,17 (s. dort), auch 19,37; vgl. Apg 4,32; 6,2.

[13] Vgl. 3,7.10; 5,1; 6,17 (s. LK I zu diesen St.).

[14] Vgl. o. A. 9.11. Zu ἕτερος LK I, 409 A. 13.

stimmten ἕτεροι V 16 (s. dort) sind luk; eine derartige Forderung stünde „namhaften" Fragestellern besser an, die als Autoritäten [15] „dieses Geschlecht" (V 29 b parr) repräsentieren könnten. Lukas unterstreicht aber den Öffentlichkeitscharakter der Erklärung Jesu in V 29 a in anderer Weise doch auch stark (s. o.); so bewahrt auch er den repräsentativ-offiziellen Charakter der Erklärung Jesu.

3. Angesichts der jüdischen Zeichen-Theologie [16] möchte man eine Rückerinnerung an eine an Jesus gerichtete Zeichenforderung [17] nicht von vornherein als „unhistorisch" abtun [18].

29 b Die im nun folgenden Herrenwort behauptete Forderung eines „Zeichens" (V 16: „aus dem Himmel" diff Mt 12,38, aber par Mk 8,11 / Mt 16,1) hatte Lukas ausdrücklich schon V 16 erzählt (s. dort). Gefordert war ein besonderes Beglaubigungszeichen (wie Joh 6,30 ff; vgl. 2,18) von Gott her (δοθήσεται [19]); Jesu Machttaten genügten den Forderern offenbar nicht, Jesu hohe Ansprüche zu beglaubigen [20]. Lukas qualifiziert diese Forderung [21] als eine solche, die „dieses Geschlecht" [22] zu einem „bösen" [23] Geschlecht [24] macht: Hätte es doch das Ankommen der Basileia in den Exorzismen Jesu sehen (V 20) und sein „Wort hören" (V 28; vgl. 11,1–13) müssen; vgl. beides schon 10,23. Lukas unterstreicht diese Bosheit, indem er ihr (diff Mt) einen eigenen Satz widmet: ἡ γενεὰ αὕτη πονηρά ἐστιν [25]. Die Verkennung Jesu, die schon 11,14–16 schilderte, die VV 17b–22 zur

---

[15] Vgl. par Mt 12,38 τινές (vgl. die Reminiszenz Lk 11,15!) τῶν γραμματέων καὶ Φαρισαίων, aber auch schon Mk 8,11: οἱ Φαρισαῖοι, was Mt 16,1 zu Φαρισαῖοι καὶ Σαδδουκαῖοι aufgefüllt ist. Vgl. Näheres zur matth R bei SCHULZ, Q 250 f; KATZ, a.a.O. (L 1 218 f (der freilich irrtümlich 12,38 „ganz" für matth Bildung hält). – In Lk 11,16 findet MANSON, The Sayings* 89, das Ursprünglichere; ähnlich LÜHRMANN, Logienquelle 36.
[16] Vgl. LINTON, a.a.O. (L 10); RENGSTORF, a.a.O.
[17] Wie Mk 8,11 f par Mt 16,1.2.4 und Q = Lk 11,16.29 f par Mt 12,38 ff; Joh 6,30 ff, vgl. auch Joh 2,18.
[18] Vgl. VÖGTLE, a.a.O. 103: „Völlig einig ist man sich eigentlich nur über die Geschichtlichkeit der Zeichenforderung."
[19] δοθήσεται wird z. B. von den von VÖGTLE, a.a.O. 127 Anm. 105, genannten Autoren als ein „gnomisches Futurum" verstanden. Man muß hier aber die futurische Bedeutung gelten lassen, wenn auch nicht an eine eschatologische zu denken ist, so doch an eine innerweltlich noch erfahrbare. (Von da aus geht es dann auch nicht an, das ἔσται in V 30 analog als gnomisches Futurum zu verstehen; s. u. A. 64.) – Die Passivform ist hier wohl ein „passivum divinum", nicht aber, wie meist behauptet, ein „passivum eschatologicum".
[20] Jesu „Wunder" riefen die „Zeichen"-Forderung erst auf den Plan, da „Jesu δυνάμεις eben nicht als σημεῖα ... galten", so RENGSTORF, a.a.O. 233; vgl. LÜHRMANN, Logienquelle 36; LINTON, a.a.O. (L 10).
[21] T^b: ζητεῖ ($\mathfrak{P}^{45vid.75}$ ℵ A B L Ξ 700 892 2542 pc.) steht hier bestens bezeugt und in Übereinstimmung mit V 16; ἐπιζητεῖ ($\mathfrak{M}$) ist wohl Angleichung an Mt 12,39.
[22] Zum abwertenden Sinn dieser Wendung vgl. LK I,423 A. 113. – Lk 11,(14–26)29–32 par Mt muß im Zusammenhang mit den anderen beiden Stellen in Q – s. zu 7,18–35 und 11,39–52 (13,34f) par – bedacht werden; vgl. LÜHRMANN, Logienquelle 24–48.
[23] Daß Matthäus πονηρός in Q gelesen hat, verrät seine Eintragung Mt 16,4 diff Mk. – Anders urteilen SCHULZ, Q 251; MARSHALL u.a.
[24] T^a: Das wiederholte γενεά konnte – auch als vereinfachende Angleichung an par Mt – leicht in Wegfall geraten, so in C E G H W Δ 565 579 1006 1424 1506 2542 pm sy^p.
[25] In Lk diff Mt sekundär; vgl. SCHULZ, Q 250.

Debatte stand und VV 23.24ff.28 hart angefragt war, läßt „dieses Geschlecht" eben ein „böses" sein. „Dieses Geschlecht" gibt sich damit aber als das von der Apokalyptik der Zeit erwartete böse Geschlecht der Endzeit (vgl. 11,50f par) zu erkennen[26]. γενεά hat also hier – von der LXX her als Übersetzung von דור naheliegend – zumindest *auch* einen zeitlichen Sinn: Der Term meint die jüdische Generation Israels der Zeit Jesu[27], hier wohl noch nicht „Israel" als das „ekklesiologische" Gottesvolk als solches.

Die grundlegende Antwort Jesu lautet: σημεῖον οὐ δοθήσεται, d.h.: Ablehnung eines „(Beglaubigungs-)Zeichens (aus dem Himmel)" nach Art der V 16 gestellten Forderung (s. ebd.) – in Übereinstimmung mit Mk 8,12. Wenn dann anhangsweise 11,29 par Mt 12,39 (diff Mk 8,12) statt dessen doch ein „Zeichen" genannt wird, kann dieses nur ein solches sein, das jene grundsätzliche Ablehnung nicht in Frage stellt, weil das genannte Zeichen nämlich kein mirakulöses, sondern nur in alteriertem oder überhöhtem Sinn ein „Zeichen" genannt werden kann.

Möglich wären und vorgeschlagen werden im allgemeinen zwei Deutungen (jeweils mit unterschiedlichen Variationen): (1.) Es könnte an die Gerichtspredigt des Jona[28] bzw. an Jona in Person als Gerichtszeichen gedacht sein und dann entsprechend an die Umkehrpredigt des irdischen Jesus oder an den irdischen Jesus als Bußzeichen in Person, aber auch an die Gerichtsrede des kommenden Menschensohnes oder an Jesus als kommenden Richter als Bußzeichen[29]. Mit bedeutend besseren Gründen ist (2.) aber an die damals bekannte[30] Erzählung von der wunderbaren Errettung des Jona[31] und entsprechend an die nach Ostern bekannte Botschaft von der Auferweckung Jesu zu denken (wie sie dann Mt 12,40 breit ausgemalt wird).

---

[26] Vgl. das Material bei BRAUN, Radikalismus II, 46 Anm. 1.2; HOFFMANN, Studien 64.
[27] Vgl. dazu LÜHRMANN, Logienquelle 30f (der hier und S. 35 freilich schon an Israel als solches denkt).
[28] Abkürzung für Ἰωάν(νης) (vgl. Joh 21,15 mit Mt 16,17) – und dann als ursprünglich auf den Täufer bezogen verstanden – ist der Name hier nicht; gg. die bei JEREMIAS, a.a.O. 412, und VÖGTLE, a.a.O. 106 Anm. 12 und S. 115, genannten Ausleger. Vgl. bes. FITZMYER II, 935: diese Abkürzung „is unknown in any contemporary Hebrew or Aramain sources".
[29] Zu den unterschiedlichen Deutungen auf das Gericht s. u. (zusammenfassend) S. 273 und 280.
[30] Vgl. die Belege (unterschiedlichen Alters und traditionskritisch zu hinterfragen) bei Bill. I, 644–647; JEREMIAS, a.a.O. 412 Anm. 24; SEIDELIN, a.a.O. 123–127; SCHMITT, a.a.O. 125–129; vgl. dazu bes. die fachmännische Kritik von FITZMYER II, 936f.
[31] Der Hinweis freilich von SCHMITT, ebd., und anderen auf die Jona-Vita (vgl. T. SCHERMANN, Propheten- und Apostellegenden [TU 31,3] [Leipzig 1907] 56f) mit ihren verschiedenen Rezensionen (und möglichen christlichen Beeinflussungen) darf für unsere Deutung ausscheiden. – Nach dieser Vita wäre Jona der von Elija (nach 1 Kön 17,17–24) erweckte Sohn der Witwe von Sarepta gewesen; dieser habe ein Zeichen (τέρας) gegeben von „dem schreienden Stein" in Jerusalem (nach Hab 2,11; vgl. Lk 19,43f). – Die Legende ist für die Zeit um 70 n. Chr. nicht zu sichern; vgl. dazu auch u. A. 68.

Meist wird das Jona-Zeichen in V 29 vorschnell von der angefügten Konkretisierung in V 30 her gedeutet, wird VV 29.30 als Einheit – oder doch im Zusammen – dann von der weiteren Anfügung VV 31–32 her interpretiert, was zu recht unterschiedlichen Auslegungen führt.

Auszugehen ist V 30 von der nächstliegenden Deutung des Genitivs σημεῖον Ἰωνᾶ[32] als einem gen. appositionis oder epexegeticus. Ein gen. subjectivus gäbe keinen Sinn, wenn das „Zeichen" ein Beglaubigungszeichen bleiben soll. Es ist also an Jona (bzw. entsprechend an Jesus) zu denken als an jemand, der in Person oder durch sein Geschick – als Gerichtsprediger oder als wunderbar Erretteter – ein bestätigendes Zeichen von Gott her war. Daß die frühe Tradition und wohl auch noch Lukas (s. u.) „nicht an die wunderbare Errettung Jonas gedacht haben sollen, ist unglaubwürdig. Ein Prediger ist kein Zeichen."[33] Nach Ostern war die Auferweckung und Erhöhung Jesu das entscheidende Zeichen von Gott her, das – was gar sehr zu bedenken ist – ein Weiterverkünden und Weiterwirken der Jünger in und vor Israel überhaupt erst möglich machte (und dessen Nichtbeachtung schon in sich in entscheidender und scheidender Weise Gericht bedeuten mußte[34]).

Damit ist ein entscheidender Grund gegen die Deutung des Jona-Zeichens auf die Umkehrpredigt bzw. den Umkehrprediger genannt[35]: Ein „Beglaubigungszeichen" wäre zudem beides nicht (nicht einmal in analogem Sinn; s.o.), vielmehr würde recht kontrastreich ein ab-weisender Hin-weis gegeben, nicht auf ein „Zeichen" ver-wiesen. Zudem wäre im Vorder- und Nachsatz von V 29b nicht mehr in äquivokem Sinn von „Zeichen" die Rede. Auch würde der Vergleich entscheidend hinken, weil Jona ein sehr erfolgreicher Bußprediger war, wohingegen der am Ende gekreuzigte Jesus – nachösterlich rückschauend – fast nur noch als Ansager des Gerichtes verstanden werden konnte.

Es bedarf noch der Untersuchung, ob unsere vorstehende – vorerst hypothetische – Deutung von V 29 auf die Auferweckung Jesu, die seine Botschaft von Gott her bestätigt, vor der Konkretisierung des V 30 und der Verdeutlichung des Doppelwortes VV 31f (auch vor VV 33.34–36) bestehen kann.

---

[32] T^c: Par Mt setzen frühe Überlieferungen mit A C W Θ Ψ 0124 f$^{1.13}$ 𝔐 e f q r^1 vg^{cl} sy bo parallelisierend τοῦ προφήτου zu, welcher Zusatz 𝔓$^{45.75}$ ℵ B D L Ξ 700 892* 2542 pc lat sa bo^{mss} wohl ursprünglich fehlt. (In bo^{mss} wird der Zusatz dann auch in V 30 eingetragen.)
[33] So SCHLATTER 515; vgl. DERS., Mt 416f.
[34] Die Deutung des Jona-Zeichens auf die „Parusie des Auferstandenen zum Gericht" – so VÖGTLE, a.a.O. 130f.135f u.ö. – ist entscheidend von der Deutung von V 30 („der Menschensohn") her bestimmt. Das Richtige an ihr dürfte sein, daß der Hinweis auf das bestätigende Zeugnis der Auferweckung in stärkster Weise zur Entscheidung rief und insofern den Gerichtsgedanken in sich hatte; vgl. dazu nur die Bezeugung der Osterbotschaft in (der Tradition?) der Apg (s. dazu u. A. 47). Die Parusie des Auferweckten legt sich aber in einer Deutung des Jona-Zeichens V 29 auf Jesus nicht unmittelbar nahe.
[35] Wie SCHMITT, a.a.O. 124, haben schon mehrere gefragt: „Warum gerade Jona? Gab es denn sonst keine Bußprediger unter den Propheten? Eine Nennung Jeremias etwa hätte eine engere Parallele abgegeben..."

1. Weithin hält man die *Mk-Fassung* des Herrenwortes Mk 8,12, wo sie von der Q-Fassung abweicht, für ursprünglicher als diese; so die Frageform (τί)[36], das Fehlen der adjektivischen Zusätze πονηρός[37] bzw. μοιχαλίς; das stärker ablehnende εἰ[38], die ἀμήν-Einleitung (ob mit Recht?[39]), auch die Einleitung Mk 8,11 diff Lk 11,29a (s. dort), von Lukas als 11,16 vorgezogen (s. dort); vor allem aber das Fehlen der Notiz über das Jona-Zeichen (s. nachstehend).

2. Der Hinweis auf das Jona-Zeichen, der *in Mk 8,11f fehlt,* ist Mt 16,4 aus Mt 12,39 par Lk 11,29 nachgetragen. Die Notiz könnte an sich in der Q-Tradition sekundär zugewachsen sein[40], könnte evtl. aber auch zusammen mit V 30 sekundär nach V 29 gebracht sein aus Gründen besserer Anknüpfung[41]. Wahrscheinlicher aber muß man gegenteilig urteilen: V 30 ist nicht ob des Stichwortes „*Jona*" dem Rätselwort V 29 angefügt worden, sondern um das rätselhafte „*Zeichen* des Jona" dort aufzuschlüsseln; s. u. Dann hätte also das εἰ μὴ τὸ σημεῖον Ἰωνᾶ V 29 als ursprünglich zu gelten[42]. In einer frühen nachösterlichen Tradition wäre ein „Sitz im Leben" für die Ablehnung einer Zeichenforderung, ein Apophthegma wie Mk 8,11f ohne Angabe eines Grundes, schwer vorstellbar, kaum auch ein ungerahmtes Logion, inhaltsarm wie Mk 8,12[43]. Könnte es also Markus gewesen sein, der den – für seine Leser recht unverständlichen – Hinweis auf das Jona-Zeichen gestrichen und auch die Diktion von V 29 verschärft hat[44]? Eine Zeichenverweigerung paßt in den mark Kontext: Markus wird urteilen, Jesu Taten und Worte seien in sich schon vollgültige Zeichen, welches Verständnis der anschließende Hinweis auf die Verstocktheit der Jünger 8,17f sogar nahelegen würde. Vielleicht wollte er sogar sagen, in den beiden Wüstenspeisungen (vgl. Mk 8,16.19–21) hätten die Pharisäer „Zeichen vom Himmel" erkennen sollen (vgl. auch Joh 6,30f). – So wird man den Hinweis auf das Jona-Zeichen auch für die frühe vormark Überlieferung vermuten dürfen, zumal wir hier auf eines der ältesten urchristlichen Theologumena stoßen: Die Auferweckung Jesu ist den ersten Christen das bestätigende Zeichen Gottes für Jesus und dessen hoheitlichen Anspruch schlechthin[45].

3. Die Deutung des Jona-Zeichens auf die Errettung und Auferweckung Jesu sollte man auch für die *Q-Tradition* nicht voreilig in Frage stellen[46]. Nach Lk 10,21

---

[36] Vgl. VÖGTLE, a.a.O. 109f.

[37] Siehe o. S. 272.

[38] Vgl. N. D. COLEMAN, Some Noteworthy Uses of εἰ or εἶ in Hellenistic Greek, with Note on St Mark 8,12, in: JThS 28 (1927) 159–167. Belege für LXX-Sprachgebrauch bei LUZ, Mt I/2, 274 Anm. 15.

[39] Ein ἀμήν geht häufiger bei Lk und Mt verloren; vgl. TrU 96 Anm. 193. Es kann freilich auch ausnahmsweise in Mk zugewachsen sein; vgl. AB I,14f.

[40] Ältere Ausleger bei VÖGTLE, a.a.O. 104 Anm. 4; vgl. auch PESCH, Mk 79f; KATZ, a.a.O. (L 1) 217.244 u.ö.; EDWARDS, The Eschatological Correlative (a.a.O.); LÜHRMANN, Logienquelle 37.42; SATO, Q 282; SCHMITT, a.a.O. 128f. – Die Schwierigkeit von TÖDT, Menschensohn 195, die weithin die Auslegung beeindruckt hat, ist irreführend: „Dann würde an dieser Stelle der einzige Fall vorliegen, in dem bereits Q vorausschauend von der Auferstehung des Menschensohnes spricht"; s. dazu u. unter 3. und A. 47.

[41] So SATO, Q 282.

[42] Vgl. auch BULTMANN, Geschichte 124 Anm. 1; KÜMMEL, Verheißung* 61f; VÖGTLE, a.a.O. 110.134; SCHULZ, Q 253f; VIELHAUER, a.a.O. 111; MARSHALL 483.

[43] Vgl. die Überlegungen bei BULTMANN, Geschichte 54; LÜHRMANN, Logienquelle 34f.

[44] Vgl. so auch BULTMANN, ebd.; KLOPPENBORG, Formation 130.

[45] Siehe nachstehend unter 3.

[46] Siehe auch u. (zu V 30) S. 276ff.

par ist die Machtstellung des Erhöhten den Predigern und Tradenten der älteren Q-Tradition gewiß eine grundlegende Voraussetzung ihrer Verkündigung. Lk 12,10 wissen diese Tradenten, daß die Ablehnung des irdischen Menschensohnes und seiner Verkündigung noch nicht die endgültige Verwerfung bedeuten sollte; eine solche wird erst nach der „Lästerung wider den Geist", der sich in der nachösterlichen Verkündigung bekundet (s. ebd.), erfolgen. – Ohne die Ostererfahrung hätte es nicht die erneute nachösterliche Christuswerbung in Israel, die dieses „Zeichen" für die weitere Verkündigung der Botschaft Jesu schon nötig hatte[47], gegeben.

4. Eine *Zeichenforderung* muß angesichts des machtvollen Wirkens und anspruchsvollen Forderns Jesu *historisch* nicht als unwahrscheinlich gelten[48]. – Wenn Jesus nicht – wie Mk 8,11 f will – ein Zeichen kommentarlos rundweg abgelehnt haben soll[49], bliebe die Frage, wie ein Rätselwort des vorösterlichen Jesus wie Lk 11,29 b par verstanden werden konnte. Freilich sollte auch ein unverständliches Rätselwort wie V 29b als solches Jesus nicht schon grundsätzlich abgesprochen werden. (Es müssen uns nicht alle sekundären Kommentierungen Jesu im engen Jüngerkreis überliefert sein.) Eine *bildhafte Todes- und Auferweckungsprophetie* wäre an sich im Munde Jesu möglich: Als „leidender Gerechter" wird Jesus mit seiner „Erhöhung" gerechnet haben; s. Mk 14,25[50]. „An sich": Im Munde des vorösterlichen Jesus wäre der Hinweis auf Jona V 29b aber wohl weder von den Volksmassen noch von den nachfolgenden Jüngern ohne nähere Erklärung verstehbar gewesen, dann also wohl auch nicht recht tradierbar[51]: Das Wort kann nur im Rückblick: als nachösterlich erinnertes und tradiertes Wort – aus österlicher Erfahrung heraus – gedeutet werden. Nachösterlich konnte der Hinweis auf das Jona-Zeichen von Jüngern verstanden werden, die die Jona-Erzählung kannten; s. o. S. 272.

30 Der folgende begründende (γάρ) Vergleichssatz καθώς (Mt: ὥσπερ) – οὕτως[52] verdeutlicht V 29b konkretisierend auf die Jona-Erzählung hin, „deutet" ihn so aber nicht eigentlich[53]. Er versucht eine Aufschlüsselung des „Rätselwortes" V 29b. In Vergleich gesetzt werden Jona[54] und „der

---

[47] Man wird doch – gg. WILCKENS, Missionsreden 137–150 – hinter Stellen wie Lk 24,44–48; Apg 1,8; 1,21f; 4,2.33; 2,(22–31)32–36; 5,29ff; 10,14–43; 11,13–15; 17,18 hier und da traditionelle feste Formulierungen oder gar Formeln vermuten dürfen. Auf jeden Fall wird hier deutlich, wie Lukas das „Jona-Zeichen" 11,29 verstanden haben kann und fast notwendig verstanden haben wird.
[48] Vgl. o. S. 271.
[49] Siehe dagegen vorstehend (unter 2.).
[50] Vgl. dazu H. SCHÜRMANN in: GR 232ff.
[51] Vgl. auch FITZMYER II, 931.
[52] ὥσπερ ist mit großer Wahrscheinlichkeit matth: Mk 0mal, Lk 2mal, Apg 3/0mal, steht in Mt 6,2; 6,5 v.l.; 6,7; 6,16 v.l.; 13,40; 25,32 in Sg, 20,28 aber auch diff Mk und 5,48 v.l.; 12,40; 24,37; 24,38; v.l.; 25,14 diff Lk; 18,17 Sv diff Lk. – καθώς kann nur mit Vorsicht Lukas zugeschrieben werden; vgl. Lk I, 8 A. 42; AB III,5 Anm. 12; vgl. auch SCHULZ, Q 252: „allenfalls".
[53] Mit vielen versteht V 30 auch VÖGTLE, a.a.O. 110f.116 u. ö. als „Deutespruch". – Anders als in unserem Beitrag in: GR 164, möchten wir V 30 nunmehr besser nicht als ein „interpretierendes Kommentarwort" verstehen; vgl. dagegen richtig WANKE, „Bezugs- und Kommentarworte" 57 Anm. 10. Siehe auch o. A. 8.
[54] T[d]: Die sprachliche Feinheit des rückbezüglichen Art. ὁ (vgl. Bl-R § 260), der dem in ὁ υἱὸς τοῦ ἀνθρώπου korrespondiert, könnte verbessern wollen, konnte nach ἐγένετο aber

Menschensohn". Jener wurde (ἐγένετο) für die Niniviten, dieser wird (ἔσθαι) „diesem (vorstehend genannten) Geschlecht" zum „Zeichen" werden. Aber wodurch? Beide durch ihre Bußpredigt (wobei dann an den irdischen Menschensohn gedacht werden könnte, aber auch an den zur Parusie mit dem Verurteilungsspruch Kommenden; s. u.), oder nicht vielleicht in beiden Fällen durch ihr gottgewirktes Geschick (wobei der „Menschensohn" der Auferweckte, aber auch der als Richter Wiederkommende sein könnte)? Die Frage an V 29 b (s. o.) verschärft sich in V 30 also noch. Mehrere Beobachtungen (vgl. 1.–5.) lassen an die *Auferweckung Jesu* denken:

Für die schon oben (zu V 29) aufgeworfenen Fragen ist es *zunächst* (1.) nicht unwichtig, die literarische Funktion von V 30 richtig zu verstehen. Handelt es sich um eine redaktionelle „Übergangsbildung" von V 29 zu VV 31 f[55]? Dann böte sich für V 30 a von VV (31)32 her der Gedanke an die Bußpredigt des Jona an[56].

Selbst wenn vormals „Lk 11,30.31 f eine Komposition von Gerichtsdrohsprüchen" gewesen wäre[57] (was zu bezweifeln ist; s. u.), wäre damit über die Deutung des V 30 von VV 31 f her noch keineswegs eindeutig entschieden. Eine Deutung des (erweiterten) Logions VV 29(30) von VV 31 f her wäre so oder so problematisch (s. ebd.). Wenn aber V 30 eine sekundäre Aufschlüsselung von V 29 ist, dem V 29 zugewachsen bereits vor Anfügung von VV 31 f, liegt eine Ausdeutung von V 30 auf die wunderbare Errettung des Jona (und Jesu), wie wir sie (hypothetisch) für V 29 fanden, auch für V 30 näher.

Methodisch scheint es (2.) *sachgerechter,* das konkretisierende und aufschlüsselnde Wort V 30 in Zusammenhang mit seinem Bezugswort V 29 b zu verstehen s. dazu u. (S. 283 f).

Für V 29 b bot sich uns aber oben bereits, freilich dort noch hypothetisch, eine naheliegende Auslegung des Jona-Zeichens – als ältestes nachösterliches Verständnis – an: V 30 b wäre danach wie V 29 b (s. ebd.) – im Vergleich mit der wunderbaren Rettung des Jona V 30 a – von dem bestätigenden „Zeichen" der Errettung Jesu, seiner Auferweckung[58], zu ver-

---

auch leicht in Wegfall geraten; er könnte so B pc richtig bewahrt sein. Dagegen steht freilich das Zeugnis von 𝔓[75] ℵ A C D L W Θ Ξ Ψ 0124 f[1.13] 𝔐, denen St-T und G folgen.
[55] So LÜHRMANN, Logienquelle 40ff; ähnlich SCHMITT, a.a.O. 124; dagegen VIELHAUER, a.a.O. 111.
[56] So z.B. KATZ, a.a.O. (L 1) 238ff, und die meisten.
[57] So VÖGTLE, a.a.O. 118f.
[58] So ursprünglich JEREMIAS, a.a.O. 412, im Gefolge von SCHLATTER, Mt 416f (s.o. A. 33). Seine nachträgliche „Korrektur" in: DERS., Gleichnisse² 133f Anm. 5 (dort von der Gerichtspredigt des Jona verstanden) hat dieser später unter dem Einfluß der Arbeit von VÖGTLE, a.a.O., wieder zurückgenommen; vgl. dazu VÖGTLE, ebd. 131 Anm. 126 und Jeremias, Gleichnisse⁶ 186 Anm. 2. – Ähnlich wie (ursprünglich) Jeremias auch SEIDELIN, a.a.O. (der aber den Akzent auf den Tod Jesu legt; vgl. dagegen richtig VÖGTLE, a.a.O. 120f). Abwegig HEINZE, a.a.O., nach dem bei Jona an die wachsende und vergehende Staude zu denken sei und der „Menschensohn" als „Zeichen der Rettung" zu verstehen sein soll. – Vgl. harmonisierend RENGSTORF z. St.: „Die Verknüpfung seines Zeichens mit dem Zeichen des Jona kann nur den Sinn haben, daß Jesus seine Erweisung als der Menschensohn durch den Tod hindurch erwartet … Da das Zeichen den

stehen, nicht etwa vom irdischen Jesus in Person, seinem Reden und Tun[59].

Zu *ergänzen* wäre (3.): Das „Deutewort" V 30 will nur den Term „Zeichen des Jona" V 29 b aufschlüsseln, an sich nicht die Zeichenablehnung in V 29 a kommentieren. V 30 darf somit nicht von vornherein festgelegt werden auf die Deutung: „Es wird kein Zeichen gegeben werden; zu erwarten ist nur noch das Gericht!" Das εἰ μή V 29 a verwies für das „Jona-Zeichen" durchaus noch auf positivere Möglichkeiten.

Für die Deutung von V 30 ist die Frage nicht unwichtig[60], ob (der Titel?) „Menschensohn" in Q = Lk 11,30 par Mt 12,40 den vorösterlichen Jesus oder den erwarteten Weltenrichter meint; von dieser Frage ist in etwa abhängig dann die weitere: ob das ἔσται als gnomisches oder als echtes Futur zu deuten ist (s. u.)[61].

Weiter (4.): Ob nicht Lukas (und auch schon eine frühe Q-Tradition) hier den vorösterlichen Jesus rückblickend *„Menschensohn"* nennt[62] und dessen (inzwischen erlebte) Auferweckung als Bestätigung Gottes, als neuen Aufruf an die Jünger zur Christuswerbung und für „diese Generation" als erneute Bekehrungschance verstanden hat? Der irdische Jesus, der hier und jetzt das Wort Gottes sagt (vgl. V 28) und in dessen Wirken auf Erden bereits die Basileia anstand (vgl. V 20)[63], wurde schon früh als der Gesandte Gottes „der Menschensohn" genannt; dieser irdische „Menschensohn Jesus" wird nicht durch seine Bußpredigt als dem Propheten

---

Glauben begründen soll, so könnte der Gedanke hineinspielen, daß Jesu derzeitigen Hörern und Verächtern die Umkehr, zu der er einlädt, noch einmal angeboten werden soll, wenn er gekreuzigt und auferweckt sein wird (s. A. Schlatter). Dem würde entsprechen, daß die erste Verkündigung der Apostel die Judenschaft im Namen des auferweckten Jesus (vgl. 24,47) zur Umkehr einlud (vgl. Apg 2,22 ff)." – RENGSTORF hat sich freilich, in: ThWNT VII, 231 f (a.a.O.), unter dem Einfluß von Lührmann von seiner obigen Deutung (auf Tod und Auferstehung Jesu hin) stillschweigend distanziert.

[59] So Manson, The Sayings* 91: „Jesus both preaches and acts"; ebd. 90: „Jesus Himself is the sign, the only sign, that will be given".

[60] VÖGTLE, a.a.O. 106–109 u. ö., will diese Frage methodisch als Deutungsschlüssel für V 30 ausschließen, entscheidet damit aber auch schon sachlich, da er so die Möglichkeit, daß (1.) eine frühe Q-Tradition hier rückblickend vom (2.) „Menschensohn" als dem vorösterlichen Jesus die (3.) bevorstehende Auferweckung aussagen will, nicht konsequent in den Blick nimmt (welches Versäumnis die Deutung des Logions in der Forschung weithin bestimmt).

[61] Siehe u. A. 68.

[62] Siehe dazu u. S. 278. – So richtig HAMERTON-KELLY, Pre-Existence 34 f.93.95, gg. TÖDT, Menschensohn (und die übliche Deutung von V 32 her). – Hamerton-Kellys weitere Deutung aber scheint problematisch: „The future judgement takes place in the present, in the preaching of Jesus", wobei er sich auf KÄSEMANN, Sätze heiligen Rechts, beruft und das ἔσται „in a general sense" nehmen muß – im Dienst seiner These, die Weisheit Gottes mit dem Menschensohn funktional zusammenzudenken.

[63] Sosehr Lk 11,30 b im Kontext den Hinweis Jesu auf sein die Basileia präsentierendes Wirken in der Weise von Lk 11,20 (und für die Zukunft) aufgreifen kann, wenn auch übersteigernd – man sollte doch nicht darin den Sinn des Vergleichs mit dem Wirken des Jona sehen. Vgl. dagegen ausführlicher VÖGTLE, a.a.O. 127 f (gg. MANSON, The Sayings* 90 f, GRUNDMANN und TAYLOR, Mk z. St.).

Jona ähnlich als Zeichen hingestellt[64]; er wird demnächst in Erniedrigung und Erhöhung, in Tod und Auferstehung, das Schicksal des Jona erleben und für „dieses Geschlecht" dadurch zu einem „Zeichen vom Himmel", von Gott bestätigt.

Aufgabe unserer Textinterpretation ist das Verständnis des luk Aussagewillens. Dieser kommt deutlicher in den Blick, wenn wir nunmehr das Menschensohn-Verständnis des Lukas näherhin ins Auge fassen: Im Zusammenhang der Evangelienschrift wird Lukas den „Menschensohn" hier als den verstanden haben, den er seinen Lesern bereits in den ersten zwei Leidensweissagungen 9,22.44 (später dann noch 18,31; vgl. Lk 17,24f) par Mk vorstellte: als den irdischen Jesus, der leiden muß und auferweckt werden wird.

Lukas gebraucht den Titel, wo er ihn vor 11,30 aus seinen Quellen übernimmt, vom irdischen Jesus: vgl. sonst noch 5,24 par Mk; 6,5.22; 7,34 par Mt; 9,(56 v.l.)58 S[65]. Nur einmal, nämlich 9,26 par Mk, ließ Lukas seine Leser bislang wissen, daß dieser Jesus als der Menschensohn auch der zur Parusie Kommende[66] und dann Beisitzer im Gericht sein werde (was in 11,30b – wie wir oben sahen – gegebenenfalls schon leicht anklingen kann).

Vom luk Gebrauch des Titels her legt sich also für V 30 ein Verständnis im Sinne von 9,22 (44) durchaus näher als von 9,26 her, besonders wenn man bedenkt, daß Lukas sich den kommenden Menschensohn kaum irgendwo (oder doch nur recht zweifelhaft) als den eigentlichen Richtenden vorstellt[67]. Auch von da aus ist es mißlich, V 30 von VV (31)32 her den, der „mehr ist als Jona", als Richter (bzw. als Gerichtsprediger) zu verstehen.

---

[64] Im Rückblick, Jesus in den Mund gelegt, hat das Wort also einen futurischen Sinn. Das ἔσται muß somit nicht als gnomisches Futur umgedeutet (s.u. S. 281 und o. A. 19) werden; gg. SCHULZ, Q 256, u.a.: Die gemeinte Zukunft kann rückblickend in einem Ausspruch des irdischen Jesus an sich sowohl eschatologisch das Kommen als Menschensohn wie futurisch dessen (vorausgesehene) Auferweckung und Erhöhung meinen, darf hier aber auch nicht als futurisches eschatologisch verstanden werden (s.o. A. 19). FITZMYER II, 936, muß bei seiner Deutung auf die Predigt an die fernere (vorösterliche) Predigt Jesu denken.

[65] Vgl. auch später noch 12,10.40 par Mt; 19,10 (vgl. par Mk 2,17b); 22,22.48 (par Mk 14,21); 24,7 (vgl. Mk 14,41b).

[66] Das wird Lukas dann im weiteren Verlauf seines Erzählens häufiger betonen müssen: Vgl. 12,8f diff Mt; 12,40 par Mt 24,44; 17,(22)24.26(30) par Mt; 18,8b S; 21,27.36 (vgl. Mk 13,26); 22,69; 24,7 (vgl. Mk 8,31; 9,31; 10,33) par Mk.

[67] Die teils (für Q unsicheren) Stellen, die den kommenden Menschensohn nennen, schildern diesen nirgends eindeutig als Richter in eigener Person: vgl. Lk 12,8b (diff Mt); vormals auch Lk 12,9b (diff Mt)?; 12,40 par Mt 24,44 (vgl. diff Mk 13,35f) höchstens als „Mahn-Figur". Grundlegend ist er der Retter der Seinen: vgl. Lk 12,8b (diff Mt); Mt 10,23 (diff Lk), vgl. dazu aber auch nachstehend. – Vgl. auch EDWARDS, The Sign (a.a.O.) 95 (etwas einseitig akzentuiert): „The Q sayings express the humility and rejection of the Son of Man on earth, and hint at his authority." Zum luk Gebrauch des Menschensohn-Titels vgl. G. SCHNEIDER, „Der Menschensohn" in der lukanischen Christologie, in: R. PESCH u.a. (Hg.), Menschensohn 267–282, hier 282: „Ob ... der Menschensohn im strengen Sinn als Endrichter verstanden wird, ist nicht deutlich zu erkennen (12,8; 18,8b). Die rettende und erlösende Funktion des zur Parusie Kommenden tritt hervor (17,22b; 21,36) ... 22,69 (diff Mk) [zeigt] das Zurücktreten des Themas

Bestätigend (5.) mag bedacht werden: Die Gleichnisdeutung weiß, daß bei den Gleichnissen Jesu nicht nur die „Sachhälfte" von der „Bildhälfte" erhellt wird, daß vielmehr „metaphorisch" häufig die „Sachhälfte" die Bildhälfte irritiert, ja erst vom gemeinten Sachverhalt verständlich wird. So scheint Lk 11,30 der Wie-Satz V 30a vom So-Satz V 30b her erst verständlich zu werden. Dem Kontext nach gibt es nun ein Beglaubigungszeichen für die Verkündigung Jesu von Gott her: Die Auferweckung wird Jesu Verkündigung bestätigen. Also wird die „Wie-Hälfte" des Vergleichs auch nach einem bestätigenden Zeichen in der Vita des Jona suchen müssen; nach Ostern konnte man das dann kaum anders verstehen als: Jesu Auferweckung ließ an die wunderbare Errettung des Jona denken. Seine erfolgreiche Gerichtspredigt war kein Gerichtszeichen. Es wäre eine Fehlinterpretation, von der Gerichtspredigt des Jona her (vgl. V 32b) auf den richtenden Menschensohn und sein Gerichtsurteil hin oder auch auf die fernere irdische Predigt Jesu vor Ostern deuten zu wollen. Vom „Zeichen" des auferweckten „Menschensohnes" V 30b muß das Jona-Zeichen V 30a (29) her verstanden werden, auch wenn seine christologische „Erfüllung" (wie häufig) das Vergleichsbild überanstrengt.

Freilich kann bei dieser unserer Deutung eine Schwierigkeit empfunden werden. Wie wurde Jona „für die Einwohner von Ninive ein Zeichen" von Gott her? Doch schwerlich schon durch seine Bußpredigt, auch wenn sie erfolgreich war; ein Prophetenwort bedarf einer legitimierenden Bestätigung, ist nicht ein Zeichen für sich selbst. Daß Gott mit Jona war, zeigte dagegen seine wunderbare Errettung! Aber ist diese in der Stadt bekannt geworden? Keineswegs ist es notwendig, ja nicht einmal erlaubt, in den Text eine abermalige Bußpredigt des Erretteten in Ninive einzutragen[68]. Es geht in der Wie- und in der So-Hälfte des Vergleichssatzes ja gerade um die Bestätigung der vormaligen Verkündigung des Jona und der des vorösterlichen Jesus – dort durch die wunderbare Errettung des Jona, hier durch die Auferweckung des Gekreuzigten. In der Zeit des Lukas kann man durchaus gemeint haben, die Errettung des Jona sei in Ninive Stadtgespräch gewesen: „Wie Jona für die Einwohner von Ninive ein Zeichen (von Gott her) war" aufgrund seiner wunderbaren Errettung, die sein Wort im nachhinein bestätigte und eine Aufforderung war, an der Umkehr festzuhalten[69], „so wird (es) auch der Menschensohn sein für dieses Geschlecht" (aufgrund der Auferweckung durch Gott, die sein Wort im nachhinein bestätigt und „diesem Geschlecht" erneut Aufforderung sein wird zur Umkehr). Die Gemeinde der dritten Generation, die hier tradierte, hörte mit: eine Aufforde-

---

vom Endrichter zugunsten der Erhöhungschristologie" – auch wohl zugunsten des soteriologischen Verständnisses des Menschensohnes.
[68] Vgl. dazu die Belege o. in A. 30 und 31. – Der Vergleich würde auch nicht zutreffender, wenn man mit Berufung auf die legendäre Jona-Vita (s. ebd.) Jona als Zeichen in Person in Ninive als den wunderbar Erretteten noch einmal auftreten lassen würde. – Vgl. die Kritik an den späten und undeutlichen Zeugnissen bei VÖGTLE, a. a. O. 130f, der dieses Verständnis von V 30 Jesus abspricht, aber Q und Lukas immerhin doch schon zutraut.
[69] Der Verfasser des Buches Tobit wußte, daß die „Bekehrung der Niniviten" nicht von Dauer gewesen war und daß sie durchaus einer erneuten Buß- oder Gerichtspredigt bedurften (s. Tob 14,4.8 A.B). Auch JosAnt IX, 214 kennt erneute Unheilsankündigungen gegen Ninive.

rung auch für uns – in der dritten Generation –, an Umkehr und Christusglauben festzuhalten. Erzähler nach Ostern wußten: Der wunderbar errettete Jona wurde für die Niniviten objektiv ein Zeichen, ob sie davon gehört hatten oder nicht. Wie der von Gott den Niniviten gesandte Jona ja doch in seiner Errettung ein Zeichen war, so auch – und doch ganz anders – der von Gott erweckte Jesus; ganz anders, weil dieser ja doch in seiner Auferweckung nicht nur „ein Zeichen", sondern das V 16 geforderte „Zeichen vom Himmel" war.

Wenn das so formulierte Wort gelesen wird aus dem Blickwinkel der späteren Gemeinde, die vornehmlich von der Auferweckung des Gekreuzigten her dachte (und vielleicht in dem naiven Glauben lebte, auch den Niniviten wäre das Rettungswunder Gottes an Jona bekannt geworden?), entfällt die oben genannte Schwierigkeit. Das Interesse des V 30 liegt in V 30 b auf der So-Hälfte des Vergleichs, die man traditionell schon in der Wie-Hälfte – im Jonageschehen – angedeutet fand.

Unsere Ausdeutung von VV (29)30 steht einem verbreiteten Verständnis entgegen, das von VV 31 f her V 30, und von einem so verstandenen V 30 her auch V 29 b, das Jona-Zeichen, nicht von der Auferweckung des Gekreuzigten, sondern vom Wirken des irdischen Jesus bzw. dessen Bußpredigt[70] oder von dem Gericht des kommenden „Menschensohnes"[71] bzw. von dessen Gerichtsrede her verstanden haben will (s. o. S. 272). Gegen diese Deutung auf das Gericht dürfen hier noch Einwände nachgetragen werden:

1. Das zusätzliche Doppelwort VV 31 f par spricht zwar eindeutig vom drohenden kommenden Gericht. Aber das zwingt noch nicht, „den Menschensohn" in V 30 b unmittelbar als den kommenden Weltenrichter zu verstehen; ganz im Gegenteil: Schwerlich wollte der Zusatz VV 31 f ursprünglich wirklich eine Gerichtsandrohung von V 30 b weiter ausmalen und begründen, auch nicht, wenn τὸ κήρυγμα Ἰωνᾶ V 32 b ausdrücklich genannt war. Das schon darum nicht, weil in der Parallele V 31 Salomos Weisheitsrede keine Gerichtspredigt war. Die beiden Schrifthinweise VV 31 f sollten zunächst einmal in *christologischer Absicht* bekräftigen, wie gefährlich es ist, Jesu Weisheitsrede und prophetische Mahnrede zu überhören, weil hier „mehr als Salomo ..., als Jona" ist – nämlich eben „der (heilbringende) Menschensohn", jetzt vorösterlich noch als Repräsentant der Basileia (vgl. V 20), in Zukunft dann als der aus dem Tode Errettete (V 30); s. dazu u. (zu VV 31 f).

Für diese unsere Deutung von VV (29)30 wird uns unten (zu VV 33.34–36) eine Hilfe zukommen: Dort wird uns eine vormalige Q-Akoluthie Lk 11,(16)29 b(30).33.34 ff par Mt deutlich, in die im Christologisierungsprozeß der Q-Tradition Lk 11,31.32 par Mt 12,42.41 erst nachträglich eingeschoben sein könnte (ähnlich wie uns oben 11,19–20 bereits als „Einfügung" in einen vormaligen Zusammenhang 11,17 b–18 a.21 f[23] par Mt wahrscheinlich wurde).

2. Weder die Gerichtspredigt Jesu als des vorösterlichen Menschensohnes (a)

---

[70] So HARNACK, Sprüche* 21; TÖDT, Menschensohn 49 („die Predigt Jesu ... letztes Zeichen"); HOFFMANN, Studien 181 Anm. 92 (so der „ursprüngliche" Sinn); SCHULZ, Q 256f; FITZMYER I, 933; KLOPPENBORG, Formation 132f; LUZ, Mt I/2, 275.279. Für diese Deutung viele Zeugen bei VÖGTLE, a.a.O. 127 Anm. 105; SCHULZ, Q 256 Anm. 545.

[71] BULTMANN, Geschichte 124: „das geforderte Zeichen für die Predigt Jesu ist der Menschensohn selbst, wenn er zum Gericht kommt" (vgl. Mt 24,30). So für das Verständnis von Q auch: HOFFMANN, ebd.; TÖDT, Menschensohn 49; VÖGTLE, a.a.O. 130f.135 f u. ö.; STEINHAUSER, Doppelbildworte 376; POLAG, Christologie 95.133; GNILKA, Mt 465.468 f; WANKE, „Bezugs- und Kommentarworte" 58; SATO, Q 283. – Weitere Zeugen für dieses Verständnis s. u. in A. 73 und bei SCHULZ, Q 256 Anm. 546.

noch das Kommen des Menschensohn-Weltenrichters in Person (b) kann V 30 bedenkenlos ein *„Zeichen"* genannt werden: Der Begriff des Zeichens verschöbe sich in beiden Fällen spürbar. Beide Auslegungen haben noch darüber hinaus ihre Schwierigkeiten:

a) Das ἔσται kann – wie schon das δοθήσεται V 29 b [72] – in unserer Redefigur nicht gut anders als auch sonst üblicher: nämlich futurisch [73], verstanden werden, nicht als gnomisches Futur. Zudem: Die Gerichtsdrohungen des vorösterlichen Jesus (vgl. 13, 1–4 u. ö.), die wohl schon bald seine wenig erfolgreiche Heilsansage begleiten mußten, kann man nicht gut in Vergleich setzen zu der doch erfolgreichen Bußpredigt des Jona.

b) Wenn der Gerichtsgedanke eingeführt werden soll, müßte für den Vergleich eine Diskrepanz, eine die Form sprengende Antithese angenommen werden [74]: Jona wurde als Bußprediger den Niniviten zum Heils-Zeichen, der kommende Menschensohn-Weltenrichter aber würde durch sein Gericht „diesem Geschlecht" zum Unheils-Zeichen werden: zu einem „Drohzeichen". Da eine Umkehr dann nicht mehr möglich wäre, läge kein Beglaubigungszeichen für die Fragesteller vor, im Grunde eine Verweigerung eines Zeichens wie Mk 8,12.

Die eschatologische Deutung auf den kommenden „Menschensohn"-Weltenrichter würde auch nicht besser, wenn man diesen am Ende mit der Gerichts*predigt* (s. o.) kommen ließe.

Unser Verständnis von V 30 zeigt, daß wir V 29 b den Genitiv doch wohl mit Recht epexegetisch verstanden haben: Auch V 30 sind sowohl Jona wie Jesus in Person bzw. in ihrem Geschick zeichenhaft verstanden, was eine Ausdeutung auf eine Bußpredigt beider unwahrscheinlich sein läßt. In unserem ältesten Kommentar Mt 12, 40 [75] ist Lk 11, 30 Q also nicht gänzlich mißverstanden worden.

Dabei darf eine abschließende Bemerkung freilich nicht fehlen: Auch die Verkündigung der Auferweckung des „Menschensohnes", dieses

---

[72] Siehe o. (A. 64 und 19).
[73] Vgl. dazu bes. EDWARDS, The Eschatological Correlative (a. a. O.), für die das Futur im 2. Glied typisch ist (vgl. Lk 17, 24 par; 17, 26.30 par; Mt 12, 40 f. Wie Edwards deuten das ἔσται futurisch auch LÜHRMANN, Logienquelle 40; KATZ, a. a. O. (L 1) (221–237)237–247, und alle, die an das eschatologische Gericht denken; s. A. 71. Es darf aber auch auf den Unterschied zwischen den von R. A. Edwards zusammengetragenen „eschatological correlatives" und V 30 aufmerksam gemacht werden: In allen Fällen macht nach dem „Wie-Satz" (Protasis) der „So"-Satz (Apodosis) den erwähnten Menschensohn durch eine ausdrückliche Zeitbestimmung als den Kommenden kenntlich – das aber gerade Lk 11, 30 nicht ausdrücklich. Diese Deutung darf nicht als Selbstverständlichkeit eingetragen werden. – Wenn man 12, 39 f par Mt und Mt 12, 40 (vgl. den beachtlichen Unterschied: Bildwort bzw. Gleichnis) ausklammern darf, bleibt zudem eigentlich gar keine „Verkündigungsstruktur" oder gar eine „Gattung" übrig, sondern nur Lk 17, 24.26.30 eine sprachliche Angleichung aneinander von drei Versen im gleichen Text. Es ist also sehr gewagt, von hier aus eine eigene Gattung „Eschatological Correlatives" bestimmen zu wollen, noch mehr, Lk 11, 30 von dorther gleichsinnig zu erklären.
[74] Auch SCHMITT, a. a. O. 124, stellt bei dieser Deutung eine „Spannung", gar eine „Antithese" fest.
[75] Selbstkorrektur von TrU 231 (s. schon zu V 27): κοιλία V 27 muß nicht das matth Zitat Jona 2, 1 Mt 12, 40 herbeigerufen haben.

grundlegenden Heilszeichens Gottes[76], impliziert Gerichtsverkündigung: Bei erneuter Ablehnung des nachösterlichen Heilsangebotes verschärft sich die Gefährdung für Israel (und auch für Christen). Daß Jesu Auferweckung selbstverständlich vom Innersten her auch einen neuen und verschärften *Aufruf zur Umkehr* beinhalte – man konnte schon bald, besonders aber zur Zeit des Lukas, bei der Formulierung von V 30b diesen Nebensinn nicht gut überhören: daß der als irdischer Menschensohn „verleugnete" Jesus (vgl. 12,8f) als auferweckter und in der Zeit der Kirche pneumatisch wirkender Menschensohn (vgl. 12,10) als „Zeichen des Widerspruchs" auch viele „zu Fall" bringen wird (vgl. Lk 2,34) und damit dann wie von selbst auch als der zur Parusie zu erwartende Weltenrichter erkannt werden muß, an dem sich das Endschicksal entscheidet – anders oder ähnlich wie 17,(22)24.26(30) par Mt. So steht V 30 doch auch sinnvoll eingerahmt zwischen den Warnungen V 29 und VV 31f. An sich aber ist der aus dem Tod erweckte (und kommende) „Menschensohn" hier für Lukas mehr ein Zeichen der Hoffnung als eine Einladung zur Umkehr oder gar als ein Zeichen des Gerichts.

Es entspricht der „Ekklesiologie" des Lukas, seiner Vorstellung von der erst nachösterlichen Transformation des Gedankens vom Gottesvolk, daß durch die Auferweckung Jesu der Generation, die ihn abgelehnt und ans Kreuz gebracht hatte, erneut eine Bekehrungschance gegeben wird. Es entsprach aber auch der vorösterlich noch „verdeckten" Verkündigungssituation, daß die nachösterliche Tradition und Lukas Jesus von seiner Errettung aus dem Tode in V 29b nur in einem fast unverständlichen Rätselwort andeutend reden ließen. – Lukas versteht die 11,31–32 folgende Gerichtsankündigung als eine bedingte, als eine Gerichtsdrohung (s. u.), wie Lk 12,10 dann kommentiert (s. ebd.): Ablehnung des irdischen Menschensohnes damals konnte noch vergeben werden, nicht aber mehr das Sich-Versagen gegenüber der geistmächtigen nachösterlichen Verkündigung vom auferweckten und erhöhten Kyrios, nicht mehr eine nachösterliche „Geist-Lästerung".

1. Daß Lk 11,30 und Mt 12,40 auf eine gemeinsame Vorlage zurückgeführt werden müssen, machen die bedeutenden formalen Gemeinsamkeiten der beiden Fassungen (bei allen Unterschieden) eindeutig[77]. – Nach der vorstehenden Exegese müssen wir kaum mehr fragen, ob *Q besser in Lk 11,30*[78] *oder in Mt 12, 40* bewahrt ist[79]. Hat Lukas etwa gekürzt (vielleicht weil „die drei Tage und die drei Nächte"

---

[76] EDWARDS, The Eschatological Correlative (a.a.O.) 172, macht den auferstandenen „Menschensohn" zum „vindicated preacher".
[77] Vgl. auch VÖGTLE, a.a.O. 116. Siehe schon o. S. 277f.
[78] Nach den breiten Ausführungen von VÖGTLE, a.a.O., bes. 116–127 (127–134), übrigens mit „der größeren Anzahl der Autoren" (ebd. 127).
[79] Mit letzterem rechnen WELLHAUSEN, Mt; SCHNIEWIND, Mt*; SCHLATTER; DERS., Mt z. St., mit Schl. auch RENGSTORF; BÜCHELE, Tod Jesu 150, offenbar auch FRANCE, a.a.O. 65 und passim. Gegenteilig urteilen die in nachstehender A. 80 genannten Autoren.

nicht auf Jesus übertragbar waren und der „Schoß der Erde" auch nur entfernt zu vergleichen war)? Oder ist nicht doch der ausmalende Schriftanklang als spätere matth Schriftgelehrsamkeit zu verstehen – trotz einiger luk Spracheigentümlichkeiten in Lk 11,30? Die luk Fassung fügt sich eindeutig besser in den unmittelbaren Kontext[80]. Zudem dürfte Mt 12,45 c, weitgehend übereinstimmend mit Lk 11,26, noch matth Kenntnis von Lk 11,30 b verraten[81]; vgl. οὕτως ἔσται καὶ τῇ γενεᾷ ταύτῃ, wobei die Fortsetzung τῇ πονηρᾷ aus Lk 11,29 par Mt 12,39 stammen wird. Man kann diesen Halbvers Lk 11,30 b nicht streichen, ohne den ganzen konkretisierenden Zusatz in Frage zu stellen; eine Umstellung durch Matthäus nach Mt 12,45 c ist dort als sehr kontextgemäß aufzuweisen.

2. Eine Entsprechung zu V 30 fehlt noch in Mk 8,11f par Mt 16,1f.4. V 30 will den rätselhaften Schriftbezug von V 29 b durch *Einfügung* eines Vergleichs aufschlüsseln[82], wobei er die Zeichenverweigerung von V 29 a einschränkt. Schwerlich gehörte V 30 ursprünglich mit dem prägnanten Logion V 29 zusammen[83]. V 30 erklärt nur mit Hilfe eines Schriftvergleichs den Terminus „Jona-Zeichen" in V 29 b, nicht eigentlich die Zeichenverweigerung von V 29 a[84].

3. Ist V 30 als eine redaktionelle „Übergangsbildung" zwischen V 29 und V 31 f zu verstehen?[85] Das scheint ganz unwahrscheinlich: V 30 ist ein „Verdeutlichungswort"[86]; das nur andeutende Rätselwort V 29 b hätte schwerlich längere Zeit ohne eine solche tradiert werden können[87]. Eine *selbständige Tradition* aber hat V 30 par Mt wohl nie gehabt[88]. Wir haben also oben[89] schon recht daran getan, V 30 stärker

---

[80] In der matth Fassung ging das τῇ γενεᾷ ταύτῃ Lk 11,30 b (vgl. schon V 29 b) verloren, an welches VV 31.32 anknüpfen mußten, auch das σημεῖον, das V 29 b wieder aufnahm. (Matthäus könnte sich an Lk 11,30 erinnern, wenn er 24,30 Sv diff Mk das σημεῖον τοῦ υἱοῦ τοῦ ἀνθρώπου einführt?) Vgl. aber auch Mt 24,9 par Mk. Das ὥσπερ statt Lk καθώς ist charakteristisch matth; s. o. A. 52. – Die matth Fassung beurteilen als sekundär die von SCHULZ, Q 252 Anm. 520 genannten Ausleger; so u.a. BULTMANN, Geschichte 124; SCHMID, Mt u. Lk* 297; VÖGTLE, a.a.O. 116–127 (dort 120 Anm. 75 gegenteilige Urteile); KÜMMEL, Verheißung* 61 (dort Anm. 160 gegenteilige Urteile); HOFFMANN, Studien 181 Anm. 92; LÜHRMANN, Logienquelle 37.40; TÖDT, Menschensohn 48.194–197; VIELHAUER, a. a. O. 113.
[81] Vgl. fragend auch LÜHRMANN, Logienquelle 37 Anm. 2.
[82] V 30 ist kein „Kommentarwort" zu V 29; vgl. die Selbstkorrektur o. 53.
[83] SCHULZ, Q 252 Anm. 527, spricht für „ursprüngliche Zusammengehörigkeit". Dafür auch LUZ, Mt I/2, 274f.280. Schwankend ist VIELHAUER, a.a.O. 111: ursprüngliche Zusammengehörigkeit mit V 29 wäre „kaum zu entscheiden"; DERS. ebd. 113: „M. E. gehört v. 30 ursprünglich mit v. 29 zusammen." – Weithin denkt man sich V 30 aber als sekundären Zusatz zu V 29; vgl. nur BULTMANN, Geschichte 124 Anm. 2; JEREMIAS, Gleichnisse⁶ 107.186 Anm. 2; KÜMMEL, Verheißung* 61; auch HOFFMANN, Studien 181 Anm. 92; VÖGTLE, a.a.O. 110; EDWARDS, The Sign (a.a.O.) 86; LÜHRMANN, Logienquelle 36–43; WANKE, „Bezugs- und Kommentarworte" 57; KLOPPENBORG, Formation 130.
[84] Siehe o. S. 277 (unter 3.)
[85] Dafür mit LÜHRMANN, Logienquelle 40ff, auch HOFFMANN, Studien 181; ERNST u.a. – Anders dagegen VIELHAUER, a.a.O. 111; KATZ, a.a.O. (L 1); und die meisten.
[86] EDWARDS, The Eschatological Correlative (a.a.O.) 17; DERS., The Sign (a.a.O.) 85.
[87] So LUZ, Mt I/2, 274. 278ff. – Als Geheimniswort unter verständigen Jüngern konnte V 29 b doch wohl eine gewisse Zeit vom „Jonazeichen" geredet werden; s. o. S. 274.
[88] Anders SATO, Q 282f. – A. VÖGTLE in: DELOBEL, Logia 83, redet von „der geradezu allgemein vertretenen Auffassung ..., daß zumindest Lk 11,30 als ganzes ein nachösterliches MS(= Menschensohn)-Wort ist". Zweifelnd dagegen CULLMANN, Christologie 61 f.
[89] Siehe S. 273.276 f. – So auch VIELHAUER, Gottesreich und Menschensohn, in: Auf-

von V 29 her aufzuschlüsseln (und umgekehrt) als von VV 31 f aus, einem Doppelwort, das seinerseits noch V 30 verständlicher zu machen sucht bzw. auch unter gewissen Aspekten weiterführt; s. u. Der konkretisierende Zusatz wird in der Q-Traditon [90] relativ früh [91] zugewachsen sein, da V 29 nach einer Verdeutlichung rief [92].

4. Ohne Zweifel geht es bereits in einem vormaligen *Q-Zusammenhang* Lk 11,14–26.29b–30.31–32.33.34–36.37–54 [93] um die Bedeutung des Wortes Jesu, das zur Entscheidung und Scheidung zwingt und „dieses Geschlecht" ins Gericht bringen kann.

a) Der Hinweis auf die überragende Bedeutung des Wortes Jesu war der Q-Sammlung sehr wichtig. Das beweist sie schon in 11,20 par, wo sie Jesu Exorzismen als ankommende Basileia interpretiert, dann V 23 in dem Aufruf zur Entscheidung und Mitarbeit, VV 24–26 mit dem Hinweis, das Wort zu bewahren; V 33 verweist auf die lichtspendende Leuchte auf dem Ständer (s. u.), auf das Wort Jesu, der „mehr" ist als Weisheitslehrer und Prophet (VV 31 f), nämlich der gekommene „Menschensohn" (V 30 b). Auf dessen zeichenhafte Beglaubigung mußte nach Jesu Kreuzigung schon energisch verwiesen werden; der Hinweis auf V 20 genügte nachösterlich nicht. Nur dessen Auferweckung – vgl. VV 29.30 – konnte dem Skandalon der Kreuzigung entgegen als bestätigendes Zeichen von Gott her, daß Jesu Verkündigung weitergetragen werden dürfe, ins Feld geführt werden [94]. – Der Überlieferungsort der Tradition VV 29(30) ist somit wohl die erneute Israel-Werbung der ersten nachösterlichen Wanderapostel und Wanderpropheten, die Jesu Botschaft weiterverkündeten und die Israel trotz der Kreuzigung Jesu erneut das Heil anboten. Damit wäre wohl der „Sitz im Leben" für VV 29(30) angegeben: der das Q-Material weitergebende Traditionsvorgang.

b) Das vorstehend skizzierte traditionsgeschichtliche Verständnis gibt unserm obigen Versuch recht, V 30 zunächst in Anlehnung an V 29 – in Absetzung von VV 31 f – zu deuten. Daß der Titel „Menschensohn" in der frühen Q-Tradition ganz bevorzugt den irdischen bzw. zum Leiden gehenden Menschensohn meint (s. o.), bestätigt diese Deutung. Das Doppelwort VV 31 f ist wohl eine sekundäre Einfügung, die das Zusatzwort VV 33(34ff) von dem Grundwort VV 29(30) trennt; s. u. Hier darf man nun wohl eine spätere Q-Tradition (oder die letzte Q-Redaktion) [95] erkennen, die durch Einfügung von VV 31 f die Bedeutung der Verkündigung Jesu heraushob und dabei den Gerichtsgedanken angesichts der Unbußfertigkeit „dieses Geschlechtes" akzentuierte; s. u.

5. Zur Frage, ob die Zeichenforderung an Jesus (VV 16.29 parr) als geschichtlich und ob der Hinweis Jesu auf ein Jona-Zeichen V 29 b als ipsissimum verbum Jesu angesprochen werden könne, siehe bereits oben (zu V 29) [96]. V 30 entfaltet – bei

---

sätze 152. Dagegen immer noch die meisten anders; vgl. HOFFMANN, Studien 186 (vgl. 113): „Interpretament von Lk 11,31 f".

[90] So mit den meisten EDWARDS, The Eschatological Correlative (a. a. O.) 17.
[91] So richtig HOFFMANN, Studien 181 Anm. 92; SCHULZ, Q 252: „bereits vorredaktionell". Anders LÜHRMANN, Logienquelle 20 ff.
[92] S. o. S. 275.
[93] Siehe dazu o. S. 262 f und u. S. 288 f.
[94] Siehe o. S. 273.276–282.
[95] Vgl. unsere Vermutungen in: GR 176–180: Der Menschensohn-Titel in der Endredaktion von Q.
[96] Siehe oben S. 271.

rechtem Verständnis – V 29 b, entspricht also der *intentio Jesu* wie der Hinweis auf das „Jona-Zeichen" ebd. (s. o.).

31 f   Das eingefügte Doppelwort Lk 11,31.32 par Mt 12,42.41 soll vielleicht – im vorliegenden Kontext – das (erweiterte) Grundwort VV 29(30) irgendwie verdeutlichen und weiterführen, was auch ohne Zweifel in gewisser Hinsicht gelingt: Man beachte die Herausstellung der überragenden Bedeutung Jesu und damit seines Wortes (neutrisch: πλεῖον), das als das des „Menschensohnes" (V 30 b) zur Scheidung und Entscheidung führt, das auch Gerichtsandrohung in sich hat und zum Gericht werden kann; das Gerichtsansage, ja Verwerfung Israels als „ekklesiologische" Größe ist; s. u. S. 288. Gewiß aber waren diese „Verdeutlichungen" gegenüber 11,(14–28)29.30 nur möglich aufgrund des Wissens um das Jona-Geschick Jesu in Tod und Auferweckung, das VV 29(30) in seinem Wortlaut dunkel und verdeckt, für das nachösterliche Wissen aber doch deutlich genug, zur Sprache gebracht war (s. o.).

Die Q-Tradition, die VV 29 f nachträglich VV 31 f anfügte, bringt die Osterbotschaft selbst in VV 31 f nicht direkt zur Sprache, weil sie allen Akzent auf die Annahme (und Weitergabe) des entscheidenden Wortes Jesu legen wollte. Insofern bleibt die Zufügung VV 31 f hinter der Aussage von VV 29 f – in gewissem Sinn – zurück. Trotzdem wird man sagen dürfen, daß VV 31 f von VV 29 f her innerlich getragen und beseelt wird: Daß Jesu Wort „mehr" ist, erkennen die, die ihn als den erhöhten Menschensohn wissen. Mehr als[97] die Weisheit Salomos und die Bußpredigt des Jona ist Jesu Gnadenwort (vgl. Lk 4,22; 10,23 f; s. u.). Wenn man VV 31 f als Einfügung zwischen VV 29 f und 33(34 ff) verstehen will (s. u.), wird das von 11,33.34–36 her noch deutlicher.

Die sehr verbreitete Auslegung (s. o.), die meint, die Aussage von VV 29 f – von VV 31 f her – auf den Gerichtsgedanken, vielleicht auf Jesu Bußpredigt, uminterpretieren zu müssen, um eines geschlossenen kerygmatischen Aussagegehaltes von 11,29–32(33–36) willen (s. o.), geht fehl, quält VV 29 f in eine andersartige Verkündigungsintention hinein und verkennt die verbleibende Diastase zwischen VV 29 f und VV 31 f. – Dieses Vorverständnis vom Kontext her müssen Einzelbeobachtungen bestätigen.

Hier wird schon deutlich, daß QLk 11,31 f par nicht als ursprüngliches Zusatzwort zu einem Grundwort 11,29–30 angefügt worden ist. Der Gerichtsgedanke in diesem Hoheitswort übersteigt den unmittelbaren Kontext 11,29–30 und 11,33–36. Lk 11,31 f par wird ein „Einfügungs-Wort" sein, das um des weiteren Kontextes willen (vgl. 11,19 b.24 ff.37–56) als

---

[97] WANKE, „Bezugs- und Kommentarworte" 60, deutet: das „Mehr als" hätte „ursprünglich auf die in der Verkündigung Jesu anhebende Wirklichkeit der Gottesherrschaft hinweisen wollen. Im Zusammenhang mit dem Bezugswort … zielt (es) jetzt auf den im Kerygma der nachösterlichen Prediger präsentierten Jesus", freilich weitergehend auch „auf die … Menschensohn-Würde Jesu" (die V 30 aber nicht „eigentlich als Gerichtsmotiv herangezogen wurde"). Daß das „Mehr Jesu … in seiner Weisheit begründet" sei, mit der er sich 11,19 c identifiziert habe (so GNILKA, Mt I, 466), deutet sich im Kontext nicht an.

Drohwort wider „dieses Geschlecht" (11, 29) auf späterer Traditionsstufe implantiert wurde. Das weitgehend in drei Sätzen parallel gebaute Doppelwort VV 31 f [98] kann zur Gattung der „Drohworte" [99] gezählt werden. Es verbindet die Wertung der religiösen Weisheit (V 31) und die des Prophetismus (V 32), wie das auch sonst in Q erkennbar ist: vgl. nur 7, 34 f; 9, 58; 11, 49 ff [100]. In beiden Hälften wird das Israel der Zeit Jesu abermals (vgl. schon zu VV 29.30) als „dieses Geschlecht" [101] abgewertet, vorbildlichen Heiden gegenübergestellt und mit der kommenden Verurteilung bedroht (wobei die Drohung jeweils bedrohlich am Anfang steht). Die beiden ὅτι-Sätze begründen, warum die Königin des Südlandes [102] (vgl. (1 Kön 10, 1–29; 2 Chr 9, 1–12) und die Männer von Ninive (vgl. Jona 3, 5 LXX) [103] anklagende und aburteilende Richter sein können. Sachlich gründet die Gerichtsdrohung in der Verkennung der überragenden Hoheit Jesu: Jesu Gegenwart (πλεῖον ... ὧδε) wird als bedeutsamer hingestellt als die des weisen „Königs Salomo" und des wortgewaltigen Propheten Jona. Einschlußweise wird Jesus [104] als der *eine* (königliche) Weisheitslehrer und entscheidende Prophet charakterisiert, oder wohl besser: als der, welcher über alle Weisheitslehrer und Propheten hinaus das Wort Gottes endgültig sagt, der Weisheitslehre und Prophetie, darüber hinaus aber auch alles Königlich-Messianische so sehr transzendiert, daß an der Annahme seines Wortes und der Stellung zu ihm sich das ewige Heil im Gericht Gottes entscheidet.

Die Königin von Saba und die Niniviten werden im Endgericht das Urteil über „dieses Geschlecht" sprechen können. Das ist nur möglich, wenn sie zusammen mit diesem auferweckt werden.

Die Auferstehung ist eine Voraussetzung für die Anwesenheit beim Endgericht; sie geschieht „anläßlich" des Gerichts. Auferstehung und Gerichtsgeschehen sind zeitlich und sachlich eng zusammengedacht (ἐν τῇ κρίσει), was ein zeitliches Nacheinander nicht leugnet.

Häufiger [105] wird die sprachliche Diskrepanz [106] auf einen Aramäismus zurückge-

---

[98] Tᵍ: V 32 (vsD) ist keine sekundäre Ergänzung aus Mt; gg. HARNACK, Sprüche* 20 f.
[99] BULTMANN, Geschichte 118.124; SCHULZ, Q 254, u. a. – LÜHRMANN, Logienquelle 37, verweist auf atl. Traditionen mit Berufung auf C. WESTERMANN, Grundformen prophetischer Rede (BEvTh 33) ²1964.
[100] Vgl. HAMERTON-KELLY, Pre-Existence; W. GRUNDMANN, Weisheit (s. o. S. 117 A 106) 175–201; ZELLER, Mahnsprüche, bes. 30 f.163 ff.
[101] Vgl. o. S. 171 f.
[102] Saba = Südarabien, zur Bezeichnung des „Südens". Vgl. Ableitungsversuche bei KLOSTERMANN, Mt z. St. JosAnt VIII, 6, 5 läßt sie Königin über Ägypten und Äthiopien sein. Weitere antike Zeugnisse bei FITZMYER II, 936.
[103] εἰς (τὸ κήρυγμα) = „auf – hin" für πρός (vgl. Herod. III, 52); s. Bl-R 207, 1.
[104] BULTMANN, Geschichte 118 (vgl. 137.161), verkennt die Beziehung zur Person Jesu (die erst aus dem Zusammenhang mit 11, 29 f sich ergeben soll).
[105] So nach WELLHAUSEN, Einleitung² 33 f = „processieren", auch BLACK, An Aramaic Approach 134; JEREMIAS, a. a. O. 411. – „Aufstehen", „auftreten wider" übersetzen mit der EÜ RENGSTORF, SCHWEIZER, MARSHALL, KREMER, SCHNEIDER, während GRUNDMANN, ERNST, SCHMITHALS, FITZMYER, WIEFEL „auferstehen zusammen mit" verstehen.
[106] Tᵉ: 𝔓⁴⁵ D lassen ἐν τῇ κρίσει aus; es konnte leicht wegfallen, wenn und wo

führt: das aram. עם קום= „mit jemand auftreten vor Gericht als Ankläger oder Zeuge wider jemand" soll sich hinter dem griech. Text ἐγερθήσεται μετά c. gen. (V 31), ἀναστήσονται μετά c. gen. (V 32; beide Verben synonym gebraucht) zu erkennen geben: μετά c. gen. kann hier und da in feindlichem Sinn ein „wider" meinen[107], was aber hier nicht die naheliegendste Übersetzung ist. Es ist zudem nicht so sicher, daß die beigebrachten Belege für diesen Aramäismus für die Sprache Jesu beansprucht werden können[108]. Entscheidend aber ist, daß der griech. Text nach luk Aussagewillen und der Verständnismöglichkeit der Hörer des Lukas (und schon der Redenquelle) schwerlich von jenem Aramäismus her verstanden worden sein kann. Der Autor und seine griech. Hörer mußten fast notwendig daran denken, daß auch die genannten Heiden der Auferstehung teilhaftig werden mußten, um im Gericht aktiv werden zu können.

Heiden können dann den „Männern dieses Geschlechts"[109] das Urteil sprechen[110], weil sie für die Weisheit Gottes, von einem König zugesprochen (1 Kön 10), und den Bußruf Gottes (durch einen Propheten, Jona 3, vorgetragen) ein Ohr hatten, während Israel für das entscheidende Gnadenwort, das durch Jesus erging, taub war und trotz der überragenden Zeichen Gottes, heißt es im Kontext (V 20, mehr noch nachösterlich VV 29.30; s.o.), „ein Zeichen vom Himmel" (V 16) verlangte. Wehe also denen, die nicht erkennen, wie sehr Jesu Wort seine österliche Bestätigung hatte – und daß es seiner innersten Intention nach „mehr" Gnadenansage als Gerichtsdrohung oder gar Gerichtsansage sein wollte[111].

Wenn in der frühen Verkündigung, solange die Christuswerbung in Israel weiterging, das Doppelwort 11,31 f immerhin noch als Gerichtsandrohung und Umkehrforderung gehört werden konnte – in der Zeit des Lukas und im EvLk mußten derartige Androhungen doch schon als definitive

---

ἐγερθήσεται von der Auferstehung der Toten (zeitlich vor dem Gericht!) verstanden wurde.

[107] μετά c. gen. in gegnerischem Sinn: vgl. BAUER Wb z. W. (unter A II, 3 a, wo aber Lk 11,31.32 nicht angeführt wird). – Wahrscheinlicher verstet der griech. Text aber doch: „unter, bei" (vgl. Lk 22,37; 24,5).

[108] FITZMYER II, 936, urteilt vorsichtiger: „if the expression attested in rabbinic writings be also contemporary".

[109] Die ἄνδρες V 31 (diff Mt) könnten sich aus V 32 (ἄνδρες Νινευῖται) assoziiert haben (vgl. auch LK I, 423 A. 112, zu 7,31 diff Mt die ἄνθρωποι). – Die ἄνδρες werden hier (für Q) für sekundär gehalten von POLAG, Fragmenta Q; SCHULZ, Q; für ursprünglich dagegen von SCHMID, Mt u. Lk* 297. Vielleicht waren aber doch schon in Q neben der „Frau aus dem Südland" die „Männer von Ninive" genannt. Daß eine Frau Männer verurteilen wird, muß nicht absichtslos gesagt sein; vgl. SCHLATTER 516.

[110] T^f: Die frühe Lesart αυτην ($\mathfrak{P}^{45.75}$ 1424 pc d vg^{ms}) – statt αυτους – wird doch wohl Angleichung an V 32 bzw. an par Mt sein.

[111] Vgl. schon SCHLATTER, Mt z. St.: „Das πλεῖον über den Propheten hinaus entstand dadurch, daß Jesus als ‚der Evangelist' sprach, mit dessen Wort die allmächtige Gnade des Himmelreiches zum Menschen kommt." Ähnlich SCHNIEWIND, Mt* z. St.; RENGSTORF. Vgl. CORRENS, a.a.O. 94, der, ebd. Anm. 26, mit Recht gg. LÜHRMANN, Logienquelle 37, und SCHULZ, Q 257, opponiert: „Das Urteil ... daß in dem Doppelwort endgültiges Gericht gemeint sei, wird revidiert werden müssen" – (wenigstens zum Teil; s. die Unterscheidung oben im Text und bereits o. S. 281 f).

Gerichtsansagen verstanden werden: zwar nicht an einzelne Juden, die in Jesus immer noch ihren Messias erkennen konnten, wohl aber an Israel als Heilsgemeinde; „ekklesiologisch" ist dieses nunmehr verworfen[112]. Die Kirche aus Juden und Heiden ist das neue Gottesvolk[113], in dem sich die Verheißungen an Israel heilsgeschichtlich erfüllen – so wissen jedenfalls zu ihrer Zeit Lukas und seine Gemeinden. In die Besuchsfahrt der Königin des Südlands (1 Kön 10) ist vielleicht bereits die endzeitliche Wallfahrt der Heiden zum Zionsberg hineingeschaut, wenn die Araba zu den „Enden der Erde"[114] wird. Gleiches gilt wohl von der Bekehrung der großen heidnischen Stadt Ninive.

1. Wenn man 11,27f als luk Abschluß – und 11,29a als luk Einleitungsbildung – erkennt, liegt ein *ursprünglicher Q-Zusammenhang 11,14–26.29b–30.31–32* hell im Licht, der (umgestellt) auch Mt 12,43–45.38–42.41 bezeugt wird. Die Umstellung muß freilich Matthäus zugeschrieben werden, der hier der Mk-Vorlage 3,23–30 folgte und diese seine Q-Akoluthie (vgl. QLk 11,15–23.24–26) änderte. Die matth Einfügung von Q = Mt 12,33–35 (vgl. Lk 6,43–45).36 (vgl. Lk 6,37) legte die Umstellung von Lk 11,24–26 als Mt 12,43–45 nahe. Dabei ordnete Matthäus – als Abschluß – Lk 11,30b als Mt 12,45c um, welche Beteuerung sich hier gut anfügte, wobei dann in der ursprünglichen Q-Abfolge Lk 11,30 als Mt 12,40 umgeformt wurde.

2. „Höchstwahrscheinlich, wenn nicht sicher, bezeugt Lukas die *Q-Anordnung*[115] *des ‚Doppelspruchs'"* 11,31.32 (diff Mt)[116]. Die Reihenfolge des Lukas: Südkönigin – Niniviten ist die schwierigere, schon weil von Lk 10,23f her eine umgekehrte Reihenfolge nahegelegen hätte, aber auch, weil in ihr die Jona-Anknüpfung schwieriger ist, die dagegen von dem (umgeformten) Spruch Mt 12,40 her fast notwendig wurde, da „dieses Geschlecht" und die Gegenüberstellung von Juden und Heiden von Mt 12,40 her keine Anknüpfungsmöglichkeit boten[117]. Matthäus hat also wohl umgeordnet, als er 12,40 in die heutige Form goß und damit den ursprünglichen Grund der Anfügung des Doppelwortes (s. o.) stark verwischte.

3. Es gibt keinen überzeugenden Grund, 11,31 und 11,32 par Mt 12,42 und 12,41 als *zwei vormals selbständige Logien* zu verstehen[118]; vgl. schon die Zusammenordnung von Propheten und Königen in einem ähnlichen christologischen Zusammenhang QLk 10,23f (vgl. Mt 13,16f). Der Doppelspruch führt im Kontext V 31 „überschießend" (so LUZ, ebd.), weil Salomo keine Gerichtspredigt gehalten hatte. Es ist aber nicht die Gerichtspredigt, die Jona (und Salomo) mit dem Men-

---

[112] Vgl. LK I, 129f.239.257.387.443.
[113] Vgl. LK I, 76f.88f.102.110.
[114] Vgl. JEREMIAS, Jesu Verheißung*. Vgl. dazu auch o. A. 102.
[115] Vgl. zur Frage eingehender SCHMID, Mt und Lk* 297; VÖGTLE, a.a.O. 116–119.
[116] So VÖGTLE, ebd. 117.
[117] So VÖGTLE, ebd., mit BULTMANN, Geschichte 118. – Gegenteilig CORRENS, a.a.O. 92: „Lukas hat sie in seinem historischen Interesse umgestellt" – aber derartige „historische Interessen" hat Lukas nicht. Ebenso LÜHRMANN, Logienquelle 38 („um der Komposition willen"). Die Meinung der Ausleger für und wider nennen LÜHRMANN, Logienquelle 38 Anm. 1; SCHULZ, Q 252 Anm. 523 und 524; CORRENS, a.a.O. 92 Anm. 23.
[118] So anscheinend (?) LUZ, Mt I/2, 275.

schensohn" in Vergleich setzte[119], sondern ihre (überbietbare) Verkündigungsvollmacht.

4. Das Doppelwort VV 31 f ist nicht als Deutewort für VV 29–30 geschaffen[120], weil seine Aussage nur teilweise trifft: Die „ekklesiologische" Entscheidung fällt VV 31 f am Wort: Jesu Wort stellt seinen Verkünder über den weisen König und den großen Propheten Israels. VV 31 f holt nicht ein, daß Jesus als der „Menschensohn" nach VV 29.30 in der Auferweckung das Errettungsschicksal des Jona in unüberbietbarer Weise erfahren hat. „Das Kommentarwort verrät die Erfahrung erneuter, jetzt nachösterlicher Ablehnung der Botschaft Jesu durch Israel"[121], ist aber nicht auf die Auferweckungsaussage von VV 29.30 hin konzipiert. Es wird schon vormals seine *isolierte Tradition*[122] gehabt haben.

5. Die Überlegungen, ob das Stichwort „Jona" oder das Stichwort „dieses Geschlecht" den Anlaß zu einer Anreihung an VV 29.30 (2. Kf) abgab, sind nicht so wichtig, da es nicht nur Interpretationsschwierigkeiten mit VV 29(30) waren, die eine *Einfügung* wie VV 31f herbeiriefen. Es waren Wünsche schriftkundiger Kreise, die die Bedeutung des auferweckten „Menschensohnes" (VV 29 b.30) und den Gerichtsgedanken hier zur Geltung bringen wollten. Das Doppelwort Lk 11,31–32 par Mt scheint dem (erweiterten) „Grundwort" VV 29(30) und dessen vormaligem „Zusatzwort" VV 33(34ff) (s. u.) irgendwann sekundär als „Einfügungs-Wort" zwischengefügt worden zu sein[123].

6. Die Weise der Schriftbenutzung[124], die atl. Erzählungen auswertet[125], und das speziell in Gerichtsankündigungen, die die Vergangenheit Israels gegen das Israel der Zeit Jesu wenden bzw. Heiden gegen Israel ausspielen[126], scheint charakteristisch zu sein für eine Traditionsschicht in Q, die nach dem Scheitern der ersten nachösterlichen Israelwerbung spricht[127]. Der vormalige Kompositionszusammen-

---

[119] Siehe o. S. 272–275.276–281.
[120] Gegen KATZ, a.a.O. (L 1) 241 (und viele andere): „Der Doppelspruch, eine erklärende Ausführung zu dem Vergleich in Lk 11,30". Vgl. auch SATO, Q 151 Anm. 123, kritisiert J. WANKE, „Bezugs- und Kommentarworte" 56–60: „M. E. kommentiert auch Lk 11,29 f par zugleich den Doppelspruch Lk 11,31 f par" – was W. wohl nicht bestreiten würde.
[121] WANKE, ebd. 60.
[122] BULTMANN, Geschichte 118; KLOSTERMANN; TÖDT, Menschensohn 195; LÜHRMANN, Logienquelle 37ff.41; SCHULZ, Q 253; VIELHAUER, a.a.O. 111; KATZ, a.a.O. (L 1) 245; CORRENS, a.a.O. 93.
[123] Hier haben wir ein Beispiel, daß Kompositions*formen* nicht notwendig Kompositions*stufen* sind, da sich die Kompositionsformen auf allen Stufen redigierender Komposition bilden können; vgl. unseren Beitrag: Zur Kompositionsgeschichte 329 und 339 Anm. 104, und exemplifizierend: SCHÜRMANN, QLk 11,14–36.
[124] Die erzählerischen Schrifthinweise in Q (z. B. Lk 4,25–27[Q?]; 10,3f; 12,27; 13,28; 16,16; 17,26f[28–30] par) zeigen, wie sehr das Q-Material in der Hand von christlichen „Schriftgelehrten" tradiert wurde (vgl. später Mt 13,52).
[125] Die Zusammenstellung von Jona und Salomo (in dieser Reihenfolge des Mt) scheint ein fester Topos gewesen zu sein; er bezeugt sich in Taan II,4, worauf nach BONSIRVEN, a.a.O., und SCHLATTER, Mt z. St., JEREMIAS, a.a.O. 411 Anm. 3, und jüngst wieder CORRENS, a.a.O., hingewiesen haben.
[126] Vgl. Lk 4,25–27 (s. LK I z. St.); 10,12.13f; 11,31f; 11,49ff; 13,(18–21)28f; 14,16–24; 17,26f par Mt.
[127] SCHULZ, Q 253 Anm. 534, nennt neun Gründe, die auf die jüngere Traditionsstufe von Q schließen lassen, die aber nicht alle überzeugen; vgl. dazu P. HOFFMANN in: BZ 19 (1975) 104–115.

hang von 11,29-30 mit 11,33.34ff par Mt (s. u.) läßt darauf schließen, daß die Einordnung von 11,31-32 einer *späten Kompositionsstufe* (aber wohl nicht erst der abschließenden Endredaktion) der Redenquelle zuzusprechen ist[128].

7. Da Jesus sonst in solcher Weise – charakteristisch anders als 10,23ff.38-42; 11,27f – nicht mit ausdrücklichen Schrifthinweisen die Bedeutung der eigenen Person herausgestellt zu haben scheint, wird das Doppelwort meist als *„schriftkundige Gemeindebildung"* beurteilt[129]. Hier wird aber ein Selbstbewußtsein, das schon aus 11,20 spricht, als ein „Mehr als ein König und Prophet" gültig ins Wort gehoben. Herrenworte (wie 10,24 par Mt) zeugen sich weiter und lassen die *Intention Jesu* weiterleben.

b) Mahnung an „dieses Geschlecht" (gemeindeintern zu lesen) 11,33 (= Mt 5,15; vgl. Mk 4,21 = Lk 8,16).34-35 (= Mt 6,22-23).36 (vgl. Mt 6,22b.23b.c)

L 11a: zu 11,33-36. – Vgl. die Lit. L 11, LK I, 465f A.⁸, und bei PESCH, Mk L 25; bei WAGNER, EBNT II, 168f; HAHN (s.u.). – AALEN, S., Die Begriffe „Licht" und „Finsternis" im Alten Testament, Spätjudentum und im Rabbinismus (Oslo 1951); ALLIATA, E., La κρυπτή di Lc 11,33 e le grotte ripostiglio delle antiche case palestinesi, in: SBFLA 34 (1984) 53-66; ALLISON, D. C. Jr., The Eye is the Lamp of the Body (Matthew 6,22-23; Luke 11,34-36), in: NTS 33 (1987) 61-83; BAUMBACH, Verständnis* 132f, vgl. 77-80 (vgl. dort auch das Reg.); BENOIT, P., L'œil, lampe du corps, in: RB 66 (1953) 603-605; BETZ, H. D., Matthew VI.22f and Ancient Greek Theories of Vision, in: BEST–MCWILSON (Ed.), Text and Interpretation 43-56; BRANDT, W., Der Spruch vom lumen internum, in: ZNW 14 (1913) 97-116.177-201; CADBURY, H. J., The Single Eye, in: HThR 47 (1954) 69-74; DELEBECQUE, Études grecques 85-88; DELOBEL, J., The Sayings of Jesus in the Textual Tradition. Variant Readings in the Greek Manuscripts of the Gospels, in: DERS., Logia 431-457, bes. 456; DERRETT, J. D. M., The Lamp which Must Not Be Hidden (Mk IV.21), in: DERS., Law 189-207; DUPONT, J., La lampe sur le lampadaire dans l'évangile de saint Luc (Lc 8,16; 11,33) (1969), in: DERS., Études II, 1032-1046; DERS., La transmission des paroles de Jésus sur la lampe et la mesure dans Marc 4,21-25 et dans la tradition Q, in: DELOBEL, Logia 201-236, bes. 210-214; EDLUND, C., Das Auge der Einfalt. Eine Untersuchung zu Matth. 6,22-23 und Luk. 11,34-35 (ASNU 19) (Kopenhagen – Lund 1952), bes. 113-117; FUSCO, V., Parola a Regno. La sezione delle parabole (Mc 4,1-34) nella prospettiva marciana (Aloi. 13) (Brescia 1980); HAHN, F., Die Worte vom Licht Lk 11,33-36, in: P. HOFFMANN u.a., Orientierung an Jesus 107-138 (dort auch ältere Lit.); HAMPEL, V., Menschensohn 79-98; JEREMIAS, J., Die Lampe unter dem Scheffel (1940), in: DERS., Abba* 99-102; KARRER, M., Der lehrende Jesus. Neutestamentliche Erwägungen, in: ZNW 83 (1992) 1-20; KASTEREN, R. P. VAN, Analecta exegetica. – Luc. XI, 36, in: RB 3 (1894) 61-63; KATZ, a.a.O. (L 1) 247-257; KLAUCK, Allegorie 227-240; KRÄMER, M., Ihr seid das Salz der Erde ... Ihr seid das Licht der Welt, in: MThZ 28 (1977) 133-157; LAUFEN, Doppelüberlieferungen 165-173.463-469; LÖVESTAM, Wakefulness 122-132; NEBE, G., Das ἔσται in Lk 11,36 – ein neuer Deutungsvorschlag, in: ZNW 83 (1992) 108-114; PERRY, A. M., A Judeo-Christian Source in Luke,

---

[128] Besonders gg. LÜHRMANN, Logienquelle 38. – Die Weisheitstradition in Q kann schwerlich der Endredaktion zugeschrieben werden; vgl. richtig HOFFMANN, Studien 183.
[129] Vorsichtig BULTMANN, Geschichte 118 (vgl. 133.135): „das Wort für sich betrachtet" gäbe zu Zweifeln noch keinen Anlaß (vielleicht ohne „hier ist mehr ..."). – Anders mit den meisten HOFFMANN, Studien 183; LÜHRMANN, Logienquelle 38; WANKE, „Bezugs- und Kommentarworte" 60.

in: JBL 49 (1930) 181–194; PESCH-KRATZ, So liest man synoptisch V, 19–24; PHILONENKO, M., La parabole sur la lampe (Luc 11,33–36) et les horoscopes qoumrâniens, in: ZNW 79 (1988) 145–151; PIPER, Wisdom, bes. 127–130; PRETE, B., Il logion sulla lampada nelle duplice attestazione di Luca 8,16 e 11,33, in: DERS., L'opera di Luca 185–203; SCHNACKENBURG, R., „Ihr seid das Salz der Erde, das Licht der Welt". Zu Mt 5,13–16 (1964), in: DERS., Schriften zum Neuen Testament 177–200; SCHNEIDER, G., Das Bildwort von der Lampe. Zur Traditionsgeschichte eines Jesus-Wortes, in: ZNW 61 (1970) 183–209 (Nachdr. in: DERS., Jesusüberlieferung 116–154); SJÖBERG, E., Das Licht in Dir. Zur Bedeutung von Matth. 6,22f Par, in: StTh 5 (1951) 89–105; SOUČEK, J. B., Salz der Erde und Licht der Welt. Zur Exegese von Matth. 5,13–16, in: ThZ 19 (1963) 169–179; STEINHAUSER, Doppelbildworte 353–404, bes. 371–383; TAEGER, Der Mensch, zu Lk 11,33–36: 85–89; VAGANAY, L., L'étude d'un doublet dans la parabole de la lampe (Mc. 4,21; Lc. 8,16 – Lc. 11,33; Mt. 5,15), in: DERS., Le problème synoptique (Tournai 1954) 426–442; VICENT, A., La presunta sustantivación τὸ γεννώμενον en Lc 11.35b, in: EstB 33 (1974) 265–272; WANKE, „Bezugs- und Kommentarworte" 61–66; WREGE, Überlieferungsgeschichte 39–43; ZIMMERMANN, Methodenlehre 183–192.

Das Spruch-Paar[130] 11,33–36 will – trotz aller Bildverschiebungen[131] – als Einheit gedeutet werden. Das Grundwort V 33 und das Zusatzwort VV 34 bis 35 reden (unterschiedlich) bildlich[132] von einer Leuchte, Lampe (λύχνος), V 33 auf einem Leuchter, Lichtstock (λυχνία) im Raum, V 34 von einer Leuchte, Lampe (λύχνος) des Leibes, dann ausdeutend V 35 von einem „inneren Licht" (φῶς), das „licht" (φωτεινός) macht (φωτίζειν). V 36 beschließt, verdeutlichend und zugleich als „Nach-Wort". Die ganze Komposition wird nur verständlich[133], wenn sie in engem Zusammen mit 11,29b–30(31f) verstanden wird (s.u.)[134]. Im vorliegenden Zusammenhang dürfte der Akzent stärker auf VV 34f(f) liegen als auf V 33, der hier vorbereitend steht.

Zudem ist zu beachten: Die Komposition VV 33.34–35(36) will nicht nur erzählen, wie Jesus vor der „Kulisse" der zusammenströmenden Volksmassen einige (vgl. V 16) Repräsentanten „dieses Geschlechts" (vgl. VV 29b.31.32) angeredet hat (es fehlt zwischen V 32 und V 33 jeder Szenenwechsel)[135]; die folgenden Worte Jesu wollen auch – und sogar wohl vordringlich – den *Zeitgenossen des Lukas* (und uns) noch etwas sagen.

---

[130] Daß die beiden Sprüche von der „Leuchte" nicht nur stichwortmäßig aneinandergereiht sind, wird die Auslegung (gg. KLOSTERMANN u.a.) zeigen.
[131] Die deutsche Sprache gibt „Lichtkörper" nur unwillig ununterschieden als „Lampe" oder „Leuchte" wieder (würde auch hier lieber ununterschieden von einem „Licht" reden). Aber der Lichtkörper muß hier doch vom „Lichtschein" (V 33c) und von der „Lichtquelle" (V 34d) abgehoben werden. Der Lichtkörper im Raum (V 33) wird als ein (Öl-)Lämpchen vorgestellt werden dürfen. Das Auge (V 34) würden wir eher eine „Leuchte", nicht eine „Lampe" nennen, zumal wenn sie mit dem Leuchten des Blitzes (V 36d) in Vergleich gesetzt wird.
[132] Lukas beschließt Abschnitte gern mit Gleichnisbildern; vgl. 6,47ff; 7,30–35 – freilich hier nur einen Unterabschnitt; vgl. u. S. 296f.
[133] Unentschieden LAUFEN, Doppelüberlieferungen 140.
[134] VV 33–36 ist nahtlos an VV 29–32 angefügt; s.o. A. 203.
[135] Vgl. betont ELLIS z. St., s. auch die u. A. 157 genannten Ausleger. – Erst wenn das verstanden wird, beheben sich die Schwierigkeiten (s. dazu SATO, Q 140), den Anschluß zu verstehen.

Den Drohworten wider „dieses Geschlecht" (11,29–30.31–32) ist nun eine Mahnung angefügt, die in VV 33.34–35.36 zwar immer noch Außenstehende, die „eintreten" (vgl. V 33 b) möchten, nun aber vornehmlich nachösterlich die Jüngergemeinde[136] anredet. Wenn 11,1–28 (s. o.) richtig als Rückerinnerung an die Taufe gedeutet wurde, hat auch 11,(29–32)33–36 Taufwillige in der Menge (und getaufte Christen nach Ostern) im Blick, die zugleich aber auch noch vor einem anderen Heilsweg (vgl. 11,14–28.29–36; dann deutlicher 11,37–54; s. ebd.) gewarnt werden sollen. Hier in 11,33–36 wird diese Textpragmatik nun am Ende sehr deutlich. Die Mahnungen Jesu für „dieses Geschlecht" können in der nachösterlichen Gemeinde nicht überheblich gelesen werden.

33 *Niemand[a] zündet eine Lampe an*
und stellt sie abgelegen[b] auf[c],
vielmehr auf den Leuchter,
damit die, welche eintreten, das Licht[d] sehen.
34 *Die Leuchte des[e] Leibes ist dein[e] Auge.*
Wenn dein Auge lauter ist: auch dein ganzer[f] Leib ist[g] licht.
Wenn es aber böse ist: auch dein Leib (ist[g]) finster.
35 *Gib also acht, daß das Licht in dir nicht Finsternis ist[h].*
36 *Wenn nun dein ganzer Leib hell ist –*
und nicht zu einem Teil[i] finster –,
wird er als ganzer licht sein,
wie wenn die Leuchte durch den Strahl[j] dich erhellt. *

33   Die Metapher V 33 par Mt bringt V 33a einen (antithetischen[137]) Aussagesatz, der aber V 33 b (diff Mt 5,15 b) (wie schon in der Variante Lk 8,10 d; hier aber anders als par Mk 4,21) in einem Finalsatz endet: Diesem geht es um den rechten Platz für eine „Leuchte", damit deren „Licht"[138] wirksam werden kann. Was ist gemeint?

Die stärkeren sprachlichen Angleichungen zwischen Lk 11,33 par Mt und der Überlieferungsvariante[139] 8,16 par Mk[140] lassen vielleicht darauf schließen, daß

---

* T: [a] v.l.: – (s. A. 141). – [b] v.l.: – (s. A. 144). – [c] v.l.: B N G [St-T] EÜ (s. A. 145). – [d] v.l.: T S V M B N G (s. A. 152). – [e] v.l.: – (s. A. 169). – [f] v.l.: – (s. A. 174). – [g] v.l.: – (s. A. 175). – [h] v.l.: – (s. A. 178). – [i] v.l.: T h (s. A. 198). – [j] v.l.: h (s. A. 201).

[136] SCHMID, Mt und Lk* 238; WREGE, Überlieferungsgeschichte 114; BAUMBACH, Verständnis* 132, u. a. finden in V 33 noch das unsinnige Verhalten der Zeitgenossen Jesu angesprochen; vgl. aber schon LK I, 465 ff (zu 8,16).
[137] Es geht auch in der ursprünglichen Antithese Mk 4,21 par Lk 8,16 (Mt 5,15) nicht um den Gegensatz: auslöschen – anbrennen (so JEREMIAS, a.a.O., und manche nach ihm); vgl. LK I, 466 A. 164; vgl. zu dem Für und Wider auch STEINHAUSER, Doppelbildworte 366 ff; LUZ, Mt 221 Anm. 12 („rußiger Scheffel!").
[138] Die verschiedenen Verwendungszwecke dieser „offenen" Metapher belegt LUZ, Mt 15 f.
[139] Siehe u. A. 160.
[140] Vgl. LK I, 466 f; übereinstimmend steht das οὐδεὶς ... ἅψας diff Mt und diff Mk. Mit

Lukas an beiden Stellen die Metapher gleichsinnig verstanden haben will: vom Wort der Verkündigung. Zudem muß V 33 im *weiteren* Kontext als Brückenpfeiler zwischen 8,16f und 12,2f (s. dort) verständlich gemacht werden, wo Lukas ebenfalls an die Wortverkündigung denkt; s. dort.

Was sagt der *nächste* und *nähere* Kontext? Das Logion schließt sich unverbunden[141] an VV 31–32 an, so daß es zunächst naheliegt, das Licht hier (wie VV 31f) von dem Wort zu verstehen, von dem dort das πλεῖον ausgesagt war: Nicht das Wort des weisen Salomo und nicht das des Propheten Jona, sondern das des gekommenen „Menschensohnes" ist gemeint. Aber entscheidender als auf VV 31–32 weist V 33 wohl auf VV 29b.30 zurück: auf die Auferweckung des gekreuzigten „Menschensohnes", die das Zeichen Gottes ist (s. ebd.), eine zeichenhafte Realverkündigung, die verbalisiert werden soll als ein zu bezeugendes und zu verkündendes „Zeichen vom Himmel". Im nachösterlichen Verkündigungswort wird dieses zunächst rätselhaft dunkle „Jona-Zeichen" leuchtend hell und öffentlich weltweit lichtbringend (vgl. 12,2f, auch schon 8,16d.17).

Aber muß hier nicht vielleicht doch an das Licht gedacht werden, welches Jesus ist[142], oder doch an dessen vorösterliches Wort, das von seinen Jüngern (vgl. V 23) weitergetragen werden soll?[143] Das Bild von der „an abgelegene Stelle"[144] (bzw. „unter den Scheffel"[145]) gestellten Lampe läßt als gemeinten Sachverhalt nicht so passend an den Repräsentanten der Basileia (wie VV [19]20) oder gar an den auferweckten Jesus[146] (wie VV [29]30b) in Person denken, eher an die (nachösterliche) Verkündigung

---

εἰς κρύπτην Lk 11,33 – veranlaßt durch 8,17 (oder 12,2) κρυπτόν, ἀπόκρυφον – ersetzt wohl die κλίνη Lk 8,16 par Mk; der Finalsatz steht diff Mk wie diff Mt in beiden Wiedergaben; vgl. u. A. 163.

[141] T^a: Das verbreitete δε hinter ουδεις in A W Θ Ξ Ψ f$^{1.13}$ 892 1506 𝔐 b f ff^2 q sy^h bo^{pt} ist erleichternd und vielleicht Angleichung an Lk 8,16.

[142] Meist wird unter der Leuchte – mit Berufung auf VV 31f – Jesus selbst verstanden; so u. a. LAGRANGE; SCHMID*; GRUNDMANN; SCHNACKENBURG, a. a. O. 197 (in der R des Lukas); JEREMIAS, a. a. O. 102 („vielleicht"); HAHN, a. a. O. 117ff.131f (im Munde Jesu); LAUFEN, Doppelüberlieferungen 442 Anm. 122; STEINHAUSER, Doppelbildworte 370f.382f; WANKE, „Bezugs- und Kommentarworte" 64; SATO, Q; WIEFEL 225; SCHNEIDER: „auf Jesus hin gesprochen".

[143] So KATZ, a. a. O. (L 1) 247–257.

[144] T^b: εἰς κρυπτην muß als die schwerere LA gelten gegenüber εἰς κρυπτον (𝔓^{45} Ψ f^1 205 1506 2542 pc), das Angleichung an 8,17 parr (bzw. 12,2) sein kann. – Die Konkretisierung – auf den Keller (DODD, Parables 143 Anm. 1; CREED, JEREMIAS, a. a. O. 100), auf eine Kellernische (HAHN, a. a. O. 111), in ein „Kellerloch" (SCHMID*) – ist überflüssig.

[145] T^c: ουδε υπο τον μοδιον fehlt in 𝔓$^{45.75}$ L T Ξ 070 f^1 69 205 700* 2542 pc sy^s sa, ist aber immerhin auch bezeugt von ℵ A B C D Θ Ψ f^{13} 33 892 1006 1342 1506 𝔐 lat sy$^{(c.p)h}$. (Die Zeugenangaben sind in ALAND, Synopsis, bezüglich 𝔓^{75} widersprüchlich; wir korrigieren hier nach N^{26} und GNT^3). – Es wird Mk 4,21 oder Mt 5,15 nachwirken. Wie hier, so wurde die Notiz schon 8,16 diff Mk (Mt) von Lukas ersetzt, so daß wir sie ihm – mit METZGER, Commentary z. St. – auch hier nicht zuzusprechen wagen. (Lukas weiß wohl, daß ein offenes Licht unter einem Scheffel erlischt. Vielleicht vermeidet er auch das Fremdwort.)

[146] Siehe o. A. 142. – Während Mk 4,21 die Leuchte „kommt", läßt Lukas diese den „Hineinkommenden" entgegenscheinen.

jenes von Gott durch die Auferweckung erst bestätigten Repräsentanten und Verkünders der Basileia, nunmehr durch dessen Jünger. Der hier (wie Lk 8,16 d) diff Mt („im Hause") geäußerte Gedanke an „Eintretende" läßt an ein werbendes Wort für Außenstehende denken[147].

Die mit οὐδείς anhebenden Bildworte regeln sämtlich das menschliche Verhalten[148]; sie beziehen sich nirgends auf das Verhalten Gottes. οἱ εἰσπορευόμενοι kann zudem hier nicht ausschließlich in der Bildhälfte des Wortes belassen werden, wenn es in Lk 8,16 (s. ebd.) den (missionarischen) Sachverhalt durchscheinen läßt[149]. Daß im Alten Testament und im Judentum die Tora als Licht für Israel oder die Welt galt, bestätigt am Ende unsere Deutung[150].

Schon seit 11,1–4(5–13) sind „Jünger" im Blick (vgl. auch zu 11,23.24ff.28), die dann auch nachstehend 12,1–12 wieder direkt angeredet werden. So ist es nicht verwunderlich, daß sie auch 11,33 gemeint sind: Die Gemeinde der Jünger Jesu soll das Licht des Wortes Jesu, seine Heilsbotschaft, herausstellen (Apg 13,47), wie Jesus „dem Volk und den Heiden ein Licht verkünden" (Apg 26,23), damit interessierte Gäste der Gemeindeversammlung oder gar „eintretende" Taufbewerber[151] (s. u.) seine Leuchtkraft[152] wahrnehmen und sich „von der Finsternis zum Licht und von der Macht des Satans zu Gott bekehren" (Apg 26,18).

Bestätigung für unsere Deutung wird V 36 d bringen (s. ebd.), wo deutlich das äußere Licht Christi gemeint ist, das strahlend leuchtet. Aber es ist hier wie dort doch wohl der Christus, der Licht gibt durch sein Wort, durch das er ja auch VV 31 f „mehr" ist als ein Weisheitslehrer und ein Prophet, der als Auferweckter (VV 29 f), als der erhöhte „Menschensohn" (V 30 b) ein von Gott her bestätigtes „Zeichen" ist, von seinen Jüngern nachösterlich verkündet.

Es ist zunächst „dieses Geschlecht", das sich dem Anruf Jesu verschlossen hat und Jesus ans Kreuz brachte, war doch sein Wort „mehr" als ein Weisheits- (V 31) und Prophetenwort (V 32): das des gekommenen „Menschensohns" (V 30). Israel mußte bedroht werden (11,29–32), die Jüngergemeinde aber mit dem vorstehend geschilderten Versagen Israels

---

[147] Vgl. MANSON, The Sayings* 93; dazu LK I, 449–472.
[148] Vgl. das des irdischen Jesus Mk 2,21f parr; Mk 3,27 diff Mt/Lk; sonst von Menschen Lk 5,39 S; 9,62 S; 16,13 par Mt.
[149] Das εἰσπορευόμενοι wird von Lukas „missionarisch" verstanden sein; s. LK I, 465f A^g, gg. DUPONT, La Lampe (a.a.O.). Vgl. Lk 18,24: εἰς τὴν βασιλείαν τοῦ θεοῦ εἰσπορεύονται. Den urchristlichen Missionsgedanken finden hier u.a. auch HARNACK, Sprüche* 42; MANSON, The Sayings* 93; JEREMIAS, Gleichnisse 63, u.a.
[150] Vgl. Bill. I, 237 (d); AALEN, a.a.O., bes. 183–195. Beispiele aus den TestXII bei EDLUND, a.a.O., aus Qumran bei ELLIS.
[151] Vgl. BAUMBACH, Verständnis* 133. WREGE, Überlieferungsgeschichte 114, deutet gewagt schon hier – im Zusammenhang mit VV 34ff – auf die „in der Taufe geschenkte Erleuchtung".
[152] T^d: φως schreiben 𝔓75 ℵ B C D Θ 0124 f^{1.13} 33 892 124 pm. φεγγος bringen immerhin 𝔓45 A E G H L W Δ Ψ 565 700 1006 pm. – Lukas wiederholt aber hier 8,16 diff Mk (Mt), wo er, ebenfalls diff Mk (Mt), τὸ φῶς schrieb (was auch besser mit 11,36 verbindet). So entscheiden wir uns besser mit dem St-T für φως.

gewarnt und in 11,33-36 gemahnt: Wie es in der Taufe „Exorzisierte" gibt, die gemahnt werden mußten (VV 24 ff), das durch Jesus gesprochene Wort Gottes zu bewahren (V 28), so auch „Eingetretene", die das Licht Christi in der Christusverkündigung gesehen haben (V 33; vgl. V 36d) und nun auch „innerlich" erleuchtet sind (V 35), angehalten, das Licht Jesu an sich und in ihrem Leben nunmehr zur Auswirkung zu bringen (V 36 a). Die hier gegebene Deutung wird sich vom unmittelbaren Kontext (VV 34 ff) her nachstehend bestätigen müssen.

Zur *Vorgeschichte* des Wortes s. LK I, 467 zu 8,16[153]; hier ergänzend:
1. Lukas läßt *Mk 4,21* bzw. seine Mk-Redaktion Lk 8,16 auf seine Q-Wiedergabe 11,33 einwirken (und umgekehrt), *QMt 5,15* wird im großen und ganzen Q noch ursprünglicher wiedergeben als Lukas[154]. Dagegen wird Lukas die Akoluthie gewahrt haben[155]. Von der Wortverkündigung verstanden (wie auch Mk 4,21 par Lk; s. dort), ist das Logion schon in Q mit Überlegung Lk 11,29f(31f)[156] angefügt[157], ursprünglich vielleicht noch als „Einladung" an die Menschen „dieses Geschlechts" (VV 29-32), nicht so sehr schon als Jüngermahnung anhand des bedrohlichen Beispiels Israels (wie im heutigen Kontext).
2. Hinter der Form Mk 4,21 einerseits (deren vormark Gestalt wir nicht kennen[158]) und der Q-Form andererseits wird man doch wohl eine „*Urform*"[159], wenn auch nicht rekonstruierbar[160], postulieren müssen. Es gibt Anzeichen, daß die Fassung des Nachsatzes Lk 11,33d = Lk 8,16d diff Mk bereits in Q eine Entsprechung hatte[161], die aber Markus noch nicht kannte[162]
3. Die Urform von V 33 - oder schon VV 33.34f(36)? - kann vormals einer Urform von 11,(16)29(30) - Ansatzwort zu jenem Grundwort - zugefügt gewesen sein; s. o. S. 284 ff). Die *Anfügung von V 33 an 11,29b.30* ist leichter verständlich zu

---

[153] Lit. zum EvThom s. bei THEISSEN, Erg.-H. 37, und nun bei SCHULZ, Q 474ff.
[154] Vgl. nähere Erörterungen bei SCHULZ, Q 474ff; HAHN, a.a.O. 111; STEINHAUSER, Doppelbildworte 356-384; LAUFEN, Doppelüberlieferungen 465 Anm. 81; SCHNEIDER, a.a.O. 191. - Freilich kann οὐδέ in Mt kontextbedingt sein; καὶ λάμπει πᾶσιν τοῖς ἐν τῇ οἰκίᾳ muß nicht ursprünglich sein (gg. SCHULZ, Q 475), da Mt 5,16 mit ἔμπροσθεν τῶν ἀνθρώπων ὅπως und Lk 11,33 und 8,16 mit ἵνα εἰσπορευόμενοι vielleicht eine gemeinsame Entsprechung in der Vorlage gehabt haben (zumal Matthäus dort die οἰκία auch vom Kosmos verstanden haben könnte). Zu οὐδὲ ὑπὸ τὸν μόδιον s. o. A. 145.
[155] Siehe dazu o. S. 286. - Eine judenchristliche Quelle vermutete PERRY, a.a.O., hinter 11,33 - 12,46(48), was unsere Analyse (s.u.) so nicht bestätigen wird.
[156] Zum Einschub-Charakter von Lk 11,31-32 s. o. S. 286.
[157] Unser Logion ist also durchaus „vom Kontext der Q-Stoffe her ... zu erklären" (gg. SCHULZ, Q 475); es ist „am ehesten auf den Sendungsauftrag der Q-Gemeinde zu beziehen" (DERS., ebd. 476; Anm. 561 Autoren mit gleicher Auslegung: Schmid, Grundmann; Jeremias; Michaelis).
[158] Gegen den Versuch von SCHNEIDER, a.a.O. 186-199, vgl. HAHN, a.a.O. 111 Anm. 12.
[159] Vgl. HAHN, a.a.O. 110.111 f; fragend auch SCHNEIDER; DERS. auch in: EWNT II, 908. Anders WREGE, Überlieferungsgeschichte 32.
[160] Vgl. schon o.A. 154; ferner die Erörterungen bei STEINHAUSER, Doppelbildworte 359-363. - Das „Bett" Mk 4,21 wird meist für sekundär gehalten (vgl. ebd. 359 Anm. 93 Ausleger dieser Meinung), die Frageform des Mk aber für ursprünglicher (vgl. LK I, 467 zu 8,16). Der unpersönliche Plural (mit Parataxe) καίουσιν καὶ τιθέασιν und der parataktische Finalsatz καὶ λάμπει Mt 5,15 könnten Aramäismen sein; vgl. JEREMIAS, a.a.O.
[161] Vgl. dazu o. A. 152 und LK I, 467, zu 2.
[162] Siehe LK I, 467 (zu 8,16). Für „wahrscheinlich sekundär" gehalten von SCHNEIDER.

machen als eine solche an 11,(29b.30)31.32. Jesu Rettung aus der Unterwelt und seine Erhöhung (als Auferweckter) muß aller Welt verkündet werden, weiß die die Q-Sprüche tradierende Gemeinde. Lk 11,31–32 parr (s. ebd.) wird dann eine frühe, christologisch interessierte und bibelkundige Implantation in dieses vormalige Spruch-Paar 11,(16)29.33 gewesen sein (s. ebd.)?

4. Ein Sitz in der vorösterlichen *Verkündigungssituation Jesu* und seiner Jünger[163] ist schwer festzumachen. Man wird das sinnverwandte Logion 8,17 und 12,2 mitbefragen dürfen[164]. Den Öffentlichkeitsanspruch seiner eigenen eschatologischen Sendung sowohl wie den seiner Basileia-Botschaft (die problematische Alternative der meisten Deutungsvorschläge!) wird man Jesus nicht absprechen dürfen[165]. Er weiß um seine „erhöhte" „Lichtstock-Existenz". Als „Sprichwort profaner Lebensweisheit"[166] ist das Logion bislang nicht nachweisbar.

34ff An V 33 (par Mt 5,15) fügt sich V 34a (par Mt 6,22a) eine bildliche Aussage an, die dann V 34b und V 34c (par Mt 6,22b.23a) zweiseitig entfaltet wird, worauf V 35 explizit (par Mt 6,23b implizit) eine mahnende Anwendung angeschlossen ist. Ohne eigentliche Mt-Parallele folgt (οὖν) in V 36 eine Ausdeutung, die offenbar neu einsetzt[167].

Wenn VV (34)35f in der Form einer Mahnung sprechen, wird abschließend auf die Warnungen von VV 29b–30(31–32) (vgl. auch schon VV 23.28) am Anfang der übergreifenden Einheit zurückgeblendet[168]. Wenn dort vordergründig noch stärker Mahnungen an „diese Generation" ergingen, nur indirekt auch an Christen der dritten Generation (s. ebd.), so scheint hier der hintergründige Sinn den Text mehr zu bestimmen.

34 Ein neues Bild: Während V 33 von einer Lampe (λύχνος) auf einem Leuchter (λυχνία) in einem Raum (Haus) die Rede war, wird jetzt das Auge als Leuchte (λύχνος) des Leibes vorgestellt. Das Bildwort V 34 stellt sich das Auge als aktive Lichtquelle vor, die das Licht auswirft – zunächst über den eigenen[169] Leib. „Alles Erleuchtete ist Licht" (Eph 5,14a). Aber das Auge kann nur Lichtquelle sein, wenn es zuvor „das Licht", das Wort

---

[163] JEREMIAS, a.a.O. 102; DERS., Gleichnisse 127, gibt keinen (soziologischen!) „Sitz im Leben" an, wenn er vermutet, Jesus habe „das Wort im Blick auf seine Sendung" konkret gesprochen „etwa in einer Situation, in der man ihn vor Gefahren warnte und ihn bat, sich zu schonen (vgl. Lk 13,31)". Richtiger verweist STEINHAUSER, Doppelbildworte 381, allgemein auf die Verkündigung Jesu. – Nach BRANDT, a.a.O. 111 Anm. 1, der auch auf P. W. Schmiedel verweist, hätte Jesus hier mit Bezug auf Johannes geredet.
[164] Vgl. zu Lk 8,17: LK I, 468, zu Lk 12,2 s.u.z. St.
[165] HAHN, a.a.O. 112f, verteidigt das Logion als „echtes Herrenwort".
[166] So fragend BULTMANN, Geschichte 102.107; STEINHAUSER, Doppelbildworte 383.
[167] Vgl. die unterschiedlichen Charakterisierungen der Einheit bei SCHULZ, Q 469 Anm. 511.
[168] Nach BULTMANN, Geschichte 97, wäre es „deutlich, daß in V 35 und 36 verschiedene Erklärungsversuche des dunklen Wortes vorliegen".
[169] T^e: Die Hinzufügung des σου zu σωματος V 34a (diff Mt) harmoniert mit der Anrede V 35 und dem betonten σε V 36, ist aber schwach bezeugt (D Θ lat sy^p bo); könnte es in Harmonisierung mit Mt verlorengegangen sein? Das σου zu οφθαλμος steht dagegen diff Mt und ist durch 𝔓$^{45.75}$ ℵ* A B L D f^{13} pc bestens bezeugt.

Christi, aufgenommen hat, wird man in Verbindung mit VV (29 f. 31 f) 33 deuten sollen.

ἁπλοῦς – πονηρός müßte, wenn die Bildhälfte eines vergleichenden Gleichnisses vorläge, als „gesund" (was aber ἁπλοῦς nicht heißen kann) bzw. als schlecht, „trüb", „krank" gedeutet werden. Wie schon die Wortwahl ἁπλοῦς lehrt, scheint bereits die Sache durch das Bild, und eine jüdisch vorgeprägte (ethisch-dualistische) Sprechweise läßt metaphorisch den gemeinten Sachverhalt deutlich werden[170]. Man muß an den „guten"[171] bzw. „bösen"[172] Zustand des inneren „Auges" denken – aber in welcher Hinischt? Ist in ethischem Verständnis, wie Mt 5,15f und jüdische Parallelen (s. u.) nahelegen, an die „Einfachheit" und damit Erkenntnisklarheit eines ungeteilten Gehorsams zu denken, in Antithese zu einem bösen, das Gesetz Gottes verdrehenden Ungehorsam? Eine Textinterpretation muß zunächst den Sinn aus Text und Kontext erheben, bevor es sich von Parallelen und Analogien evtl. auf Abwege bringen läßt: Sowohl vom entfernteren (VV 29 b.30; s. dort) wie näheren (V 33; s. dort) Kontext her, vor allem aber von der „Kommentierung" VV 35(36) (s. u.) her ist eine rein ethische Deutung[173] unzulänglich. Gefordert ist eine christologische Ausdeutung. Das „innere Licht" wird entsprechend – vom luk Zusammenhang her überinterpretiert – Sehfähigkeit durch innere Erleuchtung meinen; diese ist gewiß eine Gabe und Begabung – die dann den ganzen[174] Menschen „licht" sein[175] läßt.

Das luk Verständnis ist wohl nicht das ursprüngliche: Vom Alten Testament, Spätjudentum[176] und von neutestamentlichen Zeugnissen und der Mt-Parallele her[177] liegt ein ethisches oder auch ein eschatologisches Verständnis nahe, ein Ver-

---

[170] Die unterschiedlichen Ausdeutungen bei BAUMBACH, Verständnis* 78f, und bei SCHULZ, Q 470 Anm. 515; LUZ, Mt I, 360 Anm. 36.
[171] Vgl. HAHN, a.a.O. 125 Anm. 53: „In der Korrelation zu ἁπλοῦς ist das rein physiologische Verständnis nicht mehr möglich."
[172] Vgl. die Belege zu πονηρός in übertragenem Sinn bei Bill. I, 833ff.
[173] Aus dem matth. Kontext (und den spätjüdischen Parallelen) deutet EDLUND, a.a.O. (auch BAUMBACH, Verständnis*, HAHN, a.a.O. 124ff und LUZ, Mt I z. St.), die Mt-Parallele mit Recht ethisch (mit eschatologischen Folgen): „Gott eignet die ἁπλότης nach Jak 1,5" (ebd. 101); „sie ist nach 2 Kor 11,3 das Kennzeichen der Christen und meint die Forderung der Gänzlichkeit" (102). Mk 10,15 ist vielleicht „die beste Exegese des Logions" (122). – ἁπλοῦς kann auf ein ursprüngliches tamim oder aram. sch^{e}lim zurückgehen (nach EDLUND, a.a.O. 19ff), kann aber auch – mehr griechisch verstanden – „einfältig" meinen. – Auch im luk Kontext scheint am Ende dann V 36 d (s. dort) ein ethischer Sinn durchzuschlagen.
[174] T^f: ολον (par Mt) ersetzen $\mathfrak{P}^{45}$ D durch παν, was sprachliche Verbesserung sein wird; ολον dürfte durch die Wiederaufnahme V 36 gesichert werden.
[175] T^g: Das (φωτεινον) εσται ($\mathfrak{P}^{45}$ L f^1 205 579 892 983 1424 2542 al lat bo^{pt}) statt εστιν ist als Angleichung an par Mt verdächtig; das (σκοτεινον) εσται $\mathfrak{P}^{45}$ Θ f^{19} 1006 2542 al lat sa ist (ebenso wie das εστιν D 070 pc e bo) wohl auch sekundär – parallel zum Vordersatz – ergänzt.
[176] Vgl. bes. die Belege aus TestXII bei EDLUND, a.a.O. 61ff; BAUMBACH, Verständnis* 77f.
[177] Vgl. LUZ, Mt I, 360f, für das matth Verständnis, wobei Lk-Kommentatoren dankbar

ständnis, das aber hier nicht – auch nicht von Mt her – in den luk Text eingetragen werden darf.

35 Die (ausdeutende, aber implizit mahnende) Feststellung von Q = Mt 6,23b[178] formt Lukas[179] V 35 – in tradiertem paränetischem bzw. mystagogischem Sprachgebrauch[180] – in eine explizite Mahnung um[181]. V 35 setzt voraus, daß in dem Bildwort V 34 sachlich vom „Licht in dir" die Rede war. Das „Licht in dir" (vgl. Spr 20,27) – daraufhin wird das „Auge" nun überinterpretierend (s. o.) gedeutet – darf nicht erlöschen! Noch einmal: Was ist dieses „innere Licht"?

Wie Lk 8,16 vom Kontext 8,10.17f her die „Gnosis" der Jünger betonte (s. dort), so hier V 34ff nun von V 31f her das Hören des Wortes dessen (vgl. V 28), der „mehr" ist als ein Weisheitslehrer und ein Prophet (vgl. VV 31f): der „Menschensohn" (V 30b). Verlangt war VV 29f die Umkehr zu dem von Gott bestätigten, auferweckten Jesus hin. Die einmal „erleuchteten Augen des Herzens" (Eph 1,18; vgl. 2 Kor 4,6) dürfen nicht wieder blind werden. Gemahnt werden hier wie häufiger bei Lukas[182] – in postbaptismaler oder doch an die Taufe erinnernder Katechese[183] – „gefährdete Christen" (wie Eph 5,3–14; vgl. 1 Thess 5,5–11). Es wäre aber eine Verengung, wenn das Bild vom Licht oberflächlich „ethisch" ausgedeutet würde, nur auf Umkehr (vgl. Eph 5,8b) und Glaube (vgl. 2 Kor 4,6) bzw. auf das Festhalten des Wortes Jesu (vgl. 2 Kor 4,4 wie Lk 11,28) hin. Geht es doch hier nicht nur um das „Hören" (10,24b), sondern auch um das beseligende „Sehen" der Heilszeit (Lk 10,23–24a; vgl. 1,20.78; 2,30ff). Von V 33 (s. o.) und V 36d (s. u.) her wird deutlich, daß das „innere Licht" in Einheit mit dem dort gemeinten äußeren Licht christologisch verstanden werden muß: als Gabe Jesu[184], welches eben als verbum externum von außen und als verbum internum im Inneren des Glaubenden aufleuchtet (vgl. 2 Kor 3,17f; 4,3f.6).

Eine Erinnerung an den Taufhymnus des Epheserbriefes kann verdeutlichen: „Christus wird dein Licht sein" (Eph 5,14)[185], gewiß funktional durch sein Wort,

---

sind für die Anm. 41: „Für Lukas bzw. Q ist dagegen eine christologische Deutung wahrscheinlich, da sich 11,33–36 an das Wort vom Jonazeichen (11,29–32) anschließen."

[178] T^h: D it harmonisieren mit Mt, indem sie dessen Frage als Lk 11,35 bringen (sy^c anstelle von V 36; 1241 zusätzlich vor V 36).

[179] Wahrscheinlich formuliert Lukas eindringlicher (diff Mt) um; so die meisten: JÜLICHER, Gleichnisreden II, 104; SCHULZ, Q 469.

[180] Vgl. das σκοπεῖν Gal 6,1; Phil 2,4; 3,17; 2 Kor 4,18; Röm 16,17.

[181] V 35 ist nicht „sekundär eingefügt"; gg. STEINHAUSER, Doppelbildworte 376. – Ein Äquivalent ist jedenfalls durch par Mt 12,23d und Lk 11,36 für Q gesichert.

[182] Vgl. LK I, 462–465 (zu 8,11–15); I, 539f und 547 (zu 9,23–27).

[183] Vgl. dazu WREGE, Überlieferungsgeschichte 114f. Dagegen HAHN, a.a.O. 130 Anm. 71: „Ein sakramentaler Bezug (ist) so gut wie ausgeschlossen"; Hahn kommt zu dieser Deutung, weil er fälschlich (s. dazu u.) V 36c.d eschatologisch deutet.

[184] So richtig gesehen von BRANDT, a.a.O. 108f.

[185] Christologisch Lk 1,78f; 2,32; Apg 13,47; 26,23, vgl. Apg 9,3; 22,6.9.11; 26,13; vgl.

aber das nicht nur von außen: „Jetzt seid ihr Licht im Herrn" (Eph 5,8a), „im Licht" (1 Joh 2,9f; vgl. Joh 11,9f), „Söhne des Lichtes" (Lk 16,8; 1 Thess 5,5.8; Joh 12,35f)[186], könnte Lukas etwa verstehen. Angeredet sind die, denen „die Augen geöffnet wurden"[187], die sich „von der Finsternis zum Licht und von der Macht des Satans zu Gott bekehrt" und „durch das Glauben" an Jesus – in der Taufe – „Vergebung der Sünden empfangen" haben (vgl. Apg 26,18)[188].

1. Kompositionskritisch kann man V 33 als ein „Grundwort" verstehen, dem – in anderem Bild und mit andersartigem Sinngehalt (s. o.) – VV 34–35 als *„Zusatzwort"* irgendwann zugesellt wurden[189].
2. Lukas hat bei Wiedergabe der Spruch-Gruppe 11,29–30.31–32.33.34–35 die *Q-Akoluthie bewahrt*[190]; Matthäus löste dagegen die Q-Komposition auf, indem er nach systematischen Gesichtspunkten Mt 5,15 par Lk 11,33 und Mt 6,22–23 par Lk 11,34–35 seiner Bergpredigtkomposition einordnete. Daß Matthäus bei dieser neuen Einordnung in Mt 5,15; 6,22–23 – wie fast durchgehend[191] – die von Lukas bezeugte Q-Abfolge wahrt, gibt ein erstes Indiz, daß auch Matthäus sie gekannt hat. Die redaktionellen Bildungen Mt 5,14 und 16 können den Verdacht erwecken, Matthäus habe auch (wie Lukas) Mt 6,22–23 in direktem Anschluß an Mt 5,15 gelesen[192]: τὸ φῶς ὑμῶν in 5,16 erinnert an τὸ φῶς τὸ ἐν σοί Lk 11,35 par Mt 6,23, auch wohl ὑμεῖς ἐστε τὸ φῶς Mt 5,14 an ὅλον τὸ σῶμά σου φωτεινόν ἐστιν Lk 11,34b(36) par Mt 5,22b. Die καλὰ ἔργα, die die Menschen sehen sollen (5,16), lassen denken an ὅλον τὸ σῶμά σου φωτεινόν Lk 11,35 (vgl. 36) par Mt 6,22. Das λαμψάτω τὸ φῶς ὑμῶν ἔμπροσθεν τῶν ἀνθρώπων, ὅπως ἴδωσιν (Mt 5,16) könnte veranlaßt sein durch ἵνα οἱ εἰσπορευόμενοι τὸ φῶς βλέπωσιν. Darf man so Mt 5,16 als eine (sehr freie) Paraphrase von Lk 11,33d.34 verstehen?
3. V 34f war also mit V 33 schon in Q als „Spruch-Paar" verkoppelt, noch nicht aber auf der Traditionsstufe, die sich in Mk 4,21 par Lk 8,16 (s. ebd.) bezeugt. Auch die Verwendung der ganzen „Licht-Finsternis"-Terminologie verrät wohl spätere paränetische Tradition[193], wie sie bei der Taufe und der Bußzucht üblich war. Der Spruch VV 34f wurde also wohl erst auf einer *späteren Traditionsstufe* von Q dem Grundwort V 33 zugefügt.

---

u. a. aber auch 1 Kor 4,5; Kol 1,12; 2 Tim 1,10; 2 Petr 1,19; Joh 1,4–9; 3,19; 12,46; 1 Joh 2,8.

[186] Vgl. 2 Kor 6,14f.
[187] Die „Öffnung" der Augen führt aus dem Zustand des Unglaubens in den des Glaubens; vgl. noch Lk 24,31; Apg 9,8.18.40; 26,18.
[188] Nach SCHLATTER, zu Lk 5,17, dem GRUNDMANN folgt, „versetzt das äußere Licht Christi in das Licht", gibt also das „sehende Auge".
[189] Siehe WANKE, „Bezugs- und Kommentarworte" 61–66.
[190] Siehe o. S. 284 u. ö.
[191] TAYLOR, The Order of Q, und DERS., The Original Order of Q, konnte diese matth Praxis für die Q-Abfolge überzeugend belegen. – Matthäus hat auch sonst die Vorlage von Lk Kap. 11–12 benutzt, seine „Bergpredigt" aufzufüllen: vgl. Lk 11,2–4 = Mt 6,9–13; Lk 11,9–13 = Mt 7,7–11, hier ebenfalls – mit Abstand – in gleicher Akoluthie (in umgekehrter Abfolge noch Lk 12,22–31 = Mt 6,25–33; Lk 12,33–34 = Mt 6,19–21).
[192] Vgl. LÜHRMANN, Logienquelle 84; HAHN, a.a.O. 133; anders WREGE, Überlieferungsgeschichte 115; STEINHAUSER, Doppelbildworte 373.
[193] Daß mit der Abhebung eines Einzelgliedes vom Leib als Ganzem „griechische Anthropologie thematisch wird", ist nicht so sicher; gg. SCHULZ, Q 470 (und seine Gewährsmänner dort). Eher könnte der Vergleich des äußeren und inneren Auges bei Philo in diese Richtung weisen; s. o.

4. Die Auslegung von V 34 (s. o.) zeigte, daß der Sinn des „prästabilisierten Bildes, den dieses – wenn auch mehrdeutig – in sich birgt, ursprünglich nicht der sein muß, der vom Kontext her sich konkret nahelegt, so daß V 34 an sich auch ohne V 35 tradiert gedacht werden könnte. Der gemeinte Sinngehalt wird erst durch τὸ φῶς ἐν σοί V 35 als ein (übernatürliches) Gnadenlicht Christi ins Wort gehoben. Vermutlich wäre der Spruch V 34 christlich doch wohl nie tradiert worden, wenn er nicht die Fixierung von *V 35 mitgeführt* hätte[194].

5. a) Schwerlich läßt sich die einleitende These Lk 11,34a par Mt allein schon als *ursprünglicher Kern* des Bildwortes V 34 verstehen, so daß die Antithese Lk 11,34b.c par Mt schon eine sekundäre ausdeutende Ausweitung wäre. Lk 11,34a wäre isoliert tradiert zu dürftig.

b) Aber auch die umgekehrte Annahme, Lk 11,34b.c par Mt sei der ursprüngliche Kern, hat keine Wahrscheinlichkeit für sich.

6. Wie das Grundwort *V 33* in sich verständlich war (s. ebd.), so ist es auch das Zusatzwort V 34f. Da es aber nicht „im Bilde bleibt" – hier „die Leuchte des Leibes", dort die „Lampe auf dem Leuchter" im Haus –, ist es keine kommentierende Ad-hoc-Bildung zu V 34; es kann vielmehr vormals *selbständige Tradition* gehabt haben. Als profanes proverbium ist das Bildwort aber „nie belegt"[195].

Hinter VV 34-35 verrät sich – wie schon die frühen Mk-Parallelen zeigen – „*älteste Jesustradition*"[196].

36 Von den Ausweitungen in V 36 her muß sich das für VV 34f (und V 33) gewonnene Verständnis bestätigen[197]. V 36 ringt abschließend, nach Worten suchend, um Verdeutlichung. Wenn VV 34.35 ein vormaliges Zusatzwort zu V 33 gewesen wären, dann könnte V 36 zunächst als ein weiterer Verdeutlichungsversuch zu VV 34.35 verstanden werden. Aber V 36 ist wohl noch darüber hinaus so etwas wie ein abschließendes Nach-Wort, das über das Spruch-Paar 11,33–35 hinweg zurückschaut auf 11,29–35, auch auf 11,1–35, wohl auch noch auf 10,23f (im Zusammenhang mit 9,57 – 10,42).

V 36a greift V 34b.c auf, um dann – in V 36c.d – antithetisch die Herrlichkeit des geschenkten „Lichts" und seine Wirkung – fast stammelnd – herauszustellen: Es geht in V 36a darum, daß „der ganze Leib" des Getauften licht ist, V 36b dann darum, daß auch nicht eine kleinste dunkle[198] Stelle bleibt. So durch und durch licht wird einer, verdeutlicht dann V 36c, sobald[199] er „leibhaftig" in den Lichtschein Christi gerät, der ihn so überhell[200] (wie ein Blitz[201]) bestrahlt (V 36d). Der „Verdeutlichung" V 36a-d

---

[194] Gegen BULTMANN, Geschichte 96f, u.a.
[195] So LUZ, Mt I, 357 Anm. 9.
[196] So WIEFEL 223.
[197] Freilich wird eine Auslegung immer mehr oder weniger hypothetisch bleiben; faktisch gehen die Ausleger auch sehr unterschiedliche Wege.
[198] T¹: μερος τι wird bestens bezeugt 𝔓⁷⁵ A B G W 070 f¹·¹³ 33 205 575 al (𝔓⁴⁵ schreibt [sekundär] μελος τι). Die betonte Voranstellung τι μερος von ℵ und 𝔐 kann stilistische Verbesserung sein (vgl. Bl-R 473,2); Lukas stellt meist nach; s.u. A. 208.
[199] Der Vergleich (ὡς) wird temporal determiniert (ὅταν).
[200] Der „überaus hell glänzende" (vgl. BAUER Wb zu ἀστράπτω) Blitz kann überirdisches Dasein qualifizieren (vgl. das „hell schimmernde" Gewandt Lk 24,4; Mt 28,3), muß aber nicht schon das Eschaton auslegen; s.u. A. 205.
[201] T¹: εν τη αστραπη ist (mit B 579) nur schwach bezeugt.

geht es um die persönliche Heiligkeit, wobei der Leib[202] (im Hinblick auf dessen Taufe?) betont ist und die leibliche „Unbeflecktheit" mit im Blick zu sein scheint.

Man muß V 36 d, wieder wie V 33 (s. o.), vom äußeren „Licht"[203] verstehen, da der Leib betont einbezogen wird und weil das „Licht" hier in seiner Wirkung sowohl wie in seiner Erscheinung das Bild vom Licht des Auges in V 34 überbietet und sprengt (vgl. τῇ ἀστραπῇ, das τὸ φῶς von V 33 d aufnehmend). V 33 und V 36 rahmen in gewisser Weise die Einheit 11,34–35[204]: Die Aussage von VV 34–35 bekommt so einen starken Akzent. – Wenn V 36 d zu V 33 zurückblendet, wird man das Futur ἔσται[205] V 36 c vom Endprozeß der Reinigungsarbeit am Getauften verstehen dürfen, wobei das äußere Licht, Jesu Wort VV 36 d(33), als helfende „äußere Gnade" wirkt. (Man kann sich an 2 Kor 3,16ff erinnert fühlen.)

1. V 36 meditiert VV 34–35 weiter, so daß man dem Vers *keine selbständige Tradition* zusprechen möchte[206]: V 36 a wiederholt fast wörtlich V 34 c par Mt; der Bedingungssatz greift dabei wortwörtlich QMt 6,23 c auf: εἰ οὖν τό ... Die Negation V 36 c μὴ μέρος τι steigert V 34 d.35. Die Redaktion erkennt man auch, wenn V 36 d auf V 33 zurückblendet: Offenbar will hier eine redaktionelle Hand abschließend abrunden; s. o.

2. Der hier sichtbar werdende Redaktionswille muß nicht der des Lukas sein[207], wenn V 34 f bereits in Q mit V 33 verbunden war (s. o.) und V 36 d keine sprachlichen Lukanismen führt[208]. Es läßt sich wahrscheinlich machen, daß Matthäus *Lk 11,36 in Q*[209] gelesen, aber durch Mt 6,24 (par Lk 16,13) ersetzt hat[210], so in seiner Weise Mt 6,22 a.22 b–23 (par Lk 11,34–35) beschließend: Es kann überraschen, warum Matthäus den Spruch 6,24 an 6,22 a.22 b–23 anfügt. War hier doch nicht von einer versuchten „Koexistenz" zwischen „Hell" und „Dunkel", „Gut" und

---

[202] σῶμα meint in diesem griech. Kontext schwerlich „die ganze Existenz"; gg. HAHN, a.a.O. 130.

[203] So CREED; SCHLATTER; LEANEY; SCHMID*; HAHN, a.a.O. 129 f.

[204] Siehe HAHN, a.a.O. 133 u.s.; KATZ, a.a.O. (L 1) 255 ff.

[205] Ein eschatologisches Verständnis von V 36(c)d würde V 30 nicht entsprechen, läßt sich auch von 17,24 par her nicht begründen (s. o. A. 64 und 73), auch nicht, wenn man 11,30 b und 11,36 d als Zusammenhang liest; gg. HAHN, a.a.O. 131; SCHNEIDER. Richtig auch STEINHAUSER, Doppelbildworte 370 Anm. 142. V 36 d ist nicht das Kommen des Menschensohnes mit einem ankommenden, schnell hin und her fahrenden „Blitz" verglichen, sondern anders mit dem gleißenden, „blitzenden" Glanz (vgl. BAUERWb z. W.) einer Lichtquelle. Auch das eschatologische Licht Offb 21,23; 22,5 sollte hier nicht eingetragen werden, eher Phil 2,15.

[206] Mit EDLUND, a.a.O. 17.116f; BULTMANN, Geschichte 97: in V 35 und 36 „verschiedene Erklärungsversuche des dunklen Wortes" (V 44).

[207] Gegen SCHULZ, Q 469; WIEFEL 223.

[208] Vgl. so auch HAHN, a.a.O. 132ff; STEINHAUSER, Doppelbildworte 374 Anm. 161 (für V 36). Aber V 36 b ist nachgestelltes adjektivisches τις doch charakteristisch luk; vgl. JEREMIAS, Sprache 15. Zu μέρος vgl. u. A. 211, zu ἡ ἀστραπή vgl. o. A. 201.

[209] V 36 wird Q zugeschrieben von: MANSON, The Sayings* 93f; HAHN, a.a.O. 115ff (für V 36a); POLAG, Fragmenta Q 54f; anders HARNACK, Sprüche* 8ff.95f; WREGE, Überlieferungsgeschichte 114; NEIRYNCK, Q-Synopsis (s. S. 228 A. 28) 3.37.

[210] Nach SCHMID, Mt und Lk* 239; STEINHAUSER, Doppelbildworte 374, hätte Matthäus V 36 gestrichen.

„Böse" die Rede, sondern von einem entschiedenen Entweder-Oder – wie eben auch QLk 11,36. Hier wurde solche „Koexistenz" von Licht und Finsternis abgewehrt (ὅλον φωτεινόν. μὴ ἔχον μέρος τι[211] σκοτεινόν) wie Mt 6,24: „Niemand kann zwei Herren dienen." – Falls bereits QLk 11,36 εἰ οὖν τό geschrieben hätte, hätten wir zusätzlich ein Indiz[212], daß Matthäus QLk 11,36 vor sich hatte, als er die Wendung für 6,23 c übernahm (diff Mt 6,22: ἐὰν οὖν und 6,23 a: ἐὰν δέ). Matth' Abhängigkeit von QLk 11,36 kann auch bezüglich des Futurs ἔσται in Mt 6,22 c (diff Lk 11,34 c).23 b vermutet werden.

Zur Traditionsgeschichte von Lk 11, (14–28)29–36

1. Es spricht viel dafür, daß auf einer frühen Traditionsstufe von Q die *„erweiterten Spruch-Paare"* (1. Kf) QLk 11,14–26 par Mt (s. o. S. 252.263 f) und Lk 11,29–35(36) par Mt (s. o. S. 301 f) zu einer Spruch-Gruppe (2. Kf) zusammengefügt waren[213]. Der „Sitz im Leben" für eine derartige Komposition kann angegeben werden: In den christlichen Gemeinden, vielleicht besonders in der baptismalen Katechese, mußte der Vorwurf jüdischer Kreise auf ein Beelzebul-Bündnis Jesu zurückgewiesen und die Forderung eines „Zeichens vom Himmel" beantwortet werden.

2. Es darf die Möglichkeit durchgespielt werden, ob nicht vielleicht auf einer früheren Kompositionsstufe bereits die beiden *„einfachen Spruch-Paare"* (vor allen sekundären Zusätzen, Nach-Worten und Einfügungen) sich zu einer ursprünglicheren Spruch-Gruppe (2. Kf) zusammengefunden haben könnten: Dem ursprünglichen Spruch-Paar (s. o. S. 263) Lk 11,15.17(18 a).21–22 par Mt (vgl. schon Mk 3,22–26.27) kann sich schon früh das einfache Spruch-Paar (s. o. S. 285 f) Lk 11,(16)29(30).33 zugesellt haben. Wie dem auch sei: Ohne Zweifel haben wir in diesen beiden einfachen Spruch-Paaren (1. Kf) die Grundelemente der ganzen Redekomposition vor uns.

3. Wahrscheinlicher als die beiden vorstehend (unter 1. und 2.) aufgewiesenen Lösungsmöglichkeiten wäre vielleicht eine *Zwischenlösung:* Das Spruch-Paar 11,15.17(18 a).21–22 par Mt war schon um das mahnend abschließende Nach-Wort 11,23.24–26 par Mt gewachsen, als sich ihm das Spruch-Paar 11,(16)29(30).33, das seinerseits bereits um das mahnende Zusatz-Wort 11,34–35(36) gewachsen war, zu-

---

[211] Q kann auch dann alternativ formuliert worden sein, wenn das nachgestellte τι luk sein sollte (s. o. A. 208), selbst wenn auch μέρος als luk verdächtig gilt: vgl. syn außer in lokaler Bedeutung nur Lk 12,46 par Mt 24,51, in Lk nur noch hier und in 15,12 S; 24,4 S, aber doch auch Apg 5,2 (μέρος τι!); 19,27; 23,6.9.

[212] So schon HAHN, a. a. O. 115 ff; STEINHAUSER, Doppelbildworte 374; LUZ, Mt I, 356.

[213] Siehe schon o. S. 283 f. Im heutigen Text von Lk 11,14–27(28 f).29–35(36) geben sich 11,19–20 par Mt sekundär als Zusatzwort zu dem Grundwort 11,15.17(18 a) par Mt, 11,31–32 par Mt als Zusatzwort zu dem Grundwort 11,(16)29–30, 11,34–35(36) als Zusatzwort zu dem Grundwort 11,33. – 11,(16)29–30.31–32 mit 11,33.34–35(36) konnten so sekundär zu einer Spruch-Gruppe (s. o. S. 299) zusammenwachsen, ähnlich 11,15. 17(18 a).19–20 mit 11,21–22 und 11,23.24–26 evtl. zu einem „erweiterten Spruch-Paar" mit Nach-Wort (s. o. S. 252). – Durch sekundäre Einfügungen können also sekundäre „Spruch-Paare" und aus diesen erweiterte Spruch-Paare oder sekundäre Spruch-Gruppen entstehen. – Wir haben hier ein Beispiel, daß in der syn Tradition vorfindliche „Kompositionsformen" nicht unbesehen als „Kompositionsstufen" gewertet werden dürfen, wie wir schon in unserem Beitrag: Zur Kompositionsgeschichte 320 f und 339 Anm. 104, betonten.

gesellte. Nur erst die „Einfügungen" 11,19–20 und 11,31–32 wären auf einer späteren Redaktionsstufe „implantiert" worden (s. jeweils ebd.). Für diese traditionsgeschichtliche Lösung würde sprechen, daß die beiden Nach-Worte je in der Bildwelt ihrer Grundworte verbleiben, die „Einfügungen" 11,19–20 und 11,31–32 dagegen je ein ursprüngliches Grund- und Zusatzwort voneinander trennen und auch inhaltlich Spuren späterer Redaktion zeigen; s. dazu nun ausführlicher unseren Beitrag: QLk 11,14–36.

2. Anklage und Gerichtsansage wider Pharisäer und Schriftgelehrte

11,37.38–39a (vgl. Mk 7,1–2a.5b–6 / Mt 15,1–3a).39b (= Mt 23,25).40. 41 (= Mt 23,26).42 (= Mt 23,23).43 (= Mt 23,6b–7a; vgl. Mk 12,39a. 38b; Lk 20,46; komb. Mt 23,5b.6a).44(= Mt 23,27[28]).45.46 (= Mt 23,4).47–48 (= Mt 23,29–32).49–51 (= Mt 23,34a.35–36).52 (= 23,13). 53–54 (vgl. Mk 12,13 / Mt 22,15 / Lk 22,20)

L 12: zu 11,37–54. – Vgl. auch L 12a und 12b; ältere Lit. bei METZGER, Christ and the Gospels, Nr. 4591–4606 und 5673–5677; bei WAGNER, EBNT II, 169–174, danach bei GARLAND, The Intention (s. u.) (bis 1979) und bei VAN SEGBROECK, Lk-Bibliography (vgl. Index p. 233). – BANKS, Jesus, hier 173–182; BAUMBACH, G., Antijudaismus im Neuen Testament – Fragestellung und Lösungsmöglichkeit, in: Kairos 25 (1983) 68–86; zu Lk: 73f; BECKER, H.-J., Auf der Kathedra des Mose. Matthäus 23,1–12 als Beispiel für die Verbindung rabbinisch-theologischen Denkens und antirabbinischer Polemik (Arbeiten zur neutestamentlichen Theologie und Zeitgeschichte 4) (Berlin 1990); BERGER, Gesetzesauslegung (s. ebd. Reg.); BRANDT, W., Jüdische Reinheitslehre und ihre Beschreibung in den Evangelien (BZAW 19) (Berlin 1910), 1–33: Das Händewaschen vor dem Essen, 42–55: Das Eintauchen der Trink- und Eßgeschirre, 56–64: Diesbezügliche Worte Jesu, bes. 61–62: Lk 11,39–41; BRANS, G., Christus' leer over de hoeveelheid der aalmoes, in: EThL 6 (1929) 463–469; CORRENS, D., Die Verzehntung der Raute Luk XI 42 und M Schebi IX 1, in: NT 6 (1963) 110–112; DEL VERME, M., I „guai" di Matteo e Luca e le decime dei Farisei (Mt. 23,23; Lc. 11,42), in: RivBib 32 (1984) 272–314; DERRETT, J. D. M., Receptacles and Tombs (Mt 23, 24–30), in: ZNW 77 (1986) 255–266; FLEDDERMANN, H., A Warning about the Scribes (Mark 12:37b–40), in: CBQ 44 (1982) 52–67, bes. 57–61; FRANKEMÖLLE, H., „Pharisäismus" in Judentum und Kirche. Zur Tradition und Redaktion in Matthäus 23, in: DERS., Handlungsanweisungen 139–190; FREUDENBERG, J., Die synoptische Weherede. Tradition und Redaktion in Mt 23 par (Diss. theol. Offsetdruck) (Münster 1972); GARLAND, D. E., The Intention of Matthew 23 (NT.S 52) (Leiden 1979); GERSTENBERGER, E., The Woe-Oracles of the Prophets, in: JBL 81 (1962) 249–263; GOPPELT, L., Christentum und Judentum im ersten und zweiten Jahrhundert (BFChTh.M 55) (Göttingen 1954), bes. 41–55; HAENCHEN, E., Matthäus 23 (1951) (gekürzt), in: DERS., Gott und Mensch (Ges. Aufsätze I) (Tübingen 1965) 29–54; HALPERN AMARU, B., The Killing of the Prophets: Unraveling a Midrash, in: HUCA 54 (1983) 153–180; HARNACK, Sprüche*, hier bes. 68–73.96f.99f.124f; HEINRICHS, P., Die Komposition der antipharisäischen und antirabbinischen Weherede bei den Synoptikern (Diss. lic. masch.) (München 1950); HÜBNER, Das Gesetz, bes. 182–192; HUMMEL, R., Die Auseinandersetzung zwischen Kirche und Judentum im Matthäusevangelium (BEvTh 33) (München [1963] ²1966); KLEIN, G., Rein und unrein. Mt 23,25. Lc 11,37.42, in: ZNW 7 (1906) 252–254; KOSCH, Tora, zu 11,39b–41.42 par: 61–212; vgl. auch 419–423; KÜMMEL, W. G., Die Weherufe über die Schriftgelehrten und Pharisäer (Matthäus 23,13–36), in: P. ECKERT u.a. (Hg.), Antijüdisches im Neuen Testament (München 1967) 135–147; LACHS, S. T., On Matthew 23:27–28, in: HThR 68 (1975) 385–388; LÜHRMANN, Logienquelle 43–48; DERS., Die Pharisäer (L 12a); MACCOBY, H., The Washing of Cups, in: JSNT 14 (1982) 3–15; MARSHALL, I. H., How to Solve the Synoptic Problem. Luke 11:43 and Parallels, in: WEINRICH (Ed.), The New Testament Age II, 313–325; MILLER, R. J., The Inside is (Not) the Outside. Q 11:39–41 and GThom 89, in: Forum 5 (1989) 92–105; MOESSNER, D. P., The „Leaven of the Pharisees" and „This Generation": Israel's Rejection of Jesus According to Luke, in: SYLVA (Ed.), Reimaging the Death 79–107; MUSSNER, Dieses Geschlecht 92–98.98–100; NELLESSEN, Zeugnis für Jesus 65.69–71; NEUSNER, J., A History of the Mishnaic Law of Purities III, Kelim. Literary and Mishnaic problems (SJLA 6,3) (Leiden 1974); DERS., First Cleanse the Inside. The „Halakhic" Background of a Controversy-Saying, in: NTS 22 (1976/77) 486–495; PESCH, W., Theologische Aussagen der Redaktion von Matthäus 23, in: HOFFMANN u. a. (Hg.), Orientierung an Jesus 286–299; SAND, A., Das Gesetz und die Propheten. Untersuchungen zur Theologie des Evangeliums nach Matthäus (BU 11) (Regensburg 1974) 84–95; SATO, Q 40f.151–156.194–198; SCHMID, Mt u. Lk* 148–150.319–332; SCHULZ, Q 94–114.336–345; SCHÜRMANN, H., Die Redekomposition wider „dieses Geschlecht" und seine Führung in der Redenquelle (vgl. Mt 23,1–39 par Lk 11,37–54). Bestand – Akoluthie – Kompositionsformen, in: SNTU(A) 11 (1986) 33–81; SCHWARZ, G., Unkenntliche Gräber (Lukas XI.44), in: NTS 23 (1976/77) 345–346; STEELE, E. S., Luke 11:37–54. A Modified Hellenistic Symposium?, in: JBL 103 (1984) 379–394; DERS., Jesus' Table-Fellowship with Pharisees. An Editorial Analysis of Luke 7,36–50; 11,37–54, and 14,1–24 (Diss. Notre Dame 1981) (nicht zugänglich); STRECKER, Weg, bes. 137–143; SUGGS, Wisdom (L 5) 13–29.58–61; TILBORG, S. VAN, The Jewish Leaders in Matthew (Leiden 1972); WENHAM, The Rediscovery 335–345.

1. Die luk Einleitungswendung V 37 a ἐν δὲ τῷ λαλῆσαι (s. ebd.) besagt vielleicht, daß Lukas[1] 11,37–54 noch im Zusammenhang mit der Redesituation vor der Menge (VV 14.27.29) verstanden wissen will, so daß wir *11,29–54 im Sinne des Lukas als einheitlichen Abschnitt* über „dieses Geschlecht" verstehen sollen[2] (vgl. auch den Rückbezug von VV 50.51 auf VV 29.31 f!). Dieser hob sich V 29 (s. dort) als neue Volksrede von der Jüngerrede (11,1–13) und dem anschließenden Disput mit Gegnern vor dem Volk (11,14–28) ab. Von 11,37–54 ist dann 12,1 ff mittels einer verwandten Einleitung eine neue Jüngerrede abgesetzt. In Einheit mit 11,29–36 gelesen[3], ergibt sich das Verständnis: Während dem Israel der Zeit Jesu, „diesem Geschlecht" (VV 29.31 f), in 11,29–36 warnend und mahnend das Gericht angedroht wurde – immer noch (wie schon VV 23.24–26.28) mit der Absicht, das Volk oder wenigstens einzelne aus ihm zur Umkehr zu rufen (V 30; vgl. VV 35 f[4] –, kündigen nunmehr die Weherufe gegen die Pharisäer und Gesetzeslehrer, in denen „dieses Geschlecht" (vgl. VV 50.51), das damalige Israel, „institutionell" zur Darstellung kam, bereits drohend das Gericht an.

2. Wenn der Jüngergemeinde in 11,29–36 mit dem Hinweis auf das Schicksal Israels noch Warnung und Mahnung gegeben werden konnten, soll sie 11,37–52(ff) von dem, was die Pharisäer und Gesetzeslehrer als

---

[1] Der Zusammenhang 11,29–36.37–54 hatte wohl schon in Q eine Entsprechung (s. u. S. 331).
[2] SCHWEIZER 129f ordnet einleitend 11,37–53 einen Abschnitt 11,37 – 12,51 zu.
[3] Vgl. KOSCH, Tora 422: „Die Weherufe in Q 11,39ff (illustrieren)... im Kontext der Komposition 11,14–54, was in 11,34–36 mit dem ‚bösen Auge' gemeint ist, und begründen die Ansage des Gerichts über ‚dieses Geschlecht'."
[4] Siehe 288.

„Weg" ausgeben, abgegrenzt und bewahrt werden[5]. Von denen, die ihren „Herrn" (V 39) befeindeten und verfolgten (vgl. VV 53 f), kann die Jüngergemeinde auch nach Ostern sich nur schärfstens distanzieren. Wieder – wie schon 6,27–38.39–45 (s. dort) – kann das Heilswort Jesu (11,1–28) nur vermittelt werden, indem es alternativ abgesetzt wird von dem, was Pharisäer und Schriftgelehrte damals als „Weg" aufwiesen (11,[29–36]37–54). In irgendeiner Form (vgl. par Mt 23,1–39) wird (wie schon in Q) 11,37–54 tradiert als eine helfende „*Deklaration*", die die Jüngergemeinde vom Judentum lehr- und lebensmäßig absetzt und trennen will. Wenn am Ende die Gerichtsandrohung wider „dieses Geschlecht" in VV 49 f auf den Anfang des übergeordneten Abschnittes 11,29 f.31 f zurückblendet, will Lukas seine Anweisung der Pharisäer und Gesetzeskundigen in den Zusammenhang der Israel-Problematik[6] gestellt wissen, die Lukas hier – durch eine entscheidende Rede Jesu – weiter klären und narrativ vorantreiben will.

3. *Zur Gliederung:* Der szenischen Einleitung VV 37–39a (vgl. V 37: εἰσελθὼν) entspricht der Abschluß VV 53–54 (ἐξελθόντες), der aber zugleich in gewisser Weise auch 11,1 korrespondiert und bereits zu 12,1 (ff) überleitet (s. ebd.). Die Redekomposition ist gezweiteilt durch eine Zwischenbemerkung (VV 45–46a): Von der Auseinandersetzung mit dem Pharisäismus (VV 39b–44) ist die mit den Gesetzeskundigen (VV 46b–52) abgesetzt. Beide Teile führen drei Weherufe (VV 42.43.44 und VV 46.47.52). Diese formalistische Entsprechung akzentuiert eindrucksvoll, war aber nicht ohne formale und inhaltliche Unebenheiten zu erreichen: Den drei Weherufen wider die Pharisäer VV 42–44 ist in VV 39b–41 eine Belehrung und Mahnung vorgebaut. Den drei Weherufen wider die Schriftgelehrten VV 46b–52 ist in VV 49–51, zwischen dem zweiten und dritten Wehe, eine Gerichtsandrohung wider „dieses Geschlecht" eingefügt, so daß der letzte (sechste) Weheruf einen starken Akzent bekommt und (richtig) den „Gesetzeslehrern" gewissermaßen die „amtliche" Verantwortung für die Ablehnung Jesu und seiner Sendlinge (VV 49–51) zuschreibt.

Es ist eine Frage, ob die zwei Redegänge des Lukas mit den je drei Weherufen gegen Pharisäer einerseits, dann gegen Gesetzeskundige andererseits die Vorlage von Q ursprünglicher wiedergeben oder Matthäus mit seinen sieben Weherufen gegen „Schriftgelehrte und Pharisäer". Die Drohworte passen – inhaltlich gesehen – unterschiedlich mal besser auf diese, mal auf jene[7]. Lukas bezeugt vielleicht V 53 noch ein gewisses Nebeneinander von Schriftgelehrten und Pharisäern (vgl. aber die umgekehrte Reihenfolge diff Mt!), das – in welcher Reihenfolge auch immer – auch in anderen Logien gestanden haben kann, schwerlich aber so schematisch siebenfach, wie Matthäus das will; s. dazu u.[8]

---

[5] Vgl. HOFFMANN, Studien 170: „Die Sammlung ist nicht nur nach außen, sondern auch nach innen gerichtet." – Für Mt gilt das noch stärker; vgl. W. PESCH, a.a.O., bes. 297.
[6] Siehe einleitend S. 11 f und passim.
[7] Siehe dazu u. S. 318 f.
[8] Siehe S. 332.

37 Noch war er am Reden*ᵃ*, da bittet ihn ein Pharisäer, er möge bei ihm speisen. Er trat ein und ließ sich nieder. 38 Als der Pharisäer das sah, wunderte er sich, daß er nicht vor dem Essen zunächst die Handwaschung vorgenommen hatte. 39 Es sagte aber der Herr zu ihm:

> Nun, ihr Pharisäer?
> Das Äußere des Bechers und der Schüssel reinigt ihr,
> euer Inneres aber ist voll von Raffgier und Bosheit. –
> 40 Ihr Unverständigen!
> Hat nicht der, welcher das Äußere wirkte, auch das Innere[b] gewirkt?
> 41 Doch – gebt den Inhalt als Almosen,
> und seht da: Alles[c] ist euch rein!
>
> 42 Aber wehe euch, ihr Pharisäer[d]!
> Ihr gebt den Zehnten von Minze und Raute[e] und allem Kraut
> und übergeht das Gerechte und die Liebe Gottes.
> Dies aber muß man tun und jenes nicht unterlassen.[f]
>
> 43 Wehe euch, den Pharisäern![g]
> Ihr liebt den ersten Platz in den Synagogen
> und die Begrüßungen auf den Plätzen.[h]
>
> 44 Wehe euch[i]!
> Ihr seid wie die unkenntlichen Gräber,
> und die Leute, die darüber hingehen, merken es nicht.

45 Antwortend sagte ihm aber einer der Gesetzeslehrer: Lehrer, wenn du das sagst, triffst du auch uns.
46 Er aber sprach:
Wehe auch euch, den Gesetzeslehrern!

> Ihr belastet die Menschen mit kaum zu tragenden Lasten,
> und selbst[j] berührt ihr die Lasten nicht mal mit eurem[j] Finger!
>
> 47 Wehe euch! Ihr baut die Grabmäler der Propheten,
> eure Väter aber[k] haben sie getötet.
> 48 Auf solche Weise seid ihr Zeugen[l],
> und ihr billigt die Taten eurer Väter.
> Diese haben sie getötet – ihr aber baut.[m]
>
> 49 Deshalb hat auch die Weisheit Gottes gesagt[n]:
> Ich werde zu ihnen senden Propheten und Apostel,
> und welche von ihnen werden sie töten und verfolgen[o] –
> 50 damit eingefordert wird das Blut aller Propheten, das seit Erschaffung der Welt vergossen[p] wurde, von diesem Geschlecht,

*51 vom Blut Abels bis zum Blut des Zacharias,
der zwischen Opferaltar und (Tempel-)Haus umgebracht wurde.
Ja, ich sage euch: Es wird eingefordert von diesem Geschlecht!*

*52 Wehe euch, den Gesetzeslehrern!
Ihr habt den Schlüssel der Erkenntnis weggenommen.
Ihr selbst seid nicht hineingegangen,
und die Hineindrängenden habt ihr gehindert.*

53 Und als er von dort weggegangen war[q], begannen die Schriftgelehrten und die Pharisäer (ihm) hart zuzusetzen[r] und ihn über vieles auszunehmen; 54 sie lagen auf der Lauer, eine mündliche Äußerung von ihm zu gewinnen. *

37 Die luk Wendung ἐν δὲ τῷ λαλῆσαι[9] verbindet den folgenden Abschnitt VV 37–53 mit der vorstehenden Rede Jesu in der Öffentlichkeit VV 29–36[10] (s. schon o.). Die Einladung zum (Mittags-)Mahl[11] bietet aber die Möglichkeit, diese drohende Gerichtsansage als „Tischrede" den Ohren der breiten Volksmenge (11,29; 12,1) zunächst noch – siehe dann aber 20,9–19.20–47 – zu entziehen.

Im Erzählungsgang war es Lukas vielleicht hier noch zu früh, schon zu diesem Zeitpunkt einen Bruch Jesu mit Israel, durch die Pharisäer und Gesetzeskundigen präsentiert (vgl. VV 49ff), in aller Öffentlichkeit zu proklamieren[12]. Erzählerisch hatte Lukas den Anstoß bzw. das feindliche Lauern der „Pharisäer und Gesetzeskundigen" (Schriftgelehrten) bzw. auch einer der beiden Gruppen schon früher[13] zur Darstellung gebracht. Bereits 7,30 hatte er deren Ablehnung der Johannestaufe erwähnt, so daß Jesu entlarvende Rede – vgl. andeutend auch schon 9,22 – nunmehr die Leser nicht überraschen kann.

---

* T: [a] v.l.: (H) V B (s. A. 9). – [b] v.l.: – (s. A. 37). – [c] v.l.: St-T (s. A. 48). – [d] v.l.: [H N] (s. A. 52). – [e] v.l.: – (s. A. 55). – [f] v.l.: (T G, partim) (s. A. 68). – [g] v.l.: – (s. A. 76). – [h] v.l.: – (s. A. 77). – [i] v.l.: – (s. A. 85). – [j] v.l.: – (s. A. 97). – [k] v.l.: V (s. A. 106). – [l] v.l.: – (s. A. 108). – [m] v.l.: T (s. A. 109). – [n] v.l.: – (s. A. 117). – [o] v.l.: T S V B G (s. A. 128). – [p] v.l.: T h (s. A. 135). – [q] v.l.: G (s. A. 172). – [r] v.l.: T h V G partim (s. A. 178).

[9] T[a]: D sy[s.c] kommen mit der Auslassung des luk εν δε τω λαλησαι und den sonstigen stilistischen Verbesserungen gegen das Zeugnis von 𝔓[45.75] B ℵ L W 0124 1 13 al nicht an. Das verbreitete τις, u.a. auch in V 39, kann aus ebendiesen – vor allem westlichen – Texten stammen.
[10] Vgl. Bl-R § 404: „Mit dem Inf. Aor. (nur Lk) ,als', ,nachdem' (momentan)"; ebd. Anm. 4: „bei seiner Redetätigkeit", obwohl „Lukas ... gelegentlich den Infinitiv des Aorist zur Bezeichnung der Vorzeitigkeit schreibt"; so JEREMIAS, Sprache 205. Vorzeitig verstanden von der EÜ (anders Luther), MARSHALL u. viele.
[11] ἄριστον (cf. ἀριστάω) muß nicht unser „Frühstück" bzw. als „Frühmahl" unser Mittagessen sein, sondern kann auch allgemeiner das Mahl meinen (vgl. BAUERWb z.W.), obgleich Lukas 14,12 ἄριστον und δεῖπνον auch unterscheiden kann.
[12] Vgl. jedoch schon zu 5,1 – 6,11 (LK I, 262–310), auch zu 6,39–45 (LK I, 365–379).
[13] Siehe Näheres u. zu VV 53f (S. 329f).

L 12a: Pharisäer. – Vgl. außer o. in L 12 und u. in L 12b die Lit. in den einschlägigen Nachschlagewerken und u. zu Lk 18,9–14; zu: Jesus (bzw. Lukas) und die Pharisäer vgl. bes. ABRAHAMS, I., Studies (L 9a); BAECK, L., Die Pharisäer, in: DERS., Paulus, die Pharisäer und das Neue Testament (Frankfurt a. M. 1961) 39–98; BAUMBACH, G., Jesus und die Pharisäer. Ein Beitrag zur Frage nach dem historischen Jesus, in: BiLi 41 (1968) 112–131; BEILNER, Christus*, hier 200–235; DERS., Der Ursprung des Pharisäismus, in: BZ 3 (1959) 235–251; BERGER, K., Jesus als Pharisäer und frühe Christen als Pharisäer, in: NT 30 (1988) 231–262; BOWKER, J., Jesus and the Pharisees (Cambridge 1973); BRAWLEY, Luke-Acts, darin: The Pharisees 84–106; CARROL, J. T., Luke's Portrayal of the Pharisees, in: CBQ 50 (1988) 604–621; COOK, M. J., Jesus and the Pharisees, in: JES 15 (1978) 441–460; FINKEL, A., The Pharisees and the Teacher of Nazareth (AGSU 4) (Leiden 1964), hier 134–143; FINKELSTEIN, L., The Pharisees. The Sociological Background of Their Faith I/II (The Morris Loeb Series 2) (Philadelphia [1938] ²1940; 3. Nachdr. 1946); DERS., Pharisaism in the Making. Selected Essays (New York 1972); HICKLING, C. J. A., A Tract on Jesus and the Pharisees? A Conjecture on the Redaction of Luke 15 and 16, in: HeyJ 16 (1975) 253–265; HOFFMANN, Studien 164–171; JEREMIAS, Jerusalem 279–303; KINGSBURY, J. D., The Pharisees in Luke-Acts, in: VAN SEGROECK (Ed.), The Four Gospels 1992, II, 1497–1512; KLIJN, A. F. J., Scribes, Pharisees, Highpriests and Elders in the New Testament, in: NT 2 (1959) 259–267; LINDARS, B., Jesus and the Pharisees, in: BAMMEL u. a. (Eds.), Donum gentilicium 51–63; LÜHRMANN, D., Die Pharisäer und die Schriftgelehrten im Markusevangelium, in: ZNW 78 (1987) 169–185; LUZ, U., Jesus und die Pharisäer, in: Jud. 38 (1984) 229–246; MERKEL, H., Jesus und die Pharisäer, in: NTS 14 (1967/68) 194–208; MUSSNER, F., Traktat, darin: Die Pharisäer 253–281, zu Lk: 264–268; NEUSNER, J., The Rabbinic Traditions About the Pharisees Before 70 A. D., I–III (Leiden 1971); DERS., Verwendung; DERS., Judentum; O'FEARGHAIL, F., Il rendiconto per il sangue dei profeti (Lc 11,50a), in: Sangue e Antropologia Biblica 1/2 (1981) 675–688; PARKES, J., The Conflict of the Church and the Synagogue ([London 1934] New York ²1969); RIVKIN, E., Defining the Pharisees: The Tanaitic Sources, in: HUCA 40/41 (1969/70) 205–249; SALDARINI, A. J., Pharisees, Scribes and Sadducees in Palestinian Society. A Sociological Approach (Wilmington 1988); SANDERS, J. T., The Pharisees in Luke-Acts, in: GROH – JEWETT (Eds.), The Living Text 141–188; SCHUBERT, K., Die jüdischen Religionsparteien in neutestamentlicher Zeit (Stuttgart 1970) 22–47; SCHÜRER, Geschichte II, 456–475; SIMON, M., Les sectes juives au temps de Jésus (MR 40) (Paris 1960); dt.: Die judenchristlichen Sekten zur Zeit Christi (Einsiedeln 1964), bes. 33–46; THOMA, C., Der Pharisäismus, in: J. MAIER – J. SCHREINER (Hg.), Literatur und Religion des Frühjudentums (Würzburg 1972) 454–472; UMERZ, S., Pharisaism and Jesus (Philosophical Library) (New York 1963) (Lit. 142–145), bes. Jesus, Pharisaism, and the Pharisees: 108–133; WEISS, H. F., Der Pharisäismus im Lichte der Überlieferung des Neuen Testaments, in: R. MEYER, Tradition und Neuschöpfung im antiken Judentum. Dargestellt an der Geschichte des Pharisäismus (SSAW.PH 110/2) (Leipzig 1965) 89–132, bes. 103–111: Die synoptischen Evangelien; DERS., Pharisäismus und Hellenismus, in: OLZ 74 (1979) 421–433; ZIESLER, J. A., Luke and the Pharisees, in: NTS 25 (1978/79) 140–157.

Die Mahlszene bildet mit dem von Lukas (s. u.) vorgezogenen Wort Jesu über die rituelle Reinigung zusammen eine Art „Apophthegma", so daß wir 11,37–41 – in Entsprechung zum Abschluß 11,53 f – eine rahmende Einleitung für die Szene Lk 11,37–54 haben.

Die Mahlszene dürfte (diff Mt!) luk Bildung sein[14], da eine Unebenheit zu VV 39f entsteht; s. u.[15]; sie hat par Mt keinerlei Spur hinterlassen (auch Mt 23,6a

---

[14] Für eine Vorlage plädieren MARSHALL 433 und viele, welche eine Quelle L vertreten.
[15] 11,39ff ist dann nicht vom Händewaschen, sondern von Geschirrspülung die Rede.

= par Mk 12,39b nicht). Mk 12,39b (die ersten Tischplätze!) könnte Lukas mit veranlaßt haben, hier eine Mahlszene zu schaffen. V 37 verrät die luk Sprache [16]. Lukas kannte auch sonst schon pharisäische Einladungen an Jesus (vgl. Lk 7,36; 14,1) sowie grundsätzliche Dispute bei Mahlzeiten (vgl. Lk 5,29ff par Mk, dann auch im Sg: 7,36–50 und 10,38–42; 14,1–14ff). Die Szene scheint hier Lk 7,36.39 und Mk 7,1–2 [17] nachgebildet zu sein [18] und 11,39b–41 apophthegmatisch aktualisieren zu sollen [19].

38f   Mit der Verwunderung des Pharisäers V 38, daß Jesus die jüdischen Bräuche [20], besonders eingefordert von der pharisäischen Observanz, in der Frage der rituellen Handwaschung vor dem Essen nicht einhält, rekapituliert Lukas offensichtlich Mk 7,2.5 [21] (s.u.). Der Herr kennt die (nicht geäußerte) Verwunderung des Pharisäers (wie 7,40; vgl. ausdrücklich 11,17), geht aber in seiner Antwort nicht direkt (s.u.) auf diese Frage ein; vielmehr wird hier die Reinheitsfrage an einem anderen Beispiel – dem des Geschirrspülens [22] – verdeutlicht, die Lukas auch schon aus Mk 7,4b kennt. Er läßt Jesus mit einem tradierten Logion aus Q antworten, was zu der Unebenheit zwischen Rahmen und dem Anspruch Jesu führt – das freilich (wie auch Mk 7,3f nicht) keineswegs in der Tiefenschicht der Erzählung (s.u. zu V 39).

Lukas vermochte durch die Voranstellung von 11,39ff (s. ebd.) den von ihm – wohl mit Rücksicht auf seine hellenistischen Hörer (in Zusammenhang mit der Auslassung von Mk 6,45 – 8,26) – übergangenen Disput über die pharisäischen („wie alle Juden"; vgl. Mk 7,3) Reinigungsvorschriften Mk 7,1–23 mit „Pharisäern und einigen Schriftgelehrten" (7,1; vgl. 7,5) [23] möglichst bald nach Wiederauf-

---

[16] Vgl. FREUDENBERG, a.a.O. 126f; JEREMIAS, Sprache 205f (wenn freilich ἀριστάω syn nur hier und ἄριστον außer Mt 22,4 nur hier und 14,12 S begegnet, sollte man – gg. JEREMIAS, ebd. – auch hier luk R nicht ausschließen. Auch aus ἐθαύμασεν ὅτι kann man schwerlich auf eine luk Vorlage schließen, gg. JEREMIAS, ebd.

[17] JEREMIAS, Sprache 205f.

[18] Vgl. jedoch u. zu 11,53b.54; 12,1 (S. 330) und ebd. die Vermutung, etwas aus der überladenen Schlußnotiz könnte Lukas der Q-Einleitung der Weherede entnommen haben.

[19] Dabei könnte Lukas πρῶτον aus Mk 23,26 (diff Lk 11,40) übernommen haben; s.u. zu V 40.

[20] Hier setzt sich Jesus – vgl. Mk 7,1 Φαρισαῖοι καί τινες τῶν γραμματέων – offenbar nicht nur von der pharisäischen Observanz ab (vgl. auch Mk 7,3: „alle Juden", 7,6: „dieses Volk"; vgl. J. NEUSNER, Judentum 26: „Es ist … deutlich, daß die Pharisäer die Einhaltung der landwirtschaftlichen Gesetze als eine religiöse Hauptpflicht ansahen. Ob jedoch, in welchem Maß und wie andere Juden dies auch taten, ist nicht klar. Im Endeffekt bedeuten die landwirtschaftlichen Gesetze und die Reinheitsregeln Tischgemeinschaft, wie und was man essen durfte. Das heißt, es waren ‚Speisegesetze'."

[21] Vgl. dazu WELLHAUSEN, Mt; HÜBNER, Das Gesetz 182–188. Die Abhängigkeit von Mk 7 bestreiten zu Unrecht BERGER, Gesetzesauslegung 473; MARSHALL 494.

[22] Mit dem allgemeinen Begriff πίναξ (= „Gefäß") will Lukas wohl ξέσται καὶ χαλκία (Mk 7,4) zusammenfassen; παροψίς Mt 23,25 hat nach BAUERWb z. W. vielleicht speziellere Bedeutung.

[23] Da Fragen levitischer Reinheit nicht nur die Pharisäer bewegten, darf schon gefragt werden, ob Mt 23,25–26 par Lk 11,39–41 in einer frühen Tradition, in der das Rabbinen-

nahme der Mk-Akoluthie (Mk 8,27–41 = Lk 9,18–50) wenigstens in Kürze nachzuholen. Denn offensichtlich läßt er sich in der Einleitung 11,37–39a auch von Mk 7,2.4.5 beeinflussen (s. dort: Φαρισαῖοι ... ἰδόντες, βαπτίσωνται), wo es ebenfalls um das Essen, freilich mit ungewaschenen Händen, ging. In V 39a nimmt Lukas Mk 7,6(9) auf. Das Herrenwort Lk 11,39 ist – sicher schon von Q her; vgl. Mt 23,25f – mit Mk 7,15(17–23) verwandt (vgl. τὸ ἔξωθεν – τὸ ἔσωθεν); vgl. ferner Lk 11,39b (πονηρία) mit Mk 7,22. Das alles um so mehr, als auch Mk 7,12 (vgl. 7,4) von βαπτισμὸς ποτηρίων die Rede ist. Lukas kann auch gut durch Mk 7,9–12 (vgl. δῶρον 7,11) angestoßen sein, die Aufforderung 11,41, die in Mt ohne Parallele ist, zu bilden (s. dazu ebd.); vgl. auch die Frage nach der wahren Reinheit Mk 7,19 (καταρίζων – Lk 11,41: καθαρά). – Man wird freilich auch fragen müssen, ob hier eine traditionsgeschichtliche Abhängigkeit der Mk-Tradition von der frühen Q-Tradition bestehen kann [24].

39 Jesu Wort vermeidet – in der Mahlszene verständlich – hier zunächst das „Wehe" (par Mt 23,25) [25]. Es knüpft vielleicht an eine Streitfrage an, die zwischen den jüdischen Schulen kontrovers war: ob ein Gefäß eigens auch außen noch „gereinigt" werden müsse, wenn sein Inneres „gereinigt" worden war [26], was par Mt 23,26 noch deutlicher ist. – Jesu Entscheidung nimmt jene Streitfrage aber nur zum Anlaß – wie Mk 7,1–23 –, wenn sie die Frage von der Ebene der levitischen Reinigung auf die der sittlichen hebt. Wenn Lukas dabei – anders als par Mt 23,25c – nicht auf den auf unredliche Weise zustande gekommenen Inhalt [27] des Bechers weist, sondern an das Innere der Pharisäer (ὑμῶν) denkt, lenkt er wohl auf den Anstoß des Pharisäers V 38 zurück [28]. So entsteht ein besonders scharfer, in dieser verallgemeinernden Form doch auch ungerechter Vorwurf, den er seiner Vorlage Q (vgl. par Mt 23,25) gegenüber noch personalistisch verschärft (wobei er von Mk 7,6ff – καρδία – beeinflußt sein wird): Das Innere der Pharisäer ist voll von ausbeutender Gewinnsucht [29] – Lukas mag an Mk 7,11b denken (spezieller vielleicht noch an 20,40 par Mk 12,20) –,

---

tum noch nicht so ausschließlich wie nach 70 pharisäisch bestimmt war, die Schriftgelehrten bzw. weite Schichten des Volkes (s.o. A. 20) im Auge hatte.
[24] Vgl. BERGER, Gesetzesauslegung 473 („Parallele zu Mk 7 in Q").
[25] So mit den meisten KLOSTERMANN; SCHULZ, Q 95. Lukas ersetzt es durch das (logische) νῦν; vgl. so auch Apg 3,17.
[26] Nach MKel 25,7–8 und MBer 8,2 (von NEUSNER, First Cleanse [a.a.O.], nach allen Hss. überprüft) – vgl. schon BRANDT, a.a.O. 62 (auch NEUSNER, ebd.) – differenzieren frühe schammaitische (vor 70) und hillelitische spätere Traditionen.
[27] Daß in Q vom Inhalt des Bechers (vgl. Mt 23,25c) die Rede war, bezeugt Lukas wohl noch V 41, wo τὰ ἐνόντα nur diesen meinen kann; vgl. u. A. 39.
[28] So LEANEY 193.
[29] Lk 16,14f wirkt der Vorwurf redaktionell weiter (s. ebd.): Die pharisäische „Selbstgerechtigkeit" hat die Wurzel in „Geldgier"; vgl. auch das Wehe gegen die Reichen (Pharisäer; s. LK I, 340) in 6,24, denen alle „schönreden" (6,26) – was mehr eine grundsätzliche geistliche Einsicht des Lukas sein wird als empirische Beobachtungen an Pharisäern (s. zu der Schematisierung u.), obgleich Lukas beobachtet haben kann, wie sehr – z.Z. Jesu eher ärmliche – Pharisäer nach 70 nicht nur lehrmäßig, sondern auch sozial in „standesgemäße" Positionen kamen (vgl. JosAnt XIII, 288.298; XVIII, 17).

ja ist voll von Bosheit überhaupt; vgl. Mk 7,15b.21ff (πάντα τὰ πονηρά[30]).

Daß hier – beim Mahl! – nun doch etwas Grundsätzlicheres geschieht als nur eine unhöfliche Verletzung der Gastfreundschaft, wird am Ende VV 53f deutlich werden. Sollte Lukas nicht gemerkt haben, daß hier eine unerträgliche „Spannung zwischen dem Rahmen und dem Inhalt der Rede vorhanden ist"[31]? Vielleicht will der Evangelist seinen nachösterlichen Lesern damit zusätzlich verdeutlichen, daß schon durch Jesu Mahlstiftung zwischen dem offiziellen Judentum und den sich zum Mahl versammelnden Christen „das Tischtuch zerschnitten" wurde, zumal er auch 7,36 und 14,1 Jesus anläßlich einer Tischszene im Hause eines Pharisäers ein Streitgespräch führen läßt. Es gibt zwischen Juden und der Jüngergemeinde keine „ekklesiale" communio und keine Mahlgemeinschaft mehr.

Den Vorwurf von Q (vgl. Mt 23,25b), von Lukas ungemein verschärft, kann man in dieser Form nicht Jesus zuschreiben. Das eigentliche Anliegen solcher persönlich formulierter Polemik ist die doktrinale und pastorale Bemühung, der Jüngergemeinde dem jüdischen Ursprung gegenüber ihre Selbständigkeit zu verschaffen[32]. Es geht hier darum, in einer späten nachösterlichen Situation, in der Christen noch von jüdischem Gesetzesverständnis und speziell der pharisäischen Observanz her versucht sein konnten, den gesetzesfreien Weg des Jüngerseins herauszustellen. Recht eigentlich werden hier zwei objektiv zu unterscheidende „Wege" (vgl. V 52) aufgewiesen; letztlich soll nicht persönlich abgewertet werden. – Man darf freilich nicht vom paulinischen oder markinischen Gesetzesverständnis her – etwa wie Mk 7,23 (πάντα ταῦτα τὰ πονηρὰ ἔσωθεν ἐκπορεύεται) – deuten und hier Aussagen über den Menschen unter dem Gesetz, über einen weithin unbewußten Sachverhalt (vgl. Mk 7,18: καὶ ὑμεῖς ἀσύνετοί ἐστε·) finden[33].

Die einleitende Redefigur V 39b νῦν ὑμεῖς οἱ Φαρισαῖοι kann schwerlich verschleiern, daß die Vorlage ein οὐαὶ ὑμῖν (τοῖς Φαρισαίοις) wie VV 42.43(44) (oder etwas wie par Mt 23,25) geführt hat[34]. Die Schärfe des Logions erlaubt durchaus, für V 41 und schon für die Vorlage von Q ein formales „Wehe" anzunehmen.

---

[30] Die seltene Vokabel πονηρία (sonst syn nur noch Mt 22,38; vgl. aber auch Apg 3,26) kann aus Mk 7,22 stammen.
[31] So SCHMID, Mt u. Lk* z.St.
[32] H. MERKEL, a.a.O. (L 12a) 207: „Jesus kämpft nicht gegen einzelne Entartungserscheinungen im Pharisäismus, sondern gegen den Pharisäismus an sich." Vgl. Näheres u. mehrfach, abschließend S. 334f.
[33] Lukas bezeugt hier wohl wieder Abhängigkeit von Mk 7,18, wobei er ὑπόκριται (Mt 23,25) auch hier vermeidet, ἄφρων auch Lk 12,20. Vgl. L. GOPPELT, a.a.O. 44. – Vgl. auch BAUMBACH, a.a.O. (L 12a) 123: Lukas scheint „die Pharisäer als Prototyp des unbekehrten Weltmenschen hinzustellen, der die Buße für überflüssig erachtet und deshalb keinen Anteil am Heil gewinnt (ebd. Anm.: 5,32; 7,36ff; 15,2.7.10; 16,15; 18,9–14, ferner 1,77; 24,47)."
[34] Siehe o.A. 25. – Ein einfaches (zusatzloses) νῦν vermeidet Lukas diff Mk 10,30; 13,19; 15,32. Er schreibt es immerhin aber auch 6,21 (2mal) diff Mt; 2,29, auch 6,25 (2mal; ein Partizip beigefügt) luk S sowie in der ersten Hälfte der Apg 7,4.52 und 12,11 (von v.l. abgesehen).

40 Mit dem recht allgemein formulierten Satz V 40, für den auch Mt irgendwie ein Äquivalent bezeugt (s. u.), will Lukas vermutlich, nachdem er schon V 39 vom Inneren des Menschen interpretiert hatte, zu V 41 eine Brücke schlagen und so – für hellenistisches Verständnis – von der Ästhetik zur Ethik führen[35]: Gott hat alles äußerlich Sichtbare geschaffen[36], und man soll schon geziemend damit umgehen, mehr aber auf das innere[37] Wirken Gottes sein Augenmerk richten.

41 Anders als par Mt denkt Lukas nicht an Wiedergutmachung, sondern an eine totale Erneuerung durch die Liebe. Im Herzen soll nicht „Raffsucht und (jegliche) Bosheit" (V 39) wohnen, sondern eben die Liebe, speziell – charakteristisch lukanisch – die Bereitschaft zu Almosen: Der Reiche soll seinen Überfluß (vgl. 6,25a; 12,19; 16,19ff) den Armen geben (vgl. 12,33; Apg 9,36; 10,2.4.31)[38]. τὰ ἔνοντα kann hier nur – wie Mt 23,25c, aber diff Lk 11,39c – den Inhalt des Bechers meinen[39]. In solchem Liebestun sind dann alle pharisäischen (und jüdischen) Reinheitsvorschriften von der Liebe her überholt. Anders als V 42d (und par Mt 23,26: πρῶτον) koexistiert hier aber das Liebesgebot nicht überbietend mit den Reinheitsvorschriften, sondern ersetzt sie (wie Mk 7,15): πάντα καθαρά! Man ist an die paulinische Gesetzesfreiheit erinnert[40]: Der Liebende kennt keine levitische Unreinheit mehr.

1. Wir sahen o. (zu V 38f), daß Lukas es war, der die Frage nach den Reinigungsriten mit dem Mahlgedanken verband und darum VV 39ff seiner Wehe-Rede voranstellte[41]. Mt 23,25f (als Zusatzwort) wird – hinter Mt 23,23 (als Grundwort) = Lk 11,42 – *die vormalige Q-Abfolge* wiedergeben. In diesem Logion über die Verzehntung wird noch sachlicher argumentiert als in dem über die Reinigung, das sekundär stärker polemisch überformt ist. In dem Spruch-Paar Q = Mt 23,23.25f = Lk 11,42.39f können sich recht früh – bereits im palästinensischen Judenchristentum – zwei Logien zusammengefunden haben, die in Opposition zum legalistischen Radikalismus der Pharisäer den sittlichen Radikalismus Jesu bewahrt haben und weitertrugen.

2. Hinter der luk und matth Fassung des Logions Lk 11,39.40 par Mt 23,25–26

---

[35] So werden – ähnlich wie und doch anders als Mk 7,3f – Hellenisten jüdische Reinlichkeitsgesetze im Sinn Jesu verständlich gemacht.
[36] Die Weisheitsargumentation beruft sich gern auf den Schöpfer. In bezug auf „das Innere" wird man aber besser vom „Wirken" Gottes sprechen. – WELLHAUSEN 61 schlägt vor – vom Inneren des Bechers verstanden –, wie Dtn 21,11; 2 Sam 19,25 „in Ordnung bringen" zu verstehen.
[37] T^b: Die Umstellung vom „Äußeren" und „Inneren" in 𝔓^{45} (D Γ 700 a c e) ist von V 41 her gedacht (oder verschrieben).
[38] Daß δότε ἐλεημοσύνην Lukas geschrieben haben kann, dürfte 12,33 genügend deutlich werden (s. ebd.); gg. JEREMIAS, Sprache 206.
[39] Siehe o. (A. 27). – Ein Akk. der Beziehung: „was (euer) Inneres betrifft", sollte hier nicht angenommen werden.
[40] Vgl. nur 1 Kor 8,1–13; Röm 14,14–18; auch Tit 1,15.
[41] Vgl. nur J. S. KLOPPENBORG, Q Parallels (Foundations and Facets) (Sonoma/CA 1988) 112 (dort weitere Autoren); NEIRYNCK, Q-Synopsis (s. S. 228 A. 28). – MANSON, The Sayings* 96, wollte (fragend) 11,37–41 + 53f (12,1?) einer Sondervorlage L zuschreiben, was kaum Zustimmung gefunden hat.

das Ursprüngliche zu eruieren macht Schwierigkeiten. Vielfach findet man in Mt 23,25 b–c die einfachste und *früheste Fassung*[42], die mit der Auffassung der Schammaiten vor 70 übereinstimmte[43], die Reinigung des Inneren dann aber nicht levitisch, sondern moralisch verstand[44]. „Die Form des Lk wird im ersten, die des Mt im zweiten Verse relativ ursprünglich sein."[45]

3. Die Vorlage von *11,41 par* Mt 23,26 kann als *sekundäre Ausweitung*[46] verstanden werden, die aber schon eine gewisse Grundlage in Q gehabt haben kann, die von Lukas[47] dann weitermeditiert wurde[48]; auch *Vers 40* hatte in Mt eine gewisse Entsprechung[49].

4. In der vorluk Q-Fassung spricht sich – wie noch par Mt und Lk 11,42 (s. ebd.) – eine judenchristliche Gesetzesobservanz aus, die sich mit ihrer ethischen Akzentuierung vom Pharisäismus kritisch absetzte, nicht aber von den Reinheitsvorschriften der Tora als solchen[50]. Wahrscheinlich ist die Quelle nicht ein „enthusiastisches Judenchristentum"[51]. Vielleicht geht diese „prophetische" Gesetzesauslegung auf Jesus selbst zurück, wie aus der Feindschaft des Pharisäismus gegen ihn geschlossen werden kann.

42 Das erste Wehe des Lukas kritisiert – wie anders schon der „Vorspann" VV 39 ff (s. u.) – einen veräußerlichten und übertreibenden Legalismus der pharisäischen[52] Bewegung. Die Pflicht der „Verzehntung" – ebenfalls, wie das Reinigen von Gefäßen im vorigen Logion[53], den Mahlbrauch tangierend – dehnte die pharisäische Observanz[54] über Korn, Most und Öl (Num 18,12) und den gewachsenen Ernteanbau (Dtn 14,22–27)

---

[42] So Neusner, First Cleanse, a.a.O. 487, mit W. Mees.
[43] Neusner, ebd.
[44] Die Meinung von Hirsch, Frühgeschichte II*, 112.331, der eine „zweite Vorlage neben Q für wahrscheinlich" hält, die „überhaupt nicht von Becher und Schüsseln, sondern bloß vom Auswendigen ohne Zusatz gesprochen" habe, hat mit Recht keine Zustimmung gefunden.
[45] Vgl. auch Bultmann, Geschichte 139.
[46] So auch Bultmann, Geschichte 159 (139); s.o. A. 38.
[47] Wenn es Lukas war, der den Almosengedanken hier eingefügt hat, wird die (häufig wiederholte) Vermutung von Wellhausen 61, der Übersetzer aus dem Aramäischen habe zakki (= „Almosen geben") und „dakki" (= reinigen) verwechselt, unwahrscheinlich.
[48] T^c: Wahrscheinlich hat Lukas doch mit $\mathfrak{P}^{75}$ L Ψ f^{13} 33 579 892 pc (diff St-T, aber mit S) απαντα geschrieben; vgl. Mk ca. 3mal; Mt ca. 3mal, Lk aber 3,21; 4,40 (v.l.); 5,26; 8,37; 9,15; 19,48 diff Mk; 3,21; 19,27; 21,15 Sv diff Mk; 4,6 diff Mt; ca. 13mal Apg.
[49] Lukas kann das πρῶτον par Mt 23,26 gelesen haben, wie seine „Reminiszenz" V 38 vermuten lassen kann; vgl. UG 115. (Das beweist freilich nicht, daß Lukas auch schon VV 37–39 a in Q gelesen hat, zumal die Κυριος-Bezeichnung V 39 a sich der luk R verdanken kann; s. ebd.)
[50] Ein „Kampf zwischen feindlichen Brüdern intra muros"; so Schulz, Q 99 (s. Näheres dort 97–100).
[51] Gegen Schulz, Q 98 f, der den Spruch – mit dem heute verbreiteten Mißverständnis – für „apokalyptische Torainterpretation angesichts der ganz nahen Basileia" (ebd. 99) hält, wobei in solcher Toraverschärfung „das Kultische dem ethischen Gebot zu(ge)ordnet" wird.
[52] T^d: τοις Φαρισαιοις οτι ging in $\mathfrak{P}^{45}$ verloren.
[53] Siehe o. S. 309 f.
[54] Vgl. Bill. I, 934 und IV, 640–697 (wo eigentliche Parallelen fehlen). Weitere alttestamentliche Grundlagen und rabbinische Zeugnisse bei Fitzmyer 948.

„vorsichtshalber" auch auf Minze, Raute[55] und (diff Mt verallgemeinernd[56]) auf jegliches Gartengewächs[57] (λάχανον) aus, so „einen Zaun um das Gesetz" machend. Gott aber fordert gerechtes Verhalten gegen den Nächsten (= κρίσις[58]): Eintreten für das „Recht" des Armen[59] sowie Liebe zu Gott[60] – in Rückblick auf Lk 10,27f[61] also das Doppelgebot der Liebe. Die Kenntnis der beiden[62] dürfte den Pharisäern grundsätzlich nicht abgesprochen werden (s. dort), aber es geht hier, wie Lk 10,25–28, eben um die Praxis: Beides übergehen sie[63].

In prophetischer Tradition wird V 42c das Zeremonialgesetz nicht aufgehoben, aber doch ethisch sehr pointiert überboten. Nach R. Bultmann[64] hätte man „in solchen kurzen Kampfworten [wie Mt 23,23 f] ... am ehesten das Recht, ursprüngliche Jesusworte zu finden". Solche „Gewichtsverlagerung"[65] ist jedenfalls Geist vom Geiste Jesu[66]; sie hatte eine große Sprengkraft in sich, die am Ende für Jesus das Kreuz bedeuten und so geschichtlich die Scheidung von Synagoge und Kirche bewirken sollte. V 42c betont – oder konzediert[67] – nachträglich neben der ethischen Forderung die legalistische, was die Pointe abschwächt und vermutlich sekundär ist (s. u.). In V 42c[68] kommentieren – wie ähnlich schon Koh 7,18 –

---

[55] T^e: Matthäus nennt kundig das ανηθον (den Dill), das aus par Mt auch in Lk eindringt (𝔓⁴⁵ pc e vg^ms; αν και πηγανον findet sich dann f¹³), das nach einigen Rabbinen (vgl. Bill. I, 933) zehntpflichtig war, nicht aber das nach Scheb'ith IX,1 wildwachsende πήγανον (die Raute); vgl. Bill. II, 189. Der luk Text denkt es sich als angebaut und damit zehntpflichtig. – Vgl. CORRENS, a.a.O. 110–112.
[56] Vgl. derartige luk Generalisierungen bei JEREMIAS, Sprache 111 f.
[57] Vgl. BAUERWb z.W.: „Gemüse". – Die Verallgemeinerung wäre nur berechtigt, wenn sie sich auf angebautes Gartengewächs beschränken würde. – Weitere sachkundige Bemerkungen zu den genannten Gewächsen bringt FITZMYER 948 bei.
[58] Vgl. BAUERWb z.W., zu 3; BÜCHSEL, Art. κρίσις κτλ., in: ThWNT III, 943; anders SCHULZ, Q 101 (= „Gericht Gottes").
[59] In LXX oft die Übersetzung von מִשְׁפָּט.
[60] Der gen. subjectivus (= „Gottes Liebe zu uns") würde hier keine Forderung ergeben. Aber auch die Liebe, die Gott einfordert, legt sich hier nicht nahe.
[61] Meist gibt man hier der Trias par Mt den Vorzug vor Lk.
[62] Nach Matthäus ersetzen drei soziale Forderungen die levitischen; daraus hat „Lk eine Kombination der beiden Hauptgebote gemacht" nach BERGER, Gesetzesauslegung 242 (50 u. ö.). – Nach GNILKA, Mt II, 283.288, wäre die matth Trias ursprünglicher, nach HIRSCH, Frühgeschichte II*, 111, das matth τὸ ἐλεός.
[63] Im Hinblick auf das Verhalten des Priesters und des Leviten (ἀντι-παρῆλθεν) Lk 10,31f kann man versucht sein, „vorbei gehen" (SCHWEIZER) zu übersetzen, was aber fraglich wird, wenn παρελθεῖν im NT nur hier und Lk 15,29; Apg 16,8 begegnet.
[64] BULTMANN, Geschichte 158. Vgl. auch das positive Urteil von GNILKA, Mt II, 293f.
[65] SCHULZ, Q 105.
[66] Vgl. auch GNILKA, Mt II, 294.
[67] Jedenfalls liegt hier wohl nicht die Einschärfung der Gesetzeserfüllung von Lk 16,17 par Mt 5,18 vor; gg. KOSCH, Tora 159 u. ö. Dazu vgl. H. SCHÜRMANN, „Wer daher eines dieser geringsten Gebote auflöst ...", in: TrU 126–136.
[68] T^f: Die Auslassung von D; Mcion (b stellt V 42c hinter V 41) meint METZGER, Commentary z. St., mit mehr Wahrscheinlichkeit auf Mcion zurückführen zu dürfen; vgl. POLAG, Fragmenta Q 54; SCHWEIZER; SCHNEIDER. Die gute textliche Bezeugung (𝔓⁴⁵ B* ℵ¹ L f¹³ pc lat; mit kleinen Varianten noch viele andere Hss., s. ALAND, Synopsis, diese

Judenchristen[69], die sich der (von den Pharisäern) geforderten Gesetzesauslegung zumindest praktisch nicht widersetzten und sie – anders als Mk 7 – nicht grundsätzlich in Frage stellen.

1. Die *Abfolge der Redenquelle* dürfte hier die von Mt 23,23.25–26 par Lk 11,42.39b–41 gewesen sein[70]. Offensichtlich war es Lukas, der die beiden Logien des „Spruch-Paares" umstellte, wie uns o.[71] schon wahrscheinlich wurde. – Für die matth Akoluthie spricht auch der bessere Anschluß von Mt 23,27 par Lk 11,44 an Mt 23,25–26 par Lk 11,39–41 (s.u. zu V 44).

2. Aus den unterschiedlichen Listen in Lk und Mt läßt sich weder auf verschiedene *Quellen* (MANSON, The Sayings* 98: M und Q) noch auf verschiedene Q-Fassungen (MARSHALL 497) schließen, da sowohl Mt wie Lk ihre redaktionellen Absichten erkennen lassen. Freilich ist der Text von Q nicht mit Sicherheit wiederzugewinnen, zumal wir die pharisäische Observanz für die Zeit Jesu nicht so genau kennen[72].

3. Wenn in *Lk 11,42c par Mt 23,23c* die Befolgung der pharisäischen Forderung – zumindest – toleriert wird, hören wir die Stimme (palästinensischer?) Judenchristen, die (nur taktisch?) auch als Christen die pharisäische Praxis konzedierten, was schwerlich der Intention und der Praxis Jesu (s.u.) entsprochen haben wird und wahrscheinlich sekundär ist[73]. *Jesus* wird sich praktisch den Forderungen der pharisäischen „Übergebühr" generell nicht unterworfen haben; anders als die pharisäische Observanz fordert er sittliche Gänzlichkeit, die einem „Legalismus" nicht hold zu sein pflegt; s.o.[74]

43 Es werden V 43 schon speziell die Schriftgelehrten[75] (so richtig Mk 12,38 par Lk 20,46) unter den Pharisäern[76] im Blick sein, da diesen die Ehrenplätze in den Synagogen[77] und der respektvolle Gruß gebührten. Ihre sich darin bekundende Stellung wird zunächst nicht (auch Mt 23,6f

---

teilweise übernehmend T und G) erlaubt es kaum, Lk 11,42c für sekundäre Übernahme aus Mt zu erklären; gg. HARNACK, Sprüche* 71; KLOSTERMANN, BULTMANN, Geschichte 139 (fragend); HIRSCH, Frühgeschichte II*, 111 u.a. – Schon darum läßt sich die Anweisung nicht als ein matth Einschub – eine recht unwahrscheinliche Annahme! – zur Q-Vorlage verstehen; gg. HOFFMANN, Studien 59 Anm. 34 und ebd. 170 Anm. 50.

[69] Ob Jesus Lk 11,42c par Mt 23,3c gesagt haben kann, darf bezweifelt werden. Vgl. z.B. W. G. KÜMMEL, Jesus und der jüdische Traditionsgedanke (1934), in: DERS., Heilsgeschehen und Geschichte*, 15–35, hier 34.

[70] Daß VV 39.41.42 Jes 1,16.17.18 aufgenommen werde, hat KLEIN, a.a.O. 252–254, kaum bewiesen.

[71] Siehe o. S. 308f.312f.

[72] Vgl. E. P. SANDERS, Jewish Law from Jesus to the Mishna (London 1990).

[73] Vgl. WELLHAUSEN, Mt; BULTMANN, Geschichte 139; W. PESCH, a.a.O. 292.

[74] Vgl. BERGER, Gesetzesauslegung I, 49f u.ö.

[75] Vgl. auch SCHNEIDER 275.

[76] T^g: Wenn א D it; Cl den Dat. (τοις Φαρισαιοις) (wie 11,42.46.47.52) in den artikellosen Nom. Φαρισαιοι ändern, kann Lk 11,39 oder der durchgehende Sprachgebrauch par Mt 23,13.23.25.27.29 (υμιν, γραμματεις και Φαρισαιοι) vorliegen.

[77] T^h: Die Notiz über „die ersten Plätze bei den Gastmählern" in C (D f^{13}) pc blq r^l wird Angleichung an Lk 20,46 par Mk 12,39 sein (ist schwerlich aus Mt 23,6a – hier vorangestellt – übernommen).

nicht)⁷⁸ in Frage gestellt, wohl aber ihre Anhänglichkeit daran (ἀγαπᾶτε) kritisiert.

1. Es sollte nicht bezweifelt werden, daß uns in dem vorstehend genannten Spruch *Q-Tradition* erhalten ist, die Matthäus mit der viergliedrig ausgebauten Variante Mk 12,38–39(40) kombiniert hat⁷⁹. Daß Lk 11,43 und Mt 23,6b–7a hier nicht (wie Lk 20,46) Mk wiedergeben, zeigt sich deutlich diff Mk in der in Mt und Mk umgestellten Reihenfolge der Anklagepunkte. Gemeinsam ist beiden Großevangelien auch die Artikelsetzung τοὺς (ἀσπασμούς) diff Mk, gemeinsam ferner das φιλεῖν (Mt 23,6) bzw. ἀγαπᾶν (Lk 11,43) diff Mk 12,38 par Lk 20,46 (θελεῖν). Lukas läßt zudem diff Mk den Weheruf an die „Pharisäer" gerichtet sein, Mt 23,6f diff Mk das Logion ohne Wehe an die „Schriftgelehrten und Pharisäer" (vgl. 23,2ff.8–12). Diese Mt/Lk-Übereinstimmungen diff Mk können schwerlich als Zufälligkeiten erklärt werden.

2. Eine *Variante* der Q-Fassung unseres Logions ist *Mk 12,38* par Lk 20,46 erhalten; Matthäus hat Mt 23,5b.6b–7a beide Fassungen kombiniert, wobei er der Mk-Akoluthie den Vorzug gab⁸⁰. Dabei schuf er die Überleitungen V 5a und 7b. Die genannte Mk-Tradition hat beide Vorwürfe umgestellt und (sekundär) einen zweigliedrigen Parallelismus mit je zwei Verhaltensweisen geschaffen, was den abwertenden Vorwurf der Ehrsucht verstärkt.

3. V 43 unterbricht einen vormaligen Q-Zusammenhang Mt 23,23.25–26.27 = Lk 11,42.39–41.44. V 43 (par Mt 23,6f) hatte seinen ursprünglichen Platz vor jenem Spruch-Paar⁸¹. Die sich in V 43 andeutende Ablehnung des Verhaltens der Schriftgelehrten (und Pharisäer) verrät eine spätere Traditionsstufe als die Kritik, die sich im ursprünglichen Kern von VV 42.39–41 par Mt (s. ebd.) aufweisen ließ.

4. Ursprünglich könnte V 43 von einer *judenchristlichen Gruppe tradiert* worden sein, die die Vorrangstellung (vgl. Mt 23,2f) der Schriftgelehrten bereits relativierte⁸². Ob diese Gruppe vielleicht „kongregalistisch" verfaßt war⁸³.

5. Ein derartiger Vorwurf der Ehrsucht paßt weniger in die Situation Jesu. Er wird die Lehrautorität der Schriftgelehrten nicht grundsätzlich in Frage gestellt haben, sosehr er um seine eigene Autorität bei der Auslegung des Willens Gottes gewußt hat; von dieser ist hier aber ebensowenig wie Mt 23,2f die Rede. V 43 par Mt

---

⁷⁸ Siehe nachstehend (zu 5.).
⁷⁹ Siehe nur die von Schulz, Q 104 Anm. 74, genannten Autoren; vgl. ferner H. Schürmann, Dubletten im Lukasevangelium, in: TrU 272–278, hier 277; Laufen, Doppelüberlieferungen 89f.92; Polag, Fragmenta Q 24.54; Lührmann, Logienquelle 45. – Anders dagegen Haenchen, a.a.O. passim; Freudenberg, a.a.O. 3–6.89.101–129. Vgl. auch Hoffmann, Studien 170 Anm. 49: „Lk 11,43 ist höchstwahrscheinlich eine redaktionelle Bildung des Lukas nach Mk 12,38b.39 …"
⁸⁰ Ohne Zweifel bot die Rede wider die Schriftgelehrten Mk 12,37–40 Matthäus Anlaß, seine in Q vorgefundene Variante (wider „Schriftgelehrte und Pharisäer"; vgl. auch Lk 11,53!; s.u. ebd. Näheres) aus der Abfolge der Q-Redenkomposition zu lösen und akzentuiert hier hinter Kap. 22, unmittelbar vor der apokalyptischen Rede Kap. 24 zu postieren.
⁸¹ Siehe u. zu V 46 (S. 320).
⁸² Es darf gefragt werden, ob etwa die Erwähnung der πρωτοκαθεδρία Mt 23,6b par Lk 11,43 (und Mk 12,39) von der vielleicht(?) in Q vorstehend (wie Mt 23,2) erwähnten καθέδρα des Mose in traditionsgeschichtlichem Zusammenhang stehen kann.
⁸³ Mit mehr Sicherheit kann das aus der matth Einfügung Mt 23, (7b)8–9.10.11–12 herausgelesen werden.

dürfte eine spätere Polemik (nach 70), die die Gemeinde von der schriftgelehrten Tora-Auslegung lösen wollte, formuliert haben[84].

44 Abschließend[85] kommt die bisher noch verhaltene Polemik gegen das Pharisäertum auf den Höhepunkt, wobei die pharisäische Observanz als solche verworfen wird. – Jüdische Leser wissen, daß unkenntliche Grabstätten[86] verunreinigen (vgl. Num 19,16); Den Pharisäern wird hier nicht nur eigene innere Unreinheit vorgeworfen, sondern auch darüber hinaus Verbreitung von Unreinheit (durch ihre schädliche Lehre; vgl. Mt 23,15, anders dann auch Lk 11,52 par).

1. V 44 wird durch par Mt 23,27 als *Q-Tradition* bezeugt. Matthäus paßt 23,27 an 23,25f par Lk an[87], wenn er den Gegensatz von Äußerem und Innerem: den Kontrast zwischen dem schönen Aussehen der Gräber und ihrem abscheulichen Inhalt hervorhebt. Das „schön aussehende Grab, das die Verwesung zudeckt, ist ... ein gängiges jüdisches Schimpfwort (Akt [= Apg] 23,3). Matthäus hat ins Konventionelle hinein abgeplattet."[88] Dabei änderte er fachkundig, wenn er die in Palästina jährlich am 15. Adar übliche Kalkung[89] erwähnt, die die Grabstätten verschönte.

2. Matthäus setzt in *Mt 23,28* der Wie-Hälfte des Bildwortes – eigentlich recht unnötig – eine So-Hälfte zu. Das Streben der Pharisäer, gerecht zu erscheinen (Mt 5,20; vgl. Lk 16,15; Mt 6,1), hätte Lukas nicht beseitigen müssen (vgl. außer Lk 16,15 auch 18,14). Er las in seiner Q-Vorlage also Matthäus 23,28 wohl noch nicht.

3. In Mt 23,25f par Lk 11,39–41 wie in Mt 23,27 par Lk 11,44 geht es um die Reinheitsfrage. Wir erkannten aber oben schon, daß es Lukas war, der sowohl V 42 wie V 43 umgestellt hatte (s. jeweils ebd.). Mt 23,27(28) par Lk 11,44 läßt sich dann auch sehr passend als *Nach-Wort eines frühen (erweiterten) Spruch-Paares* wider die Pharisäer und ihr Gesetzesverständnis (2. Kf) Mt 23,15[90].23.25f.27(28) = Lk

---

[84] Diese Polemik wird uns u. (zu V 46) als eine die Spruchheinheit abschließende verständlich werden, wenn uns die vormalige Q-Abfolge Mt 23,(2–3)4 par Lk 11,46 deutlich geworden sein wird.
[85] T¹: Die Anrede γραμματεις και Φαρισαιοι (υποκριται om D; Cyr) von par Mt 23,27 dringt früh und verbreitet (A W Ψ f¹³ 𝔐 it) auch in den Lk-Text ein.
[86] Sicher hat Lukas hier aber auch bei τὰ μνημεῖα an Erdgräber gedacht. – Besonders wenn man in Lk 11,44 τὰ μνημεῖα nach par Mt 23,27 durch τάφοι (= Erdgräber) ersetzen dürfte, wird das luk Bildwort als palästinensischer und damit als ursprünglicher wahrscheinlich als die matth Fassung des Spruches; vgl. mit WELLHAUSEN, Mt auch HARNACK, Sprüche* 71f. – Lukas könnte an Lk 11,47 angeglichen haben, wo μνημεῖα durch par Mt 23,29b (diff 23,29a) für Q abgesichert wird. Er bevorzugt auch sonst μνημεῖον; vgl. JEREMIAS, Sprache 207. (Freilich muß auch beachtet werden, daß Matthäus τάφος 27,61; 28,1 diff Mk, vermutlich auch 23,29a diff Lk [μνημεῖα] schreibt.)
[87] Man sollte nicht – mit HAENCHEN, a.a.O. 41 – „zweifeln, ob hinter ihm [hinter Mt 23,27] und Lk 11,44 überhaupt eine gemeinsame Überlieferung bestand". Aber auch H. sieht, daß „die wuchtige Kürze des lukanischen Spruches ... sichtbar älter (ist) als die umständlich-breite Darlegung des Mt"; vgl. auch SCHULZ, Q 105f; GNILKA, Mt II, 284. – Das Urteil über die größere Ursprünglichkeit divergiert stark; vgl. außer SCHMID, Mt u. Lk* 328f, noch SCHULZ, Q 105f.
[88] HIRSCH, Frühgeschichte II*, 111f.
[89] Vgl. Bill. I, 936f. – Eigentlich: um sie als Stätte der Verunreinigung kenntlich zu machen, was aber der matth Text nicht sagt.
[90] Wir können hier nicht nachweisen, daß Mt 23,15 vormals wahrscheinlich eine „Einleitungsbildung" zu Mt 23,23.25–26.27 par Lk 11,42.39–41.44 war, nicht zu der matth

11,42.39b–41 verstehen, das am Ende V 44 noch eine Korrektur einbringen wollte: Während der Doppelspruch über die Verzehntung und die Reinigung (in seinem ursprünglichen Kern; s. ebd.) die pharisäische Observanz nicht grundsätzlich in Frage stellte, sondern nur ethisch radikal „überholte", wird in dem angefügten Gräberspruch das Pharisäertum als solches kritisiert (bedeutend stärker kritisiert als schon Lk 11,42b par Mt 23,23b, ähnlich wie dann noch Lk 11,39b par Mt 23,25b par Lk). Die Pharisäer sind „verunreinigend": man muß sich vor ihrer Doktrin hüten. Diese ist es, die verworfen wird. Eine „kirchentrennende" Aussage wie Lk 11,52 (s. ebd.) bereitet sich hier vor.

45   Lukas weiß: Wo Pharisäer sind, sind auch νομικοί[91] (ebenso Lk 14,3, anders als 14,1 Sg). Nach 70 war der Rabbinenstand weitgehend pharisäisch bestimmt. Freilich weiß er beide Gruppen (schon mit Q?) zu unterscheiden[92]. Die „Gesetzeslehrer" fühlten sich durch die Weherufe über die Pharisäer mit getroffen. Die folgenden drei Weherufe Jesu wollen speziell sie noch „betroffener" machen.

Lukas fand die Weherufe in Q wohl unterschiedlich auf Schriftgelehrte und Pharisäer verteilt vor, titulierte aber erstere in νομικοί um[93] und ordnete – um des Schemas 2 mal 3 willen – die Anrede der Weherufe, die auch in Q mehrfach keine bestimmten Adressaten führten, neu[94]. Vielleicht hat ihn die Nennung von „Schriftgelehrten" (Lk νομικοί) in Q (Lk 11,46 diff Mt) zu seiner redaktionellen Bemerkung[95] V 45 veranlaßt[96].

46   Sehr bildhaft wird gegenübergestellt ein belasteter Mensch, dessen Schultern und Rücken schwer bepackt sind, und der andere, dessen Finger[97] selbst noch frei bleibt von aller Bürde. – Der eigentliche Vorwurf[98], der als erster und fundamentaler gegen die „Gesetzeslehrer" V 46a erhoben wird, ist der der nomistischen Be-Lastung, wobei an das Gesamt der

---

Einfügung Mt 23,16–22, wie meist angenommen. Schon vor der Endredaktion von Q legte sich vielleicht die Rahmung Mt 23,15 und 23,27 – in einer gewissen Entsprechung - sekundär um die alte Tradition des Spruch-Paares Lk 11,42.39–41 par Mt 23,23.25–26.

[91] Lukas sieht hier (wie 11,53, s. u. S. 329f) beide Gruppen zusammen. Sonst (5,21.30; 6,7) nennt er sie nebeneinander.

[92] Vgl. BAUMBACH, a.a.O. (L 12a) 121: „Lukas (scheint) eine historisch bessere Kenntnis und Erinnerung von Jesu Gegnern bewahrt zu haben."

[93] Siehe o. zu 10,25 (S. 131 A.12). Schon o. mußten wir für V 43 par Mt inhaltlich auf Schriftgelehrte als ursprüngliche Adressaten schließen. VV 46 (vgl. Mt 23,2f).52 könnten vorluk wie Lk 11,53 in Q die γραμματεῖς genannt gewesen sein. – LEANEY, NOMIKOΣ (s. S. 131 A. 12), zeigt, daß diese Bezeichnung in keinem Fall auf Q zurückgeführt werden kann.

[94] Siehe o. S. 306 und u. S. 329f.

[95] So auch HIRSCH, Frühgeschichte II*, 106.

[96] Vgl. die Liste von für Q fragwürdige Einleitungswendungen bei POLAG, Fragmenta Q 88–91. Vgl. auch SCHENK, Synopse; NEIRYNCK, Q-Synopsis (S. 228 A.28); KLOPPENBORG, Q Parallels (S. 312 A. 41) z. St.

[97] T^j: και αυτοι υμεις lesen $\mathfrak{P}^{75}$ B pc, wofür $\mathfrak{P}^{45}$ mit c e hinter ενι των δακτυλων das υμων weglassen soll (nach N^{26}). – Aber vielleicht tradieren hier $\mathfrak{P}^{75}$ B doch einen der Versuche, den Text von V 46b zu erleichtern?

[98] Der Vorwurf ist grundlegend nicht der, die Schriftgelehrten forderten von ihnen selbst nicht Befolgtes; gg. SCHULZ, Q 107f.

rituell-legalistischen Gesetzesverschärfung (vgl. Apg 15,10) gedacht sein wird; vgl. das Beispiel 11,42a.39a[99]. Der sachliche Vorwurf wird dann V 46b persönlich verschärft durch den zusätzlichen; die Gesetzeslehrer forderten von andern, was sie selbst nicht erfüllen würden[100].

Da für diese Behauptung keine Belege beigebracht werden – man kann nicht Mk 7,10–13; Mt 23,16–18 in den luk Text eintragen –, klingt sie ungerecht; die damaligen Pharisäer machten es sich nicht leicht (vgl. nur Lk 18,12) mit der Gesetzeserfüllung.

Wenn an den Gesamtkomplex der Tora als nicht zu tragende Last im Sinn von Röm 3,10–20 gedacht ist, kann in diesem Gesamt speziell „Gerechtigkeit und Gottesliebe" (Lk 11,42b), sittliches Gutsein (vgl. Lk 11,39b) und Almosengeben (Lk 11,41) schon wenigstens mitgedacht sein, das andernorts (Mt 23,23b diff Lk 11,42) dann ausdrücklich „das Schwere im Gesetz"[101] genannt werden kann.

1. *Mt 23,4* hat weitgehend die Form des Logions *ursprünglicher* bewahrt als Lk 11,46[102]. Das „Wehe" fehlt in Mt wohl ursprünglich wie auch in 23,6b–7a (vgl. Lk 11,43), was auch der vormalige Zusammenhang von Mt 23,4 mit 23,2–3 (s.u.) wahrscheinlich macht.

2. Aus unserem Logion sprechen *Tradenten,* die sich – zumindest partiell – von der landesüblichen Gesetzeserfüllung distanziert haben. Man könnte hier konkret an Vorschriften denken, wie sie Mt 23,23–24.25f par Lk 11,42.39ff angesprochen waren!

3. Es spricht viel dafür, daß Lukas eine Sprucheinheit wider die Schriftgelehrten gelesen hat, die ähnlich wie Mt 23,(2–3)4 eröffnend anhob, wobei Lukas ein Äquivalent zu Mt 23,2–3 fortließ. Mit hoher Wahrscheinlichkeit werden wir den Grundbestand von *Mt 23,2–3 der Redenquelle* zuschreiben müssen[103]. Dem matth Sg kann Mt 23,2–3 nicht gut zugesprochen werden[104], weil die Verse als isoliert tra-

---

[99] Zur vormaligen Zusammengehörigkeit von Lk 11,46.42.39f(f) s.u.
[100] MANSON, The Sayings* 100f; FITZMYER 345f.949 deuten auf das Fehlen pastoraler Hilfe zur Erfüllung. Man darf hier nicht mit SCHLATTER u.a. das lutherische Gesetzesverständnis einführen nach 2 Kor 3,9.
[101] Anders als Mt 23,23b ist im vorliegenden Text aber doch wohl die – von der mündlichen Tradition belastete – rabbinische Schriftauslegung, das komplexe Tora-Verständnis, als „Last" verstanden, nicht direkt das auch schon von den Schriftgelehrten aus dem AT herausexegesierte Liebesgebot (vgl. Mk 12,28–34), wie den matth Text SCHLATTER, Mt 667f, und nach ihm mancher andere wie SCHNIEWIND, Mt* 220; W. PESCH, a.a.O. 289, deuten.
[102] Vgl. SCHULZ, Q 106f, der jedoch mit Recht das καὶ αὐτοί des Lukas für ursprünglich hält; zu καὶ αὐτός vgl. AB I,100. – Die figura etymologica φορτίον φορτίζειν (vgl. dazu AB I,6f) ist luk; vgl. auch FREUDENBERG, a.a.O. 6' (S. 3' Anm. 23). δυσβάστακτος ist sehr selten, darum vielleicht luk (vgl. BAUERWb z.W.). Auch das „Wehe" (diff Mt) dürfte systematisierend Lukas eingefügt haben (anders GNILKA, Mt II, 271f). προσψαύειν begegnet im NT nur hier. JEREMIAS, Sprache 208, wird richtig urteilen, wenn er das (aramäisierende) indefinite εἷς der Vorlage zuschreiben möchte.
[103] Vgl. ausführlichere Begründungen: H. SCHÜRMANN, Redekomposition (a.a.O.) 37–39.
[104] GNILKA, Mt II, 271, möchte Mt 23,2–3 ohne nähere Begründung „der Schule des Mt zuweisen, wo sie längere Zeit vor der Entstehung unseres Evangeliums gebildet worden sein können", wobei V 2 „die Pharisäer" von Mt stammen müßte.

diertes Logion schwer vorstellbar sind, aber auch darum nicht, weil die inhaltlich fast deckungsgleiche Aussage Mt 23,4 par Lk 11,46 offenkundig der Q-Vorlage des Mt und Lk zugehört hat. Lukas ließ den Vorbau Mt 23,2–3 weg, weil er eine derartige Aussage seinen Gemeinden nicht glaubte zumuten zu können. Eine solche Auslassung ist ihm auch darum zuzutrauen, weil er den Schriftgelehrten Lk 11,52 auch die „Schlüsselgewalt" über die Basileia fortnimmt (s. dort).

4. Hinter Mt 23,(2–3)4 par Lk 11,46 steht deutlich eine ältere Tradition als hinter Mt 23,6b–7a par Lk 11,43 (s. o.), so daß der Verdacht aufkommen kann, wir würden hier auf das *Grundwort* eines Spruch-Paares (1. Kf) stoßen. In Mt 23,4a par Lk 11,46a zumindest wird die Frage der Lehrautorität der Schriftgelehrten nicht grundsätzlich angefochten, wohl aber ihre Schriftauslegung als schwere Belastung kritisiert; was die zeitgenössischen Rabbinen vortragen, entspricht nicht dem Willen Gottes, wie Jesus ihn verstand (dessen „Joch" eben „leicht" war; vgl. Mt 11,30). Matthäus läßt auf 23,(2–3)4 par Lk 11,46 – wo trotz aller Kritik am Rabbinentum im Kern sachlich argumentiert wird – das Zusatzwort Mt 23,6b–7a par Lk 11,43 folgen. Vermutlich hat auch Lukas diese Abfolge Lk 11,46.43 bereits in Q gelesen. Dieser weitere Einwand gegen die Schriftgelehrten V 43 kann sich (als Zusatzwort) irgendwann (wohl nicht zu früh) dem ersten in V 46 (als Grundwort) zugesellt haben. Mk 12 bezeugt freilich diese Kombination noch nicht – ein weiterer Grund, warum man Mt 23,(2–3) 4 + 6 b–7 a par Lk 11,46 + 43 wohl als ein „sekundäres Spruch-Paar" wird charakterisieren sollen.

5. Auf *Jesus* wird eine Polemik, wie sie heute in Lk 11,46b par Mt 23,4b zu lesen ist, wohl nicht zurückzuführen sein (vgl. nur Lk 18,12). Vielleicht klingt aber seine Kritik an der schriftgelehrten Tora-Auslegung noch in V 46a par Mt 23,4a nach; deutlicher hörten wir sie schon 11,42a.39a par Mt 23,23a.25a.

47f Der Märtyrerkult der Zeitgenossen Jesu[105], der den Märtyrer-Propheten Denkmäler baut[106], ist hier keineswegs positiv – als Akt der Verehrung oder als eine Art Wiedergutmachung[107] – gewertet, sondern in der Folgerung (ἄρα) V 48 – gewiß keine wohlwollende Interpretation! – als Zustimmung[108] zu den die Propheten mordenden (vgl. Apg 7,52) „Werken" der Väter[109]. Verständlich ist eine derartige polemische Ablehnung des zeitgenössischen Märtyrerkultes wohl nur im Munde jemandes, der auch für die Gegenwart Befürchtungen hat bzw. von solchen, die nur zu gut darum wissen, daß diese Zeitgenossen selbst Märtyrer machen. Die

---

[105] In Fortsetzung von V 46 sind hier die „Gesetzeslehrer" angeredet. Aber weder die Schriftgelehrten (so Mt) – „die Gesetzeslehrer" (so Lk 11,46) – noch die Pharisäer (so Mt) stehen hier als Akteure passend; s. u. A. 115. DERRETT, a.a.O. (L 12b), meinte (wohl zu Unrecht), an einen Vorschlag von M. Black (s. u. A. 112) anknüpfend: „Boniym, ‚builders' ... meant ... metaphorical builders, namely the workers in the torah, ... the scholars" (184).
[106] T^k: Dem meist transitiven οικοδομειν fügen (diff $\mathfrak{P}^{75}$ B ℵ sa D it sy$^{s.c}$) einige Texttraditionen am Ende von V 48 ein (unterschiedliches) Objekt aus V 47 bzw. aus par Mt 23,29 bei. – Lukas gebraucht aber οἰκοδομεῖν auch sonst absolut: vgl. 14,30 S; 17,28 Sv diff Mt; 20,17 par Mk.
[107] Vgl. J. JEREMIAS, a.a.O. (L 12b).
[108] T^l: Die auch gut bezeugte Substantivierung des Mehrheitstextes μαρτυρες εστε (ℵ B L 700* sy; Mcion Or) könnte – wie συνευδοκειτε (D [it]; Mcion) – stilistisch verbessern wollen und so luk sein; μαρτυρειτε ($\mathfrak{P}^{75}$ A C D $\mathfrak{M}$ lat) kann Angleichung an Mt sein.
[109] T^m: οι δε ist in ℵ* C durch και οι verunsichert.

Übergangsbildung VV 47 f wird erst von VV 49 ff her recht verständlich (vgl. aber auch schon Lk 6,23 b).

1. Matthäus versucht den bildhaften Text Lk 11,47 par Mt 23,29 in Mt 23,30.31 f durch direkte Rede 23,30 zu aktualisieren und 23,29 parallelisierend zu ergänzen[110] (in Rückgriff auf Mt 23,27 f): Neben dem Märtyrerkult gab es ja auch noch den „Heiligenkult" der „Gerechten"[111], ergänzt er V 29. (Dieser fehlt auch VV 30 f.) In V 47 verrät sich aber auch luk Sprachgebrauch[112].

2. *Lk 11,48* wird eine erläuternde Kommentierung zu V 47 sein. Da diese aber bereits eine gewisse Entsprechung in Mt hat und V 47 ohne V 48 kaum verständlich ist, muß irgendeine Grundlage für Q postuliert werden[113].

3. In Mt werden die Logien 23,27 f und 23,29 ff durch das Stichwort τάφοι, Lk 11,44.47 (par 23,29 b), durch das Stichwort μνημεῖα miteinander verbunden. Mehr noch als dieser Stichwortzusammenhang sprechen aber doch andere Beobachtungen dafür, daß Matthäus auch hier *die Q-Abfolge* bewahrt hat: Wir erkannten schon, daß außer der Zwischenbemerkung V 45 auch V 46 von Lukas hier eingeordnet worden ist (s. ebd.). Auch sahen wir o. (S. 317 f) schon, daß ein ursprünglicher Kern Lk 11,42.39–41 par Mt 23,23.25–26, der die pharisäische (und schriftgelehrte) Observanz in doppelter Hinsicht mit ethischen Argumenten überbot, abschließend mit Lk 11,44 par Mt 23,27 die jüdische Führung in schärfster Form abwertete. Jene Abwertung wird nun durch den Gerichtsgedanken und den Vorwurf des Prophetenmordes in Lk 11,49–51 par Mt 23,34–36 noch gesteigert. Lk 11,48 steht hier recht eigentlich aber überbietend als Einleitungswendung und bezieht seine Argumente wohl aus den folgenden Sprüchen Lk 11,49–51 (vgl. 13,34–35) par Mt 23,34–36.37–39.

4. Der Weheruf V 47 f teilt die deuteronomistische und dann spätjüdisch verbreitete Vorstellung vom gewaltsamen Geschick der Propheten[114]. Das Logion wird schwerlich ursprünglich speziell Pharisäer oder Schriftgelehrte angeredet haben[115]. In ihm spricht sich bereits *urchristliche Erfahrung* aus. Man weiß wohl schon um die Tötung urchristlicher Propheten durch palästinensische Juden (vgl. Apg 7,59; 12,2). Das Bauen von Heiligengräbern wäre aber vielleicht nicht erstmalig nach 70 erwähnt worden[116]; vielleicht tradiert hier somit nicht erst die Endredaktion der Redenquelle.

L 12 b: zu 11,49–51. – Vgl. zusätzlich zu den o. unter L 12 genannten Bibliographien und Titeln: METZGER, Christ and the Gospels, Nr. 4607–4612 und 5678; ferner: BURCH, V.,

---

[110] Siehe o. A. 105 und u. (unter 3.). Die auseinandergehenden Urteile für und wider bei SCHULZ, Q 108 Anm. 102.
[111] Vgl. o. zu 10,24 (S. 121 A. 141).
[112] Siehe o. A. 106 und 108. – Vgl. SCHULZ, Q 109. – BLACK, An Aramaic Approach 12 f, vermutete eine Übersetzungsvariante für das aramäische אחון בנין ("ihr baut" – "ihr seid Söhne"), was ein Wortspiel ergäbe: – Aber: die Aramäisten setzen oft die syn Redaktionstätigkeit nicht genügend in Rechnung.
[113] Mit 23,30 paraphrasiert die direkte Rede Lk 11,47–48 und geht mit Lk 11,48 a τῶν πατέρων ὑμῶν (Mt: ἡμῶν) überein, so daß V 30 keine reine matth Bildung sein wird, Lk 11,48 auch keine des Lukas; gg. HOFFMANN, Studien 162 f. Die Annahme zweier Q-Redaktionen (so MARSHALL 501 u. a.) ist hier nicht genügend begründet.
[114] Vgl. bes. SCHOEPS, a.a.O. (L 12 b); STECK, Israel.
[115] Vgl. auch SCHNEIDER 275. – Vermutlich war ursprünglich in Q die γενεά αὕτη hier angeredet wie V 50 (om Mt), die, wie Lukas richtig urteilt, durch die νομικοί gültiger repräsentiert wurde als durch Pharisäer; vgl. auch HARE, a.a.O. (L 12 b) 83 ff.
[116] Vgl. HAENCHEN, a.a.O. (L 12); HARE, a.a.O. (L 12 b) 83.

The Petitioning Blood of the Prophets (Luke XI. 45–51), in: ET 30 (1918/19) 229–230; Chilton, B., The Gospel According to Thomas as a Source of Jesus' Teaching, in: Wenham (Ed.), GoP 5, 155–175, darin zu Lk 12,49: L 82 authentic saying of Jesus (168) (vgl. 170); Christ, Jesus Sophia, bes. 120–135; Derrett, J. D. M., You build the Tombs of the Prophets (Lk. 11,47–51, Mt. 23,29–31) (1968), in: ders., Studies II, 68–75; Dunn, J. D., Prophetic „I"-Sayings and the Jesustradition: The Importance of Testing Prophetic Utterances within early Christianity, in: NTS 24 (1977/78) 175–198; Ellis, E. E., Luke XI. 49–51: An Oracle of a Christian Prophet?, in: ET 74 (1963) 157–158; Feuillet, a. a. O. (L 5); Frizzi, G., Carattere originale e rilevanza degli „apostoli inviati" in Q/Lc. 11,49–51; 13,34–35/Mt. 23,34–36.37–39, in: RivBib 21 (1973) 401–412; Halpern Amaru, a. a. O. (L 12); Hare, D. R. A., The Theme of Jewish Persecution of Christians in the Gospel According to St Matthew (MSSNTS 6) (Cambridge 1967), bes. 80–96; Hoffmann, Studien 164–171; Jeremias, J., Heiligengräber in Jesu Umwelt (Mt 23,29; Lk 11,47). Eine Untersuchung zur Volksreligion der Zeit Jesu (Göttingen 1958); Kennard, J. S. Jr., The Lament Over Jerusalem: A Restudy of the Zacharias Passage, in: AThR 29 (1947) 173–179; Klein, G., Die Verfolgung der Apostel, Luk. 11,49, in: H. Baltensweiler – B. Reicke (Hg.), Neues Testament und Geschichte (FS O. Cullmann) (Zürich – Tübingen 1972) 113–124; Koch, K., Der Spruch „Sein Blut bleibe auf seinem Haupt" und die israelitische Auffassung vom vergossenen Blut, in: VT 12 (1962) 396–416; Kühschelm, Jüngerverfolgung, bes. 147–162.249–259.293–307; Légasse, S., Scribes et disciples de Jésus, in: RB 68 (1961) 321–345.481–505; zu Mt 23,34–36 / Lk 11,49–51: 323–333; ders., L'oracle contre „cette génération (Mt 23,34–36 par. Lc 11,49–51) et la polémique judéo-chrétienne dans la Source des Logia, in: Delobel (Ed.), Logia 237–256; Lips, V., Weisheitliche Traditionen; zu 11,49 ff s. ebd. das Reg.; Miller, R. J., The Rejection of the Prophets in Q, in: JBL 107 (1988) 225–240; Pernot, H., Matthieu, XXIII, 29–36; Luc, XI, 47–51, in: RHPhR 13 (1933) 263–267; Piper, R. A., Wisdom, bes. 164–170; Rüther, R., Faith and Fratricide: The Theological Roots of Anti-Semitism (New York 1974); Satake, A., Die Gemeindeordnung in der Johannesapokalypse (WMANT 21) (Neukirchen-Vluyn 1966), bes. 179–186; Sato, Q, bes. 151–156.194–198; Schoeps, H. J., Die jüdischen Prophetenmorde (1943), in: ders., Aus frühchristlicher Zeit* 126–144; Seitz, O. J. F., The Commission of Prophets and „Apostles". A Re-examination of Matthew 23,34 with Luke 11,49, in: StEv IV (TU 102) (Berlin 1968) 236–240; Steck, Israel, bes. 26–58.218–239.280–316; Stegemann, W., Zwischen Synagoge und Obrigkeit; Vincent, H., Le tombeau des prophètes, in: RB 10 (1901) 72–88.

49 ff   Das nun folgende Drohwort VV 49 ff gibt sich als Weiterführung des Weherufes VV 47 f, mit dem es eng (διὰ τοῦτο καί) verbunden ist. Der dritte Weheruf wird erst V 52 folgen. Die durch ihre Bauten den Taten der Väter zustimmten (VV 47 f), handeln nun in der letzten Zeit an den Sendlingen und Propheten der Weisheit (V 49 a) ebenso wie diese (V 49 b), damit deren Maß voll machend (V 50).

Einer Mitteilung der „Weisheit Gottes"[117] kommt höchstes Gewicht zu; sie spricht hier gewissermaßen ihr „letztes Wort". V 49 sagt zunächst, wie die göttliche Weisheit protologisch (s. u.) die eschatologische Sendung und ihre Ablehnung durch Israel in Aussicht gestellt habe – eine Begründung für die folgende Gerichtsdrohung. Diese ergeht VV 50–51 a aus dem Munde der Weisheit. V 51 b beteuert abschließend Jesus dann aber selbst diese Drohung der Weisheit: καὶ λέγω ὑμῖν. Unser Logion hat die Form

---

[117] T^n: D b lassen hier die Weisheit – an Mt angleichend – aus dem Spiel. Entsprechend schreiben D b (auch Θ al q r^1) auch wie Mt das Präsens αποστελλω.

eines prophetischen bzw. apokalyptischen Drohwortes[118] für die eschatologische Generation Jesu (γενεὰ αὕτη).

49 In der vorliegenden Rede präsentiert[119] der irdische Jesus[120] – und damit kommt diese auf ihren Höhepunkt – eine Botschaft der „Weisheit[121] Gottes"[122]. Offenbar hat Jesus eine besondere Beziehung zu ihr – wie 10,22 der Sohn zum Vater. Eine „Botenformel" sollte man das nicht mehr nennen[123], auch wenn Jesus hier prophetisch redet und das διὰ τοῦτο in solchen Drohworten traditionell steht[124].

Was die Weisheit gesagt hat, hat sie vormals (εἶπεν) – vielleicht präexistent? – gesagt. Bei den gesandten „Propheten und Aposteln"[125] ist nicht an die von Abel bis Zacharias (V 51) gedacht[126], da so nicht verständ-

---

[118] Diese Formbestimmung ist fast allgemein; vgl. SCHULZ, Q 339 Anm. 135.
[119] Besser nennt man V 49a nicht eine „Zitatformel", weil kein „Zitat" aus einer verlorenen Schrift, so HARNACK, Sprüche* 72; BULTMANN, Geschichte 119; GRUNDMANN und viele (s. THEISSEN-VIELHAUER, Erg.-H. 43), „zitiert" wird.
[120] Manche identifizieren Jesus hier mit der Weisheit; so U. WILCKENS in: ThWNT VII, 516; ROBINSON, ΛΟΓΟΙ 96. Dagegen CHRIST, Jesus Sophia 134f: „Jesus erscheint nur als Sprecher der Weisheit"; aber auch er fährt ebd. überinterpretierend fort: Es „drängt sich dennoch eine Identifikation von Jesus und Weisheit auf" (dort Anm. 528 weitere Autoren): „Jesus sendet Boten, so wie die Weisheit Boten gesandt hat. Die Weisheit sendet *durch* Jesus, ja *als* Jesus." – Letzteres läßt sich als luk Theologumenon auch noch nicht aus 7,35; 10,21f; 13,34 herauslesen. Vgl. HAMERTON-KELLY, Pre-Existence 32: „Jesus does not, in this saying, seem to be identified with Wisdom, but he is the last, judgement-bringing Prophet in Wisdom's line." Erst in Mt identifiziert sich Jesus mit der Weisheit (vgl. ebd. 35.67.83).
[121] Apokalyptik und Weisheit liegen nahe beieinander; vgl. nur U. WILCKENS in: ThWNT VII; W. GRUNDMANN, Weisheit (S. 117 A. 106) (dort weitere Lit.); vgl. unter gleichem Titel die postume Monographie des Autors, Stuttgart 1988.
[122] „Gott in seiner Weisheit" versteht KLEIN, a.a.O. 121 (mit W. MANSON, GELDENHUYS z.St.). Aber die hypostasierte Weisheit sollte nicht wegdisputiert werden. – Für semitischen Sprachgebrauch ist τοῦ θεοῦ pleonastisch; hier formuliert wohl Lukas; vgl. JEREMIAS, Sprache 208f.
[123] Gegen STECK, Israel 51.
[124] Autoren bei SCHULZ, Q 341 Anm. 143.
[125] Man wird nicht mit SEITZ, a.a.O., „Apostel" hier als Synonym für „Propheten" nehmen dürfen, sosehr im Ursprung beide Berufungen pneumatisch verwandt sein mögen. – Vgl. das urchristliche Nebeneinander (in umgekehrter Reihenfolge) (1 Kor 12,28.29; Eph 2,20; 3,5). Daß Lukas (diff Mt) V 49 die „Apostel" eingetragen habe, ist unwahrscheinlich, da Lukas dieses Nebeneinander (dazu in dieser Reihenfolge!) sonst nicht kennt. Propheten und prophetisch begabte „Apostel" werden hinter den Urtraditionen der Redenquelle stehen; vgl. das Nebeneinander von προφῆται καὶ ἀπεσταλμένοι auch Lk 13,34 par Mt 23,37. – Hinter den matth „Propheten und Weisen und Schriftgelehrten" wird das urchristliche Zusammen von „Propheten und Lehrern" (1 Kor 12,28.29; Apg 13,1ff) stehen und dabei speziell an „Schriftgelehrte" nach dem Modell des Mt 13,52 (γραμματεὺς μαθητευθείς = σοφός) vorgestellten denken, womit die angeredeten γραμματεῖς angefragt sind. Wenn er Jesus hier mit der σοφία identifiziert, legt sich die Sendung von σοφοί nahe. – Die luk „Apostel" werden für ursprünglicher gehalten von STECK, Israel 30f; SCHULZ, Q 33 (dort Anm. 102 für Mt plädierende Ausleger, dazu vgl. auch HIRSCH, Frühgeschichte II*, 109; SCHNEIDER 276 mit KLEIN, a.a.O.; JEREMIAS, Sprache 209).
[126] Gegen SCHULZ, Q 336–345 (und die dort 336 Anm. 101 genannten Ausleger).

lich würde, warum das Strafgericht nicht schon in der Generation des Zacharias erging, sondern an die gegenwärtige Generation, zu der „Propheten und Apostel" gesandt werden sollten. Lukas jedenfalls wird vor allem an die vorösterlichen [127] und nachösterlichen „Sendungen" Jesu denken (was Lk 13,[33]34 deutlich wird), die wie selbstverständlich solche Gottes sind (vgl. 10,2). Die Zeit Israels und die Zeit Jesu ist unterschieden. Was VV 47f zwar noch nicht gesagt, aber bereits gemeint war (s. dort), wird nunmehr V 49b ins Wort gehoben: die den Märtyrer-Propheten Denkmäler bauende Generation tötet und verfolgt [128] selbst, und zwar sogar die eschatologisch gesandten Propheten und Apostel der „Weisheit".

50f Auch die nun VV 50–51a folgende Drohung läßt Lukas – in einem Zusatzwort (s. u.) – weiter die Weisheit Gottes sprechen [129]. Die Tötung der eschatologischen Boten macht, da in ihrer Botschaft alle [130] irdische Prophetie [131] aufgipfelt, das Strafmaß Israels voll [132] (so ausdrücklich Mt 23,32 diff Lk). Bis dahin stand Israel noch unter der Langmut Gottes. Darum [133] kommt nun nicht nur das Blut, das „dieses Geschlecht", das Israel dieser Generation vergossen hat, rächend auf die Hörer herab, sondern auch das Blut „aller Propheten" [134], das „von Grundlegung der Welt" an (V 50), das von Abel (vgl. Gen 4,8–10) bis Zacharias vergossen wurde [135] (V 51). Die

---

[127] Für Lukas geschah die Sendung von Aposteln schon vorösterlich; vgl. Lk I, 9.264f.311–320.

[128] T°: διωξουσιν muß nicht Angleichung an Mt sein, da besser bezeugt (mit $\mathfrak{P}^{75}$ ℵ B) als εκδιωξουσιν (A D W Ψ f¹³ 𝔐), das nur noch 1 Thess 2,15 im NT begegnet.

[129] Gegen Klein, a.a.O. 120 Anm. 39. - Vgl. zu den vertretenen vier unterschiedlichen Auslegungen Marshall 502f u. o. zu V 49.

[130] Lukas verstärkt gern durch πᾶς, vgl. LK I, 349 A. 50; Jeremias, Sprache 30f.

[131] Vgl. dazu Schoeps, a.a.O.; Steck, Israel. – Nach letzterem, ebd. 99–105.222–237, ist das deuteronomistische Geschichtsbild hier wie bereits im Spätjudentum, bes. in der Weisheitsliteratur (vgl. auch Schulz, Q 344), gesprengt: Nicht das Exil brachte die Strafe an Israel; das tut erst die Endzeit: die Schuld der Endgeneration wird kerygmatisch christologisch potenziert gesehen. Zudem ist die Weisheit an die Stelle Jahwes getreten. – Das „gewaltsame Geschick der Propheten" begegnet in Q noch Lk 6,22f; 13,34f par Mt.

[132] Vgl. dazu Lührmann, Logienquelle 97ff. – Hier wird noch nicht von der Tötung Jesu gesprochen, „da diese ... bis zur Entscheidung Israels gegenüber dem apostolischen Bußruf als Ergebnis von ἄγνοια gilt und insofern vorübergehend in der Schwebe bleibt; so Klein, a.a.O. 120 Anm. 37. – D. Seeley, Jesus' Death in Q, in: NTS 38 (1992) 222–234, stellt (222ff) richtig fest, daß Lk 13,34f und 14,27 Jesu gewaltsamer Tod nicht per se erwähnt und unter die deuteronomistische Vorstellung subsumiert wird (wobei auch 13,33 genannt werden müßte), auch daß kynisch-stoische Vorstellungen mitwirken können, das luk Verständnis des Todes Jesu verständlich zu machen. Es darf aber nicht übersehen werden, daß an diesen drei Stellen der Tod Jesu nur indirekt thematisiert wird.

[133] Das finale ἵνα (vgl. Weish 19,4) vermeidet par Mt (ὅπως).

[134] Diff Mt (πᾶν αἷμα); πάντων τῶν προφητῶν ist luk: vgl. 13,28 diff Mt; 24,27f und 3mal Apg.

[135] T^P: εκκεχυμενον ($\mathfrak{P}^{45\ vid}$ B 0233 f¹³ 33 pc lat) steht diff Mt, ist hellenistisch weniger gebräuchlich als εκχυν(ν)ομενον und ist schon darum textlich wohl (mit dem St-T) vorzuziehen. εκχυν(ν)ομενον bezeugen zudem – nach N²⁶ (und Aland, Synopsis ¹⁰1978) –

prophetische Zeit schlägt um in die Endzeit (vgl. Lk 16,16). Damit überschlägt sich die Bosheit Israels; die Gerichtsdrohung wird zur Gerichtsansage [136].

50 Wenn das Strafgericht für das vergossene Märtyrerblut noch „dieses Geschlecht", das am Ende nicht wenige (ἐξ αὐτῶν; vgl. auch Apg 7,52) der Sendlinge der „Weisheit" mordete, treffen soll, ist das im Horizont einer Naherwartung gesagt [137]. Anders als V 30b(31f) ist hier aber – jedenfalls nicht ausdrücklich – noch nicht vom endzeitlichen Kommen des Menschensohnes die Rede, sondern von einem Strafgericht, das die Geschichte noch nicht aufheben muß. Lukas und seine Leser werden an die Katastrophe des Jahres 70 gedacht haben.

51a Ἀπὸ αἵματος Ἄβελ konkretisiert (und korrigiert) ἀπὸ [138] καταβολῆς κόσμου, wobei Abel von Lukas (diff Mt: τοῦ δικαίου) unter die „Propheten" (in weitem Sinn) gerechnet ist. „Zacharias" identifiziert Lukas wohl – schon mit Q? – mit dem prophetisch redenden Sacharja, dem Sohn des Priesters Jojada (2 Chr 24,20ff [139]), über den der „Geist Gottes" kam und der im Tempelvorhof (wo der „Altar" stand) rief: „Weil ihr den Herrn verlassen habt, wird er euch verlassen" (ebd. V 20). Seine Steinigung geschah – besonders abscheulich – „im Hof des Hauses des Herrn" (ebd. V 21), welche Abscheulichkeit spätere Stimmen [140] sehr unterstrichen. Lukas muß es nicht präsent sein, daß dieser Vorfall sich im 9. vorchristlichen Jahrhundert ereignete [141]. Der Mord an heiliger Stätte [142] malt die Ruchlosigkeit der früheren Prophetenmorde. Die Tötung und Verfolgung der „Propheten und Apostel der Weisheit" ist aber noch schwerwiegender.

𝔓75 ℵ C A D L W Q Ψ f¹ 892 1006 1342 1506 𝔐. (Daß ALAND, Synopsis [13]1986, hier statt 𝔓75 ebenfalls 𝔓45 angibt, dürfte ein Druckfehler sein?)

[136] Nicht weil Endzeit ist, wird nunmehr die Schuld der Geschichte eingefordert, sondern weil die Endzeitgeneration schuldig wird wie keine andere; vgl. bes. dann christologisch Lk 13,34f par 1 Thess 2,15; Mk 12,1–9 parr; Apg 7,52. – Der Rückblick auf die atl. Geschichte oder Perioden als Ganzheit ist für Q charakteristisch; vgl. o. (zu 11,31f) S. 289ff.

[137] Vgl. HOFFMANN, Studien 40.

[138] Das dreifache ἀπό VV 50f, das Matthäus wegglättet, wird verständlich bei der Annahme, V 51a sei irgendwann einmal sekundär zugewachsen; so auch STECK, Israel 223 u.ö.; LÜHRMANN, Logienquelle 47; HOFFMANN, Studien 168.

[139] STECK, Israel 33–40. – Mt 23,35 versteht vom „Sohn des Barachias" (vgl. Sach 1,1), von dem aber der erwähnte Märtyrertod nicht bekannt ist. Hat Matthäus hier Q korrigiert, um einen eindeutigen „Propheten" vorzuweisen? – Oder will Matthäus an den Zacharias des von Josephus, Bell. IV, 5,4, genannten „Z., Sohn des Bareis" erinnern, der von Zeloten 67/68 n.Chr. im Tempel gesteinigt wurde?

[140] Vgl. dazu die frühjüdische Tradition bei Bill. I, 940ff.

[141] Vielleicht sollte hier neben dem Zeugen aus dem ersten Buch des AT einer aus dem letzten des (hebr.) AT (2 Chr) genannt werden; vgl. nur WIEFEL 230: „Die Stelle kann als frühestes Zeugnis für den abgeschlossenen hebräischen Kanon in seiner jetzt vorliegenden Gestalt gelten" (wobei freilich Zweifel erlaubt bleiben, ob die heutige Reihenfolge von 𝔐 auch die der Zeit unseres Textes war; vgl. FITZMYER 951).

[142] Vgl. dazu E. NESTLE, „Between the Temple and the Altar", in: ET 13 (1901/02) 562 (2 Chr 24,20f ist erweitert durch Ez 8,16; Joel 2,17; 1 Makk 7,36).

51b In dem abschließenden λέγω ὑμῖν-Satz[143] verdeutlicht und verschärft nunmehr Jesus selbst die Androhung der Gottesweisheit, so daß V 51 b deren Drohung aktualisiert: Hier wird nun endgültig deutlich, daß die Rede von „diesem Geschlecht" VV 50.51 – dann aber auch schon VV 29.30.31.32 – die jüdische Generation der Jesuszeit meint, diese aber eben als die Generation der Endzeit[144]. Wie schon V 30b(31f) der Hinweis auf den kommenden Weltenrichter eine Gerichtsankündigung war, die nur aus dem luk Kontext – vgl. VV 29b.30a.33–36 – als bedingt und damit letztlich doch nur als Gerichtsdrohung verstanden werden konnte (s. dort), so noch deutlicher nun auch hier VV 50f; nur einige ἐξ αὐτῶν (V 49) wurden getötet und verfolgt, die Judenmission geht noch weiter[145], auch zur Zeit des Lukas (und danach) noch. Eine gewisse „Entschärfung", besser: Einschränkung, wird dann auch noch V 52 (s. u.) bringen.

Rückblickend muß gesehen werden, wie die Gerichtspredigt wider die geistliche und geistige Führungsschicht Israels VV 49ff einmündet in eine Gerichtsandrohung gegenüber Israel (wodurch 11,37–51 mit 11,29–36 eng verklammert wird). Das alles aber bedeutet erzählerisch eine Zuspitzung der Lage gegenüber 7,29–35 und 10,8–16. Es geht hier – im luk Text und Zusammenhang – letztlich um das Problem „Israel", das Volk der Prophetenmörder, das sich nun vor der Christusbotschaft verschließt. In der Unbußfertigkeit der Führungsschicht, in der Ablehnung Jesu durch die „Schriftgelehrten und Pharisäer" (vgl. auch 7,30f) erfährt Israel als solches sein Geschick (vgl. auch 7,32ff); aber immer doch so, daß die „ekklesiologische" Verwerfung des durch seine Führerschaft repräsentierten Israel einzelnen Juden, den „Kindern der Weisheit" (7,35), noch Bekehrungschance läßt[146]. Lukas macht das deutlich, indem er nach dem „letzten Wort" VV 49ff in V 52 am Ende doch noch ein „Wehe" anfügt.

1. Der Lukastext VV 49ff ist wohl weniger stark *redaktionell überarbeitet* als der Mt-Text[147]. Schon in der Q-Tradition könnte in VV 50f die eine oder andere Verdeutlichung sekundär zugewachsen sein (s. dort). Wenn in Mt die „Propheten und Apostel" in „Propheten und Weise und Schriftgelehrte" geändert sind[148], meldet sich wohl der hinter dem Mt-Evangelium stehende Lehrerkreis zu Wort (vgl. Mt 13,52), der dann 23,7b–10 „ins Gebet" genommen wird. Darin bezeugt sich

---

[143] Durch λέγω ὑμῖν wird V 51b noch nicht als sekundär erwiesen; gg. STECK, Israel 51 u.ö. – Nach LÉGASSE, Scribes (a.a.O.) 323ff, ist der Hauptvers ursprünglich, weil der Weissagung des sterbenden Sacharja 2 Chr 24,22b entsprechend: „Der Herr möge es sehen und vergelten."
[144] Vgl. HOFFMANN, Studien 168f.
[145] Vgl. HOFFMANN, Studien 169. – Auch 10,8f.10f(f) ist der Missionserfolg positiv und negativ. Die Gerichtsandrohung trifft 10,13.14.15 nur erst einzelne unbußfertige Städte.
[146] Meist wird die Redaktions- (und Interpretations)schicht nicht beachtet (oder nur an Q gedacht), wenn die Frage ventiliert wird, ob Israel hier das Gericht vermeldet (so LÜHRMANN, SCHULZ) oder auch noch zur Umkehr gerufen (STECK, HOFFMANN) wird.
[147] So SCHULZ 339 (vgl. Einzelheiten ebd. 336ff). Vgl. auch CHRIST, Jesus Sophia 120–124; KLEIN, a.a.O. 113ff (dort die Forschungssituation). ἀπὸ καταβολῆς κόσμου wird vorluk sein; vgl. JEREMIAS, Sprache 209f. – Zu ἀπόστολοι s.o. S. 323f.
[148] Siehe o.A. 125.

schwerlich eine ursprünglich jüdische Schrift[149]. Daß in Q „die Weisheit" redete, kann für Matthäus Anlaß zur Einführung der „Weisen und Schriftgelehrten" gewesen sein, deren „Sendung" nach seinem Urteil der „Weisheit" besser ansteht als die von „Aposteln". – Offensichtlich ist Lk 11,49b in Mt 23,34b nach Mt 10,17.23 erweitert und von Matthäus zu einem „Ichwort" gemacht, in welchem Jesus sich mit der Weisheit identifiziert[150].

2. In beiden Großevangelien folgt Mt 23,34ff par Lk 11,49ff auf Mt 23,29ff (32f) par Lk 11,47f. Diese *Abfolge* kann damit für Q vorausgesetzt werden. Auch dort wird, wie in beiden Evangelien, das Logion kein Weheruf gewesen sein, so sehr es doch ein prophetisches oder apokalyptisches Drohwort ist. Auch der enge Anschluß durch διὰ τοῦτο mit dem vorstehenden Weheruf bezeugt, daß schon in Q beide Worte eng verbunden tradiert wurden.

3. Mt 23,34–36 par Lk 11,49–51 schlüsselt das Grundwort Mt 23,29–31 par Lk 11,47–48 auf, führt diesen Spruch weiter und aktualisiert ihn, ist also wohl ein *„Zusatzwort"*. Es ist nicht sicher, daß dieser Zusatz vormals – wenigstens in seiner Grundform – eine selbständige Tradition hatte[151]. Es ist auch unwahrscheinlich, daß es mit Mt 23,37–39 par Lk 13,34–35 von Anfang an in Zusammenhang stand[152]. Unser Spruch kann als redaktionelle Bildung im Hinblick auf Mt 23,29–31 par Lk 11,47–48 verstanden werden. Schon darum ist die Annahme unwahrscheinlich, dieses Zusatzwort sei vordem ein jüdisches Logion gewesen[153]. Mt 23,29–33 par Lk 11,47–48 und 23,34–36 par Lk 11,49–51 läge als ein „(sekundäres) Spruch-Paar" in Q vor. – Schwerlich haben wir in unserem Logion ein „Zitat" aus einer „verlorenen Schrift" vor uns[154]. Offenbar spricht hier eine Theologie, die die „Weisheit Gottes" wie selbstverständlich mit Jesus zusammendenkt[155].

4. Die Weisheitslogien sind wohl charakteristisch für eine Sekundärschicht in Q; vgl. zu Lk 7,35. Man möchte die Anfügung des „Weisheitswortes" einer gleichen *späteren Redaktion* zuschreiben, die die ganze Spruchkomposition, die von Lk 11,37–52 abgedeckt wird, mit der Spruchkette 11,29–36 verbunden hat[156]. Das muß nicht, könnte aber die Endredaktion von Q gewesen sein[157]. Hoffmann[158] wird (gegen Lührmann) recht haben, daß „die Gerichtsdrohung" in Q „noch zum aktuellen Missionsvollzug gehörte" und nicht „auf den endgültigen Bruch zwischen Gemeinde und Israel schließen" läßt – Lukas freilich wird seinen Text aus einer späteren Perspektive anders verstanden haben: das Strafgericht (vgl. Lk 13,35; 19,41–44) ist nahe, aber damit doch noch nicht „gleich das Ende" (vgl. 21,9).

---

[149] Siehe o.A. 119.
[150] SCHULZ, Q 336 Anm. 96; MARSHALL 502.
[151] Gegen SCHULZ, Q 339, und die meisten. – Nach ELLIS, a.a.O., hätten urchristliche Propheten Herrenworte an AT-Zeugnisse akkommodiert, so daß Q = Lk 11,49ff noch als genuines Herrenwort (als ipsissima vox Jesu) gewertet werden könnte.
[152] So bes. STECK, Israel 47f. Vgl. das Für und Wider auch bei SCHULZ, Q 339 Anm. 131.
[153] Dagegen STECK, Israel 51ff.
[154] Gegen HARNACK, Sprüche* 72; BULTMANN, Geschichte 119.
[155] SCHULZ, Q 340, rechnet das Wort richtig jüngeren Q-Stoffen zu.
[156] Vgl. die oben (S. 304f) genannten Verklammerungen.
[157] Gegen die Deutung von STECK, Israel 32 Anm. 1; 51ff; 222–227; 282f, der ein spätjüdisches Weisheitswort palästinensischer Erweckungsprediger durch Streichung von V 51 a.b (als Q-Zusätze); bzw. τῆς γενεᾶς ταύτης (als nachluk Glosse) rekonstruiert, vgl. die Argumente bei HOFFMANN, Studien 166f.
[158] HOFFMANN, Studien 166f.

Lk 11,52

5. In Q brachte Lk 11,49–51 par Mt 23,34–36 – wohl ursprünglich zusammen mit dem Nach-Wort QMt 23,37–39 (Lk 13,34–35) – als aktualisierende Gerichtsankündigung nicht nur den Weheruf Lk 11,47–48 par Mt 23,29–31, sondern darüber hinaus die ganze vorstehende Redekomposition, den Abschnitt QLk 11,14–36 par Mt auf einen unüberbietbaren Höhepunkt. Man kann sich ein derartiges Drohwort literarisch nur als *Schlußpunkt einer Spruchkomposition* denken[159].

52 Der letzte Weheruf konkretisiert die Gerichtsdrohung VV (47f)49ff wider „dieses Geschlecht" und sucht abschließend das am meisten zu verurteilende Unrecht. Da sind die seit V 46 angeredeten „Gesetzeslehrer" Israels, die sich der Botschaft der Propheten und Apostel entgegenstellen: Durch deren Botschaft könnten die Hörer zum wahren Heilsverständnis kommen, was dann zum Eintritt in die Jüngergemeinde Jesu führen würde. Lukas – und schon die Redenquelle – werden von VV (47f)49f her verstehen: Die Schriftgelehrten, die bei ihren Volksgenossen Autorität[160] haben, weil man bei ihnen die rechte Heilserkenntnis[161] vermutete, hindern nicht nur sich selbst, sondern auch andere, weil sie die Basileia-Botschaft der Sendlinge verkennen[162] und derselben entgegenwirken. Der „Schlüssel" der Erkenntnis[163] für die, welche „eintreten wollen" (in die Jüngergemeinde; vgl. V 33: εἰσπορευόμενοι), sinnt abschließend auf VV (29–31)33–36 zurück, weiter noch auf 10,21f (γινώσκω).23f. Hier wird den Gesetzeslehrern unmittelbar nicht die eigene falsche Gesetzesauslegung, sondern der Widerstand gegen die Propheten und Sendlinge der Weisheit (V 49) vorgeworfen, welcher die Erkenntnis der Basileia-Botschaft verhindert und damit am „Eintritt" in die Jesusgemeinde, die von dieser bestimmt ist, hindert. Damit wird am Ende abermals[164] deutlich, daß die – teilweise verunglimpfenden (s.o.) – Drohungen wider die (Pharisäer und) Gesetzeskundigen letztlich nicht persönlich gemeint sind, sondern „ekklesiologisch": Die Christusfrage steht „kirchentrennend" zwischen den Führungsgruppen der Generation Jesu und der Jüngergemeinde in Israel.

1. Daß Matthäus *in Mt 23,13* die Q-Vorlage richtig wiedergibt, wenn er von Einlaß bzw. Ausschluß von der Basileia[165] spricht, verrät noch das doppelte εἰσέρχεσ-

---
[159] Siehe u. S. 329.
[160] „Schlüsselgewalt" wollte Lukas (diff Mt 23,2f) denen, die anderen einen Schlüssel wegnehmen, freilich nicht zubilligen.
[161] γινώσκω meint Heilserkenntnis wie Lk 8,10 par Mt 13,11 (diff Mk) und Lk 12,2 par Mt 10,26, auch Lk 18,34 Sv diff Mk; Lk 19,42.44 S; 21,20 diff Mk und 24,35 S. Von γνῶσις (σωτηρίας) ist syn nur noch Lk 1,77 die Rede, dort als Gabe des Täufers. Vielleicht brachte Lukas die γνῶσις hier ein.
[162] Hier denkt Lukas sachlich wohl – wie Lk 8,10 (par Mt 13,11) diff Mk 4,11 – an ein γνῶναι τὰ μυστήρια τῆς βασιλείας.
[163] Gemeint ist der in der Erkenntnis bestehende Schlüssel (gen. epexegeticus), nicht der Schlüssel, der zur Erkenntnis führt (gen. objectivus), da nicht diese es hier ist, in die man „eintreten" will oder soll.
[164] Siehe schon o. S. 311 (zu V 39), S. 316f (zu V 43), S. 318 (zu V 44).
[165] Die weitaus meisten Kommentatoren geben diesbezüglich der matth Fassung den Vorzug; s. SCHULZ, Q 110.

θαι, Lk 11,52b. Lukas nahm den Schriftgelehrten schon die Lehr-Kathedra, die Mt 23,2 ihnen (mit Q) noch zugebilligt hatte (s. o.[166]); entsprechend beläßt er ihnen hier auch nicht mehr die Schlüsselgewalt über die Basileia.

2. Lk 11,52 hinkt hinter dem wohl ursprünglichen *Abschluß* der Redekomposition (s. o.) in Q 11,49–51 par Mt 23,34–36(37–39; vgl. Lk 13,34–35)[167] recht unglücklich nach. Lukas mußte dieses Logion in seiner zweiten Wehereihe einordnen, weil er richtig hier die Gesetzeskundigen angesprochen wußte[168]. Die Endposition legte sich ihm nahe, weil das Logion schon in Q = Mt 23,(2–3).4.6b–7a(12).13 par Lk 11,46.43.52 eine Sprucheinheit (ursprünglich wider Schriftgelehrte) beschloß[169], weil er zudem so an dieser Stelle in etwa den hier weggenommenen Spruch Mt 23,37–39 par Lk 13,34–35 ersetzen konnte. Lukas wollte aber vermutlich mit V 52 nicht nur 11,37–52 beschließen, sondern im Rückblick ausholender auch 11,(14–28)29–32.33–36 – einen Abschnitt, in dem es ihm um die Christuserkenntnis und um Bekenntnispflicht geht (s. o. jeweils z. St.).

3. In dieser Abschlußwendung Lk 11,52 par Mt 23,13 verrät sich auch sachlich eine *späte Redaktion:* Die Gemeinde steht noch – freilich in Spannung von beiden Seiten her – in Kommunikation mit der Synagoge; jüdische Führer warnen vor der „Christusbotschaft", diese sprechen wider jene ihr „Wehe".

4. Eine vormals *isolierte Tradition* des Logions ist nicht sicher[170], weil es sich um eine redaktionelle Abschlußbildung der Q-Redaktion oder der Redaktion einer frühen Komposition (3. Kf) oder eines Spruch-Paares in dieser (2. Kf) handeln kann. Diese Frage wird offenbleiben müssen.

53 f Die Hausszene bekommt nun eine gefährliche (δεινῶς ἐνέχειν[171]) Öffentlichkeit (ἐξελθόντος[172]). Der Versuch, Jesus „auszunehmen" (ἀποστοματίζω)[173] und irgendeine Äußerung aus seinem Mund zu erhaschen, um ihn unter Anklage stellen zu können, bereitet schon Lk 20,20 (par Mk 12,13) vor. VV 53f blickt schon auf den Jerusalem-Abschnitt 19,28 – 21,38 und die bevorstehende Passion.

V 53 faßt die beiden führenden Gruppen 11,42–44.45–46(47f).52 „dieses Geschlechts" (V 51) – überraschenderweise nun in umgekehrter Reihenfolge, die o. (V 45.46.52) „Gesetzeskundige" genannten „Schriftgelehrte" nennend – zusammen. Lukas weiß aus seiner Mk-Vorlage[174], daß die Schriftgelehrten am Tode Jesu in Einheit mit den Hohenpriestern (und Ältesten) führend mitgewirkt haben. Auch daraus ergibt sich ein Hinweis auf die kommende Passion.

---

[166] Siehe S. 319f.
[167] So mit den meisten auch SCHWEIZER 131.
[168] Vgl. MARSHALL 502.507.
[169] Siehe u. z. St.
[170] GNILKA meint (Mt II, 233), in der matth Fassung könne der Spruch „als von Jesus stammend ... gelten"; dafür könne das „pointiert zur Geltung gebrachte Eintreten für die Irregeleiteten" sprechen.
[171] Man wird eher „hart zusetzen" (vgl. BAUERWb zu δεινῶς) übersetzen müssen als „auflauern" o. ä.
[172] Tq: Diese kurze Textform (St-T; anders G) κακειθεν εξελθοντος bezeugen (𝔓75) ℵ B C L 33 579 pc co.
[173] Siehe dazu u. A. 177.
[174] Vgl. Lk 9,22; 19,47; 20,1(19); 22,2.66 nach Mk 14,53 par Mk und 23,10 S.

Von sich aus stellt Lukas die Pharisäer den Schriftgelehrten lieber voran[175], wohl aus dem Wissen heraus, daß diese die eigentlichen Gegner Jesu in der Gesetzesfrage waren. Vielleicht verrät sowohl die vorstehend genannte umgekehrte Reihenfolge in V 53f als auch der ungewöhnliche Sprachgebrauch (γραμματεῖς), daß Lukas hier die Redeweise der Redenquelle (beides bezeugt sich Mt 23 durchgehend) irgendwie aufnimmt?[176] Da VV 53f in Mt keine Parallele hat, ist ein Äquivalent zu Lk 11,53f für die Redenquelle nicht nachzuweisen. Der Hinweis auf den bevorstehenden Tod Jesu wäre der luk Redaktion zuzutrauen. Ungewöhnliche[177] Wendungen dieser Abschlußbildung[178] – ähnlich wie in der Einleitung 11,37–39a[179] – dürften auf die luk Redaktion[180] zurückzuführen sein, was aber keineswegs völlige luk Neubildung anzeigen muß[181].

Zur Traditionsgeschichte von Lk 11,37–54

1. Hier muß nicht erneut[182] nachgewiesen werden, daß Lukas in 11,37–54 *weithin Q* wiedergibt. Dabei bezeugt sich Q im einzelnen[183] *in Mt in Bestand*[184] *und Akoluthie*[185] – nicht immer im Wortlaut – *noch ursprünglicher* als in Lk: in Mt 23,(2–3)4

---

[175] Vgl. Lk 5,30 diff Mk (und 15,2 luk R); 7,30 diff Mt. Diese Voranstellung begegnet freilich auch Mk 7,1.5 par Mt 15,1.
[176] So BULTMANN, Geschichte 361; LÜHRMANN, Logienquelle 44 Anm. 1; FREUDENBERG, a.a.O. (L 12) 123; SCHNEIDER 276, und die meisten.
[177] Das aktive ἐνέχω begegnet im NT absolut nicht, nur noch Mk 6,19 (und Gen 49,23 LXX), hier aber mit Dat. der Person, passivisch nur Gal 5,1. Auch ἀποστοματίζω findet sich im NT außer 2 Thess 1,4 nur hier, und das mit fast unverständlichem, ungebräuchlichem Sinn: nicht „auswendig hersagen" (so profangriech. seit Platon), sondern vielleicht – nach dem Kontext V 54 – „auf den Mund sehen" (s. WELLHAUSEN). Vgl. auch A. 180.
[178] T^r: Diversen Texterweiterungen in V 54, bes. westlicher Texte (s. ALAND, Synopsis), wird man wohl mit dem St-T (teilweise gg. T h V G), der sich auf 𝔓^{75} B ℵ L Θ f^1 205 579 2542 co berufen kann, mißtrauen dürfen.
[179] V 53 entspricht ἐξελθόντος dem einleitenden εἰσελθὼν V 37b. Lk 11,53–54 eignet sich – wie Mk 7,1–5 – eigentlich besser als Einleitung; vielleicht las Lukas manches davon in der Einführung der Q-Weherede (s.o. zu V 37f).
[180] θηρεύω begegnet im NT nur hier, δεινῶς nur noch Mt 8,6, ἐνεδρεύειν = auflauern nur noch Apg 23,21 (aber häufig in LXX). κἀκεῖθεν findet sich außer Mk 9,30 im sonstigen NT nur noch 8mal in Apg. Den gen. abs. bevorzugt Lukas (vgl. AB I, 94).
[181] Gegen SCHNEIDER 276 und die meisten siehe die obigen Hinweise auf V 53.
[182] Vgl. die Zeugen für eine weite Übereinstimmung der recent scholarship bei KLOPPENBORG, Q Parallels 112 (s. S. 312 A. 41).
[183] Siehe jeweils o. zu den einzelnen Versen. Vgl. ausführlicher SCHÜRMANN, Redekomposition (L 12) 42–58.
[184] Als Zusätze sind erwägenswert: Mt 23,33 (vgl. Q = Mt 3,7b); 23,8–10.16–22 (vgl. Mt 23,34b–35).24 = Sg. – Matth Übergangsbildungen sind 23,5a (vgl. mit 6,1!).7b.32; matth Ausweitungen 23,28, teilweise auch 23,34b (vgl. Mk 10,34; Mt 10,23). Vgl. dazu H. SCHÜRMANN, Redekomposition (L 12) 34–36, und GNILKA, Mt II, jeweils z. St. – Luk Auslassungen sind Mt 23,2–3 (s.o. S. 319f), wohl auch Mt 23,12 (vgl. Mt 18,4, auch Lk 14,11 und 18,14), vermutlich auch Mt 23,15 (= Einleitungswendung zu 23,23.25–26?); vgl. H. SCHÜRMANN, ebd. 37–40.
[185] Entgegen den meist zu beobachtenden Fällen, in denen Lukas die Q-Akoluthie getreuer bewahrt. – Für die luk Abfolge sprechen auch hier SCHMID, Mt u. Lk* 323; SCHULZ, Q 94f Anm. 5; MARSHALL 491f; SCHNEIDER 274.

par Lk 11,46; Mt 23,6b–7a[186] par Lk 11,43; vgl. Mk 12,39a.38b par Lk 20,46; Mt 23,(12)13 par Lk 11,52; Mt 23,(15)23 par Lk 11,42; Mt 23,25.26 par Lk 11,39.41; Mt 23,27 par Lk 11,44; Mt 23,29–31 par Lk 11,47–48; Mt 23,34–36 par Lk 11,49–51; Mt 23,37–39 (vgl. Lk 13,34–35).

2. Matthäus fügt die Q-Rede unbezweifelbar seiner Mk-Vorlage (vgl. Mk 12,37b–40) ein und an, so daß die vormalige *Einordnung*[187] nur von Lukas her erfragt werden kann. Lk 11,(37–39a)39b–52(53–54) hat eine redaktionelle Hand mit der Spruchgruppe 11,29–36 zusammengebunden; s. o.[188] Mehr als die luk[189] Wendung ἐν δὲ τῷ λαλῆσαι erlaubt die Thematik[190] die Annahme, daß Lukas beide Redekomplexe schon in Q irgendwie im Nacheinander gelesen hat. – Die redaktionelle Anfügung von 11,49ff (s. ebd.), die mit der Gerichtsankündigung an „dieses Geschlecht" (VV 50f) auf jene Einheit – vgl. VV 29.30.31.32 – zurücklenkt, läßt an eine Redaktion nach 70, vielleicht an die Endredaktion von Q denken. Während die VV 30.31f (ausmalend) noch an das endzeitliche Gericht durch den kommenden Menschensohn-Weltenrichter erinnerten, scheinen die VV 50ff mehr ein vergeltendes Vernichtungsgericht nach der Talio-Regel anzusagen – wie das Palästina dann im Jahre 70 erlebte.

3. Der Endredaktion von Q wird der vorstehend genannte Bestand bereits als eine *„strukturierte Komposition"* vorgelegen haben.

a) Mt dagegen bringt sieben Sprüche als *Weherufe*, Lk 2 mal 3; beide Evangelisten folgen also einem Zahlenschema. Vier der luk Sprüche: Lk 11,42.44.47f und 52 finden sich auch par Mt. Lukas scheint den ganzen Weheruf Mt 23,15 Q (s.o.[191]), zudem 11,39ff das „Wehe"[192] gestrichen zu haben. Er fügt offensichtlich ein solches aber 11,43 und 11,46 diff Mt auch mal ein. So kann man annehmen, daß Lukas in Q sechs Weherufe[193] gelesen hat, was ihn zu dem Schema 2 mal 3 animiert haben könnte. – Die gleiche Annahme von sechs Weherufen in Q läßt sich aus Mt erschließen, da Matthäus mit ziemlicher Sicherheit Mt 23,16(–22) seiner Vorlage sekundär eingefügt hat. „Im Makrotext des Evangeliums [Mt] bilden die Weherufe ein negatives Pendant zu den Seligpreisungen der Rede vom Berge."[194] Die „prophetische Rede"[195] scheint mit ihren sechs Weherufen – schon in Q? – der Sechserreihe von Jes 5,8–24 zu entsprechen, die ebenfalls mit διὰ τοῦτο (LXX) eingeleitet und wie 11,49 durch eine Gerichtsandrohung (Jes 5,24) abgeschlossen wird[196].

b) Außer in dem stehengebliebenen Zeugnis Lk 11,53 hat Lukas, diesem entgegen, die *Schriftgelehrten* den *Pharisäern* in je zwei Dreierreihen sekundär nachge-

---

[186] Matthäus kombiniert Mk 12,38–39 (= Mt 23,5b–6a) mit Q (= Mt 23,6b–7a) und übernimmt Mt 23,11 aus Mk 9,35.
[187] LÜHRMANN, Logienquelle 44, kapituliert vor der Frage.
[188] S. 304f; vgl. auch SCHNEIDER 274.
[189] Siehe o.z. St.
[190] Vgl. Weherufe nach Jüngerunterweisungen in Q auch Lk 6,24ff; 10,13–15.
[191] Siehe A. 90.
[192] Siehe ebd. S. 310.
[193] Vgl. ausführlicher: H. SCHÜRMANN, Die Redekomposition (L 12) 63f, werden Q sieben Weherufe zugeschrieben; vgl. LÜHRMANN, Logienquelle 45; SCHULZ, Q 94; SCHNEIDER 275.
[194] So GNILKA, Mt II, 284.
[195] Cl. WESTERMANN, Grundformen (s. S. 286 A. 99) 137ff, bes. Jes 5,8–24; vgl. in Herrenworten und im NT; LK I, 337 A. 86.
[196] Vgl. LÜHRMANN, Logienquelle 46.

ordnet; er hat auch im einzelnen Umstellungen[197] vorgenommen. – In Mt stehen in einer „Vorrede" 23,2–3.4.6b–7a(12 im Kontext).13 Sprüche, die inhaltlich eigentlich mehr speziell Schriftgelehrte im Auge haben, in der angefügten Weherede 23,13.15.23.25–26.27(28).29–31.34–36 scheint ursprünglich der eigentliche Kern 23,15.23.25–26 vornehmlich die pharisäische Observanz abzulehnen. Wir würden heute aus inneren Gründen die Sprüche anders auf Pharisäer und Schriftgelehrte verteilen, als das die Redenquelle getan haben wird und auch die Evangelisten (jeweils anders) tun. Wir würden die „Schriftgelehrten" passend in VV 43.42.52 (s. ebd.), als solche pharisäischer Observanz vielleicht auch noch VV 46 (42?) finden. VV 47 würde passender – wie VV 49 ff – „dieses Geschlecht" anreden.

Die Gemeinsamkeiten im Zeugnis der beiden Großevangelien lassen darauf schließen, daß die genannten zwei Gruppierungen schon der Endredaktion von Q in einer irgendwie gearteten Komposition vorgelegen haben (s. u.), wobei Mt diff Lk das Richtige bewahrt hat, wenn er zunächst vornehmlich die Schriftgelehrten, danach erst Pharisäer ins Gebet nahm; Lk 11,53 unterstützt diesen Schluß (s. ebd.)[198]. Man darf dabei wohl nicht einwenden, Lukas würde die „Schriftgelehrten" von sich aus nicht νομικοί, sondern νομοδιδάσκαλοι nennen[199], und νομικός wäre charakteristisch für Q[200] (denn dieses Bild ergibt sich erst, wenn man die (sekundären) Positionen von Lk 11 mitzählt). Auch wird man nicht sagen können, Lukas ordne von sich aus gern beide Gruppen zusammen[201], so daß er sie hier nicht differenzierend auseinandergebracht haben würde, wenn er das Nebeneinander hier und da formelhaft traditionell schreibt[202].

4. In der weiter zurückliegenden Vorgeschichte von Q scheinen *zwei Spruch-Gruppierungen* gesondert tradiert gewesen zu sein, jeweils um „Grundworte" versammelt.

a) Das (erweiterte) Spruch-Paar Mt 23,(2–3)4.6b–7a(12).13 par Lk 11,46.43.52 (1. Kf) dürfte sein Grundwort in Mt 23,4 par Lk 11,46 haben, das in Mt 23,4a par Lk 11,46a noch in sachlicher Weise – ohne „Wehe"! – die Tora-Auslegung der *Rabbinen* in Frage stellt. Man kann aus V 46 die vox Jesu hören. Der Nachsatz kann das Liebesgebot gemeint haben. – Die moralische Abwertung, die schon in Mt 23,(3b)4b par Lk 11,46b vorlag, wird durch die Anfügung des (späteren) Zusatzwortes 23,6b–7a(12) par Lk 11,43 noch durch den Vorwurf der Ehrsucht verschärft – was weder einem frühen palästinensischen Judenchristentum noch Jesus zugesprochen werden sollte. Die weitere Anfügung von Mt 23,13 par Lk 11,52 (vormals wohl ohne „Wehe") beschließt als Nach-Wort das Spruch-Paar Mt 23,(2–3).4 par Lk 11,46 + Mt 23,6b–7a par Lk 11,43; es argumentiert bereits – von der Christologie her – „kontroverstheologisch". Zusammen mit Mt 23,2–3[203] (von Lukas ausgelassen; s. ebd.) rahmen diese beiden Logien einleitend und ab-

---

[197] Siehe o. zu VV 46.43.52.42.
[198] Vgl. o. (S. 319f).
[199] Vgl. LK I, 281 A. 9, und o. A. 93.
[200] LK I, 422 A. 96 wäre hier zu korrigieren.
[201] Vgl. das Zusetzen der „Pharisäer" Lk 5,17.21 diff Mk 2,6 (vgl. LK I,281 A. 8), der „Schriftgelehrten" Lk 6,7 diff Mk 3,6, der „Gesetzeslehrer" Lk 14,3 diff 14,1.
[202] Lk 16,14f Sv (diff Mt 5,20) und Lk 11,29 Sv (diff Mt 12,38) folgt Lukas wohl seiner Tradition.
[203] Mt 23,2–3 anerkennen in einer Einleitungsbildung offenbar grundsätzlich (aber sekundär) wie ähnlich Mt 5,(17)18(19) par Lk 16,17 die rabbinische Lehrautorität, wobei Mt 23,6 par Lk 11,43 (vgl. Mk 12,39 par Lk 20,46) das Stichwort für die Zubilligung der „Kathedra" geliefert haben könnte?

schließend das sekundäre [204] Spruch-Paar Mt 23,4 + 6b-7a par Lk 11,46 + 43; s.u.

b) Das (erweiterte) Spruch-Paar *wider die Pharisäer* 23,(15)23.25-26.27 par Lk 11,42.39-41.44 (1. Kf) hat seine Mitte in dem Grundwort Mt 23,23a-b par Lk 11,42a-b. Das folgende Wort über die Reinigung Mt 23,25-26 par Lk 11,39-41 scheint diesem als Zusatzwort ein weiteres Beispiel, die Tischgemeinschaft betreffend, beizubringen – jenem mit gleicher Gewichtigkeit nebengeordnet.

Beide Sprüche stellen ein Spruch-Paar dar, das sich – als kritisches Summarium wider die pharisäische Observanz – früh zusammengefunden haben kann. Beiden Sprüchen ist auch gemeinsam, daß sie die legalistische Übergebühr in Richtung auf sittliche Übergebühr übertreffen möchten, wofür sich die frühe Gemeinde gewiß auf Jesus berufen konnte. In dem Nach-Wort Mt 23,27 par Lk 11,44 wird dann die verunreinigende sittliche Unreinheit der Pharisäer in einer kaum mehr zu überbietenden Schärfe – ohne Begründung – diffamierend herausgestellt. Das Argument muß man sich aus Mt 23,23b.25 par Lk 11,42b.39 ergänzen. Zusammen mit der Abschlußbildung Mt 23,27 par Lk 11,44 wird die sekundäre Einleitungsbildung Mt 23,15 [205] das Spruch-Paar gerahmt haben [206]. Beiden rahmenden Worten ist die Aussage gemeinsam, daß von den Pharisäern eine äußerst verderbliche Wirkung ausgeht. Hier spricht gewiß eine spätere Redaktionsschicht nach 70, die nicht mehr auf das ethnische Zusammenleben im palästinensischen Raum mit den Pharisäern angewiesen war. Einen ausgleichenden Versuch machte abmildernd immerhin noch Mt 23,23c par Lk 11,42c [207].

Die beiden vorstehend (4a-b) genannten (erweiterten) Spruch-Paare müssen nach dem Zeugnis von Matthäus und Lukas deren Q-Vorlage schon im Zusammenhang – vgl. nur Lk 11,53 – als eine Spruch-Gruppe (2. Kf) vorgelegen haben [208].

5. Den vorstehend (unter 4a und 4b) eruierten zwei erweiterten Spruch-Paaren der Q-Tradition fügt sich eine dritte Spruchgruppierung nicht zwanglos ein, die *drei Gerichtsworte wider die Generation Jesu* Mt 23,29-31 par Lk 11,47-48 + Mt 23,34a.35-36 par Lk 11,49-51 + Mt 23,37-39 (vgl. Lk 13,34-35) bringt. Diese Spruch-Konstellation scheint sich über Mt 23,29-31 par Lk 11,47-48 als *„Grundwort"* aufgebaut zu haben. Es ist schwer zu sagen, in welcher Stufung und wann sich an diese Gerichtsandrohung die zwei folgenden Gerichtsansagen ob des Mordes von Propheten (und Gerechten) bzw. „Aposteln und Propheten" angefügt wurden.

a) Mt 23,34a.35-36 par Lk 11,49-51 ist ein *Zusatzwort,* das die Gerichtsdrohung des Grundwortes auf dieses Geschlecht hin als Ansage aktualisiert. Beide Sprüche zusammen bilden eine (sekundäre) Spruchgruppe; möglicherweise verdankt sich das Zusatzwort erst der Endredaktion von Q [209].

b) Das dritte Logion Mt 23,37-39 (par Lk 13,34-35) wurde vielleicht erst durch die Endredaktion der Redenquelle abschließend als *Nach-Wort* des Spruch-Paares angefügt; es hat aber deutlich als Abschlußwort die ganze Redekomposition Mt 23,2-36(37-39) par Lk 11,37-52 überformt. Noch weiter zurückblickend steht es

---

[204] Siehe S. 320.
[205] Siehe o. S. 90.
[206] Siehe o. S. 317f.
[207] Siehe o. S. 314f.
[208] Könnte Mk bereits Mt 23,6b-7a.25 par Lk 11,43.39 die Zusammenordnung vorgefunden haben, wenn er Mk 12,38-39 im Zusammenhang mit Mk 12,40 bezeugt?
[209] Siehe o. z. St.

als Abschluß des übergeordneten Q-Abschnittes, der sich hinter Lk 11,14–26.29–36.37–52 (+ Lk 13,34–35) bezeugt.

Vermutlich hat erst die Endredaktion von Q das ganze (sekundäre) Spruch-Paar, durch ein Nach-Wort erweitert – diese drei scharfen, Judentum und Christentum „ekklesiologisch" trennenden Worte –, den beiden (unter 4a.b) besprochenen Spruchreihen angefügt.

6. Ob aus der Form der Weherufe[210] auf Drohsprüche *nachösterlicher Propheten* geschlossen werden kann[211], ist im ganzen nicht so sicher, zumal zumindest ein Kern derselben inhaltlich *auf Jesus zurückgeführt* werden kann[212]. Innerhalb der Weherufe muß distinguiert werden[213], obgleich im ganzen die Weherufe einem ekklesiologischen Anathema nahekommen.

Die vorstehenden Spruchheinheiten ließen unterschiedliche Stimmen hören:

a) Als *vox Jesu* ließen „Ur-Worte" die thematische Mitte der Redekomposition, den Grundton in der Vielfalt der Stimmen, aufklingen. Es waren im ersten Spruch-Paar (s. o. unter 4a) das Grundwort Lk 11,46a par Mt 23,4a, im zweiten Spruch-Paar (s. o. unter 4b) das Grundwort Lk 11,42a-b par Mt 23,23a-b und das Zusatzwort Lk 11,39a par Mt 23,25a. Diese drei Sprüche können als Verständnishilfe dienen, wenn wir die vox Jesu als Interpretationsschlüssel verstehen dürfen.

b) Freilich muß man für die nachösterliche Zeit dazu auch die *urchristlichen Stimmen* hören, die – das Erbe Jesu wahrend – die Jüngergemeinde vom Judentum „konfessionell" abzusetzen bestrebt waren[214]. In diesen „kontroverstheologisch" sich abgrenzenden Stimmen reden unterschiedliche judenchristliche Stimmen: einerseits sich *anpassende* wie Lk 11,42c par Mt 23,23c[215], andererseits *antijüdisch-polemische* wie Mt 23,3b; Lk 11,43 par Mt 23,6b–7a; Lk 11,52 par Mt 23,(12)13; Lk 11,39b–41 par Mt 23,25b–26, besonders scharf von der Christusbotschaft her[216], dazu noch Mt 23,15; Lk 11,44[217] par Mt 23,27. Auf später Stufe formulieren *„kirchentrennend"* dann Lk 11,47–48 par Mt 23,29–31; Lk 11,49–51 par Mt 23,34–36; Mt 23,37–39 (vgl. Lk 13,34–35).

Die Kritik der Q-Tradition und Q-Redaktion (nicht mehr die der Mt-Redaktion) will in ihrer späten Polemik als der Versuch verstanden werden, vor dem Einfluß

---

[210] Vgl. E. GERSTENBERGER, a. a. O. (L 12) 249–263.
[211] So SCHULZ, Q 52.92, u. viele.
[212] Siehe o. zu den jeweiligen Stellen; ausführlicher: H. SCHÜRMANN, Redekomposition (L 12) 75–81.
[213] Gegen SCHULZ, Q, der weithin einebnet.
[214] Die konfessionelle „Abgrenzung" darf freilich nicht zur „Verteufelung" werden. – GNILKA, Mt II, 294f, hat sehr recht: „Als Kritik ... am Judentum ist der Text nicht mehr vermittelbar und sollte er nicht mehr gepredigt werden." Aber wir können die konfessionelle Frage auch heute nicht ausklammern, sosehr wir den Text mit Lk (und Mt) auch als „Selbstkritik" lesen müssen.
[215] Siehe ebd. z. St.
[216] Gegen L. SCHOTTROFF, Antijudaismus im Neuen Testament, in: Conc(D) 20 (1984) 406–412: Auf der Ebene des Bekenntnisses stimmt es – damals wie heute – keineswegs, daß „die Entscheidung ... auf der praktischen Ebene fällt, nicht auf der der Glaubenslehre (s. Mt 25,31–46)" (ebd. 108f); es geht eben nicht um „Jesulogie", sondern im Gespräch mit dem Judentum gar sehr zentral um Christologie.
[217] KÜMMEL, a. a. O. (L 12) 145, mag recht haben, daß die Anklage V 44 mit der sonstigen Verkündigung inhaltlich nicht im Widerspruch steht; man muß aber doch wohl fragen, ob Jesu sonstiges Verhalten sowie die Situation diesen scharfen Ton erlaubten, was K. selbst für Mt 23,28, ebd. 146, auch bezweifelt.

der geistigen und geistlichen Führungsschicht der Judenschaft zu warnen und die Gemeinde der Christusgläubigen ekklesiologisch von der Judenschaft abzugrenzen, wobei der diffamierende und polemisierende Ton der Häretikerbekämpfung (vgl. bes. Lk 11,44; Mt 23,15.32; Mk 12,40) gewiß nicht mehr der ethischen Höhe der Forderungen Jesu entspricht [218]. Es fehlt gegenüber den Gegnern eine Aussage wie Röm 10,2 [219]: „Ich bezeuge ihnen, daß sie Eifer für Gott haben, freilich nicht gemäß rechter Einsicht." [220]

Rückblick: 11,1–54 als Anamnese postbaptismaler Taufunterweisung

Der vorstehend kommentierte Abschnitt 11,1–54 ist Bestandteil einer *Erzählung,* der luk „Reiseerzählung" Lk 9,51 – 19,27, näherhin Teil des erzählten ersten Wegabschnittes (9,51 – 13,35) derselben. Lukas erzählt hier vom „Weg Jesu nach Jerusalem", wo sich seine „Aufnahme" (9,51), das „Eingehen in seine Herrlichkeit" (24,26) ereignen sollte. Auf diesem „Weg" wurde narrativ verdeutlicht, daß Jesus als „der Christus all das erleiden mußte, um so in seine Herrlichkeit einzugehen" (24,26), ein Geschehen, das weiter (vgl. schon o. zu 7,1 – 9,50) zur „Scheidung und Entscheidung in Israel" führen sollte [221], was aber so breit erzählt wird, damit die Gemeinde ihre Erwählung erkennt und sich selbst als angeredet erfährt.

Die „Reiseerzählung" erkannten wir als eine *„metaphorische"* Erzählung; in ihr reihen sich mehrere Volksreden und Jüngerunterweisungen aneinander; in dem redenden Jesus – seit 9,51 unterwegs nach Jerusalem – wird bereits der mitgehört, den die nachösterliche Gemeinde als ihren Kyrios bekennt und in ihrer Mitte weiß. Lukas übernimmt den Großteil dieses „Redestoffes" der „Redenquelle" Q, die bereits Herrenworte in thematischen „Reden Jesu" für die Gemeindeunterweisung zusammengeordnet hatte. So wurde der erzählte „Weg Jesu" nicht nur „gleichnishaft", vergleichsweise für das nachösterliche Gemeindeleben, sondern metaphorisch, da der durch sein Wort und durch seinen Geist wirkende erhöhte

---

[218] Vgl. auch HAENCHEN, a.a.O. (L 12) 40; KÜMMEL, a.a.O. (L 12) 146.
[219] Vgl. auch JuTryph 108³: „Wir hassen euch nicht, sondern wir beten..."
[220] In Mt lesen wir – außer V 16, wo eine andere Diffamierung aufgenommen ist und wo auch die „Schriftgelehrten und Pharisäer" nicht genannt sind – in seiner Siebenerreihe konsequent die Anrede ὑποκριταί, die Lukas in unserer Redekomposition nicht bringt. Auch für Matthäus ist diese abwertende Benennung sonst nicht charakteristisch für die Pharisäer (vgl. 6,2.5.16; 7,5; 22,18 partim; 24,51). – Wenn nun Lk 12,1 b bei der Wiedergabe von Mk 8,15 (par Mt 16,6) entgegen dieser seiner Quelle sein Bildwort auf die „Heuchelei" der Pharisäer hin ausdeutet und Matthäus diese Charakterisierung so konsequent 23,13.14 (v.l.).15.23.25.27.29 (vgl. noch 23,28 ὑπόκρισις) bringt, liegt der Verdacht nahe, beide Evangelisten hätten so etwas doch schon irgendwo in der Redenkomposition Q gelesen (und wären nicht nur von Mk 7,6 beeinflußt). Bei dieser Annahme würde man als gemeinsame Quelle vielleicht am ehesten den Spruch Lk 11,39f (vgl. V 40: ἄφρονες) par Mt 23,25 (ὑποκριταί; vgl. V 26: τυφλέ) als eine mögliche Quelle vermuten.
[221] Vgl. o. einleitend S. 8–12.

Herr in seinen irdischen Worten zugleich seine nachösterliche Gemeinde anredet und seine Jüngergemeinde berufend und begabend aussondert aus „diesem Geschlecht" (11,29). Nur eine Exegese und Kommentierung, ein engagiertes Hören und Lesen [222] der Worte des Herrn als Weggeleit und Wegweisung für die Gemeinde kann deren Aussagesinn letztlich heben.

Oben [223] meinten wir – rückblickend auf 9,51 – 10,42 – jenen (I.) Erzählabschnitt mit den ersten Lesern in den von Lukas angeschriebenen Gemeinden anamnetisch lesen zu müssen: als Erinnerung an ihre erste Begegnung mit der Christus-Botschaft (Lk 10,21 f.23 f.30–42) durch Apostel und Propheten in frühen Jüngergemeinden (10,1–20) und mit deren fundamentaler Lebensordnung (10,21–37) [224]. Von daher liegt es nahe, auch den anschließenden (II.) Erzählabschnitt mit den ersten Lesern der luk Evangelienschrift als Anamnese an das Taufgeschehen zu verstehen, das in die Gemeinde einführte (vgl. schon Lk 5,1 – 6,11 [225]), in der es um Beständigkeit, aber auch um Eigenständigkeit (vgl. schon zu 6,39–46 [226]) der Jüngergemeinde geht: 11,1–54 müßten Gemeindemitglieder fast notwendig als Rückerinnerung lesen an das, was ihnen in der (postbaptismalen) „mystagogischen Katechese" nach der Taufe vorgelegt und eingeschärft worden war:

1. Die *Gebetsunterweisung 11,1–13* wird mit der *Errettung aus der Macht des Satans 11,14–28* eng zusammengelesen werden müssen.

a) Getaufte mußten sich hier an die Initiation erinnert fühlen, bei der auch schon früh die *traditio orationis Domini* als üblich bezeugt ist [227]. Die Bitte um Geistmitteilung wurde akzentuiert betont 11,13 [228]. Sie verdankt sich wohl der Taufsituation [229] und schaut schon auf 11,14–26, besonders V 20, voraus. V 25 schildert (im Rückblick auf V 20) den Zustand des Getauften, der bewahrt werden muß.

b) Die Getauften sollen sich nicht nur an ihre postbaptismale Gebetskatechese (11,1–13) rückerinnern, sondern auch an die in der Taufe geschehene *Befreiung aus der Macht Satans* und die pneumatische Macht über den Satan (10,18f). Die vormals Exorzisierten mußten gemahnt werden, nicht wieder unter die Macht des bösen Geistes zu geraten [230] (vgl.

---

[222] Siehe o. einleitend S. 18f.
[223] Siehe S. 167f.
[224] Siehe o. S. 20.
[225] Besonders die Reinigung des Aussätzigen (5,12–16), die Frage nach der Sündenvergebung (5,17–26), die nach der Zulassung (bekehrter) Sünder zum Gemeindemahl (5,27–32) ließen an die Taufe denken (vgl. LK I, 274–293; vgl. ebd. 267 f; vgl. auch schon 217 f und dann 383 f).
[226] Siehe LK I, 365–385.
[227] Siehe o. S. 170.
[228] Das gilt, auch wenn die Geistbitte (V 2c) im Gebet des Herrn nicht als ursprünglich gewertet werden kann; s. o. z. St. (S. 189f).
[229] Siehe o. S. 219.
[230] Siehe o. (S. 224f.249–253).

11,24ff), vielmehr das Wort Jesu zu „bewahren" (11,28)[231]. Die Getauften sind hier zwischen den Herrschaftsbereich des Satans und den Machtbereich Jesu (11,20) gestellt, dessen bewahrende Hilfe die Jünger im Gebet (11,1–13) und im Hören und Bewahren des Wortes Jesu (11,27f) erfahren.

2. Was sich schon 11,1–28 zu erkennen gab, wurde *11,29–54* vollends deutlich,

a) zunächst schon 11,29–36: Die Getauften haben VV 29b.30 den *auferweckten und erhöhten Menschensohn* gläubig als das entscheidende „Zeichen vom Himmel" (11,16) erkannt, dessen Botschaft ihnen zum lichtspendenden Leuchter auf dem Ständer (VV 33.34–35.36)[232] wurde.

Wie es in der Taufe „Exorzisierte" gibt, die VV 24ff gemahnt werden mußten, so auch „Eingetretene", die das *Licht Christi in der Christusverkündigung* gesehen haben (V 33, vgl. V 36d), die nun auch innerlich „Erleuchtete" sind (V 35) und die das Licht Jesu zur Auswirkung bringen müssen (V 36a). Angeredet sind hier „gefährdete Christen", die in an die Taufe erinnernder Katechese gemahnt werden müssen, nicht wieder blind zu werden. Dabei wird Jesu Wort nach V 36d als äußeres „Licht" gnadenhaft helfen sollen.

b) Nach solcher Einleitung versteht man besser, daß die Anklage und Gerichtsansage *wider Pharisäer und Schriftgelehrte* (11,37–54) die Jüngergemeinde abgrenzen und bewahren sollen vor deren „Weg" und Wegweisung (V 52)[233]. In der Zeit, da sich die Synagoge von der Kirche abgrenzt und diese sich von jener trennen muß, bedarf es klarer Unterscheidungen[234].

[Der nachfolgende (III.) Erzählkomplex 12,1 – 13,35 wird das ekklesiologische und baptismale Verstehen der vorstehenden Kommentierung bestätigen müssen: Dieser gibt weitere Gemeindebelehrung (besonders wohl auch baptismale für Neophyten) über „das Leben der Jüngergemeinde angesichts des nahenden Endes" (12,1 – 13,35). Dabei werden zunächst in einer Trilogie die Bekenntnispflicht (12,1–12), der Umgang mit dem Besitz (12,13–34) und tätige Wachsamkeit in letzter Stunde (12,35–48) vorgestellt – gewiß fundamentale Mahnungen besonders für Neugetaufte (die freilich auch „späten Christen" immer neu ins Gedächtnis gerufen werden mußten). Abschließend werden 12,49–53 Anfechtungen angesagt. 12,54 – 13,35 wird sich dann bestätigen, daß der „neue Weg" inmitten dieses (bedrohten) Geschlechts auf Jesu „Weg nach Jerusalem" (9,51) für die Jüngerschaft thematisch bleibt.]

---

[231] Vgl. S. 253f.256.
[232] Vgl. o. S. 267.290–302.
[233] Vgl. o. S. 328f.
[234] Vgl. o. S. S. 23 mit A. 164.

TEXTE UND LITERATUR

Texte (Quellen und Übersetzungen)

Die in der 1. Aufl. (1969) von Bd. I (S. XI–XIII) angeführten Titel wurde in der 2. Aufl. (1982) ergänzt und in die 3. (1984) und 4. Aufl. (1985) übernommen (hier auf S. XII bis XV). Inzwischen wurden die Listen der „Biblischen Bücher" und der „Nichtkanonischen Texte der Umwelt des Neuen Testaments" für die 5. Aufl. des I. Bandes (in Vorbereitung) auf den neuesten Stand gebracht. – Für zitierte Texte des vorliegenden Teilbandes genügt es, auf die Angaben des Abkürzungsverzeichnisses vorstehend (S. XXI–XXIV) sowie die nachstehenden Literaturangaben u. (S. 339–360) zu verweisen.

Literatur

A. Allgemeine Hilfsmittel

Die Liste der in LK I aufgeführten „Hilfsmittel" 1–4 (1. Aufl. S. XIII–XV; 2.–4. Aufl. XV–XVII) wird in der 5. Aufl. korrigiert und neu vorgelegt werden. In vorliegendem Bd. sind abgekürzt zitierte Titel daraus, soweit nicht in LK I auffindbar, o. im Abkürzungsverzeichnis (S. XXI–XXIV) bzw. im Literaturverzeichnis (S. 339–360) auffindbar.

B. Lukas-Kommentare

(ergänzend zu LK I, 1. Aufl. S. XV–XXII und 2.–4. Aufl. S. XVII–XXIV und S. XL)

1. Altertum

Fourlas, A., Die Lukaskatene des Niketas von Herakleia, in: Haubeck – Bachmann (Hg.), Wort in der Zeit 268–274.
Köbert, R. – Fox, D. J., The „Matthew-Luke Commentary" of Philoxenus, in: Bib. 61 (1980) 430–432.
Lukas-Kommentare aus der griechischen Kirche, aus Katenenhandschriften ges. und hg. v. J. Reuss (TU 130) (Berlin 1984).
Origenes, Origène: Homélies sur Luc (lat. bzw. griech. und franz.) (SC 87) (Paris 1962).
Reuss, J., Ein unbekannter Kommentar zum 1. Kapitel des Lukas-Evangeliums, in: Bib. 58 (1977) 224–230.
–, Bemerkungen zu den Lukas-Homilien des Titus von Bosra, in: Bib. 57 (1976) 538–541 (Ergänzung von J. Sickenberger in: TQ 6/I, Leipzig 1901).
–, Ist Apollinaris von Laodicea Verfasser eines Lukas-Kommentars?, in: OstKSt 26 (1977) 28–34.
–, Studien zur Lukas-Erklärung des Presbyters Hesychius von Jerusalem, in: Bib. 59 (1978) 562–571 (17 Scholien des Hesychius zum Magnificat, Benedictus und Nunc dimittis im Cod. ger. Bodl. Auct. D 4.1, 9. Jahrhundert).
Szołdrski, W., Ambrosius, Comm. in evangelium Lucae (Pisma starochrześcijańskich pisarzy 16) (Warszawa 1977).

2. Mittelalter

Vgl. die Angaben (zusätzlich zu LK I[1], S. XVII–XIX) von:

Stegmüller, F., Repertorium biblicum Medii Aevi (Madrid), I (1940); II (1950); III (1951); IV (1954); V (1955); VI (1958); VII (1961); ab 1971 weitergeführt und vollendet mit Hilfe v. N. Reinhardt: VIII (1976); IX (1977); X (1979) = Initia graeca; XI (1980) = Initia latina (= RBMA).
Lubac, H. de, Exégèse médiévale 1–4 (Theol[P] 41.42.59) (Paris 1959–1964).

3. Neuzeit (Auswahl)

a) 16.–18. Jahrhundert

Bucerus, Martin, Opera omnia, hg. v. der Internationalen Bucer-Kommission u. a., Bd. 2–5.17 (Gütersloh 1963 ff).
Luther, Martin, Evangelienauslegung (hg. v. E. Mühlhaupt), III: Das Markus- und Lukasevangelium. Markus 1–13; Lukas 3–21 (Göttingen [4]1968).

b) 19.–20. Jahrhundert

(Auswahl; von Ausnahmen abgesehen, werden nur Kommentare aufgeführt, die auf dem griechischen Text basieren und eine eigene Übersetzung bringen.)

Aus der Flut der seit 1967 erschienenen neueren Kommentare (bzw. Nachauflagen) seien, ergänzend bzw. korrigiert zu B, 3 b in LK I[1], abermals nur wissenschaftlich helfende genannt:

Association G. Budé (Éd.), Les Évangiles. Évangile selon Luc. Présentation du texte grec, traduction et notes par Sœur Jeanne d'Arc (Nouvelle collection de textes et documents) (Paris 1986).
Bisping, A., Erklärung der Evangelien nach Markus und Lukas (EHNT II) (Münster [1964] [2]1968).
Bossuyt, Ph. – Radermakers, J., Jésus, Parole de la Grâce selon saint Luc I–II (Bruxelles 1981).
Bovon, L., Das Evangelium nach Lukas I (EKK III/1) (Zürich und Neukirchen-Vluyn 1989).
Browning, W. R. F., The Gospel According to Saint Luke (TBC) (London – New York [1960] [3]1972).
Creed, J. M., The Gospel According to St. Luke. The Greek Text with Introductions, Notes, and Indices (London [1927] [5]1960, Nachdr. 1965).
Danker, F. W., Jesus and the New Age According to St. Luke. A Commentary on the Third Gospel (St. Louis [1972] [3]1976).
Delebecque, E., Évangile de Luc. Texte traduit et annoté (CEA) (Paris 1976).
Ellis, E. E., The Gospel of Luke (NCeB) (London [1966] [2]1974).
Ernst, J., Das Evangelium nach Lukas (RNT) (Regensburg 1977).
Fitzmyer, J. A., The Gospel According to Luke, Vol I (I–IX) (AncB 28) Vol II (X–XXIV) (Garden City/NY) (AncB 28 A) (1981/1985).
Geldenhuys, N., Commentary on the Gospel of Luke. The English Text with Introduction, Expositions and Notes (NIC) (Grand Rapids/MI [1951], repr. 1975).
Gilmour, S. M. u. a., St. Luke (IntB VIII) ([New York – Nashville 1952] Nachdr. London 1971).
Godet, F., Das Evangelium des Lukas ([dt. [2]1980] Nachdr. Darmstadt 1986).
Goulder, M. D., Luke. A New Paradigm, I/1: The Argument; I/2: Commentary: Luke 1.1–9.50; II/2 (cont.): Commentary: Luke 9.51–24.53 (JSNT.S 20) (Sheffield 1989).
Grundmann, W., Das Evangelium nach Lukas (ThHK III) (Berlin [[2]1961] [10]1984).
Gryglewicz, F., Ewangelia według Św. Łukasza. Wstęp – przekład z oryginału – komentarz (PSNT) (Posen – Warschau 1974).

Texte und Literatur

Harrington, W. J., The Gospel according to St. Luke. A Commentary (London – Dublin – Melbourne 1968).
Hastings, J., St. Luke (GTBi) (Edinburgh 1913).
Hobbs, H. H., An Exposition of The Gospel of Luke (Grand Rapids/MI [1966] ²1972).
Johnson, L. T., The Gospel of Luke (Sacra Pagina 3), (Collegeville/MN 1991).
Klostermann, E., Das Lukasevangelium (HNT 5) (Tübingen [1919] ³1975).
Kremer, J., Lukasevangelium (NEB 3) (Würzburg 1988).
Lagrange, M.-J., Évangile selon Saint Luc (EtB) (Paris [1921] ⁸1948).
Larson, B., The Communications Commentary of Luke (Waco/Tex. 1983).
Leaney, A. R. C., A Commentary on the Gospel According to St. Luke (BNTC III) (London) [1958] Neudr. 1976).
Lightfoot, J., A Commentary on the New Testament from the Talmud and Hebraica I–IV (Horae Hebraicae et Talmudicae) [Oxford 1859] Grand Rapids/MI 1979).
Loisy, A., Les Évangiles synoptiques I–II (Ceffonds 1907–1908).
–, L'Évangile selon Luc ([Paris 1924] Nachdr. Frankfurt/M. 1971).
Macpherson, D., Luke (Scripture discussion commentary 8) (London 1971).
Marshall, I. H., The Gospel of Luke. A Commentary on the Greek Text (NIGTC) (Exeter 1978).
Metzger, B. M., A Textual Commentary on the Greek New Testament. A companion Volume to the United Bible Societies' Greek New Testament (London [1971] ³1975; Nachdr. 1984), bes. zu Lk: 129–193.
Meynet, R., Quelle est donc cette parole? Lecture „rhétorique" de l'évangile de Luc (1–9, 22–24) (LeDiv 99 A–B) (Paris 1979).
–, L'Évangile selon Saint Luc I–II (Paris 1988).
Morris, L., The Gospel According to St. Luke (TNTC) (Leicester [1974] Grand Rapids/MI 1988; repr. 1989).
Nolland, J., Luke 1–9:20 (World Biblical Commentary 35 A), (Dallas/Tex. 1989).
Plummer, A., A Critical and Exegetical Commentary on the Gospel According to St. Luke (ICC) (Edinburgh [1896] ⁵1922–1960).
Reiling, J. – Swellengrebel, J. L., A Translator's Handbook on the Gospel of Luke (HeTr 10) (Leiden 1971, franz. 1977).
Rengstorf, K. H., Das Evangelium nach Lukas (NTD 3) (Göttingen [1937] ¹⁷1978).
Rienecker, F., Das Evangelium des Lukas (Wuppertaler Studienbibel, Neues Testament IV) (Wuppertal ⁷1977).
Robinson, A. T., A Translation of Luke's Gospel with Grammatical Notes (New York 1923).
Sabourin, L., L'Évangile de Luc. Introduction et commentaire (Rom 1985).
Schlatter, A., Das Evangelium des Lukas aus seinen Quellen erklärt (Stuttgart [1931] Nachdr. 1975).
Schmithals, W., Das Evangelium nach Lukas (ZBK 3,1) (Zürich 1980).
Schneider, G., Das Evangelium nach Lukas (ÖTK III/1–2) (Gütersloher Taschenbücher 50) (Gütersloh und Würzburg [1977] ³1992).
Schweizer, E., Das Evangelium nach Lukas (NTD 3) (Göttingen [1. Neufassung 1982] ²1986 [2. Aufl. dieser Bearb.]).
Spinetoli, O. de (Ed. R. Fabri), Luca. Il Vangelo dei poveri (Assisi 1982).
Summers, R., Jesus, the Universal Savior. Commentary on Luke (Waco/Tex. 1973).
Talbert, C. H., Reading Luke. A Literary and Theological Commentary on the Third Gospel (New York 1984).
Tannehill, R. C., The Narrative Unity of Luke-Acts. A Literary Interpretation, I: The Gospel according to Luke (Foundations and Facets) (Philadelphia 1986); II: The Acts of the Apostles (Minneapolis 1990).
Tiede, D. L., Luke (Augsburg Commentary on the NT) (Minneapolis 1988).
Tinsley, E. J., The Gospel According to Luke (CBC) (Cambridge 1965).
Weiß, B., Die Evangelien des Markus und Lukas (KEK I/2) (Göttingen ⁹1901), Lk: 250–694.

Weiß, J. – Bousset, W., Die drei älteren Evangelien (SNT I) (Göttingen [1917] ⁴1929), Lk: 392–518.
Wellhausen, J., Evangelienkommentare. Nachdruck von „Einleitung in die ersten drei Evangelien" ²1911, „Das Evangelium Matthaei" ²1914, „Das Evangelium Marci" ²1909, „Das Evangelium Lucae" 1904, „Das Evangelium Johannis" 1908 (Berlin – New York 1987).
Wiefel, W., Das Evangelium nach Lukas (ThHK 3) (Berlin 1987).
Zahn, Th., Das Evangelium des Lukas (1920) (TVG Reprint-Reihe) (Wuppertal 1988).

C. Ausgewählte (und abgekürzt zitierte) Literatur zum Lukasevangelium
(ergänzend zu LK I, 1. Aufl. S. XXII–XXXII; 2.–4. Aufl. S. XXV–XXXIV und (XL–XLI)

1. Bibliographische Nachweise und Literaturberichte

Für die seit 1966 erschienene Literatur sei auf die vorstehend genannten Lukas-Kommentare und auf G. Schneider, Die Apostelgeschichte (HThK V) I (1980), 26 f; II (1982), 12, verwiesen, zudem auf die bekannten biblischen Bibliographien (EBB, NTAb, IZBG) und neueren Einleitungswerke. Besonders reichhaltig sind die Angaben im Catalogue de la Bibliothèque de l'École Biblique et Archéologique Française Jérusalem Tome 7 (s.u.); von 1973–1988 vgl. die LK-Bibliographie von Van Segbroeck (s.u.). Weitere spezielle lukanische Bibliographien, Literaturberichte und Sammelwerke zu Lk seien hier genannt:

Barrett, C. K., Luke the Historian in Recent Study. With a New, Select Bibliography since 1960 (FB.B 24) (Philadelphia [1961] ²1970), Bibliographie 77–80.
Bovon, F., Luke the Theologian. Thirty-three Years of Research (1950–1983) (Princeton Theological Monogr. Ser. 12) (Allison Park 1987).
Braumann, G. (Hg.), Das Lukas-Evangelium. Die redaktions- und kompositionsgeschichtliche Forschung (WdF 280) (Darmstadt 1974), darin bes.: Ders., Einführung (Literaturbericht) S. VII–XXIV.
Bruners, W., Lukas – Literat und Theologe. Neue Literatur zum lukanischen Doppelwerk, in: BiKi 35 (1980) 110–112.141–151.
Cambe, M., Bulletin de Nouveau Testament. Études lucaniennes, in: ETR 56 (1981) 159–167 (1978–1980).
Catalogue de la Bibliothèque de L'École Biblique et Archéologique Française, I–XII ([Boston/MA 1975] Paris ²1984), darin bes. zu Lk: VII, 440–445 (luk Themen); 454–488 (luk Stellenreg.): zur Apg: I, 49–78.
Conzelmann, H., Literaturbericht zu den Synoptischen Evangelien [seit 1963], in: ThR 37 (1972) 220–272, darin: IX. Das Lukasevangelium: 264–272; 43 (1978) 3–51, darin: VIII. Das Lukasevangelium: 43–51; Nachtrag ebd. 321–327 (Fortführung durch A. Lindemann s.u.).
Dupont, J., Nouvelles Études sur les Actes de Apôtres (LeDiv 118) (Paris 1984), darin: Luc le Théologien. Vingt-cinq ans de recherches 1950–1975. A Purpose d'une ouvrage de François Bovon, 13–23.
Elenchus Bibliographicus Biblicus 1 ff (1920 ff), NF 1 ff (1985 ff).
Evans, C. A., Life of Jesus Research. An Annotated Bibliography (NTTS 13) (Leiden 1989) (bis 1987/88 partim).
Forestall, J. T., Targumic Traditions and the New Testament. An Annotated Bibliography with a New Testament Index (Aramaic Studies 4) (Ann Arbor/MI 1979), darin Lit. zit. ab 1930: 17–67; Index to Lk/Apg: 85–93.102–106; Recent Editions of the Targums and Translations: 129–137.
Frutiger, S., Regard sur la recherche lucanienne depuis 1950, in: FV 70 (1971) Nr. 5, 77–81, weitere Bibliographie ebd. 93–102.

Giesen, H., Im Dienst des Glaubens seiner Gemeinde. Zu neueren Arbeiten zum lukanischen Doppelwerk, in: TGA 26 (1983) 199–208.
Gospel of Luke, in: RExp 64 (1967) H. 4, S. 419–533.
Guillet, J., Exégèse lucanienne, in: RSR 69 (1981) 425–442.
Hadidian, D. Y., Bibliographia Tripotamopolitana, III: A Periodical and Monographical Index to the Literature on the Gospels and Acts based on the files of the École Biblique in Jerusalem (Pittsburgh 1971); The Gospel of Luke: 147–202; The Book of Acts of the Apostles: 293–330.
Karris, R. J., Windows and Mirrors, Literary Criticism and Luke's Sitz im Leben, in: SBLSP I (1979) 47–58.
Kelly, J. F., The Patristic Biography of Luke (bis Hiernoymus), in: BiTod 74 (1974) 113–119.
Kodell, J., The Theology of Luke in Recent Study, in: BTB (1971) 115–144, übers.: La théologie de Luc et la recherche récente, in: BTB(F) 1 (1971) 119–149.
Kümmel, W. G., Das Urchristentum, in: ThR 14 (1942) 81–95.155–173; 17 (1948/49) 3–50.103–142; 18 (1950) 1–53; 22 (1954) 138–170.191–211; 48 (1983) 101–128; 50 (1985) 327–363; 51 (1986) 239–268.
–, Zwei Gesamtdarstellungen des Urchristentums, in: ThR 52 (1987) 401–409 (in Forts. v. ThR 48 [1983]ff).
Langevin, P.-É., Bibliographie biblique etc. I (1930–1970), ausgewertet 70 kath. Zeitschriften und 286 kath. selbständige Veröffentlichungen (Québec 1972) zu Lk: 308–336, zu Apg: 372–386; II (1930–1975), ausgewertet 70 kath. (1971–1975) und 50 weitere, auch nichtkath. Zeitschriften (1930–1975) sowie 526 weitere selbständige Veröffentlichungen (Québec 1976), zu Lk: 692–730, zu Apg: 781–805; III (1930–1983), ausgewertet weitere 43 Zeitschriften seit 1930 und 450 Sammelbände; Ergänzungen zu Bd. I und II v. 1976–1983 (Paris 1985), zu Lk: 881–925, zu Apg: 968–991.
Lindemann, A., Literaturbericht zu den synoptischen Evangelien: 1978–1983, in: ThR 49 (1984) 223–276.311–371, bes. Das Lukasevangelium: 346–369 (Forts. v. H. Conzelmann, in: ThR 37 [1972] und 43 [1978]; s. o.).
Marshall, I. H., Recent Study of the Gospel According to St. Luke, in: ET 80 (1968/69) 4–8 (1953–1967).
Mattill, A. J. Jr., Luke as a Historian in Criticism since 1840 (Diss. Vanderbilt University 1959).
Menoud, Ph. H., Jésus-Christ et la foi. Recherches néotestamentaires (Neuchâtel – Paris 1975), darin: L'Évangile selon Luc – Les Actes des Apôtres, 49–149.
Metzger, B. M., Index to Periodical Literature on Christ and the Gospels (NTTS 6) (Leiden 1966).
Müller, P.-G., Conzelmann und die Folgen. Zwanzig Jahre redaktionsgeschichtliche Forschung am Lukas-Evangelium, in: BiKi 28 (1973) 138–142.
Navone, R. P. Bibliographia Lucana (ad usum privatum, Offsetdr.) (Rom 1969).
Radl, W., Das Lukas-Evangelium (s. u. C 2b): S. XIIIf (Bibliographien und Forschungsberichte); S. XIVf (Kommentare zum EvLk); S. XV–XVIII (umfassendere Darstellungen und Sammelzwecke); S. 7–15 (zum Lk-Text); S. 16f (Sprache und Stil); S. 21–55 (diverse Einleitungsfragen).
Rasco, E., La Teologia de Lucas: Origen desarrollo, orientaciones (AnGr 201) (Rom 1976).
–, Estudios lucanos, in: Bib. 63 (1983) 266–280.
Rese, M., Zur Lukas-Diskussion seit 1950, in: WuD 9 (1967) 62–67.
–, Neuere Lukas-Arbeiten. Bemerkungen zur gegenwärtigen Forschungslage, in: ThLZ 106 (1981) 225–237.
–, Das Lukasevangelium. Ein Forschungsbericht, in: ANRW II, 25/3 (1985) 2258–2328; 2275–2280.2284–2288: Die Frage nach den Quellen des Lukas-Evangeliums.
Richard, E., Luke – Writer, Theologian, Historian: Research and Orientation of the 1970's, in: BTB 13 (1983) 3–15 (Lit. 12–15).
Schneider, G., Neuere Literatur zum dritten Evangelium (1987–1989), in: ThRv 86 (1990) 354–459.

–, Literatur zum lukanischen Doppelwerk, in: ThRv 88 (1992) 1–18.
Segbroeck, F. Van, The Gospel of Luke. A Cumulative Bibliography 1973–1988 (EThL.B 88) (Leuven 1989) (= Van Segbroeck, Lk-Bibliography).
Snoy, T., Bibliographie d'études récentes zur l'Évangile de Luc, in: BVC 98 (1971) 90–94.
Talbert, C. H., Shifting Sands: The Recent Study of the Gospel of Luke, in: Interp. 30 (1976) 381–395.
–, Luke – Acts, in: E. J. Egp – G. W. MacRae (Ed.), The New Testament and Its Modern Interpreters (SBL.SP) (Philadelphia 1989) 297–320.
Wagner, G., An Exegetical Bibliography of the New Testament. Bibliography of the NT I–IIff (III–V in Vorb.) (Macon/GA). I. Matthew and Mark (1983); II. Luke (3–327) and Acts (331–550) (1985) (= Wagner, EBNT II).
Wellhagen, J., Anden och Riket. Lukas religiösa åskådning med särskild hämsyn till eskatologien (Lit.) (Uppsala 1941).
Wiefel, W., Die exegetische Arbeit am Lukasevangelium von der Mitte der fünfziger bis zum Beginn der achtziger Jahre, in: WIEFEL, 22–37.
Williams, C. S., Commentaries and Books on St. Luke's Gospel, in: Theol. 62 (1959) 408–414.
–, Luke-Acts in Recent Study, in: ET 73 (1961/62) 133–136.

2a) Der lukanische Text

Aland, K. (Hg.), Die alten Übersetzungen des Neuen Testaments, die Kirchenväterzitate und Lektionare (ANTT 5) (Berlin–New York 1972).
Amphoux, C. B., Les premières éditions de Luc. II. L'histoire du texte au IIe siècle, in: EThL 68 (1992) 38–68.
Association G. Budé (Éd.), Les Évangiles. Évangile selon Luc. Présentation du texte grec. traduction et notes par Sœur Jeanne d'Arc (Nouvelle collection de textes et documents) (Paris 1986).
Bailey, R. G., A Study of the Lukan Text of Manuscript 2533 of the Gospels, in: NTS 23 (1977) 212–230.
Birdsall, J. N., A Fresh Examination of the Fragments of the Gospel of St. Luke in ms. 0171 and an Attempted Reconstruction with Special Reference to the recto, in: R. Gryson (Ed.), Philologia Sacra (VL 24) (FS J. Frede und W. Thiele) I–II (Freiburg i. Br. 1993).
Boismard, M.-É. – Lamouille, A., Le texte Occidentale des Actes des Apôtres, Reconstitution et réhabilitation, I: Introduction et textes: II: Apparat critique, index des caractéristiques stilistiques, index des citations patristiques (Paris 1984).
Duplacy, J., P^{75} *(Pap. Bodmer XIV–XV)* et les formes les plus anciennes du texte de Luc, in: Ders., Études de critique textuelle du Nouveau Testament (EThL.B 78) (Leuven 1987) 150–168.
Elliott, J. K., The International Project to establish a critical apparatus for Luke's Gospel, in: NTS 29 (1983) 531–538.
Fischer, B., Die lateinischen Evangelien bis zum 10. Jahrhundert, III: Varianten zu Lukas (VL.AGLB 17) (Freiburg i. Br. 1990).
–, Auswertung und Untersuchung des in den Bänden 13, 15, 17, 18 vorgelegten Materials zur Überlieferung der lateinischen Evangelien (VL.AGLB) (Freiburg i. Br. [in Vorb.]).
Fitzmyer, J. A., Papyrus Bodmer XIV: Some Features of Our Oldest Text of Luke, in: CBQ 24 (1962) 170–179.
Higgins, A. J. B., The Arabic Diatessaron in the New Oxford Edition of the Gospel According to St Luke in Greek, in: JThS 37 (1986) 415–418.
Mackenzie, R. S., The Western Text of Acts: Some Lucanisms in Selected Sermons, in: JBL 104 (1985) 637–650.
Martini, C. M., Il problema della recensionalistà de Codice B alla luce del papiro Bodmer XIV (AnBib 26) (Roma 1966).
Metzger, B. M., The Bodmer Papyrus of Luke and Acts, in: ET 73 (1961–1962) 201–203.

Papyrus Bodmer XIV, Évangile de Luc, chap. 3–24. Publié par V. Martin et R. Kasser (P75) (Köln – Genf 1961).
Richards, W. L., An Examination of the Claremont Profile Method in the Gospel of Luke, in: NTS 27 (1981) 52–63.
Schmitz, F.-J. – Mink, G., Liste der Koptischen Handschriften des Neuen Testaments, I: Die sahidischen Handschriften der Evangelien, 1. Teil (ANTT 8) (Berlin – New York 1986); 2. Teil, 1. Halbband (ANTT 13) (ebd. 1989); 2. Halbband (ANTT 15) (ebd. 1991).
Turner, C. H., Notes on the Old Latin version of the Bible, in: JThS 2 (1901) 600–610, bes. 3. A Secondary Feature in St. Cyprian's Text of Luc XII 47: 606f. (paruerit).
Wheeler, F., Textual Criticism and the Synoptic Problem: A Textual Commentary on the Minor Agreements of Matthew and Luke against Mark (Diss. Baylor University) (1985).
Wisse, F., The Profile method for the classification and evaluation of manuscript evidence as applied to the Continuous Greek Text of the Gospel of Luke (StD 44) (Grand Rapids 1982).

2b) Lukanische Einleitungsfragen und Theologie

Spezialliteratur zu Texten wie zu theologischen oder einleitenden Einzelfragen werden bei den jeweiligen Textstellen und Ausführungen notiert. Hier können nur für das Verständnis des Evangeliums grundlegendere monographische Zusammenfassungen bzw. häufiger abgekürzt zitierte Arbeiten genannt werden – zusätzlich zu LK I¹ (C 2a) XXII–XXVII.XXVIII. – Vgl. auch die bibliographischen Nachweise und Literaturberichte o. (unter C 1) und Texte (unter C 2a), dazu auch G. Schneider, Die Apostelgeschichte (HThK V), I, 16–48, und II, 12–15. (Wichtige – bes. dort nicht verzeichnete – Lit. speziell zur Apg ist hier vereinzelt mit genannt.)

Arai, S., Individual- und Gemeindeethik bei Lukas, in: AJBI 9 (1983) 88–127.
Bachmann, M., Jerusalem und der Tempel. Die geographisch-theologischen Elemente in der lukanischen Sicht des jüdischen Kultzentrums (BWANT 109) (Stuttgart 1980).
Baer, H. v., Der Heilige Geist in den Lukasschriften (BWANT 39, 3. Ser. 3) (Stuttgart 1926) (vgl. Braumann, Lukas-Evangelium [s. u.] 1–6).
Bailey, J. A., The Traditions common to the Gospels of Luke and John (NT.S 7) (Leiden 1963).
Bailey, K. E., Poet and Peassant [1976] and Through Peasant Eyes [1980]. A Literary-Cultural Approach to the Parables of Luke. Combined Edition. Two Volumes in one (Grand Rapids/MI. 1983).
Bammel, E. – Moule, C. F. D. (Ed.), Jesus and the Politics of His Day ([Cambridge 1984] = Cambridge Paperback Library, Cambridge 1985).
Bauernfeind, O., Vorfragen zur Theologie des Lukas, in: Ders., Kommentar und Studien zur Apostelgeschichte (hg. v. V. Metelmann) (WUNT 22) (Tübingen 1980) 383–422.
Behnisch, M., Die Radikalkritik des Lukasevangeliums am Hochstehenden (Diss. theol. masch.) (Rostock 1975).
Bernadicou, P. J., Joy in the Gospel of Luke (Rom 1970).
Bock, D. L., Proclamation from Prophecy and Pattern. Lucan Old Testament Christology (JSNT.S 12) (Sheffield 1985), zu Lk 1–2: 55–90; Lk 3–24: 91–154.
Böcher, O., Lukas und Johannes der Täufer, in: SNTU(A) 4 (1979) 27–44.
Boor, W. de, Die Apostelgeschichte, erklärt (Wuppertal 1979).
Bouwman, G., Das dritte Evangelium. Einübung in die formgeschichtliche Methode (ppb) (Düsseldorf 1968).
Bovon, F., Israel, die Kirche und die Völker im lukanischen Doppelwerk, in: ThLZ 108 (1983) 403–414.
–, Lukas in neuer Sicht. Gesammelte Aufsätze (BThSt 8) (Neukirchen-Vluyn 1985).
–, L'Œuvre de Luc (LeDiv 130) (Paris 1987).

Texte und Literatur

Braumann, G. (Hg.), Das Lukas-Evangelium. Die redaktions- und kompositionsgeschichtliche Forschung (WdP 280) (Darmstadt 1974).
Brawley, R. L., Luke Acts and the Jews. Conflict, Apology, and Conciliation (SBL.MS 33) (Atlanta 1987).
Brodie, Th. L., Luke the Literary Interpreter. Luke-Acts as a Systematic Rewriting and Updating of the Elijah at Elisha Narrative in 1 and 2 Kings (Diss. Pontificia Studiorum Universitas A. S. Thoma AQ. in Urbe) (Rom 1987).
–, Luke 9: 57–62. A systematic Adaptation of the Divine Challenge to Elijah (1 Kings 19), in: SBLSP 28 (1989) 237–245.
Brown, S., Apostasy and Perseverance in the Theology of Luke (AnBib 36) (Rom 1969).
Büchele, A., Der Tod Jesu im Lukasevangelium. Eine redaktionsgeschichtliche Untersuchung zu Lk 23 (FTS 26) (Frankfurt/M. 1978).
Busse, U., Die Wunder des Propheten Jesus. Die Rezeption, Komposition und Interpretation der Wundertradition im Evangelium des Lukas (FzB 24) (Stuttgart ²1979).
Bußmann, Cl. – W. Radl (Hg.), Der Treue Gottes trauen. Beiträge zum Werk des Lukas (FS G. Schneider) (Freiburg/Br. 1991).
Cadbury, H. J., The Style and Literary Method of Luke I–II (HThS 6) ([Cambridge/MA 1920] Nachdr. New York 1969).
–, The Making of Luke-Acts ([New York 1927] Nachdr. London 1961).
Cassidy, R. J. – Scharper, Ph. J. (Ed.), Political Issues in Luke-Acts (Orbis Books) (Maryknoll/NY 1983).
Chance, J. B., Jerusalem, the Temple, and the New Age in Luke-Acts (Macon/Ga. 1988).
Collison, F. J., Linguistic Usages in the Gospel of Luke (University Microfilms International) (Ann Arbor/MI und London 1977).
Conzelmann, H., Zur Lukasanalyse (1952), Nachdr. in: Braumann (Hg.), Lukas-Evangelium (s. o.) 49–63.
–, Die Mitte der Zeit. Studien zur Theologie des Lukas (BHTh 17) (Tübingen [1954] ⁷1992).
–, Die Apostelgeschichte (HNT 7) (Tübingen [1963] ⁷1977).
–, Geschichte, Geschichtsbild und Geschichtsdarstellung bei Lukas, in: ThLZ 85 (1960) 241–250.
–, Luke's Place in the Development of Early Christianity (1966), in: Keck-Martyn (Ed.) Studies (s. u.) 298–316; dt.: Der geschichtliche Ort der lukanischen Schriften im Urchristentum, in: Braumann (Hg.), Lukas-Evangelium (s. o.) 236–260.
Dahl, N. A., The Purpose of Luke-Acts, in: Ders., Jesus in the Memory of the Early Church (Minneapolis 1976) 87–98.
Dauer, A., Johannes und Lukas. Untersuchungen zu den johanneisch-lukanischen Parallelperikopen Joh 4,46–54 / Lk 7,1–10 – Joh 12,1–8 / Lk 7,36–50; 10,38–42 – Joh 20,19–29 / Lk 24,36–49 (FzB 50) (Würzburg 1984).
–, Beobachtungen zur literarischen Arbeitstechnik des Lukas (BBB 79) (Frankfurt/M. 1990).
Dawsey, J. M., The Literary Unity of Luke-Acts: Questions of Style – a Task for Literary Critics, in: NTS 35 (1989) 48–66.
Delebecque, É., Études grecques sur l'Évangile de Luc (CEA) (Paris 1976).
Delorme, J. – Duplacy, J. (Éd.), La Parole de grâce. Études lucaniennes (FS A. George) (RSR 69) (Paris 1981), darin: Bibliographie sélective du Père A. George, 23–30 (vollständiger: R. Etaix, Bibliographie A. George, in: BFCL 51 [April 1978] 31–49).
Dibelius, M., Aufsätze zur Apostelgeschichte, hg. v. H. Greeven (FRLANT 60) (Göttingen [1951] ⁵1968).
Dietrich, W., Das Petrusbild der lukanischen Schriften (BWANT 94) (Stuttgart – Berlin – Köln – Mayence 1972).
Dillon, R. J., From Eye-Witnesses to Ministers of the Word. Tradition and Composition in Luke 24 (AnBib 82) (Rom 1978).
Dömer, M., Das Heil Gottes. Studien zur Theologie des lukanischen Doppelwerkes (BBB 51) (Köln und Bonn 1978).

Drury, J., Tradition and Design in Luke's Gospel. A Study in Early Christian Historiography (London 1976).
Dupont, J., Les Béatitudes (ÉtB) Paris, I ²1969; II ²1969; III 1973).
Durken, D. (Ed.), Sin, Salvation And the Spirit (Collegeville/MN 1979).
Edwards, R. A., The Redaction of Luke, in: JR 49 (1969) 392–405.
–, A Concordance to Q (SBibSt 7) (Missoula/MT 1975).
–, A Theology of Q. Eschatology, Prophecy, and Wisdom (Philadelphia 1976).
Ellis, E. E., Eschatology in Luke (Philadelphia 1972).
Enslin, M. S., Luke and Matthew, Compilers or Authors, in: ANRW II, 25/3, 2357–2388.
Ernst J., Herr der Geschichte. Perspektiven der lukanischen Eschatologie (SBS 88) (Stuttgart 1978).
–, Lukas. Ein theologisches Portrait (Düsseldorf 1985).
Esler, Ph. F., Community and Gospel in Luke-Acts: The Social and Political Motivations of Lukan Theology (MSSNTS 57) (Cambridge 1989).
Ettmayer, L., Kirche als Sammlung Israels?, in: ZKTh 100 (1978) 127–139.
Fearghail, F. O., The Introduction of Luke-Acts: A Study of the Role of Lk 1,1 – 4,44 in the Composition of Luke's Two-Volume Work (AnBib 126) (Rom 1991).
Feldkämper, L., Der betende Jesus als Heilsmittler nach Lukas (St. Augustin I 1978).
Fitzmyer, J. A., Luke the Theologian. Aspects of his Teaching (New York 1989).
Flender, H., Heil und Geschichte in der Theologie des Lukas (BEvTh 41) (München [1965] ²1968).
–, Die Kirche in den Lukas-Schriften als Frage an ihre heutige Gestalt, in: Braumann (Hg.), Lukas-Evangelium (s. o.) 261–286.
Foakes-Jackson, J. F. – Lake, K., The Beginnings of Christianity I–V ([London 1920–1933] Grand Rapids/MI 1979), bes. I, 204–264; V, 489–495 (= BCh).
Foi et Vie. Cahiers bibliques 70, Nr. 5 (1971) (= FV).
Ford, J. M., My Enemy is my Guest. Jesus and Violence in Luke (Maryknoll/NY 1984).
Franklin, E., Christ the Lord. A Study in the Purpose and Theology of Luke-Acts (London 1975).
Frizzi, G., La soteriologia nell'opera Lucana, in: RivBib 23 (1975) 113–145.
Fuchs, A., Sprachliche Untersuchungen zu Matthäus und Lukas. Ein Beitrag zur Quellenkritik (AnBib 49) (Rom 1971).
–, Die Überschneidungen von Mk und „Q" nach B. H. Streeter und E. P. Sanders und ihre wahre Bedeutung (Mk 1,1–8 par.), in: Haubeck – Bachmann, Wort in der Zeit (s. u.) 28–81.
Gärtner, B., Der historische Jesus und der Christus des Glaubens. Eine Reflexion über die Bultmann-Schule und Lukas, in: SNTU(A) 2 (Linz 1976) 9–18.
George, A., Luc (saint), in: DSp IX (1976) 1103–1121.
–, L'Esprit Saint dans l'œuvre de Luc, in: RB 85 (1978) 500–542.
–, Études sur l'œuvre de Luc (SBi) (Paris 1978).
–, Festschrift, s. J. Delorme u. a. (Éd.).
Giblin, Ch. H., The Destruction of Jerusalem According to Luke's Gospel. A Historical-Typological Moral (AnBib 107) (Rom 1985).
Glen, J. St., The Parables of Conflict in Luke (Philadelphia o.J.).
Glöckner, R., Die Verkündigung des Heils beim Evangelisten Lukas (WSAMA.T 9) (Mainz 1976).
Gräßer, E., Die Apostelgeschichte in der Forschung der Gegenwart, in: ThR 26 (1960) 93–167.
–, Acta-Forschung seit 1960, in: ThR 41 (1976) 141–194.259–290; ThR 42 (1977) 1–68.
Gryglewicz, F. (Ed.), Studia z teologii Św. Łukasza (Poznań – Warszawa – Lublin 1973).
Gueuret, A., La mise en discours. Recherches sémiotiques à propos de l'Évangile de Luc (Paris 1987[?]).
Haenchen, E., Historie und Verkündigung bei Markus und Lukas (1963), in: Ders., Die Bibel und wir* 156–181; Nachdr. in: Braumann, Lukas-Evangelium (s.o.) 287–316.

Haubeck, W. – Bachmann, M. (Hg.), Wort in der Zeit. Neutestamentliche Studien (FS K. H. Rengstorf) (Leiden 1980).

Heininger, B., Metaphorik, Erzählstruktur und szenisch-dramatische Gestaltung in den Sondergutgleichnissen bei Lukas (NTA.NF 24) (Münster 1991).

Hemer, C. J., Luke the Historian, in: BJRL 60 (1977) 28–51.

Horn, F. W., Glaube und Handeln in der Theologie des Lukas (GTA 26) (Göttingen 1983).

Hubbard, B. J., Commissioning Stories in Luke-Acts. A Study of Their Antecedents, Form and Content, in: Semeia 7/8 (1977) 103–126.

Iersel, B. van, u. a. (Ed.), Parabelverhalen in Lucas. Van semeotiek naar pragmatiek (TFT-Studies 8) (Tilburg 1987).

Interpretation 30 (1976) 339–395 (Lukasbeiträge v. F. Danker, A. J. Huldgren, R. Martin, Ch. H. Talbert).

Jeremias, Joach., Die Sprache des Lukasevangeliums. Redaktion und Tradition im Nicht-Markusstoff des dritten Evangeliums (KEK, Sonderbd.) (Göttingen 1980).

Jervell, J., The Unknown Paul. Essays on Luke-Acts and Early Christian History (Minneapolis/MN 1984).

–, Luke and the People of God. A New Look at Luke-Acts (Minneapolis/MN 1972).

Karimattam, M., Jesus the Prophet (Diss. PIB Rom 1979).

Käsemann, E., Paulus und der Frühkatholizismus (1963), in: Ders., ExVuB II, 239–252.

Kaestli, J.-D., L'eschatologie dans l'œuvre de Luc, ses caractéristiques et sa place dans le développement du christianisme primitif (NSTh 22) (Genf 1969).

Keck, L. E. – Martyn, J. L. (Ed.), Studies in Luke-Acts ([Nashville – New York 1966] Philadelphia ²1980).

Kingsbury, J. D., Conflict in Luke. Jesus, Authorities, Disciples (Minneapolis/MN 1991).

Kirchschläger, W., Jesu exorzistisches Wirken aus der Sicht des Lukas. Ein Beitrag zur lukanischen Redaktion (ÖSB) (Klosterneuburg 1981).

Klauck, H.-J., Die heilige Stadt. Jerusalem bei Philo und Lukas, in: Kairos 28 (1986) 129–151.

Klein, G., Der Synkretismus als theologisches Problem in der ältesten Apologetik (1967), in: Ders., Rekonstruktion und Interpretation (München 1969) 262–300.

Klein, H., Barmherzigkeit gegenüber den Elenden und Geächteten. Studien zur Botschaft des lukanischen Sonderguts (BThSt 10) (Neukirchen-Vluyn 1987).

Klinghardt, M., Gesetz und Volk Gottes. Das lukanische Verständnis des Gesetzes nach Herkunft, Funktion und seinem Ort in der Geschichte des Urchristentums (WUNT 32) (Tübingen 1988).

Kränkl, E., Jesus, der Knecht Gottes. Die heilsgeschichtliche Stellung Jesu in den Reden der Apostelgeschichte (BU 8) (Regensburg 1972).

Kremer, J. (Éd.), Les Actes des apôtres. Traditions, rédaction, théologie (EThL.B 48) (Gembloux und Leuven 1979).

Kümmel, W. G., Lukas in der Anklage der heutigen Theologie (franz. 1970), in: ZNW 63 (1972) 149–165.

Kurz, W. S., Hellenistic Rhetoric in the Christological Proof of Luke-Acts, in: CBQ 42 (1980) 171–195.

Lohfink, G., Die Himmelfahrt Jesu. Untersuchungen zu den Himmelfahrts- und Erhöhungstexten bei Lukas (StANT 26) (München 1971).

–, Die Sammlung Israels. Eine Untersuchung zur lukanischen Ekklesiologie (StANT 39) (München 1975).

Lohse, E., Die Bedeutung des Pfingstberichtes im Rahmen des lukanischen Geschichtswerkes (1953/54), in: Ders., Einheit (s. u. D) 178–192.

–, Lukas als Theologe der Heilsgeschichte (1954), in: Ders., Einheit (s. u.) 145–164; Nachdr. in: Braumann, Lukas-Evangelium (s. o.) 64–90.

–, Missionarisches Handeln Jesu nach dem Evangelium des Lukas (1954), in: Ders., Einheit (s. u. D) 165–177.

Luck, U., Kerygma, Tradition und Geschichte Jesu bei Lukas (1960); Nachdr. in: Braumann, Lukas-Evangelium (s. o.) 95–144.
Luomanen, P. (Ed.), Luke-Acts. Scandinavian Perspectives (Publications of the Finnish Exegetical Society 54) (Helsinki und Göttingen 1991).
Marshall, I. H., Luke. Historian and Theologian (Exeter [1970] ²1979).
März, C.-P., Das Wort Gottes bei Lukas. Die lukanische Worttheologie als Frage an die neuere Lukasforschung (EThS 11) (Leipzig 1974).
Mattill, A. J. Jr., Luke and the Last Things. A perspektive for the understanding of Lukan thought (Dillsboro/NC 1979).
Mees, M., Sinn und Bedeutung literarischer Formen für die Textgestalt des Codex Bezae in Lukas 10–11, in: VetChr 7 (1970) 59–82.
Miller, R. J., Elijah, John, and Jesus in the Gospel of Luke, in: NTS 34 (1988) 611–622.
Morton, A. Q. – MacGregor, G. H. C., The Structure of Luke and Acts (New York und Evanston 1964).
Muhlack, G., Die Parallelen von Lukas-Evangelium und Apostelgeschichte (TW 8) (Frankfurt/M. – Bern – Las Vegas 1979).
Murphy, R. T. A., Gospel According to St. Luke, in: NCE 8 (1967) 1067–1073.
Navone, J., Themes of St. Luke (Rom 1970).
Nebe, G., Prophetische Züge im Bilde Jesu bei Lukas (BWANT VII/7) (Stuttgart 1989).
Neirynck, F. (Éd.), L'évangile de Luc. The Gospel of Luke (EThL.B 32) ([Gembloux 1973] Leuven ²1989).
Neirynck, F. – Segbroeck, F. van, Le texte des Actes des Apôtres et les caractéristiques stylistiques lucaniennes, in: EThL 61 (1985) 304–339 (vgl. Boismard-Lamouille, Le texte.
Nellessen, E., Zeugnis für Jesus und das Wort. Exegetische Untersuchungen zum lukanischen Zeugnisbegriff (BBB 43) (Köln 1976).
Negrey, J. H. (Ed.), The Social World of Luke-Acts. Models for Interpretation (Peabody/MA 1991).
Nützel, J. M., Jesus als Offenbarer Gottes nach den lukanischen Schriften (FzB 39) (Würzburg 1980).
O'Neill, J. C., The Six Amen Sayings in Luke, in: JThS 10 (1959) 1–9.
O'Toole, R. F., The Unity of Luke's Theology. An Analysis of Luke-Acts (Good News Studies 9) (Wilmington 1984).
Pesch, R., Die Apostelgeschichte I (Apg 1–12); II (Apg 13–28) (EKK V, 1–2) (Zürich und Neukirchen-Vluyn 1986).
Petzke, G., Das Sondergut des Evangeliums nach Lukas (Zürcher Werkkommentare zur Bibel) (Zürich 1990).
Pittner, B., Studien zum lukanischen Sondergut. Sprachliche, theologische und formkritische Untersuchungen zu Sonderguttexten in Lk 5–19 (EThSt 18) (Leipzig 1991).
Powell, M. A., What Are They Saying About Luke? (Mahwah/NY 1990).
Prast, F., Presbyter und Evangelium in nachapostolischer Zeit. Die Abschiedsrede des Paulus in Milet (Apg 20, 17–38) im Rahmen der lukanischen Konzeption der Evangeliumsverkündigung (FzB 29) (Stuttgart 1979), zu Lk 12,35–48 vgl. bes. 233–248. 260–262 und Stellenreg.
Prete, B., Storia etiologia nel Vangelo di Luca (Agnitio mysterii) (Bologna 1973).
–, L'opera di Luca. Contenuti e Prospettive (Turin 1986).
Radl, W., Paulus und Jesus im lukanischen Doppelwerk. Untersuchungen zu Parallelmotiven im Lukasevangelium und in der Apostelgeschichte (EHS.T 49) (Bern und Frankfurt/M. 1975).
–, Das Lukas-Evangelium (EdF 261) (Darmstadt 1988).
Ramsay, W. M., Luke the Physician and Other Studies in the History of Religion (Grand Rapids/MI 1979), darin: Ders. Luke the Physician (1908) 1–68.
Rasco, E., La Teología de Lucas: Origen, desarrollo, orientaciones (AnGr 201) (Rom 1976).
Rehkopf, F., Die lukanische Sonderquelle. Ihr Umfang und Sprachgebrauch (WUNT 5) (Tübingen 1959).

Rese, M., "Die Juden" im lukanischen Doppelwerk, in: Cl. Bußmann – W. Radl (Hg.), Der Treue Gottes trauen 61–79.
Richard, E. (Ed.), New Views on Luke and Acts (Collegeville/MN 1990).
Rigaux, B., Témoignage de l'évangile de Luc (Pour une histoire de Jésus IV) (Paris – Brüssel 1970).
Robbins, V. K., Laudation Stories in the Gospel of Luke and Plutarch's *Alexander*, in: SBLSP Cambridge, Annual Meeting 117 (1981) 293–308.
Rollero, P., "Expositio evangelii secundum Lucam" di Ambrogio come fonte della esegesi agostiniana (Turin 1958).
Sanders, J. T., The Jews in Luke-Acts (London – Philadelphia 1987).
Salo, K., Luke's Treatment of Law. A Redaction-Critical Investigation (AASF. Diss. Hum.Lit. 57) (Helsinki 1991).
Schenk, W., Glaube im lukanischen Doppelwerk, in: F. Hahn – H. Klein (Hg.), Glaube 69–92.
–, Luke as Reader of Paul. Observations on his Reception, in: S. Draisma (Ed.), Intertextuality 127–139.
Schenke, H.-M. – Fischer, K. M., Einleitung in die Schriften des Neuen Testamentes II (Gütersloh 1979), zu Lk/Apg: 124–167.
Schille, G., Die Apostelgeschichte des Lukas (ThHk 5) (Berlin 1983).
Schmithals, W., Die Apostelgeschichte des Lukas (ZBNT 3,2) (Zürich 1982).
–, Evangelien, Synoptische, in: TRE X (1982) 570–626, darin: Die Spruchsammlung – Q: 597–599; Die Spruchsammlung (Q): 620–623.
Schneider, G., Verleugnung, Verspottung und Verhör Jesu nach Lukas 22,54–71. Studien zur lukanischen Darstellung der Passion (StANT 22) (München 1969).
–, Parusiegleichnisse im Lukasevangelium (SBS 74) (Stuttgart 1975).
–, Der Zweck des lukanischen Doppelwerks, in: BZ 21 (1977) 45–66.
–, Die Apostelgeschichte I/II (HThK V/1–2) (Freiburg/Br. 1980/1982).
–, Jesu überraschende Antworten. Beobachtungen zu den Apophthegmen des dritten Evangeliums (1983), in: Ders., Lukas, Theologe 130–145.
–, Lukas, Theologe der Heilsgeschichte. Aufsätze zum lukanischen Doppelwerk (BBB 59) (Königstein/Ts – Bonn 1985).
–, Festschrift, s. Cl. Bußmann – W. Radl (Hg.).
Scholz, G., Gleichnisaussage und Existenzstruktur. Das Gleichnis in der neueren Hermeneutik unter besonderer Berücksichtigung der christlichen Existenzstruktur in den Gleichnissen des lukanischen Sonderguts (EHS.T 214) (Frankfurt/M. 1983).
Schramm, T., Der Markus-Stoff bei Lukas. Eine literarische und redaktionsgeschichtliche Untersuchung (MSSNTS 14) (Cambridge 1971).
Schreckenberg, H., Flavius Josephus und die lukanischen Schriften, in: Haubeck–Bachmann, Wort in der Zeit (s. o.) 179–209.
Schreiner, J. – Dautzenberg, G. (Hg.), Gestalt und Anspruch des Neuen Testaments (Würzburg 1969), darin: K. Löning, Lukas – Theologe der von Gott geführten Heilsgeschichte (Lk/Apg) 200–228.
Schulz, S., Gottes Vorsehung bei Lukas, in: ZNW 54 (1963) 104–116.
Schütz, F., Der leidende Christus. Die angefochtene Gemeinde und das Christuskerygma der lukanischen Schriften (BWANT 89) (Stuttgart 1969).
Schweizer, E., Plädoyer der Verteidigung in Sachen: Moderne Theologie versus Lukas, in: ThLZ 105 (1980) 241–252.
–, Zur lukanischen Christologie, in: E. Jüngel u. a. (Hg.), Verifikationen (FS G. Ebeling) (Tübingen 1982) 43–65.
–, Zur Frage der Quellenbenutzung durch Lukas, in: Ders., Neues Testament und Christologie im Werden. Aufsätze (Göttingen 1982) 33–85 (I. Sprachliche und sachliche Beobachtungen: 33–51; II. Analyse lukanischer Perikopen: 51–85).
–, Luke. A Challenge to Present Theology (Atlanta/GA 1982).
Seccombe, D. P., Possessions and the Poor in Luke-Acts (SNTU[B] 6) (Linz 1982).
Soards, M. L., The Passion According to Luke. The Special Material of Luke 22 (JSNT.S 14) (Sheffield 1987).

Stagg, F., Textual Criticism for Luke-Acts, in: PRSt 5 (1978) 152–165.
Stalder, K., Die Heilsbedeutung des Todes Jesu in den lukanischen Schriften, in: IKaZ 52 (1962) 222–242.
Stegemann, W., Zwischen Synagoge und Obrigkeit. Zur historischen Situation der lukanischen Christen (FRLANT 152) (Göttingen 1991).
Sweetland, D. M., Our Journey with Jesus. Discipleship according to Luke-Acts (Good News Studies 23) (Collegeville/MN 1990).
Sylva, D. D. (Ed.), Reimaging the Death of the Lukan Jesus (Athenäums Monographien Theologie) (BBB 73) (Frankfurt/M. 1990).
Talbert, Ch., Luke and the Gnostics. An Examination of the Lucan Purpose (Nashville – New York 1966).
–, Literary Patterns, Theological Themes, and the Genre of Luke-Acts (SBLMS 20) (Missoula 1974).
– (Ed.), Perspectives of Luke-Acts (PRSt) (Danville/VA und Edinburgh 1978).
– (Ed.), Luke-Acts (New Perspectives from the Society of Biblical Literature Seminar) (New York 1984).
–, Discipleship in Luke-Acts, in: F. F. Segovia (Ed.), Discipleship in the New Testament (Philadelphia 1985) 62–75.
Thornton, C.-J., Der Zeuge des Zeugen. Lukas als Historiker der Paulusreisen (WUNT 56) (Tübingen 1991).
Tiede, D. L., Prophecy and History in Luke-Acts (Philadelphia 1980).
Tuckett, C. M., On the Relationship between Matthew and Luke, in: NTS 30 (1984) 130–142.
Tyson, J. B., The Jewish Public in Luke-Acts, in: NTS 30 (1984) 574–583.
–, The Death of Jesus in Luke-Acts (Columbia/SC 1986).
– (Ed.), Luke-Acts and the Jewish People. Eight Critical Perspectives (Minneapolis/MN 1988).
Unnik, W. C. van, Luke-Acts, a Storm Center in Contemporary Scholarship (1966), in: Keck-Martyn (Ed.), Studies (s. o.) 15–32.
Untergaßmair, F. G., Kreuzweg und Kreuzigung Jesu. Ein Beitrag zur lukanischen Redaktionsgeschichte und zur Frage nach der lukanischen „Kreuzestheologie" (PaThSt 10) (Paderborn 1980).
Vielhauer, Ph., Zum „Paulinismus" der Apostelgeschichte (1951), in: Ders., Aufsätze* 9–27 (= Keck-Martyn, Studies [s. o.] 33–50).
Villiers, P. de (Ed.), Essays on the Gospel of Luke and Acts (Neotestamentica 7) (Stellenbosch/South Africa 1973).
Walasky, G. W., „And so we came to Rome". The Political Perspective of St. Luke (MSSNTS 49) (Cambridge 1983).
Wenham, D., The Rediscovery of Jesus' Eschatological Discourse (Gospel Perspectives 4) (Sheffield 1984).
Wiater, W., Komposition als Mittel der Interpretation im lukanischen Doppelwerk (Diss. Offsetdr.) (Bonn 1972).
Wilckens, U., Interpreting Luke-Acts in a Period of Existentialist Theology, in: Keck-Martyn (Ed.), Studies (s. o.) 60–83; dt. (überarb.): Lukas und Paulus unter dem Aspekt dialektisch-theologisch beeinflußter Exegese, in: Ders., Rechtfertigung als Freiheit. Paulusstudien (Neukirchen-Vluyn 1974) 171–202.
–, Die Missionsreden der Apostelgeschichte. Form- und traditionsgeschichtliche Untersuchungen (WMANT 5) (Neukirchen [1957] ³1974).
Wilkens, W., Die theologische Struktur der Komposition des Lukasevangeliums, in: ThZ 34 (1978) 1–13.
Wilshiare, L. E., Was Canonical Luke Written in the Second Century? – A Continuing Discussion, in: NTS 20 (1974) 246–254.
Wilson, S. G., The Gentiles and the Gentile Mission in Luke-Acts (MSSNTS 23) (Cambridge 1973).
–, Luke and the Pastoral Epistles (London 1979).
–, Luke and the Law (MSSNTS 50) (Cambridge 1983).

Zettner, Ch., Amt, Gemeinde und kirchliche Einheit in der Apostelgeschichte des Lukas (EHS.T 423) (Frankfurt/M. 1991).
Zingg, P., Das Wachsen der Kirche. Beiträge zur Frage der lukanischen Redaktion und Theologie (OBO 3) (Freiburg/Schw. und Göttingen 1974).

D. Sonstige (abgekürzt zitierte) Werke
(ergänzend zu LK I, 1. Aufl. S. XXXII–XXXVII; 2.–4. Aufl. XXXIV–XXXIX)

Allison, D. C. Jr., The Pauline Epistles and the Synoptic Gospels. The Patterns of the Parallels, in: NTS 29 (1982) 1–32.
Arens, E., The HΛΘON-Sayings in the Synoptic Tradition (OBO 10) (Freiburg/Schw. u. Göttingen 1976).
–, Aufstieg und Niedergang der Römischen Welt, hg. v. W. Haase – H. Temporini, Teil II: Bd. XXV, 1 ff (Berlin 1982 ff) Principat.
Aurelio, T., Disclosures in den Gleichnissen Jesu (Regensburger Studien zur Theologie) (Frankfurt/M. – Bern – Las Vegas 1977).
Backhaus, K., Die „Jüngerkreise" des Täufers Johannes. Eine Studie zu den religionsgeschichtlichen Ursprüngen des Christentums (PaThSt 19) (Paderborn 1991).
Baier, W. u. a. (Hg.), Weisheit Gottes – Weisheit der Welt I–II (FS Joseph Kard. Ratzinger) (St. Ottilien 1987). [ford 1978]
Bammel, E. u. a. (Ed.), Donum Gentilicium. New Testament Studies (FS D. Daube) (Ox-
Banks, R., Jesus and the Law in the Synoptic Tradition (MSSNTS 28) (Cambridge 1975).
Barthélemy, D., Festschrift, s. P. Casetti u. a. (Éd.).
Becker, J., Das Heil Gottes. Heils- und Sündenbegriffe in den Qumrantexten und im Neuen Testament (StUNT 3) (Göttingen 1964).
Benoit, P., Exégèse et Théologie I/II (Paris 1961); III (Paris 1968); IV (Paris 1982) dt.: Exegese und Theologie. Gesammelte Aufsätze (KBANT) (Düsseldorf 1965).
Berger, K., Die Gesetzesauslegung Jesu. Ihr historischer Hintergrund im Judentum und im Alten Testament, I: Markus und Parallelen (WMANT 40) (Neukirchen-Vluyn
–, Formgeschichte des Neuen Testaments (Heidelberg 1984). [1972].
–, Hermeneutik des Neuen Testaments (Gütersloh 1988).
Best, E. – McWilson, R. L. (Ed.), Text and Interpretation (FS M. Black) (Cambridge 1979).
Binder, H., Festschrift, s. F. Hahn – H. Klein (Hg.).
Black, M., An Aramaic Approach to the Gospels and Acts. With an Appendix on The Son of Man: 310–330 (Oxford [1946] ³1967, repr. 1979).
–, Festschrift, s. E. Best – R. L. McWilson (Ed.).
Blank, J., Frauen in den Jesusüberlieferungen, in: Dautzenberg u. a. (Hg.), Die Frau (s. u.) 9–91.
Blinzler, J., Aus der Welt und Umwelt des Neuen Testamentes. Gesammelte Aufsätze 1 (SBB) (Stuttgart 1969).
Boring, E., Sayings of the Risen Jesus: Christian Prophecy in the Synoptic Tradition (MSSNTS 46) (Cambridge 1982).
Bornkamm, G., Geschichte und Glaube I und II. Gesammelte Aufsätze III und IV (BEvTh 48 und 53) (München 1968 und 1971).
–, Paulus (Urban-Taschenbücher 119) (Stuttgart ⁶1987).
–, Festschrift, s. D. Lührmann u. a. (Hg.).
Bornkamm, G. – Barth, G. – Held, H. J., Überlieferung und Auslegung im Matthäus-Evangelium (WMANT 1) (Neukirchen ⁷1975).
Braun, H., Spätjüdisch-häretischer und frühchristlicher Radikalismus. Jesus von Nazareth und die essenische Qumransekte I–II (BHTh 24) (Tübingen 1957).
–, Qumran und das Neue Testament I–II (Tübingen [1966] ²1969); zu Lk bes. I, 77–95; (zu Apg: I, 139–168).
–, Jesus – der Mann aus Nazareth und seine Zeit (ThTh 1) (Stuttgart 1969). Um 12 Kapitel erw. Ausgabe (GTB-Siebenstern 1422) (Gütersloh 1988).

Texte und Literatur

Brown, R. E., u.a. (Ed.), Mary in the New Testament. A Collaborate Assessement by Protestant and Roman Catholic Scholars (Philadelphia – New York – Toronto 1978).
Bultmann, R., Die Geschichte der synoptischen Tradition (Göttingen [1921] ⁹1979); Erg.-Heft von G. Theißen und Ph. Vielhauer (Göttingen [1958] ⁵1979) (abgek.: = Erg.-H. zu Bultmann, Geschichte).
–, Glauben und Verstehen. Gesammelte Aufsätze (Tübingen, I [1954] ⁸1980; II [1952] ⁵1968; III [1960] ³1965; IV [1965] ⁴1984); Register zu I–IV von M. Lattke (ebd. 1984) (= GluV).
–, Theologie des Neuen Testaments (Tübingen 1948–1953; seit ⁶1976 [als UTB 630] hg. v. O. Merk; durchg. und erg. ebd. ⁹1984).
–, Festschrift, s. E. Dinkler (Hg.).
–, Festschrift, s., W. Eltester (Hg.).
Casetti, P., u.a. (Éd.), Mélanges Dominique Barthélemy (OBO 38) (Fribourg 1981).
Christ, F., Jesus Sophia. Die Sophia-Christologie bei den Synoptikern (AThANT 97) (Zürich 1970).
Clemen, C., Religionsgeschichtliche Erklärung des Neuen Testamentes (Gießen [²1924] Nachdr. 1973).
Collectiv (Éd.), A Cause de l'Évangile. Études sur les Synoptiques et les Actes (FS J. Dupont) (LeDiv 123) (Paris 1985).
Conzelmann, H., Theologie als Schriftauslegung. Aufsätze zum Neuen Testament (BEvTh 65) (München 1974).
–, Festschrift, s. G. Strecker (Hg.).
Cullmann, O., Die Christologie des Neuen Testaments (Tübingen ⁵1975).
Daube, D., Festschrift, s. E. Bammel u.a. (Ed.).
Dautzenberg, G., u.a. (Hg.), Die Frau im Urchristentum (QD 95) (Freiburg/Br. 1983).
Davies, W. D., Festschrift, s. R. G. Hamerton-Kelly – R. Scroggs (Ed.).
Deißmann, A., u.a. (Hg.), Neutestamentliche Studien (FS G. Heinrici) (Leipzig 1914).
Delobel, J., Logia. Les paroles de Jésus – The Sayings of Jesus (EThL.B 59) (Leuven 1982).
Denaux, A. (Éd.), John and the Synoptics (EThL.B 101) (Leuven 1992).
Derrett, J. D. M., Law in the New Testament (London 1970).
–, Studies in the New Testament (Leiden), I (1979), II (1978), III (1982), IV (1986).
Descamps, A.-L., u.a. (Éd.), Mélanges bibliques (FS B. Rigaux) (Gembloux 1970).
Devisch, M., De geschiedenis van de Quelle-Hypothese I–III (Diss. theol. masch.) (Leuven 1975).
Dibelius, M., Die Formgeschichte des Evangeliums (hg. v. G. Bornkamm, mit Nachtrag v. G. Iber) (Tübingen ⁶1971).
Dinkler, E. (Hg.), Zeit und Geschichte (FS R. Bultmann) (Tübingen 1969).
Dodd, C. H., The Parables of Kingdom (London [1955] repr. 1969).
Draisma, S. (Ed.), Intertextuality in Biblical Writings (FS B. van Iersel) (Kampen 1989).
Dschulnigg, P., Rabbinische Gleichnisse und das Neue Testament. Die Gleichnisse der Pesk im Vergleich mit den Gleichnissen Jesu und dem Neuen Testament (Judaica et Christiana 12) (Bern 1988).
Dupont, J. (Éd.), Jésus aux origines de la christologie (EThL.B 40) (Leuven und Gembloux 1975).
–, (éd. F. Neirynck), Études sur les Évangiles synoptiques I–II (EThL.B 70 A–B) (Leuven 1985).
–, Festschrift, s. Collectiv (Éd.).
Ellis, E. E. – Gräßer, E., Jesus und Paulus (FS W. G. Kümmel) (Göttingen [1975] ²1978).
Eltester, W. (Hg.), Neutestamentliche Studien für Rudolf Bultmann (FS) (BZNW 21) (Berlin 1954).
Eltester, W. – Kettler, F. H. (Hg.), Apophoreta (FS E. Haenchen) (BZNW 30) (Münster 1964).
Ennulat, A., Die „Minor Agreements". Untersuchungen zu einer offenen Frage des synoptischen Problems (Tübingen 1991).

Epp, E. J. – Fee, G. D. (Ed.), New Testament Textual Criticism (FS B. M. Metzger) (Oxford 1981).
Ernst, J., Anfänge der Christologie (SBS 57) (Stuttgart 1972).
–, Das Evangelium nach Markus (RNT) (Regensburg 1981).
Feld, H. – Nolte, J. (Hg.), Wort Gottes in der Zeit (FS K. H. Schelkle) (Düsseldorf 1973).
Fiedler, P., Jesus und die Sünder (BET 3) (Frankfurt/M. – Bern 1976).
Fiedler, P. – Zeller, D. (Hg.), Gegenwart und kommendes Reich (FS A. Vögtle) (SBB) (Stuttgart 1975).
Finkel, A. – Frizzell, L. (Ed.), Standing before God. Studies on Prayer in Scripture and in Tradition (FS J. M. Oesterreicher) (New York 1981).
Fitzmyer, J. A., Essays on the Semitic Background of the New Testament (London 1971).
Fjärstedt, B., Synoptic Tradition in 1 Corinthians. Themes and Clusters of Theme Words in 1 Corinthians 1–4 and 9 (Uppsala 1974).
Flusser, D., Die rabbinischen Gleichnisse und der Gleichniserzähler Jesus, I. Das Wesen der Gleichnisse (Judaica et Christiana 4) (Bern 1981).
France, J. T. – Wenham, D., Gospel Perspectives. Studies of History and Tradition in the Four Gospels (Sheffield) I (1980); II (1981); III: Studies in Midrasch und Historiography (1983) (= GoP).
Frankemölle, H., Biblische Handlungsanweisungen. Beispiele pragmatischer Exgese (Mainz 1983).
Frankemölle, H. – Kertelge, K. (Hg.). Vom Urchristentum zu Jesus (FS J. Gnilka) (Freiburg/Br. 1989).
Freyne, S., The Twelve: Disciples and Apostles (London 1968).
Friedrich, G., Auf das Wort kommt es an. Gesammelte Aufsätze (hg. v. H. Friedrich) (Göttingen 1978).
Fuchs, E., Gesammelte Aufsätze, I: Zum hermeneutischen Problem in der Theologie. Die existentiale Interpretation (Tübingen [1959] ²1965); II: zur Frage nach dem historischen Jesus (Tübingen [1960] ²1965); III: Glaube und Erfahrung (Tübingen 1965).
Gerhardsson, B., The Gospel Tradition (CB. NT 15) (Lund 1986).
Gnilka, J., Die Verstockung Israels. Isaias 6,9–10 in der Theologie der Synoptiker (StANT 3) (München 1961).
–, Das Evangelium nach Markus, I (Mk 1–8, 26); II (Mk 8, 27 – 16, 20) (EKK II, 1–2) (Zürich und Neukirchen–Vluyn [1978/79] ²1986).
–, Das Matthäusevangelium, I: Kommentar zu Kap. 1,1 – 13,38 (HThK I/1) (Freiburg/Br. 1986).
–, Festschrift, s. H. Frankemölle.
Gräßer, E., Das Problem der Parusieverzögerung in den synoptischen Evangelien und in der Apostelgeschichte (BZNW 22) (Berlin – New York [1957] ³1977).
–, Die Naherwartung Jesu (SBS 61) (Stuttgart 1973).
Greeven, H., Festschrift, s. W. Schrage.
Grimm, W., Weil ich dich liebe. Die Verkündigung Jesu und Deuterojesaja (ANTI 1) (Bern und Frankfurt/M. 1976).
Groh, D. E. – Jewett, R. (Ed.), The Living Text (FS E. Sanders) (New York 1985).
Grundmann, W., Das Evangelium nach Matthäus (ThHK 1) (Berlin [1968] ⁶1986).
Haenchen, E., Der Weg Jesu. Eine Erklärung des Markus-Evangeliums und seiner kanonischen Parallelen (Berlin [1966] ²1968).
–, Festschrift s. W. Eltester (Hg.).
Hahn, F., Christologische Hoheitstitel (FRLANT 83) (Göttingen [1963] ⁴1974).
Hahn, F. – Klein, H. (Hg.), Glaube im Neuen Testament (FS H. Binder) (Neukirchen 1982).
Hamerton-Kelly, R. G., Pre-existence, wisdom, and the Son of Man. A Study of the idea of Pre-existence in the New Testament (MSSNTS 21) (Cambridge 1973); darin bes. Luke-Acts: 83–87.
Hamerton-Kelly, R. G. – Scroggs, R. (Ed.), Jews, Greeks and Christians – Religious Cultures in late Antiquity (FS W. D. Davies) (London 1976).

Hampel, V., Menschensohn und historischer Jesus. Ein Rätselwort als Schlüssel zum messianischen Selbstverständnis Jesu (Neukirchen-Vluyn 1990).
Harnack, A. v., „Ich bin gekommen". Die ausdrücklichen Selbstzeugnisse Jesu über den Zweck seiner Sendung und seines Kommens, in: ZThK 22 (1912) 1-30.
Harnisch, W., Die Gleichniserzählungen Jesu (UTB 1343) (Göttingen ²1990).
Hasler, V., Amen. Redaktionsgeschichtliche Untersuchung zur Einführungsformel der Herrenworte „Wahrlich ich sage euch" (Zürich 1969).
Haubeck, W. - Bachmann, M. (Hg.), Wort in der Zeit. Neutestamentliche Studien (FS K. H. Rengstorf) (Leiden 1980).
Hawkins, J. C., Horae Synopticae. Contributions to the Study of the Synoptic Problem (Oxford [1899] ²1909; Nachdr. 1968); dazu vgl. F. Neirynck, Hawkins' Additional Notes to His „Horae Synopticae", in: EThL 46 (1970) 78-111.
Heinrici, G., Festschrift, s. A. Deißmann u. a. (Hg.).
Hengel, M., Der Sohn Gottes (Tübingen ²1977).
Hengel, M. - Schwemer, A. M. (Hg.), Königsherrschaft Gottes und himmlischer Kult im Judentum, Urchristentum und in der hellenistischen Welt (Tübingen 1991).
Herrenbrück, F., Wer waren die „Zöllner"? in: ZNW 72 (1981) 178-194.
Hiers, R. H., The Kingdom of God in the Synoptic Tradition (Gainesville 1970).
Higgins, A. J. B., New Testament Essays (FS T. W. Manson) (Manchester 1959) (= NT Essays).
Hoffmann, P., Studien zur Theologie der Logienquelle (NTA 8) (Münster [1972] ³1982).
-, u. a. (Hg.), Orientierung an Jesus. Zur Theologie der Synoptiker (FS J. Schmid) (Freiburg/Br. 1973).
Hübner, H., Das Gesetz in der synoptischen Tradition. Studien zur These einer progressiven Qumranisierung und Judaisierung innerhalb der synoptischen Tradition ([Witten 1973] Göttingen ²1986).
Iersel, B. M. van, „Der Sohn" in den synoptischen Jesusworten. Christusbezeichnung der Gemeinde oder Selbstbezeichnung Jesu? (NT.S 3) (Leiden [1961] ²1964).
-, Festschrift, s. S. Draisma (Ed.).
Jeremias, Joach., Die Gleichnisse Jesu (Göttingen [1947] ⁷1965 [¹⁰1984]).
-, Neutestamentliche Theologie, I: Die Verkündigung Jesu (Gütersloh [1971] ⁴1988).
-, Festschrift, s. E. Lohse (Hg.).
Jülicher, A., Die Gleichnisreden Jesu I-II (Tübingen [²1910] letzter Nachdr. 1976).
Jüngel, E., Paulus und Jesus. Eine Untersuchung zur Präzisierung der Frage nach dem Ursprung der Christologie (HUTh 2) (Tübingen [1962] ⁶1986).
Kahlefeld, H., Gleichnisse und Lehrstücke (Sonderausgabe) (Frankfurt/M. 1981).
Käsemann, E., Exegetische Versuche und Besinnungen. Gesammelte Aufsätze (Göttingen [I 1960; II 1960] I/II ⁶1970) (= ExVuB).
-, Sätze heiligen Rechtes im Neuen Testament (1954/55), in: ExVuB II, 69-82.
-, An die Römer (HNT 8 a) (Tübingen ⁴1980).
Kertelge, K., Die Wunder Jesu im Markusevangelium. Eine redaktionsgeschichtliche Untersuchung (StANT 23) (München 1970).
-, Der Tod Jesu. Deutungen im Neuen Testament (QD 74) (Freiburg/Br. [1976] ²1982).
-, u. a. (Hg.), Christus bezeugen (FS W. Trilling) (EThSt 19) (Leipzig 1990).
Kippenberg, H. G., Religion und Klassenbildung im antiken Judäa (StUNT 14) (Göttingen 1978).
Kissinger, W. S., The Parables of Jesus. A History of Interpretation and Bibliography (ATLABS 4) (Metuchen/NJ und London 1979) (Lit.).
Klauck, H.-J., Allegorie und Allegorese in synoptischen Gleichnistexten (NTA 13) (Münster [1978] ² 1986).
Klein, G., Rekonstruktion und Interpretation. Gesammelte Aufsätze zum Neuen Testament (BEvTh 50) (München 1969).
Kloppenborg, J. S., The Formation of Q. Trajectories in Ancient Wisdom Collections (Studies in Antiquity and Christianity) (Philadelphia 1987).
Klostermann, E., Das Matthäusevangelium (HNT 4) (Tübingen [1926] ⁴1973).
Koch, D.-A., u. a. (Hg.), Jesu Rede von Gott und ihre Nachgeschichte im frühen Chri-

stentum. Beiträge zur Verkündigung Jesu und zum Kerygma der Kirche (FS W. Marxsen) (Gütersloh 1989).
Kosch, D., Die eschatologische Tora des Menschensohnes. Untersuchungen zur Rezeption der Stellung Jesu zur Tora in Q (NTOA 12) (Fribourg und Göttingen 1989); dazu vgl. G. Dautzenberg, Tora des Menschensohnes? Kritische Überlegungen zu Daniel Kosch, in: BZ 36 [1992] 93–103.
–, Q und Jesus, in: BZ 36 (1992) 30–58.
Köster, H. – Robinson, J. M., Entwicklungslinien durch die Welt des frühen Christentums (Tübingen 1971).
Kruse, H., Dialektische Negation als semitisches Idiom, in: VT 4 (1954) 385–400.
Köster, H. – Robinson, J. M., Entwicklungslinien durch die Welt des frühen Christentums (Tübingen 1971).
Kuhn, H. W., Enderwartung und gegenwärtiges Heil (StUNT 4) (Göttingen 1966).
–, Ältere Sammlungen im Markusevangelium (StUNT 8) (Göttingen 1971).
Kühschelm, R., Jüngerverfolgung und Geschick Jesu. Eine exegetisch-bibeltheologische Untersuchung der synoptischen Verfolgungsankündigungen Mk 13,9–13 par und Mt 23,29–36 par (ÖBS 5) (Klosterneuburg 1983).
Kümmel, W. G., Festschrift, s. E. E. Ellis u. a. (Hg.).
Kuss, O., Auslegung und Verkündigung I (Regensburg 1963), II (Regensburg 1967).
Laufen, R., Die Doppelüberlieferungen der Logienquelle und des Markusevangeliums (BBB 54) (Bonn 1980).
Lehmann, M., Synoptische Quellenanalyse und die Frage nach dem historischen Jesus (BZNW 38) (Berlin 1970).
Lightfoot, R. H., Festschrift, s. D. E. Nineham (Ed.).
Linnemann, E., Gleichnisse Jesu. Einführung und Auslegung (Göttingen [1961] ^{7}1978).
Lips, H. v., Weisheitliche Traditionen im Neuen Testament (WMANT 64) (Neukirchen-Vluyn 1990).
Lohse, E., Der Ruf Jesu und die Antwort der Gemeinde (FS Joach. Jeremias) (Göttingen 1970).
–, Die Einheit des Neuen Testaments. Exegetische Studien zur Theologie des Neuen Testaments (Göttingen [1973] ^{2}1976).
Lövestam, E., Spiritual Wakefulness in the New Testament (Lunds Universitets Arsskrift, N. F. Avd. I Bd. 55 (Nr. 3) (Lund 1963).
Lührmann, D., Die Redaktion der Logienquelle (WMANT 33) (Neukirchen-Vluyn
–, Das Markusevangelium (HNT 3) (Tübingen 1987). [(1969).
Lührmann, D. – Strecker, G. (Hg.), Kirche (FS G. Bornkamm) (Tübingen 1980).
Luz, U., Das Evangelium nach Matthäus, I/1 (Mt 1–7 [1985] ^{3}1992); I/2 (Mt 8–17) (1990) (EKK) (Zürich und Neukirchen-Vluyn).
Manson, T. W., Festschrift s. A. J. B. Higgins (Hg.).
Marshall, I. H., Eschatology and the Parables (London 1963).
Marxsen, W., Festschrift, s. D.-A. Koch u. a. (Ed.).
Merkel, H., Die Gottesherrschaft in der Verkündigung Jesu, in: Hengel-Schwemer, Königsherrschaft Gottes 119–161.
Merklein, H., Die Gottesherrschaft als Handlungsprinzip. Untersuchungen zur Ethik Jesu (FzB 34) (Würzburg [1978] ^{2}1981).
–, Jesu Botschaft von der Gottesherrschaft. Eine Skizze (SBS 111) (Stuttgart [1983]).
–, Jesus und Paulus (Tübingen 1987).
–, Neues Testament und Ethik (FS R. Schnackenburg) (Freiburg/Br. 1989).
Metzger, B. M., Festschrift, s. E. J. Epp – G. D. Fee (Ed.).
Michaelis, W., Das Evangelium nach Matthäus (Proph.) (Zürich, I 1948; II 1950).
Mudiso Mbâ Mundla, J.-G., Jesus und die Führer Israels. Studien zu den sogenannten Jerusalemer Streitgesprächen (NTA 17) (Münster 1984).
Müller, U. B., Vision und Botschaft. Erwägungen zur prophetischen Struktur der Botschaft Jesu, in: ZThK 74 (1977) 416–448.
Mußner, F., Praesentia salutis. Gesammelte Studien zu Fragen und Themen des Neuen Testaments (KBANT) (Düsseldorf 1967).

–, Traktat über die Juden (München 1979).
–, Der Galaterbrief (HThK IX) (Freiburg ⁴1981).
–, Dieses Geschlecht wird nicht vergehen. Judentum und Kirche (Freiburg/Br. 1991).
Neirynck, F., The Minor Agreements of Matthew and Luke against Marc with a Cumulative List (EThL.B 37) (Leuven 1974).
–, Evangelica [I]. Gospel – Studies – Études d'évangile. Collected Essays (EThL.B 60) (Leuven 1982). [ven 1991].
–, Evangelica II (1982–1991). Collected Essays, ed. F. Van Segbroeck (EThL.B 99) (Leu-
–, Literary Criticism, Old and New, in: Huldezitting Frans Neirynck 18 augustus 1992. Colloquium Biblicum Lovaniense. Opening of the 41th Session, Leuven 1992 (Programmheft) (Vorabdr. aus EThL.B 100, Leuven 1992).
–, Festschrift, s. F. Van Segbroeck u. a. (Ed.).
Neusner, J., Die Verwendung des späteren rabbinischen Materials für die Erforschung des Pharisäismus im 1. Jahrhundert n. Chr., in: ZThK 76 (1979) 292–309.
–, Das pharisäische und talmudische Judentum. Neue Wege zu seinem Verständnis (TSAJ 4) (Tübingen 1984).
Nineham, D. E. (Ed.), Studies in the Gospel (FS R. H. Lightfoot) (Oxford 1955).
Oberlinner, L., Stellung der „Terminworte" in der eschatologischen Verkündigung des Neuen Testaments, in: Fiedler-Zeller (Hg.), Gegenwart 51–66.
Oesterreicher, J. M., Festschrift, s. A. Finkel u. a. (Ed.).
Percy, E., Die Boschaft Jesu. Eine traditionskritische Untersuchung (Lund 1953).
Perrin, N., Was lehrte Jesus wirklich? Rekonstruktion und Deutung (Göttingen 1967).
Pesch, R., Das Markusevangelium (HThK II, 1–2) (Freiburg i. Br., I [1976] ⁴1984), II [1977] ³ 1984).
–, u. a. (Hg.), Jesus der Menschensohn (FS A. Vögtle) (Freiburg/Br. 1975).
Pesch, R. – Kratz, R. (Hg.), So liest man synoptisch. Anleitung und Kommentar zum Studium der synoptischen Evangelien I–VII (Frankfurt/M. 1975–1980).
Piper, J., „Love your enemies". Jesus' love command in the synoptic gospels and in the eraly Christian paraenesis. A history of the tradition and interpretation of its issues (MSSNTS 38) (Cambridge 1979).
Piper, R. A., Wisdom in the Q-Tradition. The aphoristic Teaching of Jesus (MSSNTS 61) (Cambridge 1989).
Polag, A., Der Umfang der Logienquelle (Diss. Lic. masch.) (Trier 1966).
–, Die Christologie der Logienquelle (WMANT 45) (Neukirchen-Vluyn 1977).
–, Fragmenta Q. Textheft zur Logienquelle (Neukirchen-Vluyn [1979] ²1982).
Ratzinger, J., Festschrift, s. W. Baier u. a. (Hg.).
Rau, E., Reden in Vollmacht. Hintergrund, Form und Anliegen der Gleichnisse Jesu (FRLANT 149) (Göttingen 1990).
Reicke, B., Festschrift, s. W. C. Weinrich (ed.).
Reiser, M., Die Gerichtspredigt Jesu. Eine Untersuchung zur eschatologischen Verkündigung Jesu und ihrem frühjüdischen Hintergrund (NTA 23) (Münster 1990).
Rengstorf, K. H., Festschrift, s. W. Haubeck u. a. (Hg.).
Riesner, R., Jesus als Lehrer. Eine Untersuchung zum Usprung der Evangelien-Überlieferung (WUNT II, 7) (Tübingen [1981] ³1988).
Rigaux, B., Festschrift, s. A.-L. Descamps u. a. (Éd.).
Robinson, J. A. T., Twelve New Testament studies (SBT) (London 1962).
Roloff, J., Das Kerygma und der irdische Jesus. Historische Motive in den Jesus-Erzählungen der Evangelien (Göttingen [1970] ²1973).
Sand, A., Das Evangelium nach Matthäus (RNT) (Regensburg 1986).
Sanders, E. W., Festschrift, s. D. E. Groh – R. Jewett (Ed.).
Sato, M., Q und Prophetie. Studien zur Gattungs- und Traditionsgeschichte der Quelle Q (WUNT II/29) (Tübingen 1988).
Schelkle, K. H., Festschrift, s. H. Feld u. a. (Hg.).
Schenk, W., Synopse der Redenquelle der Evangelien. Q-Synopse und Rekonstruktion in deutscher Übersetzung mit kurzen Erläuterungen (Düsseldorf 1981).
Schlier, H., Exegetische Aufsätze und Vorträge, I: Die Zeit der Kirche (Freiburg/Br.

[1956] ⁴1966); II: Besinnung auf das Neue Testament (Freiburg/Br. [1964] ²1967); III: Das Ende der Zeit (Freiburg/Br. 1971); IV: Der Geist und die Kirche (hg. v. V. Kubina und K. Lehmann) (Freiburg/Br. 1980).

Schlatter, A., Der Evangelist Matthäus. Seine Sprache, sein Ziel, seine Selbständigkeit. Ein Kommentar zum ersten Evangelium (Stuttgart [1948] ⁶1963).

Schlosser, J., Le Règne de Dieu dans les dits de Jésus I/II (ÉB) (Paris 1980).

–, Le Dieu de Jésus (LeDiv 129) (Paris 1987).

Schmithals, W., Einleitung in die drei ersten Evangelien (GLB) (Berlin – New York 1985), zu EvLk: 349–369; zu Q: 384–404.

Schmid, J., Festschrift, s. P. Hoffmann u. a. (Hg.).

Schmid, J. – Vögtle, A. (Hg.), Synoptische Studien (FS A. Wikenhauser) (München 1953).

Schnackenburg, R., Gottes Herrschaft und Reich. Eine biblisch-theologische Studie (Freiburg/Br. ⁴1965).

–, Schriften zum Neuen Testament. Exegese in Fortschritt und Wandlung (München 1971).

–, Die sittliche Botschaft des Neuen Testaments I/II (Freiburg/Br. 1986/1989).

–, Das Johannesevangelium (HThK IV) (Freiburg/Br. I ⁷1992; II ⁵1990; III ⁶1992; IV. Ergänzende Auslegungen und Exkurse ²1990).

–, Matthäusevangelium, I (1,1 – 16,20); II (16,21 – 28,20) (NEB I/1-2) (Würzburg 1985/87).

–, Die Person Jesu im Spiegel der vier Evangelien (HThK, Suppl.-Bd.) (Freiburg i. Br. 1993).

–, Festschrift (1989), s. H. Merklein.

–, Schülerfestschrift, s. H. Merklein u. a. (Hg.).

Schnackenburg, R. – Ernst, J. – Wanke, J. (Hg.), Die Kirche des Anfangs (FS H. Schürmann) (Leipzig 1977 = Freiburg/Br. 1978).

Schneider, G., Jesusüberlieferung und Christologie. Neustamentliche Aufsätze 1970–1990 (Leiden 1992).

Schnider, F., Jesus der Prophet (OBO 2) (Freiburg/Schw. und Göttingen 1973).

Schottroff, L. – Stegemann, W., Jesus von Nazareth – Hoffnung der Armen (UB T-Reihe 639) (Stuttgart [1978] ³1990).

Schrage, W., Ethik des Neuen Testaments (GNT 4) (Göttingen, 4., völlig neu bearb. Auflage 1989).

–, (Hg.), Studien zum Text und zur Ethik des Neuen Testaments (FS H. Greeven) (ZNW, Beiheft 47) (Berlin 1986).

Schulz, S., Q. – Die Spruchquelle der Evangelisten (Zürich 1972).

Schürer, E., Geschichte des jüdischen Volkes im Zeitalter Jesu Christi I–III ([Leipzig 1901–1909] Neudr. Hildesheim 1970).

Schürmann, H., Der Paschamahlbericht Lk 22,(7–14)15–18. I. Teil einer quellenkritischen Untersuchung des lukanischen Abendmahlsberichtes Lk 22,7–38 (NTA XIX/5) (Münster [1953] ³1980) (= AB I).

–, Der Einsetzungsbericht Lk 22,19–20. II. Teil einer quellenkritischen Untersuchung des lukanischen Abendmahlsberichtes Lk 22,7–38 (NTA XX/4) (Münster [1955] ²1970 (= AB II).

–, Jesu Abschiedsrede Lk 22,21–38. III. Teil einer quellenkritischen Untersuchung des lukanischen Abendmahlsberichtes Lk 22,7–38 (NTA XX/5) (Münster [1957] ²1977) (= AB III).

–, Das Gebet des Herrn. Aus der Verkündigung Jesu erläutert (Die Botschaft Gottes II/6) (Leipzig [1957] ⁷1990 = Freiburg/Br. [1958] ⁴1981).

–, Traditionsgeschichtliche Untersuchungen zu den synoptischen Evangelien. Beiträge (KBANT) (Düsseldorf 1968) (= TrU).

–, Ursprung und Gestalt. Erörterungen und Besinnungen zum Neuen Testament (KBANT) (Düsseldorf 1970) (= UG).

–, Das Geheimnis Jesu. Versuche zur Jesusfrage (Die Botschaft Gottes II/28) (Leipzig 1972) (= GJ).

–, Jesu ureigener Tod. Exegetische Besinnungen und Ausblick (Freiburg i. Br. [1975] ²1976 (= J T).
–, Lehrende in den neutestamentlichen Schriften. Ihre Angewiesenheit auf andere geistliche Gaben und ihre Verwiesenheit an andere geistliche Dienste, in: Baier, W. u. a. (Hg.) Weisheit Gottes I, (s. o.) 419–440.
–, Orientierungen am Neuen Testament. Exegetische Aufsätze III (Düsseldorf 1977) (= OrNT).
–, Gottes Reich – Jesu Geschick (Freiburg/Br. 1983) (= GR).
–, Aufbau und Struktur der neutestamentlichen Verkündigung (Paderborn 1949).
–, Das Zeugnis der Redenquelle für die Basileia-Verkündigung Jesu, in: GR 65–152.
–, Beobachtungen zum Menschensohn-Titel in der Redenquelle. Sein Vorkommen in Abschluß- und Einleitungswendungen (1975), in: GR 153–182.
–, Studien zur neutestamentliche Ethik, hg. Th. Söding (SBAB 7), Stuttgart 1990 (StNTE).
–, Zur Kompositionsgeschichte der Redenquelle, in: Cl. Bußmann – W. Radl (Hg.), Der Treue Gottes trauen 325–342.
–, QLk 11,14–36 kompositionsgeschichtlich befragt, in: F. Van Segbroeck (Ed.), The Four Gospels 1992 I, 563–586.
–, Festschrift, s. R. Schnackenburg u. a. (Hg.).
Schwarz, G., „Und Jesus sprach". Untersuchungen zur aramäischen Urgestalt der Worte Jesu (BWANT VI/18) (Stuttgart 1985).
–, Jesus „der Menschensohn". Aramaistische Untersuchungen zu den synoptischen Menschensohnworten Jesu (BWANT VI/19) (Stuttgart 1986).
Schweizer, E., Erniedrigung und Erhöhung bei Jesus und seinen Nachfolgern (AThANT 28) (Zürich [1955] ²1962).
–, Jesus Christus (Siebenstern-Taschenbuch 126) (München und Hamburg 1968), zu Lk: 136–154.
–, Das Evangelium nach Markus (NTD 1) (Göttingen [1. Neubearb. ⁵1967] ¹⁷1989 [7. Aufl. dieser Bearb.]).
–, Das Evangelium nach Matthäus (NTD 2) (Göttingen [1. Neubearb. ¹³1973] ¹⁶1986 [4. Aufl. dieser Bearb.]).
Segbroeck, F. Van, u. a. (Ed.), The Four Gospels 1992 I–III (FS F. Neirynck) (EThL.B 100) (Leuven 1992).
Spicq, C., Agapè dans Nouveau Testament I (1958); II (1959); III (1959) (ÉB) (Paris).
Steck, O. H., Israel und das gewaltsame Geschick der Propheten (WMANT 23) (Neukirchen-Vluyn 1967).
Steinhauser, M. G., Doppelbildworte in den synoptischen Evangelien. Eine form- und traditionskritische Studie (FzB 44) (Würzburg 1981).
Stemberger, G., Die römische Herrschaft im Urteil der Juden (EdF 195) (Darmstadt 1983).
Strack, H. – P. Billerbeck, Kommentar zum Neuen Testament aus Talmud und Midrasch I–IV ([München 1922–28] Nachdr. I ⁹1986; II ⁸1983; III ⁸1985; IV/1–2 ⁸1986); V–VI Reg., hg. v. J. Jeremias und K. Adolph ⁶1986) (= Bill. – Zu dieser Weise der Abkürzung vgl. R. Bultmann, Geschichte* [²1931] und H. Lietzmann, in: ZNW 27 [1928] 350).
Strecker, G., Der Weg der Gerechtigkeit (FRLANT 82) (Göttingen [1962] ³1971).
–, (Hg.), Jesus Christus in Historie und Theologie (FS H. Conzelmann) (Tübingen 1975).
Taeger, J.-M., Der Mensch und sein Heil (StNT 14) (Gütersloh 1982).
Tannehill, R. C., Introduction: The Pronouncement Story and Its Types, in: Semeia 20 (1981) 1–14.
–, Varieties of Synoptic Pronouncement Stories, ebd. 101–119.
Taylor, V., The Order of Q, in: JThS 4 (1953) 27–31.
–, The Original Order of Q (1959), in: A. J. B. Higgins (Ed.), NTEssays 246–269.
–, The Gospel According to St. Mark (London [1953] ³1971).
Theißen, G., Studien zur Soziologie des Urchristentums (WUNT I/19) (Tübingen [²1983] ³1989).

–, Soziologie der Jesusbewegung. Ein Beitrag zur Entstehungsgeschichte des Urchristentums (TEH 194) (München ⁶1991).
–, Urchristliche Wundergeschichten. Ein Beitrag zur formgeschichtlichen Erforschung der synoptischen Evangelien (StNT 8) (Gütersloh [1974] ⁵1987).
Theißen, G., Lokalkolorit und Zeitgeschichte in den Evangelien. Beitrag zur Geschichte der synoptischen Tradition (NTOA 8) (Göttingen [1989] ²1992).
Thrall, M. E., Greek Particles in the New Testament. Linguistic and exegetical Studies (NTTS 3) (Leiden 1962), bes. 34ff.
Tödt, H. E., Der Menschensohn in der synoptischen Überlieferung (Gütersloh [1959] ⁵1984).
Trautmann, M., Zeichenhafte Handlungen Jesu. Ein Beitrag zur Frage nach dem geschichtlichen Jesus (FzB 37) (Würzburg 1980).
Trilling, W., Die Botschaft Jesu. Exegetische Orientierungen (Freiburg/Br. 1978).
–, Festschrift, s. K. Kertelge u. a. (Hg.).
Vögtle, A., Das Evangelium und die Evangelien. Beiträge zur Evangelienforschung (Düsseldorf 1971).
–, Offenbarungsgeschehen und Wirkungsgeschichte. Neutestamentliche Beiträge (Freiburg/Br. 1985).
–, Festschrift, s. P. Fiedler u. a. (Hg.).
–, Festschrift, s. R. Pesch u. a. (Hg.).
Wanke, J., „Kommentarworte". Älteste Kommentierungen von Herrenworten, in: BZ 24 (1980) 208–233.
–, „Bezugs- und Kommentarworte" in den synoptischen Evangelien. Beobachtungen zur Interpretationsgeschichte der Herrenworte in der vorevangelischen Überlieferung (EThSt 44) (Leipzig 1981).
Weder, H., Die Gleichnisse Jesu als Metaphern (FRLANT 120) (Göttingen ³1984).
–, Neutestamentliche Hermeneutik (Zürich [1986] ²1989).
–, Einblicke ins Evangelium. Exegetische Beiträge zur neutestamentlichen Hermeneutik (Göttingen 1992).
Weinrich, W. C. (Ed.). The New Testament Age I–II (FS B. Reicke) (Macon/GA 1984).
Wenham, D. (Ed.), The Jesus Tradition Outside the Gospels (GoP 5) (Sheffield 1985) (Bibliographie ebd. 405–419).
–, The Rediscovery of Jesus' Eschatological Discourse (GoP 4) (Sheffield 1984).
Wenham, D. – Blomberg, C. (Ed.), The Miracles of Jesus (GoP 6) (Sheffield 1986).
Wikenhauser, A., Festschrift, s. J. Schmid u. a. (Hg.).
Wrege, H.-Th., Die Überlieferungsgeschichte der Bergpredigt (WUNT 9) (Tübingen 1968).
Zeller, D., Die weisheitlichen Mahnsprüche bei den Synoptikern (FzB 17) (Würzburg 1977).
–, Kommentar zur Logienquelle (SKKNT 21) (Stuttgart 1984).
Zimmermann, A. F., Die urchristlichen Lehrer. Studien zum Tradentenkreis der Didaskaloi im frühen Christentum (WUNT II/12) (Leiden [1984] ²1987).
Zimmermann, H., Neutestamentliche Methodenlehre. Darstellung der historisch-kritischen Methode (Stuttgart, 7. Aufl. [neu bearb. v. K. Kliesch] 1982).